汶川县年鉴

（2009）

汶川县人民政府 主办

四川出版集团 巴蜀书社

图书在版编目（CIP）数据

汶川县年鉴. 2009/汶川县人民政府编. —
成都：巴蜀书社，2011.6
ISBN 978-7-80752-821-0

Ⅰ. ①汶... Ⅱ.① 汶... Ⅲ.①汶川县–2009–年鉴
Ⅳ.①Z527.14

中国版本图书馆CIP数据核字（2011）第113072号

汶川县年鉴(2009)　　　　　汶川县人民政府　　主办

责任编辑	李　嘉
装帧设计	兰玉蓉
版面设计	兰玉蓉
出　　版	四川出版集团巴蜀书社
	成都市槐树街2号 邮编 610031
	总编室电话：（028）86259397
网　　址	www.bsbook.com
发　　行	巴蜀书社
	发行科电话：（028）86259422 86259703
经　　销	新华书店
制　　版	成都宁强印务有限责任公司
印　　刷	成都成电华昇印务有限公司
版　　次	2011年6月第一版
印　　次	2011年6月第一次印刷
成品尺寸	210mm×285mm
印　　张	22
字　　数	600千
书　　号	ISBN 978-7-80752-821-0
定　　价	230.00元

本书如有印装质量问题，请与工厂调换

编 辑 说 明

一、《汶川县年鉴》(2009)是汶川县人民政府主管、主办,由汶川县史志编纂委员会编纂的综合性年鉴。它翔实、全面、系统、准确地记载2009年汶川县国民经济和社会发展以及灾后重建中各项事业取得的成就、经验和出现的问题,为各级领导部门进行决策和制定发展规划提供科学依据,为各界人士认识、了解和研究汶川提供参考,促进汶川与外界的交流合作,为坚持科学发展、构建和谐汶川服务。同时,也为编修地方史志储备资料。

二、《汶川县年鉴》(2009)是继《汶川县年鉴》(2005—2008)后汶川县第二本综合性年鉴,以典型材料突出汶川县在"5.12"汶川特大地震后灾后重建中所取得的成就和特点。

三、本《年鉴》的体例采用类目、分目、条目三个层次。图、文、表、录有机结合。为便于查阅,内容尽可能归类和条目化。

四、《汶川县年鉴》(2009)根据县人民政府的统一部署,由县属各有关部门、驻军和各乡镇提供资料,由《汶川县年鉴》总编室编纂。

五、先进人物名录的收录范围为获得县委、县政府及以上机关表彰者。

六、本《年鉴》刊用的图片,主要由陈华清、县委宣传部新闻中心及年鉴编辑室提供。《年鉴》收录的资料上限自2009年1月1日,下限至2009年12月31日。

七、本《年鉴》中的统计数据,由于来源和使用角度不同,统计方法和项目内涵不同,因而同一项目或名称的数据也就不完全一致。但主要数据以县统计局的统计数据为准,统计局未作统计的以部门数据为准。

八、本《年鉴》是各级领导和全体编纂人员、提供材料部门和有关人士共同努力、密切配合的结果。在此,谨向为本《年鉴》付出辛勤劳动的领导和工作人员表示衷心感谢。编纂地方志、年鉴工作是一项连续性的长期任务,也是一项系统工程,希望各级领导、各界人士继续给予大力支持和帮助。

九、认真总结经验、不断改进工作,编纂高质量的《汶川县年鉴》,是我们的奋斗目标,热忱希望各级领导和广大读者对本书的疏漏及错误之处进行批评指正。

《汶川县年鉴》总编室

县级领导班子名录

中共汶川县委

书　　记　　青理东

副书记　　廖　敏　陈茂辉(广东援建)　张通荣(8月起)　泽小勇(12月起)

县委常委　　朱耀忠(广东援建)　王继红(6月止)　向　林(8月起)　罗尔基木　吴开明

郭素梅　张贵强　刘　兵(6月起)　杜朝刚(8月起)　周全福

向泽朗(省委组织部下派)

郭　勇(省委组织部下派)

江中渔(省委组织部下派)

全晓峰(省委组织部下派)

吴永洪(省委组织部下派)

蔡存明(省委组织部下派)

郭永军(省委组织部下派)

任献光(中组部下派)

范振宇(中组部下派)

李志新(中组部下派)

李东红(中组部下派)

邓国基(中组部下派)

县委调研员　　阳金花　杨顺康

县委副调研员　杨朝宇

汶川县人大常委会

主　　任　　青理东(2月起)

常务副主任　李代君

副主任　　刘德成　高志明　伍　江

调研员　　喻维书　陈华清　孙国富

汶川县人民政府

县　　长　　廖　敏
常务副县长　　张通荣(8月止)　　罗尔基木(8月起)
副　县　长　　朱耀忠(广东援建)　　任献光(中组部下派)　　范振宇(中组部下派)
　　　　　　　李志新(中组部下派)　　李东红(中组部下派)　　邓国基(中组部下派)
　　　　　　　王　蕾　　罗德勇(1月起)　　刘　伟(2月起)
　　　　　　　任祥道(2月起)　　张　鹏(2月起)　　钱毓林(8月止)
　　　　　　　蒲　进(8月起)　　杜朝刚(8月止)　　吴光旭(6月止)
　　　　　　　孙龙才(6月止)

政协汶川县委员会

主　　席　　余朝荣
副　主　席　　余吉良　　向世茂　　李和君　　葛定全　　谢孝泉　　江　霖
　　　　　　　蒲　进(8月止)　　杨　威　　钱毓林(8月起)
调　研　员　　张清立
副调研员　　余　梅

汶川县人民武装部

政　　委　　张贵强
部　　长　　吴志强

汶川县纪律检查委员会

书　　记　　王继红(6月止)　　向　林(8月起)

中共汶川县委组织部

部　　长　　周全福

中共汶川县委宣传部

部　　长　　吴开明

汶川县人民法院

院　　长　邓吉安

汶川县人民检察院

检 察 长　孙 力

汶川县史志编纂委员会成员

主　任　张通荣　县委副书记、县人民政府县长
副主任　泽小勇　县委副书记
　　　　罗尔基木　县委常委、县人民政府常务副县长
　　　　李代君　县人大常委会主任
　　　　余朝荣　县政协主席
　　　　张　鹏　县人民政府副县长
成　员　吴开明　县委常委、县委宣传部部长
　　　　周全福　县委常委、县委组织部部长
　　　　张贵强　县委常委、武装部政委
　　　　刘　兵　县委常委、县委办公室主任
　　　　祝　勇　县公安局局长
　　　　肖　宏　县政府办公室主任
　　　　古　明　县财政局局长
　　　　王　文　县文体局副局长
　　　　董加敏　县档案局局长
　　　　付　强　县统计局局长
　　　　秦兴铨　县保密局局长
　　　　兰玉蓉　县史志办主任
　　　　郭登敏　县史志办副主任
　　县史志编纂委员会办公室设在县史志办内,由兰玉蓉同志兼任办公室主任,郭登敏同志兼任副主任,负责处理日常事务。

《汶川县年鉴》(2009)

编 纂 人 员

总　　　编　兰玉蓉

副 总 编　郭登敏

编　　审　罗晓林

编写人员　兰玉蓉　郭登敏　张 毓

编　　务　孙永红　陈 文　张 颖

县四大班子领导

州委常委、县委书记青理东作报告

县长张通荣作报告

县人大常务副主任李代君（中）考察灾后重建

县政协主席余朝荣（中）在农村调研

汶川年鉴 2009

县委副书记泽小勇（中）讲话

常务副县长罗尔基木（前左二）在漩口镇集中村考察灾后重建

重建的县人民医院

新建的县博物馆

安置房三期（县城）

新建的穗威桥

新建的汶川第一小学

重建的自来水厂

重建的威州镇秉里村农房

恢复重建中的映秀镇

建设中的汶川特大地震纪念馆

映秀镇渔子溪河堤加固工程

新建的映秀镇老街村养猪场

汶川年鉴 2009

新水磨

重建的三江乡河坝村

新建的水磨镇和谐广场

新建的三江乡农贸市场

新建的漩（漩口镇）三（三江乡）环线旅游公路

漩口镇震源新村

新建的卧龙镇公共服务中心

揭阳卧龙生态新家园

汶川年鉴 2009

新建在雁门乡境内的汶川第一中学

雁门乡萝卜寨村中国历史文化名村匾牌

雁门乡甜樱桃园

新建在绵虒境内的大禹故里景区

新建在绵虒境内的禹王宫

草坡新街夜景

重建的绵虒福利院

新建的草坡乡寨门

新建的草坡乡侨心居

草坡兰花种植基地

银杏乡兰花基地

重建的克枯乡通村公路

汶川年鉴 2009

新建的银杏羌寨

新建的克枯乡避险广场

克枯乡肉兔养殖场

龙溪乡枇杷基地

重建的龙溪乡农家大园

新建的耿达乡养猪场

建设中的耿达乡集中安置点

目 录

乡镇简况

先进名录

附　录

特　载

以人为本　科学重建　加快发展
为建设富裕文明和谐魅力新汶川而努力奋斗

——在中共汶川县委十届八次全会上的报告
（2009 年 2 月 23 日）
青理东

各位委员、同志们：

　　我受中共汶川县委十届常委会委托，向全会报告工作，请予审议。

　　这次大会的主题是：全面贯彻党的十七大和十七届三中全会、省委九届六次全会、州委九届八次全会精神，按照"一年一个样、三年大变样、五年展新貌"的总体要求，大力弘扬伟大抗震救灾精神，以人为本、科学重建、加快发展，为建设富裕文明和谐魅力新汶川而努力奋斗！

2008 年工作回顾

　　2008 年是汶川县历史上极不平凡、极为特殊的一年，全县工作经历了前所未有的艰难局面，经受了前所未有的严峻考验。在州委的坚强领导下，县委坚持以邓小平理论和"三个代表"重要思想为指导，深入贯彻落实科学发展观，认真贯彻执行州委九届四次、五次、六次、七次全会精神，全面落实县委十届四次、五次、六次、七次全会部署，团结带领全县各族干部群众，万众一心、众志成城，不畏艰险、百折不挠，以人为本、尊重科学，克服了"3.16"事件造成的重大影响，战胜了"5.12"汶川特大地震带来的巨大困难，奋力

夺取了抗震救灾和反分裂维稳的阶段性重大胜利，全县各项工作在攻坚破难中稳步前行，呈现出灾后恢复重建加快推进、社会政治保持稳定、人民群众生产生活逐步恢复常态的局面，展示了汶川人民临危不惧、共赴时艰、坚忍不拔、战天斗地的伟大壮举。

　　过去的一年，我们取得了抗震救灾的伟大胜利。灾害发生后，在党中央、国务院的亲切关怀下，在省委、省政府的高度重视下，在州委、州政府的坚强领导下，在广东省和全国人民、社会各界的大力支持下，全县各族干部群众万众一心、众志成城，迎难而上、顽强拼搏，全力以赴抢救生命，全力安置受灾群众，全力抢修基础设施，全力保障救灾款物，全力确保受灾群众安全温暖过冬，没有出现饥荒，没有出现流民，没有出现疫情，没有引发社会动荡，取得了抗震救灾的伟大胜利，确保了社会政治和谐稳定。

　　过去的一年，我们实现了经济社会的恢复发展。我们把灾后恢复重建作为全县的首要任务和中心工作，带领广大干部群众挺起脊梁、振奋精神、万众一心、实干巧干，全力推动经济社会恢复发展。全年完成生产总值 13.69 亿元，规模以上工业增加值 5.18 亿元，全社会固定资产投资 9.12 亿元，社会消费品零售总额 2.48 亿元，地方财政一般预算收入 5818 万

元，旅游收入 5124 万元，城镇居民可支配收入10768 元，农民人均纯收入 2745 元。

过去的一年，我们推动了恢复重建的顺利进行。我们按照州委提出的"遵循规律、以人为本、趋利避害、优质高效、加快发展"的重建思路，大力实施城乡住房重建、城镇重建、设施重建、产业重建、文化重建、生态重建、社会事业发展等重点工程，受灾群众得到妥善安置，农房维修加固全面完成，一大批援建项目迅速启动，一大批援建干部和专业技术人员日夜奋战，各项援建工作开局良好，进展顺利，取得了阶段性成效。

过去的一年，我们注重了经济社会的协调发展。大力推进民生工程建设，扎实推进扶贫开发和综合防治大骨节病试点，全部免除义务教育阶段学生学杂费并免费提供教科书。启动地质灾害治理和大土地复垦整理力度，废墟清理任务基本完成，城乡环境综合整治初见成效。扎实开展反分裂维稳工作，社会局势得到有效稳控，安全生产形势进一步好转。

过去的一年，我们推进了党的建设新的伟大工程。深入开展"双同,感恩报国"教育活动，深化"百名干部下基层"活动，强化基层组织建设，稳步夯实执政之基，扎实推进党风廉政建设和机关效能建设，领导班子、干部队伍和基层组织建设得到加强。实行县级部门驻村包户工作制度，共抽派 44 名县级干部、1015 名科级及以下干部定点联系帮扶全县 112 个村，确保了恢复重建工作顺利推进。及时配齐配强重灾乡镇领导班子，从县机关抽派得力干部充实抗震救灾一线力量，全县 6 个受损、2 个严重受损的基层党组织和政权组织全部恢复重建。

"5.12"汶川特大地震，既是人世间一场重大磨难，也是对我们灾后恢复重建的一场考验，在全党全军全国人民的大力支持下，在州委的坚强领导下，县委与全县干部群众一道，顽强奋战，超强努力，攻坚破难，铸就了伟大的抗震救灾精神。我们取得抗震救灾的伟大胜利，是党中央、国务院关心关怀的结果，是省委、省政府高度重视的结果，是州委、州政府坚强领导的结果，是社会各界特别是广东省无私资助、倾心援建的结果，是以县委为核心的四大班子精诚团结、科学决策的结果，是各级各部门同心同德、开拓创新的

结果，是广大党员干部和各族群众苦干实干、顽强拼搏的结果。充分展现了中国共产党的伟大力量，充分展现了社会主义制度的伟大力量，充分展现了中华民族的伟大力量，充分展现了汶川人民的伟大力量。事实证明，汶川的干部队伍是一支经得起考验、拖不垮打不散的钢铁队伍；汶川人民是面临大灾不畏惧、重建家园勇向前的英雄人民。在此，我代表十届县委常委会，向关心、支持、参与汶川发展的各级领导、各界人士、党员干部、人民群众特别是广东对口援建汶川的前后方全体同志表示衷心的感谢并致以崇高的敬意！向第十届县委委员表示亲切慰问和真诚谢意！向中央、省、州驻汶机构和各级党代表、人大代表、政协委员表示衷心感谢！

回顾过去一年的工作，我们深深体会到，加快灾后恢复重建，推进富裕文明和谐魅力新汶川建设，必须做到"六个始终"：一是必须始终突出科学重建这条主线，与时俱进，更新观念，拓宽恢复重建的发展路径；二是必须始终突出民生优先这个根本，把握重点，抢抓机遇，解决事关人民群众生产生活的急事难事；三是必须始终突出特色产业重建这个基础，优化结构，规模发展，构建生产发展新农村；四是必须始终突出群众满意这个标准，心存百姓，执政为民，维护广大群众的根本利益；五是必须始终突出工作落实这个关键，走在前列，干在实处，激发比学赶超的创业活力；六是必须始终突出安全稳定这个前提，同心同德、凝聚力量，开创和谐包容的全新局面。

回顾过去一年的工作，我们必须清醒地看到，在汶川经济社会发展进程中还存在一些不容忽视的问题：一是地震受灾面广，恢复重建的任务十分繁重，各乡镇之间恢复重建发展不平衡；二是特色产业不明显，优势产业没有规模；三是农民增收和城镇居民就业渠道不宽，社会保障体系建设还不尽完善；四是矛盾纠纷调处措施尚未完全落实，党群干群关系还有不和谐因素，安全稳定形势仍然严峻；五是一些干部因循守旧，缺乏工作激情的现象仍然存在，少数干部在善待群众、用心创业方面尚有较大差距，矛盾上交的现象时有发生。这些问题都需要我们在今年的工作中切实加以改进。

2009年主要工作

2009年是新中国成立60周年,也是我县全面实施灾后恢复重建的关键一年,做好恢复重建和经济社会发展工作至关重要。我们要按照州委提出的"遵循规律、以人为本、趋利避害、优质高效、加快发展"的重建思路,围绕"面向四川、服务全州,努力把汶川建设成为阿坝新型工业集中发展区、岷江河谷现代特色农业示范区、羌禹文化生态体验区"的战略定位,进一步抢抓机遇、科学重建,鼓足干劲、加快发展,坚持把灾后恢复重建作为深入贯彻落实科学发展观的最好实践,坚持把统筹推进灾后恢复重建和经济社会发展作为建设魅力新汶川的最好抓手,加快建设灾后美好新家园,加快建设一心两廊四区发展高地。

2009年全县经济社会发展的指导思想是:以党的十七大和十七届三中全会精神为指导,以恢复重建为中心,以对口援建为契机,以受灾群众物质上得到更多实惠、精神上得到有效安抚为目标,大力弘扬伟大抗震救灾精神,认真落实省州党委决策部署,抓住灾后重建和扩大内需两大机遇,全面推动灾后恢复重建、八大民生工程、一心两廊四区发展规划实施,确保提前完成灾后恢复重建任务,重振震前发展势头,促进全县经济社会科学重建、加快发展。

2009年全县经济社会发展的奋斗目标是:生产总值确保完成27.98亿元,力争达到37.08亿元;全社会固定资产投资确保完成63.7亿元,力争达到92亿元;地方财政一般预算收入达到4655万元;规模以上工业增加值达到8.4亿元;农业总产值达到2.18亿元;旅游总收入确保达到3500万元;社会消费品零售总额完成2.6亿元;城镇居民人均可支配收入达到11460元;农民人均纯收入达到3045元;万元工业增加值综合能耗下降6%;人口自然增长率、城镇登记失业率分别控制在5‰和5%以内。

要实现以上目标任务,我们务必抓好以下八个方面的工作:

一、认清形势,科学重建树信心

审时度势、胸怀全局、抢抓机遇、乘势而上,是做好一切工作的重要前提和基本方法。"5.12"汶川特大地震灾害和世界经济寒流带来的新情况、新问题,使我们面临少有的遭遇和处境、少有的困难和考验、少有的压力和挑战,稍有不慎、稍有疏忽、稍有懈怠,就可能给我们带来不利,甚至陷入被动的局面。我们既要认清形势的严峻性,更要看到有利条件和积极因素;既要正视眼前困难,更要树立必胜信念;既要做好打攻坚战的准备,更要增添克敌制胜的手段,从而主动作为,转"危"为"机"。

1. 正确把握当前宏观经济形势

去年以来,由美国次贷危机引发的国际金融危机,严重冲击着世界经济的发展。这次金融危机历史罕见、冲击力强,波及范围很广,世界经济有可能进入较长的低迷和调整期。受其影响,我国经济形势日益严峻,经济增速下滑已成为当前和今后一个时期我国经济运行中的主要矛盾,而且会越来越突出。对此,中央决定,要坚持灵活审慎的宏观经济政策,实行积极的财政政策和适度宽松的货币政策,并出台了一系列扩大内需、促进增长的政策措施。在这些重大举措中,基本手段是加大投资力度,拉动内需,促进经济增长;重点方向是加快民生工程、基础设施、生态环境建设和灾后恢复重建等四个方面;鲜明特点是力度空前加强,到2010年中央财政预算安排1.18万亿元,带动社会总投资规模达到4万亿元,其中灾后恢复重建超过1万亿元。与此同时,中央强调,要"把恢复重建作为加快灾区发展的重要契机,作为促进全国发展的强大引擎",并明确提出了"加快恢复重建步伐、提前完成恢复重建任务"的要求。针对国际国内经济形势和国家宏观经济政策的变化,省州党委政府迅速研究制定了一系列进一步扩大内需保持经济平稳较快发展的措施,稳定和发展了经济社会发展态势。我们必须深刻领会中央、省委、州委重大战略决策的精神实质,切实增强大局意识、机遇意识、忧患意识和紧迫意识,强化措施、狠抓落实,加快我县重建发展步伐。

2. 清醒认识我县面临的挑战和机遇

当前,汶川重建发展既面临严重困难,也迎来了重大机遇。一方面,挑战极其严峻。汶川特大地震给我县经济造成巨大损失,我县发展的存量基础被摧毁,经济"发动机"被损毁,去年全县生产总值、财政收入等重要经济指标大幅锐减。同时,国际金融危机不仅给我县恢复重建、企业恢复生产带来了一定的障碍和冲击,而且也给援建省经济社会发展带来了重大影响,严重制约了援建资金总体安排。另一方面,机遇极其珍贵。在极度困难的时刻,州委关于灾后重建和扩大内需政策措施的陆续出台,为我县重建发展提供了难得机遇,注入了强大动力。应当看到,在灾后重建、扩大内需政策的双重牵引下,今明两年,我县新上项目数量之多是空前的,投资力度之大是空前的,我们快恢复、大发展面临着千载难逢的机遇。机遇是流动的资源,机不可失,千万不可贻误,更不可错过。我们必须打好"重建牌"、"发展牌"、"合作牌",抓住危中之机,战胜各种困难,主动作为,奋发有为,务求重建发展快推进、早见效。

3.深刻领会"加快和提前"的重要性

中央提出灾后恢复重建要"加快和提前",这是贯彻落实科学发展观所采取的重大举措,是扩大内需的重要内容。应对国际金融危机,促进经济加快发展,任务十分艰巨,需要我们加快灾后恢复重建的步伐,加大扩大内需、促进增长的力度。首先,任务很艰巨,必须加快。原定用3年完成灾后恢复重建,时间本来就很紧,工作量也很饱和,现在需要"加快和提前",三年任务两年完成。全州灾后重建的大量投资在我县,搞不好就会影响全局。国家和省州在支持我们,在这个关键时期,全县上下绝不能按部就班,要迅速行动,加快恢复重建,为全州经济大局作出贡献。这既是灾后恢复重建的需要,也是我们义不容辞的责任。其次,实现发展振兴的任务很艰巨,必须加快。未来两年的恢复重建期,是我县夯实发展基础、推动发展振兴的关键时期,是为实现"一心两廊四区"战略目标打基础、奠实力的重要时期。今明两年的工作成效,直接关系到富民强县的进程,关系到汶川长远发展大计。我们必须瞄准宏伟蓝图、紧抓当前工作,从现在做起、从实处抓起,优质高效抓重建,励精图治促发展。第三,抢抓扩大内需机遇、大上项目的任务很艰巨,必须加快。今明两年,国家还将进一步扩大投资,全国各地行动都在加快,机遇不能错过,谁的工作扎实,谁就能占有先机。我们一定要抢抓机遇,只争朝夕,全力以赴跑部委、跑省州,在国家扩大内需新增项目中力

争更多的份额。第四,重振灾后全县上下发展信心,充分发挥"加快和提前"的主体作用。信心比黄金珍贵,历经汶川特大地震灾难而奋力站起来的我县各族群众更能明白其深刻含义,广大人民群众更是迫切期待尽快重建美好新家园、增收致富奔小康。面对异常严峻的形势、异常艰巨的任务和千载难逢的机遇,各级领导干部要站在战略和全局高度,牢固树立抓重建就是抓发展的观念,坚决破除等靠要思想,坚决破除怕风险求保险思想,以非常时刻非常之举、关键时期超常工作来全力加速我县的重建发展。我们坚信:只要心存忧患、深谋远虑,定能从容应对复杂局势;只要分秒必争、做实工作,我县重建发展定会逆风起飞、快速向前。

二、抢抓机遇,突出重点抓重建

灾后恢复重建是扩大内需的重要内容。我们要充分认识灾后恢复重建在扩大内需、促进经济增长中的全局性意义,义不容辞地肩负起"加快"和"提前"的重任,为全州经济发展大局作出贡献。总的考虑是,用两年时间完成全县灾后恢复重建主要任务的80%,力争三年重建任务两年完成,实现交通、城镇、人居、特色产业和社会事业突破性发展。在具体工作中,我们要科学合理安排,区分轻重缓急,突出"四个优先":

1.城乡住房重建优先

把群众安居作为灾后重建的重中之重,尊重群众意愿、突出民族特色,落实扶持政策、保证材料供应,强化服务指导、注重工程质量,加快推进城乡住房恢复重建,让受灾群众早日住上安全、经济、适用、省地的住房。5月12日前完成农房重建量的60%和城镇居民住房维修加固任务;9月底前全面完成农房重建,完成城镇居民损毁房屋重建总量的70%;年底前基本完成城镇住房重建任务。着力推进廉租住房、安居住房建设,鼓励开发建设中小型普通商品房,加大保障性安居住房工程建设,加快推进城乡居民住有所居。

2.公共设施重建优先

按照高标准、高水平、高质量的要求,加快学校、医院等公共服务设施项目规划建设,集中精力建设好水磨、三江教育园区,9月1日前基本完成中小学校的恢复重建,启动阿坝师专、电大、威师校和州教仪

站建设。加快建设县、乡、村卫生医疗机构,年底前基本完成重建任务,设施装备、技术水平、服务功能超过震前水平。完成绵虒福利中心、民政救灾物资储备中心、烈士陵园建设,加快县残疾人康复训练中心、老年活动中心、水磨福利中心及其他民政设施建设。加快文体设施、计生服务站、广播电视、就业和社会保障服务中心、档案馆等的恢复重建,推动灾后社会事业全面发展。深入开展城乡环境综合整治,加快推进城镇污水处理、垃圾处理、自来水厂、集镇道路及附属设施建设,让河留住水、让山留住树、让城留住人,促进人与自然和谐相处。

3.基础设施重建优先

围绕"畅出口、强骨架、上等级、保安全"目标,下大力气加快交通基础设施的恢复重建,加快国、省道建设,畅通都汶路,打通映日路,启动汶川至映秀、汶川至马尔康、汶川至川主寺3条公路建设,启动和加快紫坪铺水库绕坝路、漩三公路建设。加快推进映秀湾、太平驿、福堂坝、岷电公司和农村小水电的恢复发电,恢复重建不同等级的电网和变电站,构建适应工业发展的电力体制和地方电网。加快通信网络建设,提高我县通信网络的覆盖率和安全性,提升通信服务水平和应急能力。稳步推广太阳能、沼气池建设,加快安全饮水、提灌工程和堤防工程建设。启动乡镇、村办公用房、基层两所一庭以及工商、卫生、食品药品、质量、安全生产、金融、文化等机关单位办公用房建设,确保2010年5月12日前机关事业单位基本恢复正常办公。

4.重大产业重建优先

全面启动对发展和重建有带头、带动作用的产业项目,抓紧承接成都、广东产业转移,着力引进一批科技含量高、附加值高的创新型企业。要积极加快建设工业园区,切实抓好水磨镇工业企业搬迁工作,加快漩口新型工业发展集中区建设,年底前完成受损企业迁建任务。要创新机制,大力培育产业、企业、产品,强力推进农业产业化进程。围绕"大禹故里、熊猫家园、羌绣之乡、震中汶川"四大旅游品牌,加快恢复特色旅游景观,大力推进三江盘龙山和潘达尔生态景区联合开发,加快国家汶川地震遗址公园和现代抗震减灾建筑博物馆建设。对市场服务体系、文化设施、防灾减灾、生态恢复、土地利用等重建项目,有序相应加快进度。

三、强力推进,围绕项目抓发展

坚持把抓项目、抓投资、抓进度、抓成效作为推进项目工作的总抓手,迅速掀起建设热潮。加快灾后恢复重建,要坚持以规划为指导,以项目为核心,围绕规划项目采取措施,确保项目尽早落地,全面落地。

1.抓重建创新,保建设进度

要特别重视对口援建工作,全面动员社会各界支持汶川灾后恢复重建。认真践行"广东对口援建让中央放心,汶川灾后重建让人民满意"的重建理念,创新援建机制和重建资金筹措、使用机制,讲究工作方式方法,充分调动对口援建、社会力量、人民群众三方积极性,集聚民智、民力,确保项目工程快速推进,重建任务提前完成。

2.抓科学论证,保建设水平

要充分发挥专家咨询机构作用,所有重建项目必须经过严格的论证,确保项目资金用在刀刃上,发挥最大的经济效益;确保项目建设是确有所需,发挥最大的社会效益。

3.抓项目落地,保启动开工

切实抓好重建规划组织实施,切实加快修建性详规、建筑施工图的设计,确保5月12日前所有援建项目基本开工。重大项目、关键项目可简化方式、一事一议、特事特办,确保项目程序、项目开工、项目竣工三不误。

4.抓建设进度,保阶段目标

组织足够施工力量,扩大工程作业面,确保工程进度。保障建材供应,稳定建材价格,做好用地拆迁、水电路通讯配套等工作,为加快重建进度创造条件。打好各类资金进度时间差,进一步加大建材储备力度,确保灾后重建所需。

5.抓资金筹措,保顺利推进

科学组织资金调度,保证项目资金按规定及时拨付到位。发挥好援建资金、财政资金的引导和放大效应,积极争取信贷投入,大量吸收民间资金和社会资本投入。搭建投融资平台,在筹资方式上打破常规,保障资金需要。同时,要加强灾后恢复重建和扩大内需资金监管。

6.抓工程监督,保建设质量

越是加快进度,越要重视建设质量,不能因为怕花钱就降低标准,不能因为赶进度就忽视质量。要全力而为、量力而行,防止超越财力物力的许可,盲目铺摊子、上项目、扩规模。

7.抓责任倒查,保任务落实

实行项目业主责任制,从立项到施工都要有业主负责,解决好项目实施主体、工作主体和责任主体问题。及时把调整后的重要项目进度按对口援建市、乡镇进行层层分解,做到目标任务、工作要求、关键措施、时间进度和责任人员"五明确"。推行重点项目领导联系制,实行"一个项目、一名领导、一套班子"的工作机制,确保每项工作有人牵头、有人负责、有人落实,一抓到底、抓出成效。

8.抓督查督办,保工作落实

建立完善督查督办机制,定期不定期对灾后恢复重建情况开展督促检查,随时掌握工作动态,全力推动工作落实。实行督查通报制度,力争重建信息对称,定期通报重点项目、重点工作的进展情况,做到各项工作有布置、有督查、有落实、有结果,形成高效、务实的工作机制,确保加快重建的要求落到实处。

四、规模经营,突出特色抓产业

产业是县域经济发展的支撑,是城乡居民持续增收的物质基础。我们必须立足汶川实际,把特色产业做成立县产业,通过培育产业、企业、产品,加速提升县域经济水平和整体竞争实力。

1.强力推进工业恢复重建

要坚定不移地实施工业强县战略,坚持规模化、集约化、新型工业化的发展思路,着力调整工业布局、着眼产业提升,切实加快工业恢复重建。一要狠抓企业恢复生产和电网恢复重建。积极创造条件,确保受损电力企业、漩口工业集中发展区保留和迁入企业尽快恢复生产,确保受损电网尽快恢复重建。突出抓好地方电网建设和电力体制改革创新,从制度上保证电力资源优势的转化。二要加快工业园区建设。我们务必要大力实施外联发展和聚集发展战略,大力推进漩口和桃关新型工业园区建设,着力培育工业经济新的增长极,形成特色突出、优势明显、带动力强的产业集群,支撑工业经济跨越发展。切实抓好水磨镇、七盘沟等企业搬迁工作,力争园区新迁入企业早日建成投产。三要做大做强骨干企业。加大企业技改力度,扩大产能,特别是要着力把博赛阿坝铝厂建设成为灾后重建的标志性企业。全力支持重点企业做大做强,尽快启动博赛阿坝铝厂三期9万吨技改扩建工程,全面完成紫坪水泥100万吨技改扩规,推动广盛锂业、金通新材料、川西磁业等技改扩能项目开工建设,大力扶持中小企业发展壮大。四要大力发展循环经济。积极争取国家和省州支持,建设工业循环经济示范区,积极发展循环经济。做好企业废渣、废气等资源综合利用,加大电石尾渣、锂产品尾渣、硅微粉综合利用的研究,延伸产业链条,推动产业对接,开发新的产品。

2.强力推进农业恢复重建

要统筹城乡发展,积极恢复和增强农业综合生产能力,大力促进农业增效和农民增收。一要千方百计增加农民收入。坚持把增加农民收入作为加快农村改革发展最主要的工作来抓,认真落实灾后重建增加农民收入的政策措施,认真利用好国家补助政策、对口援助政策、社会捐赠项目,鼓励受灾群众积极参与损毁耕地恢复、地质灾害治理、宅基地恢复、城乡基础设施建设、产业恢复重建等,让群众在重建家园的过程中增加财产性收入。二要大力发展特色规模效益农业、立足优势、一县一品,切实抓好特色、规模、品质、品牌,大力发展优质高效农业。各乡镇要因地制宜、突出特色,积极培育民俗乡村旅游和生态观光农业,以甜樱桃、猕猴桃、花卉、生猪为主体,切实抓好生态、观光旅游产业示范园区建设,一村一品、一乡一品,连点成线、连线成片、连片成面,着力发展规模效益农业。三要探索建立农民收入稳定增长的保障机制。要认真研究和创新惠农政策落实机制,创新农村金融体制服务方式和金融产品,加快建立产业发展基金,支持农民小额贷款,扶持龙头企业发展,为农业发展和农民创业提供持续、有效的政策和金融支持。加强农民实用技术培训和劳务转移培训力度,推进农民素质提高、农村富余劳动力转移,促进农民变民工、农民变股民、农民变市民,带动农民稳定持续增收。四要强化产业化经营。坚持以市场需求为导向,突出比较优势,加强规划引导,优化区域布局,大力促进农业结构调整，着力推动农业产业化经营大步向前、农村经济发展步伐加快。要特别加快培育农业龙头企业，走农业产业化发展之路，切实增强龙头企业对农户的带动面和农畜产品的加工转化率。五要积极实施品牌战略。按照"打好品牌、创建品牌、经营品牌、保护品牌"的要求，大力实施品牌战略。要积极创建品牌，着力培育一批有机、绿色、生态、劳务知识品牌，加快标准化体系建设；要全力经营品牌，按照统一名称、统一质量、统一标准的要求，充分利用好、整合好、巩固好品牌资源，全力扩大产品知名度、美誉度和市场占有率；要切实保护品牌，严肃查处有损品牌形象的人和事，共同维护汶川品牌。六要规范和完善农民专业合作经济组织。要在专合组织中建立党支部，深化和完善农民专业合作经济组织的运行机制，着力推进专业合作组织由政府主导向农民自主、由种养合作向家庭工业联合、由松散联合向紧密合作、由单一合作向多元联合转变，真正把党组织的作用发挥起来、把农民群众组织起来、把特色产业发展起来，进一步提高农民进入市场的组织化程度，以农民专业合作经济组织的纵深发展推动新农村建设。

3. 强力推进旅游业恢复重建

旅游业是支撑我县长远发展的特色优势产业，要全力推进旅游经济复苏。重点打造好羌禹文化生态体验游。一要加快精品景区恢复重建。创新机制，抢抓先机，加快修复卧龙、三江等受损旅游景区，着力打造震中遗址纪念地，恢复重建萝卜寨、布瓦、东门寨、羌锋、高店等村寨的羌雕、羌绣、羌居、羌节和禹王文化，大力推动藏羌文化走廊、熊猫遗产禹王故里、羌绣之乡走廊建设。二要完善旅游配套设施。政府引导，市场运作，在威州、映秀、三江、水磨、卧龙等集镇规划建设一批星级旅游宾馆、饭店，打造独具特色、设施一流、管理规范的乡村旅馆，建立健全旅游应急体系，提高旅游通道整体服务水平。三要加大宣传促销力度。依托九黄旅游名气，突出汶川资源特色，加大旅游宣传营销力度，做好灾后旅游营销策划，强化品牌营销和线路营销，积极拓展客源市场，加强旅游市场综合整治，重树旅游市场信心，重塑汶川旅游形象。四要加强旅游人才队伍建设。建立健全吸引人才机制，注重旅游管理人才及企业家的培养和引进，不断

提高旅游服务水平。

五、科学规划，统筹发展建城镇

魅力城镇是推动汶川又好又快发展的载体，也是工业化和现代化的重要标志。要充分发挥威州、映秀、水磨、漩口等四个重镇的龙头作用，打造三江水乡藏寨，辐射带动全县集镇建设，提高全县城镇化发展水平。

1. 抓好城乡设计，确保规范有序

牢固树立规划设计是龙头的城市建设理念，充分借鉴国内外灾后重建经验，吸取社会各界智慧，按照以人为本、传承文化、注重质量、强化功能、彰显特色的原则，科学调整城镇功能空间布局，在更高层次、更高水平上推进城镇总规和城市设计工作，提高规划的科学性和权威性。

2. 搞好风貌恢复，传承藏羌文化

把城乡居民住房维修加固和重建与风貌恢复重建很好结合起来，传承藏羌民族文化特色，全力打造民居风貌，做到一房一景、一村一色、一线一特，建设特色魅力新民居。

3. 统筹城乡发展，加快城镇建设

坚持科学规划、突出特色、产业带动、城乡统筹的原则，立足区域特色、产业发展和主体功能，围绕"一心两廊四区"构想，加快建设组团式生态化城镇。

4. 探索聚居模式，推进节约发展

新农村建设是惠及广大老百姓的民心工程。要围绕民富村美班子强的目标，积极探索农民聚居模式。加快高半山道路、小微水利等基础设施恢复重建，确保完成"四改"工程量的100%、"两建"工程量的50%，着力改善高半山群众生产生活条件。统筹协调，捆绑项目，适度推进自然村聚居点建设，引导农民树立文明新风，着力打造一批"自然院落布局、藏羌民俗风格、便捷生产生活、发展特色经济"的新农村。

六、解放思想，改革开放添动力

我们要用比较的思维、创新的理念、改革的精神，在改革上勇于率先，开放上勇于攻坚，发展上勇于创新，为经济社会又好又快发展增添新的生机与活力。

1. 稳健推进改革，让发展活力充分涌现

继续深化财政体制、社会事业、企业内部、农村综合改革，切实转变县乡政府职能，构建面向市场、促进

发展、充满活力的新机制,让市场更加完善、政府更有效率、企业更具活力。

2.加强交流合作,让开放水平明显提高

紧紧抓住广东对口支援我县的良好机遇,认真研究沿海及中西部发达地区的经济特点和资本流向,积极对接产业梯度转移,加快引进关联度大、牵引力强的企业落户汶川发展。要选派优秀年轻干部上挂学习和到发达地区挂职锻炼,切实加强对外交流,努力实现区域协作新突破。

3.坚持开明诚信,让发展环境更加优化

按照开放、诚信、文明、和谐的要求,深入开展诚信创建活动,坚决打击妨碍经济社会发展的人和事,切实维护经营者的合法权益,着力营造优质高效的服务环境、规范透明的政策环境、诚实守信的人文环境、竞争有序的市场环境。

七、统筹推进,精神家园有新内涵

坚持精神家园重建和物质家园重建并重,高标准、高起点、多视野推进精神家园重建。

1.弘扬抗震精神,让人民群众更有光明感

中华民族饱经沧桑,历来自强不息、愈挫弥坚。在抗震救灾中,民族团结得到检验,民族情谊充分彰显,民族力量强大凝聚,自强不息的民族精神得到更大提升。只要我们发扬万众一心、众志成城,不畏艰险、百折不挠,以人为本、尊重科学的伟大抗震救灾精神,自尊、自信、自强、自立,看到前途,看到光明,共同艰苦奋斗,就一定能够战胜任何困难,就一定能够加快灾后恢复重建。

2.倡导感恩文化,让人民群众更有温馨感

感恩,是一种美德。我们只有坚持深怀感恩之心,以德报怨,才能使家庭更加和美、人际更加和睦、干群更加和顺、社会更加和谐。要感恩于党。进一步深入开展"与党同心,与社会主义同向,感恩报国"活动,教育广大干部群众真正用感恩的良好心态和崇高境界认识党、评价党、回报党。要感恩于人民。各级党员干部一定要感恩于人民群众,感恩于衣食父母,时刻不忘鱼水恩情,时刻不改天地关系,自觉服务百姓、发展百姓、致富百姓。

要感恩于广东援建。牢固树立灾后恢复重建汶川主体意识,大力宣传广东省对汶川地震、汶川人民的援建之恩,深入开展"川粤情深、共建家园"活动,充分展示汶川人民知恩图报、热情好客、勤劳质朴的良好形象。

要感恩于社会。人既生于天地间,又受恩于全社会。父母对我们有养育之恩,老师对我们有教育之恩,同学对我们有帮助之恩,同事对我们有协助之恩,邻里对我们有照顾之恩,领导对我们有培育之恩,社会对我们有关爱之恩,军队对我们有保卫之恩,祖国对我们有呵护之恩。大恩、小恩,都意味着别人的付出和奉献,都需要我们的珍惜和感激,都需要我们的感恩和回报。我们每个人都要把施恩的品质奉献给社会,把感恩的追求转化为行动,让社会充满感恩氛围,让人间充满感恩真情。要感恩于家人。我们每个家庭成员都受恩于父母祖辈、受恩于兄弟姐妹、受恩于亲戚朋友,这种人间亲情血缘的赤诚交融,全部维系在感恩情结之中,始终需要我们的精心呵护。每个人都要牢固树立弘扬感恩文化、构建和睦家庭的责任情怀,善待家人、包容家人、感恩家人,让家庭在感恩报恩中闪光,让亲情在赤诚血缘中交融,用每个成员的真情铸就幸福美满的家庭。要深入开展评选好公婆、好丈夫、好儿女、好媳妇、好女婿、好邻居、好同事等活动,让每个人都牢固树立弘扬感恩文化、构建和睦社会的责任情怀。

3.注重人文关怀,让人民群众更有安顿感

加强心理疏导和心灵抚慰,强化以亲情、奉献、关爱和自强为核心的人文环境建设,坚定人民群众重建两个家园的信心和决心,为恢复重建提供强大精神动力和思想保障。激励和引导人们相互尊重、相互信任、相互帮助,把崇尚和谐、维护和谐的理念转变为人们的行为习惯;弘扬和谐的传统文化,注重人文关怀,维护团结友善,努力营造男女平等、尊老爱幼、扶贫济困、礼让宽容的社会风尚,努力形成构建和谐社会人人有责、和谐社会人人共享的生动局面。要加快城乡公共文化设施的恢复重建步伐,积极构建公共文化服务体系网络。要积极发展新闻出版、文学艺术,实施农民体育健身工程。要积极实施和尽快恢复广播电视"村村通"工程,丰富人民群众精神文化生活。要高度关心农村"留守儿童"和进城务工农民子女健康成长。

4.传承民族文化,让人民群众更有归属感

要加强文化遗产的抢救、保护和修复,启动羌文化保护工程,建立科学的羌文化保护体系,让物质文化遗产和非物质文化遗产得以传承,使羌文化得以发扬光大。要进一步加大藏羌回汉民族建筑风貌恢复重建力度,藏羌民族聚居的村落新建房屋要尽力保留民族建筑风格,统一羌式建筑风貌。要进一步挖掘羌歌、羌舞、羌绣等民俗文化,丰富文化展示载体,加强羌文化走廊建设。加强汶川大地震震中遗址保护和开发建设,抓好民族特色文化村的恢复重建,尽快命名申报一批历史文化名村,保护和传承少数民族文化。

八、关注民生,以人为本促和谐

要真正把人民群众放在社会主体地位,实现好、维护好、发展好人民群众的利益,受理好、协调好、解决好人民群众的诉求,调动好、凝聚好、发挥好各个方面的力量,真正做到"权为民所用、情为民所系、利为民所谋"。

1.把民生改善作为第一追求

要坚持把民生问题放在更加突出的位置,大力实施扶贫解困工程、就业促进工程、教育助学工程、社会保障工程、医疗卫生工程、百姓安居工程、道路通畅(达)工程、环境治理工程等八大民生工程,切实解决人民群众的具体困难和实际问题。要千方百计争取政策、创造政策,确保每一个群众都有饭吃、有衣穿、有房住,病有所医、老有所养。要认真落实建材特供政策,实施价格干预,对维修加固和重建农户的建材运输费用继续实行运价补贴,要全面兑现农房恢复重建补助政策和农房重建贷款政策,用好用足国家有关土地整理政策,切实解决农民灭失土地问题,同时积极争取社会捐赠和援建资金支持,让老百姓在灾后重建中得到更多实惠。

2.把确保安全作为第一需要

安全责任重于泰山。要按照管生产必须管安全,抓发展必须抓安全的要求,全面落实安全生产责任制,斗硬落实辖区负责、一岗双责和责任追究制度,抓住源头管理、过程监控、应急救援、事故查处四个环节,关口前移,责任到人,标本兼治,有效防范和坚决遏制重特大事故。建立健全社会预警体系和应急救援、社会动员机制,切实提高保障公共安全和处置突发事件的能力,确保发展安全。

3.把维护稳定作为第一责任

稳定压倒一切。要按照"事要解决、人要守住、法要管用"的要求,做深做细群众工作,完善群众工作网络,畅通群众诉求渠道深入开展大接访活动,变群众上访为干部下访,确保受灾群众"有话就说、有怨就诉、有难就解、有事就办",把不稳定因素化解在基层、消灭在萌芽状态,做到"小事不出乡、难事不出县"。要旗帜鲜明地反对分裂,严厉打击邪教组织,依法从严打击各种违法犯罪和危害社会的行为,确保全县政治稳定、社会稳定和治安稳定。加强政法部门基层基础工作,加强政法队伍建设,完善政法工作保障机制。要加强社会治安综合治理,深入开展平安创建活动,扎实推进"五五"普法活动,提高公民法制意识,努力形成团结奋进、共谋发展的良好局面。

4.把民族团结作为第一要求

要加强党对民族工作的领导,全面贯彻落实党的民族政策;大力开展民族团结教育活动;狠抓经济建设,努力缩小各民族之间的差距;坚持汉族离不开少数民族,少数民族离不开汉族,少数民族之间也相互离不开的"三个离不开"思想,正确处理好民族与国家、民族与阶级及各民族之间"三个关系";大力培养少数民族干部,使平等、团结、互助、和谐的社会主义民族关系不断巩固和发展,努力实现共同团结奋斗,共同繁荣发展。

构建党内和谐

我们要按照以改革促进和谐、以发展巩固和谐、以稳定保障和谐、以党内和谐带动社会和谐的思路,大兴用心学习之风、亲民为民之风、苦干实干之风、开拓创新之风、清正廉洁之风,切实抓好思想政治、领导班子、干部队伍、基层组织和党风廉政建设,真正让肯干事的人有机会、能干事的人有舞台、干成事的人有前途,着力形成按制度办事、靠制度管人、用制度激励的为政环境,努力提高各级党组织的创造力、凝聚力、执行力。

一、突出主体地位,保障党员权利

实施强基工程、榜样工程、接班工程、温暖工程，保障党员民主权利，充分调动党员的积极性、主动性、创造性。

1. 健全党员权利保障制度

坚持把保障党员正确、充分行使党内权利作为扩大党内民主的基本内容，积极采取党内情况通报、党员民主议事、党内民主评议、党内民主选举等有效形式，拓展党员参与党内事务的渠道，保障党员行使党章赋予的权利，充分发挥党员在党内的主体作用。

2. 建立健全党员发展制度

进一步创新党员发展机制，建立入党积极分子培训档案，规范党员发展机制；推行"双推优"制度，从优秀青年、优秀妇女中广泛吸收入党积极分子；进一步推进和完善党员发展公示制度，要通过创新机制，规范管理，严把"入口"关，使党员质量明显提高。

3. 健全基层干部培养制度

大力实施固本强基工程，积极创新党员干部管理机制，认真抓好干部培训，每年集中对乡镇党委书记、乡镇长和村党支部书记、村主任进行轮训，促使各级领导班子执政能力和干部队伍整体素质有明显提高，真正把优秀基层干部选拔到领导岗位上来，切实增强基层党组织的生机和活力。县委政府每年评选重奖30名优秀离任两委主要领导干部，重奖连续三年受到县委、县政府表彰的村党支部书记、村委会主任。

二、加强党的领导，凝聚各方力量

要切实加强党对人大、政协、武装力量、统一战线、群众团体的领导，加强基层干部队伍建设，把各方面的力量都凝聚到加快汶川又好又快重建和发展的伟大实践上来。

1. 加强对人大、政协的领导

加强和改进党对人大、政协工作的领导，是做好人大、政协工作的根本保证。各级党委要充分认识人民代表大会这一根本政治制度，充分认识中国共产党领导的多党合作政治协商这一基本政治制度，支持人大、政协积极履行职能，帮助解决工作中的重大问题，充分发挥人大代表和社会各界人士作用，加快建设灾后魅力新汶川。

2. 加强党管武装工作

要坚持把国防后备力量建设纳入经济社会发展的总体规划，纳入党委政府的重要议事日程，纳入领导干部任期责任制，做到统筹谋划、协调发展。

3. 加强统一战线工作

认真贯彻党的统一战线政策，加强与社会新阶层人士的联系，充分发扬广交朋友、政治协商、民主监督、合作共事和自我教育等优良传统，把正确的政策与良好的工作方法结合起来，使党外人士在党的路线、方针、政策指引下很好地发挥作用。

4. 发挥群团组织作用

要进一步加强和改进党对群团工作的领导，加强群团组织的基层组织建设和干部队伍建设，积极支持群团组织依照法律和各自章程开展工作，参与社会管理和公共服务，维护群众合法权益。各级群团组织要充分发挥党联系群众的桥梁和纽带作用，组织群众、宣传群众、教育群众、服务群众，动员和凝聚广大职工、青年和妇女投入我县灾后重建和加快发展的伟大实践中来。

5. 切实加强宣传思想工作

要深入开展社会主义荣辱观教育，大力宣传各条战线的先进典型和模范人物，努力营造良好的社会风尚。坚持以创建文明县城、文明单位、文明村镇、文明社区、文明家庭活动为载体，广泛开展群众性精神文明创建活动。

6. 加强基层干部队伍建设

要真正重视、真情关怀、真心爱护基层干部，体谅基层干部的实际困难，了解基层干部的思想情绪，关心基层干部的身心健康，改善基层干部的工作生活条件，提高基层干部的经济待遇，把组织的温暖送到基层干部的心坎上，充分调动基层干部特别是党政一把手的积极性、主动性、创造性，为科学重建、加快发展提供强大的组织保障。

三、坚持民主决策

发挥集体智慧，扩大党内民主、构建党内和谐，需要民主决策，需要党委领导班子成员发挥积极作用，努力提高集体决策水平。

1. 建立决策咨询制度

要积极建立和完善决策咨询制度，对于宏观、长远、前瞻性的战略决策和现实政策问题，要组织力量予以咨询，为汶川灾后恢复重建提供科学化、民主化的决策思路和成果。

2.执行集体决策制度

要建立健全全委会决策、常委会执行、纪检机关监督、社会群众评价的权力运行和制约机制；要建立健全会议开放制度，县委常委会、人大常委会、政府常务会、乡镇党委会全部实现开放；要建立健全重要工程专家咨询制度、重大事项公告制度，努力形成慢决策、快执行、重实效的科学决策机制，使各项决策事项更加符合客观实际和群众意愿。

3.健全常委分工负责制度

坚持集体领导、分工负责的原则，由县委常委分工负责一个或几个方面的工作，实行一事一主体、一人管一线，着力构建责任明确、分工负责的运行机制，每个常委定期向县委常委会报告工作，确保常委分工负责制有序、高效运转。

四、强化民主管理

打造阳光党务。扩大党内民主、构建党内和谐，需要民主管理，打造阳光党务。

1.完善干部选任评价制度

要加强干部队伍建设，坚持讲党性、重品行、作表率的用人导向，进一步创新干部选任方式，坚持公开、公正、公认选任党的领导干部，让选人用人权在阳光下运行；要加强干部队伍管理，健全领导干部考核评价制度，建立"定量+定性+民意"的干部考核评价指标体系，重用那些特别讲大局、特别讲付出、特别讲实干、特别讲纪律的优秀干部，真正让开拓者无悔、让援建者无怨、让公正者无畏。

2.创新中心组学习制度

加强中心组学习，促使学习成员解放思想、开阔思路、达成共识。要创新学习制度，在学习篇目上更加注重针对性，在学习安排上更加注重前瞻性，在学习方式上更加注重互动性，在学习效果上更加注重实效性，坚持"每月学一文、每月写一文、每月议一文"，使领导班子理论上得到提高，认识上得到深化，思想观念得到更新，发展信心得到增强，使"科学重建、加快发展"成为广大干部群众的共识共为，推动汶川经济步入快速发展的轨道。

3.推行党的工作联系制度

坚持深入群众、联系群众、服务群众，确保党的组织覆盖、工作覆盖、战斗力覆盖。斗硬落实县、乡镇党委委员联系党代表、联系党员、联系群众，党代表联系党员、联系群众，党员联系群众的联系制度，广泛联系群众和接受监督，及时解决群众最关心、最直接、最现实的利益问题，不断提升基层党建水平，夯实灾后恢复重建的组织基础和保障。

4.完善村级组织配套建设制度

村级组织建设是党的建设的基础。在加强村级组织活动阵地建设的同时，要坚持加强村党支部建设与健全村委会、村团支部、村妇委会、村民兵组织等配套组织建设相结合，切实抓好村民自治，充分发挥群团组织在扩大基层民主、加快建设新农村进程中的桥梁和纽带作用。

五、加强民主监督

确保清正廉洁。要加大党务公开力度，健全党内监督制度，严格党风廉政建设责任制，确保构建基层党内和谐取得明显成效。

1.完善党务公开制度

按照规范、实用、方便的要求，在政策和党章允许范围内，最大限度地公开党员和群众想知道的事、该知道的事，扩大普通党员、干部群众的知情权。要建立健全乡村、机关、医院、学校、社区党务政务事务公开制度，做到按时公开、如实公开、依法公开。

2.健全党内监督制度

积极实施党的纪律监督、人大法律监督、政协民主监督、社会舆论监督和群众信访监督等有效方式，建立健全科学、完整、有效的党内监督机制，建立完整民主监督机制，逐步实现党内监督工作的制度化、法律化。积极探索领导干部任职承诺制度，努力提高党内监督和群众监督的实效，确保农村最基层党组织和党员领导干部的纯洁性。要认真落实问责制，通过问人、问事、问责，问出压力、问出干劲、问出激情、问出人品。

3.严格党风廉政建设责任制度

要加强党风廉政建设，认真解决群众办事难、群众诉求难、群众监督难、案件查处难、制度执行难等问题，尤其要从严执行灾后恢复重建和项目建设的纪律规定，营造为政清简、作风清新、为官清廉、政治清明的良好环境。要切实加强乡村两级党风廉政建设，健全党风廉政督查制度，进一步密切党群干群关系，促进社会和谐稳定和灾后廉洁重建。

各位委员、同志们，加快建设富裕文明和谐魅力新汶川是我们的神圣使命，让我们紧密团结在以胡锦涛同志为总书记的党中央周围，高举中国特色社会主义伟大旗帜，深入实践科学发展观，在州委的坚强领导下，团结带领全县各族人民，振奋精神、坚定信心，开拓创新、扎实工作，为推进汶川科学重建、加快发展、又好又快发展而努力奋斗！

汶川县十二届人大第三次会议政府工作报告

（2009年2月25日）
廖　敏

各位代表：

　　我代表县人民政府向大会报告工作，请予审查，并请县政协委员和列席人员提出意见。

2008年工作回顾

　　2008年，是我县极不平凡、极不寻常的一年，在"5.12"特大地震这场震惊世界、刻骨铭心的灾难面前，全县10万各族干部群众经受住了生与死的严峻考验，在波澜壮阔的抗震救灾斗争中，向世界展示了我们坚强、坚挺、坚韧的汶川精神。

　　过去的一年，县人民政府深入贯彻落实科学发展观，大力实施民生工程，努力构建和谐社会，新农村建设、工业经济、旅游发展、城镇建设、社会事业等工作取得良好开局。正当全县上下凝心聚力，锐意进取，奋力推进富民强县进程的关键时刻，突如其来的"5.12"特大地震给我县经济社会发展带来了深重灾难，给人民群众的生命财产造成重大损失，全县基础设施全部瘫痪，城乡房屋损毁严重，产业经济遭受重创，文物古迹遭受严重毁损，生态环境遭受巨大破坏，直接经济损失643亿元。在党中央、国务院的亲切关怀下，在省、州党委政府和县委的坚强领导下，在县人大、县政协的监督支持下，在全国人民和社会各界的大力帮助下，在广东省的无私援助下，县人民政府按照"一手抓灾后恢复重建、一手抓经济社会发展"的总体要求，带领全县各族干部群众正视现实、调整心态、振奋精神、增强信心、自强不息、顽强拼搏，取得了抗震救灾、过渡安置、温暖过冬、祥和过年、恢复重建的阶段性成果，全县呈现出恢复重建加快推进，社会政治保持稳定，人民生活不断改善，干部群众斗志昂扬的良好局面。

一、全力以赴，抗震救灾取得重大胜利

　　面对特大地震灾害，县人民政府紧紧围绕抗震救灾、重建家园这个中心工作，高度统一思想、统一认识、统一行动，全县干部群众临危不惧、积极应对、守望相助，在灾难中沉着、在站立中坚强、在大爱中感恩，有力、有序、有效推进了抗震救灾各项工作。

　　打赢了抢险救援的硬仗　第一时间成立了"5.12"抗震救灾指挥部，启动一级应急预案，组织县级机关党员干部、公安民警、驻地部队、民兵应急分队组成抗震救灾工作组立即分赴各乡镇，与驰援灾区的解放军、武警官兵等各方抢险救援力量配合协同，冒着余震威胁、不顾身心疲惫，全力投入抗震救灾，竭力维护社会稳定，抢救安抚受灾群众，安全疏散、转移10万多群众，转移滞留外来人员和游客2万多人，从废墟中救出13413人。

　　打赢了物资保障的硬仗　全县车辆、物资、人员实行统一调配，食品、药品、油料等紧缺物资实行统一征用，确保了应急物资供应。发放大米4549吨、食用油416吨、帐篷4.2万顶、衣被256万件、发电机669台。

　　打赢了抢通保通的硬仗　及时抢修供水、供电、通信、交通等设施，为抢险救援和灾后重建提供有力保障。震后第2天解决了县城4万多人的应急供水，3天内恢复应急通信，5天内恢复了县城重要单位和部分乡镇的应急供电，7天内基本打通汶川至马尔康、茂县的应急通道。省、州领导坐镇指挥，四川路桥攻坚破难，3个月恢复都汶路应急生命通道。全县通村道路基本抢通。

打赢了卫生防疫的硬仗 整合医疗资源，设立紧急救护点，收治伤员 6 万多人次，转运伤员 5000 多人次。大力开展卫生防疫、卫生执法监督和健康教育等工作，建立完善县、乡、村、组、户五级防疫体系，做到卫生防疫全覆盖。加强映秀封控区管理，加强鼠害防疫，加大动物检疫力度，无害化处理动物尸体不留死角，确保大灾之后无疫情。

打赢了群众安置的硬仗 全县迅速搭建帐篷 4 万多顶，解决了受灾群众的临时住处。面对次生灾害频繁，群众安置选址困难，千方百计通过自建房过渡安置农村居民 14984 户 58719 人，通过活动板房过渡安置城乡居民 7929 户 22885 人，通过地质灾害治理、宅基地调整、土地整理、集中安置等多种方式，将所有受灾群众就地、就近、分散安置在县内。

打赢了万名师生转移复课的硬仗 成立震后复课领导小组，抽派精干力量，争分夺秒、打破常规，积极争取多方支持，教育、公安、交通、卫生等部门与各乡镇通力合作，历时三个月，辗转数千里，圆满完成了新中国成立以来最大规模成建制的异地和板房过渡复课任务。全县 83 所中小学 12200 余名师生如期在广东、山东、山西、北京、福建和省内 11 个市（区、县）异地复课，5 所小学、两所幼儿园 1500 余名师生在板房复课。顾全大局，深入细致，全力做好遇难学生家庭慰问和学校涉稳工作，保证了教育教学正常秩序和社会稳定。

打赢了地灾防治的硬仗 加强地质灾害治理，率先在全省启动了重大地质灾害防治工程 37 处，513 处永久性集中安置点地灾评估全部完成，在银杏、草坡、三江等乡镇实施了 50 处小型地质灾害治理，其他乡镇也相继启动治理工程。全县设置安全岗哨 200 多个，安排 300 多人从事飞石、滑坡、泥石流等次生灾害的监测和排查，群防群治，确保群众行路和居住安全。

打赢了温暖过冬的硬仗 按照"四保一储备"的要求，党政齐抓、广东支持、全民动手，奋战 20 天，确保受灾群众温暖安全过冬。发放棉被 28.47 万床、毛毯 8.78 万床、衣物 17.88 万件、灶具 4896 台、家用电器 5707 件、烤火炉 2.36 万具。及时落实薪炭林采伐指标，焦炭按成本价 50%给予补贴，保证取暖燃料之

需。拨专款 2000 万元，采购发放棕垫、彩条布、油毛毡、竹夹板等物资，保证自建房加固加厚材料。进一步完善板房安置点供电、供水、消防、洗浴等配套设施，满足群众过冬需要。拨专款 1200 万元，切实解决了省内外过渡师生过冬问题。恢复巩固县、乡、村、组四级传染病防控网络，全县重点人群流感疫苗接种率达 95%。储备口粮 440 万公斤、食用油 40 万公斤。

二、科学重建，经济社会逐步恢复发展

由于"5.12"地震影响，全县主要经济指标大幅降低。完成生产总值 13.69 亿元，同比下降 56%。完成农业总产值 1.72 亿元，同比下降 38.2%。实现规模以上工业增加值 5.18 亿元，同比下降 57.3%。完成全社会固定资产投资 9.12 亿元，同比下降 40.3%。社会消费品零售总额完成 2.48 亿元，同比下降 42.9%。实现旅游总收入 5124 万元，同比下降 78.1%。地方财政一般预算收入完成 5818 万元，同比下降 52.7%；地方财政一般预算支出 15.98 亿元，同比增长 380.2%。各项存款余额 32.84 亿元，同比增长 86.1%；各项贷款余额 21.25 亿元，同比增长 4.5%。城镇居民人均可支配收入 10768 元，同比增长 13.9%；农民人均纯收入 2745 元，同比下降 1.6%。面对地震灾害带来的严峻形势，县人民政府带领全县各族干部群众，紧扣州委、州政府"一年一个样、三年大变样、五年展新貌"的重建目标，科学规划，精心组织，齐心协力，强力推进城乡住房、社会事业、基础设施、城镇、产业、文化、生态等恢复重建，促进县域经济尽快恢复发展。

科学合理编制重建规划 根据国务院《汶川地震灾后恢复重建条例》，按照省、州关于建设组团式、生态化城市的要求，结合我县灾后实际，集思广益，提出了"一心两廊四区"城镇体系建设总体构想，与四川大学、广东有关援建单位共同完成了灾后恢复重建总体规划和专项规划，编制了 4000 余项涉及总投资近 930 亿元的灾后重建项目。县域城镇体系规划、县城总体规划及乡镇规划评审、报批工作基本完成，震中映秀作为灾后恢复重建的标志，规划已经省政府原则同意。威州、映秀、水磨等乡镇城市设计、重点集镇建设性详规、村庄规划正紧锣密鼓进行。安排城镇、农村居民点建设用地 9450 亩，工业集中区建设用地 1335 亩，能源、交通、水利、通信、旅游等基础设施建

设用地 10515 亩。

因地制宜推进住房建设　按照"就地、就近、分散"的安置原则，以"安全、经济、实用、省地、特色"为重建标准，从组织、引导、监督、服务四个方面着力，从选址、资金、材料、工匠四大难题入手，强力推进城乡住房建设。2935 户农房维修加固已于 11 月底全部完成，农房重建已完成 19%，有 3000 多户村民在春节前喜迁新居。发放农房维修加固和重建补助资金 6345 万元、委托贷款 1.29 亿元。积极开展城镇危房拆除和废墟清理，拆除危房 19.92 万平方米，清理废墟 30 万立方米，轻微、中度受损房屋维修加固抓紧实施。着力推进廉租房、安居房建设，县城郭竹铺 2000 套安居住房已启动，各类建房的设计、选址、地勘、招投标等工作正紧张有序进行，确保年底基本完成城镇居民房屋恢复重建。

全力以赴恢复基础设施　农村公路重建、新建 1350 公里，已动工 9 条 90 公里。投资 4.1 亿元的粤汶公路、投资 2.4 亿元的漩三公路开始前期测设工作。草坡乡、龙溪乡通乡公路按三级公路建设标准已完成勘测设计，百花大桥改线工程正抓紧施工。恢复饮水管道 671 公里，基本解决了全县安置点和农村群众的应急饮水问题。日供水 1 万吨的县城自来水厂已进入施工阶段，天然气站正抓紧建设。城乡供电、通信以及市政公用服务设施基本恢复，城镇基础设施建设全面启动。

依托优势抓好产业恢复　全力促进工业恢复，科学合理调整水磨、漩口和桃关工业园区布局，积极组织参与灾后重建招商活动，承接沿海地区产业转移，签订了磁材、工业硅等合作项目 8 个。积极为企业争取灾后恢复重建资金 2.8 亿元，大力支持阿坝铝厂、紫坪水泥厂等骨干企业恢复重建，60 户工业企业基本恢复生产经营。全力促进农牧业恢复，加大抢种抢收、改种补种力度，完成粮食播面 4.96 万亩，实现粮食总产量 6886 吨。帮助农户销售农产品，补贴运价，尽力降低农户经济损失。指导农户加强田间管理，抓紧恢复农业设施，规划复垦整理土地 9.18 万亩。补栏牲畜 30000 头(只)，改扩建圈舍 50000 平方米。全力促进旅游业恢复，编制了旅游业恢复重建对口支援工作方案，与广东省旅游局签订了对口支援合作

协议，总投资 4.2 亿元的三江盘龙山生态旅游度假区开发项目成功签约。景区道路、宾馆等旅游基础设施正抓紧恢复。全力促进商贸流通体系恢复，加强流通环节管理，争取专项资金 120 万元，建立应急超市和便民服务店 70 个，恢复威州、水磨、三江农贸市场功能，已有 1000 余户个体工商户恢复营业，满足了城乡居民生活需求。

稳步有序重建社会事业　灾后学校布局调整完成，学校重建加速推进。三江小学已完成教学楼、学生宿舍楼的主体工程，汶川一中、龙溪小学、水磨小学、漩口小学、绵虒小学、雁门小学等学校已开工建设，其他学校建设前期工作基本就绪。克服重重困难，圆满完成灾后普通高考的组织考试工作。积极开展励志、安全、感恩教育，加强异地复课学校管理和师生的心理疏导，确保学校安全。医疗卫生单位全部实现临时安置，医疗救治、传染病、地方病防治、卫生监督、妇幼保健、民族医药、新型农村合作医疗等工作有序开展。三江乡卫生院已完成主体建设，县人民医院、草坡乡卫生院已奠基，其他医疗卫生单位重建设计、选址已完成。及时恢复集中安置点广播电视网络，完成全县广播电视灾后恢复重建规划。文化体育、计划生育、通信、气象、档案、史志等工作恢复常态，重建工作正有序进行。第二次全国经济普查、第三次全国文物普查进展顺利，妇儿保护、敬老、残联、慈善、红十字等工作得到加强。

精心组织强化建材保障　按照"政府主导、分级负责、保量直供、稳定价格"的要求，成立了农房建设建材特供办公室，明确了建材特供生产、经销、运输企业，建立特供点，实行价格干预，落实了价格补贴优惠政策，确保农房建设顺利进行。目前，已向农户供应钢材 4652 吨，水泥 2.62 万吨，砖 1.24 亿匹，落实建材特供价格补贴 3000 万元，拨付建材储备资金 5000 万元，钢材储备已超过 10000 吨。恢复和新建砖厂 32 家、水泥厂 3 家、混凝土搅拌站 3 家、人工沙石厂 5 家，与川威集团建立了钢材直供机制，有力保障了灾后恢复重建建材需求。

注重机制加强资金管理　切实加强抗震救灾资金的监管，救灾资金实行"一个口、一个户、一支笔、一本册"的管理制度，按规定筹集、分配、拨付、管理使

用,确保捐赠资金规范、高效、公开、透明,发挥了资金最大使用效益。按照"保工资、保运转、优先安排民生支出"的原则和灾后财力状况,及时调整财政预算,优化支出结构,压缩一般性公用经费支出,努力为抗震救灾和灾后重建提供资金保障。对灾后重建资金实行"专户管理,专账核算",严格按照基本建设程序和招投标管理的规定组织项目实施,确保资金的规范、安全、有效。加强政府性投资项目评审工作,评审项目89个,送审金额1.02亿元,审减资金1244万元,审减率为12.2%。

营造氛围促进对口援建 加强与广东省的沟通协调,抓好工作对接,建立完善协商机制,强化宣传,热情服务,营造"川粤同心、共建家园"的良好氛围,援建队伍不辞辛劳、不怕艰险、不畏严寒,克服重重困难,来得了、住得下、融得进、干得好。第一批130个总投资15.82亿元、第二批289个总投资20.69亿元的对口援建项目已开工86个,到位资金5亿元。

三、关注民生,不断改善群众生活

认真落实强农惠农政策,大力实施民生工程。发放粮食直补和综合直补343.22万元、农机补贴50.5万元、养殖户补贴6.7万元、家电下乡补贴15.38万元,受惠农户15688户。启动了农业政策性保险,55户养殖户获得能繁母猪保险赔偿金11.5万元,农民真正得到了实惠。

全部免除义务教育阶段学生学杂费并免费提供教科书,为全县义务教育阶段寄宿制学生、特殊儿童和大骨节病区"易地育人"学生提供每人每月300元的生活补助费。提高新农合补偿标准,参合农民62484人,参合率92.65%,9675人次享受新农合补偿政策,报销医药费277.9万元。

切实帮助因灾停产、歇业的企业职工度过困难时期,为39户参保企业6002名职工发放失业救助金1518万元,提供就业岗位15000多个,劳务输出2300余人,开发公益性岗位6761个,及时发放岗位补贴1224万元。对符合政策的1458名灵活就业人员发放社保补贴329万元。发放灾后三项政策补助1.4亿元、死亡抚恤金1020.5万元。城镇居民基本医疗保险参保人数14781人,城市医疗救助156人次、人均医疗救助102.4元,城市最低生活保障50030人次、人均补差142.3元,农村最低生活保障62150人次、月人均发放36.7元。农村五保集中供养19人,分散供养435人,Ⅲ度大骨节病人全部参照农村五保供养政策实施救助。

加大培训力度,举办羌绣、建筑工匠等各类培训11期,免费为1100多名农村失地无业农民进行技能培训,积极引导帮助返乡农民工实现就业。加强劳动保障监察执法,为700余名农民工追讨拖欠工资412万元。认真开展法律服务、法律援助工作,切实维护了受灾群众的合法权益。

四、完善管理,竭力维护社会稳定

加大食品、药品、农资、矿业秩序、运输市场等专项整治力度,严厉打击制售假冒伪劣商品、欺行霸市、商业欺诈、非法营运等违法行为。政府应急管理、工商行政管理、物价管理、质量技术监督、食品药品监督、粮食食品安全、盐政、烟草专卖等工作得到加强。

围绕安全生产"隐患治理年"总体要求,抓好防灾、抗灾、减灾工作,深入开展道路交通运输、非煤矿山、冶金行业、危爆物品、公众聚集场所、旅游市场、学校等重点行业领域安全专项整治行动和食品药品安全大检查,加大安全隐患排查和灾后次生灾害的预防和整治力度,全县安全生产事故同比下降25%,死亡人数同比下降34.8%。加大防火、防盗、防交通事故、防煤气中毒、防极端严寒天气的宣传力度,制定了防范处置预案,采取强有力措施,特别开展消防安全演练(习),完善消防设施,配发灭火器2.11万具,确保了消防安全。

切实抓好社会治安综合治理,严厉打击盗窃、哄抬物价、敲诈勒索等违法行为,切实加强社会治安管理,积极创建平安灾区。加大对"藏独"势力和"法轮功"、"门徒会"等邪教组织的打击力度,避免别有用心的人利用地震灾害制造不稳定的事端,全力抓好"3·16"维稳保障工作。严格救灾款物的分配、发放和监管。突出抓好涉灾涉校稳定,及时传达党和政府的声音,让群众了解政策,加强矛盾纠纷排查并积极化解。

加强兵役、预备役工作和全民国防教育。强化民兵队伍建设,着力提高应急维稳、应急救援能力。积极开展"双拥共建"活动,密切军政军民关系,增进了军政军民团结。

五、切实加强自身建设，提高政府行政能力

诚恳接受县人大、县政协的监督，确保公共行政权力的依法、公正、有效运行。加快政府职能转变，逐步完善政府职责体系，注重社会管理和公共服务，维护社会公平、正义，努力促进基本公共服务均等化。认真开展"五五"普法，公民的法制观念和法律意识进一步增强，法律素质进一步提高。全面推行行政执法责任制，促进严格执法、公正执法和文明执法，提高了依法行政水平。进一步健全首问责任制、限时办结制、责任追究制，深入推进机关行政效能建设，不断提高行政效率。建立健全惩治和预防腐败年度工作计划，加强救灾物资、资金审计和监察，查出管理不规范资金1289万元。抓住损害群众切身利益的突出问题，切实纠正部门和行业不正之风。狠抓干部监督管理，查处了12名不作为、乱作为的干部，对工作不在状态的部门和单位进行了严肃批评教育。救灾款物使用坚持公告公示，取信于民。严格兑现政府承诺，做到言必行、行必果，进一步提高了政府公信力。

各位代表，2008年，我们承受的压力前所未有，我们付出的心血前所未有，我们肩负的责任前所未有。面对千年不遇的特大自然灾害，我们大力弘扬万众一心、众志成城，不畏艰险、百折不挠，以人为本、尊重科学的伟大抗震救灾精神，在灾难中接受洗礼、在拼搏中坚定信念、在关爱中凝结真情、在坚强中升华理想，用一颗热爱祖国、热爱美好生活的赤热之心，谱写出情动天地、气壮山河的英雄凯歌。经过艰苦卓绝的努力，我们最大限度地挽救了受灾群众生命，最大限度地降低了灾害造成的损失，社会秩序恢复正常，受灾群众得到妥善安置，灾后恢复重建全面有序推进。这些显著成果的取得，得益于党中央、国务院、中央军委的亲切关怀，得益于省、州党委政府和县委的坚强领导，得益于县人大、县政协的有效监督，得益于广东省和全国人民的无私援助，得益于志愿者的真情奉献，是全县广大干部群众精诚团结、艰苦奋斗的结果。在此，我代表县人民政府，向各级党政组织，向积极投身抗震救灾和恢复重建的广大干部群众、解放军指战员、武警官兵、政法干警、民兵预备役人员、对口援建干部、志愿者、离退休老同志、群团组织和社会各界人士表示衷心的感谢，并致以崇高的敬意！

在推进抗震救灾和灾后恢复重建工作进程中，我们深深体会到：一是必须始终突出科学重建这条主线，与时俱进，开拓创新，拓宽恢复重建的发展路径；二是必须始终突出民生优先这个根本，把握重点，抢抓机遇，解决事关人民群众生产生活的急事难事；三是必须始终突出特色产业重建这个基础，优化结构，规模发展，构建新农村；四是必须始终突出群众满意这个标准，心存百姓，执政为民，维护广大群众的根本利益；五是必须始终突出工作落实这个关键，走在前列，干在实处，激发比学赶超的创业活力；六是必须始终突出安全稳定这个前提，同心同德，凝心聚力，开创和谐包容的全新局面。

在抗震救灾取得重大胜利、恢复重建取得阶段性成果的同时，我们也更加清醒地认识到，我县进入了新中国成立以来最严峻、最困难的时期，灾后重建面临前所未有的困难和问题。一是经济基础被严重削弱，自我发展能力基本丧失。二是生态系统破坏和土地灭失严重，失地无地农民生计问题突出。三是财政收支矛盾突出。四是金融危机的影响逐步显现。五是群众诉求多元，社会矛盾复杂多变。六是受交通、电力、建材、次生灾害等因素的影响，恢复重建任务艰巨。七是少数干部群众观念落后，办法不多，执行不力。

我们要清醒认识面临的困难，抢抓机遇，坚定信心，增添措施，只为三年任务两年完成找理由，不为失败找借口，全力推进灾后恢复重建。

2009年工作安排

今年是新中国成立六十周年，也是我县加快推进恢复重建的关键之年，面对少有的遭遇和处境，经历了少有的困难和考验，承担了少有的压力和责任，受到了少有的关注和关切，我们赢得了少有的坚强和奋起。国家从财税、金融、土地、产业恢复、社会保障等方面给予的政策支持，固定资产投资规模和消费需求的日趋扩大，产业重建的优化升级，重大项目的有力推进，对口援建的全面加快，"汶川"品牌优势、区位优势、资源优势在灾后重建中凸显，广大干部群众抓重建、促发展热情高涨，谋振兴、盼富裕愿望迫切，社

会各界的大力支持都将汇聚成重建发展的巨大力量。"5.12"特大地震,给我县的社会经济造成了极其惨重的损失,但灾后重建又给我们创造了新的机遇和发展空间,我们要按照"面向四川、服务全州,努力把汶川建设成为阿坝新型工业集中发展区、岷江河谷现代特色农业示范区、羌禹文化生态体验区"的战略定位,励精图治、竭尽全力做好政府工作,告慰逝者,激励生者,回报社会。

政府工作的指导思想是:以党的十七大和十七届三中全会精神为指导,以恢复重建为中心,以对口援建为契机,以受灾群众物质上得到更多实惠、精神上得到有效安抚为目标,大力弘扬伟大抗震救灾精神,认真落实省、州党委决策部署,抓住灾后重建和扩大内需两大机遇,全面推动灾后恢复重建、八大民生工程、一心两廊四区发展规划实施,确保提前完成灾后恢复重建任务,重振震前发展势头,促进全县经济社会科学重建、加快发展。

我县经济社会发展的主要预期目标是:生产总值确保完成27.98亿元,力争达到37.08亿元;全社会固定资产投资确保完成63.7亿元,力争达到92亿元;地方财政一般预算收入达到4655万元;规模以上工业增加值达到8.4亿元;农业总产值达到2.18亿元;旅游总收入确保达到3500万元;社会消费品零售总额完成2.6亿元;城镇居民人均可支配收入达到11460元;农民人均纯收入达到3045元;万元工业增加值综合能耗下降6%;人口自然增长率、城镇登记失业率分别控制在5‰和5%以内。

要完成今年的各项任务,我们要重点抓好以下工作:

一、强力推进恢复重建,重振震前发展势头

坚持城乡住房重建优先　在继续抓好受灾群众过渡安置,保障群众基本生活的基础上,加快推进城乡群众住房建设。及时兑现建房补助,加大委托贷款发放力度,抓好建材供应和技术支持,加强指导和服务,5月12日前完成农房重建量的60%和城镇居民住房维修加固任务,9月底前全面完成农房重建和城镇居民损毁房屋重建总量的70%,年底前基本完成城镇住房重建任务。着力推进廉租房、安居房建设,鼓励开发建设中小型普通商品房,加大保障性安居房建

设。

坚持公共设施重建优先　把医院、学校等公共服务设施项目作为灾后重建重点,按照高标准、高水平、高质量的要求,优先规划、优先安排、优先建设,建成一批最安全、最牢固、群众最放心的一流学校和医院。集中精力建设好水磨、三江教育园区,启动阿坝师专、电大、威师校和州教仪站建设,今年9月1日前基本完成全县中小学校的恢复重建。加快建设县、乡、村卫生医疗机构,设施、技术、服务功能超过震前水平。加快水磨、绵虒福利中心、烈士陵园、应急物资仓库和县残疾人康复训练中心建设。加快城镇自来水厂、污水处理厂、垃圾处理厂等公共设施建设。重建县广播电视大楼和乡镇广播电视站,恢复全县1315公里广电光纤网络和两万用户的分配网,不断提高广播电视宣传质量和覆盖面。加快文体设施、计生服务、档案馆等社会事业的恢复重建。

坚持基础设施重建优先　围绕"畅出口、强骨架、重安全、上等级"目标,加快国、省道建设,畅通都汶路,打通映日路,完善通乡、通村公路,确保国省道在雨季和汛期的安全畅通。加快汶川至川主寺、汶川至马尔康、映秀至都江堰、映秀至汶川(二级路)、映秀至耿达、漩口至三江等公路的建设,力促映秀至汶川县城高速公路、汶川至彭州二级公路早日开工建设,将其建设成为防震减灾的生命通道和避难场所。抓紧开展农村公路恢复重建,纳入援建先期启动的农村公路3月底前全部开工。认真实施通乡油路、通村公路工程,提高农村公路的覆盖面和通达深度。加快安全饮水、提灌工程和堤防工程建设,启动河道疏浚工程。加快通信网络建设,提升通信服务水平和灾备应急能力。加快推进映秀湾、太平驿、福堂坝、岷电公司和农村小水电的恢复发电,抓紧推进水磨220千伏变电站的续建工程,力争年底前竣工投运,加快映秀二台山220千伏、漩口白云顶110千伏等变电站建设,确保全县生产生活用电。大力推广太阳能、沼气池,加快城镇供气网络恢复建设,确保城乡居民用上成本低廉的清洁能源。加快党政机关、企事业单位办公用房建设,尽快恢复正常办公。

坚持重大产业重建优先　围绕建立"阿坝新型工业发展集中区"的定位,依托资源优势,用好重建政

策,科学规划,加快新型工业集中发展区建设,在漩口集中发展以电解铝、铝型材、磁材、建材、锂、电子材料为主的科技含量高、环境污染少、发展潜力大的现代企业。协调做好水磨工业园区企业的搬迁,加快桃关工业园区企业恢复生产,抓好"飞地"工业园区建设前期工作。加大招商引资力度,积极承接产业转移,引进一批科技含量高、附加值高的工业企业。大力支持阿坝铝厂、广盛锂业、紫坪水泥、立敦电子、川西磁业、九寨茶叶等企业恢复重建和发展壮大。创新投入机制,优化产品结构,延长产业链,形成水电开发、高载能产业、特色农畜产品加工以及电子、旅游新产品加工业的支柱产业。

围绕建设"岷江河谷现代特色农业示范区"的定位,积极恢复和加强农业综合生产能力,促进农业增效、农民增收、农村稳定。立足优势,突出特色,按照高产、优质、高效、生态、安全的要求,大力发展规模种养业,加强甜樱桃、猕猴桃、生态茶叶、生猪等特色优势产业基地建设,抓好特色优势产业标准化生产、规模化发展、产业化经营。坚持一个产业、一个企业、一个品牌,充分发挥产业恢复重建资金和金融信贷作用,大力培育和扶持农业龙头企业,积极探索灵活高效的利益连接机制,实行"公司＋基地＋农户"的经营模式。引导和培育农村专业合作经济组织,加大农畜产品营销大户、农业经纪人队伍培育力度,建立稳定的产销关系。加快实施农业标准化生产,建立农业科技示范园区,着力打造"岷江牌"、"羌禹牌"等农畜产品品牌,积极进入成都、重庆等大都市市场,逐步走出四川,走向全国。加大农民综合素质培训力度,继续采取以工代赈方式组织群众参与恢复重建,扩大农民就业,增加农民收入。

围绕"大禹故里、熊猫家园、羌绣之乡、震中汶川"四大旅游品牌,突破性地发展旅游服务业,不断提高旅游产业效益和综合竞争实力。加快恢复卧龙、三江、萝卜寨等受损旅游景区,恢复提升布瓦羌碉景观。着力打造地震遗址纪念地、羌人谷文化生态体验区,大力推进藏羌文化走廊、熊猫遗产走廊建设。结合灾后恢复重建,建设一批独具特色、设施一流、管理规范的乡村酒店,在威州、映秀、三江、卧龙等旅游集镇建设一批星级宾馆、饭店。加大旅游宣传营销投入力度,

强化品牌营销和线路营销,积极拓展客源市场,重树旅游市场信心,重塑汶川旅游形象。加大文化旅游产品的培育,支持文化旅游企业的发展。加强旅游市场环境整治,加大监管力度,努力营造良好的旅游氛围。大力发展生产性服务业、民生性服务业和服务外包。优化城乡商贸流通网点布局,恢复重建威州镇综合市场和各乡镇农贸市场,建好"万村千乡市场工程"农家店,加快建立以连锁经营为主要方式的农村生产资料和日用消费品流通体系。

加快推进集镇建设　围绕"一心两廊四区"总体构想,按照"以人为本、传承文化、注重质量、强化功能、彰显特色"的原则,立足区域特色、产业发展和功能定位,按照建设组团式、生态化城镇的要求,加快映秀、威州、水磨、漩口、卧龙等乡镇的重建,大力推进新型城镇化进程,打造魅力新汶川。突出县城政治行政中心和全州物流中心地位,着力建好滨河路、过境通道、县城中轴线,努力把县城建设成为人居环境最宜、历史文化和民族风情最浓、旅游休闲最佳的山水生态城市。以最新的规划理念、最新的建筑技术、最新的建筑材料和最好的施工管理、最好的设计师,把映秀镇建设成为集全世界最先进的抗震建筑、具有最佳抗震性能的抗震建筑博物馆和示范点。将水磨镇打造为教育、安居集镇,将漩口镇打造为工业集中集镇,将卧龙镇打造为熊猫家园和生态观光旅游集镇,并带动其他小城镇和新农村建设,使我县成为"汶川特大地震"灾后重建的典范。

加快推进精神家园重建　强化公共文化服务,推进和谐文化建设。加强文化遗产的抢救、保护和修复,以羌人谷、布瓦寨、萝卜寨为重点,建立汶川羌族文化生态保护区,让物质文化遗产和非物质文化遗产得以传承,使羌族传统文化得以发扬光大。启动文物保护与修复工程,综合建设文化艺术中心和体育中心,新建非物博物馆和非物质文化传习所、羌绣生产制作基地、青少年活动中心、乡村电影数字工作站,恢复重建乡镇综合文化站、村(社区)文化室、县城和水磨新华书店等文化设施,积极构建公共文化服务体系网络。大力弘扬抗震救灾精神、爱国主义精神,促进民族团结与社会和谐。深入持久开展社会主义荣辱观教育,加强和改进未成年人思想道德建设,大力培

育文明道德新风尚。加强灾后重建、对口支援工作、英模人物和先进事迹的宣传，激励全县各族干部群众的信心和斗志，弘扬社会正气。大力推进心理救治工程和文化抚慰工程，疏导公众情绪，丰富群众精神文化生活，培育乐观、健康的良好精神面貌和积极向上的社会风貌。

加快推进生态建设 加强天然林资源保护，抓好退耕还林、自然保护区建设等生态工程，完成集体林权制度改革和退耕还林阶段性验收。实施生态人工修复工程，恢复因灾受损林地，重建公益林两万亩、力争达到8万亩，使森林的生态功能逐步恢复。积极争取上级支持，建立生态补偿机制。坚持自然修复与人工治理相结合，进一步加大滑坡、崩塌、泥石流等地质灾害隐患点的监测和综合治理力度，以工代赈整理耕地6.29万亩，工程复垦整理2.2万亩。创新矿产资源开发利用模式，市场配置矿产资源。积极争取国家和省、州支持，建设漩口、桃关工业循环经济示范区。切实加强工业企业污染治理，抓好节能减排工作。全力推进环境监测能力和环境监察能力建设，加强环境保护，促进生态系统良性循环。

加快推进防灾减灾能力建设 加强防灾减灾监控体系现代化建设，提高地震、气象、护林防火、防汛抗旱、地质灾害的监测、预报和应急处置能力。加强重大工程地震安全性评价和抗震设防要求管理。健全政府应急管理机构，完善各类防灾应急预案。加强以110为平台的抢险救援体系建设，强化城乡避难场所建设和救灾物资储备，完善防灾减灾基础设施，普及防灾减灾知识，切实提高灾害处置能力和群众避灾自救能力。

着力抓好财税金融工作 认真研究《汶川地震灾后恢复重建条例》和《国家汶川地震灾后恢复重建总体规划》等政策措施，结合我县实际，积极向上级反映地震灾后面临的特殊困难和问题，争取国家财政转移支付的更大支持和更多的恢复重建资金，保工资、保运转、保民生、保重建、保稳定。深化国有资产管理制度改革，抓好城市开发建设投资公司组建工作，加强国有资产、城市资产、国土资源的管理和经营，确保国有资产的保值增值。在落实震后各项税费优惠政策的基础上，加强税收征收管理，依法做到应收尽收，

最大限度地增加地方财政收入。优化信贷结构，强化银行、政府、企业合作，引导信贷资金投向，加大信贷支持力度，充分发挥信贷资金支持灾后重建的作用。推进农村信贷担保机制和农村信用体系建设，扩大政策性保险覆盖面。加大资本市场运作力度，积极推进资源与资本市场的高效结合。

着力抓好重大项目 按照"大抓项目、抓大项目"的要求，迅速掀起重大项目开工建设新高潮。坚持把项目落地和项目建设作为推进灾后恢复重建、加快经济社会发展的总抓手，用好、用足、用活国家灾后重建、扩大内需的各项政策，以项目为载体，多渠道筹措重建发展资金。切实抓好推进协调工作，建立绿色通道，简化审批程序，全力服务重点项目建设。年内全面完成第一批援建项目，完成第二批援建项目工程量的70%以上。积极争取政府性投资项目，加强项目资金监管，年底前完成"两所一庭"项目建设，完成今年投资计划的乡镇综合办公楼项目建设，全面完成村两委会活动场所建设。加强社会捐建资金的管理和使用，充分尊重捐建团体和个人的意愿，抓好社会捐建项目建设。

着力抓好对口支援 加强与广东对口援建市的沟通协调，形成统一领导、统一规划、分别组织、分头实施的援建工作机制。援建项目一律实行零收费制度、一律实行一站式服务，符合奠基和开工条件的一律大开绿灯，凡是对口援建组织的所有社会捐建、引资建设的项目一律作为对口援建实物工作量上报考核评比。实行项目建设进度通报制和援建工作考评制，营造比学赶超的良好氛围。及时解决好广东省驻汶工作人员的工作和生活困难，确保对口援建工作有序高效运转。

二、深入实施民生工程，共享灾后重建成果

把保障和改善民生摆在更加突出的位置，以水、电、气、路、房为重点，切实抓好"就业促进、扶贫解困、教育助学、社会保障、医疗卫生、百姓安居、道路畅通、环境治理"八大民生工程、扶贫开发、综合防治大骨节病试点工作。

通过对口支援、劳务输出、定向招工、以工代赈、开发公益性岗位等多种途径，实施积极的就业政策，加强技能培训，重点帮助零就业家庭就业，引导群众

在灾后重建中实现就业,扶持返乡农民工自主就业创业,鼓励企业稳定就业岗位,增加城乡居民收入。

进一步完善城乡社会保障体系,认真落实被征地农民社会保险政策,努力提高企业退休人员养老保险待遇。实现城镇居民基本医疗保险全覆盖,加快推进农民工参加工伤、医疗、养老保险。扩大农村低保覆盖面,做到应保尽保。探索建立无地失地农民社会保障体系,妥善安置"三孤"人员,进一步提高城乡低保补助水平和农村"五保"对象集中供养率。建立临时救助制度,解决低保边缘群体、低收入群体的临时生活困难。

认真落实中央、省、州出台的一系列灾后恢复重建增加农民收入的政策措施,及时、足额兑现各项强农惠农政策。大力发展职业教育特别是农村中等职业教育,完善农民工、企业职工正常工资增长机制和支付机制,实施义务教育教师绩效工资,推进事业单位工资改革。坚持开发式扶贫,改善农村生产生活条件,增加农民收入,提高自我发展能力。

三、营造良好发展环境,确保社会和谐稳定

加强市场秩序监管,建立完善食品药品安全监管长效机制,坚决杜绝不合格产品进入市场。加强对农资、建材等产品的质量监督和价格监管,严厉打击各种违法生产、制假售假行为,确保市场物价基本稳定。以创优人居环境为抓手,加强环境卫生综合整治。切实做好第二次全国经济普查工作,加强经济运行监测和统计分析,不断提高统计数据质量。加快建设社会信用体系,严厉惩处失信行为。

以最大的热情、最优的服务、最好的环境抓好项目建设协调服务,坚决杜绝"吃、拿、卡、要"现象,严厉打击欺行霸市、强买强卖、恶意阻工等违法行为,为灾后重建、对口援建等项目的强力推进营造良好环境。

继续开展重点行业、领域安全专项整治和各类安全事故隐患排查,加强道路交通、消防、民爆物品等的安全监管。全面落实安全生产责任制,抓住源头管理、过程监控、应急救援、事故查处四个环节,关口前移、责任到人、标本兼治,有效防范和坚决遏制重特大事故。建立健全社会预警体系和应急救援、社会动员机制,切实提高保障公共安全和处置突发事件的能力。

广泛开展反分裂维护稳定教育活动,深入开展寺庙教育整顿和"双同,感恩报国"教育活动,切实打牢反分裂维稳工作的基础。继续推进平安创建,完善社会治安防控体系,加强社会治安综合治理,依法严厉打击各种犯罪和危害社会的行为。切实做好群众工作,建好群众服务中心,完善群众工作网络,深入开展大接访活动,变群众上访为干部下访,切实开展矛盾纠纷和不稳定因素排查调处工作。加强流动人口服务和管理,注重困难群众的人文关怀,认真做好群众心理疏导。畅通诉求渠道,切实化解矛盾,把不稳定因素化解在基层、消灭在萌芽状态,确保全县政治稳定、社会稳定和治安稳定。

进一步加强民兵预备役建设,建立完善军地应急联动机制。深入开展拥军优属和军民共建活动,认真落实优抚政策,切实做好军人退役和转业安置工作,巩固和发展军政军民团结。

四、提高行政效能,不断加强自身建设

灾后恢复重建任务艰巨而繁重,政府作为工作落实的责任主体,要切实增强责任意识,牢牢掌握发展主动权,认真履行经济调节、市场监管、社会管理和公共服务职能,健全制度、创新机制、注重服务、增强执行、规范运作、民主管理,不断开创政府工作新局面。

坚持依法行政、文明行政和经营政府理念,依法接受县人大及其常委会的法律监督和工作监督,进一步完善重大决策与政协事前协商制度,自觉接受县政协的民主监督。健全完善重大问题集体决策、专家咨询、社会公示、听证等制度,创新对口支援、汶川卧龙联席会议等机制,加强司法救助和法律援助,重视发挥工会、共青团、妇联等群团组织的桥梁纽带作用。

进一步深化行政管理体制改革,深化人事制度改革,完善激励机制,形成尊重劳动、尊重知识、尊重人才、尊重创造的良好氛围。推进市场配置人才资源,努力建设一支结构合理、素质较高的人才队伍。加强机关事务管理,提高保障能力和服务水平。

深化行政审批制度改革,简化办事程序,推进电子政务建设,恢复建设政务服务中心、惠民帮扶中心,逐步实现网上申请、受理、传递和审批,提高公共服务能力,为群众和基层提供方便快捷优质服务。进一步健全首问责任制、限时办结制、责任追究制,加强督促

检查,问人、问事、问责。深入推进机关行政效能建设,加强行政效能监察,切实提高行政效率。

加强对权力运行的制约和监督,着力完善工程招投标制度,加强对重建资金的监察审计和监督管理,确保廉洁重建、阳光重建。严肃工作纪律,加大督查督办力度,将灾后重建工作纳入目标管理,严格问责追究,确保令行禁止、政令畅通。

推进决策科学化、民主化,深化政务公开,扩大基层民主,完善政务公开、村务公开、厂务公开等办事公开制度,完善基层民主管理制度,依法保障公民的知情权、参与权、表达权、监督权,保证人民依法行使民主权利,不断提高依法行政水平,真正做到"合法行政、合理行政、程序正当、高效便民、诚实守信、权责统一"。

各位代表,新的挑战孕育着新机遇,新的蓝图绘就了新希望。让我们紧密团结在以胡锦涛同志为总书记的党中央周围,高举中国特色社会主义伟大旗帜,深入实践科学发展观,在州委、州政府和县委的坚强领导下,以更加解放的思想、更加坚定的信心、更加有力的措施,更加坚实的步伐,凝心聚力,超常工作,超常付出,为建设富裕文明和谐魅力新汶川而努力奋斗!

大事记

一 月

1月5日 县委办公室印发《关于开展联系户工作的紧急通知》。

1月16日 县委办公室、县政府办公室印发《关于开展"千名干部下访慰问"活动的通知》：活动由州委常委、县委书记、县人大常委会主任青理东，县委副书记、县人民政府县长廖敏负总责，县级领导、县级部门派驻各乡镇。

1月20日14时50分 银杏乡梭坡店处，一辆由马尔康至都江堰方向行驶的轿车坠入公路外45米处路坎下，造成1人当场死亡、3人受伤、车辆严重受损的交通事故。

1月23日 中共汶川县委印发《汶川县建立健全惩治和预防腐败体系2008—2012年实施方案》：1.总体要求；2.推进反腐倡廉宣传教育；3.反腐倡廉法规法制建设；4.强化监督制约；5.深化机制制度改革；6.解决损害群众利益的突出问题；7.加大惩治腐败的力度；8.强化组织保障。

二 月

2月1日凌晨1时40分许 三江乡照壁村农房发生火灾，造成房主3间木架房屋、1辆小四轮拖拉机、1辆摩托车、6000余斤腊肉及其他财物受损，直接经济损失10万余元，无人员伤亡。

2月12日11时至18时 卧龙遭受罕见大风袭击，造成通讯中断、过渡安置房和部分供电设施受损，部分林木被毁，2000多人受灾，直接经济损失140.57万元。

2月13日 中共中央政治局常委李长春在省委书记刘奇葆，省长蒋巨峰，州委书记侍俊，州长吴泽刚等省、州领导的陪同下，到汶川县漩口镇、映秀镇视察宣传、文化体制改革和灾区经济发展工作进程，并看望慰问受灾群众。

2月15日 县委办公室、县政府办公室印发《关于切实加强重大项目建设推进工作的通知》：1.加强组织领导，成立汶川县重大建设项目推进领导小组；2.明确工作职责；3.重大建设项目推进工作机制，包括分级管理机制、上下联动机制、建立工作制度。领导小组办公室设在县发改委，州委常委、县委书记、县人大常委会主任青理东，县委副书记、县人民政府县长廖敏任组长；县委常委、县人民政府副县长任献光，县人民政府副县长吴光旭任副组长。

2月17日 中共汶川县委印发《关于切实加强领导班子思想政治建设的意见》：1.深化认识，明确任务；2.突出重点，务求实效；3.精心组织，加强领导。

2月19日 国家档案局副局长段东升一行到映秀镇视察指导档案工作。

2月20日 县委办公室、县政府办公室成立"汶川县目标管理委员会"。县委副书记、县人民政府县长廖敏任主任；县委副书记、县人民政府常务副县长张通荣，县委常委、县委组织部部长周全福任副主任。目标管理委员会下设办公室在县委办。

2月24—26日 政协第十三届汶川县委员会第三次会议在县迎宾馆召开，大会应到委员123名，实际到会106名。会议审议并通过政协第十三届汶川县委员会常务委员会工作报告；列席县十二届人大三次会议；协商讨论《政府工作报告》和法院、检察院及计划、财政报告；补选政协第十三届汶川县委员会常务委员会委员；听取广东省支援汶川县恢复重建工作组副组长朱耀忠同志关于恢复重建工作通报。

2月25—27日　召开汶川县十二届人大三次会议。大会应到代表148人，实际到会代表127人。大会听取和审查县人民政府工作报告，县人大常务委员会工作报告，县人民法院和县人民检察院工作报告；审查和批准汶川县2008年国民经济和社会发展计划执行情况及2009年国民经济和社会发展计划草案、汶川县2008年财政预算执行情况和2009年财政预算草案的报告；补选县十二届人大常委会主任1名、出缺委员5名。

2月27日　县政府办印发《关于进一步加强灾后恢复重建统计工作的通知》：1.进一步加强灾后统计工作的紧迫性和责任感；2.突出重点把灾后恢复重建统计工作的措施落到实处；3.进一步提升服务水平，确保统计数据质量；4.进一步提高统计法制水平，加快信息化进程。

2月28日　县委印发《县委2009年工作要点》，制定指导思想、战略定位、总体构想、工作抓手、基本要求、主要目标。工作要点：1.抓紧灾后恢复重建项目建设，加快灾后恢复重建发展步伐；2.大力实施民生工程，力争让群众享受更多灾后恢复重建成果；3.努力重建精神家园，为灾后重建振兴提供强有力的精神动力和思想保障；4.加强安全稳定工作，努力营造安全的重建环境；5.积极发展社会主义民主政治，充分调动一切力量加快灾后恢复重建；6.切实加强党的建设，努力为灾后恢复重建提供坚定的组织。

三　月

3月2日　县委办公室、县政府办公室成立"汶川县萝卜寨文化生态旅游工作领导小组"：县委常委蔡存明任组长，县人民政府副县长王蕾、江门市援建雁门工作组组长甄励富任副组长。领导小组办公室设在雁门乡政府。

3月4日　县人民政府印发《汶川县征地拆迁大会战实施方案》《汶川县推进破碎山河大绿化实施方案》《汶川县城乡居民住房风貌恢复大提速实施方案》《汶川县推进城乡环境大整治工作方案》。

3月6日　县委印发《关于进一步加强领导班子和干部队伍建设的意见》。

3月9日上午9时30分　县境内国道213线1010KM（白花连续弯道）下坡处发生一起车辆追尾事故，造成1人死亡、两车受损的交通事故。

3月10日　省委副书记李崇禧视察三江乡照壁村农房重建、春耕生产情况及三江医院、三江中心小学恢复重建进度情况。

3月11日　县委印发《关于批转汶川县人大常委会2009年工作要点》：1.以规范监督工作为立足点，切实增强人大监督实效；2.以完善代表工作机制为着力点，充分发挥代表主体作用；3.以服务服从大局为出发点，努力推动中心工作落到实处；4.以强化自身建设为支撑点，不断提高依法履职能力。

3月18日　县委办公室印发《汶川县深入开展民族团结教育活动实施方案》的通知。

3月18日　县人民政府印发《汶川县人民政府工作规则（修订）》。规则共十章：1.总则；2.组成人员职责；3.全面履行政府职能；4.决策程序；5.行政要求；6.工作部署；7.行政监督；8.会议制度；9.公文审批；10.作风纪律。

3月21日下午2时左右　水磨镇陈家山一石灰厂发生一起一氧化碳中毒事故，导致两人死亡，1人受伤。

3月23日　中国人民武装警察部队司令员吴双战上将来到汶川，看望和慰问威州镇牛脑寨村群众。

3月24日　县人民政府印发《关于下达2009年经济发展和实施"八项民生工程"目标的通知》。

3月26日　县委、县政府决定实行县委、县政府领导到县群众服务中心接待来访群众的接访制度。

3月27—29日　广东省旅游局派出4位旅游专业老师，在汶川开展为期3天的旅游从业人员培训。

3月31日下午14时28分　由四川日报报业集团、天府早报、四川电视台第四频道、四川广播电台等媒体联合组织报道联盟开展的"5.12"汶川大地震一周年特别行动——"穿越地震带"启动仪式在映秀镇"5.12"大地震巨石前举行。省委宣传部、省级媒体领导出席启动仪式。

四 月

4月3日　县人民政府印发《汶川县扩大内需和灾后恢复重建审计工作方案》。

4月3日　县政府办公室印发《关于加强全县重点建设项目和灾后恢复重建项目档案管理工作的通知》。要求各乡镇、各部门充分认识重点建设和灾后恢复重建项目档案管理工作的重要性，档案部门和项目主管部门加大对重点建设和灾后恢复重建项目档案管理工作的监督、检查、指导力度，严格重点建设和灾后恢复重建项目档案的验收工作，认真做好重点建设和灾后恢复重建项目档案资料的登记、填报工作。

4月13日　县人民政府印发《汶川县建设岷江河谷现代特色农业示范区的实施意见》。

4月13日　县人民政府制定《汶川县集中整治严重交通违法行为工作实施方案》，设立领导小组，县人民政府副县长罗德勇任组长，县公安局、县交通局、县安监局、县农业局为成员单位，办公室设在县公安局交警大队。

4月15日　为贯彻落实国务院《羌族文化生态保护试验区规划纲要》，进一步加强汶川县羌族物质和非物质文化遗产抢救和保护工作，县人民政府制定《汶川县建立羌族文化保护体系的意见》。

4月16日　县人民政府印发《汶川县建设羌禹文化体验区实施意见》。

4月16日　县政府办公室印发《汶川县2009年消防工作意见》。

4月17日　中共汶川县委、县人民政府印发《关于进一步加快灾后恢复重建提前完成各项任务的决定》：统一思想认识，坚定加快灾后恢复重建的信心；科学调整规划，落实重建目标任务；攻坚克难，保障重建进度和质量；统筹推进，坚持两手抓两不误；加强组织领导，狠抓各项工作的落实。

4月21日　县人民政府印发《汶川县"5.12"地震灾后农村永久住房建设农户小额担保贷款实施办法》，实施办法共分七章：1.总则；2.贷款对象和条件；

3.贷款期限、利率、贴息和限额；4.还款、计结息方式和贷款担保；5.贷款程序；6.罚则；7.附则。

4月24日　县人民政府印发关于《公布九处地震遗址、遗迹为县级文物保护单位的通知》。漩口中学、白花大桥、映秀镇入口处巨石、遇难者公墓、牛眠沟（牛圈沟）、连山村巨石、沙坪关村、老街、萝卜寨9处地震遗址为县级文物保护单位。

4月25日　县委、县人民政府印发《汶川县加快灾后精神文明家园建设的决定》。

4月26日　由广东省江门市援建雁门乡萝卜寨（索桥）饮用水工程的主蓄水池落成，标志着村民告别千百年上山背水的历史。工程总投资约366万元，在海拔2600米高山上修建取水坝和过滤池，是汶川县地理位置最高的援建项目。

4月27日晚21时许　县境内国道303线84KM+400M处，一辆起亚牌小型普通客车由于夜间雾大视线差，驾驶人处置不当，致使该车翻于57米高的山坡下，造成两人死亡、1人重伤、两人轻伤的交通事故。

4月30日　县委办公室、县政府办公室成立"招聘事业单位专业技术人员面试工作领导小组"，县委副书记、县人民政府常务副县长张通荣任组长。领导小组办公室设在县人事劳动和社会保障局。

4月30日　县政府办公室印发《关于开展"会前讲法"试点工作的通知》。"会前讲法"即在县政府常务会开始前，由政府各职能部门主要负责人或者司法人员用约10分钟的时间为出（列）席会议的人员讲解与会议议题相关的法律法规、党纪党规或者政纪条规。"会前讲法"试点工作领导小组办公室设在县人民政府法制科，县委副书记、县人民政府县长廖敏任组长，县委副书记、县人民政府常务副县长张通荣，县人民政府副县长、县公安局局长罗德勇任副组长。

4月30日14时10分　县境内国道317线33KM+700米（皂角湾隧道）处，一辆白色桑塔纳轿车，由汶川至都江堰方向行驶时，与路边4人碰撞，造成1人死亡，其余3人不同程度受伤，车辆受损的交通事故。

五 月

5月4日　县政府办公室印发《关于加强甲型H1N1流感防控工作的紧急通知》。要求各乡镇和各有关部门高度重视甲型 H1N1 流感防控工作，县卫生、畜牧、经济商务、农业等有关部门建立应对甲型H1N1 流感联防联控机制，县卫生局建立完善甲型H1N1 流感防控应急工作领导小组及医疗救治专家组，各乡镇、县疾控中心、广播电视部门加强配合，及时准确地发布疫情信息，正确引导社会舆论，维护社会和谐稳定。

5月6日　县政府办公室印发《关于开展安全生产"三项行动"工作的通知》，并成立领导小组，县人民政府副县长张鹏任组长，领导小组办公室设在县安办。

5月6日　县政府办公室印发《汶川县 2009 年行政监察工作要点》：围绕"两个加快"加强监督检查，围绕纠正损害群众利益的突出问题加强督促检查，围绕开展行政效能监察工作加强督促检查，加大查办案件的力度，加强领导干部廉洁自律工作，不断拓展从源头上防治腐败工作领域。

5月8日　县委办公室、县政府办公室成立"防范应对甲型 H1N1 流感指挥部"。县委副书记、县人民政府常务副县长张通荣任指挥长，指挥部办公室设在县卫生局。

5月8日　龙溪乡 145 户、681 名因灾失地群众启程迁往邛崃县。

5月11日下午3时　映秀镇恢复重建项目开工暨映秀小学奠基仪式在映秀停机坪举行，本次启动的重建项目共 5 个：映秀小学、映秀幼儿园、中滩堡大道、渔子溪大桥、映秀镇安居房。

5月12日下午　纪念四川汶川特大地震一周年活动在震中汶川县映秀镇隆重举行。中共中央总书记、国家主席、中央军委主席胡锦涛出席纪念活动并发表重要讲话。

5月13日　为表彰社会各界人士对汶川抗震救灾、灾后重建、经济发展、社会进步所作出的突出贡献，经各乡镇、部门、企事业单位推荐、本人自荐，县荣誉市民评选委员会评选，县人民政府研究决定授予韩长安等 81 名同志为汶川县首批"荣誉市民"。

5月16日　在绵虒镇举办"中国·汶川第二届古羌文化节暨首届樱桃节"。

5月19日　县委办公室、县政府办公室成立"汶川县乡镇机构改革领导小组"，县委副书记、县人民政府常务副县长张通荣任组长，县委常委、县委组织部部长周全福任副组长。领导小组办公室设在县人事劳动和社会保障局。

5月26日　县委办公室、县政府办公室印发《关于进一步规范会议和领导活动新闻报道的通知》。

5月26日　县委、县人民政府印发《关于实施灾后重建目标倒逼法的意见》。

5月26日　县委印发《关于在全县广泛开展学习劳动模范活动的决定》：向劳动模范代表李代君同志学习，向劳动模范代表向泽朗同志学习，向援建干部劳动模范群体学习，向群众劳动模范群体学习。

5月29日　县人民政府制定《汶川县乡镇机构改革实施方案》。

5月31日18时30分　县境内国道 317 线62KM+800M 处（绵虒镇政府路口），一辆中型自卸货车与行人发生碰撞，造成 1 人死亡、1 人轻伤的交通事故。

六 月

6月1日　县政府办公室印发《汶川县 2009 年纠风工作实施意见》。

6月4日　县政府办公室成立汶川县生态县建设领导小组。县委副书记、县人民政府县长廖敏任组长，县委副书记、县人民政府常务副县长张通荣，县委常委、县人民政府副县长李东红，县人民政府副县长杜朝刚任副组长，领导小组办公室设在县环保局。

6月9日　县政府办公室印发《关于规范绵虒镇地名管理的通知》，为真实反映当地人文、自然地理，保证地名管理、档案管理和公文处理的严肃性，各乡镇、县级各部门在公文处理和对外宣传中必须规范使用"绵虒"镇地名写法。

6月10日 县委办公室、县政府办公室印发《关于灾后重建若干具体问题的意见》:进一步加快重建项目落地,进一步明确城镇住房重建政策,进一步落实房屋拆迁安置,进一步完善规划设计方案,进一步强化规划建设管理,进一步规范项目竣工验收,进一步推进住房分配安置,进一步规范招投标工作,进一步规范灾后恢复重建资金管理。

6月12日 县委、县人民政府印发《关于2009年党风廉政建设和反腐败工作的意见》。县委书记青理东和县委副书记、县长廖敏负总责,县委、县政府其他领导按照分工各负其责,县级有关部门牵头、协办,县纪委组织协调。

6月18日 成立"汶川县规范性文件清理工作小组",县人民政府副县长、县公安局局长罗德勇任组长。

6月19日 成立"映秀镇灾后恢复重建指挥部",县委副书记、县人民政府常务副县长张通荣任指挥长,县委常委、组织部长、映秀镇党委书记周全福任副指挥长。

6月20日 县人民政府印发《汶川县"5.12"地震灾后工业恢复布局和发展规划(2009—2011)》。

6月21日 国家财政部综合司副司长汪义达一行到汶川县映秀镇调研灾后重建工作。

6月22日 县人民政府印发《关于建立汶川县月度经济发展调度会议制度的通知》。设立领导小组,县长廖敏任组长。

6月23日14时10分 县境内国道213线阿坝师专改道新线80M(郭竹铺)处,一辆东风大型货车与一辆人力三轮货车发生碰撞,造成两人当场死亡、人力三轮货车损毁、东风大型货车受损的交通事故。

6月30日 县委、县政府授予威州镇新桥村党支部等54个单位为"先进基层党组织"、陈华清等82名同志为"优秀党员"、三江乡党委政府等6个集体为"灾后恢复重建先进集体"、陈茂辉等49名同志为"灾后恢复重建先进个人"荣誉称号。

七 月

7月1日 全国人大外事委员会主任委员李肇星率全国人大代表到汶川县映秀镇过组织生活。

7月2日 成立"汶川县三江生态旅游风景区创建国家AAAA级旅游领导机构",州委常委、县委书记、县人大常委会主任青理东,县委副书记、县人民政府县长廖敏,广东省惠州市援建工作组组长范中杰任组长,县委常委蔡存明任副组长。

7月2日 县人民政府印发《汶川县行政事业单位国有资产处置管理暂行办法》。

7月5—13日 国务院扶贫办"阿坝州特殊贫困片区千村万户"专家调查组北京大学王小林、华中师范大学社会学院陆汉文等教授对汶川县特殊贫困村进行灾后重建调研。

7月5日 香港特别行政区政务司司长唐英年一行到水磨中学视察重建工作。

7月6日 广东省广州市副市长苏泽群一行来汶川考察。

7月6日 广东省惠州市人大考察团到汶川考察。

7月7日 举行广东省广州市对口援建威州镇后续项目开工典礼。

7月8日 县委办公室、县政府办公室制发《汶川县城乡环境综合整治专项行动工作方案》。

7月9日 国家人力资源和社会保障部副部长孙宝树一行到汶川视察。

7月9日 广东省汕头市市长蔡宗泽一行到汶川调研。

7月10日 成立"县委县政府督查督办领导小组",州委常委、县委书记、县人大常委会主任青理东任组长,县委副书记、县人民政府县长廖敏,县委副书记张通荣,县委常委、县人民政府常务副县长罗尔基木任副组长,下设办公室。

7月10日 县委印发《关于在各级领导班子中开展"讲党性、重品行、作表率"活动的实施意见》。

7月11日 成立"广东工业园管理委员会",县委常委郭勇任中共广东汶川工业园工作委员会书记，县人民政府副县长王蕾任中共广东汶川工业园工作委员会副书记、广东汶川工业园管理委员会主任。

7月13日　中国残联农村残疾人工作组陈新民（中国残疾人政策研究室主任）一行到汶川调研督导。

7月14日　举行漩口新型工业园区开工典礼。

7月15日　台湾海基会董事长江丙坤一行、海协会会长陈云林一行到汶川县映秀镇考察。

7月18日　县委办公室、县政府办公室印发《关于进一步做好汛期减灾工作的紧急通知》。

7月19日　县人民政府印发《汶川县安居住房管理办法(暂行)》。

7月20日　县人民政府印发《汶川县灾后恢复重建项目工程验收和移交管理办法(暂行)》。

7月20日　受强降雨影响，草坡乡与绵虒镇交界处发生塌方，草坡乡通乡道路完全中断，塌方量约3万立方米。

7月21日　国家财政部领导在武警四川总队总队长杨士武少将等相关领导的陪同下到汶川县映秀镇考察。

7月22日　中国疾控中心党委书记梁东明，世界宣明会代表、副总监、救灾部主管简祺伟一行到汶川视察。

7月22日13时30分左右　三江潘达尔景区施工人员驾驶小车由三江乡向水磨镇方向行驶，行至漩三公路三江段(切刀岩)处，被山体滚石击中，导致两人死亡的意外事件。

7月23日　济南军区副政委杜恒岩一行到汶川县映秀镇视察。

7月25日凌晨4时10分左右　由于连日大雨冲击，县境内国道213线都汶路44KM+200M处，因山体滑坡造成彻底关大桥桥墩被垮塌的巨石砸断，造成100米左右的桥面坍塌，7辆汽车受损，12人不同程度受伤，6人死亡，都汶路通行中断。

7月25日　四川省委副书记李崇禧一行视察彻底关大桥灾情。

7月25日　成立"争取社会资金加快重建发展领导小组"，县委副书记张通荣任组长。领导小组办公室设在县财政局。

7月26日　四川省委书记刘奇葆一行视察彻底关大桥灾情。

7月26日　人民日报总编辑吴恒权一行到汶川县映秀镇考察。

7月28日　成立"王继红同志先进事迹宣讲工作领导小组"，县委副书记张通荣任组长，领导小组办公室设在县监察局。

7月28日　县人民政府印发《进一步规范政府投资工程建设项目招标投标工作的通知》。严格界定政府投资工程建设项目范围，严格招标投标条件和程序，加强合同履行阶段的监督。

7月31日　成立"'一心两廊四区'建设领导小组"，州委常委、县委书记、县人大常委会主任青理东任组长，县委副书记、县人民政府县长廖敏任副组长，领导小组下设漩映地区指挥部和威绵地区指挥部。

7月31日上午9时20分　经过5昼夜奋战，被巨石砸断的彻底关大桥正式通车，省委副书记李崇禧、省人民政府副省长王宁、省交通厅厅长高峰、州委副书记陈贵华、副州长杨长清、县人民政府县长廖敏等参加通车仪式。

7月31日上午　在水磨镇举行"八一小学"落成典礼。汶川"八一小学"占地45亩，总建筑面积1.78万平方米。

八　月

8月1日　州委常委、县委书记、县人大常委会主任青理东一行到广州市慰问援建干部家属。

8月2日　香港特别行政区考察组到水磨中学考察学校建设情况。

8月3日　广东省茂名市市委副书记、市长邓海光一行到汶川视察灾后重建工作。

8月4日　国家机关定点扶贫工作考察团一行到汶川县映秀镇考察。

8月6日　省安全工作检查组到汶川县检查汛期重大项目安全生产工作。

8月6日　广东省中山市公安局常务副局长黄海

源一行到漩口镇出席"中山市公安局全体民警捐建漩口派出所办公楼落成交接启用仪式",向漩口派出所赠送电脑、复印机等办公设备以及刑事勘察设备。

8月7日 广东援建工作组对口援建汶川一周年纪念活动在成都举行。阿坝州有关领导,汶川县四大班子领导,广东省全体援建人员,各乡镇、各部门主要领导出席活动。

8月8日 广东援建汶川最大的工程项目——汶川一中提前12天竣工。学校总投资2.7亿元,总建筑面积6.89万平方米。

8月9日21时50分许 省道303线92KM+700M处,一辆奥铃牌轻型货车翻于240米的路坎下,造成两人当场死亡、1人受伤、车辆损毁的交通事故。

8月10日 成立汶川县治安应急处突大队。处突大队配备单警装备、防暴头盔和警用盾牌等必备的警械装备,平时担负汶川城区街面的巡逻任务,遇有突发事件时快速出警协助各派出所处置。

8月11日 建立"灾后恢复重建和扩大内需审计监督工作联席会议"制度,县委常委、县人民政府副县长任献光为召集人。

8月11日 州委常委、县委书记、县人大常委会主任青理东在水磨镇主持召开阿坝师专建设企业搬迁专题会。

8月11日 广东省江门市副市长钟军一行到汶川检查援建工作进展情况。

8月11日18时许 国道317线69KM+200M处(绵虒镇板子沟桥),一辆亚星大型普通客车将一行人撞伤,经抢救无效死亡。

8月12日 在县迎宾馆举行广东省红十字会援助汶川灾后重建项目签字仪式。

8月12日 县政协第十三届委员会第四次会议在威州召开,会议选举钱毓林为县政协副主席。

8月12日 县委办公室、县政府办公室印发《关于进一步加强城乡环境综合治理的通知》。

8月14日 县委办公室、县政府办公室印发《关于做好汶川县大事记编印工作的通知》。

8月14日 县委办公室、县政府办公室印发《关于构建"大调解"工作体系有效化解社会矛盾纠纷的实施意见》,县委副书记张通荣任汶川县矛盾纠纷"大调解"工作领导小组组长,领导小组办公室设在县综治办。

8月14日 县政府办公室印发《关于规范全县中小学校名称的通知》,规范全县13所小学、4所中学、3所幼儿园的名称。

8月17日 四川省委第三巡视组到汶川检查指导工作。

8月18日 县委办公室、县政府办公室印发《关于切实做好干部职工带薪年休假工作的通知》。通知指出:按照《职工带薪年休假条例》的有关要求,在确保工作正常开展的前提下,合理安排干部职工的年休假。各单位不得以任何理由,取消职工的年休假,也不得擅自延长或缩短休假时间。各乡镇、各单位领导班子成员要带头休假。

8月18日 在克枯乡举行克枯小学竣工仪式。克枯小学由广东省肇庆市援建,总投资约2700万元,占地面积9466平方米,建筑面积6439平方米。

8月19日 召开全县灾后恢复重建工作会议。

8月19日 成立"汶川县节能减排及应对气候变化工作领导小组",县委副书记、县人民政府县长廖敏任组长,县委常委、县人民政府副县长任献光,县人民政府副县长王蕾、杜朝刚任副组长,领导小组办公室设在县发改委。

8月19日 州人大常委会主任王福耀到汶川县检查指导灾后学校重建进展情况。

8月20日 中日技术合作四川灾后植被恢复项目详细计划制定调查团一行到汶川调研。

8月20日 广东省汕头市援建汶川县草坡小学校工程顺利验收。小学占地面积约10000平方米,总建筑面积6826平方米,总投资约2350万元。

8月20—22日 全省县委书记集中考核评价工作组在汶川县开展集中考核工作。

8月23日 广东省委常委、宣传部部长林雄率广东新闻采访团一行到汶川考察慰问。

8月24日 举行以"新学校、新未来"为主题的"汶川宣传周"启动仪式。

8月25日 四川省委常委、常务副省长魏宏一行到汶川检查恢复重建援建项目推进情况。

8月25日 举行广东省总工会"金秋助学"捐赠

仪式。

8月25日　汶川县为遭受台风"莫拉克"袭击的台湾同胞举行募捐活动。

8月25日上午时15分　都汶路213线77KM+200M处（郭竹铺），发生一起一辆运输拖拉机将路边搬运建筑钢材的一名工人撞伤，经医院抢救无效死亡的交通事故。

8月26日　外交部领事司司长魏苇一行到汶川县映秀镇考察。

8月26日　阿坝师专灾后异地重建新校园奠基仪式在水磨镇举行。

8月26日　国家地震局专家组一行到汶川县映秀镇考察。

8月27日上午　"新学校、新未来——广东省援建汶川县学校项目整体交钥匙仪式"在汶川一中举行。广东省省长黄华华，国家教育部副部长陈小娅，四川省副省长王宁，阿坝州委书记侍俊，州长吴泽刚，州委常委、汶川县委书记青理东，县人民政府县长廖敏等相关领导和广东省对口援建市领导出席仪式。

8月27日下午　广东省省长黄华华一行在四川省副省长王宁，阿坝州委书记侍俊，州长吴泽刚，州委常委、汶川县委书记青理东，县长廖敏陪同下赴汶川县漩口镇、水磨镇考察灾后恢复重建情况。

8月27日　广东省农村信用社援建汶川县信用联社灾后重建捐赠仪式在汶川县举行。

8月27日　广东社会各界向汶川学子助学捐赠仪式在县迎宾馆举行。

8月27日　美国国会议员助手团一行到汶川县映秀镇参观考察。

8月28日　举行珠海·汶川产业恢复发展合作协议签约暨珠海·绵虒扶贫助学金启动仪式。

8月28日　广东省新闻出版局副局长谭世勋一行到汶川考察。

8月30日　"八一小学"开学典礼暨主题雕塑揭幕仪式在水磨镇举行，第二炮兵部队后勤部副部长韩云出席仪式并讲话，州、县分管领导参加仪式。

8月31日　四川省委副书记、省长蒋巨峰一行到汶川视察灾后学校重建工作。

8月31日　州委书记侍俊一行到汶川调研灾后恢复重建情况。

8月31日　香港特别行政区政府政务司司长唐英年一行到汶川参加水磨中学香港援建部分揭牌仪式，并考察省道303线映秀至日隆段公路项目建设情况。

九　月

9月1日　全县震后外迁异地就学的各中小学、幼儿园全部返回汶川正常开学。

9月1日　四川省委书记、省人大常委会主任刘奇葆一行到汶川调研学校恢复重建情况。

9月1日　正式开通汶川县汽车站至汶川县第一中学的公交线路，解决汶川县第一中学老师和雁门乡群众出行困难的问题。

9月3日　召开重大地质灾害工程治理推进会。

9月4日　由于连夜大雨，银杏乡境内都汶路G213线K34＋800处发生泥石流3000立方米，致使道路中断。

9月4日　"阿坝环保世纪行"活动走进汶川。在阿坝州委宣传部、州人大常委会、州工会、州环保局率领下，各媒体记者赴汶川县南沟、桃关沟工业园等地就地质灾害治理、企业节能减排等情况进行采访。

9月4日　汶川县率先在全州兑现教师绩效工资。

9月5日　参加由中国建筑学会室内设计分会主办的中国首届地域文化室内设计节暨"博德杯"地域文化室内设计大赛的专家团一行到汶川考察。

9月7日　中央纪委委员、国家质量监督检验检疫总局党组副书记、副局长支树平率领中央考察组一行到汶川考察指导工作。四川省委组织部副部长王川，阿坝州委常委、常务副州长白理成，汶川县委常委、组织部部长周全福等陪同考察。

9月7日　国家级非物质文化遗产专家资华筠一行到汶川县考察羌笛、羌绣等国家级非物质文化遗产的保护情况。

9月7日　县委印发《关于进一步做好干部心理疏导的实施意见》。为进一步加大对灾区干部关爱力度,做好心理疏导工作,帮助走出灾难阴影,实施意见制定谈心谈话范围、落实干部休假制度、安排身患疾病干部的治疗、宣传先进、丰富业余生活、开展心理抚慰,并安排专人负责各乡镇、各部门谈心谈话活动。

9月8日 经县委、县人民政府研究,决定对汶川县第一中学等7所教育系统先进集体、广东省对口援建工作组等6个尊师重教先进单位以及20名先进教育工作者、140名优秀教师予以通报表彰。

9月9日 国家公安部消防局政委谢模乾少将一行到汶川县映秀镇检查指导消防工作。

9月10日 广东省东莞市副市长梁国英一行到汶川县映秀镇考察灾后重建工作。

9月10日 成立"汶川县漩口新型工业园管理委员会",中共汶川县委常委郭勇任漩口新型工业园区工作委员会书记,县人民政府副县长王蕾任漩口新型工业园区管理委员会主任,管委会下设综合部、招商部、基建部、财务部。

9月11日 县人民政府印发《汶川县防控甲型H1N1流感应急预案》。

9月11日 国家旅游局局长邵琪伟一行,在四川省副省长黄彦蓉的陪同下赴汶川县映秀镇视察指导工作。

9月11日 广东省惠州市委书记黄业斌一行到三江乡参加恢复重建任务全面完成新闻发布会。

9月11日 汶川县"9+3"免费教育计划录取的650名藏区学生分别从汶川县第二小学和漩口小学出发前往内地就学。

9月11日 举行汶川县教育信息化签约暨教师终端捐赠仪式。

9月12日 广东省惠州市对口支援汶川县三江乡恢复重建项目整体竣工新闻发布会暨继续支持受援方产业发展合作协议签约仪式在三江乡藏家民俗广场举行,标志着惠州市对口援建三江乡恢复重建原地起立任务完成。

9月12日 草坡乡两河村冬瓜槽发生山体垮塌自然灾害事件,造成道路中断。

9月13日 中国报纸副刊研究会会长、原人民日报海外版总编辑丁振海及国家新闻出版总署有关领导一行到汶川县映秀镇考察灾后重建成果。

9月14日 州委常委、县委书记青理东主持召开汶川县城镇居民安居住房工作会议,要求相关部门要明确规范执行好政策,要公平、公正、合理分配安居住房。

9月14日 州委常委赵平一行到汶川县检查指导藏羌文化走廊建设工作。

9月15日凌晨1时10分 汶川县耿达乡境内(大阴沟,距映秀镇约3公里左右)发生山体滑坡地质灾害,导致该地一施工单位工棚和施工机械被埋,1人死亡,3人重伤,6人轻伤。

9月16日 由阿坝州委宣传部、四川电视台、中共汶川县委、县人民政府主办的主题为"为祖国喝彩——庆祝新中国成立60周年"文艺演出活动在汶川一中举行。

9月16日 召开汶川县"一心两廊四区"建设鼓劲大会。

9月16日 中国福利会、上海宋庆龄基金会调研组组长季红星一行到汶川县考察。

9月16日 省委宣传部在成都举办大型音乐史诗MTV《红旗三部曲》赠送仪式及作品座谈会,汶川县获赠100张《红旗三部曲》光碟。

9月16日 中国国际工程咨询公司总经理胡希捷一行到汶川县映秀镇考察灾后重建工作。

9月16日上午时10分左右 三江乡冷琴沟一号桥上行120M左右(潘达尔公路)河对面山体约80-100M高处,由于雨后岩体松散,发生山石崩裂,大量巨石落下,击中正在路面施工的工人,造成1人当场死亡,两人轻伤的意外事故。

9月16—17日 科技部社会发展司副司长、广东省科技厅副厅长钟小平一行来汶川县考察指导灾后科技恢复重建工作。

9月17日 国务院办公厅秘书局副局长张建成一行到汶川县映秀镇考察。

9月17日 汶川县出现甲型H1N1流感确诊病例。

9月17日 由广东省佛山市对口援建的"奋战百天,打造中国最美丽羌城"奠基仪式在水磨镇举行。

9月17日 在县城威州召开全县公捕公判大会,依法对18名违法犯罪人员公开宣布处理决定。

9月17日　举行空军援建汶川蓝天小学竣工授牌仪式。中国人民解放军空军政治部副主任宋琨，阿坝州委常委、宣传部部长陈钢，州人民政府副州长刘文芝等出席仪式。

9月17日　四川省地税局局长单晨光率领省地税局考察组一行到汶川县检查指导灾后重建工作。

9月18日　县人民政府印发《汶川县进一步规范灾后恢复重建资金管理的意见》。

9月18日　县人民政府印发《汶川县进一步加强捐赠资金管理的意见》。

9月18日　县人民政府印发《汶川县规范财政收支运行管理办法》。

9月18日　县人民政府印发《汶川县安居房工程住房公积金贷款实施方案》。

9月18日　国家疾控中心现场流行病学培训项目中心专家韩珂、省疾控中心急传所副所长刘伦光一行到汶川县指导甲型H1N1流感防控工作。

9月19日　国家、省、州专家组对隔离在汶川县甲型H1N1流感定点治疗医院汶川县中医院的49名治疗观察人员进行再次排查，确诊疑似病例22例，继续观察病例14例，排除甲型H1N1流感病例13例。

9月19日　广东省汕头市委组织部领导一行到汶川县草坡乡考察慰问。

9月22日　举行深圳市贸促会、国际商会援建汶川县草坡乡码头村农房建设揭牌仪式。

9月22日　县人民政府印发《汶川县藏羌文化走廊建设实施方案》。

9月24日　广东省肇庆市人大常委会常务副主任莫友莲率肇庆市人大代表团一行到汶川县克枯乡考察。

9月24日13时35分　国道213线16KM＋900M（福堂隧道）处发生一起交通事故。一辆五菱牌小型客车由汶川至都江堰方向行驶，在会车时因对方车辆灯光太强，与相向步行的一行人相撞，造成行人重伤，经抢救无效死亡的交通事故。

9月25日　汶川县科学重建研究成果汇报会在成都召开，来自省内的近60名专家学者参加会议，为汶川灾后科学重建献言献策。

9月25日　香港特别行政区立法会主席曾钰成率立法会考察团一行到汶川县考察香港援建项目建设情况。

9月25日　州委书记侍俊一行到汶川县调研藏羌文化走廊建设和城乡环境综合整治工作。

9月26日　中共中央政治局常委、国务院总理温家宝一行到汶川县视察灾后恢复重建工作，并作重要讲话。

9月27日　广东省佛山市委常委、常务副市长周天明率领佛山市国庆、中秋慰问团一行到水磨镇，看望慰问灾区群众和援建人员，考察指导灾后恢复重建工作。

9月28日　州委常委、县委书记青理东，县人民政府县长廖敏等县领导一行深入乡镇开展慰问活动。

9月30日　县人民政府印发《汶川县关于加强城乡规划管理工作的实施意见》：加强城乡规划的编制、审批、修改管理工作，加强城乡规划审批管理工作，城乡规划区内土地管理，加强城乡规划管理力度，强化规划监督执法，切实维护规划的严肃性。

9月30日　广东省珠海市援建汶川县社会福利服务救助中心竣工仪式在绵虒镇举行。

十　月

10月1日　四川省委副书记、省长蒋巨峰到汶川县映秀镇，看望慰问灾区干部群众，共庆新中国成立60周年。

10月9日　成立"汶川县财经领导小组"。县委副书记、县人民政府县长廖敏任组长；县委副书记张通荣，县委常委、县人民政府常务副县长罗尔基木，县委常委、县纪委书记向林任副组长，领导小组办公室设在县财政局。

10月10日　广东省政府副秘书长、省政府发展研究中心主任谢鹏飞一行来汶川县考察慰问。

10月10日　召开县城拆迁重建规划现场办公会。

10月11日　国家审计署副审计长石爱中一行到汶川县映秀镇视察灾后恢复重建工作。

10月12日　由国家减灾委专家委员会主任秦

大河率领的专家委调研组一行到汶川县映秀镇考察，详细了解映秀镇恢复重建情况并对减灾工作进行现场指导。

10月12日　国土资源部党组成员、国家土地督察局副总督察甘藏春一行来汶川县视察灾后恢复重建及地质灾害防治工作。

10月13日　中共中央党校省部级干部进修班"深化行政体制改革"调研组一行到汶川县映秀镇视察灾后恢复重建工作。

10月14日　外国驻华陆军国防武官一行来汶川参观考察。

10月15日　县委、县政府决定，授予龙溪乡等4个单位为"'百名干部下基层活动'先进集体"、30名同志为"'百名干部下基层活动'先进个人"荣誉称号。

10月15日　"弘扬震中汶川精神　展示下派干部风采"——汶川县百名干部下基层活动总结暨汇报演出会在原阿坝师专树人大楼隆重举行。

10月15日　广东省深圳市贸促会、国际商会会长王玉生一行再次前往草坡乡码头村捐赠，帮助其完成农房建设。

10月15日　广东省广州市援建汶川安置房"阳光家园"一期826套住宅竣工验收。

10月16日　广东省副省长佟星一行视察成都——阿坝工业集中发展区暨广东汶川工业园区。

10月16日　召开中共汶川县委十届九次全体会议，会议要求全县各级各部门要解放思想，统一思想，加快重建，共谋出路，努力实现三年重建任务两年基本完成的目标。

10月18日　中国西部开发促进会副会长兼秘书长赵霖一行到汶川县映秀镇考察灾后重建情况。

10月19日　成立汶川县"思想政治工作联席会议领导小组"，县委副书记张通荣任组长，县委常委、县委宣传部部长吴开明任副组长。

10月20日　州委常委、县委书记青理东分别在县移民办和成都花园宾馆召开"特殊党费"援建工作会议，就汶川县"特殊党费"使用管理工作情况及下一步工作进行专题研究。

10月20日　广东省汕头市对口援建的草坡乡卫生院、文化站竣工。

10月20日　县委办公室、县政府办公室印发《关于在全县深入开展民族团结宣传教育活动的通知》，决定在全县深入开展民族团结宣传教育活动。

10月20日　县委办公室、县政府办公室印发《关于在全县开展灾后心理重建工作的通知》。成立"汶川县心理重建工作领导小组"，县委常委、县委宣传部部长吴开明任组长，领导小组下设办公室。

10月21日　举行广东——汶川中小学校(幼儿园)"结对子"活动座谈会。

10月22日　"不屈的脊梁——四川地震灾区画家美术作品巡回展"阿坝开展仪式在汶川县第二小学举行。

10月22日　教育部哲学社会科学重大攻关课题"灾后中小学生心理疏导研究"在汶川第一小学开题。

10月22日　在成都滨江饭店举行"汶川县三江生态景区恢复营业新闻发布会"。

10月22日　中国国防交通协会一行到汶川县映秀镇参观考察。

10月22日　全国国防科工办(局)一行到汶川县映秀镇考察。

10月22日　广东电视台《纵横天下游》栏目主任谢锋一行来汶川县参观"汶川红"大樱桃酒生产工序，拟将"汶川红"推向珠江三角洲市场。

10月23日　尼泊尔边防代表团一行到汶川县参观考察。

10月26日　四川省人大副主任张东升一行到汶川县调研《中华人民共和国防震救灾法》贯彻实施情况。

10月27日　亚洲开发银行行长黑田东彦、亚洲开发银行东亚局局长克劳斯·盖尔豪瑟一行到汶川县映秀镇考察灾后恢复重建工作。

10月27日　广东省东莞市市委常委、常务副市长冷晓明一行到汶川县映秀镇视察灾后重建进展情况。

10月28日　四川省专家智力助州服务活动启动暨项目签字仪式在汶川县举行。

10月28日　县人大常委会召开地方人大设立30周年纪念大会。会议对汶川县优秀人大代表，县、乡两级先进人大工作者，宣传人大工作先进单位和个人进行表彰。

10月28日　中国生命关爱协会、四川生命关爱协会、华美教育培训中心在汶川一小举行慈善捐赠。

10月28日　"全州公安机关规范化建设暨灾区治安管理工作示范县创建活动现场推进会"在汶川县公安局召开。

10月29日　在汶川县迎宾馆新闻发布中心召开汶川县2009年冬季征兵工作会议。

10月30日　外交部外管司司长陈育明及卫生部、教育部、广电总局、林业总局、知识产权局、国务院发展研究中心、交通部、文化部、文物局一行到汶川县映秀镇调研考察。

10月30日　举行广东省广州市援建汶川县人民医院启用仪式，广州市市委常委、常务副市长苏泽群，四川省卫生厅副厅长王正荣，香港红十字会总监胡郭秀萍等参加仪式。

10月30日　举行广东省广州市对口援建汶川县禹羌博物馆开工典礼。

10月31日　召开汶川县城城市设计方案征集活动评审会。

十一月

11月1日　州委书记侍俊，州长吴泽刚在成都听取汶川县关于县城城市设计及修建性详规的专题汇报。

11月3日　致公党广东省委员会专职副主任、广东省社会服务工作委员会副主任吴毅率致公党广东省委一行到汶川县考察。

11月3日　四川音乐学院党组书记柴永柏一行到汶川县考察指导工作，并实地考察水磨镇四川音乐学院分院建设选址处。

11月3日　国家人力资源和社会保障部副部长杨士秋率领考察团到汶川县映秀镇调研考察。

11月4日　为激励先进，树立榜样，中共汶川县委、县人民政府决定，给予公安消防大队通报表彰。

11月4日　县人民政府印发《汶川县党政机关和事业单位人员考录招聘和调动管理办法》。

11月4日　召开全县打黑除恶专项行动动员大会。

11月5日　四川省省长蒋巨峰一行到汶川调研灾后重建项目，看望对口援建人员。

11月5日　省政府土地权益保护督导组一行到汶川县调研《四川省人民政府关于汶川特大地震灾后恢复重建中土地权益保护的指导意见》贯彻落实情况。

11月5日　参加全国少数民族记者培训研讨会的专家和记者到汶川县映秀镇考察。

11月5日　召开全县"一村一大"工作培训会。

11月6日　澳大利亚参议院参议长约翰·霍格率代表团一行到汶川县映秀镇考察。

11月8日　省"特殊党费"援助项目督查组一行到汶川县督查"特殊党费"使用管理情况。

11月9日　省政府督察组一行到汶川县开展地震灾区城乡住房恢复重建百日攻坚督察活动。

11月9日　县人民政府印发《关于做好第六次全国人口普查工作的通知》，成立"汶川县第六次全国人口普查领导小组"，县委常委、县政府常务副县长罗尔基木任组长，领导小组办公室设在县统计局。

11月9日　开展第19个消防日主题宣传活动。

11月10日　最高人民法院党组成员、政治部主任周泽民一行到汶川县映秀镇看望慰问奋战在震中一线的法院工作人员。

11月11日　广东省人大常委会委员、环境与资源保护委员会主任委员劳应勋率广东省人大常委会一行来汶川县视察灾后恢复重建工作。

11月11日　汶川县一中举办震后首届冬季运动会。

11月12日　县委印发《汶川县科级领导干部任职交流办法(试行)》。办法包括：总则、适用范围、交流原则、交流对象、交流方式、配套政策、交流纪律等内容。

11月13日　为庆祝羌历新年，以"保护传承羌族文化，丰富百姓文化生活"为主题的汶川县原生态锅庄比赛在汶川县第二小学举行。

11月14日　国家体育总局局长刘鹏一行到汶川县映秀镇慰问考察。

11月14日　国家煤矿安全监察局副局长彭建勋一行到汶川县映秀镇考察。

11月16日　共青团四川省委书记张彤一行到

汶川县考察。

11月16日 县委办公室、县政府办公室印发《关于汶川县灾后重建示范村建设的实施意见》。

11月17日 州委常委赵平一行到汶川县考察调研。

11月18日 美洲国家组织副秘书长艾伯特·拉姆丁率代表团一行到汶川县考察灾后恢复重建进展情况。

11月19日 国务院应急办副主任郭晓光率国务院办公厅督查调研组到汶川县映秀镇，实地调研该镇灾后农房恢复重建。

11月19日12时05分左右 一辆起亚小型轿车由都江堰至汶川方向行驶，行至国道213线47KM+400M（福堂隧道）处时，与因故障停在隧道内的十通货车追尾，造成小型轿车驾驶员死亡，车辆严重受损的交通事故。

11月19日 总投资4.34亿元的粤汶公路正式开工建设。粤汶路北起烧火坪隧道映秀镇，南至友谊隧道都江堰端，总里程21.9公里。

11月20日 香港驻蓉办主任潘太平一行到汶川县映秀镇考察。

11月20日 中央纪委监察部廉政理论研究中心纪检监察专员、中国监察协会副秘书长张法旺率中国监察协会西南联组代表团一行到汶川县考察。

11月21日 省建设厅纪检组组长毕志彪率领省政府督查组一行到汶川县检查指导受灾群众安全温暖过冬工作。

11月22日 中国铁建电气化集团有限公司资助四川省威州民族师范学校、威师附小恢复重建捐赠仪式在汶川县第二小学举行。

11月23日 省委书记刘奇葆一行到汶川县视察灾后重建、"特殊党费"使用管理、受灾群众安全温暖过冬等情况。

11月23日 中国福利会、上海宋庆龄基金会支援四川少年儿童文化教育活动基地成立暨综合服务启动仪式在汶川一小举行。

11月23日 汶川县开展"暖冬行动"，为广东援建者送去冬日温情。

11月25日 汶川县威州镇一期安置房摇号分房活动在原阿坝师专多功能会议厅举行。

11月26日 汶川县召开专题会议研究萝卜寨灾后恢复重建工作。

11月27日 召开汶川县第二批"百名干部下基层"活动动员大会。

11月29日 召开全县公判公捕公处大会。

11月30日 汶川县城至雁门的姜射坝路段实现双向通车。

十二月

12月1日19时40分许 一辆霸康牌货车行至卧龙自然保护区贝母坪村处，车辆翻于道路外，导致车上3人死亡。

12月2日 广东省省委书记汪洋一行到汶川县考察社会福利服务救助中心并慰问孤寡老人。

12月3日 在"阳光家园"举行"新家园 新希望"——广东省援建汶川县十大民生工程交付使用仪式。广东省省委书记汪洋，四川省省委书记刘奇葆，阿坝州州委书记侍俊及汶川县县委、县政府等领导参加。

12月3日 民政部党组成员、全国老龄办常务副主任陈传书一行到汶川县视察。

12月3日 州委书记侍俊一行到汶川县萝卜寨视察调研恢复重建及灾后旅游恢复发展情况。

12月4日 四川省文联、四川省杂协组织成都市文化艺术学校、成都市杂技团、四川宏宇艺术团的艺术家们来到汶川县第二小学，举行"赴汶川(杂技专场)慰问演出"。

12月5日 成立"汶川县羌禹文化产业开发领导小组"，县委常委、宣传部部长吴开明任组长，领导小组办公室设在县文化体育局。

12月5日 成立"汶川县羌族文化生态保护区建设工作领导小组"，州委常委、县委书记青理东任组长，县人民政府县长廖敏任副组长，领导小组办公室设在县文化体育局。

12月6日 举行三江乡水乡藏寨大酒店开工奠基仪式。

12月7日 国台办研究局副局长顿世新、四川省台办副主任赵宇一行到汶川县映秀镇考察。

12月7日 阿坝州新型农村社会养老保险工作

动员大会暨汶川县试点启动仪式在汶川县举行，汶川县成为四川省目前确定的"新农保"首批试点的21个县中的首个试点地区。

12月8日 省委副书记李崇禧一行到汶川县调研灾后重建进展情况。

12月8日 州人大常委会主任王福耀一行到汶川县萝卜寨村考察调研。

12月8日 汶川县首批安置房交钥匙正式开始，为期30天。

12月9日 "新雁门 新气象"——广东省江门市援建汶川县雁门乡整体项目交付使用仪式在汶川县雁门小学举行，标志着江门市对口援建任务全面完成。

12月10日 州委书记侍俊一行深入汶川县调研灾后恢复重建进展情况。

12月11日 州委书记侍俊、州长吴泽刚一行到汶川县评比验收灾后重建示范村建设情况。

12月12日13时 一辆白银长安奥拓车搭载两人，由卧龙至小金方向行驶，行至省道303线103KM+600M(塘房)时，翻于坎下，造成1人死亡，两人受伤的交通事故。

12月13日 四川省省委副书记李崇禧一行到汶川县调研灾后生产生活恢复重建情况。

12月15日 县委、县人民政府印发《关于命名2009年度县级最佳文明单位和县级文明单位、文明行业、文明村的决定》，命名阿坝州科学技术研究院等7个单位为县级最佳文明单位，县经济商务局等6个单位为县级文明单位，县地方税务局为县级文明行业，绵虒镇克约村等8个村为县级文明村。

12月15日 县委、县人民政府印发《关于授予杨克富等同志为汶川县首届"道德模范"的决定》，授予杨克富等67名同志为汶川县首届"道德模范"。

12月16日 县委办公室、县政府办公室印发《汶川县加强扩大内需灾后重建工程项目建设管理的几项规定》的通知。

12月17日 县委、县人民政府印发《关于表彰先进派员单位、优秀挂职干部的决定》，授予四川音乐学院等3个单位为"先进派员单位"，陈茂辉等49名同志为"优秀挂职干部"荣誉称号。

12月17日 成立"汶川县社会工作领导小组"，

县委副书记张通荣任组长，县人民政府副县长张鹏、广东省对口援建工作组社会发展协调部部长庄侃任副组长。

12月17—20日 映电总厂映秀湾电站大坝通过国家电监会安全特种检查。

12月21日 文化部非遗司副司长马盛德率文化部非遗保护督查组一行到汶川县检查非物质文化遗产保护和传承情况。

12月21日 县委、县人民政府决定授予向泽朗等29名同志"汶川县荣誉市民"称号。

12月21日 县人民政府印发《汶川县新型农村社会养老保险试点实施意见》。实施意见包括：指导思想和基本原则、参保范围、基金筹集、建立个人账户、养老金待遇、待遇领取条件、基金管理、基金监督、经办管理服务、相关制度衔接、加强组织领导。

12月22日 汶川县三江生态旅游风景区接受国家A级旅游评定组的创建检查，并顺利通过国家AAAA评审，成为震后极重灾区第一个AAAA级景区。

12月22日 中组部组织局副局长曾贤钦到汶川县调研"特殊党费"使用管理及乡镇干部服务责任制。

12月23日 四川省政府副省长李成云一行到汶川县调研工业企业、园区建设及重点项目建设情况。

12月23日 民政部社会工作司副司长柳拯一行到汶川县调研。

12月28日 汶川县新型农村社会养老保险办理工作在三江乡正式启动。

12月30日 四川省省委组织部副部长刘中伯到汶川县调研，看望慰问基层困难党员和困难村干部。

中国共产党汶川县委员会

【领导名录】

书　记	青理东
副书记	廖　敏　陈茂辉(广东援建)
	张通荣　泽小勇(12月起)
县委常委	朱耀忠(广东援建)
	王继红(6月止)
	向　林(8月起)
	罗尔基木
	吴开明　郭素梅
	张贵强　刘　兵(6月起)
	杜朝刚(9月起)
	周全福
	向泽朗(省委组织部下派)
	郭　勇(省委组织部下派)
	江中渔(省委组织部下派)
	全晓峰(省委组织部下派)
	吴永洪(省委组织部下派)
	蔡存明(省委组织部下派)
	郭永军(省委组织部下派)
	任献光(中组部下派)
	范振宇(中组部下派)
	李志新(中组部下派)
	李东红(中组部下派)
	邓国基(中组部下派)
县委调研员	阳金花　杨顺康
县委副调研员	杨朝宇

重要决策

【重大决策贯彻落实】　及时传达学习贯彻落实中央、国务院和省委省政府、州委州政府重要会议精神、重大决策部署，做到在学习上求真、在领会上求深、在结合上求实，注重全面把握、深刻领会科学发展观的科学内涵和根本要求，把学习贯彻十七大精神热潮引向深入，坚持理论联系实际的马克思主义学风，以科学发展观武装头脑、指导实践、谋划发展、推动工作。召开县第十届委员会第九次全体会议，传达贯彻党的十七届四中全会、省委九届七次全会和州委九届九次全会精神，审议通过《中共汶川县委关于贯彻落实十七届四中全会精神的意见》，动员全县广大干部群众学习领会中央、省、州全会精神，并将其作为推进灾后恢复重建和建设富裕文明和谐魅力新汶川的指导思想，在进一步解放思想中统一思想，进中求快、快中求好，全面推进党的建设新的伟大工程，又好又快推进灾后恢复重建各项工作，努力实现三年恢复重建任务两年基本完成的目标。

深入贯彻落实科学发展观，围绕"两个加快"，紧盯"三年重建任务两年基本完成"目标，围绕"面向四川、服务全州，努力把汶川建设成为阿坝新型工业集中发展区、岷江河谷现代特色农业示范区、羌禹文化生态体验区、防灾减灾示范区"发展定位，抓住灾后重建、扩大内需、对口援建三大机遇，全面推动灾后恢复重建、八大民生工程、一心两廊四区发展规划实施，全县呈现出恢复重建加快推进，社会政治保持稳定，人民生活不断改善，干部群众斗志昂扬的良好局面。以"清洁化、秩序化、优美化、制度化"为标准，按照"专项规划、专人管理、专门机构、专业队伍、专项经费、专项督查"六专机制，多方联动、多管齐下，着力解决垃圾乱扔、广告乱贴、摊位乱摆、车辆乱停、工地乱象以及厕所不洁、砂石乱堆、偏棚乱搭等问题，大力整治脏乱差现象，有效改善城乡环境面貌。

以加强行政效能建设为重点，落实"首问责任制、限时办结制、责任追究制"和《汶川县"问事、问人、问责"暂行规定》，对全县灾后重建工作任务实行"目标倒逼进度、时间倒逼程序、督查倒逼落实"的倒逼制度，坚持定期检查、定期通报、定期整改，全面加强对行政决策、行政执行、行政监督等环节和灾后重建、发展环境建设中涉及效能问题的监督检查；切实加强从源头上预防和治理公路"三乱"工作的力度，坚持"六公开"制度；坚持"程序不减、周期缩短、准备提前、效率提高"，切实加强对重点项目建设和灾后重建项目的立项审批、招标投标、资金使用管理情况的监督检查，责令重新招标5件，取消中介机构代理资格1个；完善集决策督查、专项查办、结果运用和督查调研于一体的督查工作体系；开展政府绩效评估，坚持奖优、治庸、罚劣，坚决查处干部不作为、乱作为，全年收到群众来信、来访和电话举报230件次（其中，州纪委转办件95件），党纪政纪立案5件，结案5件，对7名主要负责人和直接责任人给予党纪政纪处分。认真、按时完成州委州政府领导的批办事项和上级交办的督查任务。进一步完善信息撰写奖惩制度，全年上报信息222期。

【党风廉政建设】 坚持把党风廉政建设工作纳入议事日程，把思想建设、组织建设、作风建设、制度建设作为党风廉政建设的基本任务，及时调整充实责任制领导机构成员，形成党委统一领导，党政齐抓共管，纪委组织协调，部门各负其责，依靠人民群众积极参与的工作格局，将反腐倡廉教育列入宣传工作要点，将党风廉政建设工作纳入年度目标考核。及时学习贯彻全国及全省落实党风廉政建设责任制电视电话会议精神，结合汶川县灾后重建实际，突出"三个结合"，即：与深入学习实践科学发展观活动紧密结合，与深入开展农村党风廉政建设紧密结合，与完善惩防体系紧密结合。

县委、县政府主要领导贯彻落实胡锦涛同志"四个亲自"要求，印发《关于认真贯彻胡锦涛同志"四个亲自"要求进一步落实党风廉政建设责任制的意见》，多次主持研究反腐倡廉工作，主讲廉政党课和反腐倡廉形势报告，邀请中央党校徐平教授结合灾后重建和羌族文化发展的实际，为全县副科级以上领导干部作"文化建设与汶川灾后发展"专题讲座。狠抓班子作风建设，对班子成员和部门主要领导干部履行党风廉政建设职责情况进行督促检查，对存在的苗头性问题，及时批评纠正。

县委、县政府领导班子成员按照2009年党风廉政建设和反腐败工作任务，及时转移工作重心，由抓日常工作转向灾后重建工作，对分管系统和部门的党风廉政建设进行安排部署和督促检查，坚持每半年听取分管系统和部门的党风廉政建设工作情况汇报，做到年初有计划安排、平时有贯彻落实记录、年底有工作总结，确保廉洁重建、阳光重建。

县委、县政府领导班子成员始终围绕灾后重建、阳光重建工作，把党和人民满意作为工作的最高追求，想群众之所想，急群众之所急，努力把人民群众关心的事办好，需要的事做好，不满意的事改好。牢固树立过紧日子的思想，增强自我教育、自我约束、自我控制能力，落实党风廉政建设责任制，做到不放松思想防线，不逾越道德红线，不触碰法纪"高压线"，开展"净化重建环境专项整治月"活动，做到为民用权，依法用权，秉公用权，廉洁用权，把有限的人力、物力、财力等资源用在刀刃上，以务实的作风和一流的业绩取信于民。2009年，对32位（含挂职领导）副县级以上领导干部在全县副科级以上领导干部中进行民主测评，测评结果均为满意。

【党的组织建设、思想建设、统战工作】 从推动人才强县、维护社会和谐稳定的高度，把加强和推进社会工作人才队伍建设纳入全县人才工作范畴，进一步完善党管人才领导体制，强化组织部门牵头抓总职能。制定印发加强人才队伍建设的实施意见等文件，加强与各成员单位之间的沟通协调，增强人才工作合力；召开专业技术人才座谈会等，广泛听取各方面的意见和建议；做好省、州级"农村优秀人才示范村"申报工作；面向全国引进189名紧缺人才；协同县规划建设局在全县11个乡镇集中组织800名农民工进行为期15天的"地震灾区两万名建筑业农民工免费大培训"活动;整合智力资源,充分发挥专家咨询作用,邀请70余名省内外专家学者多角度对汶川科学重建与加快发展进行深度研讨,为汶川科学重建出谋划策。

扎实开展深入学习实践科学发展观活动。以"建设模范部门,打造过硬队伍,为推进'两个加快'提供坚强的组织保障"为目标,结合开展民族团结宣传教育活动,扎实开展学习实践活动。成立领导机构,完善学习制度,制定活动专栏,组织开展学习谈心谈话活动,开好"两个专题"生活会,形成较高质量的分析检查材料,结合实际制定整改方案,对存在的问题加以整改,以推进工作的成效来检验活动的实效,全面提升干部素质。以创建"四强"基础党组织为目标,全面推进基层党的建设。贯彻落实省委《关于认真落实党的十七届三中全会精神切实加强新时期农村党建工作的意见》,重点抓好村党支部书记队伍建设,建立健全村党支部书记培养选拔、教育培训、激励保障、管理监督机制,储备村级后备干部320余人,制定调整村干部误工补贴及村办公经费的办法,全面推行村党支部书记基本养老保险制度,健全农村基层组织建设、村干部报酬和养老保险、党员干部培训资金保障机制,推进"一村一名大学生干部"计划和"部门包村、干部联户"活动,完成114名"一村(社区)一名大学生"的电子信息档案录入、任前培训和考核工作。1300名县级机关党员干部开展"下访服务、公仆尽责"主题实践活动,实现"四包责任"的全覆盖。按照"八有"标准抓好村级组织活动场所建设,全县44个村级组织活动场所完成并投入使用,在全县重点打造18个示范建设村。加强基层党员队伍建设,落实基层党建工作责任制。继续抓好保持共产党员先进性四个长效机制文件的贯彻落实,分期分批举办乡镇党委书记、村党支部书记集中培训班、"一村一名大学生"干部培训班,培训人员354人次,提高村两委干部谋划发展、推动发展的能力和服务群众、维护稳定的本领。推进"万村党建富民、共建美好家园"行动,推进党务公开,完善基层党建工作社会评价制度,改革和完善基层党组织领导班子选举办法。深化"三级联创"活动,健全以"承诺、述职、评价、追究"为主要内容的基层党建工作考评体系,制定《关于实施民富村美班子强的意见》,进一步加大新农村建设力度。推行党务公开、村务公开,创新推行"民主议事、民主决策、民主执行、民主监督""四民"工作法,推进党内民主,构建党内和谐。做好农村党员干部远程教育工作。恢复农村党员干部现代远程教育,建成并投入使用站点18个,落实专门人员和工作经费,定期召开农村党员干部现代远程教育工作领导协调小组会议,做到有教学计划、教学活动,经常性组织骨干人员培训学习,每月按时填报远教信息管理系统。

健全领导班子学习、调研和组织生活制度,坚持县委中心学习组和"三会一课"学习制度,班子成员严格按照要求参加学习和组织生活,深入基层、深入一线调查研究,并结合实际撰写高质量的调研报告,为全县灾后重建工作提供有力的理论保障。坚持贯彻民主集中制,坚持"集体领导、民主集中、个别酝酿、会议决定",健全班子议事规则、程序和决策机制,做到有令必行、政令畅通,推进全县政治、经济、文化、社会及党的建设。转变工作作风,严格推行首问责任制、限时办结制、责任追究制,扎实深入开展群众工作,维护社会稳定,全年无重大集体上访和影响社会和谐稳定的恶性事件发生。严格执行《党政领导干部选拔任用工作条例》《干部选拔任用工作规程》和《体现科学发展观要求的综合考核评价办法》等相关规定,做到坚持程序一步不缺,履行程序一步不错,力求科学地选拔干部,选准用好干部,以科学性保证公正性,把科学选任干部的要求落实到提名推荐、组织考察、酝酿协商、讨论决定的整个过程。坚持把基层一线作为检验和识别干部的主战场,大力选拔人品正、能干事、真爬坡、敢破难的干部,把那些顾大局、有魄力、能力强、关键时刻经受住考验、表现突出、群众公认的干部选拔到重要岗位。全年转任重要岗位科级干部12人,新提拔科级领导干部23人,调整交流43人,选派21名干部到云南、广东、四川成都等地挂职培训。

县委重视中心学习组理论学习,形成"一把手"亲自抓理论学习的良好局面,制定《中共汶川县委中心组2009年度理论学习安排意见》,采取集中学习、个人自学、邀请专家授课、外出考察、座谈交流等形式进行理论学习,重点传达学习和贯彻落实胡锦涛总书记来川视察重要讲话精神、胡锦涛总书记在纪念改革开放三十周年大会上的讲话、《中共中央办公厅转发〈中央组织部关于进一步加强和改进领导班子思想政治建设的意见〉的通知》、《中共四川省委、四川省人民政府关于认真学习贯彻温家宝同志来川视察重要讲话精神的通知》、胡锦涛总书记在映秀举行的纪念"5.12"汶川特大地震一周年纪念会上发表的重要讲话《中共四川省委四川省人民政府关于2009年抓好重大项目建设促进农业发展农民增收的意见》等。全年县委中心学习组共集中学习13次，其中，举行学习（扩大）会议7次，邀请专家作专题报告6次。县委中心学习组成员严格遵守学习制度，参加集中学习，深入进行调查研究，做好学习笔记，撰写调研文章，开办《新汶川》季刊，并在州级及以上报刊登载，其中县委中心学习组撰写的题为《铸造精神支柱汇聚重建力量》的理论文章在5月21日《四川日报》上刊登。转化理论学习成果，开展以"下访服务、公仆尽责"为主要内容的县级领导干部、科级干部和一般干部联系农户（社区居民）活动，组织广大党员干部和群众学习好、宣传好、贯彻好党的一系列重要会议精神和方针政策，把广大党员干部和群众的思想统一到灾后恢复重建上来，把力量凝聚到建设美好新家园上来。通过学习，广大干部群众全力投入灾后恢复重建工作之中，按照"加快"和"提前"的要求，坚持"大抓项目，抓大项目"，依靠对口支援，克服道路交通不畅、施工条件受限、次生灾害威胁等多种不利因素，在保质量、保安全的前提下，抢时间、抢进度，有力有序有效推进灾后恢复重建。

重视思想政治工作，加强对思想政治工作的领导，成立由县委副书记张通荣任组长，县委宣传部部长吴开明任副组长的思想政治工作联席会议领导小组和思想政治工作研究会，将思想政治工作纳入工作实绩考核内容。县委常委会议专题研究思想政治工作4次，思想政治联席会议研究分析思想政治两次以上。开展"两个加快"形式教育活动，在全县范围内开展中国特色社会主义理论体系的学习教育活动；群众性爱国主义教育活动；深入学习实践科学发展观活动等系列思想政治活动，邀请专家作形势报告5次。掀起向邱光华英雄机组学习的高潮，深入挖掘和集中宣传原县委常委、纪委书记王继宏同志先进事

迹，弘扬"震中铁骨"精神，集中宣传报道水磨精神、水磨速度，展示援建风采。开展"为祖国喝彩——庆祝新中国成立60周年大型电视文艺直播行动"、"迎国庆讲文明树新风"等庆祝建国60周年开展系列活动。畅通舆情信息渠道。通过汶川新闻网开辟"阳光党务"、"政务公开"、"互动交流"等栏目，开设"书记信箱"和"县长信箱"，畅通社情民意反映渠道。全年上报州委宣传部信息200多期，采用200多期。围绕灾后重建开展调研两次。2009年，全县在各级报纸、杂志、广播电台、网站上发表、播出新闻稿件2.5万余篇（条、幅）。

加强对未成年人思想道德建设工作的领导，县委常委会坚持专题研究未成年人思想道德建设工作制度，把该项工作纳入县委、县政府工作议事日程，坚持以县文明委组织协调、有关部门各司其职，全社会共同参与的工作机制，将加强和改进未成年人思想道德建设纳入年度目标考核，各乡镇、各部门落实专门的未成年人工作机构，落实专职人员和工作经费。加大文化市场的监管力度，加大网吧管理力度，取缔"黑网吧"两户，深入推进"警校共育"工作，坚持不懈开展"扫黄"、"打非"工作，给青少年成长营造一个良好的文化环境。

关爱未成年人，开展为未成年人献爱心活动，全面构建学校、家庭和社会"三位一体"的教育网络。开展"铭恩·奋进"等系列教育活动，丰富未成年人精神文化生活，充分发挥荧屏育人的作用，努力做到净化荧屏、创作精品，播放有利于未成年人思想道德建设方面的新闻，多渠道组织片源，注重电视节目的知识性、趣味性，加强节目审查，让健康文化成为广播电视的主旋律。加强新闻宣传力度，如"感恩在孩子们的心里扎根"、"我完全放心——汶川县第一幼儿园'感恩义务劳动'侧记"等文章，为未成年人思想道德建设工作营造良好的舆论氛围。

加强党的统一战线工作。深入贯彻中发〔2005〕5号、〔2006〕15号文件和省委、州委贯彻意见精神，切实加强对统一战线工作的领导，建立健全领导机制，进一步推动统战部牵头协调、有关部门和人民团体负责的统战工作领导机制和工作机制建设，并切实按照中央要求，明确县委统战部部长由县委常委担

任。支持和协助工商联加强自身建设，做好统一战线"三支队伍"的教育培训和重点代表人物的培训工作，全年协助工商联组织培训干部6期共9人。协助工商联各级组织和无党派人士搞好新中国成立60周年和中国共产党领导的多党合作和政治协商制度确立60周年纪念活动。鼓励、支持、引导非公有制经济加快发展，落实县领导联系非公有制经济代表人士制度，邀请广东、江苏、重庆和成都等工商联到汶川县实地考察、指导，并组织本县非公有制经济代表人士进行座谈、交流。引导非公有制经济人士贯彻落实科学发展观，切实做好非公有制经济代表人士综合评价工作，完成州下达的4户非公有制经济代表人士综合评价工作，县级自评8户。加大政治协商、民主监督、参政议政工作力度。党外干部在县人大、县政府、县政协领导班子中的安排达到规定比例，党外人士在县人大、县政协中的安排达到规定比例，在县政府安排党外干部的工作部门达到并保持四分之一以上。把党外人士培训工作纳入党委干部教育培训总体规划，完成州下达的培训任务，党外干部培养选拔纳入整个后备干部队伍建设总体规划。推进多党合作和政治协商的制度化、规范化和程序化，全年县委、县政府、县政协和县委统战部召开民主协商会，情况通报会和座谈会达6次以上。进一步加强对党外干部的教育，确保全县党外干部无一例违法乱纪事件发生。在民族宗教工作和藏区工作方面，进一步完善由县委统战部牵头的民族宗教工作协调机制，做好宗教界代表人士的培养工作，依法管理宗教事务，做好抵御渗透、反分裂斗争和维护稳定工作，及时排查、调处不稳定因素。全年3次对不稳定因素进行排查，通过排查，在民族团结和反分裂斗争等方面不存在不稳定因素，无遗留问题，全年全县无重大责任事故发生。

【维护社会稳定】 加强组织领导，落实一岗双责。始终坚持以科学发展观统揽维稳工作，按照"发展是第一要务、稳定是第一责任，发展是政绩、稳定也是政绩"的要求，坚持一手抓灾后恢复重建促发展、一手抓反分裂促稳定不动摇，全面落实各级党政领导"一岗双责"，把维护社会稳定工作纳入年度工作目标，与经济社会发展工作同安排、同部署、同考核、同奖惩，将维护社会稳定的成效，纳入干部述职和考核

的内容，作为干部晋职晋级和奖惩的重要依据，把关注民生、减少矛盾纠纷放到更加突出的位置，大力提高组织群众工作能力和防范控制突发事件能力，确保社会大局稳定。坚持关口前移，做到主动维稳。建立健全专群结合情报信息网络，及时报送涉稳信息。县委常委会专题听取维稳工作汇报6次，分析研判安全稳定形势，提出对策，消除隐患，及时排查调处不稳定因素，适时分析研判并建立台账，动态管理。对维稳工作坚持挂牌督办，实施专案攻坚，推动化解不稳定因素工作常态化、制度化。对重大不稳定因素，坚持定领导、定人员、定时限，包调查研究、包协调处理，及时化解隐患。建立非正常集访预防制度，做到信息提前掌握，措施提前研究，工作提前介入，防止大规模群体性聚集事件的发生。深入开展社会稳定风险评估工作，县委、县政府在上项目、作决策、搞改革、定政策前关口前移，进行社会稳定风险评估，主动防范和化解不稳定因素。加强督查督办，落实责任。进一步强化各级维稳工作主体责任，做到谁主管谁负责，谁制定政策谁负责善后，谁出问题谁承担责任。明确党政主要领导是维稳工作的第一责任人，分管领导是维稳工作的直接责任人，每项维稳工作都有具体的责任领导、责任部门、责任岗位，一级对一级负责，层层落实责任。严格执行领导干部维稳工作责任述职、责任考核和维稳"一票否决"制度，加大督查督办，全面落实《中共阿坝州委办公室、阿坝州人民政府办公室关于印发〈四川省维护社会稳定工作责任倒查规定（试行）〉的通知》，严格领导包案，有效防止包而不办、办而不力、层层转包问题，确保中央、省委、省政府和州委、州政府维稳工作部署落到实处。保障措施到位，夯实维稳根基。按中央、省、州要求配齐配强维稳办工作人员，加强和规范维稳机构建设，改善基础设施和技术装备，将维稳工作专项经费纳入同级财政预算予以保障，定期组织业务技能培训，加强基层常态维稳力量建设，建立覆盖重点地区、部位、人群的维稳信息员队伍，形成灵敏高效的信息搜集渠道，夯实维稳根基。

深入开展"三个排查"工作，解决突出矛盾纠纷和治安问题。始终把矛盾纠纷排查调处作为化解人民内部矛盾、维护社会稳定的一项基础性、日常性工作

来抓，构建"大调解"工作格局，充分发挥人民调解、行政调解、司法调解在化解矛盾纠纷的合力和作用，妥善处置因利益冲突引发的各类人民内部矛盾，维护全县和谐稳定。集中开展综合整治全县重点地区突出问题，整治两个治安混乱地区和突出治安问题。坚持每月一次对违法犯罪高危人群排查管控情况统计，掌控各项情况，严防不稳定事件的发生。全县排查矛盾纠纷308起，调处成功295起，调处成功率95.78%，有力地防止矛盾激化，预防和减少民转刑案件的发生，为汶川的经济建设及灾后重建提供良好的社会治安环境。加强基层基础建设，基层平安创建深入有效开展。贯彻落实省州关于《进一步加强社会治安综合治理基层基础建设的意见》精神，先后制定并下发《中共汶川县委汶川县人民政府关于进一步加强社会治安综合治理工作的意见》《中共汶川县委办公室汶川县人民政府办公室关于进一步加强社会治安综合治理基层基础建设的实施意见》，建立完善乡镇综治办、综治工作中心和村(社区)综治工作服务站，并落实人员和经费。扎实推进"1221"工程和"两所一庭"建设，已建成司法所11个、派出所12个、人民法庭5个。建成综治维稳中心11个，建成村(社区)、校园警务室12个、调解室54个、治安巡逻队45个。广泛开展综治宣传工作，按照要求建立"见义勇为"经费专户，每年由县财政划拨2000元作为专门的经费，专款专用。深入开展严打整治斗争，整体联动防控体系健全完善。贯彻落实省、州关于"严打"整治斗争的一系列决策部署，坚持定期召开治安形势分析会议，评估和挂牌督治治安问题，坚持滚动排查整治治安混乱地区和突出治安问题。深化整体联动防范体系建设，实施"三大警务"，加强群防群治队伍建设，构建起党委领导、政府负责，综治牵头、公安主导，部门配合、区域联动，群众参与的点线面呼应，人防、技防、物防配套，整体联动协调的县、乡、村、户四级治安防控体系，进一步充实城镇专职治安巡逻队，组建专兼职乡(镇)、村治安巡逻队，开展"平安边界"创建活动，发展深化边际联防协作，分别与都江堰、茂县、理县、小金等地签订边界联防协议书，及时互通情况，交流经验，针对出现的新问题、新情况共商对策，使边界地区治安联打、联防、联调、联治局面进一步发展巩

固。因地制宜部署开展以"打黑除恶"为龙头的"金剑"系列严打专项整治行动。全县各类刑事案件共立123起，破79起，破案率64.2%；与上年同期相比立案下降38.2%。移送检察机关起诉28案53人，提起公诉22件43人。共计摧毁犯罪团伙12个。受理治安案件317件，查处274件，查处率86.4%。创新服务管理措施，提高社会管理水平。贯彻落实全国、全省、全州关于深入开展打击盗窃破坏"三电"设施违法犯罪专项斗争电视电话会议精神和相关决策部署，开展"四川省第一次集中清查废旧金属收购站点统一行动"，集中清查7次。进一步加强流动人口服务和管理工作、预防青少年犯罪工作、学校及周边治安整治工作、刑释解教人员安置帮教工作以及国家安全人民防线工作，完成军地共建预防犯罪工作目标。全县落实帮教对象166人，帮教率100%，无重新犯罪现象。健全长效机制，为平安建设提供有力保障。把社会治安综合治理作为党政领导班子任期目标，通过层层签订目标责任书的方式，加大责任书兑现的奖惩力度，切实增强各级、各部门抓综治工作的积极性和主动性。完善社会治安综合治理工作机制和考评机制，制定《关于建立党政领导干部抓社会治安综合治理工作实绩考核档案和晋职晋级评先授奖征求综治机构意见的通知》。加大各级综治业务、见义勇为、群防群治的经费保障力度，确保县、乡两级社会治安综合治理工作经费纳入同级财政预算。完成中央、省、州综治委(办)新增与交办的各项工作。

加强对信访工作的领导。把信访工作作为"一把手"工程，成立以县委、县政府主要领导为组长的群众工作领导小组，提出"法要管用、事要解决、人要守住"的信访工作要求，明确信访责任主体，执行党政一把手负总责、主要领导亲自抓、分管领导具体抓、部门领导配合抓，层层落实领导责任制。县委常委会和县政府常务会每季度分别听取一次全县信访和群众工作汇报，集中研究一次信访和群众工作，同时把信访工作纳入县委、县政府年度目标考核。继续推行县委书记县长大接访活动，深化为县委常委和各级各部门领导干部"大下访"活动，实行重要信访案件领导包案制度，确保有包案领导、责任单位和办理时限，开展以"下访服务、公仆尽责"为主要内容的挂包联系活动。

县委、政府领导参与接访 56 人次,现场接待群众 75 批次,320 人次,解决群众诉求 70 批次,结案率达 93%。完善县群众工作中心建设,配齐、配全信访部门和群众工作中心班子和成员,各部门落实分管信访工作的领导,配备专兼职信访工作人员。将县群众工作局作为县级财政全额拨款的一级预算单位纳入财政预算,建立"信访工作基金",每年按 10 万元纳入财政预算,改善办公条件,确保工作经费和装备。建立县、乡(镇)、村、组四级工作机构,设立信访和群众工作办公室 36 个,行政村(社区)建立群众工作站 116 个,村民小组确定群众工作信息员 656 名,形成纵向到底、横向到边的新时期群众工作网络。信访部门充分发挥参谋助手作用,为县委、县政府分忧,为上访群众解难。县信访部门严格按照《信访条例》规范信访案件办理程序,加强重信重访治理力度,开展"信访积案化解年"活动,对梳理出的信访积案建立专门的积案台账、梳理案情、完善档案,落实领导包案化解机制,全年化解积案落实和解决资金 1644.85 万元,使用信访基金 5 万元,化解了上访老户陈光富长达 8 年的涉法涉诉信访问题。加强信访案件的督查督办工作,全年全县受理各级领导交办的信访案件 31 件,办结率 100%;受理群众来信 315 件,办结率 77.3%;接待群众来访 369 批次,3016 人次,其中,群体访 169 批次,2579 人次。

加强对重点工作的保密管理。县委、县政府主要领导对保密管理的重点(党政机关、稳定与重建、涉密信息系统)作出重要批示,及时调整充实县保密工作领导小组力量。加强涉密载体、涉密人员、要害部位、重大活动保密管理和定密工作管理,强化督促检查工作,抓好国家统一考试、涉密计算机违规外联互联网、国家秘密载体印刷复制的保密检查。进一步加强涉密载体销毁管理工作,对乡镇、部门和县城城区的废品收购和复制、印刷行业开展两次清理检查行动,与印刷、复印单位和废品收购点签订承诺书 65 份,对党政机关、相关部门等 80 余个单位的 637 台计算机、623 台移动储存介质和 80 个办公网络使用管理情况、涉密载体清理和相关制度建设情况进行重点检查,全县未发生泄密事件。实施"五五"保密法制宣传教育规划,深化宣传教育,在县委党校开设的培训中

开展保密教育,抓好重点涉密人员上岗、在岗、离岗保密教育,对领导干部开展经常性的保密提醒。加强保密教育管理文章、工作简报、信息的报送工作。全年上报工作简报、工作信息 11 期。加快发展保密技术,严格实施《汶川县保密科学技术十一五规划》,筹措保密工作经费,落实保密技术经费 5 万元,解决涉密计算机户籍管理系统所需经费和培训经费。有效利用阿坝州保密业务系统网络协同管理平台,及时了解全州保密工作动态,对保密工作个案进行分析,查找差距、落实整改。

【灾后恢复重建】 科学合理调整桃关、漩口和水磨工业园区布局,加快推进广东·汶川工业园区建设,大力支持阿坝铝厂等重点企业恢复建设,27 户规模以上企业全部恢复生产。规模以上工业企业预计实现总产值 23.36 亿元,同比增长 43%,实现增加值 8.2 亿元,同比增长 57.2%,综合能耗同比减少 26.1%。加大招商引资力度,抓好项目的跟踪落地,29 个项目有 23 个落地,总投资 24.3 亿元。映秀湾、福堂、太平驿等骨干电站和 24 座小水电站恢复发电,恢复装机容量 89.3 万千瓦。着眼增强发展能力、促进功能提升,加快基础设施建设步伐。农村公路恢复重建完成 70 条 400 公里,建设完成客运站 4 个。都映高速建成通行,映汶高速公路全面开工。川汶路、汶马路、漩三路、粤汶路启动建设,映秀大桥、白花大桥建成通车。县城和各乡镇自来水厂全面建成,总投资 9520 万元的农村安全饮水工程完成投资 6940 万元,11 个乡镇 76 个村的引水管网投入使用,解决 5 万余名农村群众的安全饮水问题。灾后通信恢复重建工作有力推进。电信公司投入 3000 万余元,新建配线电缆规模 6000 芯对公里、城域网光缆 32 皮长公里,全县所有乡镇全部恢复电信基站。移动公司投入 5000 万余元,恢复通信光缆 250 余公里、移动基站 46 个,全县移动用户突破 7.5 万户。

按照"就地、就近、分散安置"原则,以"安全、经济、实用、省地、特色"为重建标准,从组织、引导、监督、服务等方面着力,从选址、资金、材料、工匠等四大难题入手,强力推进城乡住房建设。除映秀镇 783 户因规划原因未完工外,其余农房建设全部完成。城镇居民住房需维修加固的 5495 户全部完成;需重建的

4487 户已全部开工,完工 3671 户,完工率 81.8%,按本年完成总量的 80%计算,完工率 102.3%。发放农房重建补助资金 3.75 亿元,发放农村住房委托贷款 12385 户两亿元,发放担保贷款 6762 户 1.12 亿元,拨付城镇居民住房补助 6115.84 万元。

加大农业产业结构调整,依托区位优势,全力打造新农村示范片和漩三环线特色产业发展经济圈,着力发展规模效益农业。全县恢复甜樱桃、猕猴桃、茶叶、蔬菜、花卉等特色基地 5 万余亩,扶持发展产业化龙头企业 7 个,建立种养业专业大户 100 余户,特色农业成为全县农民增收的主导产业,有力促进了农业增效和农民增收。全年完成农林牧渔业总产值 21189 万元,按可比价计算比上年同期增长 10.7%,其中,农业总产值 8847 万元,增长 21.4%;粮食总产量 8392 吨,农民人均纯收入 3335 元,同比增长 21.5%。加强天然林保护、退耕还林、湿地保护和沙化治理、生态人工修复等工程建设,推进破碎山河大绿化。整理复垦土地 6 万余亩,新增耕地 1200 亩,恢复因灾受损林地 15 万亩,重建公益林 9000 亩,人工造林、撒播 2 万亩,封山育林 46.5 万亩,义务植树 18.70 万株,完成"震中纪念林"建设,治理水土流失面积 11 平方公里,森林覆盖率 38.9%。完成国道 213 沿线和漩三环线绿化规划和第四期沙化土地调查。投资 1.25 亿元的城区污水处理工程正抓紧实施,抓好 11 个乡镇饮用水源地污染防治和 5 户工业企业污染治理。加大居民小区和新区绿化建设,城市绿化率 30.4%,城乡生态环境得到进一步改善。

将学校、医疗卫生机构建成最安全、最牢固、最放心的设施,规划重建的 28 所学校已开工 24 所,竣工 18 所,完成投资 7.67 亿元。规划重建的 23 个医疗卫生机构已开工 18 个,竣工 9 个,完成投资 1.84 亿元。大力实施"村村通"工程,恢复广播电视光纤 30 余公里,有线电视用户 6500 余户,安装地面卫星接收设施 1250 套。文化体育设施快速恢复,县体育馆、13 个乡镇综合文化站、124 个村(居委会)活动室投入使用。供电、供水、通讯、计划生育、市政等公共设施逐步恢复覆盖城乡。

加强与广东对口援建方的沟通协调,按照"四个一律"的原则,完善机制,强化服务,关心援建干部,营造"川粤同心、共建家园"的良好氛围。广东省委、省政府和各对口援建市高度重视对口援建工作,汪洋书记、黄华华省长等广东省领导和对口援建市的领导,先后深入汶川视察对口援建工作。广东省援建汶川县学校项目于 8 月整体交钥匙,广东省援建汶川县十大民生工程于 12 月交付使用,体现了广东效率、广东速度,铸就"敢为人先、务实进取、开放兼容、敬业奉献"的援建精神。广东省共下达援建项目 727 个,项目估算总投资 82 亿元,已明确组织实施方式项目 558 个,涉及援建资金 63.05 亿元(其中,"交钥匙"项目 250 个,涉及援建资金 37.94 亿元;"资金补助"项目 308 个,涉及援建资金 25.11 亿元)。援建项目已开工 598 个,开工率 82.3%;完工 238 个,完工率 32.7%;已完成投资 42.46 亿元。

【民生工程】 扶贫开发和综合防治大骨节病试点工作:1.移民安置工程。对威州镇牛脑寨、雁门乡索桥村、克枯乡大寺村、绵虒镇小毛坪村、三江乡席草林村、水磨镇陈家山村、漩口镇响黄沟村 7 个村实施移民安置项目。其中,实施户办工程目标 842 户,完成 842 户、完成率 100%;修建村内道路目标 33.18 公里,完成 33.18 公里、完成率 100%;支柱产业覆盖户目标 842 户,完成 842 户、完成率 100%;入户电网改造目标 105 户,完成 105 户、完成率 100%;建立统计监测点体系的村目标 7 个村,完成 7 个村、完成率 100%;购广播电视设备目标 7 套,完成 7 套、完成率 100%;培训村干部目标 35 人,完成 42 人、完成率 120%;劳务转移培训目标 300 人,完成 300 人、完成率 100%。2.易地育人。按 100 元/人月的标准对 147 名学生按时发放生活补助,完成率 100%。3.更换粮食。完成板子沟村、白土坎村 165 人的 2.475 万公斤粮食供应,完成率 100%。4.社会保障。对汶川县救助中心和敬老院进行维护,完成率 100%;将 5 名Ⅲ度大骨节病人纳入集中供养、113 名Ⅰ、Ⅱ度大骨节病人纳入农村低保,将所有大骨节病人纳入医疗救助,完成率 100%。5.调整结构。完成特色水果基础建设 2000 亩,完成率 100%。6.卫生防治。完成 2 个病情监测点建设,完成率 100%;完成两个村卫生学评价工作,完成率 100%;完成 118 名大骨节病人对症治疗,完成率 100%。

扶贫解困工程：1.扶持农村贫困人口目标2294名，完成2343名，完成率102.14%。2.城乡困难群众医疗救助。城乡困难群众医疗救助水平目标分别为年人均95元，截至11月底，城市累计救助193人次，累计发放救助金61.24万元，人均医疗救助101元，完成目标任务95元的106%；农村累计救助1606人次，累计发放救助金250.7万元，人均医疗救助95元，完成目标任务95元的100%。3.新建社区慈善爱心超市(信德超市)目标1个，完成率100%。

就业促进工程：1.扩大就业规模，提高就业质量。城镇新增就业目标605人，完成617人，完成目标的101.98%；下岗和失地无业农民再就业目标100人，完成105人，完成目标的105%(其中，就业困难人员再就业12人，完成目标的120%)，动态消除了零就业家庭；城镇登记失业率控制目标4%以内，已控制在3.8%以内。2.促进高校毕业生创业目标5人，完成5人，完成目标的100%。3.加强农民工培训。在岗培训目标800人，完成800人，完成目标的100%；百万农民工技能提升工程培训目标1790人，完成2268人，完成目标的127%(其中，工程品牌培训目标430人，完成430人，完成目标的100%；农村劳动力技能培训目标240，完成288人，完成目标的120%；扶贫培训目标120人，完成120人，完成目标的100%；新型农民培训目标1000人，完成任务数为1430，完成目标的143%)；农民实用技术培训目标3.5万人，完成3.5万人，完成目标的100%。4.劳务转移目标为1.7万人，完成农村劳动力转移1.7万人，完成目标的100%。劳务收入目标9400万元，完成9400万元，完成目标的100%。

教育助学工程：1."两免一补"工作。"两免"工作目标10000人，完成10288人，完成目标的102.88%；补助寄宿制贫困学生生活费目标5015人，完成7464人，完成目标的148.8%。2.民族教育发展十年行动计划。新增义务教育阶段寄宿制学生目标174人，完成973人，完成目标的559.2%；寄宿制学生规模目标7279人，完成8252人，完成目标的113.37%。3.资助经济困难家庭高中生目标1250人(含卧龙)，完成2048名，资助资金307.2万元，完成目标的163.84%。4.中等职业学校招生目标380人，完成507人，完

成目标的133.42%。5.义务教育阶段在校残疾学生目标18人，完成48人，完成目标的266.67%。

社会保障工程：1.城乡困难群众最低生活保障。城市低保累计月人均补助水平目标145元，截至11月底，城市居民最低生活保障累计保障66996人次，累计保障资金961.9万元，累计月人均补助145元，完成目标任务的100%；农村低保累计月人均补助水平目标51元，截至11月底，农村最低生活累计保障285202人次，累计保障资金1713.7万元，累计月人均补助60.1元，完成目标任务的118%；农村居民最低生活保障人数目标25922人，完成27431人，完成目标任务的105.8%。2.农村"五保"。"五保"集中供养率目标25%，全县农村"五保"454人(含卧龙、耿达35人)，汶川县社会福利服务中心于9月底竣工，设床位300张。截至11月30日，共入住福利院五保老人106人，集中供养率达到25%，完成目标任务的100%。3.新型农村养老保险试点。汶川县被列为全国新型农村养老保险试点县，于2009年12月7日启动实施。4.城镇居民基本医疗保险。城镇居民基本医疗保险覆盖人数目标2.12万人(含卧龙120人)，完成2.59万人，完成目标的122.17%。

医疗卫生工程：1.新型农村合作医疗参合农民人均筹资标准目标100元，完成参合农民年人均筹资100元，完成目标的100%。2.农村孕产妇住院分娩率91.75%，超目标31.75%；孕产妇死亡率0/10万，超目标低于150/10万；婴儿死亡率18.20‰，超目标低于30‰。3.重灾县医疗卫生机构建设。目标县级医疗机构1个、乡级医疗机构9个。完成县级医疗机构1个(县人民医院)，完成目标的100%；完成威州镇、雁门乡、克枯乡、龙溪乡、草坡乡、银杏乡、绵虒镇、漩口镇、水磨镇、三江乡10个乡级医疗机构，完成目标的111%。

百姓安居工程：1.解决农村特困危房户住房困难。农村特困群众危房户减灾安居工程目标80户，完成80户，完成目标的100%；解决受地质灾害威胁的农户避险搬迁目标400户，完成400户，完成目标的100%。2.解决城市低收入家庭住房困难。购建廉租房目标686套，建设完成688套，完成目标的100.30%；廉租住房租赁补贴目标380户，无偿为380

户城市低收入困难家庭提供板房，故未补贴现金，完成目标的100%。3.广播电视"村村通工程"。目标为实现20户以上已通电自然村广播电视"村村通"村数135个，已完成135个自然村，完成目标任务的100%。4.支持农民新建沼气池目标500口，完成500口，完成目标的100%。5.解决农村饮水安全问题目标1.30万人，完成1.30万人，完成目标的100%。6、城乡住房恢复重建。全县农房重建17053户，完工16270户(只有映秀镇783户因规划未完工)，完工率95.41%。全县城镇居民住房维修加固5495户，完工率100%；城镇居民住房重建(新建)4487户，累计开工4487户，开工率100%，累计完工3671户，完工率81.8%，按本年完成总量的80%计算，完工率102.3%。

道路通畅工程：1.通村公路目标70.6公里。完成泥结碎石路面15个项目70.6公里，完成目标的100%。2.建成乡镇客运站点目标1个。七盘沟乡村客运站完成招投标工作，正在实施施工建设，预计2010年2月底完工。

环境治理工程：1.挂牌治理工业企业。州上未下达目标，汶川县自定挂牌治理工业企业5户，即：阿坝州顺鑫冶炼有限责任公司、阿坝州禧龙工业硅有限责任公司桃关分厂、汶川县顺发电熔冶炼有限公司、汶川县精石硅业有限公司、汶川县众成冶炼有限责任公司二分厂全部完成治理任务，并于12月底通过验收监测。2.省级村庄人居环境治理试点(4个)。完成威州镇秉里村、雁门乡萝卜寨村、三江乡照壁村3个省级村庄环境试点工作。草坡乡沙排村除道路因地质灾害治理还在施工外，其余项目全部完成。3.实施重大地质灾害治理工程(12处)。实施重大地质灾害治理工程目标12处，已启动实施治理的项目27个，完成目标的225%。4.农业综合开发、土地整理及标准良田建设。草原建设目标2800亩，完成以甜菜、菊苣、三叶草、黑麦草等为主的人工种草2850亩，完成目标的101.79%；综合治理水土流失面积目标8平方公里，完成11平方公里，完成目标的137.5%。5.天然林保护、退耕还林工程。森林管护目标213万亩，完成213万亩，完成目标的100%；公益林建设0.9万亩，完成0.9万亩，完成目标的100%；巩固退耕还林目标6.17万亩，完成6.17万亩，完成目标的100%。

100%。

【安全生产】 坚持"安全第一、预防为主、综合治理"方针，全面落实中央、省、州安全生产工作会议精神，以建立安全生产长效机制为目标，结合"安全生产年"活动，深入开展"三项行动"，深化安全生产专项整治，扎实开展工作。本年州人民政府下达的死亡控制指标19人，全年全县发生事故181件，死亡16人，受伤70人，直接经济损失167.2万元，其中：火灾事故3起，无人员伤亡，经济损失70.7万元；道路交通事故177起，死亡14人，受伤66人，直接经济损失16.45万元；工矿企业事故1起，死亡两人，受伤4人，直接经济损失80万元。全年无重特大安全生产事故发生，烟花爆竹、非煤矿山、商贸企业、旅游等未发生安全生产事故，安全生产事故总体减少。

重要会议

一、县委全委会

【县委十届八次全委会】 2月23日，县委十届八次全委会召开，全会对2008年工作作总体评价，分析判断当前形势，安排部署2009年工作，州委常委、县委书记青理东作工作报告。

【县委十届九次全委会】 10月16日，召开中共汶川县委十届九次全委(扩大)会。会议主要精神：贯彻落实党的十七届四中全会、省委九届七次全会和州委九届九次全会精神，全面分析形势，动员全县广大干部群众，进一步解放思想，进中求快，全面推进党的建设新的伟大工程，又好又快推进灾后恢复重建各项工作，努力实现"三年恢复重建任务两年基本完成"的目标。

二、县委常委会

【十届县委第38次常委会】 1月4日，在县迎宾馆召开十届县委第38次常委会议。会议主要内容：研究县委、县政府2009年春节慰问活动方案、"2918"接待任务执行方案、关于开展"千名干部下基层"活动问题。学习有关重要会议精神和重要文件。研究成立相关机构问题。

【十届县委第39次常委会】 1月16日，在县迎宾馆召开十届县委第39次常委会。会议主要内容：

学习传达有关文件精神。研究有关问题,审定《中共汶川县委2009年工作要点》《汶川县2009年国民经济和社会发展主要指标计划建议》《汶川县城市开发建设投资有限公司组建方案》《中共汶川县十届八次全委会和中共汶川县十届第二次代表大会筹备工作方案》《汶川县关于进一步加强对口支援工作的意见》《汶川县重要项目、重点工作指挥部工作职责、机构设置和组成人员方案》《汶川县"千名干部下访慰问活动"方案》。会议决定,从1月17—24日,集中开展一次下访慰问和遍访普调活动,主要是深入群众、联系群众、服务群众,研究增加农民收入、维护社会安全稳定重点项目建设工作机制、做好春节间有关工作等问题。

【十届县委第40次常委会】 1月24日,在县迎宾馆召开十届县委第40次常委会。会议主要内容:学习传达州委九届八次全会精神。审定《中共汶川县委统战部关于增补县政协委员并推荐为政协常委的请示》。安排部署有关工作。

【十届县委第41次常委会】 2月11日,在县移民办公室驻都江堰办事处会议室召开十届县委第41次常委会。会议主要内容:学习传达有关文件精神。听取涉农部门争取上级支持,帮助城乡居民增收的情况汇报;2009年1月份经济运行情况汇报;2009年1月份项目推进和对口援建项目推进情况汇报;近期维稳工作情况汇报;"29-3"特殊任务筹备情况汇报;《汶川县党政代表团赴广东学习情况汇报》。研究有关问题:全委会有关问题,人代会有关问题,政协会有关问题;审定《汶川县人大常委会2009年工作要点》《政协汶川县委员会2009年工作要点》《在中共汶川县十届八次全委会上的报告(送审稿)》《汶川县人民政府工作报告(送审稿)》《中共汶川县委组织部关于切实加强领导班子思想政治建设的意见》《关于深入群众、联系群众、服务群众的暂行办法》《关于问人、问事、问责的暂行办法》《汶川县对口支援工作考核试行办法》《关于赴北川、青川等县市学习考察灾后恢复重建的工作方案》《汶川县科学重建专家咨询组运行方案》《2008年度县级领导干部考核等次》。其他事项。

【十届县委第42次常委会】 3月4日,在县迎宾馆新闻发布中心召开十届县委第42次常委会。会议主要内容:传达学习有关会议精神。研究有关问题:研究《汶川县征地拆迁大会战实施方案》《汶川县推进破碎山河大绿化实施方案》《汶川县建设阿坝新型工业集中发展区实施意见》《汶川县建设岷江河谷现代特色农业示范区实施意见》《汶川县建设羌禹文化生态体验区实施意见》。审定《汶川县推进城乡环境大整治实施方案》《汶川县城乡居民住房风貌恢复大提速实施方案》《2009年春季义务植树示范林暨"5.12"汶川特大地震纪念林建设实施方案》《中共汶川县人民政府党组关于组建羌族文化保护发展研究院的请示》。其他事项。

【十届县委第43次常委会】 3月23日,在县迎宾馆新闻发布中心召开十届县委第43次常委会议。会议主要内容:审定《中共汶川县委关于深入学习实践科学发展观活动的实施意见(送审稿)》《中共汶川县委关于成立汶川县深入学习实践科学发展观活动领导小组的通知(送审稿)》《汶川县建设阿坝新型工业集中发展区实施意见》《汶川县建设岷江河谷现代特色农业示范区实施意见》《汶川县建设羌禹文化生态体验区实施意见》《汶川县"盛世天苑"房地产开发项目整体回购方案》《汶川县因地震灾害失地无地农民参加养老保险办法(试行)》《汶川县第二届古羌文化节——爱在汶川活动方案》。研究"5.12"汶川特大地震一周年活动执行方案。研究加大灾后恢复重建宣传力度的问题。

【十届县委第44次常委会】 4月1日,在电视电话会议室召开十届县委第44次常委(扩大)会议。会议主要内容:安排城乡环境综合治理工作。强调党风廉政建设工作。贯彻落实全州第一季度经济形势分析会议精神。研究人事问题。

【十届县委第46次常委会】 5月25日,在迎宾馆新闻发布中心召开十届县委第46次常委会议。会议主要内容:学习传达《中共阿坝州委关于转发〈中共四川省委关于认真学习贯彻胡锦涛同志来川考察重要讲话精神的通知〉的通知》。听取全县灾后恢复重建"六个全面"推进情况(即全面完成城乡居民住房重建情况、全面完成中小学校和县乡医院重建情况、全面完成乡村道路和安全饮水重建情况、全面启动城镇体系建设情况、全面启动基层政权建设情况、全面恢复正常生产生活情况）。听取灾后重建项目推进情况。审定《中共汶川县委汶川县人民政府关于实施灾后重建目标倒逼法的意见》《中共汶川县委关于在全县广泛开展学习劳动模范活动的决定》。研究县人民政府党组有关请示、报告。听取全县城乡环境综合整治情况、全县城乡建筑风貌恢复情况、"国宝献汶川"爱心行动情况。审定《向邱光华英雄机组学习的倡议》《中共汶川县纪委关于召开中共汶川县纪委十届四次全体会议的请示》、汶川县深入学习实践科学发展观活动会议议程及第二阶段实施意见。其他事项。

【十届县委第48次常委会】 6月3日，在映秀镇会议室召开十届县委第48次常委会议。会议主要内容：审定《汶川县城镇居民增收方案》，审定汶川县人民政府党组关于兑现2008年度目标考核奖励的请示，研究县级机关党组组成原则，研究人事问题。

【十届县委第51次常委会】 6月26日，在迎宾馆新闻发布中心召开十届县委第51次常委会议。会议主要内容：学习传达有关文件精神。审定《汶川县纪念中国共产党成立88周年暨上半年灾后重建工作总结表彰大会方案》《汶川县纪念建国60周年庆祝活动方案》《汶川县构建"大调解"工作体系，有效化解社会矛盾纠纷的意见》《广东汶川工业园区招商引资优惠政策》《汶川县安居住房管理办法（暂行）》《汶川县廉租住房管理办法（暂行）》《汶川县物业管理办法（暂行）》《汶川县进一步加强社会治安综合治理工作的意见》《汶川县创建全省灾区治安管理工作示范县的实施意见》《汶川县灾后恢复重建项目工程验收和移交管理办法（暂行）》。听取全县学习实践科学发展观活动情况、县委领导班子民主生活会筹备情况、团县委关于关心下一代工作情况、县红十字会工作情况，研究关于灾后重建规划建设。

【十届县委第52次常委会】 7月23日，在迎宾馆新闻发布中心召开十届县委第52次常委会议。会议主要内容：听取县委县政府考察团赴都江堰、绵竹、汉中等地学习考察的情况报告。学习传达州委书记侍俊7月22日在汶川调研期间的重要讲话精神，安排部署当前工作。研究相关问题。

【十届县委第53次常委会】 7月27日，在映秀镇会议室召开十届县委第53次常委会议。会议主要内容：研究关于追授王继红同志"优秀共产党员"称号的有关问题，在抗震救灾期间拟提拔的副乡（镇）长相关事宜。审定《汶川县漩映环线特色产业发展经济圈实施方案》。研究县人武部有关工作，加快推进银杏乡灾后恢复重建有关工作，加快推进县城灾后恢复重建有关工作。

【十届县委第54次常委会】 8月7日，在映秀镇会议室召开十届县委第54次常委会议。会议主要内容：传达学习全省"提高选人用人公信度"县委书记、组织部长专题培训会精神。研究部署当前有关工作：关于干部职工休假问题，城乡居民住房风貌恢复重建问题，加大城乡环境综合整治力度问题，加快城乡居民住房重建，加快学校重建问题，加快漩三环线的农村恢复重建问题。

【十届县委第55次常委会】 9月3日，在县迎宾馆新闻发布中心召开十届县委第55次常委会议。会议主要内容：传达学习有关会议精神。审定《"为祖国喝彩——庆祝中华人民共和国成立60周年"大型电视活动方案》《汶川县加快精神文化家园建设的执行方案》《汶川县规范财政收支运行管理办法》《汶川县地震灾后城镇安居工程住房销售分配的方案》《汶川县完善房改工作的实行办法》《汶川县"杨柳水岸"安居住房回购方案》《汶川县进一步规范灾后恢复重建资金管理的意见》《汶川县进一步加强捐赠资金管理的意见》。研究中共人大常委会党组关于汶川县开展纪念地方人大常委会设立30周年活动的请示、汶川县人民政府党组关于成立汶川县国有资产监督管理委员会的请示、城乡环境综合整治有关工作。研究人事问题。

【十届县委第56次常委会】 9月29日，在县迎宾馆新闻发布中心召开十届县委第56次常委会议。会议主要内容：学习传达各级领导在汶川视察时的重要指示精神和有关文件精神。审定《汶川县城灾后恢复重建实施方案（送审稿）》《汶川县漩口新型工业园管理办法（试行）》《汶川县深入开展民族团结宣传教育活动方案》《汶川县新闻报道奖励办法》，研究关于将部分精干民兵纳入社会治安整体联动工程力量有关问题等。研究人事问题。

【十届县委第57次常委会】 10月15日,在迎宾馆新闻发布中心召开十届县委第57次常委会议。会议主要内容:传达学习州委九届九次全会精神。研究召开县委十届九次全会有关问题。审定《县委常委会工作报告》《中共汶川县委关于贯彻落实党的十七届四中全会精神的意见》。研究汶川县首届道德模范有关问题。研究关于设立汶川县国土资源局纪检组有关问题。研究关于解决卫生专业技术人员需求等有关问题。

【十届县委第58次常委会】 10月25日,在映秀镇会议室召开十届县委第58次常委会议。会议主要内容:传达学习省、州近期有关会议精神,审定《汶川县党政机关和事业单位人员考录招聘和调动管理办法》,研究关于进一步加强灾后恢复重建拆迁安置工作的意见。听取水磨镇、漩口镇关于落实侍俊书记重要指示的情况报告。研究部署当前工作。研究人事问题。

【十届县委第59次常委会】 11月5日,在县迎宾馆新闻发布中心召开十届县委第59次常委会议。会议主要内容:传达贯彻蒋巨峰省长在阿坝州视察时的重要讲话精神,听取净化灾后重建环境月活动工作情况汇报、听取县人民政府关于进一步加强灾后恢复重建项目供地工作的意见,审定《科级领导干部任职交流办法(试行)》。

【十届县委第60次常委会】 11月13日,在县迎宾馆新闻发布中心召开十届县委第60次常委会议。会议主要内容:传达贯彻全州牧民定居行动和帐篷新生活行动会议精神,研究河谷地区重建示范村建设意见,听取灾后示范村和示范片建设情况汇报、听取失地农民安置调地经费分配意见情况汇报、“特殊党费”使用管理情况汇报,审定县人民政府提交的《汶川县因地震灾害失地农民农转非人员参加基本养老保险试行办法》。安排羌历年休假期间有关工作。

【十届县委第61次常委会】 11月23日,在县迎宾馆新闻发布中心召开十届县委第61次常委会议。会议主要内容:传达贯彻刘奇葆书记11月23日在汶川视察时的重要讲话精神,安排部署当前工作。研究人事问题。

【十届县委第62次常委会】 11月26日,在县迎宾馆新闻发布中心召开十届县委第62次常委会议。会议主要精神:传达贯彻全省羌族文化生态保护区建设工作座谈会精神,研究部署广东省委书记汪洋赴汶川视察有关工作,部署群众安全温暖过冬工作,审定《汶川县中医院与水磨卫生院合并方案》,研究关于落实县文联机构及编制有关问题、关于成立汶川羌禹艺术团有关问题、关于召开汶川县三代会有关问题。

【十届县委第63次常委会】 12月9日,在县迎宾馆新闻发布中心召开十届县委第63次常委会议。会议主要内容:学习传达《阿坝州加强扩大内需灾后重建工程项目建设管理的几项规定》,听取赴绵竹学习考察情况报告、赴青川、北川学习考察情况。通报县城重建规划汇报会有关要求、全州灾后重建示范村建设检查验收工作会议筹备情况、漩三环线新农村示范片建设情况、全省农房重建现场会筹备情况和十一个灾后重建示范村建设情况,通报草坡乡、工商局有关问题调查处理情况。研究羌禹艺术团招聘人员有关问题,研究人事问题。

【十届县委第65次常委会】 12月18日,在电信局电视电话会议室召开十届县委第65次常委会议。会议主要内容:学习贯彻相关会议精神。研究部署“三百”示范工程建设工作、困难群众温暖过冬工作、川剧《巴山红叶》来汶慰问演出工作方案、关于对威州镇七盘沟村青沙坪农户违规搭建彩钢棚的调查处理意见、挂职干部结束下派相关工作。

县委办公室

【领导名录】

主　任	刘　兵(6月起)	
副主任	张　毅(6月起)	
	章学建　邓　鹏	
	王　超(挂职,4月起)	
政研室主任	谢海彬(4月起)	
督查室主任	张　毅(6月起)	
保密局局长	张　毅(6月止)	谢海彬(6月起)

【服务县委决策】 坚持围绕县委中心工作,开展一系列调研,为县委正确决策提供高质量的参谋服务。增强参谋服务的主动性、超前性和实效性,力求决策民主化、科学化。坚持在求深、求实、求精上下工夫,办好《新汶川》《领导参阅》等。调动基层围绕促进全县经济社会发展和群众关注的热点和难点问题开展深入调研。全力建设好党政网,进一步提高电子政务服务水平,为全方位、动态展示全县工作全貌,为县委宏观决策打造一个全新的服务平台。

【发挥信息主渠道作用】 立足于"三服务",信息工作质量和服务水平不断提高。信息工作呈现"三增"局面。"三增"即:上报量增;省、州采用量增;全年累计得分增,总得分居全州第一。加强信息队伍建设,提高信息工作质量。坚持采取"请进来和走出去"相结合的方法,不断学习借鉴先进做法和经验,主动邀请有关领导对办公室文秘工作人员进行培训,信息编报的整体水平得到进一步提高。争取各部门支持,营造信息工作浓厚氛围。创新信息工作新载体。创办《新汶川》内部刊物,及时为领导提供决策参考服务,提高信息辅政能力。

【推动督促检查】 围绕灾后重建和"3213"产业振兴、"3215"文化振兴两大工程,不断创新工作方法,发挥督查作用,促进县委重大决策及重点工作部署的贯彻落实。围绕热点、难点问题,开展督查调研活动并形成调研材料,为领导正确决策提供可靠依据。坚持按照"接必办,办必结,结必果"的原则,办理领导批示,做到件件有着落,事事有回音,做到反馈及时,确保政令畅通。加强督查,巩固成果。开展督查督办工作,就督查中发现的问题及时反馈通报,主动协调,跟踪督查落实,确保县委重要决策落实到位,取得实效。

【依法治密,规范管理】 按照"统一思想、服务大局,稳中求进,开拓创新,突出重点,狠抓落实"的工作方针,充分发挥"保安全、保发展"的作用。深入开展保密宣传教育,提高广大干部群众的保密意识。加大保密法制化建设步伐,完善各项规章制度。制定并完善《中共汶川县委办公室保密工作制度》。依法治密,加强对定密工作的指导,采取措施,加强对全县保密要害部门、涉密计算机信息系统、营业性文印店及废

(旧)品收购等部门和行业的保密管理,开展保密工作大检查。坚持"确保安全、方便基层、迅速办理"的原则,做好有关事项保密审批等工作。

【综合文秘工作】 围绕中心,服务大局,坚持求真务实,加强规范管理,实现县委机关日常工作的高效运转。在办文上力求精简、规范、优质。在公文起草方面不断提高针对性和实效性,严把公文质量关,力求"零差错"。建立"县委办公室发文核稿登记制度",明确具体责任人,提高发文效率。要求一般文件在1个工作日内办理完毕;涉及全局的重要文稿,要求在3个工作日内完成。完善文件传阅制度,改进发文流程,为每位常委配设文件专用夹,实行批示件、密件及特急件分类阅示的阅文流程。在办会上确保周密、安全、高效。每次重要会议和活动,都提前制定预案,逐项落实,确保万无一失。全年承办各类会议及活动百余次。注重人性化,接待服务工作严谨规范。热情接待来人来访,树立县委良好的窗口形象;做好信访工作。规范做好服务工作,完成县委领导交办的各项工作任务;同时为县直部门和乡镇做好协调、服务,确保县委各项工作部署落实。强化文秘队伍素质,提升服务水平。加强对文秘人员的培训,建立文秘人员档案,为文秘工作水平再上一个新台阶奠定基础。

【密码机要工作】 做好基础工作,努力做到"两个确保"。坚持24小时值班制度,保证密码通信工作安全、及时畅通,协助完成国家、省密码通信应急演练工作。全年密码工作未发生一起错漏、迟办等事故。转变思路,信息化工作有新突破。抽调专门力量,建设政府网站。

【后勤保障工作】 抓好综合治理和文明创建。调整充实县委大院综治及文明创建工作领导小组成员,加大综治及文明创建工作的宣传。抓好大院物业管理工作。加强对公房的维护,更新防火器材,杜绝安全隐患。加强会场管理,落实会场登记制度。完善财务管理制度,严格财经纪律,为各预算单位及财政部门提供准确、及时、完整、有效的财务信息和工资信息。按章办事,强化行政管理,合理使用资金,提高财政资金的使用效益。加强车辆管理和驾驶员安全教育,全年未发生一起安全事故。

【机关队伍建设】 坚持以人为本,提高干部队伍

素质。优化办公室队伍结构,充实办公室骨干力量。有1名同志交流到新的领导岗位,有两名同志被提拔为副科级领导干部。着力提高干部职工素质。按照县委提出的"创建学习型机关"的要求,组织全办职工加强学习党的理论、方针。在业务工作上不断加强培训,开展业务讲座。鼓励干部职工参加各种学习培训,提高业务能力。坚持理论学习与实践工作相结合、个人自学与集体学习相结合,全办所有同志均参加法制培训、保密培训等各种业务知识培训。关心干部职工的身体素质,开展有益身心健康的文体活动。狠抓作风建设。按照"敏、谋、快、敢、实"的工作要求,提高办事效率,树立办公室新形象。同时,在办公室营造一种"站好岗、洁好身、服好务、办好事"的良好氛围。加强组织建设,党支部工作卓有成效。新发展党员两名,组织全体党员参加公益事业。

保密工作

【领导名录】

局　长　　刘明春(6月止)
　　　　　谢海彬(6月起)

【健全机构加强宣传】　及时调整充实县保密委员会,各级各部门把保密工作作为灾后恢复重建的一项重要工作来抓。严格按照《汶川县"五五"保密法制宣传教育规划》,推进"五五"保密法制宣传教育。组织开展《保密法》颁布20周年纪念活动,通过悬挂标语、发放保密宣传单、讲解保密知识等形式增强党员干部和群众的保密意识。将《保密工作杂志》和《信息公开保密审查工作手册》作为对干部进行经常性保密宣传教育的重要载体,将其作为扩大保密法制宣传教育面和做好保密工作的基础,加大征订工作力度。利用县党校开设的积极分子培训班、村支部书记培训班和乡镇干部培训班等,普及保密知识。全年上报工作简报、工作信息11期。

【组织检查防止泄密】　按照中央和省、州保密委员会《关于开展地方党政机关保密检查的通知》要求,成立保密检查工作组,组织人员从6月25日起开展

为期半个月的保密大检查。重点对党政机关、其他部门80余个单位的637台计算机、623台移动储存介质和80个单位的办公网络使用管理情况、涉密载体清理及机关制度建设情况进行重点检查。履行法律赋予的保密职责,要求保密要害部门部位,严格执行要害部门、部位管理规定,实行领导干部负责制,健全涉密人员岗位责任制。对涉密人员实行分类管理,按照核心涉密人员、重点涉密人员、一般涉密人员的要求,制订相应的管理制度。严格涉密载体的保密管理,对纸介质、磁介质、计算机、通信设备等涉密载体的管理提出严格要求;对乡镇、部门和县城城区的废品收购和复制、印刷行业开展两次清理检查,并与印刷、复印单位和废品收购点签订承诺书65份,构建长效管理机制,防止文件资料交易行为。抓好高考保密措施落实,确保试卷、答卷绝对安全。利用阿坝州保密业务系统网络协同管理平台,及时了解全州部门工作动态,对保密工作个案进行分析,查找差距、落实整改。全年未出现泄密事件。

【增加投入提高技术】　严格按照《汶川县保密科学技术十一五规划》要求,筹备保密工作经费,争取"计算机户籍管理系统"软件费用和培训费用。要求重点涉密单位的保密技术经费严格按照县保密局的要求统一列入本单位的年度预算。

信访工作

【领导名录】

局　长　　彭勇森
副局长　　梁　力　任　勇

【基本情况】　6月,县信访和群众工作局更名为中共汶川县委群众工作局(挂汶川县人民政府信访局牌子),实行两套班子,一套人员进行管理。灾后重建各种矛盾较为突出,抽调1人到成都驻蓉稳控组,1人在三江乡草坪村驻村,1人在三江乡担任创4A景区群众工作组组长。1—11月,受理群众来信315件,重复信件59件,办结率77.3%,接待群众来访369批次,3016人次,其中,群体访169批次,2579人次,

由于灾后重建的不断推进，各种矛盾突显，与上年同期相比来信来访量大幅度上升，涉灾信访占比74.3%。，按时办结州、县各级领导交办信访案件31件，办结率100%。

【信访工作体制建设】 为加强新时期信访和群众工作，成立由县委、县政府主要领导、分管领导和有关部门、乡镇主要负责人组成的群众工作领导小组，负责信访和群众工作的组织领导、指挥协调、督促检查。县委常委会和县政府常务会每季度分别听取一次全县信访和群众工作汇报，并集中研究一次信访和群众工作，对信访和群众工作的重点、热点和难点问题及时研究落实。形成党政主要领导亲自抓，分管领导具体抓，乡镇部门配合抓的工作格局。建立县、乡镇、村、组四级工作机构。县级部门和乡镇共设立信访和群众工作办公室36个，行政村（社区）建立群众工作站116个，村民小组确定群众工作信息员656名，形成纵向到底、横向到边的新时期群众工作网络。由于受"5·12"汶川特大地震的影响，各种利益矛盾非常突出，群众需要知晓和咨询的灾后重建政策较多，为更好地服务群众，以群众接待中心为平台创建群众服务中心，并在各乡镇设立分中心，专门为群众解答政策和咨询政策。

【矛盾纠纷排查化解】 按照州、县关于维护社会稳定工作的部署和要求，坚持以人为本，开展矛盾纠纷排查化解工作，切实解决关系群众切身利益的矛盾和问题。及时传达贯彻全州维护社会稳定暨信访工作会议精神，县委、县政府及时召开县委常委扩大会议学习贯彻会议精神，学习传达全州关于维护社会稳定工作会议精神，针对灾后重建的各种复杂情况，详细安排部署全县维护社会稳定的各项工作。深入开展"矛盾纠纷排查化解活动"。按照"事要解决、人要看住、法要管用"的要求，坚持"预防为主、教育疏导、依法处理、防止激化"的原则，以排查解决因企业改制、征地拆迁、灾后重建、重大工程建设、民工工资等引发的信访问题；涉法涉诉和社会治安引发的信访问题；各类损害群众利益的不正之风引发的信访问题；一些部门和干部不作为、乱作为引发的信访问题为重点，要求各乡镇每月进行一次全方位、拉网式排查，及时摸排掌握可能引发集体上访的重点事、重

点人和一些苗头性、动态性问题，做到未访先知、接访有备。坚持能调则调、案结事了原则，综合运用人民调解、司法调解、行政调解等手段，坚持"三位一体"，超前主动做好理顺情绪、化解矛盾工作，妥善协调处理部分征地补偿、灾后农房重建、城镇规划拆迁、拖欠民工工资等重点信访案件。全年排查矛盾纠纷73件，不稳定因素18件。

【健全完善制度】 坚持信访工作联席会议制度，每月至少召开一次信访工作联席会议，听取汇报，分析形势，研究解决信访工作中的突出问题，协调处理来县赴省州越级访、集体访、重复访等重大信访案件。对中央、省、州交办案件和县立重点信访案件，按照"一个案子、一名领导、一个专门班子、一套工作方案、一抓到底"的要求，落实包案领导和办案部门的责任，限期办结上报，做到信访案件件件有着落、事事有交待、案案有结果。按照"属地管理、分级负责，谁主管、谁负责"的原则，全面推行信访工作目标责任制和乡镇、部门"一把手"负责制，把信访工作纳入各乡镇、县直有关部门年度工作目标进行考核管理，明确各乡镇、各部门一把手是本乡镇、本部门信访工作的第一责任人，对信访工作负总责、亲自抓，做到责任、措施、工作"三到位"。

【信访问题处理】 对法律和政策有明确规定，有条件能够解决的，限期解决到位，不留尾巴。对暂不具备解决条件、需逐步给予解决的，给群众解释说明政策情况，尽快按政策规定逐步予以解决。对行为过激、无理取闹、扰乱信访秩序的上访群众，及时通知公安机关介入，采取必要措施，依法予以处置，维护正常的信访秩序。对涉法涉诉信访案件，由司法部门给予法律咨询和法律援助，引导群众通过仲裁、诉讼和行政复议等途径依法公正解决问题。

要求各乡镇、各部门高度重视和加强初信初访的接待办理工作，加大初信初访工作力度，办理群众来信，热情接待群众来访，寻求解决问题的办法，通过及时交办、查办每件信访案件，千方百计地提高初访问题的办结率，逐步扭转群众重越级访、轻初始访、重集体访、轻单个访的观念，防止因忽视处理初信初访问题而导致越级访、集体访和重复访的发生，做到信访问题小事不出村，大事不出乡镇，重大问题不出县。

【"信访积案化解年"活动】 根据中央、省、州关于开展"信访积案化解年"活动的总体要求,进一步加大信访问题的化解力度,攻坚克难,采取措施全力推进"事要解决"。县委、县人民政府多次召开专题会议,及时调整充实县处理信访突出问题及群体性事件联席会议主要召集人、召集人及各成员单位负责人;明确各专项工作小组的职责任务和工作内容,明确"信访积案化解年"活动统一由县处理信访突出问题及群体性事件联席会议实施,各乡镇、各部门建立相应的工作机构,县处理信访突出问题及群体性事件联席会议形成党政主要领导亲自抓,分管领导具体抓,乡镇部门配合抓的工作格局。进行全面排查,制订方案,县联席会议在各乡镇、各部门配合下,排查出积案19件,根据排查的积案,逐一建立台账,明确包案领导、责任单位、落实责任人,确定办结时限。通过各包案领导亲自督办,各责任单位落实,4月起,全县信访积案已结案18件,结案率95%,息诉息访12件,息诉息访率65%。化解积案落实和解决资金1644.85万元。在县委主要领导的亲自督办下,动用信访资金5万元,分别化解一上访老户长达8年的涉法涉诉信访问题和1户上访户的房产遗留问题。

【县委书记、县长大接访活动】 将县委书记、县长大接访活动深化为县委常委和各级各部门领导干部大下访活动。将活动作为解决群众合理诉求和各种利益矛盾的有效载体。全县13个乡镇每个乡镇派出1名以上县级领导驻乡镇,每个村确定1个县级部门包村,切实把矛盾化解在当地、问题解决在基层。同时建立健全"维护社会稳定领导小组"、"防范和处理邪教问题领导小组"、"遇难人员善后处理领导小组"、"学校稳控领导小组"和"各乡镇抗震救灾稳控工作组"等机构,将维稳任务细化分解到各乡镇、各部门,加强分工协作,做到层层有人管、事事有人抓、件件有落实,形成横向到边、纵到底、条块结合、多方联动、齐抓共管的良好格局。实行县委、县人民政府领导坐班接访的制度。参加接待的县委、县政府领导按接访活动日程安排轮流到群众服务中心坐班接访一周。当场接待群众,现场解决疑难问题,不能解决的,责令相关部门尽快落实。部门、乡镇领导实行随到随接待制度,信访部门做好领导接访的接访纪要和记录。

【深入学习实践科学发展观活动】 严格按照县委学习实践活动实施方案的要求,围绕信访工作中如何贯彻落实科学发展观的思路,研究制定信访局支部学习实践活动实施方案,提出"化解矛盾纠纷,构建和谐汶川"的实践载体。撰写心得体会,撰写调研报告。开展以"解放思想实事求是推动信访工作科学发展"为主题的解放思想大讨论活动,引导信访干部把思想认识从违背科学发展观要求的观念、做法、体制机制的束缚中解放出来,为推动信访工作科学发展扫清思想障碍。

纪检监察

【领导名录】

纪委书记	王继红(6月止)
	向 林(8月起)
纪委副书记、监察局局长	梁贤炉
纪委副书记	李 鹏
监察局副局长	庹玉林 孙立新

【党风廉政建设】 执行《建立健全惩治和预防腐败体系2008—2012年工作规划》,围绕党章赋予的职责和县委、县政府中心工作,拓宽思路,细化措施,开展反腐败工作,推动全县党风廉政建设和反腐败工作深入开展。

坚持把党风廉政建设工作纳入议事日程,把思想建设、组织建设、作风建设、制度建设作为党风廉政建设的基本任务,使全县的党风廉政建设工作形成党委统一领导,党政齐抓共管,纪委组织协调,部门各负其责,依靠人民群众积极参与的工作格局。及时调整县党风廉政建设责任制领导小组成员,将2009年度党风廉政建设和反腐败工作任务19大项71小项逐一分解落实到20位县级领导和28个牵头单位,切实加强对党风廉政建设的领导。建立党风廉政建设联席会议制度,明确单位部门的工作职责,切实加强党风廉政建设的协调;召开各种会议研究部署全县党风廉政建设工作,制定《汶川县2009年党风廉政建设工作实施意见》,把党风廉政建设工作与全县社会经济建设、政治文化建设、党的建设、民生建设和灾后恢复重建紧密结合，统一部署、检查、考核，全面落实全县2009年党风廉政建设和反腐败工作。各乡镇、各部门根据县委和县政府的《意见》，细化工作方案，成立领导小组，落实专人负责此项工作，做到任务分解、措施得力、责任到人"三到位"。

为促进全县党风廉政建设和反腐败工作的深入开展，加强党风廉政建设责任制考核，严格按照《2009年度党风廉政建设责任制考核办法》要求，对全县76个目标考核单位工作任务完成情况进行全面考核，并将考核结果纳入县委县政府年度综合目标考核的内容之一，突出外部测评和考核结果的综合运用。

坚持以科学发展观统领反腐倡廉建设各项工作，围绕推动"加快发展，科学发展，又好又快发展"抓好党风廉政建设责任制的落实。把加快灾后重建与深入开展农村党风廉政建设紧密结合。发挥纪委的组织协调和监督检查职能作用，深入开展农村党风廉政建设，做到廉洁重建，阳光重建，给老百姓一本明白账。与完善惩防体系紧密结合。把贯彻落实《工作规划》情况列入领导干部落实党风廉政建设责任制考核的重要内容，作为工作业绩评定和干部奖惩的重要内容。对在抗震救灾中因组织不力、失职渎职、擅离职守、漠视群众利益而出现重大群众上访问题的7名单位主要负责人和直接责任人给予党纪政纪处分，充分发挥党风廉政建设责任制的约束力和威慑力，同时对各级党员领导干部起到教育和警示作用。

开展知识竞赛活动，组织县纪委监察局、县发改委、县财政局、县规划建设局、县采购办等单位17名人员开展招投标相关法律法规和政府采购知识竞赛，对取得优异成绩的参赛选手进行现场颁奖，以此鼓励。取得前三名的3位同志代表汶川赴州参加州纪委举办的"九寨杯招投标法律法规知识竞赛"，获得优秀奖。

制发《关于围绕抗震救灾工作进一步加强农村基层党风廉政建设的通知》，将农村基层党风廉政建设贯穿于抗震救灾工作全过程，围绕救灾资金物资管理的使用，重点对关系群众切身利益、资金物资集中、社会关注度高、容易发生问题的领域进行监督检查，确保公开、透明、规范、高效，使救灾资金物资真正用于受灾群众，使农村基层党组织和农村党员干部成为受灾群众的"主心骨"。结合汶川县实际，着力打造示范乡镇和村组，以点带面推进农村基层党风廉政建设，对2009年以来开展农村基层党风廉政建设的情况开展自查和检查。规范乡镇政务公开、党务公开和村级党务公开、村务公开的内容和形式，制作4个公开内容和模式，指导各乡镇进行规范。组织3次检查，组织开展一次国家投资项目和政策落实情况的专项检查。防止和纠正虚报冒领、挤占挪用、贪污私分、低效浪费等问题。组织开展1次惠农补贴资金发放情况的专项检查。重点检查粮食直补、"两免一补"退耕还林、农村低保、灾后重建等补贴资金的发放情况，确保足额、及时发放到农民手中。组织开展1次村财乡代理制度落实情况的专项检查。重点检查票据使用、社会抚养费和殡葬罚款征收、村集体经济收入的情况，着力解决截留、挪用以及债权债务不清、收支不实等突出问题。

【监督管理】 以"学习实践科学发展观"教育活动为契机，按照《党风廉政建设责任制》要求，把加强思想教育与强化监督管理结合起来，增强廉政教育的针对性和实效性。贯彻落实中共中央《建立健全惩治和预防腐败体系2008—2012年工作规划》和省委《实施意见》。继续把贯彻《实施意见》纳入到全县党风廉政宣传工作来统一部署、统一规划、统一检查。抓好学习，强化反腐倡廉理论建设。结合开展学习实践科学发展观活动，召开理论中心组学习活动，围绕怎样深化对科学发展观的认识，用发展的思路和改革的办法解决灾后重建中存在的突出问题，树立正确的纪检监察工作业绩观，把解决人民群众最关心、最直接、最现实的问题作为反腐倡廉的工作重点，大胆探索惩治和预防腐败新思路、新举措。

【招投标项目监管】 重视灾后重建国家投资工程项目招投标工作，严格贯彻《四川省人民政府关于灾后恢复重建国家投资工程建设项目招投标工作的通知》（川府办发电〔2008〕21号）和《四川省人民政府办公厅关于灾后恢复重建国家投资工程建设项目招投标工作的补充通知》（川府办发电〔2008〕163号）的各项规定，结合汶川县实际，及时调整县招投标监督管理委员会成员，制定《汶川县灾后重建国家投资工程建设项目招投标工作实施意见》，严格按照省、州文件精神，对实行应急管理的项目进行审核，对灾后重建的国家投资项目采用公开招标或公开比选的方式发包。为确保政府采购公开、公平、公正，做细做好采购前的准备工作。每宗采购在采购前都依法核准采购方式，采取市场实地询价采购和邀请招标采购方式。做好采购信息公开发布工作。恢复常态工作后，对达到公开招标采购条件的项目均在四川省政府采购网上予以公告。在招标采购文件的制作中，严格按照《采购法》等有关规定，不指定厂家，不人为的设置门槛，技术参数不带有排他性，力求在招标文件中体现公平、公正。严肃采购程序。采购中，县纪委监察局、县财政局、采购业主单位代表等全过程参与监督，保证采购过程公正、透明，实现阳光采购。做好采购结果公示及资料存档工作。采购后严格按照国家有关规定对中标单位进行公示，对记录采购活动的所有文字性资料及时进行整理和存档。

【灾后重建项目监管】　由于汶川县扩大内需和灾后重建项目多，中央提出援建工作三年任务两年完成的目标，任务重、时间紧。为确保建设工程质量，确保建设资金安全有效，加快项目进度，为保证政策落实到位，县委县政府多次召开会议专题研究，成立汶川县扩大内需促进经济增长加快灾后恢复重建政策落实监督检查领导小组。同时，县人民政府印发《汶川县落实扩大内需促进经济增长加快灾后恢复重建政策相关监管办法的通知》（汶府发〔2009〕18号文），制定《汶川县落实扩大内需促进经济增长政策检查办法》、《汶川县地震灾后恢复重建资金管理监督办法》、《汶川县救灾捐赠资金物资管理使用和监督办法》、《汶川县抗震救灾"特殊党费"使用管理监督办法》，赋予监督领导小组广泛的监督权力，保证监督检查工作顺利开展。9—10月，从纪检机关、发改委、城建局、水利局、乡镇纪委等单位抽调20余人组成3个综合检查组，采取听汇报、查资料、看工地、问群众等方式对县自主实施的132个项目进行全面检查，对违规操作进行抵制和提出整改意见，要求及时整改。纠正和查处工程交易中以权谋私、弄虚作假、规避招标、转包、违法分包和非法挂靠等行为。责令重新招

标5件，取消中介机构代理资格1个。

【办信办案，责任追究】　2008年11月15日至2009年11月15日，县纪委监察局受理来信来访电话举报230件次，其中，上级转办95件次，县纪委监察局直接受理135件次。直接受理检举控告类96件次，批评建议类1件次，业务范围外38件次，其中，来信101件，来访15次，电话举报15件次，其他方式4件次；重复来信来访24件次，署名举报50件次，集体来访1次，涉及19人。信访初核22件，已办结19件，正在办理3件，办结率86%，属实或基本属实的6件；信访监督19件，办结19件，办结率100%，属实或基本属实两件；转办100件，办结100件，办结率100%，属实或基本属实9件；留存89件。本着该纠正的纠正、该处理的处理、该整改的督促整改的原则，狠抓干部监督管理，及时对干部不作为、乱作为的行为进行查处，对履职情况不好的单位进行批评教育。

【党员干部廉洁自律】　把反腐倡廉宣传教育纳入全县宣传教育工作的总体部署。制发《2009年反腐倡廉宣传教育工作要点》，将宣教工作任务分解落实到纪委、组织部两个牵头单位和宣传部、文体局、广播局3个协办单位，形成"大宣教"协调机制的工作格局。

加强党员干部廉政勤政教育，促进廉洁重建。把反腐倡廉理论作为党委中心组理论学习和党员领导干部培训的重要内容，组织开展学习实践科学发展观活动。为进一步加大反腐倡廉宣传教育力度，确保廉洁重建，阳光重建，县纪委在漩口、威州制作两幅大型户外廉政公益广告，公布12388和县纪委监督电话，编制廉洁短信，组织收看《红叶旅途》和向吴大观同志学习座谈会。开展廉政文化"七进"活动，利用"5.12"汶川特大地震周年纪念活动，采取广播电视、印制政策宣传册、进村入户等形式，加强灾后农房重建各项政策宣传，激发受灾群众重建信心和积极性，确保农房重建进度。

加强领导干部廉洁自律工作。进一步巩固中纪委《关于严格禁止利用职务上的便利牟取不正当利益的若干规定》清理成果，加强对各级各部门监督管理，制发《进一步加强乡镇和部门监督管理的实施意见》，《汶川县进一步加强党内监督实施方案》，从构建联动

机制、教育防范机制、源头预防机制、有效监督检查机制等多个环节进行综合监督和管理，增强党员干部尤其是领导干部勤政廉洁的自觉性。为贯彻落实党的十七大精神，坚持从严治党、从严治政，建设高素质干部队伍和加强领导班子建设，加强对科级党政正职日常工作、议事规则、财经管理等方面的监督。贯彻落实领导干部个人有关事项报告制度，全县308名科级干部对2009年度个人有关事项进行申报，本年有3名领导干部将子女婚宴情况主动以书面形式报告县纪委。严格执行《关于严禁党政机关工作人员大操大办婚丧嫁娶等喜庆的规定》，严格审批制度，狠刹领导干部借机敛财之风。执行干部提拔任用和表彰前征求纪委廉洁自律情况的规定，对34名拟提拔干部和事业公招人员进行廉洁自律的情况报告，对99名个人和47个单位拟评优评先提供廉洁自律的情况报告。落实廉政谈话、诫勉谈话和函询制度，全年县纪委主要领导对34名领导干部进行任前廉政谈话。

根据中纪发〔2008〕18号、阿委〔2009〕54号、55号文件精神，结合灾后干部灾后恢复重建思想教育，深入开展向王继红学习的学教活动。学习他恪尽职守、敢于担当的责任意识，襟怀坦荡、顾全大局的可贵品格，扎根基层、无私奉献的优良作风，坚韧不拔、奋斗不息的拼搏精神，践行宗旨、热爱群众的公仆情怀，以身作则、清正廉洁的高尚情操。由县纪委监察局牵头，成立学习活动检查组，进行督促检查。对检查中发现思想认识不到位、学习活动走过场等问题及时提出批评整改意见，确保学教活动取得实效。

【执法监察】 根据州监察局《2009年执法监察工作安排意见》和县委、县政府工作安排，严格按照《行政监察法》的规定加强对涉及群众利益，群众反映强烈，社会影响大的部门和行业进行专项治理和监察，进一步加强专项执法监察工作开展的力度，促进行政执法部门严格执法和政府职能部门严格依法行政。

会同教育部门到异地复课学校对中、小学"两免一补"政策落实情况、校务公开、教育收费等工作进行检查，对发现的问题提出整改意见。对县域内违反国家禁令、违反国家产业结构调整政策、生产禁止产品和落后产品的企业进行联合执法检查，对相关职能部门和行政执法单位对该类企业的执法监管情况开展专项执法监察。

开展《道路交通安全法》专项执法检查，对交通、公安、路政等执法主体进行执法检查，纠正执法部门在公路上重复上路、交叉执法，以罚代纠、以罚代管和超范围违规执法的问题，继续巩固汶川县实现公路基本无"三乱"的治理成果。

县监察局参与政府采购招投标和工程竣工验收工作，做到程序合法，结果有效。将抗震救灾款物监督工作纳入执法监察工作中，采取抽查、巡查、定点监督检查等方式，加强救灾款物管理使用、公示情况的监督检查，在物资发放点设立举报箱，公布举报电话，对物资发放和管理中存在的问题提出整改意见。

【纠风工作】 联合县质监局、工商局、农业局、物价局对全县农资市场进行专项执法检查，对查出的问题均责成有关部门进行整改，严肃查处涉农"三乱"行为，解决农民反映强烈的突出问题，净化全县农资供应市场，保护农民利益。

根据中央有关治理商业贿赂精神，及时调整建立健全机构，召开专门会议，研究具体措施，将治理商业贿赂专项工作列入党风廉政建设和反腐败工作的重要内容，结合实际制订方案，开展自查，重点解决社会反映强烈的教育、卫生、招投标等领域中存在的商业贿赂问题，重点查处国家机关工作人员利用职权谋取非法利益、索贿行为。

抓好治理医药购销中的不正之风，规范收费行为。各医疗单位均按照四川省定价药品规定收费，主要的医疗收费项目实行明码标价，住院费用落实一日清单制度。药品和医疗器械集中招标采购。打击在医药购销领域中的商业贿赂行为，大力度整治收受"回扣"、开大处方、滥检查、乱收费等不正之风。

【查办案件】 全年县纪委监察局共收到群众来信、来访和电话举报230件次（其中，州纪委转办件95件），党纪政纪立案5件，结案5件，其中，审理失职渎职案1件，贪污案1件，其他类案件3件；给予党内严重警告3人，党内警告4人，开除党籍1人。在查办案件中，注重查办案件的法纪效果、整治效果和社会效果的有机统一，针对案件中暴露出来的问题，帮助案发单位总结教训，建章立制，堵塞漏洞，发挥查办案件的治本功能。

【提高履职能力】 围绕"严肃认真、一丝不苟、内强素质、外树形象"的目标要求,加强纪检监察队伍自身建设,促进全县纪检监察工作上台阶上水平。组织广大纪检干部认真学习党的十七大精神和《党章》、《实施纲要》、《严格禁止利用职务上的便利谋取不正当利益的若干规定》等党政法规,开展深入学习实践科学发展观活动,定期举行纪检监察系统理论中心组学习活动。选送纪检干部参加上级纪委举办的业务培训。开展深入学习实践科学发展观活动。将学习实践活动与本单位工作实际、发展实际和党员干部思想实际紧密结合,深入开展好学习实践活动,着力构建有利于灾后重建、科学发展的体制机制,提高领导科学发展、促进社会和谐的能力。

根据中央纪委、中央组织部、中央编办、监察部、财政部《关于加强地方县级纪检监察机关建设的若干意见》(中纪发〔2009〕9号)文件精神,成立加强纪检监察机关建设工作领导小组和工作机构,明确经费、机构、人员,制定详细工作方案。采取跟班学习、聘请专家授课、选派干部参加上级组织的各种学习等方式进行业务培训,不断增强干部职工的政治素质、业务水平和执纪能力。

组织工作

【领导名录】

部　　长	周全福
副部长	王国文(6月止)
	甘元明(6月起)
	余成忠　石永康

【领导班子建设】 贯彻落实省委"四个特别"和县委"八破除、八倡导"工作要求,结合深入学习实践科学发展观活动,加强领导干部作风建设,促使全县各级领导干部带头讲党性、重品行、作表率。在全县科级领导班子中继续开展以"学习创新、民主团结、勤政为民、清正廉洁"为主要内容的"四好"活动;健全完善领导班子议事规则和决策机制,坚持把灾后恢复重建作为深入贯彻落实科学发展观的实践载体,教育引导领导干部增强为民意识、提升服务本领、推动重建发展、促进社会和谐。

按照"整体稳定、局部调整"的原则,有针对性地对部分领导班子进行调整和充实,配齐配强乡镇和县级机关领导班子力量,使领导班子得到优化,全年转任重要岗位科级干部12人,新提拔科级领导干部23人,调整交流43人。按程序对全县科级后备干部进行民主推荐,做好优秀乡镇党委书记和县级干部的民主推荐工作。同时,鲜明用人导向,倡导"特别讲大局、特别讲付出、特别讲实干、特别讲纪律",培养和任用一心为公、较真斗硬、敢闯敢干的干部,以民主公开促公平公正,做到用好干部、推动重建。

【干部队伍建设】 以学习实践科学发展观活动为契机,扎实抓好领导干部理论武装工作,形成领导干部服务科学发展、推动科学发展的良好氛围。选派21名干部到四川成都、云南、广东等地挂职培训,分期组织全县农口、旅游部门和各乡镇负责人赴南充市、巴中市等地学习考察,使干部在学习考察中开阔视野、启迪思维、增长才干、推动重建。全年举办各类干部培训两期,集中培训或调训122人次,配合省委组织部、州委组织部调训干部55人次。制定出台《关于在全县机关事业单位开展强化学习培训少数民族语言和普通话工作的实施意见》,开展"双语"培训,不断提高干部在重建发展中的交际交往能力、协调沟通能力和服务发展能力,展示灾区干部的良好形象。

做好科级领导干部年度考核和拟任县(处)级、科级领导干部任职理论资格考试报名工作,抓紧抓好2009年选调生工作。按照规范化、制度化、科学化的要求,加强干部档案的整理和日常管理,及时更新干部电子信息数据库。关心关爱干部职工,制定出台《汶川县关心爱护干部职工工作实施意见》,组织全县干部职工、离退休干部、农村(社区)两委负责人进行健康体检,全县参加体检人数2730人,县财政支出经费44.77万元。建立完整翔实的受灾干部台账,全面准确地掌握受灾干部的基本情况,有计划地对全县困难干部进行适当交流调整。采取问卷调查、走访慰问、交心谈心、心理咨询等多种形式,在全县范围开展全覆盖谈心谈话活动,缓解干部工作压力和生活压力。

主动热情服务挂职干部，对挂职干部作合理安排分工，明确职责，委以重任，竭尽全力解决好工作、生活中的具体困难，全力筹备召开挂职干部、援建干部座谈会，配合派援单位做好挂职援建干部的考核、回访工作，为挂职干部搭建发挥作用的舞台。

【干部监督管理】 探索建立符合科学发展要求的干部考核评价体系，制定《汶川县科级领导班子和科级领导干部落实科学发展观评价体系及考核评价办法(试行)》《中共汶川县委关于新任科级党政领导干部征求对口援建工作组意见的暂行规定》《汶川县科级领导干部任职交流办法(试行)》等新规定、新办法，编印300本《汶川县干部选任(监督)资料汇编》、500本《整治用人上不正之风提高选人用人公信度宣传手册》和2.5万份《"提高选人用人公信度，增强组织工作满意度"宣传卡片》，向全县干部群众发放，增强社会对组织工作的了解和认知程度。抓好日常监督，落实群众的监督权，严格按照《条例》《办法》的规定，做好35名新提拔领导干部任前公示工作，新建35名提拔干部的考绩档案。开展整治"治理拉票行为"活动，督促指导各乡镇党委严格执行治理拉票行为工作方案，并建立电话举报、信访举报、网络(电子信箱)举报"三位一体"的举报平台，多渠道加强选人用人上不正之风的监督。

【机关党建工作】 全县81个县级机关党组织开展"集中交流学"、"调查研究学"、"专家辅导学"、"现场体验学"、"专题宣讲学"、"查摆问题学""六学"活动，切实提高自身理论素养，着力转变不适应科学发展观要求的思想观念，在深入查找和解决党建工作突出问题上下工夫，在努力完善党建工作体制机制上下工夫，充分发挥在推动发展、服务群众、凝聚人心、促进和谐的作用。开展"讲党性、重品行、作表率"活动，切实转变工作作风，倡导"5+2"、"白+黑"工作劲头，强力推行"为民服务零距离、干群关系零隔阂、监督检查零空档、树立形象零起点、案件查处零搁置"等"五个零"工作法，在推动灾后重建、城市建设、征地拆迁、生态恢复、环境整治、风貌改造等方面取得显著成效。1300名县级机关党员干部开展"下访服务、公仆尽责"主题实践活动，重心下移、工作下沉，问计于民、问需于民、问政于民、问效于民，实现"四包责任"

的全覆盖。尽心竭力为群众办实事好事，补助群众困难救济款60万元，送化肥55吨，送粮食1420公斤，形成完善的为民服务新机制和新体系。深入开展"百名干部下基层"活动，各下派干部履行"了解民情、凝聚人心、促进民安、解决民难、引领民富"五大工作职责，在汶川重建发展的实践中，施展才华，发挥作用。举行建党88周年暨上半年重建工作总结表彰大会，表彰54个先进基层党组织、82名优秀党员、6个灾后恢复重建先进集体、49名灾后恢复重建先进个人，鼓舞全县干部群众参与灾后恢复重建的积极性，加快推进重建发展。

【农村党建工作】 编印《汶川县深入学习实践科学发展观活动资料汇编》《十七届四中全会精神学习资料》等学习资料9700册，组织4000余名农村党员采取"送学"、"带学"、"自学"、"帮学"等形式，深入学习实践科学发展观，扎实推进重建发展。全县农房重建基本完成，农村基础设施重建稳步推进，农业产业重建扎实开展，恢复发展0.42万亩猕猴桃、0.8万亩甜樱桃、0.4万亩茶叶、1万亩无公害蔬菜，引进两家农业龙头企业。加强农村两委干部队伍建设，整顿在灾后恢复重建中战斗力不强、作用发挥不好的农村基层班子，选拔一批肯干事、会干事、干成事的优秀分子进入乡村领导班子。不断加强村级后备干部培养力度，储备村级后备干部320余人。完成114名"一村(社区)一名大学生"的电子信息档案录入、任前培训和考核工作。完善村级组织机构，增设村工会组织、村农民工协会，在农村基层配齐配全"组织员、宣传员、治安员、环保员""四大员"，为农村基层加强组织建设、宣传法律政策、维护社会稳定、加强环境整治提供人员保障。分期分批举办乡镇党委书记、村党支部书记集中培训班、"一村一名大学生"干部培训班，培训人员354人次，提高村两委干部谋划发展、推动发展的能力和服务群众、维护稳定的本领。进一步深化"三级联创"活动，制定《关于实施民富村美班子强的意见》，加大新农村建设力度。推行党务公开、村务公开，创新推行"民主议事、民主决策、民主执行、民主监督""四民"工作法，推进党内民主，构建党内和谐。在全县重点打造18个示范建设村，在注重硬件建设的同时，更加注重软件建设，规范村两委各项职责制度，完善活动中心功能配备，着力把示范点打造成为灾后重建发展的亮点村，社会主义新农村建设的示范村。按照"八有"标准抓好村级组织活动场所建设，完成44个村级组织活动场所建设并投入使用。拓展活动场所的服务功能，恢复农村党员干部现代远程教育，建成并投入使用站点18个，使村民活动中心成为党员干部群众的工作场所、活动场所、培训场所和便民场所。及时兑现村组干部的误工补助，保证干部有想头、有奔头、有干劲。开展走访慰问活动，"七一"期间，看望慰问37名贫困党员、老党员、老干部，发放慰问金1.85万元；国庆期间，按人平300元的标准对全县"三老"人员进行慰问。

【社区党建工作】　建立完善26户规模以上非公有制企业基本情况台账和信息库；深入开展学习实践科学发展观活动、"三心一推进"主题实践活动，助推非公有制企业应对金融危机、加快重建和发展。对县境内"两新组织"建党和党建情况进行摸底调查，帮助理清发展思路，科学制定发展规划。开展社区学习实践科学发展观活动，着力抓好映秀秀坪社区等党组织建设。调查核实流动党员基本情况，及时更新数据库，保证流动党员去向清楚、活动正常。加强"12371"党员咨询服务电话服务工作，落实专人接听。

【发展党员工作】　严格按照发展党员"十六字"方针积极稳妥做好发展党员工作。举办1期入党积极分子培训班，培训入党积极分子114人。全年发展新党员44人，确定发展对象40人，党员队伍的年龄、文化结构明显改善。

【"特殊党费"使用管理】　健全联席会议机制，领导小组和各成员单位一个月召开一次联席会、一个季度召开一次小结会，定期通报情况、分析解决问题。健全台账管理机制，强化督促检查；对在建的"特殊党费"援建项目实行旬报制，制定《"特殊党费"使用管理工作任务分解表》，落实项目实施的责任团队和具体责任人，规定各责任单位任务完成时限，实行时间倒排、进度倒推、责任倒查，确保"特殊党费"使用管理工作有力推进、扎实开展。

【人才工作】　从推动人才强县、维护社会和谐稳定的高度，把加强和推进社会工作人才队伍建设纳入全县人才工作范畴，完善党管人才领导体制，强化组织部门牵头抓总职能。制定印发加强人才队伍建设的实施意见等文件，加强与各成员单位之间的沟通协调，增强人才工作合力；召开专业技术人才座谈会等，广泛听取各方面的意见和建议；做好省、州级"农村优秀人才示范村"申报工作；面向全国引进189名紧缺人才；协同县规划建设局在全县11个乡镇集中组织800名农民工进行为期15天的"地震灾区两万名建筑业农民工免费大培训"活动；整合智力资源，发挥专家咨询作用，邀请70余名省内外专家学者多角度对汶川科学重建与加快发展进行深度研讨，为汶川科学重建出谋划策。

【老干部服务工作】　坚持对全县离退休的老干部进行走访慰问，让他们感受到党委、政府的关心和重视，做好离休干部遗属生活困难补助金发放的协调工作。妥善处理好4名副县级以上离退休干部善后工作。做好老干部的信访接待工作，对领导批办件及老干部信访件，做到及时办理、回复、反馈。抓紧抓好汶川县老干部活动中心建设项目的前期筹备，协调做好项目立项、岩土勘察、地灾评估、图纸设计等项工作。树立"管理就是服务"的理念，采取送学上门、座谈讨论等多种方式，及时将《十七届四中全会学习读本》和学习实践科学发展观活动辅导材料发送到广大老干部。为所有离休干部、县级退休干部征订《阿坝日报》《晚霞》等报刊，为老干部活动中心征订各类报刊，为广大离退休老干部开展学习提供充足的学习资料。采取回访、走访的形式，沟通与老干部之间的感情，帮助其解决现实困难；对身体状况差，行动不便的老干部进行走访，帮助其克服学习上的困难，交心谈心，坚持做到对老干部政治上多关心、生活上多照顾、思想上多沟通、精神上多关怀，为老干部工作注入新活力。

【自身建设】　以"建设模范部门，打造过硬队伍，为推进'两个加快'提供坚强的组织保障"为目标，结合开展民族团结宣传教育活动，开展学习实践活动。成立领导机构，完善学习制度，制定活动专栏，组织开展学习谈心谈话活动，开好"两个专题"生活会，形成较高质量的分析检查材料，结合实际制定整改方案，对存在的问题加以整改，以推进工作的成效检验活动的实效，全面提升组工干部素质。

研究新形势下组织工作和组工干部新任务、新要求，通过理论学习、岗位练兵、业务培训、实践锻炼等工作的开展，结合开展学习实践活动，突出抓好能力作风建设和改革创新，提高全体组工干部思想先进性、政治坚定性、工作创新性、作风过硬性、纪律严格性，推进建人民满意组织部、做人民满意组工干部工作。

县委组织部领导分别带队深入机关、乡镇、农村、社区和企业开展调研活动，了解灾后恢复推进情况和存在问题，针对基层干部思想、工作压力大的实际，开展谈心谈话活动，采取多种措施，帮助干部调整思想、调整心理、调整身体，疏通情绪、端正心态、缓解压力、解决困难，以更充沛的精力带领群众投入灾后重建工作中。

落实组织工作任务分解制度，实行责任到人、时间倒排、落实倒查，坚持定期检查、定期通报、定期整改，推进工作落实。完善组工信息撰写奖惩制度，全年完成组工信息112期。加强档案管理工作，对往年积压档案进行集中整理并维修档案室，确保档案、机要工作有序开展。完善日常管理制度，保证部机关协调、高效运转。

宣传工作

【领导名录】

部　　长　　吴开明

副部长　　陈　康　谢旅霜　郭山鹰

　　　　　李　杰　张雪娇（挂职）

【理论学习和思想政治工作】　重视县委中心学习组的理论学习，拟定《关于县委中心组2009年度理论学习安排意见》，从学习制度、学习内容等方面提出具体要求。县委中心组按照"高举旗帜、围绕大局、服务人民、改革创新"的总要求，大力弘扬理论联系实际的马克思主义学风，扎实深入开展学习调研活动，坚持"每月学一文、每月写一文、每月议一文"，截至11月底，县委中心学习组举行集中学习13次，其中，举行学习（扩大）会议5次，分别为：12日31日，邀请广东省委党校副校长陈鸿宇教授作《广东省改革开放30年的发展经验对汶川灾后恢复重建的启示》报告；4月18日，邀请四川省委政策研究室副主任李后强教授作《全球金融危机下的灾后科学重建》专题讲座；邀请广州市规划设计院副院长、县委常委、县人民政府副县长邓国基作《科学发展观在灾后重建规划工作中的应用》主题讲座；7月31日，邀请中央党校教授、中央民族大学博士生导师徐平作"文化建设与汶川灾后发展"专题讲座；8月31日，邀请省社会科学院社会学所副所长胡光伟教授作《六个"为什么"》专题辅导；11月26日，邀请四川民族研究所副研究员耿静副教授作"对民族团结重要性的再认识"专题报告。县委中心学习组各成员严格要求自己，参加集中学习，深入进行调查研究，做好学习笔记，撰写调研文章，县委中心学习组在5月21日的《四川日报》上发表《铸造精神支柱汇聚重建力量》理论文章，赢得良好社会反响。县委中心学习组发挥带动和引导作用，掀起理论学习的新热潮，使领导班子和全县党员干部理论上得到提高，认识上得到深化，思想观念得到更新，大局观念得到加强，发展信心得到增强。

深入传达学习和贯彻落实中央、省、州一系列重要文件、会议和领导讲话精神，以此推动灾后重建各项工作有力、有序、有效开展。重点传达学习和贯彻落实胡锦涛总书记来川视察重要讲话精神，胡锦涛总书记在纪念改革开放三十周年大会上的讲话，《中共中央办公厅转发〈中央组织部关于进一步加强和改进领导班子思想政治建设的意见〉的通知》，《中共四川省委、四川省人民政府关于认真学习贯彻温家宝同志来川视察重要讲话精神的通知》，胡锦涛总书记在第十七届中央纪律检查委员会第三次全体会议上的重要讲话精神，《中共阿坝州委关于深化农村改革开创农村发展新局面的决定》，胡锦涛总书记在映秀举行的纪念"5.12"汶川特大地震一周年纪念会上发表的重要讲话，胡锦涛总书记在纪念十一届三中全会召开30周年大会上重要讲话，温家宝总理视察汶川灾后重建时的讲话，《中共四川省委四川省人民政府关于2009年抓好重大项目建设促进农业发展农民增收的意见》等，深入学习宣传贯彻党的十七届四中全会精神。

在全县范围内开展中国特色社会主义理论体系的学习教育活动；广泛开展六个"为什么"——对几个重大问题的回答学习宣传；围绕庆祝新中国成立60周年，深入开展群众性爱国主义教育活动；开展民族团结宣传教育活动；在全县范围内广泛开展读书活动；开展学习实践科学发展观活动。在学习实践活动中，把学习实践活动与宣传思想工作紧密联系起来，注重创新形式、突出亮点、狠抓落实，学习实践活动取得显著成效，举办"5.12"汶川特大地震一周年纪念系列活动；举行纪念新中国成立60周年系列庆祝活动。

【对外宣传】 借助"5.12"汶川特大地震一周年等重大事件契机，开展展示汶川良好形象的宣传活动。协调深圳音像公司、深圳市川安视星文化传播有限公司联合摄制9集系列纪实电视剧《爱心小天使》之《小福星》在深圳、汶川两地拍摄制作。该剧以映秀小学9岁学生林浩从废墟中爬出勇敢营救同学的故事为原型，以纪实方式反映汶川抗震小英雄林浩勇救两名同学的感人事迹和深圳小义工帮助别人、快乐自己的爱心故事，从不同角度展现灾区人民在大地震中的坚强和不屈，在灾后恢复重建中的乐观和自信，该剧于"5.12"一周年之际在广东卫视首播，获得社会广泛好评，在青少年中引起较大共鸣。

精心策划、周密安排，推出"八个一"工程纪念"5.12"特大地震一周年。制作《爱在汶川》歌碟、《震中汶川100个惊心动魄》等宣传文化产品，评选表彰81名"荣誉市民"和评选67名"道德模范"，推出一部电视纪实剧（《爱心小天使之小福星》），举办一场文艺演出（爱在汶川），举办一个论坛（共建汶川论坛），举办一场大型祭奠活动（"告慰亲人"万人公祭），展示一批亮点工程，在绵虒镇举办"中国·汶川第二届古羌文化节暨樱桃节"。系列活动反映汶川人民的生活现状，展示良好的精神风貌，向全国人民传达"汶川依然美丽、汶川人民依然坚强、汶川羌寨古碉依然屹立"的重建信息。活动圆满成功，宣传效应强势，社会影响广泛。

协调四川日报报业集团、天府早报、四川电视台第四频道、四川广播电台等多家媒体联合组织报道

联盟于3月31日下午在映秀镇"5.12"大地震巨石前举行纪念"5.12"汶川大地震一周年特别行动——"穿越地震带"启动仪式。向外界集中展示震中汶川自强不息、加快推进灾后恢复重建的精神面貌和地震发生一年来灾区的可喜变化。

3月28日，组织协调20余名主流媒体（新华社、人民日报、人民画报、中国日报、经济日报等）摄影名家，全方位聚焦重建家园中的汶川，拍摄"震中汶川依然美丽"影像，向全国乃至世界展示震中汶川的重建成果。

7月，县境内国道213线彻底关大桥处发生山体垮塌事故，造成多人死亡的严重后果，县委宣传部第一时间派出两组记者进行跟踪报道，向社会公布事故发生的原因、造成的伤亡等情况，在第一时间内将新闻稿件上送至四川电视台，有效地达到公开信息、消除猜疑的目的。在抢通都汶生命线过程中，县委宣传部指导县电视台坚持每天派出记者到现场进行跟踪报道，保证每天有关于事故抢险、伤员救治等情况的新闻在四川电视台、阿坝电视台播出，协助四川公共频道、广东电视台等其他媒体，报道此次事件的发展，为抢通都汶生命线，保障灾后重建营造良好舆论氛围。

8月和12月，"新汶川·新未来"广东省援建汶川县所有学校整体交钥匙仪式和"新家园，新希望——广东省援建汶川县十大民生工程整体交付使用仪式"在汶川县举行。结合学校援建工作和广东省援建汶川县十大民生工程整体完成，策划一系列新闻报道，配合开展两次"汶川宣传周"活动，全面系统地介绍汶川县学校和民生工程恢复重建的具体情况。两次活动均邀请中央电视台、广东电视台、四川电视台等80多家媒体100多记者，通过现场直播、电话连线、报刊、网络等平台，全方位、多角度地进行宣传报道，向外界宣传汶川，展示汶川。

11月13日，组织策划在汶川县第二小学举行羌历年原生态锅庄比赛。威绵片区6个乡镇组织人员参加此次比赛，进一步保护传承和弘扬古老的羌民族文化。

【文化工作】 1月16日，县委宣传部组织文体、卫生、农业、畜牧、林业、计生、公安、广电等10多个部

门，特邀四川音乐学院在绵虒镇举行送文化、科技、卫生"三下乡"活动。当地干部、群众、学生以及广东省对口援建人员共 3000 人参加活动。春节初一至初三，县委宣传部组织相关单位在县委主要领导的带领下，深入草坡乡足湾村、绵虒镇高店村、水磨镇白果坪村开展送文化、科技、卫生"三下乡"活动。通过政策宣传、科技咨询、送医送药、慰问演出、赠送春联等形式，为群众送去党和政府对的关怀和慰问，送上丰富多彩的文化大餐，增强群众战胜困难的决心和重建家园的信心。

1 月 24—28 日，即除夕前夜到正月初三，县委宣传部邀请到山西太原市彩灯有限公司的"煤海之光"大型机械彩灯会在汶川县城举行为期 5 天的义展，深受群众赞扬，给全县人民增添欢乐和喜庆。4 月 27 日，协调自贡市阳光爱心志愿者艺术团一行 100 人赴漩口镇进行慰问演出。5 月 1 日，协调中国贫困地区文化促进会组织"感恩之旅"羌族文化与艺术展演赴水磨镇演出。5 月 10 日，县委宣传部配合"李连杰壹基金"在映秀镇举行主题为"一家人，一起走"的纪念"5.12"汶川行活动。5 月 13 日，联合州委宣传部在映秀镇举行"5.12"一周年纪念慰问演出。

【心理重建工作】 灾后恢复重建的主要任务是"再造"和"重建"，其焦点不仅在物，而且在人。县委宣传部争取到北京师范大学等高等院校作为技术支撑，并多次召开协调会，研究、商议汶川县开展灾后心理重建工作方案，草拟《关于在全县开展灾后心理重建工作的通知》，成立"汶川县心理重建工作领导小组"和"汶川县心理重建中心"，启动灾后心理重建工作。10 月 22 日，在汶川县第一小学举办"灾后中小学生心理疏导"课题第一期培训，全县近 100 名中小学心理学教师和骨干教师以及各中小学校长参加培训。全县心理重建工作逐步广泛开展，将通过宣传教育、培训疏导、家访筛查、咨询服务、危机干预等多种形式起到抚慰心灵、疏导心理、安定人心的作用，从而营造积极向上、健康和谐的社会和生活环境。

【挖掘先进典型】 为纪念邱光华英雄机组失事一周年，再次掀起向邱光华英雄机组学习的高潮。县委宣传部起草《向邱光华英雄机组学习的倡议》，号召全县各族干部群众要永远牢记邱光华机组的英勇事迹，学习他们坚决听党指挥、忠诚履行使命的高度政治觉悟，学习他们牢记宗旨、视人民利益高于一切的崇高思想境界，学习他们冲锋在前、勇挑重担、顽强拼搏的过硬战斗作风，学习他们不畏艰险、不怕牺牲、敢于挑战极限的革命英雄气概。

深入挖掘和集中宣传原汶川县委常委、纪委书记王继红先进事迹。弘扬"震中铁骨"精神，在全县迅速掀起学习热潮。

"5.12"汶川特大地震发生后，在全县各行各业涌现出一大批开拓进取、艰苦创业、无私奉献、超常付出的先进典型，一大批优秀同志被县委、县政府授予劳动模范荣誉称号，县委宣传部迅速开展向劳动模范代表学习，向援建干部劳动模范群体学习和向群众劳动模范群体学习等活动。

水磨镇灾后重建在较短时间内打造特色，创造典范，受到州委主要领导的充分肯定并在全州推广，县委宣传部第一时间制定"水磨精神宣传工作方案"，派驻记者深入水磨镇宣传、报道，在全县掀起向水磨学习、向援建工作组学习的热潮。

【国庆庆祝活动】 策划筹备"为祖国喝彩——庆祝新中国成立 60 周年大型电视文艺直播行动"。县委宣传部提前准备、周密策划，取得四川电视台、四川音乐学院、阿坝州民族歌舞团的支持，于 9 月 16 日在新建成的汶川县第一中学举行大型电视直播活动。全县干部群众、中小学生 4000 多人参加。此次活动于国庆期间在中央电视台和四川电视台播出。

深入开展"迎国庆讲文明树新风"活动，通过开展"爱国歌曲大家唱"、文明礼仪大宣讲、文明新风大建设等活动，展示全县干部群众加快建设灾后美好新家园的成果与决心。为营造国庆氛围，组织各乡镇、各部门、各单位、社区开展悬挂国旗活动，为减轻农民负担，县委宣传部统一采购国旗送到乡镇，统一悬挂。同时，在交通道路醒目位置悬挂大型宣传标语，庆祝祖国六十周年华诞。

在汶川县政府网站上开辟国庆专栏，宣传报道新中国成立 60 年以来的发展变化，展现汶川人民灾后恢复重建的精神风貌，表达汶川人民对政府及全国人民的感激之情。县电视台在节目中着重报道庆祝新中国成立 60 周年活动，滚动播出庆祝标语。县委宣传部在公路沿线和交通要道制作大型广告标语庆祝新中国成立60周年,营造浓厚节日氛围。

【新闻宣传报道】 加大新闻宣传报道力度。截至11月底,全县在各级报纸、杂志、广播电台、网站上发表、播出新闻稿件2.5万余篇(条、幅)。截至12月4日,汶川新闻网站采编发稿4248条,转载各级媒体宣传汶川稿件530余篇。县电视台采编播出新闻稿件1800多条,中央电视台选用近50条,四川卫视、广东卫视等选用280余条,州电视台选用超过400条。开设专题专栏,加大重大事件深度报道力度。汶川县新闻网站开设《今日汶川》、《灾后重建》、《走进汶川》、《阳光党务》、《政务公开》、《办事服务》、《互动交流》、《汶川旅游》、《招商引资》、《深入学习实践科学发展观》《关注两会》《国庆60周年》《汶川人大30年》、《水磨印象》《新家园新形象新希望》等栏目和专题。县电视台恢复制播《关注》栏目20期,编播《重建进行时》11期,《羌山新事》7期,《新视听》20期,《农广天地》10期,少儿栏目《蒲公英》15期,摄制《水磨中学建设记实》、《城乡环境综合整治记实》、《崛起的汶川》、《纪念地方人大常委会设立30年》等各类专题片、资料片近20部(集)。中国汶川门户网站浏览人数近30万人次。全县接待境内外媒体记者3500余人次。

【精神文明建设】 为深入贯彻落实科学发展观,全面落实十届县委八次全会精神,按照“三年基本恢复、五年发展振兴、十年全面小康”的总体要求,坚持精神文化家园重建和物质家园重建并重,以受灾群众物质上得到更多实惠、精神上得到较大满足为目标,县委宣传部拟定《关于加快灾后精神文化家园建设的决定》。按照服务“两个加快”、抢抓“一个机遇”、突出“四个着力点”、实现“五项重大任务”的总体思路,通过一系列措施,切实把人民群众过上美好新生活的强烈愿望转化为全面提速灾后恢复重建的强大精神动力,全力以赴抓好精神文化家园重建工作,确保灾后精神文化家园建设目标任务的顺利完成。汶川县开展“精神家园”重建行动引起中央科发办的高度关注,以简报的形式作选载下发。

为抢抓机遇,促项目早日落地,做好羌族文化遗产抢救和保护工作,3月,县委宣传部组织协调茂县、理县、松潘、黑水5县在汶川县召开羌族文化生态保护实验区抢救性保护工作联席会议,会议邀请省、州相关领导,羌文化专家教授共同研讨羌族文化抢救和保护工作,商议共同开展抢救和保护羌族文化行动,会议通过《关于共同抢救保护羌族文化遗产的倡议》,并达成共识,一致同意将抢救保护羌族文化工作作为灾后精神家园重建的重要任务,共同做好羌族文化生态保护工作,让具有独特魅力和内在品质的羌族文化传向世界、传向未来。

贯彻全民文明礼貌月活动动员大会精神,坚持从思想认识入手、从改进服务入手,紧扣活动主题,发扬“5+2”、“白+黑”的工作精神,动员和组织开展城乡环境大整治、破碎山河大绿化、民居风貌恢复重建大提速、重建项目征地拆迁大会战行动。坚持对各乡镇和公路沿线破旧标语、国旗进行清理和规范。参加阿坝州精神文明建设“五个一工程”作品评选活动,推荐参评作品5件。抓好文明单位动态管理和创建工作,考核验收县级最佳文明单位7个,县级文明单位6个,县级文明村11个,考核复查上报重新登记省级文明单位10个、州级文明单位33个。对两个省级文明单位作自然消失处理,完成县级文明单位、文明村的复查验收工作。评选表彰汶川县荣誉市民81人,评选出“道德模范”67人。

【未成年人思想道德建设】 各级党政、各部门在未成年人思想道德建设工作中,切实加强领导。县委常委会坚持专题研究未成年人思想道德建设工作制度,把该项工作纳入县委、县政府工作议事日程。坚持以县文明委组织协调、有关部门各司其职,全社会共同参与的领导体制和工作机制;各级各部门贯彻执行汶文明委《进一步加强和改进未成年人思想道德建设目标任务分工的通知》,履行职责,开展工作;筹措资金,为加强和改进未成年人思想道德建设工作提供物质保障。

针对未成年人思想道德实际,全面构建学校、家庭和社会“三位一体”的教育网络。以学校教育为主渠道,推进中小学思想道德教育。各中小学贯彻落实《中共中央国务院关于进一步加强和改进未成年人思想道德建设的若干意见》,以邓小平理论和“三个代表”重要思想为指导,全面贯彻落实科学发展观,围绕

"弘扬抗震救灾精神,建设富裕文明和谐魅力新汶川"工作主题,努力为未成年人办实事、办好事、解难事,全面促进未成年人的健康成长。"5.12"汶川特大地震发生后,社会各界给予汶川强大支援与深情关切,在浓浓爱心传递过程中,也传承着中华民族的传统美德。县教育局配合县委宣传部、县文明办组织学校开展"铭恩·奋进"教育活动,倡导全县各校师生参与"九个一"系列活动。通过开展感恩教育活动,营造文明和谐的良好氛围,不断提高全县师生思想道德素质和社会责任感,教育引导未成年人铭恩奋进。加强家庭教育工作,县乡两级党委、政府建立健全家庭教育工作领导小组和工作机制,履行指导家庭教育的工作职责,组织开展一系列家庭教育活动。在各校建立家长委员会,通过家长学校、家长接待日、家访等形式同学生家长建立经常性联系。各校还利用媒体互联网和大众传媒,面向社会广泛开展家庭教育宣传,普及家庭教育知识,推广家庭教育的成功经验。教育局与省关工委、州教育局联合分别在汶川一中、汶川一小、汶川二小举办家庭教育知识讲座。为落实公安部八条措施和教育部六条措施,在全县范围内开展"警校共育"工作。落实法制副校长制度,建立长效机制。公安局9名派出所主要负责人分别被全县中小学聘为法制副校长,切实履行法制教育职责。在各学校开展法制宣传,采取以案说法等方式,开展法制进校园宣传活动23次,发放相关宣传资料700余份,制作悬挂宣传标语12幅。依法查处各类未成年人违法犯罪案件。在询问取证上严格按法律规定执行,在打击处理上坚持以教育为主的原则,从轻、减轻、免除处罚。县司法部门开展送法进校园活动,讲解《未成年人保护法》《预防未成年人犯罪法》和《四川省未成年人保护条例》等法律法规。各校的法制副校长组织开展法律宣传周、宣传日活动,通过以案说法、法律咨询、法律知识竞赛、法律征文、举办法制专题讲座、预防犯罪图片展览、观看法制影视片,不断增强未成年人的法律意识。

加强对抗震救灾英雄少年和西部助学受助学生的联系,做好常规管理工作。组织中小学生开展爱国主义读书教育活动,汶川一中学生周泽获全国爱国主义教育读书征文二等奖,并作为省代表队进京参加演讲比赛。

有关部门加大文化市场的监管力度,净化校园周边环境。严把市场准入关,严格依法确定网吧的市场主体资格,一律不核准在中学、小学校园周围200米和居民住宅楼(院)内申请设立互联网上网服务营业场所。坚决取缔黑网吧,工商行政管理部门对黑网吧做到露头就打。对在市场巡查中发现、群众举报、相关部门通报、新闻媒体曝光的黑网吧,及时查处取缔。全年对辖区的网吧进行多次专项检查,出动执法人员86人次,车辆13辆次,取缔黑网吧两户,查扣从事违法经营活动的电脑主机、显示器、服务器、路由器交换机等专用工具、设备,价值5000元。县工商局配合文化、公安等有关部门清理整顿出版物市场,打击和查缴政治类非法出版物,特别是传播政治谣言、制造思想混乱、破坏社会稳定等出版物;打击和查缴淫秽色情出版物,特别是淫秽光盘和以青少年学生为读者对象的有害卡通画册及淫秽"口袋本"图书;打击和查缴盗版出版物特别是盗版教材和教学辅导读物、盗版工具书以及影视作品,定期不定期地对玩具、文具、装饰品等未成年人学习、生活、娱乐用品进行监管等。

"六一"期间,县委常委带领县妇联、县教育局、县总工会慰问留在县境内的7所小学、幼儿园的少年儿童和少儿工作者,发放慰问金1.94万元。西部助学工程为成绩优异、家庭困难的学生圆了大学梦,两名学生被纳入到本年的西部助学工程受助者之列,大学四年每年领取5000元的助学金。加强对孤残和流浪乞讨儿童的救助工作。县民政部门为纳入五保对象的孤儿,每人每月发放生活补助100元。在社会救助站的帮助下,根据《城市生活无着落的流浪乞讨人员救助管理办法实施细则》,救助未成年流浪乞讨儿童。救助期间,为其解决吃、穿、住问题,与家人取得联系,待确认后由家人接走。开展社会福利工作,救助贫困大学生8名,总金额4万元。

发挥荧屏育人的作用,努力做到净化荧屏、创作精品。播放有利于未成年人思想道德建设方面的新闻,多渠道组织片源,注重电视节目的知识性、趣味性,加强节目审查,播出如"感恩在孩子们的心里扎根"、"我完全放心——汶川县第一幼儿园'感恩义务劳动'侧记"等文章,让健康文化成为广播电视的主旋律,为未成年人思想道德建设工作营造良好的舆论氛围。

【阵地建设】 1月19日,汶川县新闻中心、汶川县政府信息化工作办公室正式挂牌成立,填补汶川县网络宣传的空白,为汶川灾后恢复重建的宣传和信息工作提供强有力的舆论支撑和服务平台。汶川门户网紧紧围绕灾后恢复重建,重点对重建的政策措施,广东援建的成果,社会各界的关怀,城乡居民住房重建、公共服务设施重建、基础设施重建、重大产业重建等民生工程、科学发展观活动、各行各业的恢复发展、人民群众生产生活的改变、民族文化的传承等方面进行深入细致的报道,取得良好的效果。县委宣传部从多种渠道抽调、录用、争取西部志愿者充实宣传部和新闻中心力量,并陆续派出人员到省委宣传部、四川日报社等上级单位进行专业知识培训,使各项工作正常顺利推进。印发《汶川县新闻报道奖励办法》,完善新闻奖励机制,使之适应当前新闻宣传工作需要。

【其他工作】 派出专门人员负责三江旅游风景区创建国家AAAA级景区的宣传工作;在"5.12"汶川特大地震周年期间,派出工作组在映秀负责记者的管理、服务和衔接工作;完成全县各种活动的记者接待和管理、服务工作;完成县委、政府安排的各种接待宣传工作;完成党报党刊和内部资料的征订工作。

统战工作

【领导名录】

部　长　　　　郭素梅

副部长　　　　辜柱清　郑文清　杨佳彬

【学习实践科学发展观活动】 在全县开展第二批"深入贯彻落实科学发展观"活动中,先后集中学习3次,组织学习交流会3次,党员干部人均集中学习15学时,举办专栏两期,学习心得体会15篇,大讨论专题7篇,专题讲座两篇。收集整理各类意见、建议12条,落实整改阶段解决突出问题方面满意度91.3%。

9月下旬,根据县委总体安排,抽派两名干部担任汶川县科学发展观第三批学习教育活动指导小组组长,具体指导三江乡、水磨镇、草坡乡、绵虒镇、雁门等乡镇。县委统战部、县工商联、县经济商务局等单位联合在全县民营企业中开展"两新"活动。

【民族团结教育活动】 3月,县委统战部以科学发展观活动为契机,在全县统战成员和各乡镇中开展"民族团结教育征文"活动,县政协、县委党校、县委宣传部、县民宗局、团县委、县司法局、县广电局等单位参与。活动共收到征文7篇,活动领导小组到乡镇现场指导开展活动,印制《汶川县民族团结教育活动宣讲资料》,发放到各乡镇和县级相关部门。通过开展活动,进一步凝聚广大统战成员的人心。

【民族宗教工作】 把握各民族共同团结奋斗,共同繁荣发展的主题,全面贯彻落实《民族区域自治法》和《阿坝藏族羌族自治州民族区域自治条例》。在全县各乡镇开展"民族团结教育活动",继续在全县寺庙中开展"寺庙爱国主义教育活动",形成"干部是关键、僧尼是重点、群众是基础"的工作模式。由县委统战部牵头组成法制讲宣工作组,深入到各涉寺乡镇和开放寺庙,进行法制宣传,宣讲3期,受到广大信教群众的好评。在维护稳定工作中,贯彻执行中央关于新时期对达赖集团斗争的方针政策, 及时调整县委维护稳定工作领导小组,各涉寺乡镇制定《寺庙突发事件应急预案》。特别是新疆乌鲁木齐事件发生后,县委统战部领导多次到清真寺开展活动,增强广大回民拥护党和国家的意识。10月,在全县各相关乡镇开展"和谐寺观教堂"活动。

"5.12"汶川特大地震后,全县8座开放寺庙都不同程度受到损坏。为使全县信教群众能尽快开展正常的宗教活动,由县委统战部牵头与县民宗局、县国土局等单位于9月底完成对全县8座寺庙土地使用权的重新核实,并打桩定界和颁发土地使用证书工作。在做好寺庙恢复重建工作中,严格做到原址原规模重建。

【非公有制经济人士工作】 在开展对非公有制经济代表人士工作中,以发展民营经济为主线,壮大工商联队伍,宣传工商联的性质,主要职能和作用,扩大工商联的影响，县工商联会员中有人大代表和政协委员，通过他们参加人大、政协活动，对反映会员的合理要求起到良好作用。全年反映合理化建议、意见5条。县委统战部向县委、政府作汇报，妥善解决3件，协助解决两件。

为加强和改进新形势下全县非公有制经济人士思想政治工作，充分调动全县非公有制经济人士的积极性、主动性、创造性，促进全县非公有制经济人士健康成长和健康发展，鼓励他们在灾后恢复重建中发挥积极作用，制定《关于加强和改进非公有制经济人士思想政治工作的实施意见》，对全县企业的灾后重建起到政策引导作用。通过调研，形成两份调研报告。

受"5.12"汶川特大地震和国际金融危机影响。汶川县非公有制经济企业受到重创，普遍企业市场萎缩，收入下滑，加之企业恢复重建任务十分繁重，县委统战部本着"想为企业所想，急为企业所急"的工作宗旨，多次深入到企业，了解情况，为他们出主意、想办法。结合科学发展观教育活动，从服务对象和群众最关心、最迫切的问题入手，提出应对金融危机、迎接挑战的3项活动，并及时在县级机关党外正副科级实职领导干部中开展"我为应对国际金融危机影响献一策活动"，收集到5项为企业服务的措施。

为推进工业强省和人才强省战略的实施，促进民营企业为全省经济发展作出更大贡献，省委组织部、省委统战部、省工商联举办首届"四川民营企业工业突出贡献人才"评选活动，汶川县阿坝铝厂厂长陈国友荣获"四川民营企业工业突出贡献人才奖"。汶川县推荐的3家企业（四川岷江硅业集团有限公司、汶川潘达尔有限公司、阿坝铝厂）获"改革开放30年四川省首届行业之星"荣誉称号。

【党外代表人士和人才队伍建设】 在落实知识分子政策和抓好非党后备干部队伍建设工作中，对具有代表性、有影响的非党知识分子，做到定期了解，确定优秀非党知识分子，为汶川县党外干部的物色、培养、选拔、推荐奠定基础。通过专题调研，形成《我县党外干部和党外知识分子工作的调查与思考》的调研报告，为县委决策提供依据。为提高统战干部、党外代表人士、党外干部、党外知识分子的工作能力和

政治素质，全年完成省、州举办的各类培训班两期，培训学员7人。8月，县委统战部在全县党外知识分子、党外干部中开展"我为应对国际金融危机影响献一策"活动，活动得到广大党外知识分子和党外干部的积极参与，收到征文10篇。

【外事工作】 为适应新时期形势发展的需要，做好非政府组织和个人捐赠援助项目的管理工作，根据中央关于统一领导、归口管理、分级负责、协调配合的外事管理原则，县委统战部制定《汶川县接待境外非政府组织和个人捐赠援助项目管理暂行规定》，定期或不定期召开会议，通报非政府组织和个人在汶川县开展活动的情况，针对出现的新情况新问题研究制定相应的对策和措施。本年无非政府组织来汶川县捐赠和投资。

本年接待海内外人士29次，512人。接受各类捐建资金1578.66万元，其中，修建学校1478.66万元，修建医疗卫生院两所，资金100万元。修建福利事业1所，资金900万元。

政法工作

【领导名录】

县委常委、政法委书记	罗尔基木（8月止）
	杜朝刚（8月起）
政法委副书记、防邪办主任	张继林
政法委副书记、综治办主任	范文慧
综治办副主任	刘志宏（8月起）

【维护社会政治稳定】 始终坚持以科学发展观统揽维稳工作，坚决把维护灾后社会稳定、促进经济发展作为学习落实科学发展观的根本任务和具体体现，坚决将灾区稳定放在第一位，坚持"稳定压倒一切"的策略方针，加强领导，狠抓落实，做好维护稳定工作。健全维稳领导机构，及时调整充实维护稳定工作领导小组，明确党政主要领导是维稳工作的第一责任人，分管领导是维稳工作的直接责任人，履行维稳工作一岗双责制和一票否决制。印发《2009年度保证目标和政务目标考评细则的通知》，把维护社会稳

定工作纳入党委、政府工作目标,与经济社会发展工作同安排、同部署、同考核、同奖惩,保障维稳工作与全县经济工作的同步进行;清醒认识当前经济因素、政治因素、社会因素、境外因素对全县灾后恢复重建和社会稳定带来的影响,县委常委会专题听取维稳工作汇报6次,分析研判安全稳定形势,安排部署相关工作;充分发挥人大、政协和人民团体的作用,动员组织社会各方力量,共同做好维护社会稳定工作;维稳、综治工作在县级领导联系乡镇的基础上,实行政法部门主要领导包乡镇责任制;专题研究有效化解社会矛盾纠纷"大调解"工作,建立基层"大调解"奖励基金和奖励机制,落实经费保障(县不低于0.5元/人、乡镇不低于1元/人)将工作经费纳入财政预算,为全面排查化解不稳定因素和矛盾纠纷提供强有力的组织和工作保障;建立军地联合、集中统一、高效快速的汶川县应急指挥部。主要职责是贯彻执行上级党委、政府、军事领导机关有关应急维稳和抢险救灾的决策部署和命令指示,研究制定应急维稳和抢险救灾行动计划、具体方案,并组织民兵联合演练。

为确保全国"两会"和春节期间稳定,县委连续3次召开常委会听取维稳工作汇报,安排部署春节前后维稳工作;为确保"5.12"汶川特大地震后的第一个"清明节"和"5.12"汶川特大地震周年纪念活动期间社会政治稳定,县委、县政府专题研究部署维稳工作,成立由县级领导任组长的群众工作、维稳工作、安全保卫、交通保畅、应急处突、情报信息等6个工作组,深入乡镇排查化解不稳定因素,妥善处理各种矛盾纠纷。出动警力390人次,加强治安防控和重点部位守护,全面确保全县各敏感期和重大活动日的安全;进一步加强对非政府组织和来汶川志愿者的管理工作力度,严密防范别有用心的人打着志愿者的幌子从事损害党和政府形象的活动,防止其借捐赠、捐建之名,行非法活动之实。劝返外省到汶川县向中央领导递交上访信件的上访人员两批次4人,收缴非法传教宣传资料100余份,确保"5.12"汶川特大地震周年纪念祭奠、"6.1"活动、"7.22"敏感期前后的安全;国庆60周年期间,坚持县级领导驻乡镇维稳值班制度和领导带班制度,实行日报制度,县挂联包乡县级领导分赴各乡镇维稳值班,驻乡镇检查、督促、指导

抓好各项维稳措施的落实。各乡镇主动排查本地区存在的不稳定隐患,采取有效措施,及时化解,妥善处理,国庆期间全县未发生重大安全事件和不稳定事件;组织开展社会综治"五大行动",各单位主要领导负总责,分管领导具体抓,安排落实专人负责,确保建国60周年大庆和西博会等重大活动期间的安全稳定。

落实安全稳定工作长效机制,坚持把维稳工作作为考核主要领导和分管领导评先晋级资格的重要内容,对工作不力、问题频发的乡镇、部门、单位和相关领导及其责任人员,严肃依规依纪逗硬追究责任;建立健全以人民调解、行政调解、司法调解联动的社会矛盾纠纷"大调解"工作体系,制定《汶川县矛盾纠纷集中排查化解工作实施方案》,化解社会矛盾纠纷。发挥人民调解在预防矛盾纠纷中的积极作用,妥善处理各种人民内部矛盾,化解和减少不和谐因素,为灾后恢复重建创造和谐稳定的社会环境;完善由县维稳、统战、信访、防邪、国保、出入境等涉稳部门主要负责人参加的维稳工作联席会议制度,联席会议每季度召开一次,排查不稳定因素和重大矛盾纠纷,分析研判稳定形势,及时预警,掌握维稳工作主动权;完善《汶川县处置群体性突发事件工作预案》,确保一旦发生群体性事件,及时有效控制局势,不断提高处置群体性事件的能力和水平。全年无群体性事件的发生;印发《建立健全专群结合情报信息网络工作方案》,使全县的涉稳情报信息工作得到加强,维稳工作主动权得到巩固;解决群众生产、生活中的实际困难,拓宽就业渠道,根据灾后救灾工作的实际需要,设立公益性岗位缓解就业矛盾,发放失业救助金,解决停产、歇业企业职工的生活困难,缓解社会矛盾,化解群体性事件的发生。

【"严打"整治斗争】 为全面推进"平安汶川"建设,确保社会稳定,继续在全县开展"打黑除恶"专项斗争,县委、县政府和政法各部门成立"打黑除恶"专项工作领导小组,加强对专项斗争的组织领导。政法部门组织精兵强将,协调配合,形成各司其职、各负其责,齐抓共管的工作局面,依法查处、打击各种违法犯罪分子,维护社会稳定。

贯彻落实省、州关于"严打"整治斗争的一系列决

策部署，坚持定期召开治安形势分析会议，评估和挂牌督治治安问题，坚持滚动排查整治治安混乱地区和突出治安问题。重点结合灾后影响全县社会治安稳定的突出问题，因地制宜部署开展"金剑"系列严打专项整治行动。贯彻落实全国、全省、全州关于深入开展打击盗窃破坏"三电"设施违法犯罪专项斗争电视电话会议精神和相关决策部署，4—5月，开展"四川省第一次集中清查废旧金属收购站点统一行动"，组织公安、工商、经济商务等部门及各"三电"企业等相关部门，集中清查统一行动6次，出动执法人员46人次，车辆12台次，排查清查非生产性废旧金属收购站点、生产性废旧金属收购站点10个，清查流动收购废旧物品人员6人，停业整顿1人，对3家非生产性废旧金属收购站（点）进行警告，责令其限期整改。8月21—31日，在全县范围内组织开展第二次集中清查废旧金属收购站点统一行动，县综治委办公室组织公安、工商、经济商务等部门及各"三电"企业工作人员和各乡镇分管责任领导和责任单位等执法人员97人次，集中清查统一行动5次，出动车辆16台次，排查清查非生产性废旧金属收购站点、生产性废旧金属收购站点10个，清查流动收购废旧物品人员9人，小熔炉冶炼厂1个（水磨镇）。进一步加大全县"三电"设施安全保护和对盗窃破坏"三电"设施的打击整治力度，维护全县信息网络通畅。

【社会治安综合治理】 县委、县政府重视社会治安综合治理和平安创建工作，把深化平安建设，加强社会治安综合治理，作为构建和谐社会、促进经济社会和谐发展的保障工程，县委、县政府主要领导多次就全县综治工作作出重要指示，深入调研指导社会治安综合治理和平安建设工作，及时解决县、乡（镇）平安建设工作中的困难和问题。落实领导责任制，制定《汶川县2009年社会治安综合治理工作要点》，把社会治安综合治理作为党政领导班子任期目标，通过层层签订目标责任书的方式，加大责任书兑现的奖惩力度，增强各级、各部门抓综治工作的积极性和主动性。完善社会治安综合治理工作机制和考评机制，3月，综治委与县委组织部和人事局联合发文《关于建立党政领导干部抓社会治安综合治理工作实绩考核档案和晋职晋级评先授奖征求综治机构意见的

通知》，建立落实各项工作和考评机制。充分发挥组织协调作用，县综治委调整充实各专门工作领导小组人员。结合农村平安建设长效机制建设，建立完善乡镇、部门综治组织机构和相关工作机制，推动综合治理工作各项措施在全县的落实。3月，结合全县城乡环境大整治行动，在全县范围内开展"社会治安综合治理宣传月"活动，制作展板13块，印发宣传单1.5万余份，确定3月11日为"全县综治和平安建设集中宣传日"。3月3日，县司法局对全县13个乡镇的基层司法助理员进行岗前理论培训，基层派出所举办调解会、治保委员会培训班，提高基层调委会、治保会成员的业务能力，各职能部门积极参与，同时各村、单位都出宣传专栏，制作墙标20余幅。

加大反分裂斗争工作力度。5月中旬，州国安局对汶川县映秀镇、威州镇等7个乡(镇)的国家安全人民防线进行督查督导工作，强化责任落实，促进地区稳定，构建各民族齐力维护祖国统一和国家安全的人民防线。继续做好隐蔽战线情报信息和案侦工作，严密防范、严厉打击境内外民族分裂势力、宗教极端势力的渗透颠覆、分裂破坏活动。按照州国安局安排，定期开展国家安全人民形势分析，形成《国家安全形势分析报告》3期。坚持每月一次的"对违法犯罪高危人群排查管控情况统计"。对8项人员的排查、管控情况的统计，掌控各项情况，严防不稳定事件的发生。

【大调解工作】 6月26日，召开常委会议专题研究审定《汶川县构建"大调解"工作体系，有效化解社会矛盾纠纷的意见》。建立基层"大调解"奖励基金和激励机制。将"大调解"工作经费按照县不低于0.5元/人，乡镇不低于1元/人纳入财政预算，落实经费保障。6月27日，组织社会治安综合治理相关人员到眉山市考察学习"大调解"工作开展情况。深入开展学习"大调解"工作，拓展建设领域、丰富建设内涵、创新建设方式、提高建设实效，营造平安建设的浓厚氛围和工作局面。县矛盾纠纷"大调解"工作领导小组办公室主任由县委政法委副书记兼任，设专职副主任1名，配备两名以上专职人员；县人民调解中心和县行政调解中心主任分别由县司法局局长、县法制办主任兼任，分别设专职副主任1名，配备两名以上专职人员；县司法调解中心主任分别由县人民法院、县人

民检察院分管领导兼任，设专职副主任1名，配备2-4名专职人员。乡镇协调中心主任由党委书记兼任，两级协调中心配备1名专职副主任，负责日常工作；协调中心工作人员从"大调解"领导小组成员单位抽调。行政单位调解中心（室）主任由单位主要领导兼任，确定专人负责。配齐配强村（社区）、企事业单位调解人员。加强调解员队伍建设，组建人民陪审员库、调解员库、特邀调解员库、调解志愿者库、调解联络员库，加强对调解队伍教育、培训、管理，努力提高其综合素质。根据全县大调解工作会议精神，各乡镇按照要求将派出所、司法所、综治办、群众工作办、信访办、村人民调解委员会整合，建立综治办协调组织，派出所、司法所、群众工作办、信访办、村人民调解委员会具体实施的威州镇大调解工作体系，各职能调解机构按照要求进行信息互通和资源共享。全县县级各部门建立行政调解室39个，司法调解室6个（其中，县上两个均在县人民法院），拨付财政专项经费15万元，各乡镇有人民调解委员会122个，镇综治办13个，信访工作室11个，要求对调解对象调解人员做到以礼服人，对来信来访人员必须热情，对所反映的问题耐心听取并做好来访登记，向来信来访群众进行法律知识宣传和讲解。

发挥人民调解、行政调解、司法调解在化解矛盾纠纷的合力和作用，妥善处置因利益冲突引发的各类人民内部矛盾，维护全县社会层面的和谐稳定。按照省、州综治委的统一部署，集中开展综合整治全县重点地区突出问题，整治两个治安混乱地区和突出治安问题；集中排查化解矛盾纠纷，组织各乡镇及公安、司法、法院、检察院、群众信访工作局等主要成员单位，集中1个月开展矛盾纠纷排查调处、排查整治治安混乱地区和突出治安问题活动。1—10月，全县排查矛盾纠纷308起，调处成功295起，调处成功率95.78%，防止矛盾激化，预防和减少民转刑案件的发生，为汶川的经济建设及灾后重建提供良好的社会治安环境。

【整体联动】 深化整体联动防范体系建设，实施"三大警务"，加强群防群治队伍建设，构建起党委领导、政府负责、综治牵头、公安主导、部门配合、区域联动，群众参与的点线面呼应，人防、技防、物防配套，整体联动协调的县、乡、村、户四级治安防控体系。"3.16"以后，充实城镇专职治安巡逻队，及时组建专兼职乡（镇）、村治安巡逻队；开展"平安边界"创建活动，发展深化边际联防协作。分别与都江堰、茂县、理县、小金等地签订边界联防协议书，及时互通情况，交流经验，针对出现的新问题、新情况共商对策，使边际地区治安联打、联防、联调、联治局面发展巩固。根据省州做好建国60周年国庆期间安全稳定的指示，组织开展大排查、大调解、大整治、大巡防、大管控"五大行动"全力确保全州国庆期间安全稳定工作，9月24日下午、25日上午，县综治委学校及周边治安综合治理工作领导小组成员单位先后对县境内19所中小学校的门卫室、警务室、消防设施、食堂、住宿楼及周边的小卖部、网吧、电玩、书店及影像制品店等不稳定因素进行排查和整治，对18户经营户进行检查，共有餐饮经营户4户（无照两户）、副食品经营户11户（无照4户，其中，校园内两户）、书店两户（无照），对1家电玩游戏厅依法取缔。通过整治行动，为全县学校提供良好的社会治安环境，为迎接新中国60周年大庆，营造良好和谐安全稳定的校园及周边环境，营造良好的教书育人环境，严防发生甲流疫情，确保广大师生的安全健康。截至9月29日，开展严厉打击黑恶势力犯罪、杀人、伤害、爆炸等暴力犯罪的集中清查，出动民警255人次，乡镇干部、治安积极分子165人次，出动车辆70台次，设置检查卡点4处；清查旅店37家，出租房30家，桑拿洗浴场所5家，歌舞娱乐场所4家，典当、废旧物质收购场所12家次，其他场所42处。发整改通知书5份，要求限期整改。清查暂住人口783人，破获刑事案件1起，刑事拘留两人，查处治安案件两起，治安拘留两人。收缴火药枪两支，违规存放炸药48公斤，雷管100发，管制刀具121把。

【基层基础建设】 贯彻落实省州关于《进一步加强社会治安综合治理基层基础建设的意见》精神。先后制定《中共汶川县委汶川县人民政府关于进一步加强社会治安综合治理工作的意见》和《中共汶川县委办公室汶川县人民政府办公室关于进一步加强社会治安综合治理基层基础建设的实施意见》。建立覆盖各乡镇的综治维稳信息员队伍建设，有各类综治维稳信息员 238 人；将乡镇综治办纳入机构编制序列，在领导力量、人员配备、重点中心和经费保障等方面的具体情况。配备综治专干 19 人，增设专门负责综治维稳工作的党（工）委副书记的乡镇（街道）10个/人，明确负责综治维稳工作副书记的乡镇（街道）9个/人。推进"1221"工程和"两所一庭"建设。已经建成司法所 11 个；派出所 12 个，实现 1 乡 1 所，其中，威州镇两个（威州镇派出所和七盘沟派出所）；人民法庭 5 个。建成综治维稳中心 11 个，全县综治维稳工作中心建成的比例 100%；全县 118 个村均明确主管综治维稳工作的负责人；灾后建成村（社区）、校园警务室 12 个、调解室 54 个、治安巡逻队 45 个。广泛开展"青少年维权岗"和"未成年人零犯罪单位"创建活动，指导基层组织建立帮教机构，落实帮教措施，开展对社会闲散青少年、务工经商青年、特别是失足青年的帮教工作。全县落实帮教对象 166 人，帮教率100%，无重新犯罪现象。

加大基层社会治安综合治理工作的经费保障力度，确保县、乡两级社会治安综合治理工作经费纳入同级财政预算。对基层单位特别是村（社区）的社会治安综合治理工作经费，给予适当补助。综治工作经费，按照省要求按照常住人口人均不低于 1.5 元的标准纳入财政预算。群防群治经费，按照省州要求人平不低于 0.2 元纳入财政预算。见义勇为经费，按照要求必须建立专户，每年由县财政划拨 2000 元作为专门的经费，专款专用。多渠道解决专职治安巡防队伍的经费保障。采取"政府负责、群众出资、单位赞助"的办法，多渠道解决经费问题。县财政按实有人口数每人 0.5 元，乡镇按照每人 1 元列入年度预算。除县财政拨款外，不足部分可以按照"谁受益、谁出资"、"取之于民、用之于民"的原则筹措。村（社区）治安巡逻队员的补助，与公益性岗位人员待遇一致（20 元人/天），纳入财政预算，补助按照实际巡逻天数计发。

【自身建设】 全县政法各部门和政法委机关加强自身建设，确保各项工作的完成。各部门党委（组）按年初制定的党风廉政建设工作重点和创"四好班子"的要求把党风廉政建设、机关工作和党建工作均纳入重要的议事日程，落实党风廉政建设责任制。组织职工学习十七大精神，在坚持机关政治学习和支

部生活的基础上，开展对党员和职工的思想、信念、宗旨、廉政教育。年初，按照县委的安排，各部门和政法委机关均开展领导干部作风建设整顿活动。机关档案工作按照业务部门的要求规范化、制度化。遵循中央政法委的"四条禁令"和省委政法委的"约法三章"，促进班子廉洁自律工作。

党校教育

【领导名录】

校　长	张通荣
常务副校长	王建英
副校长	嘉国林

【主体培训】 按照县委组织部的调训要求，先后开展入党积极分子、乡镇党委书记及农村支部书记的主体班培训，派教师到州委党校协助做好全州县村支部书记和村委会主任培训班的教学、生活管理工作。在流动党校培训中，由党校教师起草的《发扬民族团结精神促进灾后重建》讲稿作为全县民族团结教育宣传资料发放到各乡镇，全县受教育覆盖面达到 100%；承担县上关于民族团结教育两个专题的流动党校宣讲任务。在学习实践科学发展观教育活动期间，党校派教师到各单位开展党课辅导 11 次，请州委党校常务副校长袁礼忠为第一督导组 11 个参学单位进行科学发展观宣讲；先后邀请广东省委党校副校长、区域管理专家陈鸿宇教授和中央党校博士生导师徐平教授在县委中心组（扩大）会上为全县副科级及以上领导干部授课，实现理论前沿和实践前沿的有效对话，为全县灾后重建提供强有力的思想保证。加强与省委党校对接，省党校应急管理教研基地和研究生教学基地落户汶川，将为汶川的干部教育培训注入新的活力。

【技能培训】 围绕打造"羌绣之乡"品牌，党校及时调整办学思路，把农职校羌绣技能培训作为灾后促农增收工作的切入点，及时与阿坝州九寨沟水晶民族旅游用品厂签订合作意向书，变单纯的技能培训为"培训机构+公司+农户"的形式，为参训人员增

收创造条件。在此基础上,党校从改变培训方式入手,由过去"请进来"培训到派教师"走出去"到村寨开展培训,解决"工学"矛盾和学员培训期间的食宿问题。依托"羌绣之乡"的打造,在羌绣的演绎形式上下工夫,在牛皮上雕刻羌绣图案。8月5日,在漩口镇集中村举办首期有70名农村贫困劳动力参加的羌绣皮雕技能培训班,由美国皮雕工艺培训讲师香港籍美国人施高德夫妇担纲教学,创造性地拓展羌绣。9月,在阿坝州劳务扶贫培训项目竞标中,党校竞得"羌绣和藏绣"培训项目,拓展技能培训专业。该项目培训工作于10月底启动,分别于10月31日、11月5日、11月24日、11月28日在九寨沟县勿角乡、黑水县芦花镇、汶川县雁门乡和理县下孟乡全面展开,培训班每期为期30天,于12月28日全部结束。

全年,举办农民职业技能培训10期,培训全州农村贫困劳动力530人,预计参训人员户均年增收3000余元。

【函授教育】 继续加强与西南民大成教院的合作,完成2009年各项教学任务,完成3个年级8个专业两种层次180名在校生2009学年度的面授及考试工作,完成2007级毕业生工作,通过两年半的学习,75名大专及本科学员顺利拿到毕业证书。联合各县级党校在全州范围内进行广泛的招生动员,新招60人,为2010年的函授工作打下基础。

【师资建设】 加大外聘教师力度,聘请上级党校的优秀教师、阿坝师专的专家教授以及州、县具有较深理论功底和丰富实践经验的党政领导干部到党校的讲台来担岗教学,推行每期主体班培训都有一名县级党政领导干部讲课的制度,县四大班子领导多次到党校主体班课堂授课,为党校构建一支"大师资"队伍。

教育培训贴近本地现实要求、贴近社会实际、贴近学员需求,要求教师树立以人为本、按需培训的理念,准确掌握培训对象的思想脉搏和学习需求,要在"我给学员教什么"的问题上下苦工夫。如对副科级领导干部应以提高组织领导能力、战略思维能力、岗位执行能力和应对突发事件能力为主要目标设置课程,对入党积极分子应以宣传党的基本知识为目的设置课程,对函授学历学员则以提高专业素质为目

标,根据专业层次类别制定课程,对农村富余劳动力则以提高劳动技能、增加收入为目的,开设以实训为主、具有专业针对性的课程,真正让学员能够学有所用,学有所获。

【重建工作】 加快重建步伐,按照"程序不减、时间缩短"的重建要求,落实专人负责场地清理以及办理选址意见书、选址红线图、设计指标要求等工作,同时与核工业西南勘察设计院协商,在未签订合同的情况下开始重建可研报告编制及初步规划方案设计等前期工作。10月8日,在县政府和相关部门协助下,将党校重建红线区域内作业的砂石厂清场;11月10日,得到县政府《关于中共汶川县委党校在雁门乡选址重建的批复》;11月19日,在县城乡规划管理局办理到重建选址意见书;11月25日,得到县政府《关于划拨中共汶川县委党校灾后恢复重建项目建设用地土地使用权的批复》;11月27日,建设用地红线开始放线。

【调研工作】 全年党校教师参加中央、省、州各级党校以及县级相关部门组织的调研活动10余次,争取到省委党校基地建设资格两个,拓展农职校教学专业两个;在学习实践科学发展观教育活动中,全校党员干部紧紧围绕"弘扬抗震精神,推进科学重建,建设美好家园"主题,深入开展"下访服务、公仆尽责"调研活动。先后邀请国家行政学院副院长、省委党校常务副校长、西南片区全国党校系统部分专家、教授以及重庆市委党校领导到汶川县,就灾后重建工作开展情况进行深入调研,为汶川的灾后重建谏言献策。

【自身建设】 以灾后重建为契机,加强自身建设,以改革创新的精神去谋划党校发展。明确党校的教研队伍和行政后勤队伍以及学校的各类设施设备等都属于学校的内部资源,通过双向选择、竞争上岗等方式实现各类资源的最优化配置;在教学科研资源、信息资源以及师资资源的共享等方面进行探索,树立"大党校"理念,将党校系统的资源纳入学校资源的一个重要组成部分加以运用;面向社会主动加强与党政部门、企业、高等院校、科研院所、社会培训机构以及外地党校的交流协作,利用一切可利用的社会资源,不断为党校事业的发展注入新的活力。

县人民代表大会常务委员会

【领导名录】

主　　任　　青理东（2月起）

常务副主任　李代君

副 主 任　　刘德成　高志明　伍　江

调研员　　　喻维书　陈华清　孙国富

【代表大会】 2月25—27日，汶川县十二届人大三次会议在威州召开。大会应到代表148人，实际到会代表127人。大会听取和审查县人民政府工作报告，县人大常务委员会工作报告，县人民法院和县人民检察院工作报告；审查和批准汶川县2008年国民经济和社会发展计划执行情况及2009年国民经济和社会发展计划草案、汶川县2008年财政预算执行情况和2009年财政预算草案的报告；补选县十二届人大常委会主任1名、出缺委员5名。

【概况】 全年召开常委会会议7次，主任会议11次，听取和审议"一府两院"专项工作报告以及国民经济和社会发展计划、预算执行情况、审计工作等报告25项。

【主任会议】 1月20日，举行第十二届人大常委会第二十八次主任会议。会议研究、确定县十二届人大常委会第十三次会议时间、议程安排。讨论2008年县人大常委会工作总结及2009年工作要点。会议确定常委会议题16个、主任会议题6个。研究决定接受县人民政府关于罗德勇任县人民政府副县长的人事任职的议案，研究决定接受县人民政府关于免去张云安、郭雄县人民政府副县长职务的议案，提请常委会会议审议；研究决定补选青理东为州十届人大代表。会议决定县十二届人大三次会议于2月25日报到，会期暂定4天。

2月17日，举行第二十九次主任会议。会议讨论、通过本次会议议程草案。通过县人大常委会关于召开县第十二届人大三次会议的决定。通过主席团和秘书长建议名单（21名）、主席团常务主席建议名单、执行主席分组名单、列席人员建议名单（151名）。通过大会日程、主席团日程、各代表团团长、副团长建议名单。

3月16日，举行第三十次主任会议。会议听取和审议县人民政府关于对《汶川县人大常委会组成人员对〈县人民政府关于全县中小学、幼儿园异地复课的情况报告会的审议意见〉研究处理情况报告》。会议要求县人民政府在对报告进行回复时要对春季复课进展情况和秋季回汶川复课的计划安排情况作出说明。会议建议：对由人大常委会选举和任命的国家机关工作人员进行满意度测评；3月主任会议增加两个议题：听取县人民民政府对三月文明礼貌月安排部署及执行情况报告，听取县人民政府对灾后重建项目安排和资金筹措情况汇报。

3月27日，举行第三十一次主任会议。会议听取关于"三月文明礼貌月"及"四大"活动开展情况汇报。会议认为：在环境卫生方面出台措施，加大对交通混乱，乱丢弃物、强买强卖等情况的管理。征地拆迁大会战中加强对拆迁户的政策法规宣传教育和做到统筹兼顾；破碎山河大绿化方面林业部门要加强协调和管理，争取在漩映地区实行飞播；加强风貌恢复专业设计。听取关于灾后恢复重建项目安排和资金筹措情况汇报。会议建议加大力度争取更多资金支持，用好法律法规依法拆迁，做到"程序不减、时间缩短、资料不缺、业主合法"。

5月14日，举行第三十二次主任会议。会议同意接受人民法院关于马珣等的人事任命决议，提请十六次常委会会议审议。研究第十六次常委会会议的有关事项。听取县人民政府关于开展"五五"普法工作的情况汇报。会议建议：依法重建；加强领导干部学法、用法，以便在重建的拆迁征赔工作中做到程序不减、时间缩短、资料齐全；普法工作针对不同对象提出不同要求。

6月14日，举行第三十三次主任会议。会议听取县人民政府关于贯彻落实《残疾人保障法》的情况汇报。会议建议：深入广泛地宣传"一法两条例"，建立和健全残疾人机构保障体系，尽快落实康复中心和特殊教育学校的用地和编制问题，加快残疾人的就业培训。

7月6日，举行第三十四次主任会议。会议讨论十七次常委会的有关事项，研究决定接受县人民政府关于罗尔基木、蒲进任县人民政府副县长的人事任职的议案，提请常委会审议；研究决定接受关于接受张通荣、钱毓林、吴光旭辞去县人民政府副县长职务的议案，提请常委会审议。

8月24日，举行第三十五次主任会议。会议听取县人民政府关于汶川县灾后城镇重建及安居房建设情况的汇报。会议建议：尽快安置危险地段居民，尽快出台安置细则；基础设施建设避免重复投资；住房分配方案征求多方意见。听取县人大常委会财政经济工作委员会关于对全县灾后重建资金监督管理使用的调查情况的汇报；会议建议各职能部门履行职责，确保资金使用安全，力争做到"程序不减、时间缩短、资料齐全"；加强对农村项目质量的监管力度。听取县人大常委会财政经济工作委员会关于对县人民政府报送《汶川县安居房管理办法（暂行）备案的报告》等4个文件的审查意见。研究县第十二届人大常委会第十八次会议相关事宜。

9月27日，举行第三十六次主任会议。会议研究十二届人大常委会第十八次会议召开的时间、地点、增加的议题、参会单位等；审查县人民政府2009年预算调整议案，同意接受《关于调整2009年度财政预算调整议案》的决定。要求严格按照预算法等相关法律执行。审查县人民政府关于县2008年财政决算情况报告的意见，同意接受县人大常委会批准县2008年本级财政决算的决定。审查县人民政府关于2009年上半年国民经济和社会发展计划情况及下半年工作安排意见的情况报告的意见。审查县人民政府关于2009年上半年国民经济和社会发展计划执行情况及下半年工作安排意见的情况报告的意见，同意接受县人民政府关于审议三江生态旅游风景区总体规划暨重点项目控制性详细规划的决定；研究决定接受县人民政府关于左光磊人事任职的议案，提请常委会审议；决定同意接受罗德勇、杜朝刚辞去县人政府副县长职务，提请常委会审议；决定同意接受李晓燕辞去县人大常委会委员的职务，提请常委会审议；决定同意任命杨文德等12人为人民陪审员，提请常委会审议。

11月12日，举行第三十七次主任会议。会议听取县人民政府关于农房重建工作完成情况的报告，关于汶川县城灾后重建规划情况的报告，关于县人大常委会18次关于十二届人大三次会议案办理研究处理情况。

12月21日，举行第三十八次主任会议。会议听取县人民政府关于《汶川县安置房、粤汶路、中轴线、213线风貌恢复等项目贷款融资》的情况汇报，要求县政府要加强对公司的管理，严格按《公司法》的规定运作，严格对资金的管理。听取县人民政府关于灾后重建工作中办理民事、行政案件的情况汇报；听取县人民政府关于开展防治甲型H1N1流感工作情况的汇报；会议建议进一步完善流行病的防治预案；加大对医疗卫生队伍的培训，应对突发事件。讨论、修改《汶川县人大常委会2009年工作总结》《汶川县人大常委会2010年工作要点》。听取和审议县人民政府集镇公用设施管理情况汇报，县人民政府关于农村基础设施建设情况汇报，关于加强公安队伍建设情况的汇报会。

【常委会议】　1月21日，举行第十二届人大常委会第十三次会议。会议讨论、通过本次会议议程、日程。听取和审议《汶川县人大常务委员会2008年工作总结》。会议同意接受县人民政府县长廖敏关于提请罗德勇、张云安、郭雄3人职务任免的议案，并按照法定程序，决定任命罗德勇为县人民政府副县长，决定免去张云安县人民政府副县长职务，郭雄县人民政府副县长职务。

2月18日，举行第十四次常委会议。会议讨论、通过本次会议议程、日程（草案）。讨论、通过县人大常委会2009年工作要点（草案）。讨论、通过《汶川县人大常委会关于召开汶川县第十二届人民代表大会第三次会议的决定》。讨论、通过《汶川县人大常委会工作报告》。讨论、通过《汶川县第十二届人民代表大会第三次会议主席团和秘书长建议名单》《汶川县第十二届人民代表大会第三次会议副秘书长建议名单》《汶川县第十二届人民代表大会第三次会议列席人员建议名单》《汶川县第十二届人民代表大会第三次会议财政经济审查委员会建议名单》《汶川县第十二届人民代表大会第三次会议议案审查委员会建议名单》。听取县第十二届人民代表大会第三次会议筹备领导小组《关于汶川县第十二届人民代表大会第三次会议筹备情况的汇报》。听取县第十二届人民代表大会代表资格审查委员会关于补选县第十二届人民代表大会代表的资格审查报告。

3月30日，举行第十五次常委会议。会议讨论、通过本次会议议程草案，听取和审议县人民政府关于对《汶川县人大常委会组成人员对〈县人民政府关于全县中小学幼儿园灾后复课的情况报告的审议意见〉研究处理的情况报告》，会议指出当前全县中小学生复课主要存在的困难：中学学生的转学率和辍学率有所增加；中学教师缺编，小学教师超员的情况；复课后教师的住房问题。会议建议分析学生流动原因，加强方案制定；科学合理配置资源，调动教师的群体优势；关注教师，协调和争取教师住房、待遇等问题。听取县人民政府副县长钱毓林等的述职报告。

5月26日，举行第十六次常委会议。会议讨论、通过本次会议议程草案。听取和审议县人民政府关于社会治安综合治理工作情况的报告，会议建议：加强防范工作，将灾后重建中征地、拆迁等敏感问题做好预警，排除不稳定因素。将打击与预防相结合，严惩村霸、路霸和个人垄断集体资源等情况；加快"两所一庭"的建设力度，根据灾后重建工作需要，向省州争取政策，增加机构和警力；加强对乡镇司法员和村级治保人员的培训，提高业务素质，将村治保工作具体分工，责任落实到人，适当给予经费保障，调动工作积极性。会议同意接受县人民法院邓吉安关于提请杨峥嵘等6人职务任免的议案，按照法定程序，决定免去：马珣县人民法院民一庭庭长职务，杨峥嵘县人民法院行政庭庭长职务，荣旭初县人民法院漩口人民法庭庭长职务，王保红县人民法院立案庭副庭长职务。决定任命：杨峥嵘任县人民法院民一庭庭长，王保红任县人民法院行政庭庭长，邱毅任县人民法院漩口人民法庭庭长，陈虹任县人民法院映秀人民法庭庭长，胡蓉任县人民法院民一庭副庭长，李友清任县人民法院审判员。

7月10日，举行第十七次常委会议。会议讨论、通过本次会议议程草案。听取和审议县人民政府关于对《县人大常委会组成人员对〈汶川县人民政府关于灾后重建工作中社会治安综合治理工作开展情况

报告〉的审议意见》研究处理的情况报告，会议建议：尽快完善整体联动机制，加大对违反社会综合治理行为的打击力度，提高综治工作人员素质。听取和审议县人民政府关于汶川地震灾后全县中小学幼儿园灾后重建进展情况的报告，会议建议：协调解决教师的住房问题，稳定师资队伍；尽快确定教学设备、设施的采购安装；尽快完善补齐学校建设工程的相关资料；各乡镇人民政府配合学校做好复课的协调工作；尽快做好教师的重组工作；建议县政府出台正式文件对重建学校进行统一命名。会议同意接受县人民政府县长廖敏关于提请罗尔基本等职务任免的议案，并按照法定程序，决定任命：罗尔基木、蒲进为县人民政府副县长，肖宏为汶川县人民政府办公室主任，刘国平为县民政局局长，傅剑为县农业局长。会上，新当任的县人民政府副县长蒲进等分别作履职发言。

9月29日，举行第十八次常委会议。会议讨论、通过本次会议议程草案。听取和审议县人民政府关于办理《汶川县人大常委会关于汶川大地震后全县中小学幼儿园灾后重建进展情况审议意见》的情况报告；会议建议加强师资队伍建设，提高教师综合素质；与相关部门共同协作，健全新建学校的档案资料；改善学校管理模式。听取和审议县人民政府关于2009年上半年国民经济和社会发展计划执行情况及下半年工作安排意见的情况报告，会议指出：完善有关土地复耕、生态恢复、乡村方面的规划；加强民生工程的监管力度；加快自建项目的落实；科学合理整合交叉的项目资金，发挥资金的最大效益。审议县人民政府提交的关于调整2009年财政预算的议案；听取和审议县人民政府关于2009年上半年财政预算执行情况及下半年工作安排意见的情况报告；会议建议加大财政资金监管力度，做好预测。听取县人民政府关于州财政批复汶川县2008年财政决算的情况报告，听取和审议县人民政府关于审计县2008年财政预算执行情况及其他财政收支情况的报告，听取县人民政府关于汶川县灾后重建规划及建设情况汇报，会议指出：完善有关农业、工业、旅游业等方面规划，按《城乡规划法》相关程序报批和备案。听取和审议县人民政府关于办理县十二届人大三次会议代表

议案、建议、批评和意见的情况报告;听取和审议县人民政府关于三江生态旅游风景区总体规划说明的情况报告;会议建议研究定位旅游形象,突出藏羌风情。会议同意接受接受杜朝刚、罗德勇辞去县人民政府副县长的报告和李晓燕辞去县人大常委会委员职务的报告;同意接受县人民政府县长廖敏关于提请左光磊等职务任免的议案,按照法定程序,决定免去:罗德勇县公安局长职务,决定任命:左光磊为县公安局局长,杨文德等12人为人民陪审员。新当任的县公安局局长左光磊作履职发言。

11月30日,举行第十九次常委会议。会议讨论、通过本次会议议程草案。听取县人民政府关于灾后农房重建情况的报告,会议指出:结合社会主义新农村的要求,搞好农房重建配套设施建设;做好二次搬迁农户竣工验收准备工作;进一步关注暂不能搬进新居的农户,做好安全和温暖过冬工作;严格规范建房手续,服从整体规划建设。听取县人民政府关于调整完善县城灾后重建专项规划的情况报告,要求尽量完善配套公共服务设施如停车场、公厕、市场等;建立城市发展机制和市场管理机制。听取县人民政府关于《汶川县人大常委会组成人员对〈汶川县人民政府关于办理县十二届三次会议代表议案、建议、批评和意见的情况报表〉审议意见》研究处理的情况报告,要求县人民政府协调落实办理中的议案。审议县人民政府提交的《汶川县人大常委会关于汶川县安置房、粤汶路、中轴线、213线风貌恢复等项目贷款融资的议案》,通过《汶川县人大常委会关于汶川县安置房、粤汶路、中轴线、213线风貌恢复等项目贷款融资的决定》。会议要求相关单位保管、使用好项目资金,做到专款专用,确保信贷资金安全和全县灾后恢复重建的顺利进行。

【法律监督和工作监督】　常委会加强对国民经济和社会发展计划执行情况的监督,结合听取和审议县人民政府关于国民经济和社会发展计划执行情况报告,听取经济部门工作汇报,深入乡镇和部门对经济运行进行调研分析,督促灾后恢复重建、经济协调发展等各项政策措施的落实,推进全县灾后恢复重建、加快经济社会事业有效复苏。加强预算审查监督,强化财政监督管理机制。及时听取和审议县人民

政府关于预算的执行情况和灾后恢复重建资金安排使用情况的报告,要求县人民政府及职能部门加强监管,完善机制,公开透明,集中财力保障灾后恢复重建,确保资金安全运行和规范、有效使用。

常委会按照"一心两廊四区"灾后城乡体系规划工作,听取和审议县人民政府关于灾后重建规划及建设情况报告、关于调整完善汶川县城灾后重建专项规划情况报告,要求县人民政府坚持规划先行、民生优先、科学重建,强力推进规划项目落地和项目建设。为加大城乡环境综合整治力度,结合文明礼貌月活动,听取县人民政府及职能部门开展城乡环境大整治、破碎山河大绿化、征地拆迁大会战、风貌改造大提速"四大活动"工作情况汇报,提出具体整改要求和建议,督促县人民政府及职能部门研究解决存在的突出问题,健全工作机制。为推进《汶川地震灾后恢复重建条例》贯彻实施,常委会领导及各工作委员会深入基层、深入实际,对全县贯彻实施《汶川地震灾后恢复重建条例》的情况进行实地调研、专题视察,提出贯彻意见和建议,推动该条例在汶川县的贯彻实施。

常委会听取和审议县人民政府关于县人大常委会组成人员对县人民政府关于全县中小学、幼儿园灾后复课情况报告的审议意见研究处理情况和全县中小学、幼儿园灾后重建进展情况的报告,要求县人民政府高度重视学生异地复课的安全和稳定工作,督促有关方面切实解决异地复课的具体困难和问题,采取措施,在确保质量和安全的前提下,加快学校重建进度,保证全县中小学、幼儿园学生按时回本县就读。常委会重视灾后城镇重建和城镇拆迁安置工作,听取县人民政府关于灾后城镇重建及安居房建设的情况汇报,针对房屋拆迁安置,安居房、廉租房建设,补助资金发放等具体问题,要求县人民政府在加大房屋拆迁力度的同时,采取措施,依法解决拆迁户的实际困难,维护其合法权益。为推进《残疾人保障法》及相关法律法规的贯彻落实,常委会听取县人民政府关于贯彻落实《残疾人保障法》的情况汇报,重点就残疾人事业的发展、残疾人生存状况的改善、残疾人参与社会的能力、残疾人技能的培训、发挥基层残联的作用等问题提出建议,要求县人民政府加以落实。社会治安是全县群众反映较为强烈的问题,县十

二届人大三次会议代表提出进一步加强社会治安管理的建议，为此，常委会专门听取和审议县人民政府关于社会治安综合治理工作的情况报告，提出加强基层工作，整合警力资源，加大防控力度，强化治安管理，为全县灾后重建发展创造良好的社会治安环境。面对我国甲型H1N1流感疫情严峻的形势，常委会密切关注疫情的变化，通过听取县人民政府关于开展甲型H1N1流感防控工作的情况汇报，对县人民政府及卫生疾控部门采取的果断措施和取得的阶段性成果予以充分肯定，要求县人民政府进一步加强宣传工作、完善防控预案、做好应急储备、强化组织领导，坚决打赢防控硬仗，着力保障全县人民群众的身体健康和生命安全。

常委会听取"一府两院"关于开展法律服务、法律援助、司法工作的情况报告，要求"一府两院"以服务社会弱势群体为重点，充分发挥法律服务和法律保障的职能作用，维护弱势群体合法权益和社会和谐稳定。听取县人民法院关于灾后重建工作中办理民事行政案件的情况汇报，在肯定县人民法院取得成绩的同时，要求县人民法院关注涉灾案件，加强与县人民政府及有关部门的沟通协调，研究诉前调解工作，确保调解率和审结率，在维护社会和谐稳定、体现公平正义方面发挥有效作用。督促行政执法部门规范执法程序，健全和落实行政执法责任制和执法过错责任追究制，为全县加快灾后恢复重建、加快经济社会发展创造规范、有序的法治环境。

按照《汶川县人大常委会备案审查暂行办法》，常委会对《汶川县安居住房管理办法》等5个县人民政府报请备案的规范性文件进行审查，提出审查意见，常委会工作机构进行备案登记。县人大常委会作出的决议、决定等规范性文件及时报送州人大常委会备案。

【信访工作】 发挥职能作用，做好来信来访登记、宣传、解释和转办工作。全年受理群众来信来访39件113人次。通过办理群众来信来访，督促有关部门解决群众反映强烈的问题，维护群众的合法权益，促进社会和谐稳定。

【配合上级人大工作】 配合省人大常委会在汶川县开展《中华人民共和国防震减灾法》贯彻实施情况调研。协助州人大常委会在本行政区开展《阿坝藏族羌族自治州矿产资源管理条例》《阿坝藏族羌族自治州生态环境保护条例》《阿坝藏族羌族自治州宗教事务条例(草案)》等法律法规的立法调研，广泛收集征求到多方面的意见。配合州人大常委会及各工作委员会开展灾后农房、城镇住房、学校卫生、道路交通等恢复重建工作专项调研、视察和执法检查。参与州人大常委会在我县开展扶贫开发、"五五"普法中期实施情况、人民法院集中清理执行积案工作等调研活动。配合州人大常委会在汶川县开展倡导环保理念的"阿坝环保世纪行"宣传活动，推动法律法规的宣传与贯彻实施。常委会不断加强对外交流和横向联系，接待成都市青羊区、广元市、湖南省常德市、广东省对口援建省市人大常委会及有关部门来汶川县考察灾后重建、参与捐赠活动及交流联系工作。

【依法议定重大事项】 常委会围绕县委决策部署，抓大事、议大事，依法行使重大事项决定权，对涉及全县经济社会发展全局性的事项开展审议，全年依法作出决议、决定4项，形成审议意见4项。及时把县委的重大决策，落实到人大具体工作中，促进灾后恢复重建工作有力有序有效推进，推动全县经济社会的恢复和发展。为推进创建三江4A级旅游风景区，常委会专题研究汶川县三江生态旅游风景区总体规划暨重点项目控制性规划的议案，听取和审议县人民政府关于三江生态旅游风景区总体规划说明的情况报告，作出《汶川县三江乡生态旅游风景区总体规划的决定》，要求县人民政府组织实施，加快建设，确保2009年年底前通过国家4A级旅游景区评估验收成功。为解决全县灾后重建重点项目资金需求，常委会听取和审议县人民政府关于汶川县安置房、粤汶路、县城中轴线、213线风貌恢复等项目贷款融资的情况报告，批准县人民政府使用农行50亿元授信贷款的决定。

【依法行使任免权】 常委会坚持党管干部和依法任免有机统一，坚持正确的用人导向，依法行使人事任免权。按照"能干事、肯干事、干成事、干净干事"的要求任命干部，全年依法选举和任命国家机关工作人员18人，任命人民陪审员12名，免去5人，接受辞职6人。同时，通过对任命干部年度述职、民主测评，强化对被任命干部的履职监督，提高干部依法行政能力和公正司法水平，为推动科学重建、加快发展提供组织保证。

【发挥代表作用】 继续开展常委会组成人员联系代表"百千万"活动，通过下基层调研走访、召开座谈会等方式，与代表加强沟通和联系，倾听代表心声，了解社情民意。常委会按乡镇行政区域将全县人大代表划分为14个代表小组，组织代表就近就地开展活动，为代表履职搭建平台。切实保证代表活动经费，为代表履职创造条件。坚持为代表订送《人民权力报》和《民主法制建设》等人大刊物，向代表通报全县灾后重建发展和常委会工作等情况，为代表知情知政搞好服务。常委会表彰奖励近年来特别是抗震救灾和灾后重建工作中表现突出、成绩显著的16名优秀人大代表，激发代表履职热情和工作活力。

不断丰富闭会期间代表活动内容，围绕全县科学重建、加快发展中心工作，组织代表开展视察、调查、执法检查等项活动，针对存在的问题，提出意见建议，促进县人民政府相关工作的开展。主动邀请各级人大代表参加常委会开展学习实践科学发展观活动征求意见座谈会，开展监督，为群众讲真话，为百姓办实事。全年共组织30多名各级人大代表参与灾后农房重建、基础设施重建、生态环境恢复、维护社会稳定、代表建议办理等工作的调研、视察活动，撰写调研报告10余篇，为县委、县政府决策提供重要依据。根据常委会审议议题的内容，坚持邀请人大代表列席常委会会议，通过代表反映基层真实情况。全年邀请20多人次列席常委会会议。

人大代表在县十二届人大三次会议期间提出建议、批评和意见46件。常委会十分重视办理工作，在办理过程中，通过听取和审议县人民政府办理的情况报告、常委会审议意见研究处理情况报告，组织议案建议办理专题调研，督促承办部门在规定时限内办理完结，答复率91%，代表满意和基本满意率88%。对确定的重要建议，落实专人负责，跟踪督办，保证办理实效。

【乡镇人大工作】 加大对基层人大工作的指导力度，进一步规范基层人大工作。常委会深入各乡镇调研基层人大工作，指导乡镇人大履行职责，开好人民代表大会，规范会议程序，提高会议质量，依法行使好各项职权。完善细化乡镇人大工作目标考核内容，促进乡镇人大工作的规范化管理。

【灾后重建】 围绕县委中心工作，常委会全力参与和支持灾后恢复重建，完成灾后恢复重建工作任务。常委会领导按照县委安排分别承担三江、水磨、映秀、绵虒、雁门等乡镇的挂包联系工作，参与全县灾后恢复重建督导督查工作，组织、协调、督促乡镇的灾后恢复重建，切实推进"一心两廊四区"建设，对口援建项目落地、"八大民生工程"实施、城乡环境综合整治等。通过议题调研、跟踪监督和工作协调等方式，"在监督中参与，在参与中监督"，为全县灾后恢复重建做出贡献。县人大常委会各工作委员会围绕住房维修加固、集镇拆迁安置、工业园区建设、次生灾害防治、社会和谐稳定等群众关注的问题开展深入调研，形成相关专题调研报告，提出建议、批评和意见。特别是对灾后恢复重建、重大项目进展、重大决策落实进行检查督导，及时向县委反映有关情况，提交督导报告。

【自身建设】 切实加强常委会自身建设，发挥权力机关、工作机关、代表机关的重要作用，为全县中心工作、重点工作提供参谋服务，增强保障能力，努力开创人大工作新局面。

学习党的十七大、十七届三中、四中全会和省委九届七次全会、州委九届九次全会、县委十届八次、九次全会精神，把思想和行动统一到县委的决策部署上来，找准人大工作与全局工作的切入点和着力点，增强大局意识、责任意识和主动意识。按照县委安排，在人大常委会党组、人大机关和党员干部中，开展深入学习实践科学发展观活动，以"学习实践提素质、强化服务促重建、履职为民树形象"为实践载体，在真学习、真实践、真见效上下功夫。组织常委会组成人员和机关工作人员学习法律法规和人大业务知识，参加各级人大组织的法律法规和人大业务知识的学习培训，提高综合素质，为做好新时期的人大工作奠定基础。

加强机关行政效能建设，推行首问负责、限时办结和责任追究"三项制度"，加大对不作为、慢作为、乱作为和影响人大工作、损害群众利益等行为的追究力度,增强执行力。围绕"四个特别"和"五种作风",倡导"5+2"、"白+黑"的工作劲头,争做走在前列、干在实处的模范,提高办事效率和工作效能。实行公务接待、政府采购、车辆管理等报告制度,坚持财产财务公开,实行重大事项集体研究决定,促进决策规范化、科学化、民主化。完善落实党风廉政建设责任制,严格执行领导干部廉洁从政有关规定和各项禁令。重视事关全县工作大局的重大决策和与人民群众切身利益相关的民生政策的落实,跟踪监督其执行情况,切实解决问题,形成狠抓落实的良好风气。

始终把调查研究作为人大工作的立足点,结合工作实际,深入基层扎实开展调研活动,关注灾后恢复重建和经济社会发展中最现实、最需要解决的重大问题,提出建议意见,当好县委的参谋助手,发挥人大常委会的重要职能作用。落实联系群众、深入群众、服务群众"三联制度",开展以"下访服务、公仆尽责"为主要内容的挂包活动,通过与帮助联系对象沟通交流,了解群众所思所想、所盼所愿,解决具体困难和问题,将党的温暖送下去,将群众的愿望带回来,为群众做实事、办好事、解难事。

加强与新闻宣传部门的沟通和联系,加大人民代表大会制度和人大工作宣传力度,提高代表视察,工作调研,人代会,常委会会议,常委会主任会议的报道质量。在地方人大常委会设立30周年之际,常委会采取多种形式开展纪念活动,对30年来汶川县民主法制建设和人大工作所取得的成绩进行广泛宣传,增强全社会的法律意识,使民主法制观念深入人心。

县人大常委会办公室

【领导名录】

主　任　　　徐　铭
副主任　　　金问春

【机关思想政治工作】 县人大常委会办公室人少事繁、服务对象多、工作任务重的矛盾突出,为更好地担当起重任,完成各项目标任务,县人大常委会办

公室以开展深入学习实践科学发展观活动为契机,从抓学习入手,全面加强机关组织、思想、作风建设,带领干部职工练好内功,增强素质,提高效率,确保人大常委会及机关各项工作顺利开展。按照县委学习实践科学发展观活动领导小组的要求,组织机关全体党员干部学习《毛泽东、邓小平、江泽民论科学发展》、《科学发展观简明读本》、《贯彻落实科学发展观典型案例选编》、《科学发展观重要论述摘编》、《干部选拔任用政策法规文件选编》等政治理论著作,把思想统一到党的路线方针政策上来,坚持以科学发展观统领人大常委会机关工作全局,自觉围绕党的中心工作搞调研,为常委会决策当参谋。按照县委的部署,在机关党员干部中集中开展深入学习实践科学发展观活动的基础上,深入调研、深刻剖析、认真查找,明确学习实践活动的重大意义,科学发展观提出的背景、内涵、精神实质、根本要求,分析检查出影响人大常委会机关贯彻落实科学发展观的突出问题及根源,提出下一步整改措施和努力方向,为以后开展各项工作拟定指导性文件。组织人大常委会机关干部职工学习《宪法》、《组织法》、《选举法》、《监督法》、《物权法》、《汶川地震灾后恢复重建条例》等法律法规和人大业务知识,提高干部职工的综合素质,为做好新时期的人大工作奠定坚实的基础。

【履行职能】 把服务"三会"作为基本职责,协助常委会筹备召开人民代表大会1次、常委会会议7次、主任会议11次。为开好县十二届人大三次会议,从年初开始,人大常委会机关克服地震带来的各种困难和问题,将大会的筹备工作列入重要议事日程,反复研究,制定详细的工作计划,对大会的每项准备工作做到周密部署,万无一失。常委会机关全体同志全力以赴,扎实工作,提前准备,从会议文件资料到会场布置、生活安排、物质保障、后勤服务等各方面都精心准备,为大会提供周到细致的服务,保证大会成功召开。召开常委会会议和主任会议听取和审议"一府两院"专题工作报告,是人大常委会开展工作、行使职权的基本形式。为确保常委会和主任会议审议质量,

每次常委会会议和主任会议前,协助常委会组织安排、统一协调各工作委员会围绕相关议题开展调查研究,为常委会会议和主任会议审议提供依据;会议期间做好记录以及相关后勤服务;会后整理会议纪要、常委会公报并及时印发常委会审议意见,并督促"一府两院"落实,确保常委会议的质量。在实际工作中,充分运用听取汇报、组织专题调研、工作视察、开展执法检查等手段,加大常委会决定、决议和审议意见有关事项的交办、督办力度,促进常委会议各项事项的贯彻落实。

【调研活动】　办公室与各工作委员会按照县人大常委会的工作部署,围绕全县灾后重建、经济发展、社会稳定,紧扣广大人民群众最关心、最直接、最现实的利益问题,深入实际开展视察、检查、调研等活动。为常委会开展工作监督提供可靠的服务和后勤保障。推进《汶川地震灾后恢复重建条例》《残疾人保障法》《残疾人就业条例》《残疾人教育条例》等法律法规的贯彻实施,深入基层、深入实际,对汶川县贯彻实施的情况进行调研、视察,推动有关法律法规在汶川县的全面贯彻实施,督促政府重视贯彻执行,解决落实存在的问题和困难。

【发挥代表主体作用】　组织开展常委会组成人员联系代表"百千万"活动,通过各种方式,与代表沟通和联系,倾听代表心声,了解社情民意。组织协调好代表就近就地开展小组活动,为代表履职搭建平台。保证代表活动经费,为代表履职创造条件。坚持为代表订送《人民权力报》和《民主法制建设》等人大刊物,向代表通报全县灾后重建发展和常委会工作等情况,为代表知情知政搞好服务。表彰奖励近年来特别是抗震救灾和灾后重建工作中表现突出、成绩显著的人大代表,激发代表履职热情和工作活力;抓好代表建议、批评和意见的交办督办工作。组织好闭会期间的代表活动。协助常委会组织代表开展农房重建、基础设施重建、生态环境恢复等多项视察活动,为代表依法履职提供平台;继续完善人大代表列席常委会会议制度,为代表知情知政、参与国家事务的

管理开辟渠道;以学习实践科学发展观活动为契机,召开各镇人大主席,"一府两院"部门负责人,部分县、乡镇人大代表和离退休老领导老同志座谈会,征求与会人员对县人大常委会办公室和各工作委员会的意见和建议。

【发挥参谋助手作用】　学习党和国家关于加强人民代表大会制度建设的重要文件,借鉴各级各地人大的先进经验,探索人大工作的特点和规律,结合汶川县实际,与时俱进,不断创新,努力为加强和改进人大工作、促进人大工作的制度化、规范化提出意见和建议,为常委会领导决策当好参谋。处理人民群众来信来访。全年收到群众来信来访39件,与各工作委员会沟通协调分别转交相关部门办理,加大督办力度,化解矛盾,促进推动汶川灾后重建发展环境。

县人民政府

【领导名录】

县　长	廖　敏
常务副县长	张通荣(8月止)
	罗尔基木(8月起)
副县长	朱耀忠(广东援建)
	任献光(中组部下派)
	范振宇(中组部下派)
	李志新(中组部下派)
	李东红(中组部下派)
	邓国基(中组部下派)
	王　蕾
	罗德勇(1月起)
	刘　伟(2月起)
	任祥道(2月起)
	张　鹏(2月起)
	钱毓林(8月止)
	蒲　进(8月起)
	杜朝刚(8月止)

吴光旭(6月止)

孙龙才(6月止)

【生产总值】 全县实现生产总值 236390 万元，同比增长 61.4%，其中，第一、二、三产业实现增加值分别为 14569 万元、152249 万元、69572 万元，同比增长 11.8%、103.8%、18.8%。人均生产总值 21888 元，同比增长 60.4%。三大产业结构调整为 6.2：64.4：29.4，全县经济实现艰难性增长，正逐步进入产业全面恢复和加快发展的关键期。

【城乡住房建设】 按照"就地、就近、分散"安置原则，以"安全、经济、实用、省地、特色"为重建标准，从组织、引导、监督、服务等方面着力，从选址、资金、材料、工匠等难题入手，强力推进城乡住房建设。全县 17953 户农房重建除因规划设计调整、重点工程建设、工业园区迁建、地灾避让安置等需二次搬迁的 1655 户计划在春节前后全面完工外，其余全部完成。城镇居民住房需维修加固的 5495 户全部完成，需重建的 4487 户已全部开工，完工 3723 户，完工率 83%，建成廉租房 688 套。发放农房重建补助资金 3.75 亿元，发放农房重建委托贷款 3.17 亿元，拨付城镇居民住房补助资金 6115.83 万元。

【公共服务设施建设】 将学校、医疗卫生机构建成最安全、最牢固、最放心的设施，规划重建的 28 所学校已开工 24 所，竣工 18 所，完成投资 7.67 亿元。规划重建的 23 个县、乡医疗卫生机构已开工 18 个，竣工 11 个，完成投资 1.89 亿元。109 个村(社区)卫生站建设完成 31 个。实施"村村通"工程，在 135 个自然村、组安装直播卫星接收系统 1450 套，恢复广播电视光纤 30 余公里，有线电视用户 6500 余户。文化体育设施快速恢复，县体育馆、13 个乡镇综合文化站、69 个村(社区)活动室投入使用。供电、供水、市政、通讯、计生等公共设施逐步恢复覆盖城乡。

【基础设施建设】 促进功能提升，增强发展能力，加快基础设施建设步伐。完成 70 条 400 公里农村公路恢复重建，建成客运站 5 个。都江堰至映秀高速公路和映秀大桥建成通行，映秀至威州高速公路全面开工。汶川至川主寺、汶川至马尔康、映秀至小金日隆、漩口至三江、友谊隧道至映秀(粤汶路)、白花大桥正抓紧建设。县城自来水厂和乡镇集中供水设施竣工投运，投资 6940 万元的农村安全饮水工程全面完成，解决农村人畜安全饮水问题。

【产业恢复发展】 科学合理调整漩口和水磨工业园区布局，加快推进广东·汶川工业园区建设。支持阿坝铝厂等重点企业恢复扩建，映秀湾、福堂、太平驿等骨干电力企业和 24 座小水电站恢复发电，恢复装机容量 89.3 万千瓦，220KV 二台山至太平驿、二台山至福堂坝输电线路提前完工投运；37 户规模以上企业 34 户已恢复生产，规模以上工业企业实现总产值 285503.2 万元，同比增长 58.2%；实现增加值 81648 万元，同比增长 56.3%。加大招商引资力度，抓好项目跟踪落地，29 个项目已有 23 个落地，计划总投资 24.3 亿元。加大农业产业结构调整，依托区位优势，全力打造省级新农村示范片和漩三环线特色产业发展经济圈，着力发展规模效益农业。全县恢复甜樱桃、猕猴桃、茶叶、蔬菜、花卉等特色基地 5 万余亩，引进、扶持产业化龙头企业 7 个、种养业大户 100 余户，特色效益农业已成为我县农民增收的主导产业。全年实现农林牧渔业总产值 21189 万元，按可比价格计算比上年同期增长 10.7%，其中，农业总产值为 8847 万元，增长 21.4%。农民人均纯收入 3335 元，同比增长 21.5%。紧扣"大禹故里、熊猫家园、羌绣之乡、震中汶川"四大旅游品牌，加快旅游基础设施恢复建设，三江生态旅游风景区成功创建为国家 AAAA 级旅游景区，三江水乡藏寨五星级大酒店已启动建设，成功举办"第二届古羌文化节暨首届甜樱桃节"，全力打造震中汶川、震源映秀旅游项目，创建映秀 AAAAA 级旅游集镇和威绵片区 AAAAA 级羌禹生态文化体验区。全年接待游客 85.84 万人次，实现旅游收入 20303 万元，同比增长 296.2%。社会消费品零售总额完成 30866 万元，同比增长 24.4%。

【项目建设】 按照"大抓项目、抓大项目"的要求，坚持把项目落地和项目建设作为推进灾后恢复重建、加快经济社会发展的强力抓手,优化投资结构和项目实施方案,加强资金监管,确保资金管理使用规范、高效、公开、透明。估算总投资221.77亿元的501个灾后重建规划项目(含城乡住房),从2008年10月起已累计完成投资117.23亿元,占项目总投资的52.90%,开工280个,开工率55.90%,完工81个。总投资9387.50万元的31个扩大内需项目,已完成投资3151.10万元。全年完成固定资产投资864394万元,同比增长8.5倍,拉动了县域经济的快速增长。

【城乡建设】 按照"一心两廊四区"城乡体系规划,抓好"3+1"规划编制,严格规划执法,加快组团式、生态化城镇建设,着力打造特色魅力乡镇,城镇配套功能进一步完善,城镇品牌初步显现,三江乡、雁门乡、克枯乡、卧龙镇重建任务基本完成。按照"先安置、后拆迁"原则,完成县城规划拆迁面积54万平方米,妥善安置拆迁户948户。抓住灾后重建、对口援建和新农村示范片建设等机遇,尽快实现城乡一体化,整体推进、重点突出、以点带线、以线带片、以片带面,社会主义新农村建设初具规模。

【生态环境建设】 加强天然林保护、退耕还林、生态人工修复等工程建设,推进破碎山河大绿化,重建公益林9000亩,完成人工造林两万亩,封山育林15万亩,义务植树18.7万株,建成"震中纪念林"512亩,全县森林覆盖率达38.1%。完成国道213沿线、漩三环线绿化规划实施和第四期沙化土地调查,整理复垦灾毁土地62886亩,治理水土流失面积11.7平方公里。投资1.25亿元的城区污水处理工程进展顺利,完成11个乡镇饮用水源地污染防治和5户工业企业污染治理。加快城镇绿化建设,城市绿化率达30.40%,城乡生态环境得到进一步改善。

【防震减灾建设】 按照"预防为主、合理避让、保障安全、重点整治"的要求,加强防灾减灾体系和综合减灾能力建设,提高全县灾害预防和紧急救援能力。编制完成《汶川县地震小区划》,为灾后重建提供科学依据。学校、医院、体育场馆等均按9度设防、8级抗震标准建设,各乡镇均建有避灾场所,全县建成避灾

场所面积近5万平方米。加大险段河堤治理力度,维修加固和新建防洪堤34公里,清理堰塞体11万立方米,疏浚阻塞河道土石方49万立方米。实施27处重大地质灾害、100余处小型地质灾害治理工程,完成避险搬迁400户,跨区域外迁安置145户。

【财税金融】 培植税源,强化税收征管,依法应收尽收。优化支出结构,重点保障灾后重建项目和民生工程支出需求。全年地方财政一般预算收入完成9669万元,同比增长66.2%;完成国税税收收入19189万元,同比下降8.9%;地税税收收入13982万元,同比增长128.4%;财政一般预算支出162405万元,同比增长1.6%。加强银企合作,搭建融资平台,扩大投融资渠道,组建汶川羌禹、禹城城市投资等九家投资经营公司,成功申请农行50亿授信。推进征信体系建设,防范化解金融风险,保护金融合法债权,主动帮助企业核销、减免因灾损失贷款本息3.91亿元,切实维护金融稳定,全县金融机构各项存款余额657308万元,比年初增长98.3%,各项贷款余额228481万元,比年初增长7.5%。

【对口援建】 加强与广东对口援建方的沟通协调,按照"四个一律"的要求,完善机制,强化服务,营造"川粤同心、共建家园"的良好氛围。广东省援建项目估算总投资82亿元,开工率99%,完工率58%,完成投资55.56亿元。汶川县与广东共同举办"新学校新未来"、"新家园新希望"援建主题活动,实现援建学校整体项目和十大民生工程提前交付使用。面对国际金融危机的严重影响,广东坚持援建工作"决心不变、力度不减"让汶川人民倍受鼓舞,坚持"输血与造血并重,重建与发展并举"的务实精神和着眼长远的取向让汶川人民倍增动力。

【精神家园建设】 坚持精神家园重建和物质家园重建并重,注重宣传引导,传承民族文化,倡导感恩文化,高标准、高起点推进精神家园重建。开展文化、科技、卫生三下乡活动,成功举办"为祖国喝彩"、"感恩之旅"等文艺展演20余场次,羌年列入首批联合国《急需保护的非物质文化遗产名录》,"大禹神话"、"羌

族推杆"等 12 个项目被列入国家和省级非物质文化遗产保护名录。加强心理重建，通过培训疏导、咨询服务等形式，抚慰心灵、安定人心，营造积极向上、健康和谐的社会氛围，切实把广大群众过上美好新生活的强烈愿望转化为全面推动灾后重建的强大精神动力。情系台湾同胞，开展募捐救助活动，募集救灾资金 50 万余元，支持台胞抵御风灾重建家园。以思想道德建设为切入点，广泛开展群众性精神文明创建活动，全县创建国家级文明单位两个、省级文明单位 10 个、州县级文明单位 161 个。

【教育事业】 以"一流的硬件、一流的师资、一流的管理、一流的水平"为目标，在广东省的大力援助下，实现基础设施大发展，教学设备大更新，全县 1.3 万余名师生提前安全返乡复课。加强师资力量交流培训，提高教育教学水平，2009 年，普通高考升学率73%，超省平均升学率 14%，继续保持教育在全州的领先地位。加强寄宿制学校标准化建设和规范化管理，全县寄宿制学生 8252 人，享受义务教育"两免一补"10288 人，资助经济困难家庭高中生 2048 人，接收 129 名进城务工人员子女就地入学，招收特殊教育学生 48 人，升入藏区"9+3"免费职业学校 682 人，职业教育、特殊教育得到加强，教育助学成效明显。按照先兑现、后完善、再规范的工作步骤，及时兑现教师绩效工资。普九债务 3329 万元全部核销化解，顺利通过州级考核验收。

【医疗卫生服务】 县、乡、村三级医疗服务网络基本恢复，医疗保障能力进一步提升。加强医疗应急处置，免费对重点人群接种甲型 H1N1 流感疫苗，甲流疫情得到有效防控，全县无重症病例和死亡病例发生。加强结核、大骨节病等传染病、地方病防治，强化卫生执法监督和妇幼卫生保健工作，公共卫生体系不断健全和完善。发展民族医药，中羌医药服务能力进一步提升。加强医德医风建设和专业技术培训，医务人员素质不断提高。

【科技事业】 加强农村实用技术培训，开展科普宣传，建立完善科技信息网络，推行科技特派员工程，建设猕猴桃、中药材等科技示范园 2700 余亩，引进果蔬等新品种 112 个，发展科技示范户 81 户，促进科技推广，加快农业生产恢复。加强与科研机构和大专院校的交流合作，开展灾后科学重建专家咨询工作，为灾后重建提供智力支持。加大维权宣传力度，知识产权保护工作得到加强。抓好科技项目申报，搭建企业技改引智、引资平台，推进企业技术创新。

【人口计生工作】 坚持"三为主"，落实"三结合"，开展地震子女伤亡家庭再生育全程免费服务，兑现计生家庭奖励扶助、特别扶助、少生快富、独生子女奖励等各项利益政策。加大宣传力度，转变生育观念，稳定低生育水平，人口素质进一步提高，人口自然增长率 4.29‰，婴儿出生性别比 104.7，同比下降 9.24，出生性别比趋于合理。

【社会事业】 实施农村电影"2131 工程"，完成公益性放映 1200 余场，开展"5.12"周年和"庆祝新中国成立 60 周年"优秀影片展映活动。开设"重建进行时"、"劳模风采录"等 10 余个新闻专栏，制作《崛起的汶川》等专题片 20 余部，不断创新广播电视节目。加大地震遗址保护和文物清理征集力度，启动重点文物保护单位修缮保护工程，将 9 处地震遗址、遗迹列入县级文物保护单位，开展第三次全国文物普查，普查率 84%。加大"扫黄打非"专项整治力度，规范文化市场经营行为。组织开展美术、书法等作品创作，《羌族文学》办刊水平进一步提升。开展全民健身活动，举办篮球、锅庄等群众性竞赛，提高群众身体素质，展示群众的精神风貌。

【民生工作】 落实惠农支农政策，实施就业促进、扶贫解困、教育助学等"八大民生工程"。发放农资综合直补 317.98 万元，粮食直补 33.79 万元，良种补贴 42.25 万元，农机购置补贴 199.85 万元，家电、汽车和摩托车下乡补贴 216 万元，退耕还林补助 1750 万元，特殊党费援助农房重建 5275.9 万元，让农村群众得到实惠。

社会保障水平进一步提高，率先在全省启动因灾失地农民基本养老保险和新型农村社会养老保险试点工作。落实就业、再就业扶持政策，做好高校毕业生、企业困难下岗职工、因灾生活困难群众、返乡农民工就业工作，劳务输出3107人，农村劳动力转移13944人，实现劳务收入9412万元，开发公益性岗位6603个，及时核发岗位补贴2000万余元。对符合政策规定的4942名灵活就业人员发放社保补贴1301万元，城镇登记失业率控制在3.80%以内，发放就业再就业小额担保贷款160万元。城镇基本养老保险参保10298人，工伤保险参保8120人，生育保险参保3599人，城镇职工基本医疗保险和城镇居民医疗保险实现全覆盖。加大农村扶贫开发力度，2343名困难群众实现稳定脱贫。城乡医疗救助1978人次，支付救助资金716万元；纳入城市低保7.25万人次，月人均补差150元；纳入农村低保31.11万人次，月人均补差72元。建成两所社会福利院，集中供养五保老人和大骨节病人106人，发放五保供养金82.86万元。新型农村合作医疗参保63848人，参合率94.80%，补偿34959人次873万元。加强劳动关系处理协调，帮助民工追回拖欠工资近2000万元，受理劳动争议纠纷案件68件，协调裁决经济补偿金400万余元，切实维护劳动者合法权益。按照"四保一储备"的要求，采取措施，确保受灾群众安全温暖过冬。城镇居民人均可支配收入12780元，同比增加2012元，增长18.7%。

争取中国红十字总会和社会各界援助资金、慈善捐款，募集款物3.52亿元，用于学校、农房、医疗卫生机构恢复重建和扶贫、救灾、安老、助孤、扶残等慈善救助工程。

【改善城乡环境】　以"清洁化、秩序化、优美化、制度化"为标准，按照"专项规划、专人管理、专门机构、专业队伍、专项经费、专项督查"要求，多方联动、多管齐下，着力解决垃圾乱扔、广告乱贴、摊位乱摆、车辆乱停、工地乱象、污水乱流、违规乱建等问题，拆除违章建筑2645处，规范旅游厕所27家，统一店招660处，清运垃圾9000余吨，清理沟渠、水塘3.7万平方米，城乡环境面貌进一步改善。

坚持城乡环境综合整治与市政设施建设同步推进，投入资金2643万元，切实抓好道路、给排水、城市绿化等建设，修复、新建城区给排水管网221公里，恢复、新增绿地3.2万余平方米，规范停车场、修车点30余处。加强环卫设施建设，新建、改建、恢复垃圾处理设施3000余个（处）。加强商贸设施建设，修复受损市场4个，规范商铺摊位850余个，方便群众生活。

加强宣传动员，努力提高城乡群众文明素质，开展进机关、进企业、进学校、进社区、进村社、进景区、进家庭等活动，引导发动群众积极参与城乡环境综合整治，建立完善长效工作机制，推动城乡环境综合治理深入持久开展。

按照"自然院落布局、民族建筑风格、交通布局合理、功能配置完善、发展特色产业"的要求，以"四注重、四提升"和"三打破、三提高"为抓手，精心编制村庄规划，突出地域特色和民族文化，完成民居风貌改造4426幢，"四改两建"5899户，藏羌生态文化走廊建设取得实效。以"一中心、五畅通、九配套"为目标，加快老街、东界脑、三官庙等11个灾后重建示范村建设，以示范带动新农村建设整体推进。

【维护社会政治稳定】　全面落实安全生产责任制，深入开展道路交通运输、工矿企业、危爆物品、公众聚集场所、旅游市场、学校等重点行业领域安全专项整治，全年无重特大安全生产事故发生，被州评为安全生产目标考核先进县。健全应急体系，完善突发事件应急预案，加强应急演练，妥善处置各类突发事件，政府应急管理工作进一步加强。

严密防范、严厉打击境内外民族分裂势力、宗教极端势力的渗透颠覆、分裂破坏活动。深化整体联动防范体系建设，大力实施"三大警务"，建立县、乡、村、户四级治安防控体系，成立应急处突大队，开展净化重建环境活动，严厉打击沙霸、路霸、村霸和黑恶势力等刑事犯罪，全县立各类刑事案件141起，侦破91起，摧毁犯罪团伙15个，查处违法犯罪人员251人。加强群众和信访工作，处理来信来访3016人次，信访案件办结率77.3%。开展矛盾纠纷大排查，构建人民调解、行政调解、司法调解工作体系。推进基层"两所一庭"建设，已建成司法所11个、人民法庭2个、派出所12个。

实施"万村千乡"、"便民连锁"市场工程30家，加大食品、药品、农资、物价、工商等专项整治力度，严厉打击制售假冒伪劣商品、欺行霸市、商业欺诈、非法营运等违法行为，维护市场经济秩序。

加强兵役、预备役工作和全民国防教育，强化民兵队伍建设，启动民兵社会治安整体联动工程，成立常态民兵应急分队，实行联防联治，参与藏区维稳、重大事件安全保卫及环境综合整治，应急维稳、安全保卫能力进一步提高。积极开展"双拥共建"活动，密切军政军民关系，增进军政军民团结。

【政府自身建设】 坚持依法行政、文明行政理念，依法接受县人大及其常委会的法律监督和工作监督，自觉接受县政协的民主监督，加强议案、提案和建议、批评、意见的跟踪督办，办理人大议案46件、政协提案47件，办复率100%。健全完善重大问题集体决策、专家咨询、社会公示、听证等制度，推进"会前讲法"试点工作，创新对口支援、政企合作等联席会议机制，加强司法救助和法律援助，重视发挥工会、共青团、妇联等群团组织的桥梁纽带作用，政府的凝聚力、公信力进一步增强。

深化行政管理体制和人事制度改革，完善激励机制，形成尊重劳动、尊重知识、尊重人才、尊重创造的良好氛围。推进市场配置人才资源，努力建设一支结构合理、素质较高的人才队伍，为灾后重建提供人才、智力支撑。

深化行政审批制度改革，简化办事程序，推进电子政务建设，抓好政务服务中心、惠民帮扶中心恢复重建，提高公共服务能力。健全完善首问责任制、限时办结制、责任追究制，加强督促检查，问人、问事、问责，切实提高行政效率，增强执行效果。

加强对权力运行的制约和监督，深入推进惩治和预防腐败体系建设，加强重建资金的监察审计和监督管理，抗震救灾捐赠资金接收使用做到公开透明，加大工程建设领域突出问题治理力度，查办招投标案件10件次，追究责任4人次，查处施工企业、设计、监理、图审公司27家，收缴、罚没违纪资金100万余元。通过对19个重大项目的审计，查处并纠正管理不规范资金2.29亿元，确保廉洁重建、阳光重建。

推进决策科学化、民主化，扩大基层民主，落实政府信息公开条例，丰富"中国·汶川"政府网站内容，完善政务公开、村务公开、厂务公开等办事公开制度，依法保障公民的知情权、参与权、表达权、监督权，保证人民依法行使民主权利，提高依法行政水平，做到"合法行政、合理行政、程序正当、高效便民、诚实守信、权责统一"。

县人民政府办公室

【领导名录】

主 任	甘元明（7月止）	肖 宏（7月起）
副主任	袁世宁	黄维强
	梁 力（兼任）	周彦彤
民宗局局长	甘元明	

【执政能力和执政水平】 县政府办公室坚持把理论学习作为加强班子建设的首要任务来抓，处理好工学矛盾，采取集中学习与个人自学相结合，系统学习与专题学习相结合，自我研读与讨论交流相结合的方式深入进行理论学习，妥善处理工学矛盾，不断提高全体职工的思想和业务理论水平。坚持认真学习邓小平理论和"三个代表"重要思想，学习党的十七大和十七届三中、四中全会精神，不断增强贯彻执行党的路线、方针、政策的自觉性和坚定性。学习《中华人民共和国宪法》、《行政复议法》、《行政许可法》、社会主义市场经济知识等法律法规及业务知识，不断提高自己的依法行政能力和处理事务的能力。接受人大、政协的意见、建议和批评，开好职工会、党支部生活会和民主生活会，深入开展调查研究，广泛听

取基层群众呼声，自觉向广大人民群众学习，接受他们的意见和建议，使县政府办公室班子各项工作更加符合人民的意愿和要求。

【服务工作】 围绕"四大"职能，结合"节奏快、作风实、标准高、要求严"的工作特点，严格要求全办同志必须树立服务观念、群众观念、全局观念，发扬"5+2"、"白加黑"和"不讲价钱、不讲条件"的工作作风，做到用心想事要想细一点、想深一点、想透一点；用心说话要听细一点、听清楚一点，确保记得清楚、说话明了；用心做事要做细一点、做全一点、做优一点，尽可能把工作想在前、做在前，及时提供合乎实际、科学有效的建议，充分发挥好参谋助手作用。

提倡解放思想，只要能更好地促进办公室工作的，就尝试突破陈规，破除一些不适合形势发展的旧框框，放开手脚去干。在制度创新中，重视激励约束机制的创新和落实，奖罚分明，最大限度地提升办公室人员的工作创新服务方式。从治理上创新，开源节流，加强基础设施建设，保证机关工作正常、高效运转。同时，参谋参到点上，既想领导之所想，又超前思考，想领导之未想，从浅层次的被动服务向深层次的主动服务转变，事前、事中、事后都主动介入，紧扣领导的基本思路，出主意，想办法，对领导的思想、想法、指示等加以完善和细化，力争提供有价值的方案让领导决策。在办公室内部形成"能者上，庸者下"的用人机制，使每个工作人员都有危机感、紧迫感，激活工作的能动性。

【内部管理】 按照细致、周到、规范、有序的原则，规范政府系统的办文、办会、办事工作，同时，做好每一件群众来电、来信、来访工作，为畅通领导与市民的联系铺设桥梁。合理界定科室职能，将工作责任细化分解，加强制度建设，梳理检查现有制度，根据实际需要，制定和完善《公文阅办及文件打印制度》《信息工作制度》《督查工作制度》《岗位责任制》《考勤制度》《保密制度》《驾驶员及车辆管理制度》等制度，逐步建立起涵盖办公室各个方面、各个环节的制度体系，做到有章可循、违章必究，促进机关建设的法治

化、制度化。在健全制度的同时，切实抓好制度的执行，形成用制度管人管事的良好局面。做好行政后勤精细化管理，明确责任，切实增强全体工作人员的全局意识、责任意识。严肃财经纪律，杜绝违法违纪行为；开展节能节支活动，最大可能降低消耗，反对浪费，为办公室工作的有序运转奠定基础。办公室定期或不定期地抽查各组室工作，实行签到制度，填写工作纪实制度，对上下班情况和工作情况进行定期检查。对工作目标完成情况，由办公室领导班子于年终进行考核，并将考核结果与年度评优结合起来。

【协调工作】 做好涉及有关政策和不属政府部门业务范围事项的协调工作；根据政府领导的安排，协调政府部门之间的关系问题；注重融洽与县委、人大、政协机关办公室之间的关系；深入到有关部门沟通联系工作；协助政府领导处理好与省内外挂联帮扶单位、省州驻汶单位的关系，争取工作支持，帮助解决一些实际困难和问题；做好对口援建协调服务工作，搭建信息沟通平台，通过组织慰问，举办联谊会等形式，增近双方感情，推进全县对口支援各项工作。

【信息化建设】 加强政府信息公开。在继续做好《政务信息》报送的基础上，抓好网络信息化工作，加强汶川县人民政府政务外网建设，完成电子政务一期工程建设，迈出利用信息化手段来加强政府管理的第一步。建立全县短信会议通知系统，加快信息传递，提高办会效率。

【自身建设】 完善各项工作制度，制定《领导干部廉政勤政制度》，执行"六条禁令"，使党风廉政建设管理工作有章可循，有据可依。做好新党员发展工作。采取多种措施，加大对入党积极分子的培训教育力度，严把"入口"关。拓宽发展视野，把政治素质好，工作能力强，文化水平高的优秀青年吸收到党的队伍中来，改善党员年龄结构，更好地发挥党组织的战斗堡垒作用和党员先锋模范作用，全年新发展党员 4人。开展好党员评议会和民主生活会，开展批评与自我批评，坚持客观公正、实事求是地对人和事进行评价，发现问题及时予以纠正和解决。广泛开展谈心谈

话活动。不定期进行主任与副主任、与秘书、与工作人员谈心，有问题当面讲，交心通气，坦诚布公，相互支持，相互谅解，营造和谐的共事氛围。

制定和完善《督查工作制度》、《岗位责任制》、《考勤制度》等工作制度，明确和规范工作程序、方法等要求，促进政务作风的进一步好转。加强班子廉政建设。班子始终坚持贯彻执行县人大及其常委会的决议决定，自觉主动地接受县人大及其常委会的法律监督、工作监督；遵守党员领导干部廉洁从政的若干规定，做到自重、自省、自警、自励，认真抓好党风廉政建设责任制的监督落实；带头开展职工多占公房、多次享受集资建房补贴、参与不正当利益格局等情况的清理整顿活动，确保整治效果。班子成员严格要求自己，自觉过好名位关、权力关、金钱关、人情关，不为自己、不为亲朋好友谋取私利，任届期间，县政府办公室班子没有违纪违规现象发生。在工作中，坚持决策的民主化，注重加强班子团结，自觉维护县政府党组的形象和核心作用，不越权、不越位；健全集体领导与个人分工责任制，做到遇事多商量，事后多通气，充分发挥县政府办公室领导班子成员的整体功能，增强班子的凝聚力、战斗力。讲政治、讲正气、讲团结、讲学习，坚决防止和克服形式主义、官僚主义、享乐主义，坚决反对各种奢侈浪费行为，不断改进工作作风，努力建设学习型、服务型、创新型、廉政型机关。深入基层，扎实有效地开展"下访服务、公仆尽责"活动。进一步加大对定点帮扶点的帮扶力度，全办工作人员多次深入到雁门乡白水村长期开展帮扶工作，帮助基层解决实际困难和问题，赢得农村基层的好评，密切办公室同基层干部群众的关系。

【发挥桥梁纽带作用】 做好为各级领导机关及时、准确、全面地提供信息，围绕中心工作组织调查研究，根据领导意图做好重要文稿起草和校核工作，对重大事件的处理提出对策性建议。在督促检查上，重点抓好三项工作，即以党委、政府的重大决策、重要工作部署为重点，组织督促检查；对领导同志批示和交办事项进行专项查办；抓住社会反映较多和群众反映强烈的问题，主动查办。在处理综合协调问题上，兼顾原则性和灵活性，避免盲目性和随意性，达到可效可行的目的，同时强化"办公室工作无小事"的意识，在把小事办好的基础上，严谨、细致、安全、保密地办好大事，树立"交给我办、马上就办、办就办好、及时汇报"的良好工作作风，做到工作有条不紊，忙而不乱。

接待工作

【领导名录】

主　任	黄　美（10月止）
副主任	郭英锐（10月起主持工作）
	郑　纯（10月起）

【概况】 截止2009年底，共完成接待任务619批，5600余人次。其中，接待党和国家领导人6批次；省部级领导37批次。

【接待服务】 始终坚持"领导满意、来宾满意"高标准的接待原则，以"优质、高效、保密、安全"八字方针进行严格要求，确保每批接待任务万无一失。精心制定接待方案，充分理解县委政府意图、注重方案的可操作性，做到有预见性、前瞻性、可能出现的问题提前考虑，并作出相应方案。认真对待每个细节，重视细节，确保效果。通过多渠道，提前了解重要来宾生活习惯、兴趣爱好，建立个性化档案。在具体接待中，采取专人服务方法。在具体工作中，做到接待人员守秘密、讲纪律、不讲价钱。时刻谨记以大局为重，不推诿，不扯皮，不把问题流露在客人面前，自觉维护汶川形象。

【制度建设】 为进一步做好汶川县对内政务接待工作，提高政务接待水平，讨论并分析接待工作流程，明确接待任务分类、接待标准和要求，对接待操作程序、接待礼仪、礼节，接待人员守则分别做出探讨和要求。同时在接待流程中对"三通知"、"三签字"、"三定"进行明确。"三通知"是指：分管领导对接待办下达接待任务通知,接待办领导对接待员通知,接待员对接待点下通知。"三签字"是指:有接待任务由县分管领导签字,执行任务有接待办领导签字,任务结束后有接待员签字。"三定"是指:定地点、定标准、定人数。使接待工作按部就班,有序可循。

【自身建设】 贯彻学习十七大报告,党的三代领导同志关于解放思想的重要论述,科学发展观的精髓。进一步认识开展学习科学发展观大讨论活动的重要性和必要性,制作征求意见表,开展交心谈心活动,认真查找思想、工作中存在的不足和问题,查找阻碍工作发展的问题,查找影响工作快速发展的根源。

开展业务学习,同时采取灵活多样的学习方式,如集中学习研讨、制定接待工作制度汇编等形式,切实提高全体人员学习的积极性、主动性和实效性。广泛学习汶川县政治经济、地理历史、人文名胜、土特名优等相关知识,学习现代礼仪,学习一切与接待相关的内容。

本着"提高素质,加强组织,做好服务,促进工作"的目标,把加强党的基层组织建设放在重要位置,按照围绕中心、服务大局、做优服务的要求,积极抓好组织队伍建设,党员干部队伍素质得到进一步提高。

重点加强对公务接待的管理,严格履行接待程序,控制接待范围和标准,严格经费结算,厉行勤俭节约。严格执行中央"五不许"等各项规定,完善相关制度,认真落实党风廉政建设责任制。

鼓励员工利用业余时间撰写研讨文章,以理论指导全县的接待工作,从而使政务接待工作达到一个新的高度。充分发挥县级机关接待办牵头指导的职能,进一步完善接待服务网络,构筑起全县接待工作体系。统筹全县接待资源,整合各乡镇、各有关部门的接待力量,形成齐抓共管、配套联动的接待工作整体合力,不断提高我县整体接待水平。加大对各政务接待宾馆的指导力度,引导他们严格按照政务接待的标准要求开展工作。进一步健全完善各项规章制度,夯实工作基础,提升工作标准,搞好接待档案建设,推进接待工作规范化。

政协汶川县委员会

【领导名录】

主　席	余朝荣
副主席	余吉良　向世茂　李和君
	葛定全　谢孝泉　江　霖
	蒲　进(8月止)　杨　威
	钱毓林(8月起)
调研员	张清立
副调研员	余　梅

【全委会议】 2月24—26日,政协第十三届汶川县委员会第三次会议在县迎宾馆召开,大会应到委员123名,实际到会106名。会议审议并通过政协第十三届汶川县委员会常务委员会工作报告,列席县十二届人大三次会议,协商讨论《政府工作报告》和法院、检察院及计划、财政报告,补选政协第十三届汶川县委员会常务委员会委员,听取广东省支援汶川县恢复重建工作组副组长朱耀忠关于恢复重建工作通报。

8月11—12日,政协第十三届汶川县委员会第四次会议在县迎宾馆召开。听取县人民政府关于上半年经济运行和灾后恢复重建工作情况通报;增补选举政协委员3名。

【常委会议】 1月9日,召开政协第十三届汶川县委员会常务委员第九次会议。会议听取县人民法院、县人民检察院2008年工作情况通报。对两院如何搞好今后工作提出:两院干警要正确面对严峻形势,全力维护老百姓正常的工作、学习、生活秩序;加大对犯罪分子的惩治,为全县重点工程、重点项目的恢复重建保驾护航;抓住机遇,搞好两院基础设施建设;更加自觉接受政协和社会各界的民主监督。

2月17日,召开第十次常委会议。会议讨论通过政协第十三届汶川县委员会常务委员会工作报告(讨论稿)及报告人名单(草案)、提案工作情况说明、第三次会议决定（草案）、会议议程、日程（草案）、列席人员、特邀人员范围、秘书长名单（草案），协商通过增补县政协委员、常务委员会委员名单，讨论通过政协汶川县委员会 2009 年工作要点。

2 月 25 日，召开第十一次常委会议。会议听取各组对县政协常委会工作报告审议情况汇报、对县政协常务委员会委员候选人名单（草案）、《选举办法》（草案）、监、计票人员名单（草案）的酝酿情况汇报并通过三个草案，对县政协常委会工作报告的决议（草案）、对县政协十三届三次会议决议（草案）的酝酿讨论情况汇报并讨论通过两个决议草案，听取提案委员会关于对县政协十三届三次会议提案审查情况的汇报。

6 月 11 日，召开第十二次常委会议。会议听取县委常委、县人民政府副县长任献光关于汶川县城乡居民住房恢复重建情况的通报。会议审议《政协汶川县委员会关于对我县农房重建情况的调查报告》，并对该调查报告进行修改和完善。

8 月 4 日，召开第十三次常委会议。讨论通过关于政协第十三届汶川县委员会第四次会议有关事项：通过关于召开政协第十三届汶川县委员会第四次会议的决定（草案）、第四次会议议程（草案）、增补县政协委员的决定（草案）、接受蒲进等辞职请求的决定（草案），协商通过县政协副主席候选人名单（草案），通过《政协第十三届汶川县委员会第四次会议选举办法（草案）》，通过监、计票人员名单（草案）。视察学校重建项目。

12 月 18 日，召开第十四次常委会议。会议听取县人民法院和县人民检察院 2009 年度工作情况通报，学习州政协主席杨海青在州委政协工作会议上的讲话，领导讲话。

【主席会议】1 月 7 日，召开政协第十三届汶川县委员会第十七次主席会议。会议重点审议通过《政协汶川县委员会 2008 年工作总结》。研究决定县政协第九次常委会议的议题和时间。余朝荣主席安排布置县政协机关近期工作。

2 月 12 日，召开第十八次主席会议。会议讨论通过政协第十三届汶川县委员会常务委员会工作报告（讨论稿）及报告人名单（草案），关于十三届二次会议以来提案工作情况的说明、关于召开政协第十三届汶川县委员会第三次会议的决定（草案）、会议议程、日程（草案）、列席人员、特邀人员范围、秘书长名单（草案），协商通过增补县政协委员、常务委员会委员名单，决定召开政协第十三届汶川县委员会常务委员会第十次会议的议程、时间。

3 月 16 日，召开第二十次主席会议。会议确定《关于解决失地农民生计问题》、《关于解决事业单位人员津补贴》的提案为重点提案。会议审议通过县政协十三届三次会议期间委员反映的社会热点及对工作的建议，并决定将委员们反映的这些意见建议归类整理后作为"社情民意专报"分期分批向县委、政府报送。会议研究决定涉及当前恢复重建的三个专题调研课题：劳动力就业、社会保障、文物保护问题，并具体落实责任人；确定两次视察的内容：全县中小学校和农房恢复重建工作进展情况；决定于近期召开一次建言献策大会。

3 月 26 日，召开第二十一次主席会议。会议审定政协汶川县委员会机关 2009 年工作目标责任制，审定政协汶川县委员会关于加强社情民意信息工作的意见。

4 月 29 日，召开第二十二次主席会议。会议着重审议《政协汶川县委员会关于汶川县文化遗产保护及恢复工作情况的调查报告》。会议审定十三届政协第四个委员活动日活动中收集的全县当前恢复重建工作中人民群众反映强烈的社情民意信息，待整理后报送县委、政府。

6 月 9 日，召开第二十三次主席会议。会议着重审议《政协汶川县委员会关于对我县农房重建情况的调查报告》与会人员对调查报告进行修改和完善。会议确定第十三届政协第十二次常委会议议题和时间，安排近期工作。

7 月 28 日，召开第二十四次主席会议。会议通过关于召开政协第十三届汶川县委员会第四次会议的决定(草案)、第四次会议议程(草案)、关于增补县政协委员的决定(草案)、接受蒲进等同志辞职请求的决定(草案)、县政协副主席候选人名单(草案)、《政协第十三届汶川县委员会第四次会议选举办法(草案)》、监、计票人员名单(草案),决定召开政协第十三届汶川县委员会常务委员会第十三次会议议程、时间,审议通过《关于对我县城镇居民基本养老保险工作情况的调研报告》。

8月10日,召开第二十五次主席会议。会议学习省委政协工作会议精神,审议通过关于对全县开放寺庙灾后恢复重建情况的视察报告,听取关于对县政协十三届四次会议筹备工作情况的汇报。

9月17日,召开第二十六次主席会议。会议学习省政协主席陶武先在省委政协工作会议上的讲话,通过关于县政协领导分工的决定。安排近期工作。

12月1日,召开第二十七次主席会议。会议审议通过《关于我县失地无地农民就业情况的调查报告》,审定《汶川县文史资料第十辑(5.12汶川特大地震专辑)》,听取秘书长关于省政协社情民意和信息采编工作会精神汇报。

12月15日,召开第二十八次主席会议。会议听取县人民政府关于提案办理情况的通报,决定政协第十三届汶川县委员会常务委员会第十四次会议召开的时间和议题,安排近期工作。

【协商议政】 县政协围绕"三年重建任务两年基本完成"的工作重点,主动对接,开展协商议政。在县政协十三届三次全体会议上,对政府工作报告进行讨论和协商,广大政协委员就城乡规划建设、城乡居民住房重建、公共设施重建、基础设施重建、产业重建、生态恢复重建及文化遗产保护等问题,在广泛调研和充分听取群众意见的基础上,通过联组议政会、小组讨论会、提出提案、反映社情民意的形式,提出有深度、有价值、有新意的意见和建议,为县委、县政府科学决策提供重要依据和参考。6月,县政协组织召开政协委员建言献策会,围绕科学重建、加快发展提

出建议意见32条,得到县委、县政府的重视,县政府召开常务会议进行专题研究,并逐一进行答复。

县政协常委会第十二次会议在听取县人民政府关于汶川县城乡居民住房重建情况通报和县政协调研报告的基础上,就推进全县农房重建工作进行专题协商,提出建议意见,为县委、县政府决策提供参考。县政协主席会议对全县文化遗产保护恢复、城镇居民基本医疗保险、8座开放寺庙灾后恢复重建、失地无地农民就业和加强文化建设、实施文化兴县,推进威绵片区羌禹生态文化体验区建设进行重点协商讨论,提出建议意见,得到县委、县政府的重视和采纳。县政协各专门委员会加强与政府部门的对口协商联系,推动有关部门的工作。

受县委安排和县政府委托,县政协5名副主席分别负责指导耿达乡、银杏乡的灾后恢复重建工作,负责商贸和建材供应、产业恢复尤其是工业恢复重建和招商引资工作,藏羌走廊沿线建筑风貌改造,医疗卫生网底恢复重建等工作。1名调研员被抽派到漩口工业集中发展区协助开展工作,1名副调研员负责全县文化体育和文化产业恢复重建工作。按照县委安排,"六一"儿童节前和学生即将结束异地复课之际,派出4名副主席与州、县领导一起到省内外慰问异地复课师生,感谢当地党委、政府对汶川异地复课师生的关心和关照。充分发挥联系面广的优势,开展对外联谊活动,加强政协系统的横向联系,牵线搭桥,为汶川灾后恢复重建争取人力、物力、财力支持。全年接待10多批次来汶川县考察和开展慰问、捐赠活动的省内外各级政协领导和朋友。通过牵线搭桥,广东省广州市政协、清远市政协、肇庆市政协、珠海市政协和四川双流政协为汶川县募集社会捐赠资金900多万元。

【调查研究】 县政协先后对全县文化遗产保护及恢复、农房重建、城镇居民基本医疗保险工作、全县8座开放寺庙灾后恢复重建、失地无地农民就业和加强文化建设、实现文化兴县、在威绵片区实施"3215旅游发展工程"情况进行调研和视察,形成调研、视察

报告 6 份,提出建议意见 36 条。县政协的调研、视察报告,得到县委、县政府重视,推动有关方面的工作。此外,县政协协助、配合州政协对交通、通讯、工业、文教、卫生灾后恢复重建和慈善事业发展情况进行调研,促进全县基础设施和社会事业灾后恢复重建工作。

【民主监督】 由县政协主要领导牵头,包括县人大、县纪委监察局、县政协抽调人员组成的灾后重建监督委员会,按照县委的要求和监督委员会的职责,深入乡镇和部门,重点对国家和省、州有关灾后重建政策和县委决策部署的贯彻落实情况、重点工程、重大项目、重要工作推进情况、城乡环境综合治理等开展监督,向县委报送督查工作信息 19 期。

县政协制定《政协汶川县委员会关于加强社情民意信息工作的意见》,开辟《社情民意专报》专栏,聘请 18 名政协委员担任特约信息员,收集和反映社情民意。全年编报《社情民意专报》6 期 27 条,得到领导的重视和部门的采纳。2009 年,省政协将汶川县政协纳入全省政协信息直报点,为汶川争取到更好更快反映信息的平台。被县纪检监察机关和司法机关选聘为特约监督员的县政协委员履职尽责,开展民主监督,促进依法行政、维护司法公正、改进机关作风。

【关注民生,促进社会和谐】 县政协促进改善民生、维护人民群众的根本利益作为政协工作的出发点和落脚点,协力推进实施八大民生工程,促进涉及民生问题的逐步解决,通过深入基层,倾听群众呼声,围绕群众普遍关心的农房重建、公共设施重建、城镇供水质量、失地无地农民就业、城镇居民基本医疗保险等民生问题开展调查研究。配合有关部门对群众安全温暖越冬、越冬物资储备、"特殊党费"发放等开展视察、检查。坚持把发扬民主、增进团结、协调关系、化解矛盾作为履行职能的重要着力点。按照民主协商、平等议事、求同存异、体谅包容的原则,搞好与党外人士的合作共事,发挥民族、宗教界代表人士的作用。通过组织学习、召开情况通报会、新年茶话会、慰问、走访,广泛听取各族各界人士的意见和建议,关注

和反映他们的合理诉求,为推动灾后重建,加快发展凝聚人心、汇聚力量。重视并做好政协委员和人民群众的来信来访工作。协助党委、政府做好协调关系、理顺情绪、化解矛盾、促进社会和谐稳定的工作。

【提案工作】 政协十三届三次全会以来收到委员提案 47 件,政协提案委员会按照程序及时进行移交办理,全部得到办理和答复,起到改进工作、推动灾后科学重建、加快汶川经济社会的全面恢复和发展的作用。

【文史资料】 县政协文史委征集、整理"5.12"汶川特大地震和抗震救灾亲历、亲闻、亲见"三亲"资料 30 多篇和图片 70 多幅,编辑出版《汶川县文史资料选辑》第十辑《"5.12"汶川特大地震专辑》。

【宣传工作】 县政协加强与新闻宣传部门的联系,宣传中国共产党领导的多党合作和政治协商制度,宣传人民政协的性质、地位和作用,宣传报道政协重要会议、重大活动和履行职能的情况,形成有利于政协事业发展的良好氛围。全年在《四川政协报》《阿坝日报》等报纸上发表通讯稿件 18 篇。上报政协工作信息 12 期 22 条。

县政协办公室

【领导名录】

秘书长	王学军
办公室主任	贺 蓉

【机关思想政治工作】 利用政协全委会、常委会、主席会、党组会、支部生活会、职工学习会等场合和时机,学习传达贯彻落实党中央、国务院、省委省政府、州委州政府和县委县政府的重要会议精神、重大决策部署,确保政令畅通。

以党的先进性建设和执政能力建设为重点,全面加强党的思想建设、组织建设、作风建设、制度建设和反腐倡廉建设,充分发挥党组的核心领导作用、机关支部的战斗堡垒作用和共产党员的先锋模范作用,

为推动政协工作的开展提供强有力的思想和组织保证。按照县委的统一安排,从3月开始,在县政协机关开展为期半年的深入学习实践科学发展观活动。顺利完成学习调研、分析检查和整改落实三个阶段的工作任务,取得显著成绩:全面完成既定目标任务和领导安排的各项工作任务;创新体制机制,工作作风进一步转变,为推动灾后恢复重建和政协工作的有效开展提供强有力的思想和组织保障。发扬党内民主,落实党员的民主权利,坚持民主集中制的根本组织原则,不断完善党内民主生活会制度,坚持半年组织一次党内民主生活会,开展一年一度民主评议党员和评选表彰优秀党员工作。深入开展"党员先锋工程"建设,政协经济科技委员会办公室被选定为机关支部党员示范岗,并切实加强指导和建设。重视和加强人才队伍建设,努力搭建委员履职的平台,拓宽职工创业的空间。开展"公仆尽责、下访服务"活动,加强对贫困党员的帮扶,开展对老党员的关心和慰问。加强对群团工作的组织和领导,积极支持他们开展工作和活动,充分发挥群团组织联系群众的纽带作用,不断扩大党的群众基础,促进机关党的建设。

按照中央和省、州、县委的统一部署,将党风廉政建设和反腐败工作纳入重要议事日程,与政协工作、机关工作同安排、同部署、同检查、同落实,促进党风廉政建设和反腐败工作的开展。研究制定《2009年政协机关党风廉政建设和反腐败工作实施意见》,对2009年党风廉政建设和反腐败工作进行具体安排部署。完善主席会议和常务委员会工作规则、专委会与县级部门对口协商联系制度、委员管理办法、机关管理制度、机关党建工作制度,为党风廉政建设和反腐败工作的有效开展提供制度保障。加强机关内部管理,严格公共资金的使用和管理,严格车辆使用、维修管理,严格公务接待管理,严格执行政府采购制度,坚持大额度资金的支付由集体研究决定。县政协机关按照巩固、完善、规范、提高的要求,全面加强和规范治安保卫工作,努力提高政协机关治安防范能力和水平,营造单位内部良好稳定的治安环境,开展社会治安综合治理各项工作,单位治安状况良好,内部安定团结。通过开展调研、视察和政协委员活动、走访政协委员和各界人士等形式,收集和反映社情民意及不稳定因素。做好群众来信来访工作。协助党委、政府做好协调关系、化解矛盾、维护稳定的工作。制定《政协汶川县委员会办公室关于有效化解矛盾纠纷创建平安和谐机关的意见》,制定和落实机关内部治安保卫制度;加强机关档案管理、财产管理和财务管理,切实做好防火、防盗、防破坏工作,防止安全事故的发生,确保机关安全;严格遵守国家保密法和保密纪律,做好涉密文件的保管工作,严格文件的传阅程序和借阅手续;机关干部职工切实增强治安防范意识和措施。

深入开展普法宣传教育,利用机关每周政治学习时间,结合政协工作实际,深入开展学习实践科学发展观活动,组织机关干部职工学习《中华人民共和国突发事件应对法》等,全面提高机关干部、职工的法律素质,提高遵纪守法的自觉性。

【履行职能】 6月,县政协组织召开政协委员建言献策会,到会政协委员围绕科学重建、加快发展提出建议意见32条,得到县委、县政府的高度重视,县政府召开常务会议进行专题研究,并逐一进行答复。县政协各专门委员会加强与政府部门的对口协商联系,推动有关部门的工作。

重视反映社情民意工作。根据形势和任务的需要,县政协制定《政协汶川县委员会关于加强社情民意信息工作的意见》,开辟《社情民意专报》专栏,聘请18名政协委员担任特约信息员,收集和反映社情民意。全年共编报《社情民意专报》6期27条,得到领导的重视和部门的采纳。2009年,省政协将汶川县政协纳入全省政协信息直报点,为汶川争取到更好更快反映信息的平台。

充分发挥特约监督员在民主监督中的作用。被县纪检监察机关和司法机关选聘为特约监督员的县政协委员履职尽责,积极开展民主监督,为促进依法行政、维护司法公正、改进机关作风发挥积极作用。

【机关行政效能建设】 全面推行和落实首问责任制、限时办结制、责任追究制、服务承诺制、办事公示制，推行行政效能绩效管理和评估制度，探索建立行政效能建设长效机制，不断加强机关行政效能建设，确保政协机关安全有序高效运转。政协机关各委室紧紧围绕党政中心工作和政协全年目标任务，以"5+2"、"白加黑"的工作状态投入到具体工作之中。加强机关财物管理和安全用车管理，加强机关档案文书和保密工作，加强机关办文办会和接待工作，加强机关服务工作和后勤保障工作，加强机关平安创建、爱国卫生和精神文明创建工作，确保年初制定的各项目标的圆满完成。保持省级爱国卫生先进单位和县级最佳文明单位创建成果。

【精神家园重建】 把精神文明建设纳入机关工作重要议事日程，坚持以"讲文明、树新风"活动为主线，创新工作思路，丰富创建内容，完善工作制度，机关精神文明建设有新进展。研究制定《政协汶川县委员会办公室二〇〇九年精神文明建设工作意见》，坚持把精神文明建设纳入目标管理与业务工作、党务工作同研究、同布置、同落实、同检查、同考核、同奖惩。加强宣传教育，不断提高干部队伍政治业务文化素质。在积极投身灾后重建的同时，坚持不定期的职工学习会和间隔一周的党组织生活会，认真学习邓小平理论和"三个代表"重要思想，学习党的十七大精神，学习《政协章程》和《中共中央关于加强人民政协工作的意见》，使全县政协委员和机关干部职工对政协工作的认识有新提高。继续开展《公民道德建设实施纲要》的学习宣传活动，加强公民基本道德规范、社会公德、职业道德、家庭美德教育。1名领导干部家庭被评为"五好家庭"。把爱国卫生工作作为精神文明建设的一项重要内容来抓，要求职工养成良好的卫生习惯。机关全体干部职工在做好本职工作的同时，坚持做好办公室及办公区域内的卫生工作，开展城乡环境综合治理进机关活动，重大节假日前对公共区域的环境卫生进行清扫和整治；坚持开展灭蝇、灭蚊、灭鼠行动；坚持做好机关办公区和各办公室清洁卫生，机关内外保持干净、整洁。开展以"下访服务，公仆尽责"为主题的包户帮扶活动，开展入户调查、制定致富规划措施。与共建单位县教育局加强工作交流，开展活动。机关工会、妇代会在"三八"、"五一"节期间组织开展联谊活动。开展和谐机关建设，机关在重大节日期间组织活动，增强机关的凝聚力和亲和力。

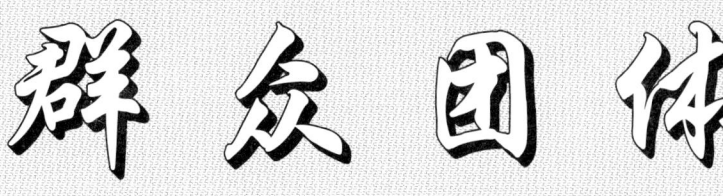

总工会

【领导名录】

主　席　　　郭素梅

常务副主席　陈　正

副主席　　　唐小清

【恢复重建工作】　县总工会办公综合大楼于5月12日以前全部完成维修加固工作，县工人文化宫纳入灾后恢复重建第三批援建项目（附带汶川县青少年活动中心和汶川县妇女儿童活动中心），由广东省总工会和广州市总工会援建，实行交钥匙工程，工程自7月8日开工建设。10月11日，工人文化宫整幢大楼封顶，主体工程基本结束。建成后的工人文化宫综合楼将集文化宫和惠民帮扶功能为一体。文化宫功能包含商铺经营、困难帮扶、教育培训、图书作品阅览、会员健身、会展演艺等，将坚持面向基层、面向群众，为全县职工和群众提供全方位、多渠道的"一站式"服务。11月1日，县总工会领导班子专程到四川省成都市工人文化宫考察学习，并请专业人士到工人文化宫进行现场设计，为工人文化宫添置价值40万元的办公家具和140万元的设施设备。

【维稳工作】　建立健全维稳机构，制定健全处置各类突发事件和群体性事件的工作体系，完善应急处置预案。凡基层工会发生不稳定因素，分管领导主动出面协调化解。按照县委要求部署开展社会矛盾纠纷"大调解"工作，每月上报排查台账。成立群众和信访工作领导小组，做好来信来访的登记和汇总工作，协助县信访局做好辖区内群众到县上访的解释工作，坚持信息报送，做好重要时期和敏感时期的信访稳控工作，按要求及时报送稳控信息。

【服务大局】　及时贯彻落实县委、县政府重要会议精神、重大决策部署，围绕"两个加快"，把灾后重建作为中心工作，全面推动县委、县政府各项重大工作的贯彻落实。根据县委关于开展深入学习实践科学发展观活动的部署和要求，把开展深入学习实践科学发展观活动作为一项重大政治任务来抓，加强领导，周密部署，精心组织，确保学习实践活动扎实有效开展，并以科学发展观为指导，扎实推进工会工作。推进灾后恢复重建工作，完成县委、县政府安排部署的各项工作任务，开展城乡环境综合治理进机关、进企业工作，着力创最佳人居环境，并在环境整治中具体负责全县宣传牵头工作。配合县人民政府扎实做好确保受灾群众安全温暖过冬和特困家庭救助工作。

【基层组织建会工作】　把灾后工会组建和职工入会作为全年工作重点，不断扩大工会组织覆盖面。采取措施，重点抓好非公有制企业建会和会员入会工作。全年改选工会组织17个，新建工会组织8个，新增会员245人，其中农民工会员80人。为24个基层工会配置工会办公用品。

【企业工会建设】　按照省、州工会要求，加强企业工会规范化建设，强化企业工会基础性工作，总结推广企业工会建设经验，广泛开展"三个达标"活动

（职工入会率超过90%,工作机制健全,职能作用充分发挥),健全"三项制度"(职代会、集体合同、厂事务公开)创新工会组织体制规范运作,规范职工董事、职工监事会制度建设和厂事务公开工作。加强对全县厂务公开工作的领导和协调。

【"安康杯"竞赛活动】 2009年,县总工会与县经济商务局一起对桃关工业园区、水磨工业园区大中型企业进行广泛宣传动员,要求企业按照"安康杯"知识竞赛要求,贯彻落实"安全第一、预防为主"方针,开展安全生产竞赛活动。由于大部分企业处于恢复生产及待恢复生产状态,有1家企业参加"安康杯"竞赛活动,参与职工400人。县总工会为该企业订100份安全生产竞赛题及书籍1套。

【维权工作】 应对地震灾害及全球金融危机对企业发展带来的挑战,工会为企业单位发放《共同约定实施意见》及《共同约定倡议书》和《共同约定书》范本,有5家企业与职工、工会签订《共同约定书》。有80个基层工会办理工会法人资格登记证。

【技术创新工程】 动员和组织广大职工群众参与"百日安全生产活动"、"百万职工安全生产法律法规知识问答竞赛"、"安康杯"竞赛活动。贯彻落实国家劳动保护、安全生产法律法规,组织开展群众性监督检查活动、协助政府有关部门做好企业安全生产、劳动保护、事故隐患检查工作;参与重特大事故的调查处理,及时上报事故调查情况。做好工会劳动保护监督检查员的管理和考核工作。开展"两个一、两个百万"活动。各基层工会适时组织技术(业务)培训,开展职工技能比赛活动;围绕建设资源节约型社会,在各基层开展百万职工提合理化建议活动,百万职工参与的技术创新、新产品开发或技术攻关活动。

【送温暖工程】 5月7日,县总工会将四川工人日报社爱心捐款30822元,发放到"5.12"汶川特大地震中遇难的职工且其配偶无固定生活来源、子女入学困难的34名困难职工子女职工家庭。其中,大学

生17名、高中生5名、初中生7名、小学生5名。6月9日,县总工会及县教育局一行带着省、州、县三级工会的亲切关怀,先后到县幼儿园、漩口、水磨、三江、郫县等小学看望慰问孩子,发出学习用具钢笔、文具等1811套,慰问学生1811人,慰问品资金总额8万元。将中国财贸轻纺烟草工会和中国能源化学工会定向捐赠资金6.5万元按捐赠意愿划拨到各基层工会。6月21日,县总工会、团县委及对口援建办分赴各乡镇对援建工作人员开展送清凉慰问活动,发放药品、风扇、凉被、蚊帐、香皂、毛巾、饮料等价值5万元慰问物资,慰问广东省、市援建工作人员、中组部、省委组织部挂职干部、志愿者186人。

【"金秋助学"活动】 8月底,县总工会收到广东省总工会"助学"帮扶资金70万元。为将"助学"帮扶资金及时发放到全县受灾职工及困难职工手中,9月21日,组织召开主席办公会议专题研究发放事宜,根据困难学生统计数情况,结合广东省总工会的发放要求及汶川县实际情况,帮扶标准按照高中生600元/人,大学生1000元/人的标准及时发放。结合全县实际,设立两个集中发放点:汶川县城作为威绵片区的集中发放点;针对距离县城较远的漩映片区的职工及受地震灾害的影响外出务工不在汶川县境内的,在都江堰市区设立集中发放点。采取召集各基层工会负责人,核实并通知帮扶对象在指定时间、指定地点、具备居民身份证、户口簿等有效证件,领取"助学"帮扶款。9月27—28日,对威绵地区进行集中发放,10月9—10日,对漩映地区进行集中发放。共发放"助学"款62万余元,其中,帮扶大学生373人,发放37.3万元;帮扶高中生415人,发放24.9万元。

【再就业十大行动】 协助政府做好再就业工作,规范县总工会困难职工帮扶中心工作程序,困难职工建档、建卡工作完善,帮扶制度健全,县总工会对"5.12"全县地震后建立的困难职工档案核实清理。按时完成《再就业统计报表》《集体合同报表》《送温

暖工程统计表》等报表。

【关爱劳模工作】 春节期间,召开劳模座谈会,关心劳模的生活生产情况,向劳模发放慰问金和慰问品;宣传贯彻党的方针政策,宣传劳模时代精神,"五一"国际劳动节,评选表彰汶川县劳动模范52名,做好州劳动模范评选工作。做好震后新增劳模建档工作及劳模基本情况调查,端午节与暖冬等活动中,对特困劳模进行看望慰问。根据上级工会的要求,做好劳模体检、休养等组织工作。

【干部队伍建设】 5月26日,县总工会在阿坝州迎宾馆举办"提高基层工会干部业务水平,夯实县工会标准化建设基础"为目的的工会干部业务知识培训。全县机关、事业和企业单位的90余名工会主席及具体从事工会工作的干部进行培训学习。工会还组织人员参加省、州总工会组织的各种基层工会干部培训,切实提高工会干部业务知识水平。

【财务工作】 全面落实地税代征、财政统一划拨工会经费制度,加强工会财务管理,强化制度建设,严格按照上级工会对工会经费和救灾专项资金的使用和管理要求使用资金,确保专项资金安全规范运作。

【女职工工作】 深入实施"女职工建功立业工程"和"女职工素质提升工程",广泛开展创建"巾帼文明示范岗"和"巾帼建功"活动,展示女职工的精神风貌;各基层工会女职工委员会举行庆"三八"活动,宣扬表彰一批女职工工作先进集体和先进个人。宣传动员、组织女职工参加省女职工大病互助保险。本年全县女职工参保人数228人,参保份数278份,参保金额2.78万元,赔付两例患病者,赔付金额两万元。

【信息宣传工作】 加强工会信息调研,县总工会组稿编写的《汶川工运》,宣传工会工作,为各级党政机关和基层工会提供及时可靠的信息。全年,撰写工会工作信息10期,被州总工会网上采用1期,汶川电视台新闻报道10次,《四川工人日报》报道两次,为开展工会工作营造良好氛围。

【来信来访】 建立健全工会系统信访工作组织网络,为企业工会建立信访工作联络员,随时加强同各基层工会信访工作联络员的联系,及时准确掌握职工的思想动态,切实做好新形势下的职工思想政治工作,并在每月、每季度按时上报信访工作情况。全年,接待职工群众来信来访100余人次,能及时给予解决的,给予当面答复和解决;不能及时解决的,转交给有关部门给予解决落实,并作好解释说明。

共青团县委

【领导名录】

书记　　马姮

【社会活动】 团县委围绕党政中心工作,开展活动。在县委、县政府的领导下,贯彻落实科学发展观的学习与实践活动,深入推进城乡环境综合整治行动,并联合各级各部门,开展各种社会活动。为迎接"五四"运动九十周年纪念日,鼓励青年继续奋发前进,与县总工会举办"凝心聚力,铭恩奋进"——汶川县庆"五一"、迎"五四"主题活动。对汶川县2008—2009年度共青团工作先进集体和个人进行表彰。5月12日,是汶川大地震一周年,为缅怀逝者,鼓励生者,团县委特别举行以"汶川感恩,寄语明天"的主题签名活动;为感谢援建工作者的无私奉献,团县委联合县总工会开展"送清凉"活动,看望并慰问援建干部;团县委先后组织两批西部计划志愿者开展城乡环境综合整治宣传活动,清扫大街;团县委派两名工作人员参加和县委办、县委宣传部、民政局、威州小学等各单位联合组织的由县总工会发起成立的环境综合整治宣传小分队,奔赴雁门、威州、绵虒、银杏、漩口、水磨等乡镇用群众喜闻乐见的形式进行环境整治宣传。全体工作人员走上街头向老百姓分发宣传单，宣讲有关甲流防控的知识，组织志愿者到甲流患者所在的县中医院进行服务。

【基层团组织建设】 团县委贯彻共青团阿坝州十届六次全委（扩大）会议精神，坚持党建带团建，切实加强和改进团的自身建设，大力推动团的基层组织建设。团县委要求各乡镇健全各级团支部体制、加大力度做好团干部的培训工作，拓宽团干部培养锻炼和交流、转岗渠道，特别是关心基层团干部；发展团内民主，坚持民主集中制，加强团的各级领导班子民主建设，推进团内决策的科学化、民主化；完善青年组织体系，充分发挥共青团在青年组织体系中的核心作用。要求各级组织继续按照《关于加强地震灾后全县团的基层组织建设推动团的基层工作的通知》，组织引导广大团员青年为灾后重建贡献力量；继续着力推进乡镇一级团委构建"1+1+1＋1"的灾区基层混合型团干部队伍，加强团的基层组织建设、推动团的基层工作；开展团员思想教育，开展"团员思想状况"调查，鼓励团干部及青年志愿者不畏艰难，奋发进取，全身心地投入到灾后重建的工作中。

【青少年思想政治教育工作】 在团四川省委、团阿坝州委的指导下，团县委根据相关文件的要求，在青少年中开展各类活动，坚持不懈地对广大青少年学生进行社会主义、爱国主义、集体主义教育。团县委联合学校在青少年学生中广泛开展思想教育活动，深入学习科学实践发展观，贯彻落实省、州、县关于开展城乡环境综合治理、提升城乡建设和管理水平、改善人居环境、优化发展环境的重大决策部署，改善学校及周边环境卫生，营造良好的育人环境，在学校开展"高高兴兴迎国庆，平平安安庆华诞"为主题的迎接国庆60周年校园内卫生环境整治活动；为弘扬爱国主义精神，加强青少年的爱国情感，团县委组织各中小学纷纷开展各种活动，在各中小学举行"喜迎祖国60华诞唱响校园主旋律"歌咏活动、开展"祖国发展我成长"统一队日活动和"民族团结代代传"主题

教育活动；为贯彻落实团阿坝州委党组《关于阿坝州关心下一代工作情况的报告》，加强关心下一代工作，发挥关工委在教育培养青少年中的优势作用，团县委向中共汶川县委提交《关于汶川县关心下一代工作委员会工作的实施意见》，做好"五老志愿者"监督网吧的工作和汶川县青少年活动中心筹建工作；为丰富少年儿童的精神文化生活，响应团中央、团省委、团州委的号召在小学筹建红领巾书屋，举行红领巾书屋的挂牌仪式。开展各种活动，丰富青少年的学习文化生活：接受广东东莞同乡会邀请组织汶川县50名优秀学生赴香港参加活动、组织大学生志愿者暑期在雁门板房区给学生做义务补课、协助《羊城晚报》"爱心集结号"在布瓦村建立"十方启蒙课堂"等。

【志愿者工作】 在推进灾后重建工作阶段，团县委继续动员组织志愿者（当地志愿者、西部计划志愿者）开展志愿服务。清明节，共青团县委组织汶川青年和第一批西部计划志愿者在映秀举行"种植一棵树苗，缅怀一位亲人，心怀一份感恩"的活动，祭奠同胞。组织西部计划志愿者和本地志愿者开展志愿服务活动，如"汶川县第二届古羌文化节暨甜樱桃节"的各项重大的接待和服务工作、广东省省长黄华华一行到汶川县参加"新学校·新未来"广东省援建汶川县学校项目整体交钥匙活动的礼仪工作、迎接广东省省委书记汪洋一行到汶川参加"新希望·新家园"系列活动以及到汶川县中医院照顾甲流病患者、到汶川县福利院开展"学雷锋"活动和"深秋重阳温暖孤老"慰问活动等。9月底，组织开展"迎中秋·庆国庆"慰问志愿者活动，向在汶川服务的西部计划志愿者和当地志愿者送去月饼，送上团委的关心和祝福。

妇女联合会

【领导名录】

主　席　　朱玉莲
副主席　　施芝兰

【科学发展观活动】 按照县委学习实践领导小组的统一部署和要求,开展科学实践发展观活动,制定详细的学习计划和实施方案,在党员干部中开展科学实践发展观活动。活动中,党员干部联系桑坪社区包户46户,了解他们当前的生产生活情况,讲解重建政策等。实现党员干部受教育、科学发展上水平、妇女群众得实惠的目标。

【双学双比】 按照县委、县政府关于推进灾后重建、一心两廊四区的发展规划,"双学双比"活动围绕科技兴农和农业农村现代化的要求,引导帮助农村妇女转变观念。向省妇联发展部争取"香港和桂基金"和"香港小额信贷"项目款39万元,全部发放到三江、草坡、克枯3个乡镇78户农户手中,用于发展投资小、见效快的种养殖业,为贫困妇女发展种养殖业提供资金帮扶,为他们灾后脱贫致富搭建平台。县、乡妇联配合县农牧、畜牧、就业等部门开展种植蔬菜、甜樱桃、猕猴桃,养鸡、养猪,手工羌绣、农家旅游等实用技术培训班24期,培训妇女900余人,使2000名妇女实现创业就业,完成品牌就业培训57人,为全县农村妇女灾后脱贫找门路奠定基础。

11月16—19日,县妇联主席和克枯乡下庄村河坝组1名受益妇女参加由中央政府驻香港联络办承办,全国妇联组织部分省份妇女代表到香港参加"香港回归小额扶贫基金"无息贷款成果汇报会。汶川代表的汇报受到全国妇联和香港政府、香港商界女士的高度评价,全国妇联副主席甄砚称赞:"震中妇女的发言,充分展示了四川妇女坚强不屈,自信自强的美德"。

【巾帼建功】 城镇妇女"巾帼建功"活动,围绕县委、县政府建设"一心两廊四区"的总体目标,推动汶川又好又快重建,以提高妇女综合素质为主体,不断创新"巾帼建功"活动载体,全县城镇妇女在各条战线进行岗位练兵、技能竞赛等,不断提高自身的综合素质。妇联与县就业局等联合发放羌绣片6万多张,按照每张7元计算,给妇女姐妹们带来经济收入近50万元。县妇联还与就业局等部门联合举办羌绣等培训班7期,有450余名妇女参训,185名妇女实现就业与再就业。

【"五好文明家庭"创建活动】 围绕灾后恢复重建,全面建设小康社会目标,深化"五好文明家庭"创建活动,结合全县工作实际,认清"五好文明家庭"创建活动所面临的新形势、新情况,不断探讨创建"五好文明家庭"活动的新途径、新办法。把灾后重建、城乡环境综合整治、公民道德建设实施纲要,以及邻里和睦、家庭和睦等相结合,在全县开展"五好文明家庭"创建活动。与县精神文明办联合表彰"五好文明家庭"21户。

【关心关注妇女】 各级妇女组织深入开展各种活动,在全社会形成关心、支持、参与社会主义和谐社会建设的浓厚氛围,增强广大妇女群众投身社会主义和谐社会建设的积极性和主动性。

全国妇联慰问汶川特困女教师100名,发放慰问金10万元,慰问妇干20人,发放慰问金两万元。省、州、县妇联在映秀镇渔子溪、张家坪、老街、中滩堡等村慰问"三孤"15人,发放慰问金6000元;慰问因地震失去孩子的再生育妇女4人,发放婴幼儿用品等共计1000多元。慰问贫困女党员、贫困妇女、离任村主任、村妇干等共发放棉被1000床、慰问金9000元。州、县妇联慰问贫困母亲25位,发放慰问金7000元、棉被20床。县妇联向中国儿童基金会争取布鞋255

件、1万多双,内衣157件、1万多套,全部发放到各乡镇和机关单位妇女手中。

县妇联与县公安局、疾病预防控制中心、环保局等部门联合开展禁止毒品、甲型H1N1流感、艾滋病、城乡环境综合整治等宣传活动8次,发放资料1.5万余份。"三八"节,县妇联、县委宣传部联合举办"挺起脊梁感恩奋进震中汶川各界妇女共庆三八国际劳动妇女节"的大型文艺庆祝活动,表彰2008年抗震救灾先进集体5个,抗震救灾先进个人15名。

【关爱儿童】 "六一"期间,县委常委带领县妇联、县教育局、县总工会慰问留在县境内的7所小学、幼儿园的少年儿童和少儿工作者,发放慰问金1.94万元。县妇联、县教育局等单位从成都火车站分别把从北京树人学校返川的33名学生,接送到威中(龙泉)参加高考,把14名高二的学生安全接送回到各自的家中。6月,由县委常委和副县长带队,县妇联与县教育局在县公安局警力配合下,分别将从山东日照返川的87名孤儿、单亲家庭学生等安全送达漩口、映秀、银杏、草坡、绵虒、威州、龙溪、雁门、克枯,并亲自将孩子们送到各乡镇分管领导和孩子的监护人手中。同月,为每个学生发放日照钢铁集团为他们准备的假期生活费500元,共计4.35万元。

8月1日,县妇联将从山东日照"安康家园"和北京树人学校返川的103名学生安全顺利送回成都双流新"安康家园"学习生活,并将监护人身份证、户口复印等相关手续顺利移交到新"安康家园",完成返川学生重回新校学习生活的任务。8月14—19日,为让灾区的学生走出地震阴影,县妇联、县总工会、团县委组织汶川县部分孤儿、单亲家庭孩子、品学兼优的学生共50名,由19名工作人员组成团队,参加香港历奇游。10月,县妇联将中国少年儿童基金会捐赠的春蕾初中生救助经费8万元全部发放到水磨中学、漩口中学和威州中学的100名初中学生手中。

【维权工作】 履行代表和维护妇女儿童合法权益的基本职能,贯彻落实《婚姻法》、《妇女权益保障法》、《信访条例》等法律法规,为群众解疑释惑、排忧解难。各法律援助站点和各级妇女组织发挥组织优势,加强与各方面的沟通协调,随时排查,及时掌握动态,做好防控工作,不断强化妇联做好维护社会稳定工作组织保障。利用"三八"维权周和各种宣传的契机共发放宣传资料1.8万余份,挂宣传画28幅,张贴标语600幅,使全县妇女受教育面达90%以上。全年接待来信来访16件。对问题特别突出的震中映秀镇,配合映秀镇党委、政府,做好春节、"5.12"重大接待的群众工作和映秀板房拆迁村民二次过渡的思想工作。

按照县委十届八次全会的部署,围绕"科学重建、加快发展"的主题,在全县各级妇女组织中深入开展民族团结教育,引导妇女正确处理好民族与国家、民族与阶级及各民族之间的关系。同时,继续深化平安创建工作。

【基层组织建设】 按照党建带妇建的工作要求,落实县委关于把工作重点放在基层的指示精神,始终把加强基层组织建设作为发挥妇联优势,履行组织职能,服务大局,服务妇女,服务基层的基础性工作,形成"抓组织、抓活动、抓队伍、抓阵地、抓协调"的工作思路,基层组织网络化取得突破性进展,基层妇女干部年轻化、知识化、专业化水平明显提高,完善社会化工作机制和项目化运作机制,增强妇联基层组织服务大局、服务妇女的功能。根据阿州妇〔2009〕21号文件《关于推荐阿坝州藏族羌族自治州妇女联合会第十一次代表大会代表执委的通知》,采取自下而上的办法,严格按照平均年龄、专职妇干、所占界别等要求,推荐产生参加阿坝州第十一届妇女代表大会的代表23名和执委候选人两名。11月,组织代表参加州第十一届妇女代表大会。

工商联

【领导名录】

主　席	李子忠
副主席	郑文清
党组副书记、副主席	刘　强

【灾后恢复重建工作】 加强同各级工商联的联系，先后与广东省、江苏省、重庆市等及省内双流县等工商联的联系，邀请他们到汶川县交流指导工作。先后接待广东省工商联带队的广东省民营企业家考察团，江苏省工商联带队的江苏省民营企业家考察团及新疆、上海、浙江、重庆等省市工商联系统到汶川县考察，多次邀请省、州工商联领导到汶川县指导检查工作。在广东省民营企业家来考察期间，组织汶川县的部分民营企业家进行座谈，加强广东省民营企业家与汶川县民营企业家相互了解，增进友情，鼓励民营企业在灾后重建和应对全球金融危机方面树立信心、激发斗志、克服困难。

多次深入非公有制经济企业实地了解其恢复重建进展，以及生产经营中存在的困难和问题，汇总后分门别类后向县委、县政府汇报，帮助解决一些问题。工商联在广东援建盲点桃关工业园区调研职工就医难的问题。经多方争取，通过向省工商联争取世茂集团捐献资金，在银杏乡桃关社区修建一所"香港世茂爱心卫生院"。计划投资资金100万元。该院建成后，将解决园区所在地4000余人医疗难题，并覆盖沙坪村500余人，羊店村450余人的医疗难题。

【非公有制经济人士思想政治工作】 在开展对非公有制经济代表人士工作中，以壮大工商联队伍、发展民营经济为主线，宣传工商联的性质，主要职能和作用，扩大工商联的影响，在工商联会员中有人大代表和政协委员，通过他们参加人大、政协活动，对反映会员的合理要求起作用。全年反映合理化建议、意见5条。工商联向县委、县政府作汇报，妥善解决3件，协助解决两件。

印发《关于加强和改进非公有制经济人士思想政治工作的实施意见》，对全县企业的灾后重建起到政策引导作用。通过调研，形成调研报告两份。

受"5.12"汶川特大地震和国际金融危机影响，使全县广大非公有制经济企业受到重创，普遍企业市场萎缩，收入下滑，加之企业恢复重建任务十分繁重，工商联本着"想为企业所想，急为企业所急"的工作宗旨，多次深入到企业，了解情况，为他们出主意、想办法。结合科学发展观教育活动，从服务对象和群众最关心、最迫切的主要问题入手，提出应对金融危机、迎接挑战的3项活动，并及时在县级机关党外正副科级实职领导干部中开展"我为应对国际金融危机影响献一策活动"，收集到5项为企业服务的措施。

为推进工业强省和人才强省战略的实施，促进民营企业为全省经济发展作出更大贡献，本年省委组织部、省委统战部、省工商联举办首届"四川民营企业工业突出贡献人才"评选活动，汶川县阿坝铝厂厂长陈国友荣获"四川民营企业工业突出贡献人才奖"。汶川县推荐的三家企业（四川岷江硅业集团有限公司、汶川潘达尔有限公司、阿坝铝厂）获"改革开放30年四川省首届行业之星"荣誉称号。另外，为鼓励企业及团体在地震中的优异表现，汶川县"刘一手火锅"、"红茶坊"、"四川岷江硅业集团有限公司"分别被省、州、县统战部等部门评选为先进集体或个人。

【非公有制经济代表人士的综合评价】 开展非公有制经济人士的综合评价工作，为科学评价非公有制经济人士建立健全完善的制度。主动与统战、工商、劳动人事、工会、质检、税务、环保、银行等多家部门加强联系，对汶川县的部分非公有制经济人士进行综合评价，为诚信的民营企业融资应对金融风暴和自然灾害奠定坚实的基础。

【维护社会稳定】 先后建立与会员企业的人大代表、政协委员联系制度，建立健全维稳工作领导小组和突发事件应急预案；按照要求成立调解中心。为避免在灾后重建过程中，非公制经济企业因为不懂政策而违反政策或者发生矛盾冲突，工商联组织职工集中学习省、州、县的灾后恢复重建政策，设置矛盾处置预案，并进行预案演练。

【法律宣传】 主动收集与民营经营发展相关的相关法律法规23部，逐一深入到会员中进行不定期学习和宣传。积极营造学法、懂法、用法的良好氛围。

【其他工作】 完成县委、县政府安排和各项临时工作。9月，根据县委安排，工商联主席被安排到达州四川省电子商务学校从事阿坝州"9+3"的学生管理工作(任工作组组长)，竭力关心、关爱学生，贯彻执行省委、省政府关于"9+3"的相关政策和规定。组织学生参加军训和入学教育，开展庆国庆中秋文艺晚会和羌历年联欢等活动。得到当地党委、政府及其教育行政管理部门、学校领导及全校师生的认同，确保阿坝州学生在四川省电子商务学校的正常学习和生活。

审　判

【领导名录】

党组书记、院长　　　　　邓吉安

党组副书记、执行局局长　王福武

副院长　　　　　　　　　何星义　赵品安

　　　　　　　　　　　　马　珣

政治处副主任　　　　　　马定莹

【受理案件】　全年受理刑事、民商事案件共199件,全部审结,审结率100%;执行案件55件,执结51件,执结率92.7%。无行政诉讼案件。

【刑事审判】　受理刑事案件26件,审结26件,审结率为100%,受案率比上年下降54%。上诉案件两件,均未改判。在已审结案件中,判处10—15年有期徒刑1人,3—10年有期徒刑8人,3年以下有期徒刑10人,拘役4人,缓刑21人,单处罚金1人。

坚持"严打"方针,开展"打黑除恶"、打击破坏"三电"设施等专项审判。审理并审结灾后重建中破坏电力设备、寻衅滋事、盗窃等刑事案件。贯彻宽严相济刑事政策,对严重危害社会、破坏重建环境的犯罪分子,坚决判处重刑;对未成年犯、初犯、偶犯等具有从轻情节的犯罪人员依法从宽处罚,做到宽严相济,罚当其罪,确保法律效果和社会效果的有机统一、被告人的合法权利与被害人的合法权益的有机统一。

【民商事审判】　全年受理民商案件173件,审结173件,审结率100%。其中,调解结案139件,调解率80.3%。以加强民商事审判力量为目标,对民庭的审判力量进行重新调整,确保每个业务庭至少有一个合议庭和一个独任庭的法官和书记员配置。对民商事审判法官进行专题知识培训,提高一线审判人员正确认识和理解法律、法规的能力。坚持多调少判、调判结合的指导思想,加大调解工作力度,实现节约诉讼成本、减轻群众诉累的目的。

【执行工作】　受理执行案件55件,执结51件,执结率92.73%。司法执行救助7人次,总金额9.72万余元,保护了当事人的合法权益。

【信访和申诉立案工作】　坚持院领导接待涉法涉诉信访日制度,重视群众来信来访和申诉立案工作,充分发挥信访立案第一窗口的作用,从源头上落实好司法为民的要求。落实诉讼指南、举证须知、诉讼风险责任告知等便民措施,增强审判工作透明度,保障当事人的知情权。加强司法救助工作,全年减缓诉讼费用3.4万元。充分调动村委会、居委会及其他组织的力量,妥善化解矛盾纠纷。其中,县法院诉前调解6件案件,成功调解3件,调解成功率50%。

【队伍建设】　坚持团结和谐的队伍建设理念,深化"重教、严管、厚爱"六字方针,加强队伍建设。利用干警会等形式组织学习20余次。重点开展"三大主题活动"、"学习实践科学发展观"、"人民法官为人民"主题实践活动。在落实上级业务轮训要求的基础上,鼓励干警提高学历和参加司法考试。组织干警参加业务知识培训4人次,司法考试培训两人,晋督培训1人,预备法官培训12人,5名干警参加国家司法考试。撰写学术论文、调研文章、案例评析35篇。

组织干警学习相关的党风廉政建设规章制度,进一步完善"一岗双责"规定。制定责任追究办法,加强警示教育,完善监督机制,签订党风廉政建设责任书。在审判执行部门设立6名廉政监察员,预防和遏制违法违纪现象发生。完成9名同志职务任免、两名干警法官等级晋升呈报。报请任命法官助理9人,选拔任命人民陪审员12人。

【灾后重建】 向有关部门报请重建威州、绵虒、映秀、漩口、卧龙5个人民法庭和县法院机关办公楼、审判法庭项目建设。每个法庭建筑面积均为800平方米、总计建设经费825万元。3月,启动绵虒法庭、漩口法庭建设,12月底竣工。

检　察

【领导名录】

党组书记、检察长	孙　力
副检察长	高仁俊　戴　敏
政治处主任	吴晋康
反贪污贿赂局局长	曾　胜

【概况】 坚持"严打"方针,严厉打击妨害灾后重建的刑事犯罪、恶势力犯罪以及危害社会秩序的犯罪。全年,受理审查批捕案件28件55人,经审查批准逮捕26件49人,不批准逮捕两件6人。受理各类审查起诉案件29件50人,依法提起公诉24件43人,移送阿坝州人民检察院两件两人,不起诉5人。

切实履行侦查监督职能,在审查逮捕工作中,严格"规范执法行为,促进执法公正",始终把案件质量作为侦查监督工作的生命线。充分履行审查批捕职能,依法快速办理一批严重危害灾后重建的刑事案件。

严格规范办案程序,坚持推进重特大案件介入侦查制度。提前介入引导取证6件。保证案件的质量,同时也加大了侦查监督力度。

公诉部门加强公诉人队伍的建设和培训,不断提高执法水平。开展优秀公诉意见评选活动,不定期对移送审查起诉的重大、疑难案件开展专题研讨会,认真审查案件,确保案件质量,每季度对所办案件进行评比。

为推动刑事和解工作的顺利进行,与县司法局联合出台《关于建立刑事和解与人民调解对接机制的实施办法(试行)》,整合司法资源,弥补刑事案件在审查起诉阶段中民事赔偿部分的空白。建立不起诉案件刑事被害人救助制度,制定《汶川县人民检察院关于刑事被害人救助工作的意见(试行)》,对检察机关决定不起诉刑事案件的被害人实施救助。为保护未成年人合法权益,落实宽严相济政策,积极开展未成年人犯罪的帮教工作。

【预防查办职务犯罪】 全年受理各类经济案件线索7件,初查5件6人,立案1件3人,侦查终结移送起诉1件3人,撤销案件1件1人(2004年积案),协查3件,发出检察建议3份。

开展工程建设领域专项治理工作,成立专项检查小组,联合县纪检部门到县发改委、城建局及各乡镇对我县扩大内需、灾后重建项目、政府投资项目和使用国有资金项目进行摸底排查。发现在规划审批、项目核准、土地出让、工程招投标、征地拆迁、资金管理、工程质量等重点环节存在的问题,提出整改要求,确保重建资金管理使用透明、规范。

开展"天保工程"职务犯罪专项行动。4月20日对阿坝州林业筑路工程处"天保"资金管理情况进行初查,对3人依法立案侦查。成功破案,法院对该案作出有罪判决。

全年受理案件线索3件,初查3件3人,同步介入重大责任事故5起,配合县纪委成立的3个工作组对灾后重建资金物资等检查3次。

【法律监督】 加强立案、侦查、刑事审判监督。侦查监督方面:不断完善和健全联席会议机制、日常联络机制、案件会商机制及定期互查互报机制,加大跟踪监督的催办、督办力度。刑事审判监督方面:以开展刑事审判法律监督专项检查活动为契机,加强和改进对法院刑事审判监督,建立并完善检察长出席审判委员会机制。充分履行量刑建议权,对刑事审判活动和刑罚适用进行监督,维护和促进司法公正。在保护未成年人合法权益中，加大量刑建议权力度，正确适用轻缓政策，严格执行监护人旁听制度，达到办案方式和社会效果的统一。

加强刑罚执行监督。以开展刑罚交付执行专项检察活动、核查纠正监外执行罪犯脱管、漏管专项行动为契机，坚持羁押期限告知提示、检查通报、跟踪监督等各项制度，严格执行换押制度，巩固"零"超期成果，保障被监管人员的合法权益，保障刑事诉讼顺利进行。

加强民事行政诉讼监督。年初与县法院、县司法局联合制定《关于办理民事行政诉讼案件的意见》，增强对重大、疑难案件和执行案件的监督力度。全年监督执行6件案件，监督执行总标的9.98万元。

【控申举报】 加强矛盾纠纷排查调处，做好信访息诉工作。建立完善信访办理和联合接访等信访工作机制，开展举报宣传、下访巡访和检察长接待工作，处理好涉法涉检问题。保持涉检案件"零上访"记录。全年接待、受理群众来信来访9件(次)，其中，检察长接待3件(次)。经审查分流，转本院有关部门处理7件，转公安机关1件，(直接答复有3件，其中，检察长接待两件)，存查1件。

【宣传工作】 加大检察宣传工作力度，推进检察宣传和文化建设。开展"举报宣传周"活动，在重点乡镇设法律咨询点，张挂宣传图片，宣传车到街道社区宣传有关法律，在汶川图文电视播放宣传资料。汶川电视台播放开展检察工作报道3条，新闻稿件被《检察日报》采用6篇，《四川法制报》采用1篇，四川广播电台采用1篇，新华网阿坝分频道采用3篇，《阿坝日报》采用两篇，其他省级网络媒体发表两篇，《阿坝政法》采用1篇，出《简报》53期，被上级院转发10余篇，撰写调研材料18篇。

【协查办案】 全年查办涉及天保工程的经济案件1件3人，协助松潘县检察院侦办的经济案件收集财务证据，在一周时间内协助小金县检察院办理司法会计鉴定案件1件。

【法警工作】 法警队认真履行各项警务职责，为检察工作提供警务保障，顺利完成执行提押、看管等执法保卫任务。全年依法履职48件，出警166人次，其中，参与办理自侦案件1件，参与公诉办案27件，参与侦监办案20件，参与自侦办案1件。

【基础建设】 县法院"两房"建设完工并投入使用。建成局域网，按照省、州院关于三级机要通道机房达标标准配备相关设备。新设50余平方米的档案库房和查阅室，投入10万余元配备密集架、空调、微机、温湿度仪等设备。6月底前完成档案归档工作。全年查借阅档案20卷20人次。

【综治工作】 开展平安创建活动，推进打防控一体化建设。深入开展"联防共建"等活动，抓好灾后重建矛盾纠纷调处，维护和谐稳定。在巩固抓好本单位创安工作、治安管理的同时，多次到乡镇社区参与乡镇平安创建工作，实地指导检查，协调解决困难。创新建立检察信息联络机制，努力拓展检察监督范围。深入推进严打和综治工作，对重点案件检察长亲自办理，带头攻坚，限期挂牌督办。办案人员实行定人员、定案件、定时间、保质量的"三定一保"责任制。深化检务公开，使各项检察业务与综合治理有机结合，召开民事、刑事申诉案件公开审查听证会，确保立案查处职务犯罪案件有新突破，批捕起诉准确无差错，干警无违法违纪，并将考核结果上墙公示，保证综治工作顺利开展。

【接受监督】 主动接受人大监督，维护司法公正。7月，县人大、政法委领导到法院就刑事审判法律监督活动落实情况进行专项检查，对2008年以来办理刑事案件的诉讼档案、征求执法意见卡及检察人员办理案件的相关监督卡进行抽查。8月，县法院向县人大、县政协、政法委作审判监督开展情况专题书面报告，并发出《征求意见函》，征求意见和建议。顺利完成新一届人民监督员换届工作，选任人民监督员4名，为人民监督员设置专用办公室，订阅相关报纸杂志，及时向人民监督员传达上级重要会议精神、重大检察工作部署等。重要会议邀请人民监督员参加。主动邀请人大代表视察工作两次，座谈检察工作两次。

【服务农村建设】 抓好涉农检察工作，把法律监督的触角延伸到广大农村，为灾后重建提供法律援助和发展帮扶。为预防职务犯罪,拓展监督线索来源渠道,建立乡镇检察信息联络员制度。全院从院领导到各科室负责人都有挂包户,以"包重建、包发展、包稳定、包安全"四包为内容的进村包户联系活动,密切党群干群关系,畅通民意渠道,为农民解决困难和问题,维护、促进农村的稳定和发展。

【检察队伍建设】 开展深化社会主义法治理念教育,提高队伍的政治素质和业务知识水平。党员干部撰写学习心得22篇,调研报告6篇,专题报告和简报16份。推进"三大主题教育"活动,开展"检民恳谈会"、"举报宣传周"、下乡巡访等多种形式的宣传教育活动,转变检察干警工作作风。加强干警法治理念和职业道德教育。牢固树立"立检为公、执法为民"的思想,进一步增强干警的政治意识、大局意识。

加强班子建设,增强凝聚力、战斗力。中心组学习4次,班子成员撰写心得体会、调研材料16篇。召开专题民主生活会4次。领导干部严格执行"六个严禁"规定,坚持领导班子成员定期述廉和党风廉政重大事项报告制度,提高公信力和"免疫力"。

投入各类培训经费3万余元,开展岗位练兵和业务素质培训,提高检察人员的业务素质和执法技能。制定《目标责任制考核实施办法》及《关于对各部门和人员进行年度目标考核奖惩实施意见(试行)》。进一步完善管理工作制度,创新激励机制,推动检察工作有序开展。

建立健全规章制度,推进检察业务、队伍和信息化"三位一体"机制建设,建立完善《干警个人执法档案》,开展季度"党员办案质量评查",评出"党员办案质量优胜者"4人。

公 安

【领导名录】

局 长	罗德勇(8月止)
	左光磊(8月起)
政 委	祝 勇
副政委	李世清
副局长	刘 东(10月止)
	唐 惊 胡 勇
	刘 飞(10月起)

【概况】 1—11月,审核刑事案件105件,刑拘114人;取保57人(其中,刑拘转取保25人,取保转刑拘转逮捕1人,直接取保21人,逮捕转取保10人,其中,金保8人,人保49人)。提起批准逮捕29案54人,批准逮捕27案50人,不批准逮捕两案4人;执行逮捕48人(两人批捕在逃);起诉26案45人。全年,审核各类行政案件150件,行政拘留138人。立刑事案件133起,破87起,破案率为65.41%;与上年同期相比立案上升40%,破案率下降8.3%。通过侦查破案,查获违法犯罪人员142人,其中,刑事拘留116人;报捕30案55人,批准逮捕27案50人,执行逮捕50人;移送检察机关起诉26案45人。摧毁犯罪团伙13个,抓获团伙成员50人,涉案14起;为人民群众挽回经济损失22.7万余元。先后组织开展打击非法集资活动、制售假发票犯罪活动、反假币"09行动"等专项整治工作,受理各类经济案件9起,立案5起,不予立案1起。抓获经济犯罪嫌疑人9人,挽回经济损失100万余元。

【"大走访"活动】 成立公安民警"大走访"爱民实践活动领导小组,召开动员会,制订工作方案。以流动警务为触角,构筑防控体系,以破大案和小案并重的方式,构建经常性严打体系;落实局党委成员"包点制"、辖区"警民恳谈制"、"警企联系会"等制度。开展进千村入万户"五百"活动和"群众最喜爱的人民警察"评选活动,采取下基层、进社区、进村入户,听民声、察民情、访民忧、解民困等多种形式的走访,对群众反映的热点问题进行走访记录,搜集影响社会不安定因素,化解矛盾纠纷。同时征求群众对公安工作的意见和建议,增强群众工作能力。畅通群众诉求渠道,坚持局党委成员接待来访群众制度,落实领导带头包案制度,完善信访工作机制,持续保持公安涉法涉诉"零"进京赴省目标。深化"十大惠民行动",贯彻落实好便民惠民措施。加强窗口单位建设并推行"一站式服务"和上门服务等措施。出动警力 984 人次,走访村 100 个,走访群众 7095 户,签订"四防"责任书 2559 份、乡村道路安全责任书 2067 份、消防责任书 2660 份、入户发放身份证 499 张、发放爱民联系卡 3500 余张、填写收回《汶川县公安局爱民实践活动(大走访)登记表》2860 份,群众满意率达 99.98%。排查出民间矛盾纠纷 384 起,化解 380 起;一般性治安纠纷 144 起,调解 108 起。受理群众来信来访案件 84 起,听取和征求群众意见和建议 672 条,答复意见、建议 564 条,转交、移交到其他单位 108 条,推出和落实便民措施 95 条(主要是户籍办理、案件办理等)。

【维护社会稳定】 以社会热点、焦点问题为抓手,发挥基层组织和信息员的作用,在"两会"、地震一周年纪念、祖国 60 华诞庆典活动期间,广泛收集情报信息。全年,收集、摸排到不稳定因素和问题 82 条,制作维稳信息 40 期,简报 6 期,情报信息研判 4 期。开展专项调查,先后到移民办、信访局、民政局、教育局、各乡镇、重点企事业单位、金融系统以及各灾民安置点进行调查了解,将有关问题及时反馈到各相关部门,做好矛盾的化解和重点人员的控制工作,防止群体集访和进省、进京上访事件的发生。

开展"金剑 09"系列专项整治行动、藏区突出治安问题整治和"净化环境活动月"等专项整治工作,始终保持高压态势,进一步挤压犯罪空间,打击犯罪分子的嚣张气焰,解决当前影响社会稳定和治安秩序的突出问题,创造良好社会环境。在集中整治行动中,开展扫黄打非专项行动 4 次,处理违法人员 8 人,收缴有赌博性质电玩设备 10 台。1—11 月,受理治安案件 347 件,查处 303 件,查处率为 87.32%,其中调解纠纷 202 起;查处违法人员 240 人,其中,警告 34 人,罚款 30 人,拘留 120 人,其他处理 56 人。

【民爆物品管理】 坚持深入推行民爆物品一体化管理,民爆物品管理全部实行系统信息化,完善监管措施,设立枪爆危化专管民警 14 名,与派出所、涉爆单位签订责任书、承诺书。全县 41 家涉爆单位(不包含映汶高速计划使用 10 家),其中,临时使用的有 14 家,规模以上使用的 27 家,未发生任何因管理不善引发的涉爆案件。截止 11 月,共审批使用炸药 299.424 吨、雷管 41.76 万发、导爆索 2 万米。在专项整治中收缴销毁各类枪支 56 支。

【道路交通管理】 开展春运、集中整治严重交通违法行为、城乡环境综合治理"停车乱"、机动车涉牌涉证交通违法行为整治、集中整治严重涉车违法行为"飓风行动"等专项整治行动。针对灾后道路状况差、交通安全隐患多、各类交通事故呈高发态势的情况,交警大队加大道路管控力度,共出动警力 4.79 万人次,出动警车 1.48 万余台次;检查车辆 6.389 万辆次;查处各类交通违法 3.88 万人次,教育驾驶员 6.01 万余人次,签订安全责任书 167 份。1—11 月,发生各类交通事故 177 起、死亡 32 人、受伤 66 人、财产损失 16.45 万元。与去年同期相比事故次数上升 146%、死亡上升 113%、受伤上升 1.54%,财产损失下降 26.1%(非统计类上报简易程序事故次数 408 次)。

【消防管理】 共受理火警 43 起,出动车辆 87 台次,出动警力 597 人次,灭火成功率 100%;参加社会抢险救援出警 42 次,出动车辆 58 台次,出动警力 252 人次;参加执勤保卫 8 次,出动车辆 11 台次,警力 76 人次;社会救助出动 92 次,车辆 113 台次,警力 460 人次。检查单位、场所 80 家,各灾民安置点消防站每日开展防火巡查工作 2 次,检查安置点住户两万户次,发现火灾隐患 500 起,消除火灾隐患 500 起。办理建筑工程审核 38 件,建筑工程验收 9 件,开业前消防安全检查 35 件,办理行政案件 15 件,责令停产停业 6 家,责令停止使用 1 家,警告 5 人(含火灾 3 人)。

办理消防产品案件 1 起,罚款 1.54 万余元。全年,共发生火灾 3 起,无人员伤亡,直接财产损失 73.67 万元,与上年同期相比,火灾发生起数和死亡人数分别下降 130% 和 200%,直接财产损失增加 63.22 万元。无重特大火灾事故和群死群伤恶性火灾事故的发生。

【监所管理】 关押各类犯罪嫌疑人、被告人、罪犯 166 人(其中,接转上年 11 人,新收押 155 人),处理出所 129 人,其中刑满释放 6 人,投牢 26 人,其他处理 97 人,看守所现关押 37 人,未决犯 19 人,拘留所本年收拘 12 人,现有 5 人。坚持安全大检查、值班巡视、提讯、押解、出所就医、会见、送物、劳动等制度,组织安全大检查 7 次。走访刑警队、派出所、交警队、检察院、法院等办案单位,征求各办案单位对看守所业务工作和队伍建设等方面的意见和建议 20 条。走访刑满释放人员和在押人员家属 10 人次,组织亲情会见 8 次,走访探视在押人员家属 4 次。

【人口管理】 加强人口信息的登记和管理工作,入户开展实有人口调查。加强重点高危人群的管理,重点人口、监管对象、高危人群等工作对象的列管率、熟悉率、建档率达 100%。落实重点人口帮教责任,信息采集率达 100%。做好二代证办理工作,开展户口清理核对及公民身份证号码纠错工作,累计受理二代证 64909 人,办证 8811 人。

【特种行业管理】 完善特种行业秩序管理,审批上传印章信息 277 条,信息采集率达 100%。审批备案特种行业 48 家,其中,旅店业 41 家,废旧收购 6 家,印章刻字业 1 家。

【出入境管理】 依法受理公民因私出国(境)工作,与外事、统战、综治办建立境外人员管理分工配合联系机制,把境外人员管理纳入派出所实有人口管理和社区警务运行管理。全年受理公民咨询及因私出国(境)申请 698 人次,审核上报 221 人,批准 221 人,无骗取出入境证件案(事)件发生。

【基础建设】 推行公安规范化建设,以硬件建设为基础,打造公安基础建设亮点。推进基层所队建设,累计规划编制和筹备公安项目 29 个,批准建设项目

22 个,共计投资 4476 万元。全局 12 个派出所开工建设 8 个,规划待建两个(威州派出所和映秀派出所),其中,漩口、克枯两所节约建设资金 204 万元;争取灾后重建资金 2577 万元规划建设刑技楼、交警大队、看守所。解决乡镇公安派出所长进班子问题,推动公安派出所工作创新。全县 11 个乡镇派出所长(或教导员)全部兼任乡镇党委委员,推选两个派出所长同时担任乡镇副书记(或副乡镇长)。

【信息化建设】 全局民警计算机拥有量 90.5%,城区所队室公安网接入率 100%,正式民警数字身份证拥有量 100%,建成并投入使用警务综合应用系统。抓住"金盾工程"二期建设、警务信息综合平台和藏区指挥体系建设的时机,完成 350 兆基站选址工作;除三江派出所外,其他派出所全部开通公安四级网;投入 400 余万资金建成指挥中心信息化综合指挥平台。

【警务督察】 制定《汶川县公安局谈话诫勉制度规定》《汶川县公安局停职检查制规定》《汶川县公安局行政问责制度》,采取明察暗访等形式进行督察。全年,开展督察 55 次,发督察通报 25 期,纠正警容风纪 16 人,不文明执法 3 人,对违反规定、制度的 7 名民警进行两期离岗培训;组织全局 11 名派出所长、1 名交警大队长、1 名刑警大队长、1 名国保大队长参加省厅组织的业务培训。在各类安全保卫工作中充分发挥警务督察的监督作用,进一步规范民警的执法行为以及各基层所队的内务管理。受理和查处群众举报、投诉、来信、来访 3 件。

【队伍建设】 从执法理念、执法制度、执法方式、执法监督等环节着手,开展执法规范化建设。制定印发《汶川县公安局法制工作绩效考核办法》《汶川县公安局案件主办民警责任制规定》《汶川县公安局建立执法档案规定》《汶川县公安局案件卷宗管理规定》《汶川县公安局文书管理规定》《汶川县公安局涉案财物管理规定》《汶川县公安局取保候审工作规定》《汶川县人民检察院、汶川县公安局、汶川县司法局关于劳动教养案件聆讯的联系机制》8 项制度。完善执法质量考评、执法档案管理等执法评价工作制度,对执法单位、执法责任主体进行全面考核。完成

12个派出所本年度的执法质量综合性考评和督导工作。强化日常监督,按照案件审核规则和办案程序,严把案件事实关、证据关、定性关、程序关、处理关,实事求是的作出审核决定,确保案件的办案质量。

开展"深入学习实践科学发展观活动和"三大主题"教育活动。发放征求意见表150余份,征求意见6条。做好参加省委政法委组织的"三大主题教育活动"在线考试准备工作。按照《2009年大练兵活动方案》和"三大主题"活动要求,开展大练兵工作。6月21—23日,组织各科所队长进行为期3天的集训。对退伍安置的7人进行岗前培训考试。

司 法

【领导名录】

党组书记、局长　　王卫东
副局长　　　　　　高 虹
　　　　　　　　　唐 慧(10月起)

【基层司法所建设】 按照中央关于"两所一庭"建设要求,根据灾后重建工作实际,完成雁门、龙溪、草坡、绵虒、银杏、三江、漩口、水磨8个乡镇司法所恢复修建工作。加强对司法所的管理和指导,对司法所全年工作进行量化管理,百分考核。统一资料台账,统一印制矛盾纠纷受理登记表、申请书、调解通知书等案卷材料下发到各乡镇司法所。建立健全各项工作制度和管理制度,加大对基层司法助理员的政治思想教育和业务素质的培训指导,促进各乡镇司法所达到规范化建设标准。

【人民调解工作】 根据《四川省人民调解条例》和汶委办〔2009〕141号《关于构建"大调解"工作体系有效化解社会矛盾纠纷的实施意见》精神,以构建"大调解"体系为契机,推进人民调解组织的规范化建设。完善乡(镇)、村和社区人民调解委员会及成员,形成横向到边、纵向到底、覆盖全县的三级调解组织体系,全县有人民调解委员会129个,其中,乡镇调委会

11个,村居调委会118个,调解员455人。开展纪念《人民调解委员会组织条例》施行20周年专项活动。组织律师到各乡镇开展业务培训和法制讲座,对乡镇司法助理员进行人民调解业务指导。严格档案管理,一案一卷,案件调解结束及时归档保存,做到有案可查。加强与教育、卫生、工商等行业主管部门的沟通和联系,多次深入到学校、企业、市场等部门共同部署筹建人民调解委员会,使行业部门纠纷得到有效化解。

按照矛盾纠纷"日清、周排、月结"及"三三制调处原则",以灾后拆迁安置、解决拖欠农民工工资等问题为重点,坚持边排查、边调处,预防和减少社会矛盾激化,维护社会稳定和谐。全年调解纠纷173件,成功127件,其中,婚姻家庭纠纷29件,邻里纠纷24件,合同纠纷23件,赔偿纠纷19件,劳务纠纷18件,土地承包纠纷7件,施工扰民纠纷5件,征地拆迁纠纷23件,宅基地纠纷12件,其他纠纷13件。

【安置帮教工作】 加强刑释解教人员的排查和管控工作,加大衔接、摸底调查和帮教力度,对帮教对象做到人数清、情况明,并将有可能重新犯罪的帮教对象纳入重点管理范围,有效防止和减少重新犯罪。同民政、公安等部门沟通,有针对性地实施引导教育和扶助管理,帮助解决生产生活上的困难,排除不稳定苗头。全年共有刑释解教人员24人,其中,有4人未回到原籍,去向不明,其余20人,安置18人,安置率达90%。

【"148"法律咨询】 做好法律咨询接待工作,宣传社会主义法制与社会主义道德,疏导化解社会矛盾纠纷,引导咨询人员采取合法手段措施解决处理问题。全年免费接待法律咨询860余人次。做好法律服务代理工作,面向农村基层,为群众提供方便、快捷、低收费或免费法律服务,尽量满足基层群众对法律服务的需求。全年,共担任常年法律顾问3家,代理民事诉讼10件,经济诉讼3件,代写法律文书78件。为漩映地区灾后重建工作以及县重建办、县委灾后恢复重建监督委员会提供法律咨询服务。全年接待处理信访事件15件。

【普法和依法治理工作】 年初，研究制定《汶川县2009年普法依法治理工作实施意见》，安排部署全县2009年普法工作目标和任务，调整"五五"普法领导小组成员。对全县普法工作进行中期检查考核，对发现的问题及时总结补救，对成功的经验典型予以宣传推广。

【法律"六进"活动】 开展法律进机关、进单位活动，在全县范围内开展《宪法》、《治安管理处罚法》、《劳动法》、《物权法》、《村民委员会组织法》、《国家信访条例》等法律法规宣传活动。建立健全领导班干部学法用和公务员法律考核等相关制度。通过组织专题讲座、业务培训、知识竞赛等方法提高领导干部和公务员的法律意识。组织38个单位633人进行《宪法》、《物权法》、《保密法》、《行政许可法》等法律知识考试，合格率100%。送发普法宣传资料5000余份，法律书籍3000余册。

开展法律进村活动，抓好农民法制宣传教育。开展劳动、拆迁、工伤、财产继承等法律法规宣传咨询活动。全年，发展农村普法员200名，建立农村法律图书角16个。开展农村法律宣传3次，送发各种法律书籍500余册、法律宣传资料1000余份，编制发送《汶川县农村常用法律知识简答》1万余册。

开展法律进学校活动，抓好青少年法制宣传教育。通过法制讲座、黑板报、演讲会、主题班会等形式，在全县各大中小学校开展青少年法制宣传教育活动。建立完善并实行全县中小学法制副校长或辅导员制度，使学校法制教育逐步制度化、规范化、科学化。全年，组织开展法制讲座6场次，累计受教育学生两万人次。

开展法律进企业活动，抓好企业经营管理人员的法制宣传教育。组织律师、公证、法律服务工作者到桃关工业园区、水磨工业园区等企业，组织企业经营管理人员和职工学习《企业法》、《公司法》、《劳动法》、《税法》、《反不正当竞争法》等法律法规，现场解答提出的各类法律问题，增强企业员工的法律意识，推进企业依法经营，提高依法参与市场经济竞争的能力。

开展送法进寺庙，进一步规范寺庙管理制度。协同县民宗局、县统战部、县民政局等部门对全县8座开放式寺庙开展送法进寺庙活动，向庙内的僧侣及管理人员送发《宗教事务管理手册》，宣讲《宪法》《民族区域自治法》《反分裂法》。

【法制宣传】 开展城乡环境整治宣传活动，宣传《关于强力推进城乡环境大整治的通知》及灾后重建相关法律法规。利用"3.15"、"3.18"、"税法宣传月"等，开展法制宣传。开展以"三大主题活动"、"法律援助宣传月"为主题的法律宣传和法律咨询活动。共送发《法律援助条例》、《妇女权益保障法》、《未成年人保护法》等法律宣传资料4000余份，解答各种征地、搬迁等相关法律咨询300余人次。

【律师工作】 加强律师政治理论学习、业务知识更新以及律师职业道德和执业纪律学习，参加由省州组织的业务培训，进一步提高法律服务质量和水平。积极参与因城市拆迁安置引发的涉法涉诉案件和群体性上访事件的处理，及时提供法律意见和建议，为政府的依法决策当好顾问和参谋。为县重建指挥部、映秀镇灾后重建提供法律咨询服务，审查、修改、草拟建设施工合同等法律事务。坚持每月一次深入各乡镇，了解灾后重建工作中存在的法律问题，提供法律帮助，办理相关法律事务。恢复映秀镇律师办事处和法律事务中心，为漩映地区的群众提供法律服务。全年，承担党政机关、事业单位等法律顾问4家，承办刑事辩护5件，代理民事、经济诉讼15件，接受并办理上级交办的法律援助14件，已办结7件。代理工伤赔偿7件。代书约40份，解答法律咨询200余人次。

【公证工作】 细化工作目标，落实工作责任，保证年内公证工作实现无错证、无假证、无投诉的"三无目标"。加强制度管理，进一步规范执业行为，加强对公证员的政治思想素质教育和业务素质培训，组织学习公证业务知识以及相关法律法规，对典型个案进行交流和总结，积累办证经验。大力宣传公证业务，拓展公证法律服务领域，发放相关资料800余份。全年，接待来电来访1000余人次。参与现场拆迁公证活动11次。受理国内民事公证事项187件，其中，继承权 60 件、委托书 46 件、声明书 59 件、赠与 6 件、文本相符 1 件、房屋买卖两件、死亡公证 1 件、现场监督(捐赠)1 件、其他民事公证事项 11 件。公证法律援助案件 9 件,公证抵押登记 1 件。

【法律援助】 在全县 11 个乡镇设立法律援助接待站,建立法律援助联络员制度,由乡镇司法助理员担任法律援助联络员,开展法律援助工作宣传,巩固和发挥乡(镇)法律援助站便民、利民的作用。在全县范围内开展以"开展法律援助,促进灾后和谐稳定"为主题的活动,送发《法律援助条例》《妇女权益保障法》《未成年人保护法》等宣传资料 200 份,现场解答群众法律咨询 30 人次。制定援助工作职责,进一步规范援助工作程序。建立健全援助案件收结案登记表,案结后及时归档。加强对援助资金的管理和使用,确保专款专用。

落实法律援助"降低门槛,有援尽援"的精神,对持有经济困难救助证的人员及群体性或紧急性案件,原则上不审查或暂不审查经济状况,使经济困难群众和特殊案件当事人及时获得法律帮助。本年,绵虒镇法律援助工作站参与办理为农民工讨薪工作援助案件两件,使 34 名外地农民工得到应有的报酬。利用法律援助为银杏乡沙坪关村 7 名"5.12"地震遇难农民工家属获得 90 万元的劳动报酬以及补偿金,取得良好的社会效益。

全年,受理各类法律援助申请 24 件,批准 23 件。其中,刑事辩护 1 件,办结两件,法律援助公证 10 件、工伤及扶养各 1 件,离婚 1 件,其他为房屋租赁、自建房施工合同等纠纷。代书各种法律文书 40 余份,解答法律咨询 200 人次。2007 年受理的双河市场火灾刑事附带民事赔偿代理案件,于本年 4 月审结并宣判,近百名受援群众的诉求得到法律的维护。

【队伍建设】 开展学习实践科学发展观和"三大主题活动",加强领导班子和队伍的思想建设、业务建设和作风建设。党组理论学习 3 次,党支部集中学习 20 次、召开讨论会 3 次、专题民主生活会 1 次;党支部党员完成心得体会 10 篇、调研文章两篇;发放征求意见问卷 40 份;被州司法局转发简报 4 期,县委政法委转发 3 期。组织开展业务知识培训,提高司法行政业务素质。制定完善各项规章制度,做到以制度管人,加强队伍自身建设。加强机关作风建设,打造学习型、服务型、效能型机关。

严格落实党风廉政建设责任制,健全反腐败工作机制,提高司法行政队伍拒腐防变的能力,全局干部职工没有违法违纪的情况发生。

武装部

【领导名录】

政 委	张贵强
部 长	吴志强
副部长	杨红卫 唐 浩(3月起)

【思想政治工作】 围绕开展"第二批深入学习实践科学发展观"、"深入实践科学发展观,大力培育当代革命军人核心价值观"主题教育和"重事业、强素质、树形象"教育,认真分析干部队伍建设实际,制定党委中心组和机关年度理论学习计划。系统学习中国特色社会主义理论体系、《科学发展观基层军官读本》、《毛泽东邓小平江泽民论科学发展》、《全军学习胡总书记讲话深入贯彻落实科学发展观座谈会材料汇编》、《民主集中制》和《中国共产党第十七次代表大会文件汇编》等。组织干部和民兵预备役人员深入开展"实践军人核心价值观、做灾后重建的带头人"的教育活动。组织学习国家有关灾后重建的相关政策,开展帮扶活动。开展"四反"教育、民族宗教政策教育和藏语言培训。10 月,组织部分干部、职工、专武部长和民兵骨干前往重庆、三峡周边部队和人武部参观学习。

【党委班子干部队伍建设】 部党委始终按照"坚强有为、奋发有为"的要求,把"十六"字原则作为党委的工作准则,严格落实党委议事规则,认真执行党委集体领导下的首长分工负责制,模范履行各自职责。坚持党委集体领导制度,重大问题集体研究决定。3

月，部党委深入开展"党委民主集中制教育"，按照"四讲"、"五要"（"四讲"即讲谅解能容纳人，讲风格能忍让人，讲友谊能尊重人，讲配合能支持人；"五要"即增强团结的重要性要反复讲，统一思想的工作要经常做，不团结的苗头要经常抓，公道正派的作风要大力提倡和发扬，感情交流要贯穿团结的全过程）要求开展对照检查，形成"思团结、谋事业、求发展"的良好风气，班子的凝聚力、创造力和战斗力不断增强。加强作风建设，认真学习传达贯彻胡主席在军委专题民主会上的重要讲话精神和中纪委三次全会、全军纪检政法工作会议精神。开展以"廉洁从政、遵规守纪"为主要内容的反腐倡廉教育，倡导艰苦奋斗、勤俭节约之风，严格执行财经纪律，自觉做到"不为美色所诱惑、不为贪欲所动摇"，洁身自好、秉公办事。

以创学习型人武部为目标，组织开展以"五学五强"（即：学理论、强信念，学科技、强素质，学军事、强指挥，学管理、强组织，学社交、强协调）为主要内容的学习争优活动，通过岗位轮训、轮职授课、短期培训、以会代训、业务考核等方式，培养一专多能的复合型人才。

【党管武装工作】 部党委坚持把武装工作置于县委、县政府的统一领导，坚持向县委、县政府请示汇报，积极争取地方的理解和支持。县委、县政府拨专款20万元更新应急指挥车。县委、县政府结合县城规划，首先考虑武装部重建，确定在原州监狱地块划地重建。

年初，3名部领导按照县委、县政府的分工分别负责漩口镇、威州镇、雁门乡的灾后重建工作。坚持深入乡镇蹲点，指导开展工作。在13个乡镇分别组建民兵特勤分队，主要协助搞好社会治安综合治理，配合乡镇抓好灾后重建中的急难险重任务。要求各乡镇人武部就地组织民兵成立互助组，积极参与乡（村）基础设施建设，协助派出所开展治安巡逻。发挥民兵挖掘机队作用，参与灾后重建各项工程建设。帮助映秀镇黄家院村、渔子溪村等10余个村的400多户农户的地基平整，帮助映秀湾电厂疏通隧道10余公里，维修乡村公路38公里，装载沙石30万余方，帮助映秀、漩口清理垃圾10余吨。4月，按照省军区的要求，组织民兵120余人次配合十三军完成失事直升机残骸搬运任务。7月25日，彻底关大桥被巨石砸断，灾情发生后，迅速组织民兵150余人投入到抢险工作中，于7月30日上午将大桥抢通，确保213国道的畅通。多次组织民兵配合公安局完成各级领导来汶川视察的安全保卫任务。

【民兵预备役建设】 着眼灾后重建和应急维稳的需要，坚持从实战和任务需要编兵，加强民兵组织建设，制定整组方案，3月中旬开展整组活动。牢固树立"编为用、建为战"的思想，突出重点，坚持落实民兵入队"五优先五不编"标准（即复转军人和身体素质好的人员优先，没经过训练和身体不合格的不编；政治面貌和思想基础好的优先，现实表现差的不编；关心国防、支持民兵预备役建设的优先，国防意识差、不热爱民兵工作的不编；文化水平高、有专业特长特别是高技术专业特长的优先，文化程度低、接受能力差的不编；经常在位的优先，长期在外的不编），结合整组加大入队人员政治审查工作，确保入队人员思想过硬、政治可靠。重点加强民兵应急分队、道桥抢修分队、医疗救护分队建设。加强应急信息系统建设，保障应急和指挥的需要，从上级争取经费5万元在原民兵训练基地改建完成应急信息系统建设。2月中旬，集中三江、映秀、漩口和卧龙的专武干部，就北斗一号的使用进行培训，确保紧急情况下信息传递通畅。将民兵编组的重心放在便于集结、便于机动的城镇周边国道213沿线乡镇，逐步形成规模适当、布局合理、结构科学、重点突出的民兵建设新格局，大力提升民兵组织建设的整体质量。按照"建在身边、抓在手中、用在关键"的要求，抽调精干力量，从严政审，精心组织，优化结构，科学编组，于6月中旬成立汶川县民兵突击分队，并在七盘沟板房区进行为期1个月的军事训练和政治教育。圆满完成"铁拳—09"军事演习和国庆维稳任务。

【安全稳定工作】 坚持把安全稳定工作作为中心工作来抓，认真分析当前灾后重建和藏区维稳的形势，梳理安全稳定工作存在的隐患。教育全体干部职工和民兵预备役人员牢固树立战备意识、责任意识、安全意识。按照"县建站、乡设点、村(社)有员、重点寺庙有内线"的总体要求，县设立以军事科长任站长的情报站，乡(镇)成立以专武部长为组长的情报收集点，各村从退伍军人、党团员中选拔一名军政素质高、保密观念强的民兵担任情报员。对情报员进行培训，确保民兵信息网规范运行。

严格落实战备制度，在各战备时段坚持第一时间收拢所有休假在外人员，严格落实战备值班、情报搜集、请示报告和军地协作等制度；坚持主官带班、干部值班和24小时值班制度；修订完善有关防暴维稳、应急处突、抢险救灾预案；乡镇武装部长严格落实24小时值班和外出请假制度，各乡镇民兵连进行作风整顿，民兵在乡率达到95%，确保民兵遇事能拉得出、用得上、起作用。与公安、武警坚持每天交流情况，确保在第一时间掌握情况，在第一时间处置情况，防止隐患、事故的发生。

【征兵工作】 组织征兵领导小组成员及专武干部进行培训。扩大征兵工作的宣传面，在电视上开辟征兵政策宣传专栏，在各乡镇设立征兵宣传工作流动站。深入到阿坝师专、威师校、电大等高校进行政策宣传，鼓励广大高校应届毕业生积极参军入伍报效祖国。上站送检103人，经初检合格43人。

【后勤保障】 购置完善各种装备和物资，为执行高危任务的民兵购买商业保险，提高民兵队伍的机动能力和野战条件下生活保障能力。灾后营房受损，在桑坪宾馆租用房屋，对房屋进行改造，创造较好的工作生活环境，搞好自身保障。为作好营房重建的规划和设计，部领导多次与县委、县政府交换意见，协商营房重建问题。将设计专家请到实地勘察。召开全体干部职工大会，集体讨论规划设计方案的可行性，力争建设成现代化、网络化、生态化的营区。

武警汶川县中队

【领导名录】

队　长	赵成建
指导员	刘康林
副中队长	向弈东
排　长	杨 志 蒲海洋

【班子建设】 年初制定理论学习计划，结合支队开展的"四个正确对待"、"反骄破满促发展"、"听招呼、守规矩"和"干部履职尽责"等教育活动，加强对新《纲要》的学习领会，不断提高班子成员的理论水平。严格落实每周六集中学习制度，支部书记每月对干部学习情况进行检查、签阅。积极参加支队开展的学习新《纲要》培训会，结合实际开展自纠和互查，提高支部班按纲抓建的能力。

中队在抓支部建设中，集体研究决定中队建设重大事项，把战士提出的每条建议列为支部议事的重点，慎重考虑和研究，调动战士参与中队日常管理的积极性、主动性，让战士的民主权利得到充分发挥，培养官兵以队为家意识。在推荐考学、入党、骨干配备、尖子集训等问题上，始终做到公平、公正、公开。全年共推荐考学3人，入党6人，立功两人，转改士官6人。

中队团支部把开展团员青年思想道德教育作为一项重要工作，教育引导青年官兵树立正确的人生观、价值观，端正服役态度，引导团员青年在政治上要求上进。利用两用人才培训时间，开展电脑基础知识、用电常识、团队歌咏指挥等知识的学习，成立棋类、球类、唱歌等兴趣爱好小组，培养官兵兴趣爱好，营造良好的学习氛围。全年组织团员青年开展各种有益活动20余次。推动队务公开，武警委员会经常发动官兵出主意、想办法、提建议，号召人人都参与到中队建设中来，不断加强和改进工作，全年采纳官兵合理化建议22条。

【思想政治工作】 及时了解战士的思想状况，召开支委会研究分析，解决存在的问题。从骨干入手，集中开展作风纪律教育整顿、密切内部关系教育、职责使命教育等。在官兵中开展"立足本职做贡献"大讨论，纠正执勤点官兵思想上存在的偏差，统一全队人员思想。落实法纪教育日制度，利用总部下发法纪教育宣传资料，以法制宣传漫画、拟写心得展评的方式，进一步增强官兵的法纪意识。深入排查安全隐患，把防范重大恶性案件和群死群伤作为经常性思想教育的重点，增强官兵忧患意识。

做好一人一事思想工作，坚持做到"以人为本，尊重个体，真心关爱，注重效果"。善于发挥战士身上的闪光点，调动工作积极性。中队帮助战士解决家庭涉法问题两人，同战士谈心600余次。

开展"双争"活动，坚持在评比中做到"三评"：每天点评，每周讲评，每月评比；"四看"：看进步幅度，看吃苦精神，看遵守纪律，看思想觉悟。按班民主测评、队务会收集、支部研究的程序严格把关，把"双争"评比与入党、集训、考学、评选优秀士兵和转改士官挂钩，增强"双争"评比的科学性和准确性。

【军事训练】 中队注重抓好军事训练骨干的培训，坚持每周议训，利用周末时间对教员所担负的科目进行培训，每月对教练员的授课情况进行考评，提高教练员的授课能力。

中队支部认真分析官兵的身体素质情况，制定切实可行的训练计划，做好安全防范工作，确保整个训练的安全。有针对性地开展防暴队列、常见情况处置、警卫勤务等专项科目训练。

【安全防范】 中队支部结合各执勤点担负任务、地形、敌社情，按照总队首长提出的"七个防范"的要求，认真研究，修订"五防"方案和处置灾害情况方案。每周进行"五防"方案演练，特别是在预防自然灾害上，对每个执勤点撤出的路线、地域进行反复演练，防止事故的发生。

中队每周对安全隐患进行一次分析，建立挂账销号登记表，确保营区安全。在防投毒和预防H1N1流感病毒上，严格落实每周两次全面消毒，碗筷消毒采取消毒液浸泡和开水煮沸相结合方法，每天服用两次中药，进出营区人员必须进行体温测量并消毒，做好登记。做好卫生防病工作，防止病毒传入营区。中队与消防中队建立纵火、防爆炸预警机制，重点险点部位配置灭火器，定期对营区的电路进行检测。对营区周边进行24小时监控，进出营区人员必须经中队主官批准。每天，由值班干部带领3名同志对营区周边检查巡逻，对发现的石头松动等安全隐患立即清除，防止自然灾害事故的发生。

【执勤工作】 每周进行一次勤务编组，每天由勤务值班员在8时，进行编班排哨；对支队和大队的执勤工作通报进行认真学习和研究，发现问题及时纠正和克服。组勤上，士官担任领班员，采取以老带新、以强带弱的办法，不断提高哨兵处置各种情况的能力；控勤上，干部重要时段坐班，每天坚持查勤不少于3次。加强"三员一兵"互控，领班员与监控哨后每10—15分钟互通一次情况，每30分钟由监控员对领班员履行职责情况进行点评。建立值班查勤登记簿，网络监控员对监控情况，领班员对当班哨兵履行职责情况、勤务值班干部对每天检查情况都分别进行登记。严格按照支队要求抓好落实应急班、应急小组建设，完善制度。全年，没有发生一起执勤"常见病、多发病"的现象，确保目标的绝对安全。

在临时勤务人员的选配上，抓好人员的政审工作。在勤务组织上，坚持主官带队，加强与公安人员的协调配合，把自身的安全放在首位；在勤务完成后，进行总结和表彰。全年，完成重大警卫任务5次，公捕公判3起，重要路段设卡任务3起，处置群体性骚乱事件1起。重大节日、重要时段的县城武装巡逻，出动兵力3000余人次。

【后勤管理】 利用条令学习、队务会、综治工作学习、小而实经验交流、碰头会等时间，对干部骨干进行培训，让干部骨干熟悉各项规章制度，掌握基本方法和要求。

注重管理细节，例如组织打扫卫生，要经过划分区域、明确标准和责任人、到场督促检查、进行讲评、抓好整改等工作流程，不省略任何一个环节。对花草树木进行登记造册，实施挂价管理，定期进行检查维护。合理安排战士的文化生活，坚持每周观看一部有意义的电影、每月看一本有意义的书籍、写一篇书评、影评、开展一次体育比赛、办4期板报，营造良好的内部环境，使官兵养成良好的生活习惯，巩固官兵以队为家的思想。

定期对后勤人员进行教育，增强服务意识，把思想素质好、业务技术精的人员充实到后勤岗位上。加大对后勤人员的管控力度，实施量化管理。

消防大队

【领导名录】

大队长	张　涛
教导员	欧远洪（5月起）
指导员	张文强（7月起）
中队长	陈学祥（9月止）
副中队长	陈　浩（6月起）

【火情概况】 全年，受理火警43起，出动车辆87台次，出动警力597人次，灭火成功率达100%。共发生火灾3起，无人员伤亡，直接财产损失73.67万元，与上年同期相比，火灾发生起数和死亡人数分别下降130%和200%，直接财产损失比上年增长63.22万元，无重特大火灾事故和群死群伤恶性火灾事故发生。认真查处火灾事故，保证在第一时间赶往火灾事故现场，按时进行火灾数据的录入工作，查清率与处理率均达到100%。

【专项经费】 县委、县政府将消防部队的经费预算由上年的56.4万元/年，增加为96.6万元/年，增长40万元，涨幅达71%。后期又注入车辆器材购置、维护保养等专项经费共计73.9万余元。

【政治工作】 大队一直把思想政治道德教育摆在首位，根据总队、支队的安排和部署，在春节期间及节后开展"百队千警大走访，亲民强警建和谐"主题实践教育活动，通过座谈了解、走访和发放意见表等形式，征求官兵及社会各界和群众的意见，主动听取地方党委政府、公安机关、企事业单位及人民群众对消防工作、队伍建设的意见和要求。

在全体党员、干警中开展"弘扬公安消防精神，忠诚履行职责使命"主题教育、"三句话"（胡锦涛总书记提出的"忠诚可靠，服务人民，竭诚奉献"）专题教育、"两个禁令"和"干部作风纪律专项教育整顿"学习活动。

【消防行政执法】 检查单位、场所80家，各灾民安置点消防站每日开展防火巡查两次，检查安置点住户两万次，发现火灾隐患500起，消除火灾隐患500起。办理建筑工程审核38件，建筑工程验收9件。开业前消防安全检查35件。办理行政案件15件，责令停产停业6家，责令停止使用1家，警告5人（含火灾3人）。办理消防产品案件1起，罚款1.54万余元。

【社会救助】 成功处置彻底关大桥垮塌事故。7月25日凌晨4时许，国道213线汶川县境内彻底关大桥因暴雨冲刷被山上滚落的巨石砸断桥墩，大桥坍塌，当时正行驶在桥上的7辆车掉进岷江，数人被困。大队接警后，大队长带领官兵赶往事故现场展开救援，经消防官兵近3小时的抢救，成功救出被困人员两名，转移遇难者遗体3具。

全年，参加社会抢险救援出警42次，出动车辆58台次，出动警力252人次；参加执勤保卫8次，出动车辆11台次，警力76人次；社会救助出动92次，车辆113台次，警力460人次；参加县城拆迁洒水降尘70余次，警力300余人次。

【内部安全管理】 为避免各类事故案件的发生，确保部队安全稳定，从6月开始开展百日安全竞赛活动，组织官兵学习《道路交通安全法》《治安管理处罚法》《刑法》《条令条例》、公安部"五条禁令"，公安消防部队《四个严禁》、《安全工作规定》、《作战训练要则》等法律法规和规章制度。成立督察队，对各消防站至少每周督察1次。每月向各消防站发出督察通报，对发现的问题限期整改。进一步提高全体官兵的安全防事故意识，消除各种事故苗头和安全隐患。

【消防安全保卫】 开展春节、清明、"五一"、

"5.12周年纪念活动"以及国庆等重大消防安全保卫工作，共参加各类大型活动保卫工作7次，调集保卫人员260余人次，执勤消防车辆38余辆次。

【消防专项治理】 开展"两类"场所、公众聚集场所可燃易燃装修、易燃易爆场所专项治理工作。组织防火监督检查干部对辖区的公众聚集场所开展一次集中消防安全法大检查。4月15—16日，县安监局、工商局、文化和消防部门，开展联合检查。7月初至8月底，协同相关部门对辖区的易燃易爆场所进行检查，加强对辖区液化气站、加油站等储存和销售易燃易爆场所的监管力度。共检查公众聚集场所23家次，高层和地下建筑1家次，易燃易爆场所12家次，填发发检查登记表45份，签发《责令限改正通知书》3份，《复查意见书》3份，处罚单位6家，罚款5000元，责令停产停业两家，警告1人。

【安置点防火工作】 为确保受灾群众安置点的消防安全，先后设立龙溪、绵虒、映秀、银杏、七盘沟、雁门安置点消防站，派驻官兵和执勤车辆蹲守安置点，开展防火巡查、消防安全检查、消防宣传以及火灾扑救工作。在重大节日和重大活动期间，大队增派监督人员协同消防站开展防火巡查工作，组织实地灭火疏散演习。随着板房或自建房逐步减少，部分安置点的火灾隐患比较突出，大队先后调整各执勤点力量3次，将映秀板房消防站转移至映秀镇渔子溪村，负责该村自建房安置点的防火巡查工作。撤离原有龙溪乡、绵虒镇执勤点，设立银杏消防站，派驻官兵6人、消防车1辆、消防泵1台，担负银杏乡自建房安置点的消防安全执勤保卫任务。抽出专项资金购置消防桶和手抬机动消防泵，为自建房安置点解决消防水源紧缺的问题。灾民安置点全年未发生一起恶性火灾事故。

【消防宣传培训】 举办多期消防安全知识培训班，对人员密集场所、易燃易爆场所的消防安全责任人和管理人以及灾民安置点的义务消防队员讲解基本的灭火常识和火场逃生技能，受教育人数达500余人。4月9日，在威州镇举行《消防法》宣传月活动启动仪式，深入开展新《消防法》宣传贯彻工作。11月

9日，开展以"关注消防、珍爱生命、构建和谐"为主题的"119消防日"消防宣传活动，进行学校消防安全疏散演练、对外开放消防站、消防安全知识讲座等一系列宣传活动。多次前往各安置点开展消防宣传工作，印制和发放各类消防宣传单1万份，悬挂横幅30余条，开展灾民安置点灭火疏散演练6次，对外开放消防站20余次。日夜不间断的开展防火巡查工作。全年，开展大型消防宣传活动6次，摆放宣传展板20块，悬挂各类宣传横幅40条，向公众发送冬季防火常识提示短信1万条，发放消防安全知识传单、新修订《消防法》、消防知识手册等各种宣传资料两万余份，编写发送《机关、团体、企事业单位〈消防法〉宣贯手册》、《人员密集场所、易燃易爆场所〈消防法〉宣贯手册》、《新、改、扩建建筑工程涉及单位〈消防法〉宣贯手册》3种宣传材料3000余份，受教育群众近3万人次。

【后勤保障】 征求官兵对伙食的意见，对伙食进行改善，储备足够的方便食品。重新购置厨房厨具、餐厅座椅，改善食堂卫生条件；为安置点消防站官兵购置空调、风扇、取暖器以及棉被等生活物资。对生活物资和经费，由专人负责保管，统一管理，统一开支，厉行节约，杜绝浪费。督导后勤人员经常对食堂卫生、物资管理等进行检查，定期消毒，确保饭菜卫生，保证官兵的身体健康。为确保营房重建工作顺利开展，大队积极向县委、县政府汇报，多方筹措配套启动资金，作为第一批建设项目启动。

【立功受奖】 在灾后重建消防工作中，大队党委被县委、县政府通报表彰，被评为"全省消防部队先进基层党组织"，1人荣获"全省消防部队优秀党务工作者"，1人荣获"全省消防部队优秀共产党员"，4人荣立四川省消防总队个人三等功，11人受到四川省消防总队个人嘉奖。

森警大队

【领导名录】

大队长	高立民(7月止)
	郭胜峰(7月起)
政治教导员	张洪旗(1月止)
	郭胜峰(1月起7月止)
	高德军(7月起)
副大队长	徐 辉(6月止)
	余小刚(6月起)

【基本情况】 大队现有人数86人,其中,大队部14人,汶川中队29人,卧龙中队43人。2008年被中共中央、国务院、中央军委联合授予"全国抗震救灾英雄集体"的称号,两个中队分别表彰为集体一等功和集体三等功。同时被总队评为基层先进大队。

【中心任务】 大队严格落实地方政府和上级指示要求,截至12月30日,共参加林政执勤、维稳处突、灾后重建、抢险救灾等执勤任务50余次,累计动用兵力1500余人次。查获违法偷运木材20立方米,非法运输矿石18车,非法运输银杏树两棵。发放防火宣传单和森林法宣传单两万余份,逮捕犯罪分子1名。10月30日,大队四姑娘山执勤点出动4名官兵配合四姑娘山管理局组成搜救小组,对在四姑娘山骆驼峰遭遇雪崩失踪的两名俄罗斯游客进行搜救任务。

【大熊猫转移】 4月25日上午,卧龙中队出动17名官兵协助卧龙地区管理局将中国保护大熊猫研究中心在汶川大地震后留守卧龙的最后一批6只大熊猫,从大熊猫临时安置饲养点,安全转移到研究中心雅安碧峰峡基地。

【景区执勤】 卧龙中队16名官兵于8月6日顺利入驻四姑娘山执勤点。执勤官兵忠于职守、坚守岗位,帮助游客背行李,为他们介绍相关情况,既当服务生又当安全员,展示了武警森林卫士的良好形象。

【协助灾后重建】 大队与县各级领导、相关部门紧密联系,互相帮助、共同努力,确保全县灾后重建工作顺利完成。

1月23日,汶川大队出动30名官兵协助教育局以及其他部门,到汶川县威州中学搬运课桌椅5000余张。2月20日,帮助大队营区周边群众修补过渡房屋15间。4月30日至5月12日,大队每天派出15名官兵配合县交通局及有关部门负责汶川县城至绵虒一线的交通路线疏通任务,大队出勤12天,出动兵力150余人次,疏通受阻车辆约9万余辆,阻止群众混乱事件50余起,配合交通部门处理交通事故10余起。

5月12日,大队出动30名官兵担负"5.12"汶川特大地震一周年纪念活动的防火灭火执勤任务。主要负责对"汶川'5.12'特大地震遇难者公墓"周围的防火灭火任务。连续出勤8小时,先后处置零星散火引起小面积火情10余起,疏散聚集人群3000余人次。

7月25日凌晨5时左右,由于连日大雨的冲击,汶川县国道213线都汶路44KM+200处,因山体的滑坡造成彻底关大桥桥墩、桥面被垮塌的巨石砸断。造成6人死亡、12人受伤、7辆车辆严重受损,导致国道213段道路中断。根据州委、州政府指示,县委、县政府要求和支队首长的命令,汶川森林大队立即启动预案,由大队长带领20名官兵协助地方爆破公司对大桥上方的滑坡山体实施最大的爆破排险。26日,大队出兵16人到彻底关大桥对险情进行勘察并协助地方交警部门维护现场秩序、疏散群众。并在便道两端设立观察哨,随时观察山体滑坡情况。28日,大队再次出动20名官兵前往彻底关大桥进行排险任务,历时5小时到达指定地点,挖掘深1.5米,直径1米的炮眼42个并安装好炸药。在短时间内完成排险救灾任务,使从成都通往汶川、理县、茂县3个重灾县的生命通道恢复畅通,得到省委书记刘奇葆和各级领导的高度评价。

9月26日,大队出动25名官兵前往映秀镇配合县公安局担负一级警卫执勤任务。妥善处理群体性事件 3 起。确保从水磨镇至映秀路段的畅通,完成公路巡逻稳控执勤任务。

【组织建设】 狠抓理论学习,不断提高理论水平。坚持以"争创先进大队"为目标凝聚人心,始终做到干事业一条心、抓工作一盘棋、谋发展一股劲。正副书记善于团结,经常交心通气,注重取长补短,高度集中,保证决策的科学性。

【军事训练】 组织全体官兵对新军事训练与考核大纲进行全面系统的学习。针对大队官兵军事训练存在的不足,召开军事训练分析会,挑选素质能力较好的班长骨干参加支队组织的新大纲培训,依据新军事训练大纲拟制各种训练教案,不断提高班长骨干的组训能力,为军事训练打下良好的基础。

【思想政治建设】 组织全体官兵学习三级党委会精神、四级军政主官培训精神和指挥部、总队、支队第二次党代会精神。组织开展胡主席提出的"新四个"教育、"培养当代革命军人核心价值观,永远做党和人民的忠诚卫士"主题教育、法纪教育。打牢官兵的思想基础,增强官兵践行当代革命军人核心价值观,永远做党和人民忠诚卫士的信念。

【内部管理】 开展"条令学习月"、"安全教育宣传月"活动和安全常识、法规政策等经常性安全教育,深化"五个重点问题"治理,重点突出八小时以外、节假日和执行重大任务等重要时段、关键环节的管控,及时排查安全隐患,筑牢安全工作防线。

【落实战备工作】 按照支队的要求制定符合大队实际的战备方案,并针对人员的变化及时进行调整。同时为使官兵掌握方案,适时组织演练。

【后勤保障】 坚持党委当家理财,在经费管理上,严格落实"双主官"签字制度。发展以种植业、养殖业为特色的农副业生产。严格落实《基层伙食管理五项制度》,在甲型 H1N1 流感防控工作上,严格落实预防 H1N1 流感五项措施,防止疫情流入部队,确保部队安全稳定。

农 林 牧

农 业

党组书记、局长　　熊小军(6月止)
　　　　　　　　　傅　剑(6月起)
副局长　　　　　　胡　敏　赵永全

【农村经济】 农业生产主要情况是:基础设施逐渐恢复,乡村户数、人口减少,耕地面积减少,主要农产品播面下降,产量增加,畜牧业生产呈现出栏、肉类总产量增长,存栏下降。全年实现农林渔牧业总产值21189万元,按可比价计算比上年同期增长10.7%,其中,农业总产值8847万元,增长21.4%;林业总产值5867万元,增长5.9%;牧业总产值5168万元,增长3.4%;渔业总产值16万元,增长30%。农林渔牧服务产业1291万元,增长4%。农民人均纯收入3335元,增加590元。人均有粮126公斤,增加24公斤。

【粮食生产】 粮食产量8392吨,同比增加1506吨,增长21.9%;全部农作物播面78735亩,比上年减少5.6%。粮食作物播面47475亩,比上年减少4.2%,其中,小麦种植525亩,减少37.4%;玉米30465亩,增长0.3%;洋芋7350亩,减少30.4%;油料作物9877亩,增长30.3%。粮食亩产达到176.8公斤,比上年增加37.8公斤。油菜子产量840吨,增长3.97倍;蔬菜播面15930亩,同比减少2880公顷,下降15.3%。蔬菜产量31005吨,同比增加10394吨,增长50.4%。

【农业项目建设】 在5个乡镇8个村完成2000亩扶贫开发和综合防治大骨节病试点工作种植业项目特色水果基地建设任务。

推进灾后恢复重建项目建设,汶川县农业技术推广服务体系、有害生物预警站与区域控制站建设项目立项。12个乡镇农业技术推广服务站(克枯乡农技站为对口援建)纳入乡镇"七站八所"基层政权项目打捆建设;机耕道建设、机电提灌站建设项目,开展勘查设计工作;农村户用沼气完成扩大内需项目,建设沼气池500口,灾后恢复重建沼气建设项目正建设沼气池100口;漩三环线(漩口—三江)特色产业经济圈建设,投入资金700万元,在漩三环线上的22个村新栽植猕猴桃3000亩,为猕猴桃种植户提供架材6400亩;阿坝九寨茶业有限责任公司厂房及生产线恢复重建一期工程完工,二期工程(厂房、生产线改扩建)完成投资600万元;水磨现代农业示范园建设,于9月在水磨镇白石村启动,该园区占地70亩,拟修建大棚、温室两万余平方米,发展食用菌和特色花卉,园区建设任务完成70%;农产品(甜樱桃、猕猴桃)加工厂即将开工建设。

民生工程建设项目完成1000人的新型农民培训,完成农民实用技术培训3.56万人次;6月,完成500口农村户用沼气建设任务。

【农业产业化】 通过灾后恢复重建,农业龙头企业阿坝九寨茶业有限公司的加工能力大幅度提高,每天可加工鲜叶4000公斤;汶川县佳馨农业种植有限责任公司、岷江甜樱桃产业有限公司的带动力逐步增强,促进农民增收的效果越来越显著。全县农民专业合作社达28家,较上年增加15家。组织九寨茶业、岷江甜樱桃产业有限公司、佳馨农业、九寨外贸、高原果蔬、三江乔缘等企业和农民专业合作组织参加三州暨地震重灾区优质特色农产品展示展销会和西部国际农业博览会。会展期间,多家新闻媒体报道汶川县特色农业发展和参展特色产品,吸引众多商家、人员参观和购买汶川特色农产品。特别是甜樱桃、茶叶受到中央电视台、四川电视台、四川日报等多家媒体关注，为拓宽农产品销售渠道提供了很好的平台，使汶川县的甜樱桃、猕猴桃等优势特色农产品得到充分展示。

成功举办首届樱桃节，省农业厅、四川省农科院、中国农科院、中国园艺学会20余位领导、专家学者应邀参加。"汶川甜樱桃"地理标志申报成功，被评为"天府十宝"。省农业厅授予汶川县为"四川省优势特色效益农业甜樱桃基地"。中央电视台七套《致富经》栏目对汶川县甜樱桃产业发展作了专题报道。汶川县甜樱桃的知名度进一步扩大和品牌形象进一步提升。

【基础设施建设】 通过培肥地力，改造中低产田。全年，种植绿肥5000亩，堆沤肥6.5万吨，秸秆还田2.24万亩，完成2800亩中低产田改造。此外，增厚土层4500亩，深翻冬闲地两万余亩。投入15万余元恢复芤山、青坡等村的提灌设施，恢复灌面720亩。

【病虫害防控】 强化病虫预测预报，对小麦条锈病、小麦白粉病、油菜病虫害、樱桃果蝇进行监测，发布病虫简报5期。成立4个甜樱桃果蝇防治技术小组，深入到在威绵地区各村组，开展果蝇防治技术指导工作，采取果园地面施药和糖酒醋毒液诱杀成虫，联防甜樱桃果蝇面积8000亩，防控率达100%，防效达85%。全年，农作物病虫害发生面积16.21万亩次，防治面积15.4万亩次，综合防效95%以上，挽回粮食损失2010.1吨。

【农机管理】 通过农机安全隐患排查治理、安全生产"三项行动"和百日安全隐患督查活动，狠抓农机违章作业的集中整治。共检查拖拉机786台次，纠正各类违章352台次，查处无牌行驶车辆136台、无证驾驶75人次。全年，审验合格拖拉机740台次，审验合格驾驶操作人员470人次，办理新入户276台次，考试办理驾驶操作证120人次，培训机手240人次。

【农业产业结构调整】 围绕特色水果、蔬菜、茶叶、花卉和食用菌等农业特色产业，大力实施农业项目，加大农业产业结构、内部结构的战略性调整，农业结构日趋优化。全县新建甜樱桃园400亩，甜樱桃总面积达到8500亩；新栽植猕猴桃6500亩，猕猴桃总面积达到1万亩；恢复茶园4000亩；恢复建设蔬菜基地1万亩。特色农业持续健康发展。蔬菜产量31005吨，增产10394吨，增长50.4%；茶叶产量36吨，增长2.9%；水果产量1092吨，增长88.6%。

【农业行政执法】 加大农资市场查处力度，全年对农资市场进行8次检查，检查农资销售固定摊位、门点140个（次），基地、农民专业合作经济组织15家，未发现有禁销农药、种子、农药、化肥、农膜，合格率达100%。3月，会同工商、质监、物价等涉农执法部门开展"反假冒、反欺诈"农资专项整治活动。4月开展"农资打假护春耕"专项整治活动。《食品安全法》宣传月活动和国庆、中秋期间开展农资专项整治活动，提高老百姓的识别假冒农资的能力，规范和净化农资市场，从源头上保障农产品质量安全。

加强农产品农药残留量检测工作，全年共抽样检测农产品55个，经检测分析，全县农产品质量安全总体水平较高。结合"放心农资下乡进村宣传周"、"科技下乡"、"3.15消费者权益日"、"农产品质量安全宣传月"等活动和实用技术培训工作开展群众性宣传教育活动，发放《食品安全法》、《农产品质量安全法》、《四川省〈农产品质量安全法〉实施办法》、《无公害农产品农药、肥料使用规定》等有关法律知识和资料，增强人民群众自我保护意识和能力，充分发挥群众的监督作用。

【技术培训和推广】 以"科普活动周"、"科技下乡"等活动为载体，开展农业实用技术培训。组织技术人员深入村寨采取发放技术资料、现场指导、咨询等形式，向农户传授农业实用技术。全年，共举办实用技术培训及相关法律法规知识宣传培训90期，开展咨询、现场指导120场次，培训3.56万人次，发放资料3万份。

全年推广杂交玉米良种3万亩，推广优质小麦800亩。推广玉米地膜覆盖栽培、测土配方施肥、杀虫灯、诱虫板无害化杀虫器械等技术。推广应用高效低毒低残留农药，指导农民正确用药、科学防治，逐步减少化学农药的使用量。

围绕重点产业重点示范，采取县乡联动方式，建设甜樱桃、蔬菜、花卉和食用菌标准化、农村沼气建设示范村等样板5个,推广设施栽培50亩。

【专业合作经济组织】 为适应农村市场经济和农业产业化经营发展要求,顺应广大农民日益增强的互助合作愿望,按照"因地制宜、多元创办、政府扶持、部门指导和市场运作"的思路,引导农民专业合作组织的发展,提高农民的组织化程度和农业产业化经营水平,促进农民增收和农村经济发展。

【落实惠农政策】 检查清理农民负担,未发现有对农民乱收费,加重农民负担的情况发生。继续执行粮食直补、农资综合补贴、油菜良种补贴、农机购机补贴等惠农政策,确保国家惠农政策惠及农户,共计发放粮食补贴资金351.85万元,涉及13个乡镇(包括卧龙、耿达),享受粮食直补面积为48908.08亩,受惠农户14003户;共发放农机443台,补贴资金200万元。启动农业政策性保险工作。

【机关建设】 从3月底到8月底,开展学习实践科学发展观活动,围绕"推动科学发展、加快特色农业发展"的实践主题,完成学习调研、分析检查、整改提高各阶段任务。组织集中学习5次,培训党员60人次,撰写心得体会15篇,上报简报7期,个人分析检查材料3篇,局班子成员撰写调研报告3篇。通过召开座谈会、研讨会、发放征求意见表、重点课题调研、召开专题民主生活会等多种形式,征集社会各界的意见和建议。深入漩口镇瓦窑、小麻、安子坪3个村434户农户家中调研3次,召开座谈会5场次,发放意见征求表30份,召开民主生活会两次。共征求各类意见建议7条,形成分析检查报告和整改方案。

进一步完善机关综合管理制度,推行服务承诺、首问责任、限时办结、重要事项公示、重点工作通报等制度,进一步转变职能,推进农业系统自身建设,加快农业产业持续健康发展。

加强党风廉政建设。倡导"敬业为农、优质服务、廉洁奉公、务实高效"的行业新风,开展"作风建设年"、"环境综合整治"等活动,提高行政效能和工作效率。

林 业

【领导名录】

局　长	吴　清
党组书记、副局长	岳建文
副局长	王晓兰　赵　文

【森林覆盖率】 年末森林面积181349公顷,森林覆盖率38.1%。

【公益林建设】 扩大内需新增公益林建设建成2008年任务封山育林检查哨卡3个,落实封山育林管护人员5人,制作封山育林警示牌5个,完成育林措施中的平茬复壮面积1500亩,封山育林区补植补播面积1995亩;完成2009年建设任务封山育林的规划和作业设计,落实封禁措施和管护人员3人。

【天保工程】 向各乡镇、各场所站分别下达森林管护任务,明确管护责任,抓好天然林保护管护,防止森林火灾、有害生物入侵。充分发挥森林公安和森林武警的作用,依法坚决打击乱砍滥伐林木、乱占毁林等破坏森林资源违法行为。完成大熊猫年度监测任务,完成213万亩森林管护任务,取得连续30年无森林火灾的好成绩,荣获全州护林防火目标管理二等奖。

【退耕还林】 完成面积核查、保熟率调查等工作,进一步完善管理措施和工程资料。完成受损和质量低下退耕还林地的补植补造1万亩,树种以早熟核桃、刺槐为主。落实全县6.17万亩退耕还林地后期管护,顺利通过退耕还林国家级检查验收。

【森林植被恢复】 总任务为69.55万亩(人工造林5万亩、封育61.546万亩、点撒播3万亩),大熊猫栖息地修复5万亩。编制完成年度作业设计实施方案。本年完成封山育林15万亩,完成投资额1050万元,计划2010年完成46.546万亩;完成人工造林1万亩,完成投资额600万元,计划2010年完成2.5万亩,2011年1.5万亩;完成人工点撒播1万亩,完成投资额230万元,计划2010年完成两万亩。栖息地修复任务5万亩,2010年全面完成。

【林木种苗生产基地恢复】 总任务为1580亩。完成母树林补植补造500亩，水磨黄龙杠苗圃重建25亩。

【基础设施建设重建】 总任务为修复林区道路258.8公里、给水管线21.5公里、供电线路71.2公里、通讯线路105公里，重建业务用房900平方米、职工周转房6000平方米。落实漩口森林经营所重建用地及其地形测量、地质灾害危险性评估、建设方案审批，完成地勘。完成威州林场危旧房改造方案编制。落实绵虒林业工作站重建地点，办理规划手续。

落实恢复重建防火瞭望塔4座、通信站（台）4座的地点，进行地勘、设计等工作。重建扑火专业队营房286平方米，建物资储备仓库208平方米，计划与威州林场和桂花坪林场重建打捆建设；业务设备待机关办公楼建成后采购。

【保护区建设重建】 包括大熊猫救护、饲料等物资供应，自然保护区项目包括重建草坡自然保护区管理处、长河坝、沙排、草坡、麻龙、三官庙5个保护站及毛毛沟保护点业务用房931平方米、恢复重建保护区巡护道路57.5公里、通讯线路9.2公里、给水管线4.66公里、供电线路6.7公里。保护区植被恢复与林草植被恢复整合；业务用房建设已着手地勘、设计，道路、通讯线路、给水管线、供电线路与业务用房建设配套，同时修复部分巡护道路。

【森林病虫害防治重建】 包括业务设备更新购置、补充防治药剂药械、人工普查监测、重建固定监测样地。通过政府采购购买林药两吨，分发至实施单位；设备更新待办公楼建成后实施；制定普查监测和重建固定样地方案上报州林业局，待批复后实施。

【社会管理项目重建】 包括重建县森林公安局业务用房336平方米、设备设施购置等，重建县森林公安局漩口派出所、威州派出所分别470平方米业务用房和设备设施购置等。落实漩口派出所重建用地及其地形测量、地质灾害危险性评估、建设方案审批，完成地勘。

【集体林权制度改革】 林改试点工作于7月初结束，在全县9个乡镇铺开，映秀镇、漩口镇于2010年实施。截至年底，完成三江乡7个村、水磨镇13个村、漩口镇两个村、雁门乡9个村、龙溪乡3个村、克

枯乡4个村、威州镇5个村、银杏乡两个村、绵虒镇5个村、草坡乡5个村，共计55个村主体林改，占全县111个行政村的49.5%，确权面积53.8万亩，完成工作任务的43%。为适应集体林权制度改革后森林经营主体多元化的变化，提高林业经营组织化程度，促进规模经营和集约经营，根据《森林法》《农民专业合作社法》等有关规定，结合持续深化林权制度改革，提出《关于鼓励扶持农民林业专业合作社的初步方案》。

【城乡绿化】 开展灾后林业生态恢复"破碎山河大绿化活动"。植树节，组织县城威州及10个乡镇义务植树，四川新闻网网友、名山县志愿者100余人赶赴汶川开展"携手灾区，共植爱心林"活动，打造爱心生态林基地。建成爱心林100亩，全县累计完成义务植树18.7万株。对桉树、台湾桤木硅用工业原料林基地进行恢复重建，完成近500亩示范基地恢复重建工作，定植速生树种赤桉5万余株。与州林业局配合完成映秀512亩"震中纪念林"建设，完成国道213线友谊隧洞至威州可绿化路段的绿化和漩三环线公路绿化规划工作；完成全县第四期沙化土地调查。

【林政管理】 抓好林政执法，制定完善林政管理、执法管理措施，突出森林资源管理的事前监督，清理征占用林地项目6个，临时占用林地项目59亩，收取森林植被恢复费8.1万元；加强木材加工、运输管理，规范林业行政执法。做好灾后重建涉林项目服务工作，组织调运灾后农房重建木材5000立方米，保障灾后农房重建木材供应。

【机关建设】 结合学习实践科学发展观活动，勇于突破制约科学发展的体制机制束缚，规范管理行为，促进科学发展。领导班子成员坚持深入到基层单位了解职工关心的热难点问题。

成立灾后重建项目专责工作组，加强地震灾后重建工程管理，确保工程质量。完善接待管理制度、小车管理制度、廉洁自律制度等。印发《汶川县林业局关于厉行节约加强公务费和小车费管理的通知》，对各单位公务费、小车费实行总量包干控制的办法，建立健全公务车油料费修理费开支公示制度，降低车辆使用成本，车辆管理日臻规范。

做好清退人员待遇、林权争议等工作，消除不稳定因素，维护和谐稳定；开展社会治安综合治理和平

安创建工作,分解落实目标责任,完善工作措施,排查安全隐患,确保林区群众和干部职工生命财产安全、森林资源安全。

牧 业

【领导名录】

党组书记、局长　　余朝波

副局长　　　　　　兰晓林　张利军

【畜牧业产值】 实现全县牲畜业产值 5168 万元,按可比价计算同比增长 3.4%。

【牲畜存出栏】 年末牲畜总数 52747(头、匹、只),同比减少 1.1%。生猪存栏 24784 头,同比增加 1284 头,增 5.5%;牛存栏 11558 头,同比减少 1542 头,减 11.8%;羊存栏 15810 只,同比减少 390 只,减 2.4%;马、驴、骡存栏 595 匹,增加 52 匹,增 9.6%。小家禽存栏 60113 只(羽),同比增加 2244 只(羽),增 3.9%。

牲畜出栏 36518 头,产量 2817 吨,同比增加 4133 头,增 12.8%,出栏率 70.8%。其中,出栏生猪 27124 头,同比增加 2324 头,增 9.4%,产量 2441 吨;出栏牛 1911 头,同比增加 611 头,增 47%,产量 250 吨;出栏羊 7415 只,同比增加 1015 只,增 15.9%,产量 117 吨。出售和自宰的肉用禽 32981 只,兔 3502 只,禽肉产量 76 吨。蜂存栏 3883 箱。

【肉类产量】 肉类总产量 2893 吨,比上年增加 206 吨,增 7.7%,出售 1147 吨,商品率为 39%。其中,牛肉 250 吨,同比增加 50 吨,增 25%;猪肉 2441 吨,同比增加 141 吨,增 6.1%;羊肉 117 吨,同比增加 17 吨,增 17%;禽、兔肉 76 吨,同比减少两吨,减 2.7%。

【疫病防控】 全县动物疫病防疫工作以高致病性禽流感、口蹄疫、高致性蓝耳病、猪瘟等重大疫病防疫为重点,坚持"五统一"(统一疫苗、统一免疫程序、统一操作规程、统一免疫标识、统一评价免疫质量),做到"五不漏"(县不漏乡、乡不漏村、村不漏户、户不漏畜、畜不漏针),确保"五到位"(物资到位、宣传到位、质量到位、责任到位、工作到位)。全年免疫猪、牛、羊口蹄疫 11 万头份,禽流感疫苗 11.6 万羽,免疫密度均达 100%。抓好甲型 H1N1 流感疫情的防控工作。共排查生猪 19112 头,消毒规模养殖场、定点屠宰场、市场面积 10.25 万平方米,印发《甲型 H1N1 流感诊断及防治措施》300 份,确保全县无一例猪流感发生。

【畜牧业恢复重建】 拟定《汶川县畜牧业灾后恢复重建实施意见》,经县人民政府审批实施。对规模养殖户的圈舍修建、种猪购买等方面给予政策倾斜和资金补助支持,提高农民灾后恢复重建的积极性;组织抽调精干力量,实地入户指导老百姓修建圈舍、宣传各项惠农政策。截至年底,完成圈舍恢复重建 18.3 万平方米,完成本年度目标任务 17 万平方米的 107%。畜牧业项目固定资产投资完成 8357 万元,完成目标任务 8000 万元的 104%。

【扩大内需项目】 根据阿坝州发改委、阿坝州财政局、阿坝州畜牧兽医局关于《转下达动物防疫体系建设项目 2009 年第三批扩大内需中央预算内投资计划及资金预算的通知》要求,完成《2009 年汶川县动物防疫设施灾后重建项目实施方案》、《2009 年汶川县乡镇兽医站基础设施建设项目实施方案》、《2009 年汶川县乡镇兽医站动物防疫设施灾后重建项目实施方案》。按照县委、县政府关于"乡镇站要和乡镇政权或服务中心打捆建设"的要求,及时和各乡镇协调土建用地,年底,三江乡、银杏乡、草坡乡开工建设乡镇畜牧站,其余乡镇将陆续开工。

【示范区建设】 围绕岷江河谷特色农业示范区建设,推进畜牧产业发展。本年新增生猪养殖 3.2 万头,完成目标任务 3 万头的 107%;引进种养 150 余只,完成目标任务的 100%;全县 50 头(只)以上的畜(禽)养殖规模户达 300 户,完成目标任务 15 户的 200%,其中,新建生猪养殖 100~500 头以上规模农户 31 户,200 只规模以上的家禽规模养殖户 6 户,新建 50~100 吨腊肉加工厂两个,规模养殖场 4 个,规模养殖小区两个。新增小家禽 5.1 万只,完成目标任务 5 万只的 102%。

【畜牧企业】 以引进和培育本地畜牧企业为中心,先后引进以生产、加工、销售优质畜禽为主的州外畜牧企业 4 家,培育本地畜牧企业 5 家,协议投资近 4 亿元,实际投入资金近 1 亿元。

开创汶川县畜牧业"四个第一":成功引进汶川首家畜牧龙头企业——汶川羌禹生物产业有限公司入住汶川。该公司投资达 3500 万元,建养殖、加工基地 1.2 万平方米,养殖种猪 2200 头,年产仔猪 5 万头。截至 11 月底,投入资金 800 万余元,完成基地的"三通一平"和绿化建设,修建圈舍 4000 平方米,12 月初引进首批种猪 300 头。

为打造"云上布瓦、羌碉王国",发展布瓦生态旅游,在威州镇布瓦村规划新建全县首个生猪养殖小区,建成标准化生猪圈舍 110 间 2400 平方米,沼气池 8 口 120 立方米,化粪池 8 口 240 立方米,蓄水池 4 口 200 立方米。该养殖小区的建成,为转变畜牧业生产方式、经营方式,促进农民增收起到积极的作用。

在绵虒镇高店子开工新建全县首家生猪种畜场。该种猪场按正大集团世界先进的全球统一标准设计,采用隔热保温新型材料,在室内配降温专用水帘,并新建全州容量最大的沼气池。该种畜场建成后,PIC 父母代种猪饲养规模将达 1000 头,可年产 PIC 优质仔猪两万头,可带动农户 5000 余户发展养猪业,实现全县年出栏生猪 10 万头以上,为农民增收 1000 万元以上,同时可解决全县农民每年 95% 的仔猪都需外购的问题,降低养殖成本。

把发展特色家禽作为灾后畜牧业恢复重建的重要措施之一,引进集良种繁育、生态养殖、产品加工销售为一体生产养殖企业——汶川永君鸭业有限公司,在水磨镇连山坡村养殖特色家禽——瘦肉型樱桃谷鸭。该企业投资 3000 万元,占地 40 亩,建两万多平方米的核心养殖场。养殖基地建成后年出栏达 200 万只,年销售收入达 3000 万元,将带动养殖户

200 余户,户均出栏 1 万只,可获得纯利润 1.3 万元,人均增收 325 元。截至 11 月底,该公司投入资金 1000 万元,建禽舍 1.8 万平方米,12 月底引进樱桃谷鸭将 20 万只,年出栏 200 万只。

【兽医体制改革】 完成全县兽医体制改革工作。原各乡镇畜牧兽医站人员 25 人,现为县畜牧兽医局在乡镇的派驻机构,其人员、业务、经费等由县畜牧兽医局统一管理。

【畜产品安全】 全年,派出畜牧兽医执法人员 16 人次,出动执法车辆 10 台次,在县工商、质监等部门的配合下,对全县 13 个兽药饲料销售点、两个畜禽及其产品销售市场进行联合执法,共收缴过期兽药、饲料添加剂 2.69 公斤。对屠宰的动物,做到有宰必检,全年检疫猪胴体 1.91 万余头,县级定点屠宰场的检疫率达 100%,乡镇定点屠宰场检疫率达 95%,让人民群众吃上"放心肉"。

【技术培训】 采取专家讲座、实用技术培训、现场讲解等方式提高老百姓的养殖技术。全年,共培训农村实用技术人员 2600 人次,印发资料 5000 余份,完成目标任务的 103%。

【以草养畜】 促进生态畜牧业的发展,全年实现粮草轮作 1.8 万亩,配混合饲料生产 45 万公斤,草粉生产 35 万公斤,全县农户种植各类种草 1550 亩,改良天然草地 400 亩,收贮牧草 110 万公斤。协助养殖户购买畜禽专用饲料 1000 余吨。

【种畜改良】 全年,引进优良种畜 87 头(只),良种禽兔 4.42 万余只(羽)。完成黄牛改良 592 头、当年繁活 308 头、改良牛存栏 349 头。山羊改良 2679 只、当年繁活 2407 只、改良羊存栏 2315 只。能繁母猪存栏 790 头、商品猪出栏 12639 头。

经济商务

局　长　　　　　向世茂(兼)

党组书记、副局长　王长红

副局长　　　　　周中强　杨丹

【工业恢复和发展】 坚持走新型工业化道路,强力实施工业强县战略,将地震造成的灾害作为全县工业产业结构调整,企业上档升级的重大历史机遇,采取"改造提升一批,调整淘汰一批,引进发展一批"的方式,整合国家支持、广东援建、社会投资等各方力量,抓好工业经济的恢复发展和工业园区建设。按照州委的"工业北移"的要求,根据"一心两廊四区"重建发展规划,以工业集中发展区为依托,以产业结构调整为动力,以降耗增效为途径,以承接产业转移增活力,以做大做强增总量为目标,加快工业园区建设,发展新型工业产业,积极承接广东省产业转移,大力发展高科技、高附加值的锂、磁材、电子新材料等产业。按照资源分布特点,南部重点发展以有色金属、医药、建材为主的漩口、桃关工业集中区和三江旅游商品加工区;北部重点发展以农副产品加工业和旅游产品加工为主的草坡、绵虒农畜产品加工区。

全县全部工业实现增加值 116518 万元,增长 93.4%。34 户规模以上工业企业完成工业总产值 285503.2 万元,同比增长 58.2%;完成工业增加值 81648 万元,按可比价计算同比增长 56.3%;全年完成主营业务收入 275915.3 万元,增长 44.7%;实现利税 21085.3 万元,比上年增加 84180.1 万元。盈亏相抵后实现净利润 5726.1 万元,盈利增加 56161.7 万元。实现扭亏为盈。工业经济效益综合指数 148.4,比上年提高 174.5 个百分点。工业品出口交货值达到 5138.8 万元(人民币),比上年增长 7.6%。

规模以上工业主要产品产量:发电量 303439.9 万度,增长 95.8%;水泥 309721 吨,增长 70.6%;中成药 12415 吨,增长 834.2%;铁合金 19520 吨,增长 259.8%;原铝 58375 吨,增长 799.6%;电石 95083.9 吨,下降 23.5%。

【工业园区建设】 积极协调服务园区内电力恢复等基础配套设施建设,为企业恢复生产和发展壮大创造有利条件。漩口新型工业集中区,征用工业用地 1320 亩,拆迁和过渡安置农户 512 户 1717 人,企业就近迁建、基础设施建设全面展开,园内阿坝铝厂、闽峰、国锂、广盛锂业 4 户企业恢复生产。水磨 8 户企业搬迁顺利推进,搬迁城乡居民 722 户 2520 人。8 月 20 日,按州、县政府要求与阿坝师专占地 8 户搬迁企业签订拆迁协议,上述企业按期拆除。利用半个多月的时间对上述企业的停产损失情况进行基础情况摸底,形成初步补助方案,报县、州人民政府。

【协助电网建设】 为加快恢复进度,支持电网建设企业,主要规模以上工业企业恢复生产。220KV 变电站 5 月 12 日前按期投运,220KV 二台山至太平驿电站,太平驿电站至福堂坝发电站近 60 公里线路分别于 6 月、8 月完工投运,解决了太平驿电站、福堂坝电站"窝电"问题。支持黄龙电力公司完成 110KV 甘桃线、皂桃线，10月初投运。岷电公司 110KV 草顺线 6月初投运，促使桃关工业集中区顺发冶炼、富奇、双鼎公司等先后投产。

【供电管理】 下半年，县人民政府将农网改造管理职能划给县经济商务局。认真梳理供电企业反映的问题，协调、解决电力电网建设中政企、民企矛盾，保护电力设施、设备，协调解决村民阻工 10 件，拆迁断电 30 件，排除用电安全隐患 5 件。对不能解决的问题，及时寻求相关部门协助或向县政府汇报。得到两家供电企业的支持，确保重大接待活动的正常供电。

【中小企业发展】 拟定《工业发展规划》，积极向上级业务主管部门申报项目，争取支持，汶川县被列为省中小企业发展基地争创县。

【民营经济】 全县民营经济实现增加值 98990 万元，比上年增长 84.5%。其中，第一产业增加值 3326 万元，增长 37.7%；第二产业增加值 78487 万元，增长 106%；第三产业增加值 17177 万元，增长 32.5%。民营经济占 GDP 比重为 41.9%，比上年提高 5 个百分点。

【商贸流通恢复】 通过大量协调服务工作，确保群众生产生活的需要。在广东援建的支持下，16 个市场服务体系项目全部启动，完成投资 1860 万元（其中，企业自筹 250 万元）。

全年实现社会消费品零售总额 30866 万元，增长 24.4%。分行业看，批发业实现零售额 11240 万元，比上年下降 7.8%；零售业实现零售总额 12572 万元，比上年增长 38.5%；住宿餐饮业实现零售总额 6481 万元，增长 108.5%；其他行业实现零售总额 573 万元，增长 30.2%。城市消费品零售额 12623 万元，增长 26.9%；农村消费品零售额 18243 万元，增长 22.7%。

【市场管理】 加强食盐专营专卖工作，加强对我县食盐销售网络的监控和服务，维护盐政市场规范有序。县盐政稽查所、县盐业公司分别于 6 月、10 月，对全县各乡镇的食盐定点批发网点、零售摊点的食盐销售情况进行盐政执法检查，特别是对学校等特殊场所，进行专门跟踪检查，未发现非碘盐、倾销盐等销售情况。全年，不定期检查 50 余人次，定期检查 30 余人次。在"3.15"、"5.15"等宣传日作专题宣传，发放宣传资料 2000 余份。给各食盐销售网点重新发放新的《食盐专卖许可证》。对汶川县定点生猪屠宰场（点）进行统一编码。拟定汶川县生猪定点屠宰场（点）《肉食品安全管理的实施方案》，下发至各生猪定点屠宰场（点）。多次派出工作人员与工商、畜牧、公安等部门配合，对非法从事未经肉品质检验的生猪产品销售进行严厉打击，依法关闭七盘沟非法生猪屠宰点两个。同有关部门配合，开展打击私屠滥宰和病猪病害肉非法交易专项整治工作。派出执法人员对全县酒类市场进行拉网式清理检查。全年，专项检查 8 次，查获假"五粮春" 38 瓶，假"五粮液" 9 瓶，假"丰谷酒" 38 瓶。完成酒类年审工作。对生活必需品市场进行严格监测，每周星期五上午，按时向四川省商务厅生活必需品市场监测网上报"双河农贸市场"和"鑫兴连锁超市"两个监测网点当日生活必需品价格，确保汶川市场生活必需品价格稳定。

与县食品药品监督管理局、县卫生局、县工商局等联合开展《食品安全法》的宣传贯彻活动，发放《净化酒类市场》《防治碘缺乏病》等宣传资料 160 余份。

【万村千乡市场工程】 向州商务局上报汶川县"万村千乡市场工程"建设项目规划，承办鑫兴连锁超市及九运连锁超市规划，上报汶川县便民店建设项目 10 个、"万村千乡"村级农家店 20 个、配送中心 1 个。9 月 30 日，对鑫兴连锁超市建成的 10 个便民店进行验收。配合全县新农村建设示范村建设和灾后恢复重建示范建设，各示范点先后建农村便民小超市 20 余个。

【家电下乡】 受理原销售网点和新增加销售网点备案申请 17 家，其中，威州 10 家、映秀两家、水磨

4 家、漩口 1 家。截至年底,家电下乡产品销售 6485 台,销售额 1117.86 万元。其中,冰箱 3056 台,销售额 628.34 万元;彩电 1846 台,销售额 312.23 万元;手机 4 台,销售额 2225 元;热水器 448 台,销售额 65.26 万元;洗衣机 1097 台,销售额 102.89 万元;计算机 11 台,销售额 37.99 万元;空调 20 台,销售额 4.95 万元。

5 月,与县财政局工作人员到备案销售网点现场培训《家电下乡操作细则》简化补贴审核兑付程序。6 月 19 日,与县财政局、县工商局、县质量技术监督局等,在县城开展"家电下乡和汽车摩托车下乡"宣传活动,发出宣传资料 6000 余份。公布群众举报电话,发出《加强整顿和规范家电下乡市场秩序》宣传资料 800 余份。11 月,上报家电下乡销售网点 16 家,家电售后服务网点 8 家,汽车摩托车维修网点 6 家。

【招商引资】 采取"走出去、请进来"的方式,抓住广东省对口援建汶川的契机,积极与广东省经贸委、广东省商联会、广东省贸促会联系,分别在香港、广东举办四川·汶川招商引资推介座谈会,接待 50 余家企业到工业园进行投资考察,抓好项目推介。为惠州到成都参展做好组织服务工作。

整理编印《汶川县招商项目册》,储备招商引资项目 51 个。建立健全外商投资"绿色通道"和"一站式"服务机制,提高服务能力和服务水平,抓好项目跟踪落地。组织企业参加第二届古羌文化节。举办"中国·汶川招商引资项目推介会",邀请香港、广东各级政协委员联谊会经贸考察团考察汶川。发放各种宣传资料 400 余份,签订意向性协议 4 个,分别是:四川省旭平兔业有限责任公司优质兔肉核心选育场和兔肉加工工厂项目,汶川县羌江生态农业有限公司猕猴桃产业加工项目,汶川县羌禹生物产业有限公司 PIC 父母代种猪基地及特色农牧产品加工项目,香港四洲集团农畜产品收购及加工项目。对企业政策上及资金上加强扶持,组建兴汶、粤汶工业投资有限责任公司,建立企业灾后恢复重建融资担保平台,开拓企业恢复和发展的融资渠道,用足、用好国家和省州对企业灾后恢复的各项政策,与各金融机构进行洽谈,争取和鼓励社会资金参与经济建设,引导金融信贷资金向政府鼓励的重点产业、重点项目、重点企业和重点产品倾斜。

全县共有招商引资项目 29 个,投资规模近 29.3 亿元,其中,23 个落地,总投资 24.3 亿元。对外贸易出口 538 万美元,占年计划 470 万美元的 114.46%。

【产业恢复重建】 6 月,汶川县设立产业恢复重建领导小组办公室。通过努力,制定出台《汶川县产业恢复重建工作方案》,组织各成员单位完成农业、林业、畜牧、水电、工业、商贸流通、旅游、文化 8 个方面的专业规划和《产业恢复重建发展纲要》(即 8+1 的产业恢复发展规划)。各产业恢复工作按要求推进。

【建材特供】 拟定可操作特供方案报县政府批准执行。展开建材生产、经销、运输企业的恢复工作,做好新建建材企业协调工作。组织、协调主要建材外调工作,保障农房重建和医院、学校等重点项目主要建材的供应。截至 9 月 28 日,共组织供应钢材 7.64 万吨,水泥 61.88 万吨,砖 65132.71 万匹,保证全县农房建设任务的如期完成和重点项目的顺利推进。省委、省政府将汶川县建材特供工作的经验和成功做法在全省推广。

【调查研究】 围绕县委、县政府在灾后恢复重建工作中的热点、难点和焦点问题,经常深入基层和企业,做好调研工作,撰写调研文章。根据商办建函〔2009〕71 号及商运函〔2009〕87 号文件,认真细致地为《汶川特大地震抗震救灾·地震灾害志》《汶川特大地震抗震救灾·灾区生活志》《汶川特大地震抗震救灾·社会赈灾志》三部志书收集并录入汶川县商贸流通业资料卡 68 份《基础资料登记簿》15 份。根据《汶川特大地震抗震救灾·地震灾害志》资料卡编写《汶川县商贸流通业"5.12"地震灾害志概述》,于 8 月、10 月分别上报国家商务部、省商务厅及州商务局。

【安全稳定工作】 针对商贸流通企业和国企改

革遗留问题多、灾后恢复重建矛盾多、疑难事件缠访多的特点，成立"群众工作领导小组"和"大调解工作领导小组"，实行专人处理信访案件制度。对可能影响稳定的重点单位、重点问题、重点人进行排查，明确领导，实行专人负责，确保协解质量。全年，共接待信访信件 4 起、来访 12 人次。经过核实调查和协调，解决 3 起多年未解决的老上访问题。上级交办信访件结案率 80%，领导交办信访件结案率 100%。在电力协调等工作中，化解各类矛盾 100 余起。

成立安全工作领导小组，设立办公室，明确责任和任务。督促所有规模工业企业建立安全生产相关制度，探索在灾后恢复重建工作中建立安全生产长效机制，把安全生产工作纳入企业发展战略和规划的整体布局之中，同步规划，同步实施，同步发展；利用各种机会对企业的安全工作进行定期或不定期的宣传检查，一旦企业发生安全事故，人员及时到位，配合相关部门处理善后工作。

【机关效能建设】 以争创"学习型、服务型、创新型、落实型"机关为目标，按照"团结、勤奋、高效、务实"和内强素质、外树形象的工作要求，调整内设机构人员。加强工业企业、行业管理、产业恢复重建的工作职能。修改完善和补充机关工作管理制度 20 余个。在全局党员和职工中开展"学习实践科学发展观活动"。建立每周一的工作例会制度，坚持在例会上传达贯彻县委政府最新的文件，领导讲话和会议精神，检查上周工作的落实情况，布置安排本周的工作任务，做到责任明确、任务到人，各项工作开展。

供销合作

【领导名录】

党组书记、主任　　张永贵

副主任　　　　　　张　敏　应堂明

【经济指标】 全系统实现销售总额 482 万元，较年初目标 430 万元增加 52 万元，完成目标任务的 112%。其中，农业生产资料销售 276 万元，较年初目标 400 万元减少 124 万元，完成目标任务的 69%。全系统汇总亏损 2.76 万元，较年初目标任务（在上年同期亏损 39.52 万元基础上减亏 50%）减少亏损 36.76 万元，完成目标任务的 186.03%。

【农资供应】 加快基层网络恢复和建设，扩大网络覆盖面，恢复地震前已建的 6 家"万村千乡"农资农家店，新建 5 个农资农家店，全县农资服务网点总数恢复到 21 个。主动协调争取信贷和转让资产等多方筹集进货资金，组织货源，采取租用仓库和分散储备等措施保证市场供应，解决农民对农资的需求。全年共储备供应各种化学肥料 1438 吨（统计口径），较上年同期降幅 8%，其中，尿素 585 吨，磷肥 449 吨，复合肥 404 吨，分别较上年增加 25%、减少 7%、减少 28%；微膜 76 吨，较上年同期降幅 22%；化学农药 11.5 吨，较上年同期增幅 5%。中小农具 139 件。农资销售下滑的主要原因是地震灾害农村土地灭失严重，用肥需求量明显减少；供销社处于灾后恢复重建，经营服务条件受限，储备不足；受交通不畅、农资市场价格波动、经营成本增加等不利因素影响。农资公司实现销售总额 276 万元，完成目标任务的 69%，城区供销社实现销售总额 30.6 万元，完成目标任务 102%。

【农资市场管理】 配合县农资执法队开展农资打假专项行动两次。规范行业经营行为，开展自查自纠工作，保证农民在供销社系统不买到假冒伪劣、过期失效的农资商品。加强宣传，开展技术咨询服务，帮助农民科学合理使用化肥，助农增收。加强系统网点指导工作，深入各乡镇农资供应网点开展调研，及时上报情况，为作好农资服务工作提供决策依据。

【基础设施恢复重建】 成立县供销社重点项目建设工作领导机构，落实项目实施主体和责任，细划项目进度，层层分解任务，推行倒逼工作机制。主动协调县规划建设局、发改委、国土局、威州镇政府等相关部门的支持、配合,汶川县供销社农资储备仓库、烟花爆竹仓库项目建设,于 10 月底前完成立项、用地规划许可、征地、安评、地勘、规划设计等前期基础工作,年底前完成招投标。做好拟建在城区的县社综合经营楼项目的可行性研究及相关协调工作。调减拟建在映秀修建映秀供销社综合楼项目。完成红军桥大酒店客房营业楼、餐厅、职工集资楼、农资公司漩口营业楼房屋加固维修和"万村千乡"农资等网点恢复,总投入资金 78.3 万元。配合县灾后重建拆迁指挥部,完成辖区 5 幢 80 户居民住房信息摸底、统计、核实、上报工作,完成城区所属企业 7 幢建筑面积约 6000平方米营业和职工住房的拆迁任务,集中和分散临时过渡安置 58 户拆迁户。

【企业改制】 抓住灾后恢复重建机遇,坚持以改革求生存、保稳定、促内需、谋发展,因企制宜、因势利导,继续深化完善企业改制工作。通过对企业灾后经营环境、人力、财力等综合分析,对恢复经营的农资和烟花爆竹的两个企业采取经营目标管理过渡,宾馆餐饮企业和再生资源企业继续对外承包经营,使企业通过阶段性调整,促使企业尽快步入良性发展轨道。完成两个经营企业内部年度财务审计、1 个地震损毁停业和 1 个长期停业企业的财务清理,对全系统灾后社有资产进行摸底、清理和核实。严格抗震救灾及项目资金管理,做到"专户管理、专账核算",确保资金规范、安全、有效使用。对地震造成完全损毁的紫坪旅业公司、映秀区供销联社债务进行清理,自筹资金,解决下属企业内外债欠款共 22.59 万元,化解涉及职工借款、外欠工程款等企业部分历史遗留问题,对一些需要时间解决的问题分类确定整改时限和落实相关责任人负责处理,维护一方稳定。

【安全管理】 加强对办公区域、营业网点、出租门店的治安管理和治安防范,制定联社领导和工作人员节假日、重要时期实行 24 小时值班制度,联社与企业、企业与门店分别签订责任书。开展矛盾纠纷排查工作,处理好来信来访,协助州信访局联合调查组

办理 1 件信访终结案。领导接待来信来访 20 人次,办结率 100%。

抓好抗灾、防汛、消防工作。加大烟花爆竹安全归口经营管理,会同县安监、公安把好烟花爆竹安全经营关。全年,烟花爆竹销售额 27.6 万元,较上年同期降幅 50.09%。配合县公安、安监和威州镇政府完成2009 年春节县城大型焰火燃放庆典工作。

【帮贫助困】 春节组织慰问企业离退休职工138 人,发送慰问金 1.81 万元。帮助困难职工排忧解难,协助配合工会完成 96 名困难下岗职工、重病患困难人员救助和 45 名贫困家庭子女广东对口支援"金秋助学"帮扶慰问工作,发放慰问金 11.34 万元。为两名公务受伤职工申请认定公伤和 1 名工伤职工报批伤残鉴定。配合劳动保障就业部门和社区,落实困难职工低保、就业困难人员统计等工作,为 20 余户公房拆迁户安置补助搬家费 1.6 万元。协调映秀镇政府承诺为映秀宾馆原公房 8 户住户解决安居房问题。将所辖 134 人户口全部移交社区管理。

落实计生"三结合"帮扶工作,为帮扶户提供化肥等农用物资 4600 元。为帮扶村贫困户捐赠价值 3000元的生活用品。抽调两人驻村参与联系村灾后恢复重建和第二、三批科学发展观学习活动督导工作。

【机关建设】 3—8 月,按照县委深入学习实践科学发展观活动的总体部署和各阶段工作要求,在机关党员干部中组织开展深入学习实践科学发展观活动。制定活动总体方案和各阶段活动方案,采取集中学和自学等方式,组织党员干部认真学习科学发展观读本等,开展"解放思想大讨论"和"下访服务、公仆尽责"活动,联社机关 9 名职工分批多次深入到联系点草坡乡克充和沙排村 132 户村民家中开展下访服务联系工作,及时将收集的民情民意向政府汇报。班子和成员就下访调研情况撰写 4 篇调研情况报告。联社班子和成员广泛征求各方面意见建议,领导班子重点梳理出涉及班子建设、企业改制、灾后重建、关注民生、树立形象等 6 方面问题,形成班子和个人分

析检查报告,加以整改。

落实党风廉政建设责任制,年初制定并下发《2009年党建工作计划》《2009年党风廉政建设和反腐败工作方案》和《汶川县供销社建立健全预防腐败体系2008—2012年实施方案》。完善学习制度和年度学习计划,组织参加有关部门举办的法律法规及业务知识培训学习。坚持党组中心组学习制度,结合工作实际每月集中学习不少于1次。认真落实"三会一课"制度。创新党建工作内容,引导鼓励和支持全系统身份置换下岗职工再就业,企业返聘用工10人。

推进机关效能建设,健全和完善首问责任制、限时办结制、责任追究制、服务承诺制和党建、保密、信访及事务管理方面制度,加强管理,提高机关行政效率。开展城乡环境综合整治,共投资5万余元,拆除农资简易仓库,对宾馆客房、营业大厅内部进行维修、疏通污水管道,更换电线、电表等用电设备,消除安全隐患。建立健全综合整治长效机制,企业与门店签订门前"三包"责任书。

粮　食

【领导名录】

党组书记、局长　　洛桑泽仁
副局长　　　　　　张云清(10月起)
　　　　　　　　　青晓平　吴学康(9月止)

【大骨节病更换粮食工作】 制定2009年大骨节病更换粮食实施方案,组织人员多次深入绵虒镇白土坎、板子沟两个大骨节病区村、组、户进行了解,逐村逐户逐个病人进行人数核对。摸清掌握大骨节病区66户,118名病人;家庭成员183人,共计301人的基本情况。全年,累计为大骨节病区301人病人供应2.48万公斤大米。超时按质完成大骨节病防治粮

食更换任务。

【粮油应急储备】 受汶川特大地震影响,全县11个乡镇的农民不同程度失去土地,粮食歉收,口粮无法得以保证。县粮食局深入到各乡镇走访各村组,了解灾民的供应保障情况。及时组织好粮源,保障供粮。

【粮食行政执法】 粮食行政执法队分别在1月、3月、4月、7月、9月、11月等多次会同相关部门对全县90余户粮油经营者、受灾群众储粮情况开展粮油质量安全监督检查,参加人员40余人次。进一步规范粮食市场流通秩序,保证粮食市场粮油质量安全。

【安全维稳工作】 成立维稳领导小组,实行24小时值班制度,加强门卫值班管理,对外来人员进行登记,做到群防群治。加强社会治安综合治理工作,创建平安单位,每季度全系统进行安全检查。做好群众来信来访工作,确保系统安全。

组织好粮油等物质保障维稳部门的后勤供给,全年为部队提供优质大米5万公斤。

【恢复重建】 绵虒储备粮库由于被珠海大道占用,按照《汶川县灾后恢复重建总体规划》,申请立项重建绵虒储备库工程项目,计划投资2920万元,于12月开工重建,2010年12月竣工。投入5万多元维修加固较场仓库,确保威州储备库及军粮供应站的恢复重建,保障全县应急用粮及部队后勤供给。

县粮食局共需重建资金7301万元,国家在其他资金中安排了2920万元重建资金,还有4381万元的重建资金缺口,多次到省、州、县相关部门加强沟通,争取政策和资金。

【机关建设】 开展第二批深入学习实施科学发展观活动。强化理论武装,坚持集中学与自学相结合,确保学习效果。开展解放思想大讨论。发放40份征求意见表,共征求到意见和建议10条,归纳为5条。群众满意度测评为100%。

抓好党风廉政建设和党建工作。制定党风廉政建设和反腐败工作责任制,创"四好"班子工作责任制,

在思想建设、作风建设、党的建设和组织建设等方面都取得较好的成绩。继续保持县级最佳文明单位称号,争创州级文明单位。

烟 草

【领导名录】

局长、经理	韩洪琦
副局长	黄谊军(1月起9月止)
副局长	彭 强
	陈 劲(11月起)

【主要经营指标】 围绕"卷烟上水平、价格求稳定、税利保增长"的总体目标,重点抓好"保牌、稳价、规范、增效"工作,因汶川外来务工人员增多,卷烟销售及各项经营指标均比去年同期有较大增长。截至12月7日,累计销售卷烟5861箱,完成年计划5768箱的102%,其中,一、二类烟1336箱、三类烟1289箱、四、五类烟3234箱,其他两箱。累计卷烟销售金额12902万元,卷烟单箱销售额2.2万元,实现毛利3169万元,卷烟销售毛利率达25%。

【专卖管理】 以执法主体为主线,依法履行职责,净化市场环境。联合公安部门,开展"天府一号"烟草市场整治活动,严厉打击卷烟售假网络,维护消费者的合法权益和烟草市场正常的经营秩序。两人在此项活动中被阿坝州烟草专卖局、阿坝州公安局评为"先进个人"。坚持定期市场检查和执法,坚持专卖管理"端窝点、打网络、断源头"的工作思路,采取市场检查与重点监控相结合,制定重点经营户、重点场所监控办法,对辖区卷烟市场进行全面清理整顿。全年出动检查470余人次,查处违法经营案件24起,其中,违法假烟案5起、无证经营1起、未在当地批发企业进货18起;查扣各类违法烟草制品834.3条,其中,假冒伪劣烟草制品144条,走私烟草制品1条,

非法渠道进货卷烟689.3条。涉案卷烟总价值7.27万元,罚没款1.97万余元。完成2008版烟草专卖零售许可证换证工作。全年,办理注销许可证3户,新办证100户。

【营销管理】 加强基础建设和管理,提高网建水平。围绕灾后重建大规模的基础建设,把握拉动卷烟消费的有利因素,抓好新建工地、新建农村聚居区域的网络布局,及时满足消费者和援建方的需要,加大对品牌培育的力度,特别是娇子系列产品的宣传。有针对性地对订货无计划性和存款不及时的客户进行拜访,根据客户的实际经营情况,听取客户的意见和建议,做好卷烟缺货的解释及替代工作。向客户介绍公司新品并宣传行业的相关规定。向客户发放服务联系卡。对客户进行赢利分析,引导客户坚持明码标价,对全县经营户张贴零售指导价格标签,要求客户执行统一零售指导价格,提高客户经营利润。帮助客户进行柜台出样和货架陈列。

受"5.12"汶川特大地震影响,三江、水磨、卧龙等地的银行网络中断,导致大部分客户不能进行电子结算。本年,部分地区网络开始恢复对已办理电子结算和未办理电子结算的客户进行清理,对符合要求的客户全部办理电子结算,保证资金的安全和及时回笼。

【安全管理】 为加强安全管理,年初与每位员工签订《安全目标责任书》,与驾驶人员签订《车辆安全行车责任书》。每月定期组织员工学习州局(公司)有关安全文件精神及安全小常识,做好防火、防盗、防事故工作。安全领导小组定期对办公区域、车辆、消防器材、发电机、出租铺面进行检查,对检查出的安全隐患下发整改通知单并要求限期进行整改。开展"百日安全活动"、"安全生产月"宣传活动。组织汶川物流中转站全体员工参加消防应急预案等演练暨学习培训。对地震受损的铺面维修加固,投入使用。

加强资金管理,严格现金管理制度、相互监督制约,要求送货人员及时将货款存入银行,保证资金回

笼。中转站全年安全配送卷烟达 14816 箱，配送卷烟金额达 30108 万元。每月定期或不定期对车辆进行检查，全年检查车辆 320 台次，共出动送货车辆 405 车次，保证人身、资金、卷烟的安全。

【企业建设】 深入贯彻党的十七大精神，以学习实践科学发展观为重点，组织政治理论学习，提高员工的思想政治素质。通过"四好班子"创建活动，发挥局领导班子的核心作用。年初制订培训计划，参加州局(公司)的各种业务知识培训，有针对性地开展员工的政治思想工作。

贯彻党风廉政建设责任制，领导干部牢记"八荣八耻"，认真学习《国有企业领导人员廉洁从业若干规定》。年初，每位党员都签订《党风廉政责任书》，市场经理、客户经理签订《规范经营行为承诺书》，党风廉政信息员严格每月岗位考核。

按照年初培训学习计划，参加州局专卖培训，加大对烟草专卖新系统的培训力度。通过有线电视、新闻媒体利用"3.15"、"6.29"、"12.4"等宣传日，加强对烟草专卖法律法规和真假烟的辨别能力的宣传，共发放宣传资料 700 余份，强化广大消费者的真假烟辨别能力和经营户的知法守法意识。

开展企业文化的宣传和两个文明建设活动。积极参加社会公益事业，帮贫济困，加强宣传，弘扬正气，提升企业形象。顺利通过县精神文明办"最佳文明单位"复查。

加强企业文化建设，大力弘扬伟大的抗震救灾精神，加强典型事迹和人物的宣传学习，引导员工向英雄人物、先进典型看齐，把伟大的抗震救灾精神和企业建设转化为凝聚人心，推进行业改革的发展动力。履行"潜心做事、低调做人"的行为信条，坚持每周的例会学习企业文化有关知识，唱响四川烟草企业之歌《共同的未来》，推动企业文化建设。

综合管理与行政监督

发展和改革委员会

【领导名录】

主　任　　毛舰勇

党组书记　陈垠富

副主任　　杜　红　王　引(10月止)

　　　　　陈银富　赵和锋

　　　　　杨雪莲(10月起)

【临时机构】　县委、县政府相继成立县灾后恢复重建办公室、重大建设项目推进领导小组办公室、灾后恢复重建对口支援办公室和港澳援助办公室，将机构设在县发改委。县发改委承担全县灾后恢复重建发展规划、年度计划、项目审查申报、立项、招投标审(报)批、数据统计、信息报送以及其他许多灾后重建日常管理工作，承担重大项目建设的规划、协调、监管以及全县对口援建及港澳援助的项目编制、计划对接、审查报批、实施监管及其他日常工作。

【国民经济综合运行监测】　客观总结2008年经济运行情况，探研2009年经济走势，紧扣灾后恢复重建新形势，完成《2008年全县国民经济和社会发展计划执行情况及2009年工作安排意见》《2009年全县国民经济和社会发展计划执行情况及2010年工作安排意见》。

全县国民经济发展速度明显提高，主要经济指标增幅居全省前列。实现地区生产总值236390万元，比上年增长61.4%，增长速度在全省居第三位。其中，第一产业实现增加值14569万元，同比增长11.8%；第二产业实现增加值152249万元，同比增长103.8%；第三产业实现增加值69572万元，同比增长18.8%。

【重建信息报送】　安排专人专职做好省发改委自3月开始的"汶川地震灾后恢复重建信息报送"半月报工作。每半个月对全县灾后恢复重建项目实施情况进行一次收集、汇总，上报全县各行业、各乡镇各类重建进度统计数据和重建动态信息26期，做到数据准确完整，信息及时全面。

【固定资产投资】　全社会固定资产快速增长。全年完成全社会固定资产投资864394万元，增长8.5倍。其中，基本建设投资511959万元，增长8.2倍；更新改造投资46862万元，增长2.8倍；其他投资92377万元，增长52.1倍；农户投资206624万元，增长9.2倍。全年计划总投资5000万元及以上的投资项目共52个，完成投资54.35亿元，占总投资的65.2%。其中，计划总投资亿元及以上的重点项目35个，完成投资46.18亿元，占总投资的53.4%。全县共有施工项目236个，其中，本年新开工项目220个。累计竣工项目136个，项目建成投产率57.6%。

建筑业生产发展加快，效益明显提高。全县具有资质等级的建筑企业10户，有工作量的企业7户。全年总承包和专业承包建筑企业实现总产值39946.5万元，比上年增长206.4%；竣工产值18337.6万元；实现利润总额1270.2万元，盈利增加2397.2万元；房屋建筑施工面积155816平方米，增长156.3%；房屋建筑竣工面积92886平方米，增长259.6%。

【项目管理】　结合实际，以推进灾后恢复重建为中心，协调各部门反复修改、调整，编制完成《汶川县地震灾后重建项目预安排计划》。认真调查研究，广泛征求意见，拟写《汶川县灾后恢复重建国家投资对口援建和社会捐建项目行政审批管理程序》《汶川县推进灾后恢复重建实施意见》《汶川县政府性投资项目管理暂行办法(试行)》《汶川县灾后重建国家投资工程建设项目招投标工作实施意见》等规范性文件，为实现科学重建、阳光重建、廉洁重建、高效重建，起到积极的促进作用。按照县委、县政府的要求，成立县灾后重建项目管理督导部，拟订管理制度、职能职责，组织有关专家进行集中培训，多次深入各乡镇、各部门调查研究，对全县灾后重建项目进行跟踪分析，撰写《灾后恢复重建项目进度报告》。

按照县委、县政府制定的工作目标和"大抓项目、抓大项目"的工作思路，优化投资结构，狠抓项目管理，确保全县固定资产投资的快速增长和各类建设项目的顺利实施，增强县域经济发展后劲，拉动县域经济的快速增长。

在认真分析上年项目推进情况的基础上，年初编制完成全县固定资产投资计划。年中，经过20余天努力，完成国家和省要求的灾后重建项目中期评估，对县域内涉及资金294.42亿元，涉及9大类596个项目(含1377个细项)进行评估调整，将所有项目细化分解落实到各乡镇、部门和具体项目实施点上，在报经省政府审批后，调整后的项目为501个(含细项目)，涉及资金221.77亿元。完成《汶川地震灾后重建年度计划及灾后恢复重建基金安排建议计划表》的编制工作。

编制"三个一批"项目85个，总投资1907315万元。其中，开工一批项目38个，涉及资金893412万元，本年完成投资214095万元；续建一批项目41个，涉及资金1013903万元，本年完成投资606269万元；储备一批项目6个，涉及资金2061577万元。

配合县财政局抓好重建国家切块到县资金的申报工作，完成重建资金项目申报工作，申报资金46.57亿元。自中央扩大内需促增长政策出台后，加大跑省争取的力度，截至12月，中央下达项目31个，涉及农、林、水、教育、卫生等，项目计划总投资9387.5万元，2009年度国家下达投资7267.5万元，收到扩大内需项目中央预算内资金4047.6万元。

加大对项目立项审批的管理审查力度，按照"加快提前，提速增效"和"程序不减、时间缩短"的原则，开通灾后恢复重建项目快速审批绿色通道，特事特

办。2008年至2009年11月，共立项审批项目493个，估算总投资634145.3万元。其中，对口援建项目242个，涉及投资475070.30万元，国家投资项目243个，涉及投资139119.5万元，社会捐建项目4个，涉及投资12257.1万元，企业投资4个，涉及投资7698.44万元。全年，共备案项目18个，涉及投资23730.81万元。

【招投标管理】 加强对全县招投标工作的指导、协调和监督。严格执行《四川省政府投资工程建设项目比选办法》。进一步完善和规范招投标的管理，提高建设工程招投标管理水平。截至12月，县发改委招投标办共招投标151个，涉及概算总投资79235万元。其中，公开招标59个，比选92个。

【实施"八项民生工程"】 解决农村特困危房户住房困难480户，其中，农村特困群众危房减灾安居80户，受地质灾害威胁农户避险搬迁400户。解决城市低收入家庭住房困难问题，完成廉租住房建设76套，提供380户廉租房租赁户免费入住板房。广播电视"村村通"完成135个自然村，覆盖1250户。支持农民新建沼气池500口，完成投资400万元。解决农村饮水安全1.1万人，完成投资500万元。完成农房建设16270户。

【服务对口援建】 加强与广东省的沟通协调，不断完善机制，强化宣传，热情服务，营造"川粤同心、共建家园"的良好氛围。与广东省对口支援汶川县恢复重建工作组和各对口支援市加强对接，通过会议、书函、电话等形式加强联系，及时沟通对口支援工作中存在的问题，搭建双方互通信息、及时磋商、高效运转的工作平台。加强对各乡镇、部门的指导，推进项目计划的对接，确保信息畅通。做好对口支援的接待慰问工作，开展夏季"送清凉"、冬季"送温暖"和各阶段疗养活动，深入到乡镇和各援建市关心慰问援建干部。

按照省、州对口支援办的要求，定期上报对口支援工作信息，重要信息实行随报制。起草国家部委，广东省、市，四川省领导来我县开展对口支援工作检查、调研、考察等有关汇报材料，起草《汶川县进一步加强对口支援工作的意见》《汶川县对口支援工作考核办法》等规范性文件。

【机关建设】 继续加强维稳和综治学习教育，提高干部职工的思想防范意识。抓好维护社会稳定和信访工作，制订工作方案，落实领导值班制度。开展城乡环境综合治理工作。

对涉及机关工作、内部管理等各项规章制度进行完善。制定详细的学习计划，聘请投资、进度管理方面的专家授课。深入开展学习科学发展观教育实践活动，在干部职工中牢固树立服务发展、服务基层、服务群众的思想，以服务项目建设和经济发展的实际工作成效取信于民。按照"为民、开拓、务实、清廉"的要求，立足于领导班子建设、党的建设、党风廉政建设和精神文明建设为重点，提高干部队伍思想业务素质，改进作风，提升形象，提高效率，优化服务，树立部门的良好形象。

价格管理

【领导名录】

局　长	陈季康
副局长	赵祥春(11月止)
	王　虎(11月起)

【市场价格监管】 采取有效措施，确保全县物价市场总水平相对稳定。受金融危机、道路不畅、商铺大量拆除以及甲型流感 H1N1 等的影响，汶川县市场物价形势非常严峻，健全价格监测预警机制，建立价格监测网络体系，加强市场价格监测，密切关注市场价格动态，大力疏导价格矛盾和整顿市场价格秩序，优化市场价格环境。针对主副食品价格出现异常波动的情况，主动与工商、公安、质监等部门深入市场巡查，开展价格宣传，与工商部门通过有线电视播放《关于加强我县集贸市场价格管理的通告》(汶价字通告〔2009〕01 号)，对蔬菜销售商起到告诫和警示作用。利用价格调控手段，加强成本调查，控制猪肉价格，对县城猪肉价格实行最高限价，一级鲜猪肉每市斤 11 元。保证市场货源充足，品种齐全，物价相对平稳，价格稳中有降。

【建材价格监控】 进一步完善特供建材供应机制，严格执行和完善砂石、矸砖、水泥、钢材等建材价格临时干预措施，分地区、分品种、分企业制定和调整建材最高限价：(1)漩映地区河砂 50 元/立方米，人工砂 60 元/立方米，石(20—40)60 元/立方米，连砂石 30 元/立方米；(2)威绵地区河砂 40 元/立方米，人工砂 60 元/立方米，石(20—40)60 元/立方米，连砂石 30 元/立方米；(3)四 A 公司生产 PO325R 水泥最高限价 498 元/吨，汶川县朋城水泥有限公司生产 PO325R 水泥最高限价 505 元/吨；(4)漩映地区矸砖 0.26 元/匹，威绵地区 0.46 元/匹，水泥实心砖 0.42 元/匹；(5)商品混凝土最高限价 C10 混凝土 390 元/立方米，C15 混凝土 400 元/立方米，C20 混凝土 410 元/立方米，C25 混凝土 420 元/立方米，C30 混凝土 430 元/立方米，C35 混凝土 440 元/立方米，C40 混凝土 450 元/立方米，C45 混凝土 460 元/立方米，C50 混凝土 470 元/立方米，钢材实行最高进销差率(不含直接运杂费)4%，运费按最高限价 0.6 元/吨公里标准计算。上车费和下车费按每吨分别不高于 10 元的标准执行。

出台《关于加强当前砂石价格监督检查的通知》汶价字〔2009〕34 号文件，明确各片区砂石最高销售价格，要求各生产经营户必须建立《销售台账》，必须按实对销售数量、销售价格、销售流向情况进行明细登记，以备物价部门监督检查，对不建立销售登记明细账的企业，视为拒绝提供价格监督检查所需资料的行为，根据《价格法》处 5 万元以下罚款或提请有关部门吊销其营业执照。加强商品和服务明码标价工作，制作沙石价目牌 45 个，发给各生产经营户，要求他们公示沙石最高限价。

3月，与县规划建设局联合对全县(除耿达、卧龙两镇)建材价格进行采集和整理，根据建筑材料信息发布相关规定，经州规划建设局造价管理站同意，发布 9 期威州、水磨、映秀、绵虒 2009 年建筑材料市场价格。

【价格形成机制】 贯彻落实化肥价格形成机制改革方案，及时与有关部门协调，取消对化肥价格的差率控制和最高限价管理政策，解除临时价格干预措施。加强化肥价格监测，维护市场正常价格秩序。深入基层开展调查研究，积极反映化肥经营中面临的货源难以保障，运输成本增大，化肥储备资金严重不足等困难,提出建立相对固定的进货渠道,国家给予化肥计划指标,建立和完善农资储备制度,加强化肥运输组织调运工作,建立化肥价格长效监管机制等工作建议。

加强电力价格管理,疏导电价矛盾,为灾后重建和企业恢复生产服好务。及时批复汶川振冲电力发展有限责任公司对工业用电价(枯期)为0.48488元/度(不含税),执行丰枯峰电价,峰段上浮60%,枯段下浮60%,此电价不得用于居民生活用电,并且与用户签订枯水期"高来高去"供用电协议。严格"农家乐"电价标准,每年6—9月的"农家乐"营业用电价格按一般营业性用电执行0.62元/度,其余月份执行0.25元/度。探索阶梯供电价格模式,节约能源。

加强成品油、液化气、天然气价格管理。推进成品油价格形成机制和燃油税费改革,贯彻落实本年国家发展改革委8次调整成品油价格的相关规定,密切关注市场动态,及时规范天然气价格,监管液化气价格,疏导各种燃气价格矛盾。

根据阿坝州人民政府制定的《阿坝州安居工程建设实施方案》(阿府函〔2009〕56号)和四川省物价局、四川省财政厅、四川省建设厅《关于作好汶川地震灾后城镇安居房和廉租房价格管理的通知》(川价发〔2008〕237号文件精神,结合实际制定威州镇一期安居房销售价格,并报请县人民政府审批同意。(1)威州镇(原阿师专)安居房一期工程基准价格为每平方米1636元,各楼层的价格每平方米分别为一楼1554元,二楼1717元,三楼1799元,四楼1766元,五楼1586元,六楼1390元。(2)威州"盛世天苑"安居房一期工程基准价格为1476元/平方米,各楼层的价格每平方米分别为一楼1402元,二楼1549元,三楼1623元,四楼1594元,五楼1431元,六楼1254元。(3)制定县城安居房、安置房、普通房住宅物业管理服务费收费标准按建筑面积每月每平方米0.60元,县城安居房普通住宅廉租房住户物业管理服务收费标准为10元/月/户。同时,利用有线电视进行宣传。

开展运价价格监管,由于成品油价格不断上涨以及保险费和人工工资等的提高,根据汶川县迪欣出租车公司的申请,经审核同意调整其运价。按《价格决策听证办法》规定,于10月22日对3套运价调整方案进行价格听证,听证代表一致同意按第二套方案执行。根据价格管理权限,报县第十二届人民政府第38次常务会议批准执行。制定县城公交车实行分段计价收费试行价格。国道213线彻底关大桥因自然灾害导致交通中断,及时制定轿车中级,一般等级公路汶川——都江堰45元/票/人,汶川——成都65元/票/人的应急客运票价。

加强药品价格管理,认真贯彻执行国家、省有关2009年部分挂网药品和人工关节等医用耗材最高零售限价措施,加强州集中招标采购的跟标药品价格管理工作,进一步整顿和规范药品市场价格秩序。加强防控甲型HIN1流感疫情药品及相关原材料、卫生器材等价格监管,价格干预检查医院6家,个体药店15家。

深化资源性价格改革工作,积极探索水资源价格改革的思路。抓好价格调研,完成调研文章《严防死守,狠抓落实,做好建材价格的稳控工作》,并在全州物价工作会上作经验交流发言。

【收费管理】 认真落实国家、省收费管理政策措施,严格收费审批权限,清理行政事业性收费、涉农收费,取消不合理收费18项。应参加收费许可证年审110本,实际参加年审110本,年审面100%,换发许可证110本,年审金额500万元,注销收费许可证7本。抓好灾区重建收费管理,严格落实灾后重建零收费政策和燃油税费改革政策,最大限度地降低灾后重建成本。加大涉农收费监管,清理整顿涉及农民负担的价格和收费力度,推进涉农价格和收费公示工作,巩固涉农收费公示成果。发放涉农公示牌9个,公示率100%。为三江景区创建4A级景区,进一步规范景区的价格,制定《三江生态旅游风景区价格投诉制度》、《三江生态旅游风景区价格行为规范》等规章制度。

【价格监督检查】 严密监控市场动态,采集市场价格、供应和储备信息,加强市场检查力度,严厉打击趁机哄抬物价,囤积居奇等价格违法行为,确保市场价格平稳运行。制定《关于控制物价上涨的工作措施》,撰写调研文章《关于蔬菜价格上涨问题的调查与思考》。组成市场巡查小组,严格控制政府管理的商品和服务价格,实施临时价格干预措施和调价备案制,确保市场价格的稳定。每月深入第一线,帮助砖厂、砂石厂生产经营户建立健全销售登记明细账。配合省、州联合巡查组对建材价格开展检查,检查建材生产经营户 65 户。做好"12358"价格举报受理工作,规范价格举报工作程序,提高工作效率和办案质量。3月中旬,根据群众举报,与州检查分局联合查处汶川县建玻原料股份合作公司超限价销售矸砖的价格举报案件。1—12月,查处各类价格违法案件两件,查处价格违法金额 2.1 万元,实施经济制裁总额 1.6 万元。

【价格认证】 狠抓基础建设,推进认证中心规范化建设,确保司法公正,定性准确。1—11 月,认证中心共办理刑事案件鉴定 25 件,标的金额 15 万元。

【成本调查监审】 针对灾后重建需要,先后开展猪肉毛白差率、矸砖、水泥实心砖、商品混凝土、法国甜樱桃、出租车运价等项目成本测算,为价格的制定提供第一手资料,确保制定最高限价科学、准确、合理。

【机关建设】 成立党风廉政建设领导小组,提出"建一流班子,带一流队伍,树一流形象,创一流业绩"的目标。领导班子成员自觉按照党政议事规则行事。严格执行各项规章制度,坚持以制度管人管事。加强思想教育,组织党员、干部认真学习《党章》、邓小平理论、"三个代表"重要思想,深入学习实践科学发展观和十七届四中全会精神。坚持开展职工思想道德教育、民主法制教育和爱国卫生活动。开展计划生育"三集合"帮扶工作,帮扶三江乡计划生育 14 户,提供帮扶资金 3000 元。

县物价局被四川物价局评为成本调查先进单位,价格认证先进单位。被阿坝州物价局评为物价工作目标管理一等奖。

工商行政管理

【领导名录】

党组书记、局长	杨 松(12月止)
	泽里亚(12月起)
副局长	余土泉
纪检组长	吴文军
党组成员	宋 勇(12月起)

【登记制度改革】 建立优质高效的三个绿色通道。建立重大项目的绿色通道,凡是州县党委、政府确定的重大项目,都必须特事特办、急事急办。建立灾后恢复重建项目的绿色通道,积极协调重大重建项目的落实,更好地服务于灾后重建。建立农民工返乡创业的绿色通道,凡持社会劳动保障部门、当地村委会的返乡证明申办个体工商户,可免个体户登记费,鼓励其兴办个体户和私营企业,组建农民专业合作社,帮助其就业创业,成为市场主体。继续深化"一审一核"制度,规范登记行为。做好企业年检、个体户验照工作,继续按照"一审二核三补齐"的要求,实现各种基础资料完整。全县企业年检应检数为 437 户(其中,法人企业 325 户,分支机构 112 户),参加年检 232 户,年检率为 53%。

【非公有制经济服务】 贯彻落实《国务院关于鼓励支持和引导非公有制经济发展的若干意见》,加大政策法规宣传力度,为非公有制经济发展营造良好氛围。按照《行政许可法》规定,继续清理行政许可项目,清除体制性障碍,支持个私经济参与国企改制,实现产权结构多元化,加快企业管理现代化。增强服务意识,提高办事效率,加大执法力度,为非公有制经济营造公平竞争的发展环境。坚持以引导和规范为主,加大查处无照经营取缔力度,积极引导符合条件的业主依法办理登记;加强对个协、私协的工作指导,引导其加强行业管理,增强自律,搞好培训,建设诚信,促进发展。落实就业和再就业政策措施,引导下岗失业人员转变就业观念,拓宽就业渠道,建立促进就业再就业工作长效机制。全县共有内资企业 173 户,注册资本 41524 万元;私营企业 393 户,注册资本 115911 万元,投资者人数 924 人,雇工人数 6989 人。其中,有限责任公司 283 户;分公司 46 户;独资企业 102 户;普通合伙企业 8 户。农民专业合作社 30 户。个体工商户 2246 户,从业人员 3096 人,资金数额 7589.04 万元。全年,新登记企业 129 户,其中,内资企业 7 户,私营企业公司法人 82 户,分公司 5 户,农民专业合作社 22 户,个人独资企业 13 户。新增个体工商户 674 户，从业人员 592 人，资金数额 2654 万元。

【商标广告管理】 积极引导企业运用商标战略开拓市场，推荐企业参评驰名商标、省著名商标。全年注册商标两件，国家商标总局受理 8 件，帮助查询 80 余件。

开展打击侵犯注册商标行为和整治虚假违法广告专项行动，进一步规范广告经营发布秩序。共出动执法车辆 18 台次，执法人员 86 人次，撤除乱张贴、悬挂的户外广告 50 余幅，查处侵犯注册商标专用权案件 1 起，违反广告法规案件 1 起。

【动产抵押登记】 开展"守合同、重信用"企业推荐、评选、命名、复查工作。指导申报州级"守合同、重信用"企业 1 户。落实国家总局《企业动产抵押登记办法》及《若干意见》，开展动产抵寸甲合同审查、登记工作，建立健全动产抵寸甲登记档案管理制度和定期回访制，在银企间搭建双赢桥梁。办理动产抵寸甲登记 23 件，融资金额 57356 万元。

【景区工商服务】 为保护旅游消费者和旅游经营者的合法权益，促进汶川县旅游市场的健康发展，县工商局以三江旅游生态风景区创建国家 AAAA 级风景区为契机，建立和完善长效监管机制，开展各项工作。执法人员多次深入到景区内外，以旅游商品、食品、景区购物场所管理、消费维权投诉站建设等为重点，开展现场监督检查和指导。制定并下发《旅游商品市场规范化管理实施意见》《关于加强景区户外广告登记管理的通知》、《景区购物场所管理实施办法》等文件，为旅游经济发展营造良好的市场环境。

【经济秩序整顿】 截止 11 月 25 日，共查处各类违法案件 211 件，上缴罚没款 9.8 万元。加大市场监管力度，推进城乡环境综合治理，对无照经营、超范围经营等违法行为进行整治、查处。悬挂宣传标语，制作"人人参与 共创美好"的倡议书，在县电视台滚动播出，向经营者逐户散发，倡议动员经营者自我规范、自我管理、自我教育、自觉守法经营，强化商品质量安全意识，爱护农贸市场环境卫生，严禁乱摆乱放，杜绝脏、乱、差等现象。此城乡环境整治与日常监管结合起来，依托市场巡查开展清理整治工作。出动执法人员 485 人次，车辆 72 台次，检查各类经营户

1467 户次。清理和整治乱摆摊设点、占道经营的经营户 265 户。

【食品安全专项整治】 开展《食品安全法》培训和宣传活动，共悬挂宣传横幅两幅，张贴宣传画册 30 余幅，散发《食品安全法》等宣传资料 800 余份。加强食品市场常态监管，加大食品市场巡查力度，严把食品经营主体准入关，严厉查处和取缔无照经营。截至 11 月 25 日，共出动执法人员 158 人次，检查食品经营户 266 户次，指导辖区内食品经营户按规定及时、准确填写进货台账 88 户。查办销售不合格食品案件 3 件。开展违法添加非食用物质和滥用食品添加剂和食品检测工作。组织开展对超市、集贸市场、副食店等 6 批次、10 个品种食品监督抽查及利用食品检测仪对集贸市场内蔬菜、猪肉、大米、水产品开展现场检测，增强经营者履行行业自律制度的意识。

【建材市场监管】 对辖区内的所有建材市场进行清查。重点检查经销商所售建材的进货台账、进货查验登记、建材质量合格证等，查处以假充真、以次充好等假冒伪劣违法行为。截至 11 月 25 日，共出动执法人员 48 人次，车辆 8 台次，检查各类建材生产、销售经营户 96 户次，与 19 户建材经营户签订《建材市场质量安全责任书》，查处无照经营建材经营户 1 户，销售不合格建材经营户两户，超范围经营经营户 1 户。

【维护消费者合法权益】 利用"3.15 消费者权益保护日"等开展形式多样的宣传活动，散发传单 800 余份。截至 11 月 25 日，接受咨询 56 件，受理消费者投诉 37 件，处理 37 件，挽回经济损失 1 万余元。会同相关职能部门，开展清理废旧金属、"扫黄打非"、清理地面卫星接收设施、家电下乡、手机市场、在州异地企业清理、物价检查等各类专项行动，取得较好的成效。

【恢复重建】 成立恢复重建工作领导小组，落实专人具体负责。严格按照灾后重建工作半月上报制和一事一报制度要求，及时上报项目进展情况和各类统计数据、材料。完成县局综合办公楼前期工作。映秀工商所综合办公楼新建工程因地方规划的调整，还未实施。完成职工住房(两幢)加固维修，县局和映秀工商所职工购买安置房已上报县城乡住房建设

指挥部和映秀镇人民政府。

【机关建设】 开展践行科学发展观活动,组织干部职工认真学习集中学习 11 次,分组学习 3 次,参加学习 107 人次,党员、干部撰写读书笔记、调研报告,撰写心得体会 19 篇。发放征求意见表,召开领导班子专题民主生活会、梳理出 3 个存在的问题,制定整改方案,认真落实到位。进一步深化党风廉政建设和反腐败工作,建立健全防控机制。加强对党员干部理想信念、从政道德、社会主义荣辱观教育以及党的优良传统和作风教育。立足执法为民的宗旨进行反腐倡廉教育。做好群众来信来访工作,落实好各项信访工作制度。力争减少重复访、越级访,使苗头性、倾向性问题能够得以及时解决和疏导,把问题解决在基层。截至 11 月 25 日,收到接待来信来访 1 件,办结 1 件。认真开展基层执法人员述职述廉工作。11 月 5 日,召开执法人员向监管服务对象代表述职述廉报告会。邀请县委、县人大、县政府、县政协领导以及县纪委、县精神文明办、政风行风义务监督员、监管服务对象代表等 32 人参加。参会的政风行风监督员和监管服务对象代表认真听取报告,并对述职述廉单位和个人进行民主测评,满意度达 98 %。

加强机关内部安全防范工作,落实节假日值班制,无重大安全责任事故和治安案件发生。与 6 户计生"三结合"新增帮扶户签订帮扶协议,并为其购买价值 2000 元的化肥、种子等农资品;威州镇坡村农房重建包村工作进展顺利,全村 190 户农户农房固和重建工作全部完成。积极与县红十字会、县民政局、县工会等单位联系,争取到地震职工直系亲属慰问金、金秋助学金及重大疾病和伤残救助金共计 7700元。年初申报县级最佳文明单位的创建,开展形式多样的活动,年底通过县精神文明领导小组的验收。

质量技术监督

【领导名录】

局　长	任　真(10月止)
	庞志宽(10月起)
副局长	刘　闽 罗　勤(7月起)

【食品质量安全】 对地震后辖区内的食品生产企业重新进行普查,准确掌握辖区内食品生产企业的数量和质量安全状况。5 家山泉水生产企业因生产设施被破坏和交通未恢复无法组织生产,经过重建,四川九寨和阿坝九寨两家茶叶公司恢复生产,但茶园被破坏,原料供应比较困难。四川九寨茶叶公司因再次进行机构改革,生产处于半停产状态;阿坝九寨茶叶公司正在重建,准备扩大规模,增加品种,并拟申请地理标志保护。力争年底恢复生产的"千里雪"和"卧龙"两家山泉水厂生产许可证有效期已过,因地震无法进行换证处理,两家企业均递交保留原生产许可证编号的申请,及时上报处理。

加强对获证食品生产企业的监管。每季度对全县 7 家食品生产加工企业进行巡查,准确掌握食品生产加工企业的动态。进一步完善《汶川县食品生产加工企业及小作坊产品质量专项整治实施方案》《汶川县处置生产领域食品质量安全突发性事件应急预案》等监管制度,再次明确乡镇政府、片区监管员、政府协管员、企业检验人员的责任。会同食品安全委员会成员单位对食品生产环节进行联合检查,检查食品生产企业两家,食品生产小作坊两家,威州城区 7 家糕点生产加工点,共出动人员 16 人次,车辆 3 台次。要求威州城区 7 家糕点生产加工点立即联系质检机构待抽样检验合格后方可进行销售。

年底,对全县小作坊进行重新界定,经界定后纳入监管的小作坊有 8 家,只有鲜记酿酒厂 1 家恢复生产。永康蜂场拟待时机成熟恢复生产;袁家、徐家和杨家酒厂因搬迁不确定是否重建;渔子溪和绵虒酒厂以及昆仑榨油厂地震后与经营主无法联系,无法确定是否重建。进一步完善《食品生产加工企业三进监管制度》、《食品生产加工企业四定监管制度》、《食品生产加工企业监管实行定期报告制度》制度。

开展食品添加剂专项整治，经核实县境内无食品添加剂生产企业，也无使用添加剂食品生产企业。

【宣传工作】 结合"3.15"、"质量安全年"、"9月质量月"等活动进行食品质量安全宣传，派出快速食品检测车到各乡镇进行巡回检测，发放食品质量安全宣传资料万余份。组织食品生产企业管理人员参加《食品安全法》的培训两期，培训食品生产管理人员、食品协管员和信息员共计70人，发放各类宣传手册和资料2000余份。

【生产许可证管理】 对获证企业加大证后监管。督促和帮助企业进行生产许可证年审工作，指导6家企业通过年检。对拟申请生产许可证的企业做好咨询和服务工作，坚决查处无证生产企业。

【质量监督】 组织对37家建材生产企业进行建档，与建材企业签订质量安全承诺书。县政府下发《建材生产加工实施办法》。共抽查检验建材产品125批次，合格104批次，合格率为83.2%，不合格21批次。

加大建筑用砖监督抽查力度，每月进行一次抽查，认真分析抽查结果，及时上报给州局和县政府。对发现的质量问题，督促企业及时整改。引导企业切实履行产品质量安全主体责任，建立质量管理体系和质量安全保证体系。6月15日，在水磨镇给漩口和水磨镇的17家砑砖生产企业发放砑砖几何尺寸测量钢尺，并签订质量承诺书。

对建材质量进行宣传，印发建材、食品、特种设备3个方面宣传材料6种2000余份，设立专门的咨询服务台，派出食品检测车进行现场检测。汶川质监局协同阿坝州技术监督局计量科、阿坝州计量所、阿坝州特检所为各建材企业上门检查和服务。全年共出动执法人员及技术人员30余人次，车辆4台次。对不合格的产品禁止出厂，已售出的责令召回，并按照法律法规对生产不合格产品的企业进行处罚，保证建材产品的出厂质量。对辖区内销售建筑用门窗的企业进行调查摸底。

配合开展"家电下乡和汽车摩托车下乡宣传月"活动，对各种以假充真、以次充好、以不合格产品冒充合格产品的违法行为，或者借家电下乡和汽车摩托车下乡之名制假制劣、翻新废旧、坑农害农等违法行为进行查处。

【标准化工作】 对全县7家企业产品执行标准进行一次全面的清理和登记，健全企业产品执行标准档案。做好汶川县蔬菜(甜椒、大白菜)省级农业标准化示范项目考核验收工作，按照《四川省农业标准化示范乡管理办法》规定准备考核验收。推进地理标志产品保护工作，准备发展阿坝九寨茶叶为地理标志产品保护单位。对重庆博赛集团阿坝铝厂实行对口联系，为企业搞好质监咨询服务，帮助阿坝铝厂完成采标。在汶川县三江AAAA景区的打造中，提供标准化咨询和服务，大力宣传标准化服务理念，提高景区管理人员对服务标准化的认识。

【稽查工作】 在各大节假日前，会同药监、工商、卫生等部门，开展以"打假保名"为主线的执法打假行动和食品专项整治、特种设备安全检查行动。全年，出动执法人员150余人次，检查建材生产企业100余家次，监督抽样90余批次，立案查处建材产品质量案件3起，无标生产案件1起，特种设备案件两起，处理投诉案件3起，共计罚款11.31万余元。

【特种设备安全监察】 全县有特种设备使用单位41家，在用特种设备217台，其中，蒸汽锅炉10台、压力容器89台、电梯25台、起重机械91台、游乐设施2台。对特种设备使用单位进行4次安全巡查，出动执法人员670余人次，检查特种设备使用单位200余家次，检查特种设备800台次，累计排查安全隐患8家，下达限期整改安全监察指令书8份，签定特种设备安全管理目标责任书17份，及时纠正在用特种设备不安全行为，立案查处行政执法案件两起，办理两起，结案率100%，罚没款1.5万元。无安全事故发生。宣传贯彻国务院《特种设备安全监察条例》及各类特种设备安全监察规定。进一步完善动态管理机制，及时更新数据，对新安装的特种设备及时登记注册。加强与州特检所的协调，做好特种设备的定期检验。检验锅炉9台、压力容器89台、起重机械91台、电梯25台，在用检验率达90%以上。做好专项普查整治工作。全年，共出动执法人员310次，检查起重机械使用单位270家次，起重机械265台次。确保重点监控设备定期检验率100%，重点监控设备作业人员持证率 100%,重大隐患督查整治率 100%。严格实施在用特种设备使用登记,在用登记率达 100%。开展液化石油气瓶专项整治。

【计量与认证工作】 对全县强制性认证产品进行清理,经核实无强制性认证产品生产企业。无违法认证的家电下乡产品。开展电子计价秤专项整治工作,5月,对在用电子计价秤进行调查摸底,共有电子计价秤 68 只,其中超市 3 只,餐馆店 8 只,集贸市场 57 只;无电子计价秤生产和修理企业。分别在 7 月和 9 月组织两次专项检查,在“五一”、国庆节对计量市场进行检查,未发现电子计价秤使用违法行为。深入企业宣传 GB17167—2006《用能单位能源计量器具配备和管理通则》,对企业内部能源计量器具的配备与管理情况进行检查,了解重点耗能企业能源计量状况。帮助企业建立和完善测量管理体系,开展测量管理体系认证和开展计量保证能力评价(或计量合格确认)工作,为企业节能降耗提供计量技术保障。鼓励支持重点耗能生产企业开展测量体系确认,帮助建立能源数据信息中心,提高能源计量检测率。协助州局开展计量检定工作。

【代条码工作】 及时为用户办理年检、变更、换证、迁移等服务,上半年新办 118 条,变更 44 条,换证 73 条,废置 1 条,年检 500 条,迁入 3 条,迁出两条,代码数据更新率达到 60%,代码问题数据率低于 1%,过代码过期沉淀数据率低于 15%,电子档案数据质量合格率达 95%。通知相关企业进行条码续展,督促到期的四川九寨茶业有限公司按期进行续展,续展率达 100%。做好发展对象的调查和摸底工作。

【依法行政】 初步审核行政审批事项 8 项,其中,行政许可保留 2 项,非行政许可审批项目保留 6 项。设置政务公开栏,公开立项依据、申办条件、收费依据等。建立行政考核制度、行政执法案卷评查制度等,完善行政执法责任制和行政执法制度和办案程序。加强执法人员学习培训,两名职工参加省质监局组织的稽查人员执法培训。有 11 名职工取得中国质量技术监督执法证。完善行政监督机制,从基础工作、审理方式、复议监督等环节入手,继续完善复议制度,全年无一例行政复议、应诉、赔偿案件。强化规范性文件审查工作,确保文件的合法及科学。

3 月 15 日,将质量安全年和“3.15”活动结合起来,在威州镇开展“质量安全年”启动仪式,印发建材、食品、特种设备 3 个方面宣传材料 6 种 2000 余份,现场接受咨询 500 余人。

【灾后重建】 全力抓好三所(质检所、计量所、特检所、)一局(汶川局)的灾后重建工作,争取县政府在原党校处划拨重建土地 5.5 亩,县发改委予以立项和建设项目招标核准,完成《建设项目选址意见书》和《建设用地规划许可证》办理和建设用地地质勘察、建设项目地质灾害评估,建设项目设计和招标代理机构比选,招投标等,9 月动工。11 月 11 日,主体工程全部完工,进入内装饰阶段。做好争取职工周转房用地工作。

食品药品监督管理

【领导名录】

局　　长	王科尧
副局长	张素英　王　林
纪检组长	黎聿明

【食品安全监管】 县委、县政府把食品安全工作纳入年度综合目标考核范围。给各乡镇、相关部门补助 800~1000 元的工作经费,加快食品监督网络体系恢复建设。组织开展食品安全知识宣传活动和《食品安全法》宣传月活动,开展对各乡镇食品安全的督查工作。组织协调各监管部门开展多项食品专项整治行动,强化重大节假日的食品安全联合执法检查,各监管部门在职责范围内牵头组织开展食品专项整治行动,确保全县无一例食品安全事件发生。强化对农村食品安全的监管,50 人以上农村酒宴监管率达 80% 以上。累计出动执法人员 980 人次,检查食品生产单位 4100 家次,查出不符合食品卫生要求的 12 家,发出整改监督意见书 10 份;监督检查各类餐饮店 2850 家次,食品经营单位 1161 家次,糕点、熟卤制品加工单位 89 家次。

【药品医疗器械监管】 重点加强各医疗机构接受捐赠药品、医疗器械监管,清理超过效期等不合格药械 2210 件，销毁 2210 件。加大日常监督检查力度，重点监督药品经营企业执行 GSP 情况，经常性开展对药品经营企业和诊所的整治规范。加强药品不良反应监测报告。加强藏药制剂监管和"九寨药业"委托生产监督，为其恢复重建提供法律、法规和政策指导。该公司通过州局向省局提出 GMP 延期申请。

开展节假日药品市场专项检查和村卫生室药械专项检查；针对国内市场上出现的问题药品，开展双黄连注射液、糖脂宁胶囊、泮托拉唑钠注射液、香丹注射液、人用狂犬疫苗、盐酸芬氟拉明原料药和制剂等假冒伪劣药品的专项检查，要求各经营企业、医疗机构立即停止销售和使用上述药品，对检查出的伪劣药品立即下柜封存并按照相关文件规定进行处置。共检查药品批发企业药品 20 家次，医疗器械 14 家次；经营企业药品 266 家次，医疗器械 132 家次；县以上药品使用单位 98 家次，医疗器械 63 家次，县以下药品使用单位 252 家次，医疗器械 167 家次；村医疗站 98 个，农村集贸市场 6 个次，出动检查人员药品 314 人次，医疗器械 238 人次；发出责令整改通知两份，立案 3 件，结案 3 件，罚没收入 1200 元。

【"两网"建设】 加强对农村药品"两网"建设的保障机制和长效机制的建设，继续完善药品供应网络，覆盖率达 100%。恢复监督网建设，覆盖率达 100%。举办 5 期农村"两网"协管员、信息员培训班，培训学时 42 小时/人，参训人员 167 人，合格率 100%。

【恢复重建】 做好帮扶村涂禹山村灾后重建工作。维修加固现有办公楼并投入使用。加快机关基础设施恢复重建，向县政府争取政策落实办公用房重建用地。

【机关建设】 深入开展学习实践科学发展观活动，结合监管实际，开展"关注民生，服务发展，保障人民群众饮食用药安全"为主题的学习实践活动，分别在龙溪乡布南村瓦哥组、俄布村地里组设置"农村药柜"，解决两个组老百姓灾后储药、用药难的问题。开展"下访服务，公仆尽责"挂包活动，积极联系企业在当地开展中药材种植。

推进班子队伍建设和党风廉政建设，加强"四好"领导班子建设，坚持集体领导，重大问题集体决策，增强领导班子向心力。组织廉政教育和警示教育，开展廉政文化系列活动。完善政务公开制度。

加强行风建设，落实首问责任制。开展清理行政审批项目，减少办事程序，提高效能。建立完善制度，斗硬落实限时办结制和责任追究制，提高机关办事效率。开展矛盾纠纷排查调处，预防不稳定事件的发生。

统　计

【领导名录】

党组书记、局长　　付　强

副局长　　　　　　邱　涛　刘晓林

【经济普查】 认真做好第二次全国经济普查各项工作，全面准确客观真实地掌握经济情况，为促进经济又好又快发展提供科学依据。2008 年 12 月完成单位清查，2009 年 1 月 1 日进入经济普查现场登记。1 月 5 日，深入各乡镇督促检查，县经济普查办业务骨干现场跟踪指导，发现问题及时纠正，帮助基层普查员提高填报技能。指导、督促普查对象依法如实填报普查资料，严格审核普查资料的真实性、完整性，注重强化对劳动者报酬、利润、税金、拆旧等构成经济总量要素指标的核实把关，做到"应统尽统，不重不漏"。5 月 8 日，州经济普查办公室检查组到汶川检查指导第二次全国经济普查工作，对汶川县进展情况总体表示满意。年底，完成第二次全国经济普查国家、省级先进材料的上报。

【统计工作】 保质保量完成 2008 年综合、核算、工业、农业、固定资产投资、建筑业、贸易、劳动工资、城调等统计年报任务。完成 2008 年汶川经济手册。完成本年 1—12 月定期报表任务。多次深入乡镇、企业统计固定资产投资，完成建筑业产值统计工作。

【统计分析】 进行重点分析和专题研究，每月、每季及时向县党政领导提供国民经济主要指标完成进度和相关的统计分析。做好反映保增长、扩内需、调结构、重民生各项措施实施情况的跟踪分析，开展落实扩大投资情况的跟踪统计监测，提高进度经济形势分析的质量。重点加强工业、能源、房地产、投资和消费市场的调研分析，加强统计信息工作，向有关部门提供信息资料，撰写7期《汶川统计》分析资料，专题分析报告两篇（《灾后恢复重建强势推进固定资产投资高速增长》、《汶川县2009年1—6月劳动情况》），综合分析报告两篇（《汶川县2009年一季度经济运行情况》和《汶川县2009年上半年经济运行情况》）。向县委、县政府及有关部门分别提供10期《汶川县国民经济主要指标》和《汶川县固定资产投资主要指标》。向县委、县人大、县政府、县政协领导及有关部门提供《汶川县领导干部经济工作手册（2008）》67本。

【统计执法】 2009年是统计"五五"普法考核验收年，进一步推进统计法制工作，开展抽查和交叉验收，及时通报和曝光统计违法案件。加强统计法制宣传，增强依法普查意识。采取各种方式，广泛宣传经济普查的重要意义和普查对象的权利、义务。化解影响数据申报的各种可能因素，使普查对象主动配合普查，如实申报普查资料。利用统计年报会议学习有关法律法规、宣传法律法规。学习国家三部委联合出台的《统计违法违纪行为处分规定》。在自查的基础上，深入基层重点抽查，严格审查是否存在自行修改经济普查资料、编造虚假数据等15种统计违法行为，要求各单位在经济普查中不得虚报、瞒报、拒报、屡次迟报、伪造、篡改统计资料，不得拒绝或者妨碍接受各种法定调查，提供不完整的普查资料。完善执法监督机制，规范执法程序，提高依法行政、依法统计、依法检查的水平。

【机关建设】 深入开展学习实践科学发展观活动，引导党员、干部边学习边思考，查找思想、工作、作风等方面存在的差距和问题，搞好调研活动，梳理出统计工作在贯彻落实科学发展观方面存在的主要问题，提出解决问题的思路及对策。组织党员、干部围绕"落实科学发展观，推进汶川统计工作"展开大讨论。召开专题民主生活会，开展批评与自我批评。广泛征求对班子和党员的意见，并结合所收集的意见和建议深入分析，提出整改措施。做好"下访服务公仆尽责"的各项工作，帮助解决在灾后重建中存在的问题。开展平安创建工作。加强党风廉政建设和党

建工作，提高廉洁从政能力。加强制度建设，进一步规范人、财、物的管理。

农　　调

【领导名录】

队　长	门孝文（12月止）
	蒲　勇（12月起）
副队长	门孝文（12月起）
	邓　泓

【业务学习】 按总队"干部培训活动年"的安排和《阿坝调查队"干部培训年"活动实施方案》的要求，积极参与干部培训工作，努力提高专业业务水平。队长参加国家统计局第13期县级调查队主要负责人培训班。全体职工参加阿坝调查队在红原县召开的"阿坝调查工作培训暨上半年工作总结会议"，参加了总队在成都召开的公文信息分析培训会议。

【基层基础调查工作】 采取多种措施加强基层业务培训工作，加强对基层报表、台账的核实检查工作，严把主要数据的质量关。经常利用下点到户、督促检查等机会，反复强调基础工作的重要性，要求县队干部和基层辅助调查人员必须牢固树立数据质量意识，特别是在地震灾后恢复重建期间，一定要把调查数据质量放在工作首位；在实际调查工作中，认真执行全国统一调查方案：住户调查季报报出后，逐点检查，重点抓了收支大户、农忙季节、过年过节、红白喜事等关键环节，使"两账"建立符合规范化，自产自用农副产品按统一规定计价；努力把握准调查户外出劳动力打工人员就业情况、收支情况、返乡情况；农产量调查抓了农作物播种面积意向调查、农用生产资料准备情况调查和上年大春实测、今年小春预实测、大春预测的质量检查与规范调查方法；主要畜禽监测调查抓了产品产量月、季报的搜集对象、范围、内容等调查工作。

按照总队《关于开展农村抽样调查基层基础工作检查的通知》（川调字〔2009〕35号）的具体安排和要求，制定《国家统计局汶川调查队基础工作自查实施

方案》。7月5—30日共自查、复查10个乡镇、11个村的农村住户调查、农民工监测调查、农产量抽样调查(含单产抽样调查、播种面积抽样调查、畜牧业监测调查)、农户固定资产投资抽样调查、农产品生产价格和主要农产品中间消耗调查等基层基础工作，检查数据共10077笔,查出数据错误共148笔。

进一步完善和加强主要农产品生产价格和中间消耗调查工作，保证数据质量。及时、认真地完成各项临时性、专题性调查任务。

【基层网点建设】 加强基层网点建设,抓好各专业的业务培训指导工作,于4月27—29日召开全县调查业务培训会议。把好数据质量关,规范数据质量评估、论证工作,坚持实事求是和"直接调查,直接上报"制度,严格执行全国的统一调查方案和全省统一规定、要求,做到各项调查工作任务的及时调查、核实、汇总、把关和传输上报,确保调查数据的质量。对上年住户年报、大春粮食产量等主要调查数据的真实性、可比性进行反复核实,确保调查资料的代表性,并从样本网点、历史数据、进度数据、衔接数据等多个角度进行科学的、多层次的评估论证。

【调查服务】 明确一名队领导具体抓重要信息和分析研究工作,制定多项措施,加强信息、分析管理工作,确保重要信息、调查分析不断迈上新台阶。强化信息上报规范,凡上报总队、州队的信息,必须经队分管领导审签,由专人负责统一上报。发往报刊、电台等其他媒体的信息,须经队分管领导审阅签发。

向上级业务部门提供"汶川县政府及时解决调查队开办费等资金"、"汶川县城蔬菜市场价格瀑涨"、"汶川着力打造灾区农业经营体系产业化"、"汶川建成首个生猪养殖小区"等信息,撰写《"5.12"大地震后,汶川农村消费情况》、《汶川地震灾区落实农房重建资金、建材需求情况调查》、《当前全县农村农业生产情况走访调查》、《灾后一年,汶川农民生产生活情况调查》、《地震灾区农业产业重建的调查与思考》、《自然灾害对汶川农业生产、农民生活及收入的影响》等调查分析。

【队伍建设】 按照县委开展学习实践科学发展观活动的部署和要求,紧密结合汶川县灾后恢复重建的具体实际,确定"求真务实、科学统计,为全县经济社会发展服务"这一实践载体。坚持在学习培训中凝聚动力,在深入调研中查找问题,在广泛讨论中解放思想,在剖根溯源中优化思路,在边整边改中体现效果。全队职工通过动员大会、听主题讲座、撰写学习笔记、交流心得体会和深入学习调研、广泛征求意见、召开民主生活会等多种形式深入开展学习教育活动,从而更进一步加强了统计职业道德的教育和努力献身统计调查事业的荣誉感和自豪感,不断增强统计调查服务于科学发展的大局意识、忧患意识和责任意识,不断坚定做好统计调查工作的信心和决心。

主动向党政领导汇报工作情况,争取领导的重视与支持,除几大专业调查情况及时向县委、县政府分管领导汇报外,其他涉及调查队工作、生活的重大事情也及时向当地党政领导汇报,取得地方党委、政府的关心与支持。县委、县政府在地震灾后地方财政十分困难的实际情况下,及时解决了开办经费和小车配套经费,并积极想办法协调解决我队办公用房问题。

审　计

【领导名录】

党组书记、局长　　吴　麟

副局长　　　　　贺世明　苟金伟　王荣楷

【概述】 年初制定工作计划,组成多个审计组对重点领域、重点部门、重点资金加强审计监督,全年完成19个审计项目,其中,预算执行审计4个,授权审计2个,专项审计1个,县委、县政府交办审计4个,固定资产审计6个,审计调查2个。共查出管理不规范资金22911万元,工程审减41万元,提出审计意见建议12条。

【财政预算审计】 组成审计组对汶川县2008年度预算执行情况和其他财政收支情况进行审计,查出管理不规范资金20155万元,并根据审计情况对县发改委、县教育局、县城建局等单位进行延伸审计,查出管理不规范资金2285万元,提出整改意见和建议9条，并对审计中发现的问题提出6份审计建议，责令有关部门整改。

【授权审计】 根据阿坝州审计局授权，派出审计组对县地税局2008年度机关经费和县食品药品监督管理局2008年度财政预算执行情况和其他财政收支情况进行审计，查出管理不规范资金41万元。提出审计意见和建议6条，规范管理制度，帮助被审计单位提高财务管理水平。

【专项资金审计】 完成2008年度扶贫开发综合防治大骨节病专项资金审计。纠正各专项资金管理中存在的问题，确保专项资金的安全使用和及时到位，促进专项资金管理部门加强资金管理，做到专款专用。

【其他审计】 派出审计组对县委办、县政府办、县教育局捐赠资金、特殊党费4个项目进行审计，查出管理不规范资金430万元。

【固定资产投资审计】 完成固定资产竣工决算审计6个，审减41万元。通过审计，查清建设资金来源、工程造价和项目建设等方面的管理情况及有关政策的执行情况，并针对存在的问题提出建议，处理存在违规违纪问题，促进项目法人加强各项管理，堵塞漏洞，提高投资效益。

【审计调查】 根据审计署成都特派办《城乡住房灾后重建审计调查工作方案》的要求和茂县城乡住房灾后重建审计调查现场会议精神，成立城乡住房灾后重建审计调查组，对汶川县城乡住房灾后重建情况进行审计调查，对全县城乡住房维修3789户，重建1864户资料进行计算机审计，筛选结果有城乡住房重建身份证重号11户，涉及金额53万元；城乡住房维修和城乡住房重建身份证重号21户，涉及金额69.2万元。同时，对农村新型合作医疗资金进行审计调查。

【重建审计工作】 配合审计署成都特派办开展好灾后恢复重建审计工作。主动与成都特派办和广东省审计机关取得联系，并对如何开展好审计工作进行探索和协调。联合成立审计协调小组，负责组织实施灾后恢复重建审计工作，确保审计质量，完成各项审计任务。

【机关建设】 始终把党建工作列入局党组重要议事日程，充分发挥党支部战斗堡垒作用和共产党员先锋模范作用，狠抓党建工作各项任务落实。抓好党员、干部学习教育。派出两名审计人员参加上级审计部门举办的短期业务培训。开展主题实践活动，创造"和谐机关"。多次到草坡乡龙潭村开展帮扶活动。抓好综合治理，创建"文明单位"，维护社会稳定，开展精神文明创建活动。

加强党风廉政建设，提高拒腐防变能力。实行全过程监督，构建自我约束的警戒线。坚持把党风廉政建设融入审计工作的每个环节，做到"抓开局重部署、抓日常重落实、抓跟踪重反馈、抓典型重结合、抓机制重考核"。健全责任追究，构建自我监督的高压线，做到严格用制度约束干部的日常行为。

国土资源

【领导名录】

局　　长	唐作斌
党组书记	尚贤明
副局长	尚　军
	张　琪(10月起挂职)

【民生工程推进情况】 解决受地质灾害威胁的400户农户避险搬迁；实施12处重大地质灾害治理工程。完成避险搬迁400户，资金下拨到各乡镇。其中，威州镇64户、绵虒镇137户、银杏乡100户、映秀镇99户。实施重大地质灾害治理工程27处，完成目标任务的225%。开展大骨节病区打井工程，完成10口井的勘查设计，成井3口。

【土地规划管理】 根据《汶川县灾后重建总体规划》和《汶川县灾后重建用地实施规划》要求，严把用地规划关，做好项目用地预审，按照节约、集约用地的原则，从严控制用地规模，完成126个项目的用地预审，审批面积2628亩。

【重建项目建设用地】 为确保规划的实施，保障灾后恢复重建项目建设用地，做好县城及各乡镇的建设用地报批工作，向省人民政府直报水磨、漩口、耿达等乡镇灾后恢复重建用地农用地转用和土地征收的用地,申报面积 2357.16 亩。省人民政府批准学校、医院、居民安置房、大熊猫保护与研究、受灾企业搬迁、市政配套基础设施用地。

【审查新增建设用地】 做好援建、捐建、国家投资项目供地,办理县城居民安置房等 54 个项目的用地批准书,批准面积 1205 亩,其他未办理批准书项目先行安排使用土地;办理全县 112 个村民活动中心的农村集体土地占用审批,审批面积 73 亩。

配合业主单位做好映汶高速、汶马路改造、汶川至川主寺公路改造用地报批。完成映汶高速项目用地的上报,申报用地面积 1848.08 亩;完成汶马路改造汶川段的先行用地的上报,申报面积 212.1 亩;完成汶川至川主寺公路改造先行用地的上报,申报面积 447.6 亩。

【土地征收】 开展征地拆迁实物量调查,抽调人员参加漩口工业集中区、漩三公路、县城建设、地质灾害治理等重点项目的实物量调查,严格按照县人民政府汶府函〔2008〕49 号《汶川县农村土地征收补偿安置方案》做好土地补偿。依照法定程序,阳光操作,公开透明,对补偿安置不符合法律规定、没有妥善解决失地农民长远生计的,一律不报批用地手续,保障被征地农民的利益。

【农民建房用地管理】 引导农民依法、依规建住宅,推进宅基地管理纳入法制化、规范化的轨道。尤其对公路沿线等区域的个人建房用地从严从紧审查。对符合规划、符合建房条件的农民宅基地,简化审批程序,提高服务效率。

【异地安置】 受"5.12"汶川特大地震影响,汶川县部分因灾失地农户生存环境恶化,生产资料得不到保障。省委、省政府决定对部分因灾失地群众实行跨州异地安置。在各相关部门的配合下,由县国土局牵头,完成跨州异地安置 145 户 681 人(其中,龙溪乡 142 户 674 人,漩口镇 3 户 7 人)。

【土地复垦整理】 安排各乡镇组织对灾损土地中可复垦土地进行复垦整理。针对汶川县耕地主要集中在高半山,耕地分布零星,地块小,难以统一实施的特点,将耕地分为轻度受损、中度受损、严重受损,能自行复垦的交群众实施,并以以工代赈的形式对农户进行补助,其中,轻度受损补助 1000 元/亩、中度

受损补助 2000 元/亩,严重受损补助 3000 元/亩。至12 月,完成以工代赈直补 62866 亩。争取到位资金 8182 万元,第一批 1782 万元全部拨付乡镇。2010年上半年完成复垦任务。

【耕地占补平衡挂账项目】 县政府安排专项资金 872 万元,实施 2009 年批次用地耕地占补平衡挂账项目土地开发。项目规划设计年内完成,项目施工2010 年上半年完成,新增耕地 750 亩,新增耕地将用于安置失地群众。

【灾后地质灾害防治】 加强地质灾害防治工作的领导,落实防灾责任制。编制下发《汶川县震后地质灾害防御预案》和《汶川县震后地质灾害应急预案》,建立和完善防灾责任制,将灾害危险点、段的巡查和监测落实到乡(镇)、村、组和各监测人员,推进"群防群测、群专结合"工作,减轻次生地质灾害造成的损失。开展汛前巡查,以人口密集区、主要工矿企业分布区、道路交通沿线为重点,对地质灾害隐患点进行巡查、排查工作。根据灾后重建工程项目多、分布广泛的特点开展工程建设项目地质灾害隐患检查,要求各乡镇人民政府认真落实川办函〔2009〕187号文件精神和安全生产责任制,督促辖区内施工单位开展地质灾害隐患排查,做好水电、道路等工程建设项目的地质灾害防治工作。加强日常地质灾害巡查排查,与省汛期地质灾害应急分队,不定期对各乡镇地质灾害隐患点进行巡查,调查掌握地质灾害隐患发展变化情况,采取措施加强地质灾害隐患点监测预防工作。对威胁群众生命财产安全的 698 个隐患点建立和完善地质灾害防灾预案,逐点划出地质灾害危险区,设立警示标志,落实 13 名乡级防灾责任人、118 名村级防灾责任人和 698 名监测人员。发放地质灾害防灾明白卡 1396 份、地质灾害避险明白卡 2.2 万余份。监测人员坚持 24 小时值班,一旦出现险情,及时预警,迅速组织受威胁的群众撤离。对集镇、农村村民安置点和灾后恢复重建项目建设用地开展地质灾害危险性评估。

全县重大隐患点工程治理项目 201 个,启动项目前期勘察设计,完成前三批共 60 个项目的勘查设计,完成招投标项目 27 个。第四批 120 个项目陆续进场勘查。开展农村地质灾害隐患点除危排险和避让搬

迁工作。

【防灾培训】 聘请专家为农村干部群众讲解地质灾害的成因、监测方法、应急避让以及灾后重建农村房屋选址、建设中如何防范地质灾害等科普知识，提高农村群众防御地质灾害的意识和群测群防水平。

【矿产资源管理】 "5.12"汶川特大地震使全县98%的矿山基础设施破坏严重，矿山道路损毁30余公里，采矿设备损毁150套（件），经济损失达5000万元。本年，继续组织各矿山企业开展灾后生产自救工作，指导企业投资1500万元恢复矿山公路25公里，修缮采矿设备60套，砖窑6个。截至12月，恢复生产矿山19家，保障全县页岩矸砖生产和水泥生产用料。实现矿业产值1.6亿元。

开展矿山地质环境调查和治理工作，全县灾前45家矿山地质环境受地震影响，地质条件破坏严重，为确保矿山安全生产，会同德阳化探队对所有矿山进行调查，编写《汶川县矿山地质环境治理规划》，拟定治理矿山项目。立项投资440万余元对河坝茅岭磁铁矿进行地质环境治理，完成勘查设计，计划2010年开展治理工作。

开展全县19家矿山、5家探矿权的实地核查工作。经过60天野外作业，完成矿区范围拐点坐标、井口、采区（采场）、采空区的实地测量及数据采集工作，完成矿区界桩埋设工作。

组织人员进行非法采矿专项整治行动，先后制止非法采砂、采石行为5起，下发《停采通知书》3份。严格执行矿山企业年检制度。年初，审查各矿山的开采利用方案，踏勘矿区范围，检查各矿山有无违规违纪行为。年检在建矿山19家，年检率99%。完成《汶川县矿产资源开始利用总体规划》第二轮修编的送审稿。完成本年矿山年报统计工作。按规定办理矿山延续登记工作。

每月定期检查矿山安全，对企业存在的安全隐患及时清除，对存在较为严重隐患的矿山下发整顿指令，要求矿山停业进行除危排险后方准予生产。加大安全生产、环保知识宣传，安全意识不断增强，生态环境得到保护。

【土地市场管理】 强化土地资源市场建设，全面推行经营性土地使用权招标拍卖挂牌出让制度；协议出让实行公开供地计划、集体决策和交易过程、交易结果公开；公正执法，保护各类市场交易主体，保障土地供应和交易中的平等竞争，实现土地资源市场秩序公正。今年，预计采取挂牌方式出让土地1宗，面积4.79亩，成交价57.54万元；协议出让土地1宗，面积0.818亩，成交价11.45万元。协议出让采矿权5个，成交价款337.784万元。

【地籍工作】 完成日常权属变更和初始登记工作，全年发证850户。接待灾后重建权属登记相关咨询及权属档案查询事宜5000余人次。为拆迁单位和个人办理土地权属备案登记495余户。完成土地利用变更调查。

【土地执法监察】 坚持"预防为主，防查结合"的土地监察方针，健全和完善土地执法长效机制，严厉打击各类土地违法行为。全年，制止违法建房20处，违规超面积罚款770元，强行拆除违规建筑1处，查处违规外运矸砖7件，共处罚款2.28万元。案件查处率100%，结案率90%。

建立和健全《土地执法动态巡查办法》、《土地执法问责制》、《案件过错追究制》、《国土违法案件限结制》等制度。加强动态巡查，恢复全县动态巡查网络，将违法处理在萌芽状态。加强国土资源信访工作，建立信访问题分析排查、协调处理机制，按信访登记进行分类排查，接待来信来访100余人次，调处纠纷15起，处理群众来信5件，处理回复率达100%。

【第二次土地调查】 克服各种困难，确保土地二次调查工作进度。农村土地调查外业调查全部结束，进入内业建库阶段。年内完成全国标准时点变更调查任务，按期完成资料汇交任务。

【机关队伍建设】 加强灾后重建相关政策和科学发展观活动的学习。坚持民主集中制，完善制度，激发班子的整体活力。狠抓干部教育，派出37人次参加各类学习培训。全面落实党风廉政建设责任制，开展党风廉政建设活动，增强党员队伍的先进性和执行力。

做好州级文明单位、省级爱国卫生先进单位的创建工作。办理人大、政协提案8件。抓好计划生育"三结合"帮扶工作。层层签订综治工作责任书，加大重大纠纷督办查处力度，及时排解纠纷，做到不留隐患，不上交矛盾。

长期抽调1人参加都汶公路、汶马路的征赔协调工作。完成都江堰退休干部双证的办理工作。派驻专人到重建办，推动县城重建工作开展。长期派1名工作人员驻漩映地区，为漩三公路、阿师专征地、漩映片区用地提供服务。

水　利

【领导名录】

党组书记、局长　　嘉国林

副局长　　　　　　王　勇　刘　骏

【饮水安全工程】 实施国债资金项目工程：国家下达汶川县4批安全饮水计划资金1378.05万元，其中，国债资金1117.94万元，计划解决2.7万人的饮水安全问题。截至12月，累计完成投资1240.24万元，解决2.43万人的饮水安全问题，占计划的90%。其中，完成第一批扩大内需农村安全饮水工程，完成投资500万元，解决三江乡照壁村、水磨镇老人村等6个乡镇19个村1万余人的饮水困难问题；第二批工程全部竣工，完成投资300万元，解决漩口镇安子坪村、红福山村等4个乡镇15个村6000余人的饮水安全问题；第三批工程解决威州镇双河村、绵虒镇半坡村、银杏乡桃关村等6个乡镇13村8000人的饮水安全问题。2008年中央预算内专项资金农村饮水安全项目，完成投资178.05万元，解决威州镇茅岭村、克枯乡克枯村等6个乡镇8个村3931人的饮水安全问题。

纳入对口援建的农村安全饮水工程：截至11月底，全县完成5个集中供水工程（龙溪、克枯、草坡、三江、银杏），11个乡镇76个村的引水管网工程，解决5.03万人的饮水困难问题，完成投资5700万余元。

【水土流失治理】 根据州下达完成水土流失治理8平方公里的目标要求，将目标任务分解到3个乡镇：漩口镇4.5平方公里、水磨镇两平方公里、映秀镇1.5平方公里。全年累计完成水土流失治理11平方公里，超任务37.5%，完成投资93.06万元。其中，漩口镇累计水土流失治理5平方公里，完成投资21.88万元；水磨镇累计水土流失治理2.7平方公里，完成投资29.51万元；映秀镇累计水土流失治理3.3平方公里，完成投资36.94万元。

【水利基础设施建设】 按照中央和省、州的统一部署，推进项目的落实。整合部门技术力量，依托各设计单位，完成《汶川县抗旱总体规划》《汶川县水利灾后恢复重建发展规划》以及22个国家切块资金项目《可行性研究报告》的编制。

根据"漩三环线"特色农业产业发展经济圈的指导思想和基本原则，配套解决环线所涉及的集中村、赵家坪村、大槽头村、衔凤岩村、老人村、大岩洞村、连山坡村、麻柳村、照壁村等22个村的饮用水问题。完成漩口镇红福山村、赵家坪村、安子坪村、集中村五组，水磨镇衔凤岩村、黑土坡村、白果坪村、郭家坝村，三江乡照壁村、麻柳村、街村、河坝村、漆山村、龙竹村等14个村组的建设任务。投入部分资金参与漩口镇集中村4个组，水磨镇老人村、茅坪子村3个村组的饮水工程建设，投入技术力量参与水磨镇大槽头村、连山坡村、牛塘沟村、大岩洞村、白石村、马家营村6个村的工程规划和建设监督工作。投入项目资金326.14万元，建设饮用水池40个、1160立方米，铺设PE管道94.89公里。

【水产养殖】 结合三江藏乡水寨的打造，完成照壁村、河坝村等32户水产养殖户的鱼池建设，建设鱼池60口、1343.3立方米（未包含风貌改造施工单位建设的鱼池），主供水池1口、50立方米，铺设引水管道9.9公里。投入资金112.76万余元，其中，以工代赈资金100万元。水产养殖规模达2.7万尾。

【防洪堤建设】 国家切块资金项目完成银杏乡桃关河堤建设，新建河堤200米，投资98万元。援建防洪堤项目完成9个乡镇11处河堤建设（草坡乡河堤，水磨镇二中，银杏乡桃关村河堤，漩口镇河堤，绵虒镇大河、河坝、板子沟，龙溪乡河堤，漩口镇水田坪村、集中村，雁门乡麦地沟等），总长11.11公里，完成投资4441万元。

【方案审核】 对援建单位的工程设计和预算是否符合当地实情以及预算合理性进行审核并提出建

设、管理意见和技术要求。及时审核、批复6个交钥匙工程的集中供水设计方案，审核交支票工程的龙溪乡等48个村的供水方案，审核河堤方案13个，审核灌溉工程16个。

【防汛抗旱】 对全县防汛形势进行详细调查，对灾后防洪堤、壅塞体的应急处理和恢复重建以及存在的问题和困难进行分析，编制完成《汶川县震后防洪形势现状分析》，呈报省、州上级业务主管部门。进一步修订完善《汶川县防汛抗旱抢险预案》。汛期到来之前，安排两组工作人员对境内各乡镇的防汛准备工作进行检查。发放安全检查通知书36份，停止违法行为通知书23份，对发现的各种侵占河道、妨碍行洪的违法行为及时处理。

强化行政首长防汛责任制，落实各乡镇防汛责任人；坚持24小时值班制度，保持通讯畅通，及时上传水情、雨情，确保汛情的传达畅通，落实完善交接班制度。储备3万余元防汛物资。

【河道疏浚】 完成河道疏浚工程16处，投资178.85万元，包括威州镇南河、姜射坝槐子沟、克枯乡牛石堆沟、茶园沟，草坡乡沙排、樟排、两河、龙潭村猴子洞，三江乡飞水岩，映秀镇黄家院村大沟，银杏乡沙坪关村罗圈湾沟、一碗水沟、东界脑麻羊店河道疏浚工程。投资36万元，清理河道60余处垮塌堆积物，改善城区河道的行洪能力。

【堰塞湖清理】 投资380万元，清理堰塞湖3处，清理堰塞体11万立方米（银杏乡一碗水磨子沟、绵虒镇塘房、三江乡切刀岩）。

【砂场整治】 为规范砂场秩序，保证灾后重建砂石的需求，对全县砂石开采情况进行调查，编制《汶川县灾后砂石资源管理办法》，经县委、县政府批转执行。多次单独或联合其他相关部门对砂石售价、砂场位置、采砂证等进行检查，对发现位于河道内或重点堤防、桥梁等工程旁的砂场、无证砂场发放停止违法行为通知书17份，要求其立即停止生产。为保障都汶路重点工程的建设，责令沿线所有无证非法经营的采砂场停止生产。

【水行政执法】 开展水环境专项治理工作。开展"还城乡碧水，建美好家园"宣传活动，清理江河垃圾8吨，清理江河水面漂浮物4吨，清除河道内淤泥8吨，清理江河5公里。印发宣传资料800余份，制作宣传横幅112条。对各重建工程进行水保检查，并督促其编制水保方案，进行水土保持治理。开展水保检查1次，对3家砖厂、矿山企业编报的水保方案进行批复。征收水资源费149万余元。

【农村电力管理】 2009—2011年，拟恢复农村5000千瓦以下小水电58座，恢复装机容量近10.03万千瓦，总投资2.36亿元，2009年计划恢复小水电总装机容量60%。

截至11月底，已恢复发电18座，总装机近4.65万千瓦，占总装机容量的45.2%；完成投资6213万元。在建电站3座，装机1.64万千瓦。

对各乡村电站进行安全检查，抓好安全生产责任制的落实，督促各电站提前做好防汛物资储备工作，制定汛情预报网以保安全度汛，确保电力安全生产。根据地方电力现状，编制《汶川县农村水电灾后恢复重建规划报告》和《汶川县农村水电灾后恢复重建可行性研究报告》。

【水务体制改革】 认真贯彻落实省委九届六次全会关于推进水务管理体制改革和省政府关于建立城乡水务统一管理体制的有关工作要求，推进水务体制改革。11月底，完成汶川县水务局的换牌工作。

【机关建设】 以学习实践科学发展观活动为载体，创新形式，丰富内容，加强水利队伍建设。开展科学发展观大讨论活动；党员集中学习30学时，集中讨论5次。认真落实和严格执行党风廉政建设责任制，在党员干部职工中深入开展党风党纪教育和警示教育，增强党员干部的廉洁自律意识，全年没有出现一起违法违纪案件。落实稳定工作责任制，制定群体突发事件应急预案，健全综合治理组织机构和管理制度，做好群众来信来访工作。

扶贫两资以工代赈

【领导名录】

党组书记、主任　　倪明高

副主任　　　　何　秋　陈　艾　童华清

【项目申报】 结合全县灾后恢复重建和大骨节病综合防治试点工作的各项规划，按照"项目规划科学合理，资金投入不重复"的原则，加大各类项目的申报和筛选，积极向上级部门争取专项资金。全年，申报项目719个、资金53824.5万元，其中，综合防治大骨节病试点工作项目20个、资金1232.5万元，贫困村灾后重建项目450个、资金33600万元，以工代赈重建项目215个、资金16042万元，新村扶贫项目2个村、资金100万元；两项资金项目32个、资金2850万元。到位项目143个、资金3227.9万元，其中，两资项目7个、580万元，综合防治大骨节病项目20个、1087万元，扶贫项目4个、资金360.9万元，以工代赈项目112个、1200万元。

【综合防治大骨节病试点工作】 与项目实施单位签目标、定责任，做到项目乡镇有统计员、项目村有监测员，顺利推进各项目。抓好2008年度试点工作跨年度项目，按照《汶川县扶贫开发和综合防治大骨节病试点工作2008年财政资金项目实施方案》，投入财政扶贫资金1868万元，分别实施易地育人、更换粮食、饮水安全、移民安置、结构调整、卫生防治和社会保障等七大项目。其中，易地育人投入资金87.75万元，按100元/人月的标准对159名寄宿制学生定时发放生活补助；供应口粮4770公斤；在"5.12"汶川特大地震前解决10所学校的供水工程，安装各类PE管道18.9公里，维修水池10口700立方米，安装饮水机5台，安装储水罐两个，安装水泵1台，修建洗手台4个，开挖土石方6545立方米，砼490立方米，解决在校师生4726人安全饮水问题。更换粮食投入资金6.98万元，完成大骨节病区165人的粮食更换任务，发放粮食近2.48万公斤。饮水安全投入资金80.72万元，解决14个贫困村的安全饮水问题，新安

装PE管道27.87公里，新建水池4个、150立方米，开挖土石方11148立方米，砼105立方米。移民安置投入资金1383.28万元，完成150户的住房建设；对1697户实施"三改二建"；建成3834亩核桃基地、1909亩猕猴桃基地和645亩魔芋基地；完成1400平方米的村务活动室建设；改造719户农户的入户电网；对70名村干部和309名村民进行劳动力转移培训；完成14个监测体系建设，在县级有关部门确定大骨节病试点工作联络员7名，在项目实施乡镇确定统计员9名，在项目实施村确定监测员14名；聘请种植业技术指导员14名。结构调整投入资金74万元，在水磨镇建成商品猪基地1个、新建和改造标准圈舍5000平方米，引进良种猪50头，培训畜牧技术200人；投资337.51万元，建成蔬菜种植基地2700亩，特色水果基地3000亩，特色水果标准示范改良繁育基地1个，新建机耕道20公里，改扩建机耕道100公里。卫生防治投资21.62万元，完成两个病情监测点的建设；对118名大骨节病人实施医疗救助；完成绵虒镇板子沟村和小茅坪村的村卫生室设备购置。社会保障投入资金3.38万元对5名Ⅲ度大骨节病患者实施集中供养；将113名Ⅰ度和Ⅱ度大骨节病患者纳入农村低保并实施医疗救助；入住21名大骨节病患者的集中供养中心因"5.12"汶川特大地震损坏，现由珠海市对口援建。

推进2009年度试点工作，协调相关实施部门投入资金1087万元，启动易地育人、更换粮食、移民安置、结构调整、卫生防治和社会保障六大项目。易地育人学生147名，其中，小学102人、初中45人，分别在达州玉龙小学复课点、广安绵虒小学复课点和成都天回镇绵虒中学复课点就读。秋季易地育人学生分别在绵虒小学和汶川县第一中学绵虒中学复课点就读，全部免费提供床上用具六件套；建立健全病区学生个人就读档案，一人一卡；并对147名寄宿制易地育人学生定时发放生活补助；完成10所学校的供水工程。更换粮食投入资金5.98万元，完成大骨节病区165人的粮食更换任务，发放粮食近2.48万公斤。移民安置投入财政扶贫资金1042.6万元，实施7个试点村移民安置项目，包括户办工程、支柱产业、村内道路硬化、入户电网改造、统计监测体系建设、村

干部培训、劳务扶贫、广播电视8个项目。户办工程投入财政扶贫资金420万元，完成842户改房、改厨、改厕、建院坝和建便民路等"四改两建"项目。支柱产业投入财政资金224万元，在三江乡席草林村、水磨镇陈家山村、漩口镇响黄沟村建成900亩猕猴桃基地；威州镇牛脑寨村、雁门乡索桥村、绵虒镇小茅坪村、克枯乡大寺村建成1840亩早实核桃基地。入户电网改造投入中央财政扶贫资金63.3万元，完成105户农户入户电网改造。村内道路硬化投入资金331.8万元，在雁门乡索桥村、威州镇牛脑寨村、克枯乡大寺村、绵虒镇小茅坪村、漩口镇响黄沟村、水磨镇陈家山村、三江乡席草林村等7个试点村完成33.8公里的村内道路硬化工程。统计监测体系建设投入财政扶贫资金14万元，完成7个乡镇7个村的统计监测体系建设，各乡镇确定1名统计员，各试点村确定1名监测员，配置相应的统计监测器材，并建立健全各项规章制度。村干部培训工作投入财政扶贫资金3.5万元，聘请专业技术人员15名，编制《汶川县扶贫开发和综合防治大骨节病试点工作财政扶贫资金项目培训手册》，发放到村民手中；采取集中式和分散式培训，对各试点村35名村干部进行培训。举办农村特色水果栽植技术培训、乡村休闲旅游从业培训和劳务技能扶贫培训，参训人员达1970余人次。7月，70名农民在阿坝州中职校参加为期30天的农民实用技术培训班，进行羌绣、皮雕技能培训。广播电视投入7万元，为7个试点村完成广播电视设备安装。结构调整投入资金68万元，在威州镇布瓦村、茅岭村，克枯乡大寺村，龙溪乡布南村、龙溪村，绵虒镇半坡村、克约村，雁门乡通山村建成2000亩特色水果基地。完成两个病情监测点的建设，进一步健全大骨节病县、乡、村三级监测网。全县有大骨节病人109人，其中Ⅰ度98人，Ⅱ度6人，Ⅲ度5人；完成白土坎、板子沟两个监测点7～12岁儿童和785名成人患病临床检查及拍片，拍摄右手正位X线片100张，查出疑似病例19例，经省、州专家会诊后确诊Ⅰ度病例两例；采集监测点主食粮（面粉、玉米粉）12份和治疗前后监测村儿童发样50份、盐样100份，送交州疾控中心进行硒的检测分析。采用硫酸软骨素、复合维生素、布洛芬缓释片缓解症状、改善关节功能的药物治

疗方式对绵虒镇100名成人大骨节病病人进行对症治疗，疗程为6个月；落实大骨节病人每人10元的医疗救助参加农村新型合作医疗；采取请省、州专家和以会代训的方式对各级医务人员进行培训，培训121人次；接受群众相关知识咨询200人次，发放宣传资料6800份。社会保障项目对5名Ⅲ度大骨节病患者实施集中供养，将113名Ⅰ度和Ⅱ度大骨节病患者纳入农村低保并实施医疗救助，维护中心敬老院1个。

【扶贫开发】 实施雁门乡通山村、漩口镇响黄沟村100万元的新村扶贫项目。其中，投入52.5万元，完成175户农户改厨、187户改圈、175户农户改厕、187户农建院坝，投入5.25万元，建成村内便民路5.25公里，按每户30只，750元/只，扶持5户贫困户发展养羊，投入40万元，扶持种植猕猴桃100亩、早熟核桃200亩，改土30亩，入户电网改造175户。(2通过实施扶贫解困项目，扶持农村2343名贫困人口。实施社会扶贫工作，各级对口帮扶单位及社会爱心人士向贫困乡村捐款、捐物折合人民币近200万元。其中，县四办为109名符合条件的贫困学生争取栋梁工程——澳川育苗行动15.9万元捐赠资金；省直机关工委为雁门乡捐赠资金5万元，对贫困学生发放生活补助；通过阿坝州扶贫基金协会汶川分会，成都金威啤酒公司对克枯乡援建工作组捐赠价值近两万余元的物资；阿坝州志仁洗化连锁店向三江乡柒山村、威州镇铁邑村、布瓦村、增坡村、七盘沟村农户捐赠价值近8万余元的洗化用品。就业促进工程中，按照州三办安排，由州农劳办统一实施，完成120名农民工扶贫培训。

【两项资金工作】 2008年跨年度的两项资金项目：完成2008年度省、州下达灾后老百姓亟须解决的400万元基础设施项目，其中，龙溪乡联合村安全饮水工程投入资金50万元，漩口镇小麻村人畜饮水工程投入资金20万元，三江乡龙竹村低压输电线路改造工程投入资金50万元，水磨镇郭家坝村乡村道路建设投入资金30万元，漩口镇宇官庙村乡村道路建设投入资金30万元，雁门乡白水村乡村道路建设投入资金50万元，银杏乡兴文坪村乡村道路建设投入资金60万元，映秀镇黄家院村乡村道路建设投入资

金 60 万元，漩口镇桥梁建设项目投入资金 20 万元，水磨镇灯草坪村乡村道路建设投入资金 30 万元。

2009 年度两资项目：共实施项目 7 个、580 万元。其中，十年教育行动计划投入 61 万元，解决 610 名贫困学生寄宿制生活补助；乡村道路建设投入资金 80 万元，对绵虒镇三官庙村、漩口镇蔡家杠村、水磨镇等村通村公路进行改扩建；水利设施投入资金 245 万元，对漩口镇、水磨镇、雁门乡、三江乡、威州镇、龙溪乡等乡镇实施安全饮水农田灌溉工程；太阳能光明工程投入资金 44 万元，对雁门乡通山村、龙溪乡大门村、龙溪乡俄布村安装太阳能 293 套；农业产业化推动项目投入资金 130 万元，在漩口镇、映秀镇、水磨镇、三江乡 4 个乡镇建设优质猕猴桃示范基地 1200 亩；投入资金 10 万元，用于漩口镇集中村农民工旅游、餐饮、种养殖业技能培训及培训设备补助；投入资金 10 万元，对汶川县妇幼保健站用于 NLX-Ⅱ-A 型内窥式流产吸引系统购置补助。

【以工代赈】 11 个乡镇组织群众通过投工投劳斥资的方式，实施完成废墟清理工作，投入资金 1200 万元，清理废墟 10 万立方米。

【其他工作】 会同漩三环线经济圈指挥部办公室完成《汶川县人民政府关于汶川县漩三环线特色产业发展经济圈实施意见》，上报各类工作信息 20 余篇。通过与各项目实施单位、乡镇的协调努力，环线经济圈建设基本完成；加强督导，片区示范村建设取得实效。深入各点采取"一听二查三访四看五评六反馈"的方式，实地协调督促各乡镇严格按照《汶川县灾后重建示范村建设的实施意见》要求，全面完成目标任务，迎接省、州的检查验收。

【机关自身建设】 组织全办党员深入学习实践科学发展观，大力弘扬伟大的抗震救灾精神，着力转变不适应不符合科学发展观要求的思想观念，自觉地用科学发展观武装头脑、指导实践、推进工作，加强机关自身建设。开展"下访服务，公仆尽责"活动，收集上报联系村急需解决的问题，会同县水利局投入 20 万元解决铁邑村二、三组后山滑坡带浸水的综合治理工程；不定期抽调专人深入联系村进行灾后重建协调服务。为三江乡柒山村送去价值 4000 元的生产生活物质，协助三江乡政府抓好柒山村"三结合"帮扶

工作。荣获本年度县级驻乡帮村先进单位。

加强班子建设，坚持党员干部定期学习制度，认真撰写心得体会。坚持民主集中制原则和集体研究决策制度，认真召开班子民主生活会，针对问题开展批评与自我批评，提出整改意见和建议。对党风廉政建设和反腐败工作进行分工，加强廉洁自律工作，规范从政行为，无任何违规违纪行为发生。

定期召开维稳工作会议和摸底排查不稳定因素，及时化解矛盾在萌芽状态，发生任何不稳定性群体上访事件和治安事件。开展精神文明创建工作，申请争创"县级文明单位"。

安全生产

【领导名录】

安办主任、局长　　蒋青林
党组书记、副局长　潘树军
副局长　　　　　　罗小亚

【概述】 截至 11 月底，全县发生安全生产事故 181 件，死亡 16 人，受伤 70 人，直接经济损失 167.2 万元。其中，道路交通事故 177 起，死亡 14 人，受伤 66 人，直接经济损失 16.45 万元；工矿企业事故 1 起，死亡两人，受伤 4 人，直接经济损失 80 万元；火灾事故 3 起，无人员伤亡，直接经济损失 70.7 万元。无重特大安全事故发生，安全生产事故总体稳中有降。

【落实安全生产工作责任制】 按照"谁主管、谁负责"原则，落实领导责任，任务明确，责任到人，工作到位，坚决消除安全生产隐患和漏洞。县委、县政府先后组织召开县委常委会、政府常务会等，听取安全生产工作情况汇报，专题研究部署安全生产工作。贯彻落实省州会议精神，做好安全生产隐患排查整治工作。3 月初，在映秀镇召开全县安全生产专题大会，对安全生产工作进行动员部署。将管理责任层层分解落实，与 13 个乡镇及 41 个相关部门分别签订责任书，各乡镇及县直相关部门与辖区、分管行业、村（居委会）、企事业单位及站所签订责任书，各生产经营单位与车间班组签订责任状，形成县、乡、村、企安

全生产目标责任网络体系。制定安全生产控制考核指标方案,下发至各乡镇、县级各部门。落实安全生产"一岗双责"行政责任,制定《汶川县安全生产委员会成员单位安全生产工作职责》。县安委会多次组织各成员单位,成立排查治理专项工作组,开展专项大检查。由乡镇、村(居委会)和企业组成日常巡逻队伍,加强自查和防控。各乡镇成立安全生产管理办公室,并明确各村(居委会)的安全管理员,各企业成立常态安全生产巡逻队伍,形成县、乡、村、企四级安全生产监管网络。县委、县政府向社会公开招录6名工作人员,组建安全生产执法大队,配强配齐安全生产综合监管队伍。

【排查整改】 "5.12"汶川特大地震后,安全生产隐患倍增,各乡镇及各相关部门,按照职责分工,对重点企业、部位、场所隐患进行排查整治,做到县不漏乡、乡不漏村、村不漏户(点、厂),不放过任何一个死角。对排查出的隐患和问题,分门别类,登记造册,建档立案;对存在隐患的企业,开展专项整治。多次深入到灾后重建一线、乡镇、村、企业等安全生产重点场所、重点部位和重点环节进行检查,督导整治落实情况。对重点企业及存在重大隐患的企业,实行县政府领导挂牌督办。

【"百日安全"活动】 年初,县政府召开安全生产工作会议,下发《关于深入开展"百日安全生产活动"切实抓好今冬明春安全生产工作的通知》(汶安委[2009]05号文件)。县综合督查组多次深入乡镇、部门、社区、企业、学校检查指导会议贯彻落实情况,排查治理隐患。以公共场所消防、烟花爆竹、道路交通为重点,排查出各类隐患50处,现场整改35处,限期整改15处。确保"两会"和春节期间全县无重特大安全生产事故发生。

【安全生产环境综合整治】 围绕"安全生产年"活动,县安全生产委员会围绕全县环境卫生综合整治,制定《汶川县安全生产综合整治工作方案》。开展12个方面的安全专项整治工作,将全年安全生产工作重点分解为29项,进一步落实明确责任单位、配合单位、责任时限,推进安全生产环境综合整治工作。

【专项活动】 按照省、州的有关安全生产"三项行动"和"三项建设"文件要求和会议精神,县人民政府下发《通知》和《实施方案》,加强安全生产法制体制机制建设,安全生产保障能力建设,安全监管监察队伍建设。在开展安全生产"三项行动"中,做到"三加大、三突出、三促进",即:加大安全生产执法力度,突出抓好打击各类非法违法生产经营行为和规范安全生产法治秩序,促进安全生产主体责任的落实到位;加大安全生产治理力度,突出抓好各行业领域的安全生产专项整治和规范管理,促进安全生产治理常态化、管理精细化;加大安全生产宣传力度,突出抓好"安全生产月"活动和"安康杯"竞赛活动,充分发挥宣传教育和舆论导向作用,促进全社会安全意识和广大从业人员安全素质的强化提高。

开展道路交通运输专项整治。深化道路交通安全整治,不断完善道路安全设施。开展"安全带行动",确保每一个驾驶员、乘客、乘务员正确系好安全带,确保安全带真正保安全。加大对超长、高速和旅游客运车辆和危险品运输车辆及营运驾驶员的动态监管力度,严厉查处无证驾驶、超速超载、酒后驾驶、疲劳驾驶以及拖拉机载人等严重违法行为。加强交通运输企业、车站、旅游车辆及农村客运车辆的管理,对车辆的营运状况和驾驶员的资格进行严格检查和审查。严格执行"五不出站"和安全例检制度,强化"三品"检查。开展运输企业驾驶员安全行车教育,严禁"三超"和酒后驾车;开展客运、出租车驾驶员的"五整顿、三加强"学习,对客运车辆驾驶员进行安全防范教育。强化路面监控在全县国省干道127处危险地段设置安全警示牌,招聘46名交通安全指挥员。县人民政府组织成立专门"打非"机构,对非法营运车辆进行专项整治,确保交通运营车辆安全运营。

开展危险化学品安全整治,对43个烟花爆竹零售点、1个批发公司进行3次专项检查。持续开展反"三超一改"活动,深入开展氯酸钾专项治理工作。强化非药品类易制毒化学品生产、经营许可证、备案证明发证和监督管理工作,加强危险化学品、民爆器材以及烟花爆竹生产、储存、运输、销售和使用等环节的安全监管,严厉打击非法生产、储存、经营、运输和使用的行为。

开展消防安全整治,由县消防大队牵头组织教育、文化旅游、安监等部门深入全县各消防重点单位,开展消防安全专项检查 24 次,重点检查人员密集场所消防疏散通道是否畅通,消防器材、设施是否完备,消防器材能否使用等。对受灾群众安置点以及学校消防安全进行专项检查,县人民政府拨出专款 500 万余元,为安置点修建消防池,建立消防站,购置灭火器材。

为防范学校安全事故发生,与教育局等相关单位对全县中小学校交付使用前的安全隐患进行逐一排查,对学校建筑施工及消防安全开展专项检查,对查出安全隐患督促相关部门进行整改。

抓好矿山隐患排查治理,深化尾矿库安全整治,强化矿山安全基础管理。对非煤矿山开展专项检查,排查隐患 16 处,下发整改指令 4 次。坚决打击和查处非法违法生产,做到不安全坚决不生产。

深化建筑施工及重点建设工程安全整治,对恢复重建中的十大民生工程建设、水电工程建设、工矿企业恢复重建等落实建设单位、施工及勘查、设计、监理等单位的安全责任。开展安全整治,加强施工现场技术监控和安全监管,排查治理施工现场模板支撑、塔吊作业等环节的隐患。加强水电施工边坡治理,严防泥石流、山体崩塌等自然灾害引发的事故灾难。对隧道施工加强通风监管,防止瓦斯爆炸、冒顶、坍塌事故的发生。

加强地质灾害防治工作。地震之后,全县地质害增至 4000 余处,必须进行灾害治理的达 400 余处,加大地质灾害治理力度,全年未发生因地质灾害引起的重特大安全生产事故。

【宣传教育】 结合安全生产环境综合整治和安全生产月活动,在 3 月 15 日和 5 月 31 日开展安全生产月宣传咨询日活动,悬挂大型标语 30 余幅,张贴安全标语 1600 余条。接待群众咨询 195 人次,发放安全宣传资料 1 万余份。建立安全生产信息平台,在节假日和安全生产高危时段,向企业、安委会成员单位、乡镇负责人发送保障平安的短信;广播电视台开辟"安全生产月"活动专栏,进行宣传 20 余次。组织接待《中国安全生产报》记者采访组,对汶川灾后重建的安全生产工作进行报道。全年出安全生产信息 89 期。

做好安全生产培训工作,组织全体职工参加省局为期一周的业务培训,安排人员参加专业知识培训。全体职工经过考核均取得省局颁发的执法证书;全年,举办生产经营企业安全管理人员和特种作业人员培训班 7 期,培训 800 余人次。

【安全事故查处】 按照"四不放过"原则严肃查处事故,落实责任追究。截至 11 月底,处理结案 6 起,事故结案率 100%。

交通邮政通信
建设规划环保旅游移民

交　　通

【领导名录】

局长、党组副书记	苏　川	
党组书记、副局长	芶学良	
党组成员、副局长	左　进	
副局长	程　乔	
	杨志敏	(7月止,挂职)
	胡汉渝	(5月起,挂职)
	刘　发	(5月起,挂职)
	石东晖	(5月起,挂职)

【概况】　年末境内公路总里程570公里,其中等级公路262公里。

【公路建设】　都汶路是汶川县乃至全州各县进出州的重要交通枢纽,该路在"5.12"汶川特大地震中遭受毁灭性破坏,为保障全州灾后恢复重建工作顺利进行,四川路桥集团公司、江西交通公司和中铁七局从2008年9月道路抢通后,随即展开道路恢复重建工作,2009年5月13日道路恢复双向通行。12月底,完成道路恢复重建。5月9日,映秀至汶川高速公路动工建设,该路全长约52公里,采用双向四车道技术标准建设,路基宽24.5米,总投资49.9亿元,计划2012年建成通车。川主寺至汶川公路长县境内共8.9公里,采用二级公路标准建设,路基宽度为8.5~12米,总投资约1.1亿元,本年完成路基及桥涵工程,2010年建成通车。汶川至马尔康公路在县境内长9.88公里,按二级公路标准建设,路基宽9~10米,计划总投资约1.43亿元,本年计划投资1500万

元。省道303线映秀至卧龙段灾后重建工程按二级公路技术标准恢复重建,长45公里,投资为8.1亿元,由香港特区政府援建,本年完成60%路基工程、60%隧道工程和全部桥梁下部结构。县交通局抽调人员充实到各工程建设协调工作组,开展征赔拆迁和建设协调工作。由县交通局负责实施的粤汶路(国道213线都江堰至映秀段)总里程21.897公里,按二级公路标准重建,路基宽度8.5米,计划总投资4.34亿元。经公开招标,中国西部建设集团为粤汶路的代建单位,第一批(第三标段,友谊隧道至寿江大桥段)施工中标单位四川华西集团有限公司于11月19日进场施工,其余两个标段在12月底开工建设。

白花大桥改线工程是粤汶公路的重要组成部分,全长1.655公里,含映秀大桥和白花大桥,映秀大桥全长271.1米,为9×30米预应力混凝土简支T梁,白花大桥全长461.25米,为7×30米＋5×50米预应力混凝土简支T梁,该项目作为应急工程,由四川路桥集团桥梁公司承建,于2008年底动工建设。映秀大桥10月初实现临时通行,白花大桥12月底建成通车。

漩三公路被列为汶川县2009年重点交通建设项目之一。该项目全长20.824公里,采用三级公路标准,设计行车速度及路基宽度分段执行,其中,漩口至白石村40km/h、路基宽度8.5米,白石村至三江场30km/h、路基宽度7.5米,水磨镇、三江乡场镇街道路段路基宽度10米,于7月20日开工,计划2010年10月30日完工。至12月,完成三江段路基3.4公里。

由县交通局承建漩口、水磨、三江环线公路,该工程按四级公路标准建设,全长25公里,分两个标段,一标段为老赵路(老人村至赵家坪村),长15公里,投资1800万元;二标段为老麻路(老人村至麻柳村),

长10公里,投资1100万元。经公开招标,四川省四通建设工程有限公司中标承建一标段,四川省泸县第十一建筑工程有限公司中标承建二标段,于8月11日开工建设,两个标段全部完成路基,开始进行路面铺筑。

从9月1日开始建设潘达尔景区公路。该路全长7.94公里,路基宽4.5米,路面为宽3.5米的水泥混凝土路面,计划投资975万元,12月底完工。

【农村公路灾后恢复建设】 农村公路灾后恢复建设项目共70个,400公里(包括民生工程项目15个70.6公里),其中,中央基金项目37个216.026公里,广东援建项目33个183.974公里(包括中央车购税项目26个144.195公里)。完成水泥混凝土路面项目26个146公里,其中,中央基金项目12个90.1公里,广东援建项目14个56公里(包括车购税项目10个44.1公里)。完成泥结碎石路面44个254公里,其中,中央基金项目24个126公里,广东援建项目20个128公里(包括车购税项目16个100.1公里)。计划2010年4月底前完成农村公路灾后恢复重建项目的"硬化"或"黑色化"任务。

【客运站点建设】 建设客运站点31个,计划总投资2180万元,其中,开工建设二级站(广东援建)1个,计划投资1200万元。确定三级站(水磨客运站)建设站址1个,计划投资600万元。投资260万元,计划建设五级站9个,建设完成三江乡、漩口镇和龙溪乡农村客运站;开工建设草坡、绵虒、七盘沟农村客运站;雁门客运站(民生工程)、白石客运站交付使用;耿达客运站因省道303线改建和耿达城镇重建无法选址,年内无法完成。港湾式招呼站20个,计划投资120万元,其中,动工建设三江乡草坪村、街村,映秀镇老街村,漩口镇水田坪村、集中村、铝厂,银杏乡桃关村、沙坪关村、兴文坪村,雁门乡萝卜寨村、青坡村,威州镇姜射坝村12个招呼站;威中北校区招呼站由广东省江门市援建,已完工;三江乡龙竹村、河坝村,水磨镇郭家坝村、陈家山村、高峰村,雁门乡麦地村、过街楼村7个招呼站交付使用。建设6个公交招呼站,投资3万元,于12月底全部完工。

【公路养护与管理】 围绕"保通、保畅、保安全"的工作目标,做好道路养护和管理工作。坚持公路路面养护"三勤"制度,早、中、晚巡路和雨中、雨后巡查制度,发现路面坑凼及时填补,路面飞石及时清扫,路肩、边坡的杂物杂草及时清除,水沟淤塞及时疏通,随时保持道路整洁和平整。加强道路安全隐患排查,发现安全隐患及时整治。全年,修补路面坑凼、铺筑油路49329平方米,修复铅丝笼挡土墙979立方米,增设和更换波形护栏99米,清洗波形护栏4.8公里。对部分桥栏杆和防护墩进行油漆和粉刷。加强路政案件的查处,与县级有关部门配合,消除公路"五乱"行为,查处违章建筑29起,处理占用公路及公路用地94起,清障排障320处,整顿规范洗车加水点10处,清理乱堆建材74处,规范施工现场26次,清理占道摆摊设点52起,规范运料车49车次,整顿砂石料场8处,使公路沿线环境得到极大改观。

【运输管理】 在都汶路恢复双向通行前,都汶路只允许20座以下的客车参加营运,会同县运管所多次深入各运输企业,向广大驾驶员做宣传和解释工作,按规定调集60辆20座以下小型客运车辆从事汶川至都江堰和至成都班线营运。5月13日,都汶路恢复通行,客运班线随之恢复正常营运。

7月25日,彻底关大桥被飞石砸断,当日全力抢修出一条便道,但该便道只能通行9座以下的车辆,汶川至都江堰和至成都的客运班线全线停运。为疏散滞留旅客,遏制非法营运行为,从三大运输企业川主寺站调集30辆9座以下的商务客车从事应急班线客运,保证旅客出行安全,维护正常营运秩序。

9月4日,会同县运管所开通汶川县第一中学至汶川汽车站的公交线路,组织4辆载客42人的新型公交车从事公交营运。增投5辆公交车开通雁门至七盘沟公交线路,缓解县城周边群众的出行需求,同时遏制非法营运的发展势头。

1—11月,出动执法人员1900余人次,检查车辆1万余辆,查处非法营运车辆403辆,没收自制线路牌200余副,纠正小四轮拖拉机违章载人960余起,收缴非法营运机动三轮车12辆,转运乘客5674人次,处罚金额41万元。

对县城运行的280辆人力客运三轮车分批次更新,12月1日前更新10辆,12月30日前完成所有车辆更新。车身颜色和图案充分体现汶川羌族特色,统一人力客运三轮车从业者工作装。对县城内参营的32辆出租车统一更换座套,每日参营前对车辆内堂进行清洗,更换有星期标志的头套。在公交车、出租车车身上张贴宣传感恩、奋进、和谐等内容的宣传标语,营造出汶川人民积极向上的精神风貌。抽调人员参与县城3个出口环境整治工作,重点对汽车维修点、洗车点违规占道经营、污染周边环境卫生行为进行整治。12月底,县城内及周边所有汽车维修点集中搬迁至七盘沟沙窝子汽车维修中心。

【客货运量】 全年完成客运量337万人,增长13.1%;货运量129万吨,增长19.4%。公路旅客周转量44840万人公里,增长28.6%;公路货物周转量16522万吨公里,增长27.6%。

【交通安全管理】 年初,调整交通安全管理工作领导机构,将安全责任目标层层分解,与县境内各运输企业、交通建设施工单位、道路安全观察员签订安全责任书。加强交通运输安全管理工作,在春运、汛期、黄金周等各重点时期,采取各种措施杜绝安全事故的发生。召开专题会议,安排部署交通安全管理工作,落实责任人。加强源头管理,严格执行"三把关、一监督"和"五不出站"签单制度,加强车辆检测,彻底从源头上消除安全隐患。加大交通安全知识宣传,利用"百日安全活动"、"安全生产月活动"、"隐患排查年活动"等,通过发放交通安全知识宣传资料、张贴安全宣传画报、悬挂宣传横幅、进行安全知识培训等形式,宣传交通安全法律法规和交通安全知识,提高广大群众的安全意识和安全防护能力。开展"隐患排查年活动"和危险化学品运输安全专项整治等活动。

做好交通安全保障工作,制定应急保障预案,坚持24小时值班制度,及时获取和报告安全动态信息,每月按时上报安全月报。随时做好应急人员、机械、物资准备,以最快速度抢通道路,尽力缩短旅客在路上滞留的时间。国道213线映秀至汶川段危险路段保留10个安全观测点,保证车辆安全通行。

加强交通建设施工安全管理。各项目办工作人员常驻工地,在做好工程质量监督、建设协调等工作的同时,督促施工单位做好施工安全管理工作。建立和健全各项安全制度,分解落实各项安全责任目标。做好各项安全警示和安全防护工作。严格遵守各项安全法律、法规和制度,严格执行各项安全操作规程,杜绝因操作不当而发生施工安全事故。经常性地对施工现场进行安全隐患排查,发生隐患,及时整治。

【水上交通安全管理】 由于"5.12"汶川特大地震影响,岷江映秀至银杏段形成多个堰塞湖,当地村民自制50余艘采砂船在堰塞湖进行非法采砂活动,为确保水上交通安全,海事管理科组织人员深入现场对情况进行调查了解,并将调查结果上报县政府,县政府责成县安监局进行整治,消除水上交通安全隐患。

【机关建设】 加强党风廉政建设和反腐败工作,不断提高广大干部职工的思想素质。开展工程建设领域突出问题专项治理工作,进一步净化交通建设环境。抓好队伍建设、行风建设、职工教育培训、行政执法、交通战备、档案管理、公文处理、统计、会计、精神文明、爱国卫生、社会治安综合治理、老龄等工作。上报交通信息49条。被县委、县政府评为2008年度目标考核一等奖、2008年度安全生产目标考核二等奖、先进基层党组织、尊师重教先进单位。评为全州交通系统2008年度完成交通工作目标任务先进单位、交通安全工作目标达标单位。

公路管理

【领导名录】

局 长	王永新
党委副书记	王万发
副局长	方强 叶娟

【道路保畅】 按照公路"保通、保畅、保安全"的总体目标和要求,加强国道213线、317线公路灾后恢复重建期间道路保通工作。成立领导小组,制订应急预案,加强对道路隐患的排查力度,做好与灾后重建施工单位的协调工作。坚持早、中、晚值班和雨后巡路制度,坚持24小时防洪值班制度,实行双休日领导带班制度和班组轮流值班制。装载机停放在各道班,一旦发生塌方路阻及时投入抢险,做到人机不分离,随垮随抢,保证畅通。1—10月,清理塌方6万余

立方米,修补坑凼8000平方米,调用机械台班915台次,确保道路安全畅通。

【公路应急抢险】 国道213线都汶路桃关隧道至文镇桥增设及更换损坏波形护栏900米。映秀镇临时安置区道路平交道口路面960平方米,减速块标线360平方米。岷江大桥栏杆施工标志刷漆工程。友谊隧道至映秀老虎嘴修补路面坑凼完成工程量850平方米。都汶路草坡隧道至烧火坪隧道修复铅丝笼挡土墙564.12立方米,修补路面500平方米。草坡至映秀铅丝笼挡土墙修复415.6立方米。映秀至白花大桥油路铺筑应急抢险完成工程量2.1公里,15750平方米。烧火坪隧道出口至友谊隧道路面铺筑及修补17269平方米。映秀镇至友谊隧道铺筑油路1.8公里,修补坑凼500平方米,粉刷防护墩2312个,油漆桥栏杆18座,清洗波形护栏4.8公里。县城街心花园至秉里村路口沥青混凝土路面铺筑和标线工程,完成工程量15129平方米。都汶高速公路龙溪隧道口至映秀大桥2.5公里公路应急抢修铺筑水泥稳定土路面工程1.55万平方米。

【路政管理】 路政执法实现规范化、制度化,加大执法力度,严格依法行政,依法治路。针对灾后重建任务繁重,公路"五乱"现象严重,会同相关部门,从源头清除公路"五乱",巩固整治成果,达到标本兼治。配合灾后重建重点工程建设,与重建单位签订抢通、保通安全协议书,严格施工区域的规范管理。查处违章建筑29起,处理占用公路及公路用地94起,清障排障320处,整顿规范洗车加水点10处。路政案件查处率100%,结案率98%。

【安全生产】 坚持以"安全第一、预防为主"的方针,成立安全领导小组,与班组签订《安全生产目标责任书》,层层落实责任。每月召开一次安全生产工作会议。养路职工上路作业穿安全标志服,戴安全帽,严禁摩托车搭人和酒后上路作业,确保安全生产无事故。

【公路环境综合治理】 成立道路环境综合治理领导小组,制定相应的整治工作方案。加大公路养护力度,落实整治措施,对公路环境综合治理常抓不懈,截至10月,进行专项督导行动30余次,发放宣传资料80余份,清除垃圾230余吨,清理乱堆建材74处,

规范施工现场26次,清理占道加水18车次、占道摆摊设点52起,规范运料车49车次,整顿砂石料场8处,公路沿线环境得到极大改观。

【机料管理】 建立健全车辆台账,实行车辆单车核算,降低成本,对车辆用油、机具使用进行动态管理,严格车辆报修审批手续。严格机具出租,凡对外出租机具必须经股长以上局务会议研究,签订租赁协议,预交租赁费(上报州局机料科),财务设立专项科目,租赁费用张榜公布。大宗物资采购严格按照州局规定对生产需要采购的物资配件均按程序召开局务会议报请州局同意,安排专人,货比三家,实行政府采购。物资配件验收入库,办理领发手续,做到有据可查。对购入、发出的物资配件,及时进行账务处理,做到账物相符,账账相符。

【机关建设】 围绕"深入贯彻落实科学发展观,奋力推进公路事业科学发展"主题,认真开展学习实践科学发展观活动。领导班子实行"领导包片,干部包班、深入基层一线"工作制度,了解班组职工在工作、生活中存在的实际困难,帮助职工解决问题,提出科学合理新办法、新举措。领导班子集体深入基层12个生产班组,分局机关、各股室召开民主生活会,和职工面对面开展交心谈心活动。开展领导班子"四好"活动。加强党的组织建设和廉政建设工作。继续开展作风整顿建设活动,牢固树立一切为养路生产服务的思想,把职工的利益放在首位,提高办事效率,切实转变机关作风。加强信访查办力度。抓好职工"四职"教育,发扬"艰苦奋斗、敬业爱岗、兴路富工、服务社会"的行业精神,以"路优我荣,路差我耻"从严要求,提高公路养护服务水平,促进养路生产发展。

成立灾后重建资金管理督导领导小组、资金管理和使用领导小组,制定资金管理使用办法,严格资金管理,保证资金使用。

加强精神文明建设,开展创"文明股室"、"文明班组"、"文明职工"、"文明家庭"等系列活动。开展"学先进、创一流,为建设和谐阿坝做贡献"的"安康杯"劳动竞赛活动和技术创新活动,引导职工敬岗爱岗,树立服务意识。搞好"五五"普法活动,开展"双同"教育活动和驻村帮扶工作。投入1.9万元,为职工购买防暑降温茶叶112听。投入3.59万元为职工购置标志服

（帽）100 套，雨衣 100 套。投入资金 5000 元购置笔记本电脑 1 台。投入资金 3.1 万元组织职工体检，看望生病职工 11 人次，及时处理职工善后工作 10 起，为在职职工发放生日费 100 元/人，使职工感受到组织的温暖和关怀。

邮 政

【领导名录】

| 局　　长 | 姜培荣 |
| 副局长 | 严一平 |

【业务总量】　业务总量完成 400.5 万元，完成年度计划的 133%，同比增长 41%。

【业务收入】　业务收入完成 351.1 万元，完成年计划的 114.36%，同比增长 51.46%。剔除"5.12"周年纪念邮品及黄龙邮票、邮品首发销售收入 71 万余元，实际完成 280.1 万元。

【通信能力建设】　2 月 19 日，在绵虒镇全面恢复储蓄业务，同时开通电子化营业，标志着邮政业务全面恢复和超过震前水平。10 月 26 日，在汶川三江 AAAA 级旅游景区增设邮政代办点，满足景区游客使用邮政业务。更新邮件投递车辆，缩短投送时限。

【函件业务】　重点抓好企业金卡开发，定制和销售 2010 企业金卡实现收入 22.88 万元，完成州局下达任务 108%。全年，函件完成 126241 件，同比增长 7.06%，收入完成 34.73 万元，同比增长 42.57%。

【集邮业务】　按照多元化经营思路，大力开发和销售集邮票品。开展集邮票品促销活动，以"5.12"汶川特大地震周年为主题的纪念邮品发行、《黄龙》特种邮票首发活动，加大宣传和营销力度。预订及现场销售"5.12"汶川特大地震周年纪念系列邮品实现收入 64.46 万元、《黄龙》特种邮票及系列邮品实现收入 7 万余元。加强与目标客户的联系，截至 12 月底，完成形象年册 350 册，为州局计划的 64%。开发"一县一品"，加强与相关部门的联系，于 10 月 26 日成功开发汶川三江 AAAA 级旅游景区使用中国邮政邮资明信片门票业务，设计、制作三江 AAAA 级旅游景区系列邮品、邮折、邮资明信片等，实现收入 8 万余元。全年，集邮销售 136737 枚，同比增长 52.93%，收入完成 77.81 万元，同比增长 285.41%。

【报刊业务】　在做好报刊的续订、破订工作的同时，进一步加强报刊投递服务质量，提高报刊的妥投率。抓好 2010 年度报刊大收订工作，一次性收订流转额达 71.3 万元，完成州局下达任务的 102%。全年，报刊完成 102.7 万份，同比下降 14.26%，报刊收入完成 18.71 万元，同比下降 18.89%。

【包件业务】　加强窗口包件（特别是快递包裹）的收寄工作。继续加强与大客户的联系，组织人员开展上门服务。11 月 23—24 日，为方便地方部队退伍军人寄递各类生活用品用具，组织人员上门代封装包裹，办理交寄手续，收寄军用包裹 99 件。全年，包件完成 6720 件，同比下降 11.45%，收入完成 13.16 万元，同比下降 36.98%。

【机要业务】　严格执行机要通信各项规章制度，按照机要通信操作规程办理业务，保证全县机要通信安全畅通，实现机要通信质量全红。

【速递物流业务】　充分发挥邮政资源，加快 EMS 限时派送业务。进一步规范物流业务操作规程，加强内部控制，做好已开发的特快业务收寄及投递工作。继续做好"代收货款"业务投递，制定相应管理办法，理顺业财关系，使货款回款率达到 100%。抓好中秋"思乡月"业务发展，销售额达 7 万余元，超额完成州局下达计划。全年，特快专递完成 7180 件，同比增长 27.57%，收入完成 26.76 万元，同比增长 46.47%。

【邮政储蓄】　抓住灾后重建机遇，加大宣传力度，做大做强邮储余额规模。累计新发邮储"188 国际银联卡"2931 张；邮储累计存款余额 8547.66 万元，较 2008 年末净增 1593.2 万元，其中，活期存款余额为 4266.59 万元，占存款比例 49.92%。利差收入完成 151.2 万元，同比增长 40.87%。

【电子汇兑业务】　加强电子汇兑业务的发展，抓好"入账汇款"、"2 小时(加急)汇款"和"回音卡"业务的宣传力度和揽收力度。办理 16847 笔"入账汇款"，为企业增加收入 14.84 万元。

【企业管理】　加强班组(公司)、支局(所)的服务管理。继续贯彻落实《国内邮件处理规则》《邮政通信服务规范》、《四川省邮政营业、投递规范化服务检查评定标准》、《四川省邮政业务服务管理日常要点》等规章制度。深入开展"树创"活动，以营业、投递等服务工作为重点，解决好群众反映的热、难点问题。不断完善各项规章制度、工作（岗位）职责等，严格执行各项邮政业务处理规程，规范各生产环节秩序。严格执行州局下发的《阿坝州邮政局内部财务管理办法》，加强成本控制管理，压缩各类管理费用、业务费用及非生产性费用开支。

强化重点单位、重点环节、重点岗位和人员的安全生产管理；推行安全生产一把手负责制，加强对职工的安全生产教育，增强职工安全责任感。加强邮政视检、稽查工作，杜绝各类通信事故和邮政案件的发生。加强安全保卫工作，做到人防、物防、技防三位一体，防止违规经营行为、重大服务质量问题和重特大资金票券案件等事故的发生。

【灾后重建】 县局及各支局（所）重建工作全部启动。县局邮政生产综合楼、映秀支局、水磨支局、七盘沟邮政所、绵虒邮政所、卧龙邮政所生产用房灾后重建项目纳入国家发展和改革委员会、交通运输部、铁道部、工业和信息化部、水利部、国家能源局六部委印发的《汶川地震灾后恢复重建基础设施专项规划》。省公司对以上灾后重建项目进行立项批复。加强与县委、县政府及相关部门的联系，协调解决邮政灾后重建工作中邮政网点用地、邮政设置规划等，同时加快灾后重建相关手续（"一书两证"手续等）的办理。

【机关建设】 加强对职工党的基本路线、形势政策教育、邮政职业道德教育和思想政治教育。抓好职工文化知识、业务技术的教育。开展科学发展观实践活动。巩固"州级文明单位"、"县级文明行业"创建成果。搞好军民共建活动，利用业余时间和"八一"建军节等同消防中队、武警中队开展座谈会、联欢会。

加强党风廉政建设，严格执行各项廉政法规、制度及上级主管部门制定的制止奢侈浪费行为规定，自觉接受群众监督。搞好社会治安综合治理工作，维护社会治安秩序的稳定，保证邮政系统正常工作和生活秩序。

电　信

【领导名录】

总经理	赵　彬（4月止）
	江继全（4月起）
副总经理	肖　康　刘道彬

【主要经营目标】 截至10月31日，收入累计完成841.68万元，月均完成84.17万元，完成年收入计划1000万的84.17%。其中，移动业务完成53.57万元，既有业务完成737.44万元（固网语音386.66万，互联网业务287.32万，增值业务63.47万）。

分客户群月均收入完成情况：政企完成34.7万，家客完成25万，个客完成24.47万。固话用户8525户，减少1267户；小灵通用户2543户，减少2211户；有线宽带用户2991户，减少89户；移动用户3347户，净增1608户；无线宽带用户576户，净增576户。融合业务发展情况：e8用户917户；e9用户486户，净增486户；e6用户384户，净增326户（其中，农村手机版用户205户）；商务领航用户428户，净增310户。网络考核指标：政企客户业务开通及时率100%。我的 e 家用户装移机履约率、故障修复率≥95%。基站可用率≥99%。全球眼业务保障率≥98%。

【营销活动】 在"春促"、"暑促"等活动中始终坚持强化落实和跟踪，按天进行业务汇总、分析和通报，包含对各客户经理发展量的通报。同时，抓住灾后援建单位和商铺的进入，通过商务领航融合等措施开展营销工作，效果较好。加强IPTV业务的宣传和推广，成功树立新国旅大酒店样板客户。全年"春促"、"暑促"完成效果较为理想的有天翼（净增1873户，完成率234.13%）、有线宽带（净增485户，完成率151.56%）、e9（净增284户，完成率123.48%）和商务领航（净增179户，完成率447.5%），天翼中高端占比高但融合率低，有线宽带融合效果理想；IPTV和新增无线宽带加入融合数完成不理想。在"暑促"劳动竞赛评比中，获得综合二等奖，两名客户经理获促销能手奖。

通过利用教育城域网搭建开通的契机,与县教育局联系沟通,成功组建全县教育系统总机服务,发展教师天翼套餐695户,并成功锁定各学校语言及宽带业务(汶川一中除外)。

针对第一期拆除的37幢房屋,主动与政府沟通,采取措施改迁线路,加强客户资料清理和关怀,维护客户稳定,尽力减轻因拆迁工作带来的不利影响。对拆迁户的去向进行跟踪,免费为用户办理移机业务,需要停机的用户免收停机费用,对用户欠费进行催收,减缓欠费压力。

【灾后重建】 3月,开始2009年C网一期工程建设。9月,17个站点建设工作全部完成,在都汶路基本实现无缝覆盖。县城网络优化工作完成后经实测,在县城城区内,网络覆盖效果超过移动。

加强与政府、援建单位的联系,积极参与综合布线。2800套安置房的地下管道、房间暗线均由县电信公司完成穿放施工工作,为以后开展营销工作争得先机。在安置房的接入方式上,均采取FTTB技术,完成农行公寓、安置房一期共1100套房屋的设备安装、调测工作,用户办理手续后,当天即可开通。

上半年,完成县公司宽带提速、映秀机房两次搬迁,完成白花机房、龙溪东门口机房、雁门机房搬迁,草坡至映秀临时杆路建设,新建潘达尔、草坪AG局。新增潘达尔、草坪两个C网基站。完成龙溪乡、汶马路汶川段、川汶路汶川段等共计15余公里线路迁改;完成县城、水磨、三江、映秀等70余处光(电)缆临时迁改。完成县公安局天网监控中心建设,并在县城临时开通两个监控点。对各援建单位通信需求给予全力满足,对七盘沟搅拌站、汶川县一、二期安置房、中铁二局等援建单位新布放光(电)缆共计6.8皮长公里,推进灾后重建工作顺利进行。

下半年完成水磨机房、克枯机房搬迁,龙溪东门口铁塔搬迁,龙溪乡C网基站建设,县城安置房一期FTTB建设,县公司、农行集资楼FTTB开通,以及安置房二期、七盘沟FTTB建设,县城、水磨管道建设,教育城域网开通,新建桃关福堂坝两个AG局,水田坪城域网建设。新建并开通17个C网基站。在光进铜退工作中,完成县公司OLT及电信大楼、农行集资楼7个

ONU安装。

年内完成受损房拆除工作,落实国家补助和受损房拆除奖励资金。在员工住房的恢复重建中,积极向县拆迁办和恢复重建办协调关系,努力为员工争取救助,为员工解决无住房问题。完成员工住宿楼、绵虒综合楼的基础工作。争取保留电杆厂处员工住宿,对县公司在地震中受中度破坏的综合电信楼、原电信酒店以及轻度受损的电杆厂员工住房进行加固维修。对电信酒店进行内部装修,对办公场所进行加固维修。

【TOP项目】 按照省、州公司有关要求,在TOP项目承接中做到突出分客户群经营优势,在执行中明确政企、家庭、个人三大客户部的职责,对口承接州公司相关部室工作的安排部署和业务指导,实现三大客户部对口承接工作的真正落地。在企业内树立全员服务意识,各部门、各班组间加强沟通协调,所有工作以聚焦市场、聚焦客户为基准,重点解决装移维服难点问题,实现公司内部服务链有效支撑外部服务需求,宽带客户满意度和VIP客户满意率得到提升。加强业务培训,改进培训方式,对营业窗口服务人员制订学习计划,落实考核制度。对前端客户经理、维护人员、窗口营业人员分专业每天进行工作小结和班前工作安排。

【内部管理】 深入学习实践科学发展观,用科学发展的理念指导企业各项工作,做到理念创新、思路创新、服务创新,创造性开展工作。深入基层、深入员工开展调查研究,加强对员工的交流沟通,征求员工对企业的建议和意见,调动员工的工作激情和责任心。优化工作流程,提高服务效率。坚持以客为本,科学合理搭配人员,实行分段包干负责制,缩短装维时限,提高服务效率。探索薪酬分配的激励作用,拟订方案,尝试将同一岗位层面员工的薪酬进行清理,统一标准后,根据业绩考核兑现。对管控人员采取与分支机构挂靠进行绩效考核原则。对接待费、营销费、管理费严格实施事前审批制度,节约开支。

中国移动汶川分公司

【领导名录】

总经理　　　　郭兴涛
综合部经理　　杨经强（5月起）
市场部经理　　李龙宇（5月起）

【运营收入】 围绕"更高、更快、更强"的发展目标，提高企业运营能力，继续保持高增长、高发展的态势，全年完成运营收入4000万元，上网用户总数突破7万户；上网用户市场占有率达到87%，同比增长30%。网络规模和客户规模居全县第一。县内重要公路、国家级风景区、热点地区实现连续覆盖；并与221个国家和地区的293个运营商开通国际自动漫游业务，网络通达全世界。

【业务范围】 中国移动四川汶川分公司是汶川县最大的移动通信运营商，负责汶川网络发展协调、工程建设、网络维护和经营服务，拥有"全球通"、"神州行"、"动感地带"等品牌，网号139、138、137、136、135、134等。2005年以来陆续新添159、158、150、151、152、187、188网号。公司以客户为中心，全面提供差异化服务，除基本话音业务外，还提供数据、IP电话等多种增值业务。

【营销服务】 不断探索立体化营销服务渠道体系建设，通过建立以乡镇营销中心为中心的乡镇自营厅、合作厅和社会渠道联运执行体系，建立分层分级渠道管理体系，提升渠道承载能力，完善渠道支撑系统建设。基本实现"一村一人"或"一村一店"，电子渠道业务受理比例达到48.7%，为客户提供方便、快捷、畅通的服务。

公司秉承"沟通从心开始"的服务理念，进行系统的客户调查，发现客户重点关注资费透明度、消费欺诈等问题。开展"便捷服务、满意100"活动，通过改进入网协议、强化业务收费确认、严厉打击各种欺诈行为等多方面的措施保障客户权益。

为创造良好的通信环境，遏制垃圾信息在网内传播，公司强化内部管理，明确岗位职责，开展垃圾信息的专项整治。据统计，阿坝分公司关停1.65万个违规号码，拦截超过220万条垃圾短信，保护用户的合法权益，营造和谐的通信消费环境。

【网络建设】 加大基站建设，进一步加强网络优化和网络维护，促进网络质量的提升。公司基站总数达75个，传输光缆总长400余皮长公里，实现都江堰——汶川98%以上的覆盖，汶川——马尔康95%的覆盖；实现国家级风景区卧龙、三江以及重要旅游景区、重点城镇、交通干线的全覆盖。12月，三江创建国家AAAA级景区期间，组建以分公司领导为组长的应急通信保障小组，对网络信息安全基础工作进行梳理和加强，完善应急通信操作流程，确保通信畅通。完成多项重大节日和活动的通信保障工作。

【"村通"工程】 截至年底，公司建成GSM基站75个，铺设传输光缆400皮长公里。为13个乡镇未通电话行政村解决通信问题，全县行政村覆盖率达到100%，比"村通工程"前提高19.7个百分点。从2006年开始，在"村村通"工程基础上，建设中国移动通信农村信息网，作为中国移动为"三农"服务的枢纽，通过以农信机为代表的通信产品为"三农"提供包括农业气象、病虫害防治、价格行情、农产品信息、政策法规信息服务。2008年初，由公司投资，在13个乡镇有条件的行政村建设安装80台农信机，为推进农村信息化创造良好的环境。

【灾后重建】 "5.12"汶川特大地震，汶川分公司通信系统遭到严重损坏。据不完全统计，导致分公司61个基站退服，300皮长公里光缆、40公里电缆受损，多处机房、铁塔倒塌，全县所有营业网点中断。震后，近5万移动用户几乎同时拨打电话，话务量是平常的20倍，交换机负荷瞬间激增，通信严重拥塞。地震灾害造成经济损失超过8000万元。汶川移动积极开展生产自救和灾后重建工作，快速恢复全县所有营业网点的服务功能。开展灾后网络优化工作，在灾区迅速新建和扩容基站40个，确保灾民安置点和抗震救灾指挥部网络的全覆盖。2009年，在上级公司的支持下，启动灾后重建，全县网络通信能力和营业厅服务水平全面恢复并超过震前水平。

本着"建设先进实用、安全可靠、天地一体的通信基础设施，提升通信服务水平和灾备应急能力"的指导思想,2008—2010年灾后重建总投资预计9000万元,同时满足灾区业务发展需求。本年灾后重建任务:完成16个村通基站建设和31个灾后重建站的建设;新建二干光缆130皮长公里,新建本地光缆350皮长公里,修复和新建灾区所有基站。

【企业管理】 中国移动四川阿坝分公司坚持"原创是创新,学习是创新,应用是创新"的管理理念,营造创新文化,从技术创新、管理创新、业务和服务创新着手塑造创新型企业。建立起科学高效的决策机制和运营管理体系,通过实施战略管理、预算管理、绩效管理、集中化管理、风险管理、省市一体化管理、信息化管理、打造学习型企业等管理举措,实现全方位的企业管理改进和提升。

阿坝联通汶川业务部

【领导名录】

业务部总监　杨 彤

【业务收入】 截至10月30日,完成业务收入491.92万元,预算值333.74万元,完成年计划的147.39%。年末出账用户达到24850户;集团客户完成1.28万元,预算值9900元,完成年计划的128.92%。

【网点建设】 牢记"以客户和市场为中心;艰苦奋斗,诚信经营;用心思考,用心沟通,用心工作。"的公司理念,抓住灾后重建机遇,迅速拓展有效销售渠道。截止12月底,有效销售网点遍布威州镇、绵虒镇、映秀镇、三江乡、水磨镇、漩口镇、雁门乡、萝卜寨、郭竹铺、耿达以及都汶公路沿线的草坡段、板桥段。其中,县城一级代理商6个,代办点35个;映秀镇一级代理商1个,代办点10个;水磨镇一级代理商1个,代办点10个;漩口镇一级代理商1个,专营店1个,代办点6个;三江乡专营店1个,代办点6个。3月,突破3000户大关。8月,突破4000户大关。

【营销管理】 综合分析当前行业内竞争加剧以及与对手的实力差距的前提下,在宏观上采用避实击虚的策略。发展业务时在地域上将县城与乡镇、工地区别对待,在县城低调稳步推进,将一级代理商销售核心从原先的两个发展为6个,代办点销售主体数量发展为35个。以分片、分点包干的方式,逐步提升销量;在映秀、耿达、水磨、三江、雁门、阿坝师专工地等地方高调销售,加大宣传公司的资费优势,采用步步为营策略。

将一级代理商定为销售核心,代办点定为销售主体,业务部和直销员定为销售突击队。在销售时采用动静结合,以核心和主体坚守阵地,以突击队流动作业进而实现对客户群在空间上全方位覆盖。渠道管理上变粗放型为精细化,加强与各级代理商的沟通,交流频率达到每个星期3-4次。在销售环节上加强沟通、增强各销售环节的衔接,每月举行1-2次业务部全体会议,讨论各片区面临的主要问题。在二级代理商库存还有5-10张号卡和充值卡时就开始补充,保证销售渠道不断货。

随着市场和竞争对手的变化调整销售策略、销售方式,实现渠道稳定,实现公司提出的"保增长、上水平"总体要求。

规划建设

【领导名录】

规划建设局党组书记　秦兴铨(9月止)

　　　　　　　　　　张先武(9月起)

规划建设局局长　　张先武

规划建设局党组副书记、城乡规划管理局局长

　　　　　　　　　　汪永锋(6月起)

规划建设局副局长　李子均　席传江

　　　　　　　　　　郑瑞山(10月起挂职)

【城市拆迁安置】 为加快灾后重建,根据《汶川地震灾后恢复重建条例》和国家《城市拆迁管理条例》及县委、县政府要求,制定《汶川县城市房屋拆迁实施方案》,确定城市房屋拆迁计划,拟定城市房屋拆迁货币补偿、实物安置等标准。实行拆迁程序公开,阳光操作,遵循"公开、公平、公正"原则,接受群众监督,促进城市拆迁如期进行。据统计,县城房屋面积138万

余平方米,拆除53万平方米,其中,公房(包括租住公房)42万平方米,私房927户11万平方米。制订《汶川县安居住房入住分配办法》《汶川县安居住房管理暂行办法》。完成安置住房一期分配工作,共分配948套,其中,安置教师302户、城镇居民646户。

【农房重建】 全县农房维修加固1296户,其中,威州镇275户,雁门乡77户,龙溪乡两户,银杏乡70户,映秀镇7户,漩口镇660户,水磨镇118户,三江乡87户。全县农房重建(新建)17053户,其中,威州镇2228户,雁门乡1556户,克枯乡916户,龙溪乡1138户,绵虒镇1826户,草坡乡1020户,银杏乡630户,映秀镇1299户,漩口镇1639户,水磨镇2501户,三江乡982户,耿达乡689户,卧龙镇629户。抽调专人检查、督促对自建过渡房和板房采取措施,确保温暖安全越冬。

【城镇住房保障】 全县城镇居民住房需维修加固5495户,于9月29日全部完工并入住,其中,雁门乡两户,银杏乡6户,水磨镇162户,三江乡22户,漩口镇43户,威州镇5260户。11月底,城镇居民住房重建全部开工,年底前住房竣工率达80%,2010年春节前入住率达到70%,2010年5月底前全面完成。截止12月,城镇居民住房重建累计开工4487户,开工率100%,在建2061户,累计完工2426户,完工率54.1%,入住734户,入住率35.6%。其中,龙溪乡12户、草坡乡9户全部完工。

【廉租住房建设】 全县2009—2010年廉租住房保障工作计划为880套(其中,2009年686套,2010年194套)。广州对口援建安居房工程中配建的400套廉租住房,10月21日通过验收76套,其余324套(郭竹铺242套、盛世天苑34套、七盘沟48套)完成主体工程,占总工程的60%,装饰装修和安装工程正在施工,年底竣工验收。政府组织实施的部分(寨子坪288套)进入主体工程施工。开工建设地处原岷山机械厂后山的208套,2010年5月全部竣工。

【建筑市场管理】 严肃查处各类质量、安全不良行为,对各类质量、安全不良行为的单位和个人予以扣分处理。建立不良行为登记、扣分部门联络制度。查处各方主体单位违反国家标准和规范的行为,对19家单位在维修加固工作违反相关法律、法规的行为进行严肃处理。做好建设项目施工报建、施工许可证发放等管理工作。全年登记备案施工企业190家,报建开工建设项目160个。完成投资50亿元,建设规模71.18万余平方米。办理发放施工许可证122个。开展为期15天(2月16日至3月1日)的"地震灾区两万名建筑业农民工免费大培训"活动,培训学员800名。做好清理建设领域拖欠工程款工作,加强民工工资保证金的缴纳力度。

对灾后重建建材价格进行临时价格干预,成立造价信息发布办公室。组织相关部门多次对全县建材生产商、销售商进行临时价格干预和管理,发布造价信息9期。

【工程质量管理】 开展建筑工程安全检查,进行安全专项整治工作。组织各类安全检查10次,其中,例行安全检查4次,专项整治3次,包括拆除工程专项整治、高层建筑悬挂作业专项整治、大型起重设备安全使用专项整治。累计检查房屋工程135个,建筑面积80万平方米,发放整改通知单60余份,整改意见近200条。做好施工企业"安全生产许可证"的申报审查和"三类人员"安全生产考核工作,申报施工企业安全生产许可证1家。推行建筑工程安全措施费单列,在施工许可审批中强化施工合同备案管理,要求甲乙双方在合同中明确安全措施费用支付计划,确保安全经费落实。强化建筑工程质量监管,组织开展与广东省建设厅对全县在建工程的质量检查和回访工作,保证工建工程的质量安全。组织相关企业、项目参与"天府杯"、"结构优质奖"评比工作。有7个工程获得四川省建设工程"结构优质"奖,3个工程获得四川省建设工程"天府杯"奖,6个工程申报四川省工程"结构优质"奖。

【建筑节能】 大力宣传建筑节能的意义和作用,提高行业人员建筑节能认识,组织30余名项目经理参加建筑节能知识继续教育培训。围绕年初确定的建筑节能工作目标,将行政审批与建筑节能紧密联系,在新建工程办理图审结果备案和《建筑工程施工许可证》时,对建筑节能设计和图审结果进行严格把关,确保新建商品住宅建筑节能达100%。将建筑节能监管工作列入质量监督计划中,定期、不定期对建筑节能措施的实施进行现场监督,确保新建安置住房和公建房均能按照设计要求落实建筑节能措施。

【房地产业管理】 根据《城市房地产管理法》及《灾后房屋产权及房地产管理相关问题的处理意见》等有关规定,严格审查,依法办事,确保群众的房屋所有权的真实性和合法性。办理房产初始登记54户,产权面积3.36万余平方米;办理转移登记510户、交易登记121户、抵押登记37户、各社区低收入家庭廉租住房申请以及新建廉租住房的档案整理工作。完成全县受损房屋的维修加固档案的清理、登记、归档和日常管理工作。对县境内房地产开发公司进行备案管理。开展灾后房屋产权问题的咨询,为因灾遗失产权证的房主提供有关房产手续。规范物业管理,维护业主和物业管理企业的合法权益,制定《汶川县物业管理暂行办法》,提高物业管理水平。

【机关队伍建设】 加强文明创建工作,实行层层签订文明目标管理责任书。开展职业道德教育,进一步规范社会服务承诺制,在窗口部门开展"文明服务示范窗口"创建工作。开展以创"文明单位、文明股室、文明家庭、文明示范岗"为内容的争优创先活动,开展劳动竞赛。组织干部职工学政治、学法律、学业务的学习教育活动。通过开展"学习实践科学发展观"教育活动和回访复查,落实整改措施,大办好事、实事。加强思想政治教育,撰写学习心得30余份;发展预备党员3名,入党积极分子4名。加强党风廉政建设,聘用兼职信访信息员、行风评议和执法监督员。经常性地开展对领导干部执行廉洁从政"十不准"、《廉政准则》和执行奢侈浪费规定的情况监督,坚持"一支笔"审批原则,遏制奢侈浪费等腐败现象的发生。开展作风整顿活动,实现用制度管人的目标,机关干部作风明显好转。

城乡规划管理

【领导名录】

局　　长	汪永锋(6月起)
副局长	虎　飞(6月起)

【机构设置】 2008年12月30日,汶编发〔2008〕37号文通知,单列汶川县规划局,为汶川县规划建设局内设事业机构,核定事业编制15名,领导职数3名(局长1名,副局长两名)。2009年8月7日,汶编发〔2009〕22号文通知,汶川县规划局更名为汶川县城乡规划管理局。

【规划编制】 为进一步优化县城空间布局,根据省、州政府关于"完善功能,改造提升,创优良人居环境,建特色旅游名城"的要求,面向全国公开召集县城修建性详细规划和城市设计方案,中标单位北京清华城市规划设计研究院提交县城修建性详细规划初步成果。在规划编制中,加强城市设计与县城灾后恢复重建总体规划的有机衔接,增强规划实施的针对性和有效性。

做好"联镇带村"、"成片连线推进新农村"的规划工作。在完成村庄布点规划、示范村、整治村规划的基础上,进行镇域总体规划的编制探索,加强镇域规划的编制和指导。县城(威州镇)总体规划由省人民政府批复,映秀镇总体规划由州人民政府批复,11个乡镇总体规划(雁门乡、龙溪乡、克枯乡、草坡乡、银杏乡、漩口镇、三江乡、水磨镇、绵虒镇、卧龙镇、耿达乡)由县人民政府批复。编制完成7个乡镇控制性详细规划。编制完成9个乡镇集镇设计。编制完成23个重点村庄规划。

【规划研究】 加大城镇空间格局和城市近期发展规划研究,从县城经济发展现状和乡镇空间格局要求出发,着力推进"一心两廊四区"的构建,主要从中心镇总体规划,县域城镇体系规划、特色村建设规划三个层面加以研究。根据各乡镇资源、人口、交通、经济、产业进行综合分析,确定发展定位。对近期建设的方向、重点、时序、特色、方法进行深入分析。加强城市特色文化研究,按照县委、县政府"完善功能,改造提升,创优良人居环境,建特色旅游名城"的目标任务,按照"科学规划,积极建设、规范管理"的思路,突出特色,分步实施,打造亮点,稳步推进。抓好城市历史文化名城、名村保护,编制完成萝卜寨历史文化名村保护规划,对萝卜寨、姜维城等一批文保单位进行保护,提升城市文化底蕴。从全国范围内选择设计单位对全县进行城市景观设计,营造方面突出"旅游名城"的主题。为把震中映秀建设成为"最佳抗震性示范点,运用现代最新规划理念、最新建筑技术、最新建筑材料、最好建筑设计、最好施工管理"的现代抗震减灾示范镇,邀请7名国际知名专家和11名国内的知名教授及中国科研院士,于4月在成都召开"震中映秀灾后重建国际研讨会",为映秀镇的灾后重建工作打下基础。

【规划管理】 采取多种措施,加强城乡规划建设水平。重新制定建设项目规划审批办事程序,拟订完成《汶川县关于加强城乡规划管理工作的实施意见》等规范性文件。坚持建设项目规划审批制度化,提高规划审批效率。共组织县规划和风貌审查委员6次全体委员会会议,及时反映大量规划实施的现状及过程中存在的问题。全年,办理《建设项目选址意见书》的项目177项,办理《建设用地规划许可证》的项目113项,办理《建设工程规划许可证》的项目85项,办理《乡村建设规划许可证》的项目44项,办理《行政不予受理通知》的项目25项,办理《工程竣工验收合格证》项目5项。对汶川自来水厂、汶川一中、雁门卫生院、一期安置房、雁门小学进行规划竣工验收。完善"阳光规划"工作制度,实行规划审批公告、公示制度。

【风貌改造】 全力打造藏羌文化走廊,技术人员深入到11个乡镇对农房风貌、庭院风貌等开展技术指导工作,完成绵虒、映秀、漩口、三江、水磨、雁门、克枯、龙溪、草坡、银杏的风貌改造工作,完成风貌改造3120幢(户)。

【规划执法】 严格按照相关法规,划定各个建设项目的用地红线及建筑红线。对建设单位提供的设计方案,根据乡镇总体规划、风貌控制实施方案等相关法规进行严格审核,提交县城乡规划和风貌委员会审核。严格规划执法监察,累计查处违法违规建设45起,依法告知其停工44起,申请强制拆除1起。

【红线控制】 按照城市总体规划进行红线控制,绘制标准1:500红线图,并严格按红线图进行放线工作。对威州镇、绵虒镇、映秀镇及其他部分单位的重建项目进行红线定位放线,建筑定位放线进行现场监督管理。截止年底,累计完成50个项目的红线放线监督管理,总点数549个。

市政公用管理

【领导名录】

局　长	张　玮(9月止)
	秦兴铨(9月起)
副局长	代永伦

【市政建设】 援建项目:广州援建方完成新建汶川一水厂,9月2日正式投入试运营;新建污水处理厂,11月10日通过竣工验收,2010年1月正式投入运行;8月底,完成城市桥梁(岷江大桥、威州大桥、红军桥)维修加固;11月底,完成岷江东滨江路、城市道路改造、3个入口绿化、路灯更新安装、锅庄广场建设;完成避灾广场85%的工程量。

自建项目:完成岷江路下段、西街市政管网强(弱)电、供水改造;8月底,完成改造汶川一中供水管网;11月底,完成城区内拆迁地段的绿化、美化工作。

【城乡环境综合治理】 在城区开展9个方面的综合整治,强化管理,坚持动静结合、点面结合、定岗定段巡查和全城流动巡查相结合的方式,对主要路段进行重点整治,治理乱停乱放、乱摆乱设、乱拉乱挂、乱堆乱倒、乱贴乱画等"十乱"行为,彻底改善城市"脏、乱、差"面貌。会同公安、工商、运管、交警、威州镇等部门,开展专项整治活动50余次,查处违法违规案件245件,取缔店外出摊220余处。加强夜间巡查和整治力度,全年出动50余次进行清理整治夜间大排档、烧烤摊点占道经营。设置多处疏导点,解决150处修理、水果、小吃摊点无处安置的问题。开展机动车和非机动车停放整治,在拆迁地段设置8个临时停车场,实行收费管理,规范机动车停放。对非机动车辆停放进行重新划线,增划停放指示箭头。清理乱停乱放非机动车辆1200余(辆)次。加强乱堆乱倒治理,重点治理建筑工地,装修店面门前以及拆迁工地附近的乱堆放行为。发放《建筑垃圾管理规定》《市容市貌管理条例》等宣传资料上千份,向建筑工地发放整改通知30余份。加强市民乱倒垃圾,饮食店乱倒污水,修理门市乱倒油污等行为的整治,防止污染环境。

协同城乡环境综治办，开展环境卫生集中整治110余次，投入人工922个、机械116(天)次，对各单位内部卫生进行大检查，并督促整改，对城市出入口、城郊结合部、背街小巷等卫生薄弱部位进行清理。对郭竹铺、石洞漕、姜射坝路段多次进行突击整治;全面维护城区公厕、垃圾桶、果屑箱等环卫设施。

【环卫工作】 投入大量环卫公用设施，新购置垃圾桶300余个、环卫服装500套。县政府为环卫保洁公司拨付环卫专项资金98万元。加强对西羌环卫保洁公司的监管，进一步完善绩效考核办法，规范环卫人员管理和作业质量管理。

每天坚持对城区的环境卫生进行检查，对达不到质量标准的路段要求立即整改。加强对垃圾处理场的管理，解决垃圾处理场白色垃圾污染和蚊蝇扰民的问题。加大街道清扫保洁力度，增加街道洒水降尘保湿和冲洗频次，全天候保洁时间达18小时。清扫保洁实行"一扫全保"，坚持"六净一无"标准，即路面净、路沿净、绿化带净、人行道净、窨井口净、行道树坑净，保洁范围内无废弃物和污水。每天洒水降尘3-4次，路面灰尘及时冲洗，全年出动洒水车1500余次，洒水6500余立方米。

新增环卫垃圾车1辆，增加垃圾清运次数(每天5次)，做到日产日清。全年清运生活垃圾1.8万余吨，建筑垃圾900余吨。将城区内的公厕免费向市民开放，并设立公厕指示牌。及时维护更换破损的果屑箱，定期擦洗，保证正常使用。做好城区3个入口绿地保洁。

【建渣管理】 渣土管理实行24小时监控，严格建筑垃圾和工程渣土的审批，保证其按指定的时间、路线和场所清运处置。从严查处偷运、偷倒行为。做好渣土运输车辆的监管和施工工地出入口的硬化、冲洗，防止沿路抛撒、泄漏、带泥上路等污染路面。

【户外广告及店招管理】 从严审批户外广告，在灾后重建期间原则上不新批大型户外广告牌，不批准布幔、横幅，控制批准气球、彩旗等。按照"一清、二管、三查、四导"工作要求，加强巡查，严厉查处未经审批的广告宣传物品，及时拆除破损、残缺、闲置的广告牌和店招店牌。安排人员清除小广告、牛皮癣。全年

规范和取缔各类违章标牌50处，拆除未经审批的违章灯杆广告牌20处。

【违章建筑管理】 针对违建，做好重点地段、拆迁地块的巡查和拆除工作。采取分片承包形式，实现定人、定区域、定责任巡查。实行日查日报制度，即当天查处、当天上报至县拆迁办。对重点地段和拆迁地块的违法建设进行排查摸底，按程序发放行政处罚文书，依法拆除违章遮阳雨棚289处，违章建筑12处。

【城乡管理】 以城乡环境综合整治为抓手，乡镇村主干道沿线做到"三彻底"和"三干净"(即河道水面漂浮物打捞干净，建筑物墙面、电杆的乱贴乱画清除干净，集贸市场的周边环境整治干净)，彻底清除路边、河边、桥边、墙边的垃圾;彻底清除主干道两侧的乱堆乱放、乱堆乱建;彻底清除主干道占道经营的流动摊点。多次深入映秀、漩口、水磨、绵虒等重点乡镇，指导各乡镇抓好辖区内的市容市貌和环境卫生整治工作，安装部分移动公厕。

【园林绿化管护】 加强城市公共园林绿地、绿化带、行道树及景观的日常管理。协助阳光花园、岷江东岸及老城区各施工单位完成绿化景观任务，新增绿地面积10万余平方米。对2008年绿化改造工程中死亡苗木进行清理，补植更换。引入专业化队伍，实行精细化养护管理。加强居民小区和新开发区的绿化建设工作指导，参与重大绿化建设工程规划审查，提高城市绿化覆盖率，城市绿化率达30.4%，城市生态环境质量进一步改善。

【市政设施管理】 按照"勤巡视、勤检查、勤维护"，加强市政基础设施的管理和维护，对城市道路和公共场所的雨水笆、窨井盖、道路栏杆、人行道等市政基础设施进行定期与不定期检查，发现问题及时加以维修与养护，做到路平、灯明、排水畅通、红绿灯正常运行，亮灯率达90%。

以"路平、沟通、桥美、沿齐、盖全"为目标，对所管辖的道路、桥梁、排水沟管、堤防等设施实行科学化管理，规范化养护，实现市政公用设施管理无死角、无缝隙和全覆盖，确保设施完好率。全年，完成车行道维修两万平方米，人行道维修1万平方米，道路完好率达85%。恢复因拆迁房屋而损坏的排污管道检查井

115 个；更换各种检查井盖 125 个/次；更换雨水笆 305 个；自制混凝土雨水笆 80 个；协调解决电力、电信、自来水厂等部门更换因拆迁损坏的安全检查井 85 个，排除因交通事故造成的供水险情 10 次；为雁门、七盘沟安置区更改自来水管网、供水检查井 13 处；恢复岷江大桥两边、广场坝草坪的供水管网 400 米；完成下水道清理 12 千米，清挖污水窖井 215 座（次），雨水口 300 余次，杜绝污水外溢现象。完成城区排污管道清挖工作。

完善路灯管理制度并向县政府提交设立路灯管理所的建议方案。实行分片负责的岗位责任制，定期巡查，发现问题及时维修。继续安装背街小巷和部分区域的路灯，确保亮灯率。拆除损坏路灯 25 盏，恢复路灯 12 盏。

【安全监管】 按照属地管理原则，深入企业、换气站点进行安全检查，加强自来水厂、燃气公司安全监督管理，确保重大活动及灾后重建全城安全供水、供气。1—11 月，累计开展供气安全集中检查 11 次，发出整改通知和建议 6 份。督促企业制定完善应急救援预案，做好防震减灾准备工作。

环境保护

【领导名录】

局　长　　　　刘进荣

副局长　　　　杨　建　陈亚平（10月起挂职）

【环境治理】 环境监察大队对本年挂牌限期治理的 5 户重点工业污染企业（阿坝州顺鑫冶炼有限责任公司、阿坝州禧龙工业硅有限责任公司桃关分厂、汶川县顺发电熔冶炼有限公司、汶川县精石硅业有限公司、汶川县众成冶炼有限责任公司二分厂）的限期整改治理工作进行督察和检查。5 户企业共投入 2200 万余元按照年初拟定的治理方案顺利实施整治工作，于 12 月底前完成监测验收。

4 个省级村庄人居环境治理试点村（包括威州镇秉里村、雁门乡萝卜寨村、三江乡照壁村、草坡乡沙牌村）通过治理，全部实现"三清、四改、五通"，改善农村人居环境。

【污染源普查工作】 制定汶川县第一次污染源普查宣传、监测、清查、培训、入户调查方案和质量管理细则。完成全县 170 个工业污染源和 278 个生活污染源的调查和数据录入、审核、二次复录、汇总上报工作。

【环保灾后重建】 环境保护灾后恢复重建的环境监管能力恢复重建、饮用水水源保护和危险废物垃圾填埋场处理示范项目由局主要责任人专项负责，与各相关部门协调，超前完成 3 个项目的可研、地勘、设计、环评等各项前期工作。9 月 18 日，完成环境监管能力，恢复重建工作招投标。

【环境保护管理】 对县境内建设的所有灾后重建项目及其他工程建设项目（包括新、改、扩项目），严格按照《建设项目环境保护管理条例》进行管理，坚持"环评"、"三同时"制度，先堵污染源头，严格进行环境影响评价，严把选址定点关、审查审批关、监督检查关、验收监测关。防止建设项目产生新的污染、破坏生态环境。

到各乡镇和援建工作组上门服务，建立健全灾后重建项目管理台账。审批灾后重建项目环境影响登记表 66 份，报告表 45 份，报告书 6 份。参与州环保局对灾后重建项目的环保审查 6 次。按照《环境保护竣工验收管理办法》，对威州镇一期安置房、银杏小学等进行环境保护验收。

【环境监测】 坚持对集中式饮用水源地的水质进行取样分析，实现饮用水源地监测范围和监测指标的全覆盖，确保饮用水源安全。对全县 11 个集中式饮用水源地开展 24 次检查和监测，饮用水源地 23 项挥发性有机污染物和 11 个杀虫剂类有机污染物均未超标，饮用水源水质均达 Ⅱ 类水域标准，水质正常，符合饮用水源地使用要求。利用快速粉尘仪等专用仪器分 6 个监测点对县境内大气环境进行干降尘和 TSP、PM10 大气环境监测。9 月下旬，对县城城区噪声开展多点位监测，在选定的雁门乡卫生院、县政府、县粮食局、第一小学、县委党校、县原阿坝师专 6

个监测点,进行 24 小时整时,每小时 10 分钟连续采样监测,保证监测数据的准确性、质量的真实性。监测结果为除个别瞬时声级因建筑施工等原因偏高,县城中心城区各类功能区等效声级均符合相应功能区噪声限值。城区环境空气质量达到Ⅱ类,岷江断面水质达到Ⅱ类标准,城市环境噪声控制在 55 分贝。

【环境评价】 1 月中旬至 3 月底,配合省环科院完成映秀镇解封环境风险评价报告。全面分析和预测映秀镇封控区解封清理存在的潜在危险、有害因素,封控区解封废墟清理和处置期间可能发生的突发性事件或污染性潜在事故,引起的有毒有害和易燃易爆等物质泄漏,所造成的人身安全与环境影响和损害程度,针对以上问题提出合理可行的防范、应急与减缓措施,使清理工作的事故率、损失和环境影响达到可接受水平。

【危险废物处置】 10 月 28 日上午 11 时左右,一辆货运槽罐车在 317 线汶川至理县方向两公里靠山处发生侧翻(侧翻时未发生泄漏),在吊车将该车吊起时车辆因重力不均倾斜发生泄漏。环保局立即启动《汶川县环境保护局突发事故应急预案》,赶赴现场进行调查处置。对该车主进行现场询问,确认该泄漏液体为沥青软化剂,具有一定的毒副作用。为避免液体扩散流入杂谷脑河污染水源,迅速组织车辆装运干土对该泄漏处进行紧急覆盖和深埋。防止危害的进一步扩散。

组织工作人员与相关部门到漩口镇华西电冶厂对"5.12"汶川特大地震各地援助的 5 个种类、2522 件、103.15 吨过期消毒药品进行现场勘验、安全处置。派专人按药品化学性质,分类组织车辆 20 辆次,将全部过期失效的药品安全送到具有处理能力的企业进行分解、处理。

【环保执法】 开展"整治违法排污企业保障群众健康环保"专项行动。严格按照环境保护相关法律法规对违法现象进行处理,重点对饮用水源保护区、灾后恢复建设和垃圾填埋场集中整治以及"两高一资"行业重污染企业的环境违法行为和冶炼行业进行排查摸底,并逐一清理整顿。对饮用水源地的现状检查,

科学合理地调整集中式饮用水源保护区范围,加大排查整治力度,坚决取缔城镇饮用水源保护区内各类排污口,规范设立保护区边界地理界标和警示标志。

对县境内的 19 家冶炼行业的环境污染进行专项检查。按照加快淘汰落后产能的要求,摸清所有恢复生产的冶炼企业执行建设项目环境保护管理规定及国家产业政策的基本情况。对违反环境影响评价制度和环境保护"三同时"制度,拒不淘汰列入产业结构调整淘汰类目录的设备、工艺,主要污染物超标和超总量排放的冶炼企业进行严格查处。

定期或不定期重点检查沿线乡镇工业企业和第三产业的排污情况,对检查中发现的超标排污企业和个体户,依据环保法律法规要求其停产或停业整治。对群众、社会团体反映的环境污染问题,进行现场调查了解,妥善处理。调查处理汶川朋城水泥有限公司粉尘污染、羌锋饮用水源地污染等环境纠纷。

【宣传教育】 坚持以环境宣传教育为主,加强舆论监督,利用各种宣传形式,开展《环境保护法》、《建设项目环境管理条例》、《环境评价法》、《建设项目环境管理条例》、《环境评价法》等法律法规的宣传教育活动。开展以"减少污染——行动起来"为主题的环境宣传活动。派出宣传车深入 11 个乡镇发放宣传资料、张贴宣传画报。共悬挂标语 4 幅,发放环境保护宣传画 28 套,宣传资料 1000 余份。

【专项调查】 环保局及时对生态情况破坏情况进行调查评估,深入生态环境严重受损地区进行样方作业,记录受损植被种类及震后自然恢复植物种类,获取大量的第一手数据,为后续的生态环境恢复重建提供参考数据。完成《汶川县生态破坏野外调查报告》的编制。完成畜牧业污染源调查工作,从 4 月起组织专业人员对全县 13 个乡镇、18377 农户、67264 人口的畜牧业养殖特别是规模化养殖量、畜种和地区分布、畜禽养殖污染物产生量及其排放量、排放去向进行全面调查,摸清全县畜牧养殖业的基本情况,建立养殖业污染源排放数据库。实施饮用水水源地调查,明确灾后 11 个乡镇的饮用水水源地取水

点、取水量、供水方式、服务人口等基本情况。完成破坏臭氧层物质调查和清洁能源调查等专项工作。

旅　游

【领导名录】

党组书记、局长	王旭英
副局长	王　跃
旅游执法局局长	蒲　弘
旅游执法局副局长	曾　煜

【概况】 围绕"大禹故里、熊猫家园、羌绣之乡、震中汶川"四大旅游品牌，按照灾后恢复重建"打造三江国家AAAA级景区和映秀国家AAAAA级景区"思路，坚持以打造"都市民族风情后花园、羌禹文化风情走廊"为目标，按照"整体规划、合理布局、重点突出、特色浓郁、统筹兼顾、分步实施"的工作原则，以生态文化、民族文化、历史文化、红色文化、门户文化五大特色为依托，大力发展文化旅游产业，以招商引资、项目开发、宣传促销为重点抓旅游经济的培育和发展。把重振旅游经济与品牌打造、市场开拓、素质提升、行业规范有机结合起来，推动旅游业发展，旅游经济逐步复苏。全年，接待游客85.84万余人次，增长676.1%；实现旅游收入2.03亿元，增长296.2%。

【景点开发】 按照县委、县政府推出震中汶川一日游旅游项目的精神，3月，拟定《打造映秀一日游品牌线路的实施意见》和方案，打造震中映秀一日游旅游项目。在友谊隧洞出口、集中村门口、白花大桥弯道处、漩口中学公路边、渔子溪路口设置景点标识标牌；在漩口寿江大桥、集中村路口、牛圈沟口、水田坪等处设置户外广告牌；在集中村、牛圈沟震源点、天崩石、漩口中学门口、渔子溪观景台设置游客导览图；在牛圈沟、白花大桥遗址、天崩石、漩口中学遗址、渔子溪观景台设置中英文对照介绍牌。推出集中村、白花大桥、牛圈沟震源点、天崩石、漩口中学、总理停机场、"5·12"阶梯、"5·12"祭坛、渔子溪观景台、断裂带为

一日游景点。加大震中映秀一日游宣传力度，制作汶川——震中映秀一日游宣传折页；拍摄汶川——震中映秀一日游电视宣传片。完成近两万余字的《震中映秀一日游导游词总稿》。邀请省内外旅游、地震、文化等有关部门的专业人士以及部队教员对映秀地震遗址旅游区讲解员进行培训，10名参训人员考试合格后取得阿坝州讲解人员资格证。

打造漩口镇集中村农家旅游。漩口镇集中村是灾后重建示范村，是震中映秀旅游的必经之地。选定具备农家乐从业条件和意愿的8户村民，启动映秀一日游游客用餐接待点。聘请专业厨师对村民进行农家乐接待餐培训。聘请庭院设计师对农家乐示范户的院落进行设计、改造，聘请礼仪老师对村民进行接待礼仪、礼节、礼貌培训。为农家乐命名并设计制作农家乐标牌、指示牌。为每户农家乐示范户赠送5套餐桌、椅子。从清明节开始，每天有不少游客慕名到集中村品尝农家风味。集中村成为成都及周边游客周末休闲、避暑最佳目的地。

【创建国家AAAA旅游景区】 按照省、州旅游局及指导专家对三江创建国家4A级景区工作的指导意见和《汶川县三江生态旅游区创建国家4A级景区实施方案》，对照4A级景区评定体系标准，做好各项工作。围绕"畅通游"，完善交通服务设施。启动进入景区的干线公路——漩口至三江旅游公路灾后恢复重建，11月底，完成公路恢复暨改扩建工程，完成景区内旅游公路改扩建20公里，做好景区公路边沟的修复公路；完成公路沿线交通标识系统建设；新建生态停车场，总面积超过1万平方米；开通景区至成都、都江堰旅游交通专线。修复两条特色步游道，新建生态步游道4600米。围绕"舒适游"，完善旅游服务设施。投资1200万新建游客中心，建筑面积达1100平方米，包括功能齐备的旅游服务大厅、先进的环幕电影院、景区管理办公设施和1个四星级旅游厕所。制作齐全的旅游标识系统，包括导游全景图、景物介绍牌、温馨提示牌及其他公共信息标志牌，采用中、英、日、韩4种文字；规范设置游客公共休息设施和观景设施，完善特殊人群服务设施和项目；招聘20名持有职

业岗位证的导游讲解人员;进一步完善邮电通讯设施,修复景区移动通讯设施,安装足够的公用电话亭;重新设计制作景区门票;在游客中心,专门设立邮政信箱和邮政服务专柜,提供纪念戳、本地纪念封、明信片、纪念邮票等项服务;做好质量、价格、计量和售后管理,景区购物场所一律实行明码标价,禁止出售假冒伪劣商品和封建迷信物品,营造良好的旅游市场环境。围绕"平安游",落实旅游安全保障。投入大量资金,治理滑坡、泥石流,排除危岩,修建道路护坡和安全栏。落实景区安全机制,恢复景区安全保卫机构,建立各项安全制度和紧急情况处置预案、安全救援体系,在潘达尔建设安全监控系统;加强安全生产检查和监控管理,在游客中心及潘达尔大酒店等处设立医务室、警务室,配备安全救护设备;设立大量的安全提示和警示牌,确保旅游安全;重点对各个餐饮设施和食品类商品进行全面检查,并督促整改达到标准要求;加强景区内村民爱国卫生教育,形成良好的卫生习惯。围绕"绿色游",加强生态环境保护。按照星级旅游厕所的标准,新建四星级旅游厕所两个、三星级旅游厕所3个,一星、二星级旅游厕所11个,对全部非星级旅游厕所进行整改;新建三江乡自来水厂,添置垃圾清运车、洒水车,修复并完善固体垃圾回收处理系统、污水处理系统;加强吸烟区和非吸烟区的管理;加大景区环境监测工作,景区空气质量达到国家一级标准,噪声指标达到国家一类标准,地表水达到国标规定,设施设备均采用环保材料和清洁能源,把旅游开发对环境的影响降低到最小程度;按照藏民居特色,对景区建筑风貌进行统一规划和整改,管线地埋,拆除有碍观瞻的建筑物,使建筑物及管线设置与环境、景观协调;加强景区绿化、美化,对地震损坏植被进行补植,道路两旁进行绿化,确保景区生态和谐,美观自然。围绕"轻松游",加强综合管理。健全景区管理机构,完善各项管理制度并认真执行;加强景区形象建设,注册景区标志并广泛运用;编制《三江生态旅游区旅游总体规划》,并经过县人大批准,规划中的主要建设项目和市场开发方案得到基本实施;制定并坚持对景区管理干部和服务人员的培训

制度;完善游客投诉管理,经常性开展游客意见调查;增加旅游宣传投入,建立中文宣传网站,制作大量的旅游宣传材料,在中央和地方电视台、各级报刊、杂志宣传,取得很好的效果;建立景区电子商务系统,实现网上预订、支付和查询;依靠旅游带动当地社会就业并取得很好的社会经济效益,景区职工80%以上为本地居民,震前景区的百余户农家乐得到恢复,成为当地群众依靠旅游脱贫奔小康的主要途径。围绕"特色游",全面推动旅游与文化有机结合。以民俗体验为主题,突出水乡藏寨民俗文化,将藏居、藏节、藏雕、民族语言、传统工艺作为重要开发内容,新建藏家风情园,是距成都最近的嘉绒藏族民俗文化展示地;挖掘洋芋糍粑、酸菜面块、藏家老腊肉、玉米搅团等民族餐饮食品;以民俗活动体验为主体,将原生态锅庄打造成为游客参与性强的旅游项目;建设3处民族购物场所、旅游购物长廊,开发10余种本地特色旅游纪念品。12月22日,三江生态旅游风景区创建国家AAAA旅游景区工作顺利通过国检。

【招商引资】 根据县人民政府与香港中平有限公司签订的"汶川三江水乡藏寨度假村开发协议书",旅游局积极协调项目的建设。至12月,完成征地380亩,兑付资金2000万元;完成项目建设规划,12月6日动工。

【旅游营销】 参加重庆旅游推介会、西部汽车博览会,发放旅游宣传资料两万册。整合汶川旅游资源,从传统的宣传促销转变到战略营销上来,由旅游产品营销转变为目的地营销。参加大连国内旅游交易会,发放资料2000册。赴广东、安徽、江西三省参加感恩赠票促销活动,发放宣传资料3000册。加强与各类宣传媒体的合作,充分利用互联网、报刊、电台等媒体平台,加大对汶川旅游的宣传力度。

【业务培训】 加大旅游管理人才、涉旅人员的培训工作,邀请广东省旅游专家对旅游管理人员、旅游从业人员进行培训,参训人员1356人;邀请四川大学营销工程研究所博士对讲解员进行培训,参训40人次;邀请专业人士对农家乐从业人员进行培训,参训200余人次;参加国家旅游局组织的地震灾区旅游

局长培训；参加省旅游局组织的灾后恢复重建业务培训；参加省旅游局组织的导游和讲解员培训。

【旅游环境整治】 把抓好安全放在各项工作首位，按照"安全、秩序、质量、效益"四统一的原则，与各涉旅企业签订安全责任书，层层落实旅游安全生产责任制。开展"百日安全生产活动"、"安全生产月活动"、"城乡环境综合整治活动"。加强对企业负责人和安全员的教育培训工作，确保不发生大的安全责任事故。加强旅游市场的治理整顿，加大对宾馆、饭店的管理。保障旅游者和旅游经营者的合法权益，严厉打击恶性削价竞争、购物欺诈等违法违规行为，建设诚信旅游环境，提升汶川旅游美誉度。抓好乡村旅游点、经济型酒店和低星级饭店等旅游企业的规范管理工作，确保全县旅游企业的健康、持续发展。

【旅游执法】 出动旅游执法人员224人次，对旅游景区、农家乐进行灾后检查和规范。加强日常巡查工作、综合执法检查力度、旅游沿线旅游市场的综合整治力度、安全生产监管和检查力度，做到每周至少上路检查两次。全年，开展经常性检查工作10次，多次组织工商、物价、公安、交通、消防、质监、药监、国土、文体等相关职能部门深入到各旅游市场进行综合整治。增强对旅游市场的管理力度，对发现的问题进行处理，查处诱导消费、以次充好、价格欺诈和坚决打击强买强卖、缺斤少两等不规范行为，维护游客的合法权益。建立健全旅游投诉工作程序和旅游投诉案件受理、处理工作程序，设立24小时投诉电话，无1起旅游投诉。

羌禹文化旅游管理

【领导名录】

局　　长　　　　袁　刚

副局长　　　　周云川

【羌禹旅游宣传管理】 按照县委、县政府提出的"扬文化、建和谐"推进旅游第二次创业的总体要求，

在年初制定的工作目标基础上，将工作重点放在项目宣传、整体营销和招商引资上。通过网上招商、以商招商、领导招商、感情招商等多种形式，采取走出去，请进来，广泛与媒体、企业、中介机构、内地招商部门接触沟通，增强了解，增进互信。

做好大禹文化旅游总体规划的修编充实和完善各项工作。大力宣传大禹文化开发的历史意义及现实价值，提出大禹文化旅游开发的总体构想；加强与省旅游界各方面专家的联系与沟通，省旅游顾问团首席旅游专家陈茂勋先后两次到汶川，专门就汶川如何与四川旅游接轨发表调研文章。

策划和编制《灾后震中（汶川）旅游发展白皮书》，突出震中旅游的资源唯一性、发展高度性、产业深度性和思路新颖性。注重政治价值、社会价值、经济价值相结合，使全县旅游的整体发展框架符合各级党委政府的需求，符合社会各方利益的需求，符合县域经济总体发展需求和旅游市场需求。

【协办工作】 完成中国·汶川第二届古羌文化节暨樱桃节组委会办公室工作。通过举办中国汶川首届甜樱桃节，充分展示全县人民灾后重建的精神风貌，实现文化搭台，经济唱戏，果农增收的目的。完成三江生态旅游风景区创建国家旅游AAAA景区技术指导组的有关工作。

【机关建设】 开展深入学习实践科学发展观活动，组织开展"六学"活动、"下访服务、公仆尽责"活动和谈心谈话活动，开好"两个专题"生活会，形成高质量的分析检查材料，制定整改落实方案。开展"城乡环境综合整治"专项活动，按照"清洁化、秩序化、优美化、制度化"的标准，强化"三项整治"，开展"三项活动"。倡导文明健康的生活方式，提高机关工作效率，转变机关工作作风，维护机关良好形象。

移　民

【领导名录】

主　任　　李　煜

副主任　　王　健　李　强

【集镇后靠安置】

由于受地震影响，漩口安置房成为危房而拆除。按省、州要求，集镇后靠人员安置房将继续修建。按漩口镇、水磨镇灾后重建规划，对原确定的后靠安置人员安置用地进行调整，及时与各乡镇进行协调，开展各项工作。年底，漩口集镇后靠安置人员112户274人的安置房建设与灾后重建居民安置建设同步进行，竣工交付使用；水磨镇集镇后靠安置人员38户94人的移民安置房纳入安居房（廉租房）建设计划，开始动工。映秀镇集镇后靠人员104户365人全部纳入灾后重建规划中，动工修建安置房。

【移民后期扶持】

按移民后期扶持政策要求，逐月核对后期扶持人口，并将逐月人口变化情况报县财政部门，兑付后期扶持资金。审定后期扶持人口4403人，涉及7座电站6个乡镇。积极争取将紫水工程、福堂占地未搬迁生产安置人口纳入后期扶持范围，以项目扶持的方式按要求做好相关基础工作，并按程序上报待批扶持人口381人。做好紫坪铺水库蓄水后新增21名移民后扶人口、三峡库区来汶安置8人的统计上报工作。上报完成桑坪、姜射坝电站移民后扶人口后扶方式的确定。做好辖区内小型电站基本情况的统计工作。将赵家坪滑坡区77名外迁农村移民基本情况函告新津县人民政府，以落实后扶政策。根据各有关乡镇对移民安置点灾后重建基础设施建设规划，报请县政府批准后，县财政局将后扶项目资金落实到各乡镇，做好项目实施情况的督促检查工作。

【争取灾后重建补助资金】

"5.12"汶川特大地震中，移民项目损毁严重，及时向省移民办、省水规划设计院反映，争取公益性项目的损失补助。2月21日，邀请水规总院专家、省政府办公厅等省级部门领导和专家以及州（市）、县政府和移民办领导对灾后重建补助报告进行审查。根据审查结果，及时向县委、县政府进行汇报，对报告进行确认。协助省水利规划设计院编制送审报告，3月，省水利院完成报告报省移民办。

【移民资金管理】

按照《会计法》和《四川省移民专项资金管理暂行办法》的规定设置账簿，按规定进行会计核算。严把资金拨付关。按照"资金跟着计划走，计划跟着项目走，项目不突破概算"的原则，根据审定投资概算和省移民办下达的项目资金计划，规范拨款程序和进度。配合做好省移民办组织的2009年年度内审工作中，经内审，县移民办的资金管理工作符合移民资金管理的要求。加强对乡镇资金使用情况的监督检查，督促各乡镇完善在地震中毁损的资料。

【档案清理】

在"5.12"汶川特大地震中，映秀办公点房屋垮塌，档案资料毁损严重。为迎接省、国家对紫水工程的整体验收，移民办对地震中毁损的档案，多渠道进行收集，尽可能恢复。加强已有档案资料的整理。请县档案局业务人员专门指导，制定《紫水工程汶川库区移民档案收集归档范围及整理方案》，开展移民档案的收集整理归档工作。文书档案整理按年度要求归类，财务档案按财务管理的要求进行装订，完成农村移民档案资料的收集。

【解决复建213线遗留问题】

复建213线已完工多年，但在工程建设中仍有一些遗留问题未得到处理。对该工程建设中的遗留问题，及时与公司进行衔接，以专函等方式进行反映，争取解决。经省移民办、省水利规划设计研究院、紫水公司及县移民办会议研究同意，对确已发生的项目资金纳入213线概算调整内。县移民办到各有关乡镇、村组收集资金发放的原始资料，提供给省水利规划设计研究院，完成概算调整报告。

【紫水工程概算调整】

紫水工程概算调整报告在12月中下旬进行最后审查，做好各项准备工作，针对概算调整报告，结合移民工作开展的实际情况，对概算调整报告未列入的遗留问题进行逐一清理，在审查报告时将专门提出，争取资金。

【稳定工作】 做好来访移民工作，做到不回避矛盾，"零距离"做工作，属政策范围内的要求及时妥善落实，属现行移民政策不能解决的问题，做好宣传和解释工作，及时向上级移民部门反映，争取政策。做好移民信访的回复工作，派员对信访老户下访，做好解释工作。完善处突预案，注意掌握移民动态，将各种矛盾和问题消除在萌芽状态，减少群体性事件的发生。

【灾后重建】 参与阿坝师专灾后迁建水磨镇工作，配合水磨镇做好拆迁等相关基础工作。做好水磨社区居委会的帮扶工作，参与社区活动，为灾后重建和社区居委会工作出谋划策。配合乡镇做好移民资料的恢复工作。配合映秀镇做好后靠移民安置人员的审核工作。

【漩口新型工业发展区工作】 配合做好工业发展区的各项前期工作。4月，与漩口镇及县级有关部门成立实物指标调查工作组，对漩口工业集中发展区征地涉及的6个村的土地和470余农户的房屋和附属设施等进行分户调查，调查结果得到村组和农户的签字认可。汶川县成立漩口新型工业园区管委会和汶川县兴汶工业投资发展有限责任公司，县移民办抽派人员参与管委会和公司工作，完成公司内务管理基本框架和公司注册，拟定公司章程、内部管理制度等。开展开发区内农户搬迁工作，与农户签订拆迁安置协议，完成规划园区内农户的拆迁任务，拆迁农户达512户1717人。做好农户安置区基础设施建设工作，完成安置点规划。做好企业引进工作，对申请入园区的企业进行审核，对符合规划要求的企业做好相关工作，有9家企业入驻园区。

财 政

【领导名录】

党组书记、局长　　古　明

副局长　　　　黄永洁　段建波

　　　　　　　周　静

【财政收入】 地方财政一般预算收入完成9669万元,比上年增加3851万元,增长66.2%。其中,税收收入8215万元,比上年增加3183万元,增长63.25%;非税收入1454万元,比上年增加668万元,增长85%。

【预算支出】 地方财政预算支出完成162405万元,比上年增加2541万元,增长1.6%。其中,教育支出10233万元,同比增加1604万元,增长18.6%;农林水事务支出5746万元,同比增加1013万元,增长21.4%;公共安全支出4878万元,同比增加1586万元,增长48.2%;地震灾后恢复重建支出97831万元,同比增加16496万元,增长20.3%;一般公共服务支出10050万元,同比增加435万元,增长4.5%;国防支出242万元,同比增加146万元,增长152.1%;科学技术支出263万元,同比增加90万元,增长52.0%;文化体育与传媒支出890万元,同比增加17万元,增长2%;环境保护支出3082万元,同比增加1191万元,增长63%;交通运输支出1465万元,同比增加500万元,增长51.8%;采掘电力信息等事务支出639万元,同比增加256万元,增长66.8%。此外,社会保障和就业支出11028万元,同比减少18305万元,下降62.4%;医疗卫生支出3660万元,同比减少883万元,下降19.4%;城乡社区事务支出865万元,同比减少347万元,下降28.6%;粮油物资储备等管理事务支出553万元,同比减少226万元,下降29%;其他支出10980万元,同比减少1032万元,下降8.6%。下降的主要原因是2008年上级补助了地震死亡人员抚慰金、灾后困难群众生活救助、地震伤员医疗救治费用以及抗震救灾等专项资金,加大了2008年相应款项的支出规模。

县级基金收入完成619万元,比上年增加471万元,增长318.2%;县级基金支出完成12910万元,比上年增加9508万元,增长279.5%。

【预算收支平衡情况】 2009年地方财政一般预算收入9669万元,加上返还性收入3468万元,一般性转移支付收入18368万元、专项转移支付收入29984万元、地震灾后恢复重建补助收入96825万元,债务转贷收入(转贷财政部代理发行地方政府债券收入)360万元,上年结余800万元,全年总收入159474万元。总收入减去当年一般预算支出162405万元、上解上级支出45万元后,年终结余为-2976万元,扣减结转下年的支出4523万元后,财政累计赤字为7499万元(其中,上年赤字3483万元,当年赤字4016万元)。

2009年基金预算收入619万元,加上上级补助收入26129万元(其中地震灾后恢复重建补助收入25287万元)、上年结余1782万元,基金收入总计28530万元。减去基金预算支出12910万元(其中,地震灾后恢复重建补助支出 10600 万元），结余为 15620 万元。

【上级财政补助资金安排和使用情况】 全年，上级财政补助总额为 148645 万元，较上年减少 3272 万元，下降 2.2%。其中，返还性收入和财力性等补助收入 21836 万元，较上年减少 4230 万元，下降 16.2%（主要是地震灾后过渡期财力补助的减少）。主要用于保障全县人员经费支出和维持政权运行、维护稳定和灾后恢复重建支出需要。

【阳光财政建设】 认真贯彻落实《中华人民共和国预算法》和县人大及其常委会关于财政工作的各项决定、决议，改进预决算编制工作，力求报送县人代会和县人大常委会的预决算草案更加科学、全面、准确；严格预算执行，强化预算约束力；认真贯彻《中华人民共和国各级人民代表大会常务委员会监督法》，自觉接受县人大监督，切实推进依法理财。大力推进政务公开，广泛宣传财政政策，让群众知晓灾后恢复重建重点项目和民生资金分配结果，推进公正、透明、规范的阳光财政；认真组织开展对县人大代表议案和县政协委员提案的办理工作，共办理涉及财政工作的人大议案 4 件，政协提案 3 件。

【财源建设】 用好财税政策，加强财源建设。以灾后恢复重建为契机，以政策为导向，引导社会资金参与灾后重建，整合各类资金，大力支持水电业恢复发展和旅游业的开发，促进企业转型或升级，促进产业结构的调整和产业的换代升级，引导优势产业和特色产业发展，从而带来新的经济税源增长点。财税部门通力协作，定期召开收入分析联席会，互通税源调查和经济预测信息，共同研究分析经济税源变化走势和税收收入增减趋势，制定具体增收措施，努力促进税收收入增长，增加财政收入。继续完善征收管理，依法做到应收尽收。地方财政收入从 8 月开始实现地震后的正增长，并保持逐月增长态势。

【灾后恢复重建和民生支出保障】 加大对"三农"、教育、就业、社会保障、医疗卫生、住房保障、生态环境、节能减排、公共安全等直接涉及人民群众生产生活领域的投入，2009 年，教育、公共安全、科学技术、环境保护、交通运输、采掘电力信息等事务、地震灾后恢复重建等支出分别比上年增长 18.5%、48.2%、52%、63%、51.2%、66.8%、20.3%。"八大民生工程"预算执行数为 17257 万元，其中，就业促进工程 1802 万元，扶贫解困工程 1659 万元，教育助学工程 2511 万元，社会保障工程 3924 万元，医疗卫生工程 691 万元，百姓安居工程 491 万元，道路通畅工程 3393 万元，环境治理工程 2786 万元。化解"普九"债务。截至 12 月 31 日，"普九"债务锁定额为 3329 万元，实际化解额为 983 万元，自查核销 2346 万元，全面完成"普九"债务化解任务。

保障城乡住房重建资金支出，共发放农房重建委托贷款 12385 户、两亿元；担保贷款 7118 户、11743 万元；累计拨付农房重建补助资金 37477.78 万元；累计兑付城镇居民住房补助资金 4268 户、6115.83 万元。共拨付农房、学校、村级组织活动场所等公共服务设施建设灾后恢复重建"特殊党费"9526.2 万元，城乡环境综合整治资金 2643 万元。共拨付交通基础设施、安全饮水、提灌工程、堤防工程建设等资金 7536 万元，"两所一庭"和乡镇办公用房建设资金 1397.2 万元。拨付产业恢复重建资金 39254 万元，着力打造新农村示范片和漩三环线特色产业发展经济圈建设。

拨付农村中小学公用经费及普通高中家庭经济困难学生学费 587 万元、寄宿制学生生活补助经费 1169 万元。全县新型农村合作医疗参合率达 94.8%，拨付新合医疗资金 873 万元。安排 87 万元资金用于甲型 H1N1 流感防治设备、药品及疫苗的采购。拨付扶贫开发和综合防治大骨节病资金 2622.5 万元。拨付城镇新增就业资金 1802 万元。

拨付城市低保资金 1182 万元、农村低保资金 2432 万元。拨付企业养老保险、失业保险、城镇职工基本医疗保险、工伤保险和生育保险基金共计 6654

万元(不含上解支出)。拨付农村、城市医疗救助资金716万元。拨付农村"五保"生活补助、退伍军人安置及各类抚恤金404万元。

【支农惠农助农政策落实】 共发放农资综合直补资金317.98万元,粮食直补资金33.79万元,两项直补受益农户14001户。开展家电、汽车和摩托车下乡工作,累计销售家电下乡产品9277件,财政拨付补贴资金216万元,已享受补贴产品7107件(辆)。落实农机购置补贴、退耕还林粮食(现金)补贴等农业补贴,共拨付农机购置补贴资金199.85万元,退耕还林补贴资金1750万元。

【国有资产经营】 进一步加强对国有资产的管理,成立国有资产监督管理委员会,强化对国有资产的经营管理。并按照"政府引导,市场化运作"的方式,积极搭建城乡建设投融资平台。

根据汶川县灾后重建的整体规划要求,完成县属产权房屋等建筑物的拆迁;完成阿坝师专重建用地区域内8户迁建企业的资产接收、评估、处置和拆除工作;成立汶川羌禹投资发展有限责任公司、汶川县禹城城镇投资发展有限责任公司等国有独资公司,并委托专业公司对羌禹公司进行规范化管理和指导。公司承担县城、水磨生活垃圾处理场、威州镇、水磨镇、漩口镇、三江乡电力电缆入地工程,中轴线羌韵古街、汶川大酒店的修建和开发。

【财政管理】 针对灾后恢复重建资金量大,使用情况复杂的状况,县成立财经领导小组,负责审批灾后恢复重建各项资金的支出。县财政局成立灾后恢复重建资金管理领导小组。制定《关于进一步规范灾后恢复重建资金管理的意见》《关于进一步加强捐赠资金管理的意见》《汶川县规范财政收支运行管理办法》《汶川县财政性投资评审管理办法(试行)》等管理制度等。进一步完善财政性投资评审制度,规范评审流程,提高评审质量,努力实现财政性投资项目资金使用效益最大化。2009年,受理财政性投资项目预算评审268个,审定金额89251.12万元;受理项目竣

工结算评审199个,送审金额28739.92万元。已出具评审意见结算项目101个,送审金额为8135.53万元,审定金额6426.51万元,审减金额为1709.02万元,审减率为21%。受理并审查施工及技术合同共计164个。

【机关效能建设】 以开展深入学习实践科学发展观和财政系统"三级联创"活动为契机,以建"领导班子好、干部队伍好、组织建设好、作风形象好、履职业绩好、机制运行好"为目标,强化机关效能建设,提升机关管理的整体水平和干部队伍的整体素质,加强干部队伍建设。开展"周学一文、月看一书、季撰一稿、年习一技"的"四个一"学习活动,采用"走出去"集中培训的方式,加强干部队伍的政治理论和业务知识学习,争创"学习型机关"。完善《首问责任制》和《工作问责制》,修订《汶川县财政局目标考核暂行办法》,着力打造"廉洁高效、亲民惠民、公正透明、行为规范"的四型机关。认真落实党风廉政建设责任制,树立财政部门清正廉洁的良好形象。倡导感恩文化,让职工铭恩奋进。

国家税务

【领导名录】

局　长	黄发富
副局长	贾政利　牛培琴(10月起) 赵　刚(10月起)
纪检组长	张德清(10月起)
总经济师	牛培琴(10月止)

【国税收入】 在加强征管,堵塞漏洞,强化税源管理,惩治腐败,清缴欠税等方面下工夫,采取有效征管措施,确保完成收入任务。完成国税收入19189万元,减少1684万元,同比下降8.1%。其中,"两税"(增值税、消费税)征收入库17846万元,完成年度计划

的 104.91%,为去年同期的 96.2%,减少 704 万元;企业所得税征收入库 1226 万元,为去年同期的 56.29%,减少 952 万元;个人所得税征收入库 82 万元,完成年度计划的 91.11%,为去年同期的 56.55%,减少 63 万元。

【税收征管】 实行每月召开数据分析例会制度,对管理的纳税人存在的问题和综合征管软件中反馈出来的问题进行分析,找出管理漏洞,不断提高税收征管质效。在办理延期缴纳税款审批工作中,严格按照《四川省国家税务局延期缴纳税款管理暂行办法(修订稿)》的有关规定,办理好每一笔延期缴纳税款的审批工作,同时加大清缴欠税的力度,以期不断压缩旧欠税款的规模、减少新欠税款的产生。在相关单位的协助下共清理入库增值税 476 万元。下半年,开展对水泥行业的纳税评估工作,对阿坝州四A公司漩口水泥厂进行纳税评估,促使企业补缴税款 40 万余元。

【发票监管】 加强普通发票“以票控税”日常管理工作,进一步规范验旧购新、发票配售、代开发票管理工作。主动与县公安局、县地税局进行工作衔接,并提出现阶段应主要对灾后恢复重建工程中的发票违法违章行为加大打击力度,堵塞税收漏洞。全年累计征收入库沙石等建筑材料的增值税 725 万元(含商品混凝土生产尚缴纳的 339 万元)。

【税收服务】 全面落实灾后恢复重建税收优惠政策,及时审理受灾企业财产损失税前扣除的申请,支持企业恢复重建。贯彻落实财政部、国家税务总局相继出台的关于《汶川地震受灾严重地区扩大增值税抵扣范围暂行办法》的通知、《财政部海关总署国家税务总局关于支持汶川地震灾后恢复重建有关税收政策问题的通知》及相关税收扶持政策和扩大内需的税收政策,确保优惠政策落到实处,不断增强企业恢复重建的信心。坚持以建设服务型组织为目标,按照“公、快、省、高、廉”的要求,深入开展“为纳税人服务,让纳税人满意”活动,不断提高服务质量和效率。

【税源管理】 “5.12”汶川特大地震后,县辖区内的所有税源企业均遭到不同程度的破坏,尤其是支柱税源行业——水电企业损失惨重,震后全部处于停产状态。税源严重萎缩,收入压力加大。截至 12 月,映秀湾水力发电总厂、四川华能太平驿水电有限责任公司、四川福堂水电有限责任公司、四川岷江水利电力股份有限公司等虽陆续有少量机组发电,对税收的贡献率不大。由于受到电力供应的制约和全球经济危机的影响,高载能冶炼企业的经营举步维艰,影响税收的实现。1—11 月,办理固定资产进项税额抵扣就影响增值税 1241 万元。2009 年起执行新的《增值税暂行条例》后,征收率从 6%和 4%统一调减为 3%,致使小规模纳税人的入库税收与 2007 年同期相比减少 941 万元,减幅达 28.63%。

灾后恢复重建建材税源成为税收主要增长点,但由于沙、石、砖瓦大多来源于当地村民供应,生产场地比较分散,且多数没有办理相关手续,税收流失严重。

地方税务

【领导名录】

党组书记、局长	孙 勇
副局长	马志国 董 健
	袁 珂
纪检组长	索朗拉姆

【地税收入】 累计完成地税收入 14691 万元,为年计划的 98.89%,同比增长 126.18%。其中,税收收入 13982 万元,为年计划的 98.36%,同比增长 128.35%,其他收入 708 万元,为年计划的 110.51%,同比增长 90.34%,县级一般预算收入 6490 万元,为年计划的 135.22%,同比增长 157.63%。

【税收征管】 税源管理上实行分所包片制,把年度全县重建工程项目逐一分解落实到每个税务所,由税务所对辖区内的所有开工、续建、未开工项目进行核对并上报。组织税务人员外出巡查,对续建、新开工每项工程逐一采集信息,对施工企业提供的各种资料进行认真审核,对工程施工进度按月跟进。加强税源管理检查制度,对纳税人办证、发票使用、税额核定、征免范围的确认等方面严格按照税收法规进行检查,实现税源管户到人、管事到位、无缝衔接。有针对性的利用电视、广播、网络等现代新闻媒介进行税法宣传。把宣传材料送到建筑工地,让施工企业知法、懂法、守法,使纳税人了解应享受的权利和应尽的义务。积极与企业沟通,进一步清缴欠税。对正常纳税户加强日常税收征管,开展发票专项检查、个体工商业户的清理工作。全年,共检查纳税户 12 户(其中,专项检查 9 户、转办 1 户、协查两户),已结案 10 户,查补地方各税 192.04 万元,加收滞纳金 6.89 万余元,罚款 26.72 万元;补税、罚款、加收滞纳金共计 225.65 万元,实际入库 225.65 万元。

【纳税服务】 强化"服务始于纳税人需要、终于纳税人满意"理念,规范征收管理,丰富服务内容,做到法制公平、规范高效、文明和谐、勤政廉洁,促进纳税服务和税收征管相辅相成。重点做好税收政策宣传咨询与便民服务。建好便民服务点,完善纳税服务平台;印发各类宣传资料 5000 余份。加大税收政策扶持力度,把各项税收优惠政策落到位。截止年底,落实再就业税收优惠减免累计 2008 万元;2001—2009 年享受西部大开发税收优惠政策 15%税率的企业累计有 51 户,减免企业所得税 11208 万元,享受新办企业免征二年减征三年西部大开发企业所得税税收优惠政策的有 5 户,减免企业所得税 28666 万元。

【机关建设】 以学习实践科学发展观活动为契机,开展"廉政纪律执行年"、"勤俭节约年"活动。开展税收会计、财务、票证以及税收执法检查,进一步从制度上、机制上、源头上预防职务犯罪。开展"小金库"自查自纠专项工作,进一步严肃财经纪律,确保资金合理使用。加强政风行风建设,接受社会各界的监督和评议。加强对灾后恢复重建等重大决策部署和重要工作安排落实情况的监督检查。

争创县级文明行业,制定奋斗目标和措施,加强精神文明建设。继续开展计划生育"三结合"帮扶工作,分别在映秀镇黄家院村、黄家村、张家坪村落实帮扶户 3 户、联系户 5 户、帮代户 8 户;在映秀镇中滩堡村建立 1 个帮扶基地,与帮扶户签订协议书,为帮扶户投入生产资金每户 600 元。党支部和副科级领导干部在绵虒镇板桥村帮扶特困户 5 户。

提倡干部在岗自学,利用多种渠道培训干部队伍。全年,组织稽查人员业务培训,参加全省地税系统稽查业务考试。组织公务员参加《突发应对事件》考试。选送 10 余人次参加省、州各级举办的专门业务、知识更新培训。自制光碟《铭记中挺起不屈的脊梁》,弘扬伟大的抗震救灾精神,激励干部职工加快灾后恢复重建。同时,做好维稳、信访等工作。

人行汶川县支行

【领导名录】

行 长	邹光普
副行长	刘 剑 侯坐琼

【金融稳定】 重点引导金融机构支持县域经济建设,结合新农村建设和灾后农房重建、支持中小企业恢复生产项目资金需求等,及时调整信贷政策,加大信贷资金投入。全年,召开金融机构支持灾后恢复重建联席会议 4 次,信用评估银企座谈会 1 次。支持"三农"灾后恢复重建,发放支农贷款 2.5 亿元。做好农信社改革试点票据置换对付后续监测工作,加强金融系统分析工作。多次开展调研工作,写出有价值的信息、调研 10 余篇。

【"两反一征"】 继续深入开展反假币宣传和反洗钱业务及征信知识宣传活动。开展培训两次,宣传活动两次。做好贷款卡发放、年审和信贷登记咨询系统管理工作，规范做好异议处理，按规定扩大征信范围。全年，共审贷款卡113户，新发卡64户。强化反洗钱相关制度，规定反洗钱工作。实行以风险为本的反洗钱监管办法，加强对金融机构反洗钱的现场检查，加强对可疑资金的监测工作。

【现金管理】 做好账户管理和辖内金融机构现金管理工作，截止年底，支行共核准开立银行结算账户526户、变更银行账户122户、撤销银行账户302户。全年开展现金管理执行情况检查两次。

【存贷业务】 截止年底，汶川、卧龙支库共实现各级预算收入3.69亿元，实现预算支出20.88亿元；全年共办理发行库出入库业务145笔，发行基金出入库总金额11.67亿元。

【内部管理】 加强对业务系统的风险管理，完善内控机制建设，定期对风险进行评估和排查。加强"三大"核算系统管理，建立突发事件应急方案。加强金融宣传，编辑《汶川金融信息》28期，《汶川金融调研》5期。加强财务管理，落实措施从严控制费用支出，做到专款专用。定期对固定资产进行清理。

加强职工队伍思想建设，开展法律法规和警示教育。组织员工参加任职资格培训和考试，全部取得任职资格。创建系统内"州级文明单位"，"省级最佳文明单位"和"爱国卫生先进单位"复查验收合格。

按照"建好班子"的要求，坚持开展"学习好、团结好、勤政好、廉洁好"活动。完善班子成员中心组学习制度。抓好党建和思想政治工作。健全民主监督机制，定期征求职代会意见。落实党风廉政建设责任制，抓好廉政工作。认真贯彻落实《中国人民银行岗位风险防范指南》，开展6个月案件治理专项活动。做好责任事故防范及社会治安综合治理工作，无违纪违规行为发生。

农行汶川县支行

【领导名录】

行 长	胡 平
副行长	郑 璞（1月起，8月止）
	张桂英 王 睿
行长助理	马 林（9月起）

【综述】 截止12月末，各项存款（含外币）30.6亿元；较年初增加12.24亿元，完成州分行计划任务的230.6%。其中，个人存款（含外币）81015万元，较年初57223万元增加23792万元，完成计划任务的164.3%。单位存款224984万元，较年初126378万元增加98606万元，完成计划任务的255.5%。各项贷款51277万元，较年初89779万元下降38502万元，累计新增贷款825万元。其中，不良贷款余额50452万元，较年初89777万元减少39325万元，不良贷款占比为98.4%。中间业务收入417万元，较上年同期190万元增加228万元，完成全年计划任务的92.7%。全年实现各项收入8403万元，各项支出20810万元，实现拨备前利润5098万元，较上年同期1941万元增加3157万元，完成州分行指导计划任务的149.9%。拨备后亏损12407万元。

同业市场占比中农行53.9%、建行30.1%、联社14.5%、邮政1.5%。农行在汶川金融市场中仍占据着第一的位置，高于建行23.8个百分点，在年初基础上下降两个百分点。

全年，未发生经济刑事案件及违规大要案和重特大责任性事故。

【存贷款工作】 抓住灾后重建时机，做好财政、交通等优质事业法人客户金额服务，继续提升资金归集率。为巩固和进一步扩大对公存款市场份额，支行组建金融服务营销团队，专门负责与财政、交通、社保等部门的协调沟通、建立联系制度，从源头抓资金组织工作,力争各类资金最大限度归集农行。全年农行各项存款大幅度提升,全面完成州分行指导计划任务。

做好灾后重建信贷支持,累计投放贷款3825万元,分别向灾后重建重点企业阿坝铝厂发放中期流动资金贷款3000万元、汶川县麻龙电力有限责任公司中期流动资金贷款600万元、阿坝州四A公司短期流动资金贷款100万元;发放个人贷款125万元。新增贷款涉及水电、灾后重建、个人综合消费各个领域,支持汶川县社会经济发展。

【中间业务】 实现中间业务收入415万元,较上年同期增加228万元,完成任务的92.7%。全年累计新增电子银行注册客户1026户,完成任务的383%。

【银行卡业务】 抓住灾后重建契机,推进惠农卡发行。围绕总行"面向三农"战略目标,借助农行股份公司成立的有利时机,着力推动惠农卡业务的发展。全年,累计发行惠农卡1503张,超完成任务153%,激活率为100%,惠农卡存款余额559万元。

【信贷管理】 贯彻执行人行、银监委"四不政策"。根据"四不政策",清理退还系统自动扣收客户贷款本息300万余元,缓收利息达5438元。组织客户经理对农行24户法人客户因地震形成不良贷款进行调查,经支行贷审会审议对22户法人客户74590万元纳入不良贷款重组减免范围内。截至年末,有12户金额42260万元不良贷款重组方案审批通过。

4月初,向省分行呈报对汶川羌禹投资发展有限责任公司50亿元的授信,获得总行审批同意。

强化信贷基础管理,做好营销工作。注重对水电行业给予灾后恢复重建信贷支持,抓好四川西部阳光电力开发有限公司、四川岷江水利电力股份有限公司、福堂电力有限责任公司、汶川振冲电力发展有限责任公司的贷款形态提升。对大型企业给予灾后恢复重建信贷支持,重点营销汶川羌禹投资发展有限责任公司和阿坝铝厂,向省分行呈报向汶川羌禹投资发展有限公司发放用于中轴线建设前期费用

1.6亿元的垫付性贷款。

实施贷款风险管理,对不良贷款确定年末控制额,实行部门主任负责制,将风险管理纳入经营工作,做好风险预警监测和跟踪管理。截止年末,全行不良贷款50452万元,占比96.8%,其中,次级类贷款10620万元,可疑类贷款23166万元,损失类贷款16666万元,不良贷款比年初下降3.1%。

【服务三农】 按照农行股改方略确立的市场定位,有效推进"三农"服务工作,向25个村1216户农牧民发放1899张金穗惠农卡,增加ATM一体机1台,为灾后各类补助资金发放和农户小额贷款搭建平台。

助推"新农保"试点工作,支行多次向县委、县政府汇报接洽,与农保部门开展有关业务对接工作。同县新农保部门在漩口镇集中村、三江乡街村,面向适龄农民开展新农保开户受理工作。为两个乡60岁以上的85位农民办理惠农卡开卡手续,为60岁以下的76位农民收缴2.98万元保险费。

【电子化建设】 加强计算机监督管理,对前台网络系统进行定期检查维护,按要求对门市业务系统软件进行升级等工作,确保全行计算机运行正常。开展各环节风险点自查工作,对存在的问题按照要求进行整改。对生产系统实行与其他网络的物理隔离,严禁在生产机上做与业务无关的事,建立生产系统和其他重要业务系统备机,并按要求进行维护,对计算机杀毒、防毒软件进行定期的升级,坚持计算机安全管理"以防为主"的原则。

【内控管理】 加强内部控制,防范和化解经营风险,提高整体经营管理,促进业务经营的健康发展,采取多种形式进行自查。同时接受各项外部检查,对发现问题及时整改,并做好监管意见和监管要求的落实情况的后续跟踪。做好反洗钱日常管理工作,开展反洗钱教育培训,加强反洗钱信息的分析和报告工作,及时向监管部门报送相关信息,

加强财会工作,做好"705工程"投产切换模拟演

练工作，确保切换工作顺利完成。做好会计档案系、电子验印系统、ARMS 会计监控系统集中版三大系统的上线工作。认真执行《中国农业银行阿坝州分行财务核算上收管理实施办法（暂行）》，做好费用报账工作。作好日常的财务核算工作。强化固定资产管理，优化固定资产结构。加强专项费用的管理。

强化监管，加强柜台及会计操作业务风险防范。充分发挥会计在线监控中心作用，强化对可疑交易信息的在线监督、风险预警、防控和处置。按季对会计主管履行柜台业务风险管理职责的监管进行考核。按照《财会监管实施细则》的工作要求、方式的程序进行监管，根据上级行的要求和各个时期的工作重点，开展专项检查，并按季写出监管工作报告，对存在的问题进行后续监督整改并形成整改报告。

完善创"四好"班子领导小组，积极参加领导干部作风整顿各阶段的工作。按时完成组织人事部门开展的法律尽职调查各环节的工作。完成全行网点机构金融许可证、营业执照的年检工作及全行在册员工各种保险的解缴，长期合同工、储蓄合同工劳动关系合同的清理，员工福利等方面的工作。

抓好党的组织建设和党员培训、教育及发展工作，对要求加入党组织的 3 名积极分子派到地方党校学习，吸收 1 名预备党员，3 名预备党员转正。组织全行党员认真参加学习实践科学发展观活动。

加强重岗管理，按照重岗人员岗位轮换的有关规定，对全辖被列入重要岗位范围员工的岗位工作任职年限进行排查，完成工作岗位轮换。

适时开展各种形式的安全防范和预案演练教育，积极参与地方公安、消防等政法部门开展的案件专项治理及法制教育 1 次，答法制、法规试卷 80 余份。加强全行员工的安全防范、制度执行等教育。进一步补充修订《防暴、防枪、防盗、防火、防骗》等预案，并按照应急预案要求开展防抢劫、防火灾等演练。抓好灾后安全防范工作。

抓好枪支弹药管理使用工作，对持（管）枪人员按

规定进行政审。组织 1 次持枪手对枪支使用、保管、拆装等内容的培训，并按《专职守护押运人员枪支使用管理条例》和公安部门的要求，加强枪支弹药的管理，实现枪弹分管，一枪一档的要求，保证枪支的正常使用，防止涉枪案件发生。

做好后勤保障，加强车辆管理，车辆的使用、维修、保养、用油等严格执行规定规章和审批制度，注意安全教育，确保行驶安全，避免发生重大责任性事故。成立资产清理工作小组，完成 500 ~ 2000 元以内低值易耗品和固定资产的清理、上报工作。

建行汶川县支行

【领导名录】

行　长　　　兰志华

副行长　　　余朝举

【概述】 截止12月31日，全口径存款125122.98万元，其中，对公存款余额97922.71万元，同业存款余额 7551.81 万元，储蓄存款余额 20116.75 万元。全口径存款较年初增加 3.39 亿元，市场占比达 30.9%。各项贷款余额为 59222 万元（含贴现），较年初累计增加 6.75 亿元；贷款利息实收率达 100%；中间业务净收入 137.45 万元，实现账面利润 2002.42 万元。

【市场营销】 以"抓账户、抓项目、抓源头"为抓手，大力发展负债业务。积极调整思路，充实营销队伍，充分发挥领导、客户部、业务管理部营销主导作用，大力营销交通、水电、旅游、财政等重点行业，共计新增对公结算账户 110 户，其中，基本账户 32 户、专用账户 14 户、临时账户 52 户、一般账户 52 户，累计沉淀资金 43214 万元。打破服务半径，开展以汶川为中心辐射周边的营销策略，加强新的金融产品宣传力度，推进差别化服务。全行对公和个人两大板块存

款任务均超额完成,并创历史新高。

【资产业务】 全年累计营销发放公司类贷款11200万元,票据贴现129笔,累计办理金额91180万元,新增贷款和贴现主要投向水电行业、教育和冶炼业。中间业务品种由单一性向多样性发展,结算业务发展快速,代理保险业务实现零的突破。实现中间业务净收入137.45万元,新增龙卡(借记)6657张,贷记卡124张,网银新增399户,电话银行16户,短信银行新增239户,累计代理基金业务125.56万元。

认真实施《信贷业务操作手册》,对每一笔贷款进行审查研究,推荐上报。严格按贷款质量的"五级分类"和"十二级分类"进行清分,加强风险的监控和预警。抓好到期贷款回收工作。逐步向中小企业投放贷款,向鑫星盐化、阿坝矿业发放贷款500万元和3000万元。

【内部管理】 加强员工的业务学习,按照培训计划开展培训和每季度前台技能测试。组织员工参加上级分行的专题培训。开展反洗钱、账户清理、银行案件防范等专项检查活动及"安全运行年"、"平安建行"等活动。落实责任目标管理,对员工违规行为进行经济处罚和积分处理。加强职工经常性思想教育。坚持每月召开安全保卫专题会议,做好节假日安全检查和安全保卫日常管理,积极化解矛盾,把案件防范工作落到实处。没有发生各类案件和重大责任事故。

强化财务管理,提高经营效益,全年实现利润2002.42万元,创建行有史以来新高,人均83万元。

党风廉政建设和党建工作坚持责任制,实行目标管理。坚持民主集中制,落实反腐败各项措施,自觉接受行内外的监督。认真开好民主生活会,开展科学发展观实践活动。

加强精神文明建设,积极参与"平安建行"和全州"文明行业"创建活动。注重企业文化建设,坚持"CIS"战略,在宣传、形象上树立品牌意识;关注民生,继续为汶川一中"成长计划"开展工作。

农村信用联社

【领导名录】

理事长	尼玛俄热
监事长	杨小平
副主任	廖学龙　曾映红(8月止)
	敬树军

【业务情况】 截止12月31日,各项存款余额82523万元,比年初增加37311万元,增加83%;贷款总量实现新突破,全年累计发放各类贷款32418万元,比去年增加21728万元,增加203.25%;进一步加大对到期贷款及利息的催收力度,全年累计收回各类贷款11435万元。累计收回贷款利息2383万元,比去年增加1882万元,增加375.64%,清收处置不良贷款5167万元,不良贷款较2008年末降低4558万元。年末各项贷款余额合计54680万元(不含农房重建委托贷款20000万元),比年初增加21591万元,增加65%,用于三农,其中,支持县内中小企业灾后恢复重建贷款14户,金额11720万元;支持县内农房重建贷款7233户,金额14860万元(未含农房重建委托贷款两个亿、12385户);12月末,全辖农村信用社实现各项收入5666万元,各项支出13150万元,综合费用率达49.97%。亏损7572万元,分别剔除拨备及捐赠款因素后,盈余92.59万元。

【存款管理】 利用信用社点多面广的优势,扬长避短,在服务质量、方式上与其他金融机构展开竞争,扩大市场占比,增强资金实力,实现存款稳步增长。利用各信用社与当地各村、组所建立的良好服务关系,向老百姓宣传在农村信用社方便、快捷,不出乡镇即可办理存、贷款、汇兑、农村养老保险等业务。到企事业单位、个体商店进行业务宣传。截止12月末,全县各项存款较年初增长37311万元。

【信贷管理】 把信贷重点放在"三农"上，搞好信贷支农工作。年初，召开信贷支农会议，明确支农工作重点，对春耕资金需求进行翔实调查，积极申请支农再贷款，清收不良贷款等方式筹集支农资金，确保资金供给。为布瓦村在广东援建下建起的 PIC 生猪养猪场养殖户每户提供 10 万元信用贷款。

大力支持城镇个体工商业、小水电业及其他企业的发展。做好市场调查，了解抵押品的市场情况，支持个体户的资金需求，额度控制在 5～20 万元。对各企业现状深入调查了解，为企业恢复生产出谋划策，并根据企业需求适时发放灾后恢复生产贷款，向阿坝铝厂投入 5000 万元资金作扩大生产，帮助该厂恢复正常生产。

【财务管理】 在财务管理上本着"统而不死、分而不乱、统分结合"的原则，大力提倡厉行节约，反对铺张浪费。把工作重点放在收息上，要求各社（部）对收息贷款逐笔核查，年底贷款利息收入达 2383 万元，比去年增加 375.65%，创历史高峰。加强非生息资金的管理，合理测算和调度资金，减少非生息资金的占用，最大限度发挥其使用效益。严格财务制度，坚持大额费用必须通过联社财审会集体审批，严格控制比例费用，杜绝乱支乱列。截止 12 月末，全辖总收入达到 5666 万元，较上年同期增加 4454 万元，其中，贷款利息收入达到 2383 万元，较上年同期增加 1882 万元，品叠后全县盈余（剔除今年提取的拨备和捐赠款）92 万元。

【支持农房重建】 地震灾害后，全县共有 17081 户农房重建、1296 户农户房屋需加固维修。信用联社积极筹措资金，向人民银行申请再贷款 1.5 亿元，确保资金供给。从 2008 年 8 月至 2009 年，共计发放灾后农房重建委托贷款 12385 户两亿元。2009 年 5 至 12 月底，共计发放担保贷款 7233 户 14860 万元。发放自营贷款 31423 万元。累计发放农房重建贷款 723 户（含一户多次贷款）14860 万元，现有农房重建贷款余额 11431 万元。

【银行卡业务】 贯彻经营转型，认真开展银行卡营销宣传，推进各项银行卡业务发展。截止 12 月 30 日，全县农村信用社营业网点 15 个，至今仍有 3 个营业网点因无法通光纤而未上线，全县银行卡发卡总量达 7578 张，全省排名 120 位；活卡率 96.67%，在全省排名 38 位；卡均余额 6232.02 元，在全省排名 22 位。

【电子信息化建设】 随着 SC6000 业务系统的上线，联社确立"统筹规划、统一标准、互联互通、重点建设、适当超前"的指导思想。加快对内外网的建设。有 12 个网点与省联社 SC6000 联网，实现全省通存通兑。4 月，协同办公系统成功上线，并开通到每一个营业网点。先后对全体在职员工（包括领导班子）分 5 批次开展协同办公系统培训。信贷管理系统、集中报送系统成功上线，并将其开通到了每一个营业网点。10 月，联社与营业部网络系统进行隔离，进一步提高信息安全工作。

【内控建设】 2009 年，组织稽核保卫部对全县各网点进行 4 次常规稽核检查和专项稽核检查。对各社的库存现金、代保管抵质押品、重要空白凭证、同业往来账务、信贷业务、费用开支、内控制度执行情况进行检查。对检查出现的问题提出整改意见并对相关人员进行稽核处罚。在费用开支检查中，共抽查各社费用开支 1097 笔，合计金额 198.74 万元，未发现违规列支费用情况。制定新的财务、信贷、稽核等文件，进一步规范全县信用社的业务经营。

同各部、室、信用社签订安全保卫责任书。营业网点与友邻单位（居民住户）签订联防协议，把安全保卫工作具体落实到社、到人，实行安全保卫工作"一票否决制"。组织职工进行安全防范意识教育、案例警示教育和安全知识的学习 4 次，累计 121 人次。全年实现安全押运现金 180 次，合计金额 57519 万元。在各营业网点板房内安装 8 套电视监控设备、9 套应急报警器、9 个移动金库、各营业网点安装防护栏。各社都配备简易的防卫器具。认真执行有关营业室和守库室保卫规章制度,确保了安全经营无事故。

深化和完善人事制度改革,推进薪酬制度,完善各岗位工作职责,严格考核办法,按月计算每月的绩效工资,在工资总额增长幅度不超过利润增长幅度的情况下实行新的薪酬工资。完善员工学历教育机制,鼓励员工自学和参加各种学历教育。由省联社组织统一考试,面向社会公开招聘3名大学生。

【灾后重建】 2009年,广东省联社对汶川联社各营业网点捐建2400万元。按照规划,截至年底,绵虒、白花农村信用社房屋土建工程基本完成;草坡、银杏农村信用社地勘工作已结束;耿达、三江、水磨信用社土地正在规划中。对县城原办公大楼进行加固维修。

中国人民财产保险公司汶川分公司

【领导名录】

经　理　　　　李华平

副经理　　　　谢华成　林锡敏

【保费收入】 保费收入2712万元,同比增加625万元,利润为116万元。上半年公司业务发展缓慢,下半年业务发展迅猛,除企财险同比下降28万元外,其他险种同比上升,责任险同比增加62万元,机车险同比增加512万元,意外险同比增加68万元,政策性农险同比增加5万元,超额完成全年的保费任务,公司各点按年初下达的保费任务都超额完成(剔除农险业务),汶川县城完成1080.3万元,理县完成408万元,茂县完成389.9万元,黑水完成178万元,都江堰和映秀完成655.8万元。努力发展新业务,抓住三大运业的车险业务续保,发展散户新车业务。建筑工程意外险业务是公司业务新增长点。

【业务理赔】 上级公司派督察组到公司抓业务理赔,招集业务一线查勘、定损人员,清理各户上案件,提交核赔处理,对于无责案件及时清除,小额案件及时提交处理。全年,共处理赔案3000余件,赔款支出1313万元,地震赔案30万元。其中,企财险、机车险赔款支出同比上升。

【内部管理】 严格职工管理,公司购一部考勤机严格打考勤,杜绝迟到、早退现象。在案件的定损、报价金额偏高的案件,要求查勘定损人员重定重报,保证公司利益。在承保业务方面,要求车险刷卡,非车险保费及时入大账,清理未达账,清理不正常的应收保费。12月,组织专人负责清理应收保费,催收49万元,占保费69%。

深入学习领会新《保险法》,强化责任意识,依法依规开展工作。自觉遵守车险行为自律公约,带头规范从业行为。制定《中国人民财产保险股份有限公司汶川支公司数据质量管理考核实施办法(2009)》。开展财务业务数据真实性检查,开展打击假保险机构、假保单、假赔案专项整治活动。

中国人寿保险股份有限公司汶川支公司

【领导名录】

经　理　　　　胡　静

副经理　　　　殷德军(1月止)

　　　　　　　赵　文(9月起)

【业务发展】 各项业务指标(除中介业务外)平稳增长,实现股份总保费收入2204万元,其中,首年期交保费444万,短期意外险549万元,基本完成上级下达的目标任务。从保费结构看,基本达到上级公司"调结构、创效益"的要求。个险业务的发展平衡,一季度新单期交完成200万元。

中华联合保险股份公司汶川营销部

【领导名录】

经 理 陶西勇

【主要经营指标】 实现签单保费收入 1101.8 万元,其中,短期人险完成 48.54 万;处理各类赔付案件 2979 件,赔付金额 712.73 万元,向地方缴纳税金 290.36 万元。

【业务营销】 年初,针对汶川片区保险市场变化及 2008 年全年保费收入情况进行综合分析,制订计划方案,将计划分解成月计划,要求月月盘点、月月落实。调整业务结构,增强大项目特别是优质业务的拓展力度,细分市场、细分客户,培养稳定的客户群。抓住灾后重建和扩大内需机遇,大力发展非车险业务。开展季度劳动竞赛,按月下达保费任务,加大营销力度,推进业务发展。

【内部管理】 全体员工牢固树立上级为下级服务、后线为一线服务,一切为业务服务,全员为客户服务的理念,在全辖范围内牢固树立增强服务意识,打造公司品牌。实行首问责任制,热情接待客户来信来访,引导客户到相关部门解决问题、化解矛盾,同时负责该环节的跟踪、保证服务时效,提高客户满意度和维护公司服务信誉。提高现场查勘、人伤调查到位率,确保赔案真实性。坚持赶到第一现场,掌握第一手资料,严格按照快速赔付流程,为客户提供方便。建立和完善以主管负责制和未决管理为核心的管理模式,关注车险重要考核指标,加速赔案,提高立案率、小额赔款结案率。

倡导建设学习型单位,采取"请进来、走出去"多种形式的学习教育培训方式,提高员工素质。组织开展各种有益的集体活动,丰富员工文化生活,增强企业的凝聚力和向心力。培育团结、和谐、高素质的经营管理工作团队。

教育 文化体育 广播电影电视

教育

【领导名录】

局 长	胡正安
副局长	谢棣华 黄万才
	祝 进（7月止，挂职）

【基本情况】 全县有大专院校 1 所，专任教师 371 人，在校学生 6360 人。全县除龙溪乡阿尔小学未合并外，其他村小全部合并到乡镇中心小学。有小学 15 所，专任教师 706 人，在校生 5856 人。有初级中学 3 所，专任教师 182 人，在校生 1792 人。有完中 3 所，专任教师 330 人，在校生 4653 人。有幼儿园 3 所，在园幼儿 872 人。特殊教育学校 1 所，专任教师 30 人，在校生 57 人。

【学校恢复重建】 按照《汶川县"5.12"地震灾后恢复重建教育布局调整规划》，结合灾损情况，全县学校灾后重建共需恢复重建各级各类学校项目 26 个（24 所学校和两个教育类事业单位），所有项目均按"8 级抗震，9 度设防"标准建设，部分学校采用国际最新抗震技术修建。规划共需修建校舍总规模 30 余万平方米，维修加固校舍面积 27147 平方米。计划投入资金 11.79 亿元。已竣工投入使用 18 所，实际完成建筑面积 22.53 万平方米，完成计划项目资金 75118 万元，其中，广东省援建"交钥匙"工程 16 所，实际完成建筑面积 20.64 万平方米，完成计划项目资金 70543.2 万元；中国人民解放军第二炮兵部队援建的"八一"小学（即水磨小学）和由东方家园援建的龙溪乡阿尔村小学各 1 所。除"七一"映秀中学、映秀小学、中国中铁映秀幼儿园、绵虒中学因规划原因修建未完工外，其余学校于 9 月 1 日前竣工交付使用。未完工学校正按计划有序推进，预计在 2010 年 7 月 1 日前将全面完成县属学校灾后重建任务。

【设备设施配置及管理】 学校设备设施全面更新换代，严格按国家有关标准和适用、够用、适度超前的原则，及时配置、采购和安装新建学校设备设施，通过州公共资源交易中心以公开招标和竞争性谈判等方式共采购教育灾后重建设备设施 3000 万余元，比计划资金节约近 1000 万余元。9 月 1 日前，设备设施安装调试完毕，确保各校顺利开学。加强设备设施管理，制定《汶川县中小学（园）教育技术装备管理制度》。验收省下发到汶川县"十年行动计划"价值 26.52 万元的仪器设备及"世行贷款"仪器设备 1 批 65 包，并分发到各学校。

【教育管理】 加强教育规范化管理，初步拟订《汶川县中小学校（园）管理办法》。加强寄宿制学校标准化建设和规范化管理，制订《汶川县寄宿制学校管理办法》，认真落实农村义务教育经费保障，管理和使用好寄宿制学生生活补助，加强对"两免一补"工作的管理，完成雁门小学和"七一"绵虒小学州级寄宿制标准化示范学校申报工作。全面启动电子学籍管理，建成学生学籍管理系统，逐步实现高效、科学、准确管理。审定和规范中小学教材征订使用。继续配合有关部门做好规范教育收费工作。制定本年乡镇教育目标考核细则和评分标准。适时对学校进行教育督导检查。做好全县视频会议系统配置方案预算。汶川县青少年科普协会被四川省科协评选为"中国数字科技馆观测工作先进单位"。随着汶川县学校硬件和软件的提升，汶川教育提出"一流的硬件、一流的师资、一流的管理、一流的水平"的全面发展目标。

【财务管理】 妥善管理和使用好捐建资金，使"义务教育"债务化解工作取得阶段性成果。建立健全系统内财务管理规章制度，明确各环节责任，提高资金使用效益。落实义务教育经费保障机制。完善"以县为主"的教育经费管理体制。不断强化教育经费预算保障力度。财政部门调整财政支出结构，将义务教育学校教师工资、公用经费、校舍维修经费全额纳入县级财政预算，义务教育经费全部纳入财政保障范围，中小学教职工工资按时足额发放，教育教学正常开展。确保公用经费按时到位，保证学校日常运转，并监督学校按规定使用经费。督促化解中小学校"普九"债务。做好债务化解的协调和督查，10月底前，全县化解了省核定的农村中小学全部债务。会同财政部门制定化解方案，整理各项"普九"化债资料，顺利通过"普九"化债考核验收。充分发挥学生资助管理中心职能，安排专人负责学生资助管理工作，保证扶贫资助事项公正、公平、公开。做好与财政资金的衔接。帮助高校学生申办助学贷款，确保经济困难的大学生都能按时入学。全县累计受理申办助学贷款人数 22 人。解决在校生每生每年 1200 元用于补助寄宿生生活费。

【德育工作】 结合学校异地过渡复课及回到新建校园学习生活实际，开展"铭恩奋进"主题教育活动，引导学生树立正确的人生观、价值观。适时组织全县师生参加"我爱我祖国"、"改革开放三十年"等征文活动，完成 6 篇童谣推荐工作，激发师生的爱国热情。强化德育工作管理，完成全县省级三好生 4 名、优秀学生 1 名、优秀学生干部两名，优秀班集体 1 个；州级三好学生 9 名、优秀学生干部 5 名、先进集体 4 个；县级 134 名三好学生、67 名优秀学生干部评选和认定工作。完成县级 31 个先进集体的评选。

【特殊教育】 加强随班就读工作和特殊教育学校管理，进一步完善学校校舍及设备设施，课程设置和学生生活管理。完成州下达 2009 年特教招生任务，特殊教育学校学生 48 名。

【教育民生工程】 做好"七色光环"、"艾志集团"、"慈善福彩"、"李嘉诚基金"等各种助学资助活动，受助学生 600 人。完成贫困大学生 7 名、宏志班 1 名、广州助学两名学生的推荐和评选，发放助学金 7290 元。组织学校师生 56 人赴俄罗斯和日本疗养和考察学习。继续实施易地育人，全部免除易地育人学生学杂费，免费提供教科书和卧具，为易地育人寄宿就读学生 159 人提供生活补助 120 元/月人。

【"双高普九"及扫盲】 春季，全县 7～12 周岁儿童入学率 99.8%；初中阶段入学率 103.1%；三残儿童入学率 82%。幼儿一年入园（班）率 85%，学前三年入园（班）率 42%。小学生辍学率控制在 0.1% 以内，初中阶段辍学率控制在 2% 以内。小学毕业率 100%，初中毕业率 100%。初中毕业升学率 85%。15 周岁初等教育完成率 100%，17 周岁初等教育完成率 90%；15 周岁文盲率为 0。全县青壮年非文盲率 98%。有乡镇农民文化技术学校 13 所，举办实用技术培训 75 期，培训 1.2 万人次。

【毕业会考】 高中阶段升学及毕业考试在省内外 7 个异地复课点如期完成。全县初中毕业生共 1330 人参加考试，其中：升入高中 560 人，升入 5 年制大专 57 人，升入中专 21 人。

【大中专招生】 由于"5.12"汶川特大地震，本年招生考试工作主要在异地。招生考试工作继续坚持以人为本和"六公开"原则，大力实施"阳光工程"，贯彻落实"惠民"政策。全县报考普通高校、对口高职考生共 1082 人，其中，文科 503 人、理科 577 人，对口高职 2 人，实际参考 1076 人。全县本科硬上省线 170 人，硬上专科线 534 人。普通高校重点院校录取重点本科 27 人，文理科考生升入一般本科院校 176 人，升入专科院校 368 人，升入少数民族预科 127 人，升入专科预科 75 人，升入中专 20 人，普通高考升学率 73%。

【成人考试】 全县成人高校报名共 48 人，录取 43 人，升学率 87.5%。

【师资培训】 完成全县中小学学籍档案管理系统的培训工作。不断提高教师电教化管理使用水平，组织安排部分中小学教务主任、教师参加全省相关业务培训及教研活动。为汶川教育的全面恢复发展按照"一流的硬件、一流的师资、一流的管理、一流的水平"的发展目标，不断加大师资队伍培训，确保师资队伍素质。组织、开展各级各类教师培训，继续推进全县"教师教育技术能力建设"县级培训及校本培训，有 732 名教师参加全国统一检测；63 名教师参加州教育局组织的"骨干教师任前培训"；选派 8 名教师分别参加由全国青少年基金会、儿童基金会组织开展的国家级培训。选派 26 名教师参加国家级、省级各类培训。结合灾后实情，选派优秀教师 79 人参加各类心理专业及康复培训；组织骨干教师参加教育部哲学社会科学研究重大课题"灾后中小学生心理疏导研究"培训，为期 3 年。加大校长培训力度，13 名校长参加"校长影子"培训，省级"小学校长挂职"培训 3 人，3 名校长参加省级校长任职资格培训。以"走出去、请进来"的方式提高全县教师专业化水平，全县 60 名抗震救灾先进和骨干教师到广东省相关学校进行参观访问、听专家讲座、观摩示范授课等活动；42 名小学和幼儿园教师到广州跟班和集中培训；47 名校长、副校长参加由乐山师院和汶川教师进修校联合举办的"校长提高培训"班；58 名幼儿及学前教师参加"学前教育培训"提高班；10 名乐山师院学生到汶川县开展顶岗实习活动 3 个月。完成五年一度的《继续教育登记证》换证、一年一度的验证审核工作和 2008—2009 学年度的"继续教育学时"审核工作，进一步推进师资管理规范化进程。

【基础教育】 继续以推进素质教育为宗旨，全面贯彻新课程计划，向教学研究要质量，向师资建设要效益，深化教学改革，培养学生创新精神和实践能力，强化异地复课期间的教育教学管理。指导和引领学校利用在异地复课的有利条件，积极参加所在地学校开展的教研活动，使教师增长见识、开阔视野。威州小学 1 名老师参加自贡市小学说课比赛获一等奖，两名老师参加自贡市音乐教师培训活动；映秀中学 1 名老师参加四川省初中生物中青年教师献课大赛，获省二等奖。以体现"服务好学校"原则，扎实推进课程改革，组织全县高中毕业班教师参加省教科所组织召开的高三毕业班复习首届研讨会，并搜集整理大量高考信息为学校教学服务。组织高中学校参加 2010 届高三第一阶段复习研讨会，对下届初、高中毕业班的教学和后期复习工作提前作具体安排和要求。组织和推荐教师参加各种教育学术论文 20 余篇上报省、州参评。组织和指导 3 名教师参加省高中思想品德、初高中英语课录像课大赛。结合汶川县中小学教育教学实际，加强对学校常规管理，定时进行视导检查，对发现的问题及时与相关学校交换意见，并提出整改意见。针对全县教学工作的视导检查情况，对教务主任进行教学管理、教育科研课题、评课等培训。本年，全县高、中考上线率、录取率，本科以上录取率等指标及人均成绩继续保持全州领先。多个教育科研课题正稳步推进并取得明显效果，参研教师在课题研究过程中得到成长，学生综合素质得到全面提高。

【职业教育】 坚持"实际、实用、实效"原则，加大农民实用技术培训。全年，开展农民实用技术培训 1.56 万人次；农村劳动力转移培训 4000 人次；致富带头人培训 1000 人。完成藏区"9+3"免费职业教育政策的宣传、组织学生报名体检、往届报名学生的文化考试工作。全县"9+3"报名人数为全州之首，升入藏区"9+3"免费职业学校 520 人，升学率 87%。组织护送 500 余名初高中毕业学生到内地中职学校就读。选送 6 名教师(其中，4 名到内地职业学校，2 名到茂县职业学校)、4 名县级和乡镇干部到职业学校参加管理和教学工作，充实内地职业学校的管理。

【寄宿制管理】 春季核定 7833 人的寄宿制生活补助，秋季核定寄宿制生活补助 7632 人。

【两免一补】 春季享受全部免除杂费和免费提供教科书学生 10985 人；秋季享受免除杂费和免费提供教科书学生 11022 人。为全县义务教育阶段寄宿制学生、特殊儿童和大骨节病区"易地育人"学生提供寄宿制生活补助每人每月 120 元。免除所有进城务工人员子女学杂费并免费提供教科书，确保进城务工人员子女接受义务教育。

【安全工作】 强化安全督促检查，加强工作指导，做到责任落实，工作落实。教育局组织工作组深入过渡复课点进行开学工作检查和学校安全检查。督促各校(园)对学校和周边环境进行安全隐患排查，并及时排除隐患。加大"警校共育"工作，各校设立警务室，配置相关设备设施。加强各种传染性疾病防治，重点加强甲型 H1N1 病毒防控工作。加强学校环境卫生综合治理，注重学生卫生管理，加强学校卫生防疫，确保学生身体健康和学校正常教育教学秩序。会同相关部门对全县中小学校所有新修校舍的安全情况进行排查和鉴定,及时排除隐患。开展学校秋季开学安全大检查,对校园安全与防范、食品卫生、饮水安全和流行疾病的预防与宣传进行检查指导,针对存在的问题,及时提出整改意见,限期整改。举办学校专(兼)职校医培训班。与县疾控中心签订汶川县中国——默沙东艾滋病合作项目"教育局政策倡导"协议,组织学校师生开展艾滋病知识宣传教育、专题培训活动。

【教育维稳】 重视灾后教育系统维稳和教育民生工作,发挥"大调解"功能,化解涉教社会矛盾。做好系统内信访和来访工作。全年,共接、转信访件14件、来访500余人次。对来信来访进行认真答复,及时化解社会矛盾,做到事事有着落,件件有回音。

【教职工利益保障】 拟定绩效工资实施方案,为教师绩效工资的实施奠定基础。注重教职工切身利益,为教职工争取安居住房302套,及时分配到相关学校。完成1311名教职工正常晋升薪级工资工作。注重老干部工作,以落实老干部"两个待遇"为重点,为离退休老干部做好服务,帮助解决实际困难,增强老干部参政议政意识和心系教育、奉献余热的工作热情。春节前,慰问退休人员600名。全年处理丧事9件。

【行风建设】 结合汶川教育恢复发展目标,进一步转变观念,增强服务意识,不断加强行风建设,提升汶川教育形象。加强师德师风教育,坚持把思想政治和爱岗敬业教育放在教师队伍建设首位,加强教师感恩、爱岗教育,鼓励教师发扬奉献、吃苦精神;加强对教师师德行为规范的考核,落实师德问题"一票否决制",强化教育督导,从制度上保证师德师风管理落到实处。进一步规范教育收费,加大过渡复课期间各校经费及捐赠资金的监管力度,落实好治理乱收费、目标管理责任制和责任追究制度,坚持"谁主管、谁负责"的原则,严格执行校务公开和收费公示制度,做到收费公开透明,从体制和机制上防止乱收费发生。继续开展行风和作风建设活动,集中解决全县教育系统干部职工在思想作风、工作作风和生活作风等方面存在的问题;优化整合部分学校领导班子及教师队伍。

【班子队伍建设】 加强灾后学校班子建设,注重对学校班子后备干部的选拔和培养,调配选派36位有学校管理经验的同志到整合后的新建学校任正、副校长,使学校校级干部配置更加合理。

做好学校教师配备工作,全年,共调配教职工170余名,确保学校9月1日顺利开学。加强对专业技术人员管理,及时做好对专业技术人员的报评、考核、审定。招录3名"特岗教师"。加强对23名对口支教教师管理,调动其工作积极性。严格教师资格准入制度,开展教师资格证的办理工作。进行教职工评优工作,推荐评审全国模范教师1人,全国优秀教师1人,全国教育系统先进工作者1人;四川省教育系统先进集体1个;阿坝州优秀教师8人,先进教育工作者两人。

【党建、党风廉政建设和反腐败工作】 全体党员深入学习实践科学发展观和学习党的十七大及十七届四中全会精神,按照"建设一流队伍、培育一流作风、创造一流业绩"的目标,不断加强党员队伍建设,发挥"先锋工程"主体作用;坚持"三会一课"制度,促进党内生活经常化、制度化。支部会议至少每月1次,做到活动有安排,有记录,有学习笔记,保证活动质量和数量。认真发展新党员,3名预备党员考察写实期满,讨论通过转正,报请组织部批准。党支部委员充分发扬"5+2、白加黑"工作作风。机关25名党员参加第二批深入学习实践科学发展观活动,达到统一认识、提高能力、解决问题、创新机制的目标要求。教育系统第三批深入学习实践科学发展观活动全面启动。重视党风廉政建设工作,结合全县教育工作实际,在抓巩固、抓落实、抓深入、抓提高上狠下工夫,班子成员自觉履行廉政建设职责;抓好学校领导班子廉政建设,从源头治理教育乱收费;开展"廉洁文化进校园"系列活动;抓好系统内行风建设。领导班子落实党风廉政建设情况满意率、领导班子成员执行廉洁自律各项规定满意率、领导班子及其成员党风廉政建设和反腐败工作状况满意率均在90%以上。不断完善《汶川县教育系统党风廉政建设实施意见》,建立健全《党风廉政责任制》《小车维修制度》《接待制度》《招投标制度》以及政府采购、经费使用等规章制度。严格依法规范行政行为,严格遵守工作纪律,机关与各股室签订《汶川县教育局股室目标责任书》，制定《局机关股室工作目标管理评估细则(试行)》，坚持用制度管理人，强化机关内部管理。严格按照相关程序，接受、管理、发放、使用好社会各界捐赠的资金和物资。严格督查各过渡复课学校的财务制度和对救灾资金及物资的使用情况。

【机关自身建设】 不断加强机关自身建设，向"高效、优质、服务"型机关转变，进一步树立教育局机关良好形象，争创州级最佳文明单位。以深入学习实践科学发展观活动为契机，加大机关工作人员学习教育力度，不断提高机关工作人员综合素质。机关职工主动为台胞捐款4702元。

【宣传工作】 共编制印发《教育简讯》4期、200余份，刊登大量师生作品，全方位报道教育系统的重要事件。为县委宣传部提供宣传资料10余次。出版教育资料专辑两册。上报下发教育工作简报66期3000余份。接受各级各类媒体教育宣传采访8人次。

【社会治安综合治理和环境综合整治】 按照相关要求，成立专门工作领导小组，建立健全校园安全管理长效机制和校园内部安全防范机制，改善学校周边治安环境，增强师生思想道德意识、安全防范意识和民主法制观念，有效防止重大刑事、治安事件发生，抓好预防违法犯罪和安全事故防范工作，进一步优化学校育人环境，系统内实现零犯罪记录。认真落实环境综合整治"进机关"、"进校园"工作，加大宣传教育力度，提高师生卫生意识；整治局机关和学校及周边环境卫生，创造靓丽整洁的校园环境。

文化体育

【领导名录】

党组书记、局长　余　梅

副局长　　　王　文　吴　焰　杨国庆

【灾后恢复重建】 全县文化体育恢复重建项目共5个大类(即历史文化名城名村、文化体育、文化遗产、文化市场及精神家园)52项，落实建设总资金40402万元，其中，落实对口援建资金13981万元，落实国投资金25447万元，社会捐赠资金114万元，市场化运作资金860万元。已落实国家11个部委《汶川地震灾后恢复重建公共服务设施建设专项规划》确定的项目下达计划。全年，共开工23项，完工13项，待开工项目正在加紧进行可研和立项等建设前期工作。

县文化馆、图书馆、禹羌博物馆、体育馆项目纳入对口援建项目，项目已全面动工。13个乡镇综合文化站有8个乡镇纳入对口援建项目，年底已完成主体工程，其余5个乡镇除威州镇由于规划用地原因外，其他4个乡镇已确定建设方案，开工建设。村级文化活动室全面纳入对口援建，124个村(社)活动室等基础设施或新建，或维修加固，年底全面投入使用。

全面开展9处国家、省、州、县四级文物保护单位国家规划重点项目修缮保护工程的方案设计和评审，7个项目通过省州专家评审，进入招投标前期工作。完成映秀震中遗址纪念地总体规划，并审批通过。8月和11月，正式启动萝卜寨村和羌锋村村落民居建筑维护修缮实验工作。广东省江门市援建的县级文物保护单位雁门乡过街楼村川主庙、通鹤城城墙、索桥村平正庙维修工程顺利完工，于10月20日通过专家检查验收，这也是阿坝州在灾后重建文物维修工程中最早通过验收的项目，为州内其他文物保护单位的维修工作树立了榜样，有重要的借鉴意义。9月，水磨镇民居建筑和县级文物保护单位(万寿台)援建维修工程完工。

由县政府批准成立汶川县羌地神禹文化投资有限责任公司，拟建设汶川县羌绣生产制作基地和汶川县羌禹文化艺术培训基地；县文体局本着"严审批、服好务"的原则在审批工作中严格依法审核，积极帮助业主出主意、想办法，帮助经营者恢复经营。年底，全县文化市场已恢复经营单位39家，其中，网吧18家，歌舞娱乐4家，音像制品5家，打字复印7家，书刊零售两家。

以政府为主导，统筹城乡文化体育一体化发展，按照统筹规划、面向基层、集约用地、节约资源的原则，实现乡镇文化中心、村级文化活动室、农家书屋和农民健身与路径工程全覆盖。全年，规范建设农家书屋33个,安装农民健身与路径工程15条,农民健身工程15个,为村级开展文化体育活动提供了硬件保障。

为加快文化体育新闻出版项目恢复重建步伐,专门出台《汶川县文化体育新闻出版项目加快恢复重建考核奖惩办法》,县政府拨付专项资金对文化体育新闻恢复重建项目进行奖励。

【群众文化】 深入开展送文化下乡活动,协助国家文化部、省、州、县开展"暖冬送温暖"、"真情送温暖、共建新家园"送文化下乡演出,为老百姓书写发放春联700余幅,无偿赠送农村养殖业、卫生、法律、政治理论等书籍1000余册;组织县"羊角花"艺术团到广州市参加庆祝"三八"节90周年演出活动;以"爱在汶川"为主题组织开展第二届中国汶川古羌文化节暨樱桃节;参加国家非物质文化遗产节大型民俗风情剧《尔玛吉》展演;参加北京中国非物质文化遗产展演的少数民族传统音乐舞蹈专场演出活动;协助四川电视台完成庆祝新中国成立60周年大型电视文艺直播《为祖国喝彩》节目编排、辅导;组织辅导"弘扬震中汶川精神、展示下派干部风采"汶川县百名干部下基层活动总结暨汇报演出;协助开展三江乡创建国家4A级景区迎检大型文艺演出的舞蹈、音乐策划;协助举办广东援建新汶川学校民生工程整体交钥匙活动。全年,共完成演出24场次。组织人员对13个乡镇文化信息共享工程服务点的设备进行调试,方便各接收点的正常接收。

【图书管理及发行】 坚持"读者第一,服务至上"宗旨,开展图书阅览优质服务。截至11月底,共接待读者1591人次,外借图书2282册次,阅览图书1249册次;恢复出版《读书顾问》和《农村种植养殖技术与信息》两种资料,为农村提供市场信息和种植养殖技术。

【文学创作】 全年,完成《羌族文学》编辑、出版、送发4期;编辑出版《震前汶川的100个经典记忆》、《汶川时空》、《一只凤凰飞起来》、《汶川之歌》,成为中国作家协会重点作品。

【美术书法摄影】 组织美术、书法爱好者作品创作,参加阿坝州委宣传部、州文联举办的"5.12"汶川特大地震一周年大型摄影展览和阿坝州《抗震救灾美术、书法、摄影作品巡回展》,送展摄影、美术、书法作品25余幅;完成第二届古羌文化节羌绣展览的布展工作,并策划设计第二炮兵援建水磨"八一"小学大型成果展览;精选60余幅摄影作品分别在《人与生物圈》、《京华日报》、《四川日报》、《四川省摄影家协会编辑"5.12"汶川特大地震一周年大型画册》等报纸杂志发表刊载。

【文化市场管理】 组织开展净化文化环境及网吧专项整治、校园周边文化市场整治、游艺娱乐场所整治,清查低俗之风音像制品、印刷企业、人民币玩具、动漫市场等专项整治行动。组织各类市场检查53次,检查经营单位400余家次,清理安全隐患50起,纠正不规范经营行为40余次,立案查处违规案件9起,移交案件两起。对7家经营单位进行行政处罚,停业整顿3家,罚款两万余元,没有行政复议和行政诉讼案件发生。进行各种"扫黄打非"专项检查活动16次,纠正不规范经营行为22起,处理违规行为6起,收缴非法书刊20本,音像制品1000余张。

【文物普查】 震后,重新启动汶川县第三次全国文物普查工作,积极开展第二阶段文物调查和信息数据登录工作。截至11月1日,共调查文物点330处,其中,新发现236处,复查88处。有古遗址69处,古墓葬113处;古建筑58处;石窟寺及石刻32处;近现代重要史迹及代表性建筑51处;其他7处。确认一处新石器时代遗址——布瓦遗址,这也是"5.12"汶川特大地震发生后,震中地区第三次全国文物普查工作中最为重要的考古发现之一。截至12月15日,全县"三普"第二阶段以乡镇为基本单元,实地开展全面文物普查工作全面结束。

【文物管理与保护】 全面开展地震遗址保护和文物征集清理工作。根据地震遗址、遗迹选址须遵循的"典型性、唯一性、原真性、规模性和完整性"原则,先后制定《"5.12"汶川特大地震遗址、遗迹保护选址原则》、《映秀镇地震遗址保护区划定范围》等规范性条文。对全县9处经省文物局专家遴选列入保护范围的典型地震遗址、遗迹进行调查记录。4月24日,被县人民政府公布为县级文物保护单位。

【非物质文化遗产保护】 按照《汶川地震灾区非物质文化遗产保护与恢复重建规划纲要》和《羌族文

化生态保护实验区规划纲要》要求，先后出台《关于加快推进文化体育事业灾后恢复重建的意见》《汶川县关于建立羌族文化保护体系的意见》和《汶川县建设羌禹文化生态体验区实施意见》，成立羌族文化保护体系和建设羌禹文化生态体验区两个领导小组，组建中国汶川羌族文化保护与发展研究院。举办羌族文化生态保护实验区抢救性保护工作联席会议，与茂县、理县、松潘、黑水等县一道通过《关于共同抢救保护羌族文化遗产的倡议》。开展《汶川羌族文化生态保护实验区总体规划》的制定工作。根据国家灾后重建计划，分别在威绵地区6个乡镇重建非物质文化遗产传习所，由广东援建非物质文化博物馆，做好民族民间文化资源的抢救性挖掘、普查、研究、传承。加快羌族非物质文化遗产项目申报工作，国家级项目"羌年"已被联合国教科文组织列入《急需保护的非物质文化遗产保护名录》；"羌戈大战"、"大禹传说"等8个非物项目正在申报为国家级非物质文化遗产名录；"羌族碉楼营造技艺"、"羌族推杆"等4项被四川省文化厅公布为省级非物质文化遗产保护名录；完成国家级保护名录"羊皮鼓舞"向联合国申报2010年人类口头急需保护名录工作；3人被文化部正式公布为第三批国家级非物质文化遗产传承人，3人被公布为第四批省级传承人；征集羌绣作品及非物质文化遗产实物74件。

【社会体育】 开展经常性全民健身工作，在6月"四川省全民健身日"和8月"全民健身活动日"期间，开展全民健身宣传活动，共发送宣传资料4300余份；举行篮球友谊赛以及群众性舞龙、舞狮、锅庄表演赛。组织举行"迎新春，闹元宵"舞龙舞狮活动、藏历新年少数民族传统体育活动。按照《阿坝州体育局、阿坝州体育总局关于组织开展2009—2010年阿坝州全民健身篮球比赛的通知》要求，组织开展全县三人篮球、三人混合比赛。指导学校开展学校体育工作，全县各学校积极开展趣味体育和秋季体育运动会。

【党建工作】 3月起，全局以"加快恢复发展全县文化体育事业和文化产业"为活动主题，开展深入学习实践科学发展观活动，严格按照阶段要求，结合全县文化体育灾后重建具体实际，把科学发展观贯彻落实到文体工作的各个方面。做到规定动作到位，自选动作有创新，工作学习两不误，进一步提高干部职工的整体素质。

广播电影电视

【领导名录】

局　长	谢旅霜
副局长	付有刚

【灾后恢复重建】 全县广播电影电视灾后恢复重建共涉及项目7类16个。1—6月，完成项目可行性研究报告、立项及土地征赔等工作；7—11月，完成项目设计招标、项目设计、设计图纸审查、控制价评审等施工招标前期准备工作；部分项目已开工建设，累计支付工程相关费用300万余元。截至年底，各项目进度为：县广播电视台业务用房改造及设备配置进行施工图设计；县广播电视台水磨分中心业务用房及设备配置地勘及施工图设计正在组织进行；全县广播电视网络及用房分配网、县有线电视数字分前端、县数据平台、威州镇至绵虒镇广电光纤干线网正在组织施工招标；部分乡镇广播电视站已完成建设，部分乡镇在建，部分乡镇在设计阶段；完成威州镇布瓦山广播电视无线发射台业务用房及设备配置的设计和图审，正在组织控制价评审；绵虒镇、水磨镇广播电视无线发射台业务用房及设备配置正在组织设计；完成雁门、威州、映秀、漩口等乡镇过渡安置点广播电视建设。正在组织政府采购流动电影放映车；对购置电视转播车进行前期论证；映秀镇电影院正在立项。

【有线电视管理与维护】 震后，县有线电视前端和县城区广电光纤管网受损严重，加上城区拆迁等因素，县城、雁门及周边村网络运行困难，出现光纤网络受损、信号衰减等现象，网络运行极不稳定。全年，共维护用户5900余户(次)，其中，重大事故抢险保通37次。

【宣传报道】 全年，采编播出新闻稿件1800余条，中央电视台选用近50条，四川卫视、广东卫视等选用 280 余条，阿坝州电视台选用 400 余条；恢复制播《关注》栏目 20 期，开设《重建进行时》栏目，编播 11 期，制作《羌山新事》《新视听》《农广天地》、少儿栏目《蒲公英》栏目 42 期，摄制《水磨中学建设纪实》《城乡环境综合整治纪实》《崛起的汶川》《纪念地方人大常委会设立 30 年》等各类专题片、资料片近 20 部（集）。在"5.12"汶川特大地震一周年之际，制作播出系列专题片《汶川记忆》10 期。新开设"城乡环境综合整治"、"学习实践科学发展观"、"援建进行时"、"劳模风采录"、"温暖 2009"等 10 余个新闻专栏。现场直播"汶川县庆祝中国共产党成立八十八周年"、"两会现场直播"、"中共汶川县委十届九次全体会"等 10 余场。录像播出"第二届古羌文化节暨樱桃节"、爱在汶川"、"新学校新未来"、"为祖国喝彩——汶川县各界庆祝新中国成立 60 周年文艺活动"等 10 余场。协助中央、省、州电视台及部分境外媒体提供相关灾后重建资料，制作播出新闻共 50 余条。参与中央和省州电视台开办的《汶川地震周年祭》《灾区群众喜迎新中国成立 60 周年》《再战彻底关》等系列报道。

【电影放映】 根据州委宣传部关于电影机制划转的相关通知精神，2 月底，完成电影机制划转工作，原属于县文体局的 5 名电影放映人员随编制及电影股固定资产划转到县广播电视局，并随之将县广播电视局更名为汶川县广播电影电视局。为尽快开展电影放映工作，招聘 3 名电影放映员，签订正式用工合同，为放映人员购买保险等。3 月，农村 2131 工程继续实施。

利用共享工程有利资源，为过渡安置居民、农民群众、残疾儿童和施工队伍放映电影 14 场 14 部，观众两万余人次。

【队伍建设】 在日常工作中加强职工理论学习和专业知识培训，通过开展专题培训，观看获奖作品，开展研讨活动等形式，全年，共举办摄影摄像、新闻稿件写作业务技能培训 20 余次，举行视听评议 11 次。通过各种培训班安排职工学习，先后派出 1 名同志参加全国藏区电视后期编辑培训，1 人参加全国藏区记者培训，3 人参加数字卫星技术培训，1 人参加直播卫星技术培训。下半年，为全县广电系统增加 7 名专业技术人员，面向全县公开招录 7 名专业技术人员充实干部队伍。

【内部管理】 加强党建工作，每月组织召开党员学习会、民主生活会，结合不同阶段工作有重点地开展相关活动；5 人向党组织递交入党转正申请。3 月起，认真开展深入学习实践科学发展观活动，党员干部撰写学习笔记 20 余篇，调研报告两篇。始终坚持勤政廉政建设，严格执行救灾物资分发管理规定，所有物资收发做到公示、公开、公平，重点向困难职工家庭倾斜，捐赠资金收支严格执行财政管理制度，财政监管，专款专用。涉及灾后重建和应急抢险阶段的工程建设，严格实行政府采购和应急采购等相关规定，保证资金使用安全合理。完善内部治安管理规定，明确门卫职责；积极参与全县社会治安综合治理工作，全年采写并播出相关新闻 100 余条，重点配合灾后重建环境营造，打击刑事犯罪行为开展新闻宣传。坚持开展爱国卫生运动，每逢周末和节假日，组织职工开展爱国卫生大扫除，坚持每天一小扫，每周一大扫。3 月，局宣传股被评为全州广播电视系统抗震救灾先进集体称号，10 月，获宣传人民代表大会制度先进集体；1 人获全县灾后恢复重建先进个人，两人获先进个人称号，1 人获年度广播电视技术维护先进个人称号。

卫生 红十字会 计划生育

卫　生

【领导名录】

局　长	谢孝泉
党组书记、副局长	彭全文
副局长	岳洪春(10月止)
	李鸿伟(挂职)
	吴子松(挂职,6月止)

【基本情况】 全县有县级医疗卫生单位6个,中心卫生院3个,乡镇卫生院10个,省、州、县属企事业单位职工医院、诊所、医务室36个,县属医疗单位实际开放病床334张。现有在职职工363人,有硕士研究生1人,本科学历61人,专科学历181人,中专学历94人,高中及以下26人;有卫生专业技术人员287人,其中,正高职称2人,副高职称29人,中级职称77人,初级职称179人。执业医师和执业助理医师110人,注册护士91人,卫生防疫人员23人。118个行政村,119个村卫生站(包括石鸭子村卫生站),共有村卫生人员和村妇幼人员216名。

【灾后恢复重建】 县卫生局严格执行省、州、县恢复重建工作的总体要求,结合实际,审定项目,合理布局、科学规划。依据灾后恢复重建的城镇体系、农村建设、城乡规划和医院建设标准,结合灾损情况,完成《汶川县地震灾后医院恢复重建规划》编制。全县卫生累计新建项目20个,129所医疗卫生机构,包括县直属医疗机构5所,乡镇卫生院13所,州属医疗单位(皮防所和州血站献血屋)两个,109个村卫生站(列为1个独立项目)纳入基层政权建设项目,不作为卫生恢复重建项目考核。将汶川县人民医院、县中医院建设成二级甲等医院;将汶川县水磨镇卫生院恢复重建按二等乙级医院规模规划设计(编制床位100张)。

全县医疗卫生所有项目均为广东省对口援建"交钥匙"工程。其资金及工程质量管理均由广东各对口援建市工作组负责组织实施。卫生灾后重建资金包括国投资金618万元,对口援建资金22567万元,总计23185万元。5月27日,汶川县人民政府汶府函[2009]157号文批复,县中医院确定为广州市"交支票"工程,投资总额变更为1700万元。截至11月6日,在20个需恢复重建的县(含州两个)、乡医疗卫生机构中,已开工建设17个,开工率85%;竣工7个[县人民医院完成投资1.1亿元、威州镇卫生院完成投资1280万元、雁门乡卫生院完成投资394万元(含设备)、克枯乡卫生院完成投资310万元、草坡乡卫生院完成投资300万元、漩口中心卫生院完成投资680万元、三江乡卫生院完成投资573.6万元],竣工率35%;3个完工(龙溪乡卫生院完成投资260万元、绵虒中心卫生院完成投资600万元、水磨镇卫生院完成投资1450万元),进入装饰装修阶段。累计完成投资额18024.6万元,占投资比例77.74%。根据各援建市工作计划,全县所有医疗机构在今年12月底前全部竣工并投入使用。

【爱国卫生运动】 以"清洁卫生、绿色家园、健康生活"为主题,发动群众,动员社会各界广泛参与城乡环境卫生综合整治。开展城乡爱国卫生运动和环境综合整治,重点做好农贸市场、公共场所、背街小巷、城乡结合部、地震废墟的环境治理,搞好垃圾、粪便的收集处理,治理四害孳生场所,搞好病媒生物防治。加大对各乡镇、单位环境卫生督查力度,每月定期或不定期对各乡镇、各单位环境卫生进行督促检查。充分利用元旦、春节、"五一"、"无烟日"及爱卫月活动,组织开展群众性爱国卫生运动,整治环境卫生,广泛宣传卫生防病知识,启动成人健康素养监测项目工作,协助省爱卫办在雁门乡麦地村开展"地震灾区周年防病保健知识宣传周"活动。全年,共出动督查人员300人次,车辆100台次,共下达整改通知书51份,提出整改意见400余条,发放宣传资料8500份。对卫生状况差的地方进行媒体现场曝光,责令相关单位限期清理,将检查结果纳入年终考核。水磨镇黑土坡村被推荐为2009年CES扩展项目示范村,根据上级爱卫办要求,计划在黑土坡村修建无害化卫生厕所79户,同时开展健康教育及村容环境治理,该项目于2010年1月底完工。

【甲型 H1N1 防控】 为全力做好甲型 H1N1 流感防控工作,5月4日,组织召开甲型 H1N1 流感防控工作会议,及时安排部署全县防控工作和医疗救治工作。制定《汶川县卫生局应对甲型 H1N1 流感应急预案(试行)》,成立"汶川县卫生局应对甲型 H1N1 流感工作领导小组"、"汶川县卫生局应对甲型 H1N1 流感医疗救治专家组"和"汶川县卫生局应对甲型 H1N1 流感技术专家组",印发和组织医务人员学习卫生部办公厅印发的《甲型 H1N1 流感诊疗方案》、《甲型 H1N1 流感预防控制技术指南》《甲型 H1N1 流感病例转运工作方案》等相关文件。确定县人民医院、水磨镇卫生院为甲型 H1N1 流感病例医疗救治定点医院。

9月17日,汶川一中发生甲型 H1N1 流感病例,州、县人民政府确定县中医院为全县甲型 H1N1 流感

住院病例定点集中隔离治疗医院,召开专题培训会4次,参加培训350余人;开展甲型 H1N1 流感防控、医疗急救应急演练3次,开展以"甲型 H1N1 流感可防、可控、可治"为主题的大型宣传活动,并向县境内建筑工地项目负责人进行培训,共发放各类宣传资料2.96万余份,发放消毒剂39桶;各医疗卫生单位印发甲型 H1N1 流感防治宣传画和宣传折页两万份。

县卫生局组织对县境内各医疗卫生机构的甲型 H1N1 流感防控工作开展情况进行督促检查,各医疗卫生单位进一步建立和完善感染科、发热门诊和肠道门诊的设施设备及规章制度,对发热病人每日实施预检分诊,发现可疑病人及早报告,并实行24小时值班和疫情零报告制度,完成甲型 H1N1 流感疫情动态分析、简报44期。县政府调配应急专项资金30万余元,通过政府集中招标采购甲流防控相关药械发放到18个医疗机构,下发抗甲型 H1N1 流感药品"达菲"200份。

为做好学校甲型 H1N1 流感防控工作,多次与县教育局联合发文加强学校甲型 H1N1 流感防控工作,为各学校发放药品及医疗防护物资价值28万余元。各医疗机构做好床位、药品、消毒器械和基础防护用品的储备工作,共储备一次性防护衣2000套,防护口罩6万余个,抗病毒药品两万余份。截至11月4日,全县累计报告实验室诊断甲型 H1N1 流感确诊病例42例,疑似病例34例,无重症和死亡病例。制定甲流感疫苗接种方案,根据"知情同意、自愿免费"原则,分期分批对"六类重点人群"进行接种,截至11月25日,共接种5939人,无接种异常反应报告。

【农村孕产妇住院分娩补助项目实施】 按照《四川省2009年农村孕产妇住院分娩补助实施方案》要求,县卫生局制定《汶川县2009年农村孕产妇住院分娩补助实施方案》,对具有汶川县农村户口的住院分娩孕产妇实行每人补助400元。4月,在全县实施农村孕产妇住院分娩项目,6月、9月,项目办公室到各乡镇,对该项目报账前期工作及开展情况进行工作

督导。8月,举办"汶川县农村孕产妇补助项目启动暨培训会"。9月,省级项目督导小组到汶川县进行项目督导,并听取实施情况,收集项目实施中存在的问题和建议。8月,项目资金到位23万元,其中,18万元报账资金已拨付到保健院;1—10月,全县应补助产妇521人,截至10月30日,已补助264人,报销总金额10.56万元。本年农村孕产妇住院分娩率达91.75%,完成州定60%的目标任务;孕产妇死亡率为0/10万,完成州定孕产妇死亡率降至150/10万的目标任务,婴儿死亡率降低至18.2‰,完成州定婴儿死亡率降低至30‰的目标任务。

【卫生执法监督】 开展餐饮消费环节重点监督检查、餐饮场所炮制鲜榨饮料滥用食品添加剂专项检查、打击违法添加非食用物质和滥用食品添加剂专项整治和加强食品生产加工小作坊卫生监管工作,全年,共出动人员2.3万人次,出动车辆560台次,监督检查各类餐饮单位977户,食品生产经营单位919个,查出不符合食品卫生要求12户,发出整改监督意见书10份,发现禁止使用的添加剂5瓶,调查处理突发事件3起,群众举报1起。开展"3.15"、《食品安全法》等各类宣传活动,发放宣传资料1700余份,咨询500余人次。完成"县两会"、"地震一周年纪念"、"古羌文化节"、"广东省援建汶川学校项目整体交钥匙仪式"、"三江乡4A级景区初评验收"等9项重大活动食品卫生保障工作。6月,举办公共场所卫生监督量化分级管理培训会,培训县境内旅店业、美容美发业、娱乐场所负责人68人。对营业的59户美容美发业和旅店业中的32家进行卫生监督量化评分并核定等级,均评定为C级单位。全年,新办卫生许可证652户,办理餐饮服务许可证29户,办理从业人员健康证明1773人,调离职业禁忌人员14人,出具卫生监督意见书109份。

加大学校卫生监督力度,保障师生卫生安全,在春、秋季开学前,对各类学校、幼儿园18所进行专项监督检查两次,出动车辆15台次,出动卫生监督员

115人次,出具卫生监督意见书23份。为进一步做好传染病防控工作,与县教育局联合下发《关于切实做好学校卫生防疫工作的通知》,转发《阿坝州卫生局阿坝州教育局关于进一步加强学校甲型H1N1流感防控工作的紧急通知》,针对汶川县甲型H1N1流感疫情现状,加大对学校落实传染病防控措施等方面的监督检查,出动车辆10台次,出动卫生监督员50人次,出具卫生监督意见书及建议书9份。完成县境内15所新建学校的预防性卫生审查,并提出审查意见。

加强医疗卫生、传染病防控及采供血监督执法,组织全县32家医疗保健机构法人、助理卫生监督员进行医疗机构卫生法律法规培训1次。开展医疗机构,非法采、供血,打击非法行医等监督检查49户,出动卫生监督员181人次,出动车辆16台次,出具卫生监督意见书及建议30份,未发生一例临床用血医疗事故,打击非法行医两次两户。对地震后板房过渡、重建的医疗机构建设进行监督指导和规范,对各医疗机构新建放射场所进行预防性审查。对"苗岭洁肤霜"、"苗岭鼻通生态液"及"济生堂佳丽洁阴液"等7种不合格抗(抑)菌洗剂进行监督检查,共出动监督员151人次、检查药店30家、超市8家、化妆品零售店4家。

加强生活饮用水监督,对龙溪集中供水点和三江自来水厂进行监督检查及指导,并向当地乡政府及时反馈检查中存在的问题及建议。4月,开展灾区饮用水供水情况调查,共调查9个乡镇的1个集中式供水、6个安置点集中供水情况,供水人口65159人。对绵虒镇净水厂及出厂管工程设计图纸进行审查,并提出监督意见。6至9月,对三江自来水厂、龙溪乡供水点、漩口镇水厂和县城春泉自来水厂开展监督检查。

【卫生监测】 完成映秀镇封控区废墟清理卫生防疫技术指导和督导;完成映秀镇春节和"5.12"周年纪念活动以及汶川第二届古羌文化节的卫生防疫

工作；对公共餐饮用具消毒效果监测 155 件，合格 98 件，合格率 63.22%；监测卤制品 15 件，合格率 66.67%；糕点 5 件，合格率 60%；集中式供水样每月监测 1 次，共抽检水样 80 件，合格率 100%，同时接受委托监测水样 65 件，合格率 36.92%。

【传染病防治】 全县共报告乙、丙类传染病 16 种 428 例，死亡 1 例（艾滋病），报告发病率 411.02/10 万，与去年同期相比下降 6.55%。对疑似麻疹、水痘、手足口病、流行性腮腺炎等传染病疫情进行调查处理，累计调查病人 31 例。开展医疗卫生单位传染病漏报调查 1 次，检查 15 个医疗卫生单位的门诊、住院、化验登记共 12548 人次，查出乙丙两类法定传染病 7 种 64 例，无漏报，平均完整率 94.44%，准确率 100%，初诊至报告 100%。开展医院消毒效果监测 1 次，检查 14 家医疗卫生机构，抽检样品 64 件，合格 59 件，总合格率 92.19%。编写疫情简报 12 期，并对冬春季及夏秋季法定传染病疫情进行预测预报，开展传染病疫情分析。

【计划免疫】 全县计划免疫工作实现信息化管理。2008 年年底，深圳卫信有限公司为全县 14 个预防接种点免费安装计划免疫信息系统管理软件，捐赠打印机 14 台，现场培训操作人员，各接种点已完成计划免疫历史数据录入工作，实现预防接种和疫苗管理信息化。完成地震灾区儿童免疫水平抗体调查项目工作，对雁门、威州、映秀、水磨 4 乡镇 1～14 周岁 684 名儿童免疫史，抽取血清 630 份，对样本进行白喉抗体滴度监测和甲肝抗体滴度检测，完成资料录入。完成地震灾区流脑疫苗群体性应急接种，培训县、乡接种人员 280 人，组织实施接种流脑疫苗 8547 人，接种率 97.34%。顺利通过省督导专家评估。基础免疫建卡率 100%，卡介苗接种率 99%；糖丸接种率 97.42%；百白破合格接种率 97%；麻苗接种率 94.86%；乙肝全程接种率 95.5%，乙肝首针及时接种率 97.2%；五苗接种率 94.86%。

【主要疾病防治】 加强艾滋病防治，将中默项目与汶川县艾滋病防治相结合，加强业务督导与培训，培训辖区防疫医生艾滋病防治知识 92 人次，每季度对全县各医疗单位进行督导，完成督导报告；完成自愿咨询检测监测 1184 人，检出阳性两例；新发 HIV 3 人，及时进行流调上报并建立档案。进入高危场所干预 12 次，共干预 435 人次，外来务工人员干预 5384 人次，完成艾滋病监测点问卷 60 份，采集血清 54 份；对 4 名感染者定期进行随访和 CD4 监测，其中，两例已符合抗病毒治疗；为 6 例感染者申请生活保障和医疗救助费。艾滋病网络直报，流调和随访率达 100%。在结核病防治工作中，共接诊可疑病人 314 例，免费治疗活动性肺结核病人 46 例，筛查结核病人密切接触者 66 例，实行结核病归口管理；对 141 人次进行结核痰菌检查，阳性 29 人次，阳性检出率 20.6%，对结核病人定期作肝肾功监测 111 人次。举办防疫医生及村医生培训 4 期 245 人，召开各部门例会 1 期；规范项目经费和药品管理，实行银行专户专账管理，专款专用，实行经费使用审计，结核药品严格按照药品管理手册进行，实行专人管理、专账记录、专柜分类存放。

【地方病及地方性传染病防治】 在实施扶贫开发大骨节病综合防治卫生防治项目工作中，对全县 100 名成人大骨节病人进行疗程为 6 个月的对症治疗；培训大骨节病区乡镇卫生院及村卫生员，健全大骨节病县、乡、村三级监测网，掌握全县大骨节病人生存情况；全县有大骨节病人 109 人，其中，I 度 98 人、II 度 6 人、III 度 5 人，分布在绵虒镇、威州镇、雁门乡；完成大骨节病人相关资料归档；对绵虒镇板子沟村、白土坎村 785 名成人进行大骨节病临床检查，以省州专家会诊后查出疑似 I 度病例两例；采集监测点主食粮 12 份、治疗前后儿童发样 50 份、盐样 100 份送州疾控中心进行硒检测分析。在碘缺乏病防治项目中，开展碘盐随机监测抽样 288 份，合格碘盐 266 份，不合格碘盐 12 份，非碘盐 10 份；碘盐覆盖率 96.53%、合格碘盐食用率 92.36%、碘盐合格率

95.68%、非碘盐率3.47%。在黑热病防治工作中,本年没有新发病例。对威州镇和绵虒镇的所有自然村家犬进行密度调查,共调查4055户、饲养犬只1246只,发现病犬16只。在麻风病监测工作中,全县无麻风现症病人,监测病人已全部解除监测。对近十年新发麻风病人家属进行健康检查,共检查30人次,均无异常。在包虫病防治工作中,召开包虫病诊断及防治技术培训会3期,受训90余人。登记管理犬500只,每月进行犬驱虫,采集犬粪116份,送州疾控中心监测;开展儿童血清学检测298人,发现5人阳性;抽查屠宰牛300头,均未发现感染内脏。对雁门乡、草坡乡、漩口镇、威州镇3000余人进行B超检查,未发现新发病人;管理包虫病病人1人。开展克山病病情调查项目,对650名调查对象进行临床检查,确诊潜克4例,全县共有确诊潜克病例6例,慢克1例,无克山病新发及现患病例;采集郭家坝村主食粮样20份、成人及儿童发样20份进行硒水平检测,送省疾控检测。

【妇幼保健】 进一步健全妇幼卫生保健网络,落实好三级服务职责,继续推进产科标准化建设,完善农村孕产妇住院分娩服务体系,建设好"孕产妇急救绿色通道",启动农村孕产妇住院分娩补助项目。截至9月30日,开展妇女病查治11697人,检查率79.8%,无妇女两病新发病例。全县孕产妇817人,活产数824人;孕产妇系统管理669人,管理率81.2%;住院分娩756人,住院分娩率91.75%;产后母婴访视792人,访视率96.12%;新法接生818人,新法接生率99.27%。儿童保健工作中,0~6岁儿童保健管理数4266人,管理率81.1%,3岁内儿童保健管理数2141人,管理率83.11%,5岁内儿童死亡数19人,死亡率23.06‰,婴儿死亡数15人,死亡率18.20‰,新生儿死亡数13人,死亡率15.78‰,新生儿破伤风发生1例,发生率为1.22‰。监测医院监测围产儿479人,监测出生缺陷4例,出生缺陷监测率8.35‰。抓好"降消"项目工作,开展贫困母亲救助活动,共救助贫困孕产妇259名,救助金额2.59万元。

【中医羌医工作】 积极发展民族医药,突出汶川县中(羌)医药服务能力。2008年5月12日前,省中医先进县创建工作进入倒计时阶段,省专家组初评验收合格,因"5.12"汶川特大地震,创建工作暂缓。举行"中医中药中国行"宣传咨询义诊活动,在全县中(羌)医疗机构就诊患者免挂号费1天,共免费诊治病人440余人次,发放中羌医药健康宣传资料300余份,免挂号费1320余元,免费发放中药、中成药60余种,价值9000余元。

【新合医疗】 全年,全县参加新型农村合作医疗63848人(其中,五保户、特困等3555人),参合率94.78%;其中,民政救助3555人。本年中央、省、州、县财政应按每人每年40∶32∶4∶4元的比例配套510.78万余元,其中,中央应配套255.39万余元,省级应配套204.31万余元,州和县级应分别配套近25.54万元;全年配套实际到位588.65万元,其中,中央财政实际到位269万元(其中,2008年14万元,2009年全部到位),省级实际到位204.31万元,州级实际到位近25.54万元,县级实际到位31.12万元(应到位25.54万元,其中,非定向捐赠资金5.58万元);农民个人筹资近127.7万元(其中,农民个人缴纳64.70万余元,捐赠资金近55.89万元,民政救助7.11万元)。截至12月,统筹基金使用占可使用基金的90.09%,全年,共补偿65794人次,补偿总金额873.28万余元。其中,门诊报销15181人次,报销69.39万余元;门诊统筹报销43388人次,报销近79.45万元;住院报销7048人次,报销近614.63万元;大病特补249人次,报销近95.35万元;特殊门诊报销177人次,报销近9.18万元;住院分娩奖励529人,报销5.29万元。

根据省财政厅、卫生厅《关于做好2009年新型农村合作医疗有关问题的通知》,本年参合农民人均筹资标准提高到100元。为进一步提高参合农民补偿水平,结合县情,在保持总体方案稳定的前提下,对上年实施办法进行适当调整,完善新农合制度。将在县级定点医疗机构补偿比例由50%调整为60%；在省级定点医疗机构补偿比例由30%调整为40%；对慢性病补偿不设起付线，对年度内发生的慢性病医药费按30%进行补偿，年单项补偿限额为3000元封顶，慢性病患者的住院费用和门诊治疗费用的补偿分别计算；实行门诊统筹试点。

【健康教育及健康促进】 开展文化科技卫生"三下乡"活动，共发放宣传资料2000余份，接受咨询500余人；以健康教育为重点，普及防病知识，提高群众防病意识，利用宣传栏、媒体、法定宣传日、走村入户等形式开展大骨节病、乙肝、碘缺乏病、包虫病等重点传染病和慢性非传染性疾病防治知识宣传，共发放各种宣传资料7万余份，宣传画3万余张，光碟20碟，接受群众咨询1万余人次。"3.24"世界防治结核病日共发放结核病防治宣传汗衫340件、围裙260张、各类结核病防治知识宣传资料3.1万余份。对全县11个乡镇开展入户宣传，发放宣传资料1.1万余份。入户宣传艾滋病防治知识，接受宣传4.15万余人，完成大众健康知识调查问卷400份，发放宣传资料6万余份、安全套3.3万余只。

【无偿献血】 制定并下发《关于做好2009年公民无偿献血工作的通知》，按时组织各单位参加无偿献血。辖区内无非法采供血现象，无经输血感染艾滋病、肝炎等传染病病例。截至11月底，全县共有121人次参加无偿献血，总献血量2.43万毫升。

【地震伤残人员调查】 3月，完成全县地震伤残人员康复需求情况调查，核实伤残部位及康复情况，并上报州卫生局。6月，组织县地震伤员评残专家组深入全县13个乡镇开展地震致残人员的评残工作。完成地震伤残人员基础调查478人。

【流动医院】 组织内、外、妇、儿、康复等医疗骨干100余人到乡镇开展文化科技卫生"三下乡"及巡回医疗活动，共咨询16756人，义诊1354人，免费体检575人，发放宣传资料9.50万余份，发放宣传画4万余张、光碟50张，免费发放价值两万余元的药品。

【访贫问苦】 县卫生局从群众最关心、最直接、最现实的利益问题着手，从财力能够办得到的事情做起，着力解决联系户在就业、就医、读书、生活等问题，做好扶贫帮困和计划生育"三结合"工作。9月17日，对15户计划生育"三结合"帮扶户进行慰问，发放大米1080斤、食用油18桶，价值人民币3800余元。

【队伍建设】 全县各医疗卫生单位在广东省对口支援单位协助下，结合卫生工作目标，积极开展继续医学教育工作，覆盖率达100%。选送卫生专业技术人员到上级医院进修、培训77人次，引进、推广、应用新技术两项。

【内部管理】 完成年度全国执业医师资格考试网上报名及现场审核，符合报考条件上报档案69人，副高级职称考试报名6人。护士注册和换证115人。在医疗机构管理工作中，接待群众来信来访5件，调解医疗纠纷2起。审验医疗机构执业许可证41个。进一步完善行政效能监察工作机制，加大行政效能监察力度，印发《汶川县卫生局2009年行政效能监察工作要点》。严格落实党风廉政建设和纠风工作责任制，印发《全县卫生系统2009年纪检监察暨纠风工作安排意见》。8月，对各医疗卫生单位党风廉政建设工作开展情况进行检查，并将检查情况在系统内进行通报。成立"汶川县卫生局清理小金库领导小组"，制定清理工作专项治理工作方案，加强各类项目资金的监督检查；重点加强对单位集中采购，新型农村合作医疗资金，药品、医用耗材集中上网阳光采购，农村卫生、妇幼卫生、疾病预防控制、卫生执法监督等卫生建设项目专项资金的监督检查。全县网上集中采购药品县级医院有两个，上网采购率为95%，阳光采购得分86分，省级定价药品降价品种18个，总金额13.06万元。狠抓卫生行风建设、医德医风建设和精神文明建设，全面提高医疗服务质量。加强机关自身建设，改进机关工作作风。在全系统职工中开展"五五"普法，严防医疗事故、纠纷的发生。全面实施政务公开制度，共印发卫生信息70期，爱国卫生信息18

期。

【科学发展观活动】 局党组按照县委安排,从3月起开展第二、三批学习实践科学发展观活动。局总支下属6个支部,89名党员及绵虒、水磨、映秀、漩口镇卫生院的20名党员分别按照县委第二、三批《开展深入学习实践科学发展观活动的实施意见》的安排部署,紧紧围绕"弘扬抗震精神、推进科学重建、建设美好家园"主题,准确把握"坚持解放思想、突出实践特色、贯彻群众路线、正面教育为主"原则,认真开展学习实践和"下访服务、公仆尽责"活动,顺利完成第二批学习实践活动。县卫生局在全县深入学习科学发展观转段大会上作经验交流。

红十字会

【领导名录】

民誉会长	廖 敏
会　长	王 蕾
常务副会长	徐 凤
副会长	岳洪春　胡正安
秘书长	江 玲

【机构设置】 根据《汶川县机构编制委员会关于成立汶川县红十字会机构的通知》(汶编发〔2008〕28号)文件要求,2008年11月,汶川县红十字会从县卫生局中独立出来,成立单独机构。2008年12月1日,召开第三届红十字代表大会,会议听取和审议县红十字会第二届理事会工作报告,选举第三届红十字常务理事会会长、常务副会长、副会长;组成汶川县第三届红十字会常务理事会;推举聘任第三届理事会名誉会长;由会长提名决定秘书长人选。汶川县红十字会有1名名誉会长、1名会长、1名常务副会长、2名副会长,63名理事、37名常务理事,1名秘书长,工作人员3名,并独立设置红十字会专户。

县红十字会独立后,发出《关于建立健全红十字基层组织的通知》,要求各乡镇、各单位、各部门要有组织机构,建立健全基层红十字会组织,制定相关工作制度,设置专(兼)职科室;要有专职人员,基层红十字会的单位或乡镇、社区由单位一把手负总责,明确1名领导分管红十字工作,确定1名以上专职工作人员;各单位、各乡镇红十字会要落实工作经费,保障基层红十字工作的正常运转。将红十字会工作纳入议事日程,定期召开红十字会专题会议,每年研究红十字会工作两次以上,不断加强自身建设。

【资金募集】 截至年底,募集救助款物共计24430.44万元,其中,争取灾后重建募捐资金7967.46万元,争取灾后重建项目资金16462.98万元。争取到中国红十字总会资金灾后重建项目资金1670万元,其中,卫生院3所,共455万元。包括草坡乡卫生院资金115万元,雁门乡卫生院资金120万元,绵虒镇卫生院资金220万元,受益群众27790人;卫生站8个,共80万元,包括雁门乡(月里村、索桥村、白水村、萝卜寨村、青坡村、麦地村、通山村、芤山村)卫生站,受益群众5839人。学校3所,共1135万元,包括草坡小学315万元,汶川县第二小学390万元,漩口小学430万元;受益群众50114人。争取到中国红十字基金会灾后重建资金523.5万元,其中,卫生站24个,5万元/站,共120万;农房建设4个(即银杏乡一碗水村19户资金28.5万元,受益人数68人;水磨镇黑土坡村76户资金114万元,受益人数298人;草坡乡樟排村67户资金100.5万元,受益人数314人;草坡乡码头村107户资金160.5万元,受益人数453人)共403.5万元。争取香港红十字会项目资金13124.5万元,其中,农房总投入3482.5万余元(确定援建克枯乡400户、龙溪乡600户,2.50万元/户,共2500万元;落实漩口镇393户,户均2.5万元,共982.5万元);卫生机构重建及设备援助,通过广东省对口援建工作组协商,援建总额9332万元;县人民医院康复中心及康复花园投入

310万余元。争取澳门红十字会援建汶川县映秀镇项目资金1122万元（其中，映秀镇老街村澳门红十字博爱卫生站10万元，映秀镇张家坪村澳门红十字博爱卫生站10万元）；博爱新村3个（映秀镇渔子溪村红十字博爱新村254户资金508万元，受益人数750人；映秀镇张家坪村澳门红十字博爱新村105户210万元，受益人数240人；枫香树村澳门红十字博爱新村174户资金348万元，受益人数520人），共1066万元。颐康博爱中心1个（映秀镇渔子溪村澳门红十字颐康博爱中心），面积240平方米，资金36万元。争取法国卡斯特兄弟股份有限公司1.8万元，落实到克枯乡两户农房建设。为萝卜寨21户受火灾村民每户募集500元的应急资金。

【物资筹集】 "5.12"汶川特大地震后，县红十字会通过各种渠道筹备应急物资，截至12月，接收各类物资100余车，价值3245.32万余元。接受香港红十字会捐赠越野车1台，价值22.98万元。

【募捐活动】 台湾"莫拉克"台风后，县红十字牵头通过广播电视局、发放募捐通知及倡议书等形式在全县范围内开展"情系台胞，汶川感恩——汶川人民救助台湾'莫拉克'台风灾害募捐活动"。截至12月1日，共募集资金50.68万元。

【外界援助】 2008年12月1日，广东省红十字会到汶川映秀镇、银杏乡、克枯乡、龙溪乡、雁门乡进行实地考察调研，并举行暖冬慰问活动，为全县1.4万余名学生捐赠过冬棉衣被5000件，价值39.75万元。2008年12月5日，中国红十字会陪同台湾红十字组织到阿坝州考察灾情时，在汶川县映秀镇举行海峡两岸红十字组织"5.12"汶川地震灾后重建项目签字仪式暨救灾棉被发放仪式，共发放棉被4000床，价值80万元。2009年1月5—6日，中国红十字总会驻阿坝州工作组和阿坝州红十字会到汶川县督导红十字会第一批签订项目进展情况及考察第二批红十字会项目，汶川县争取中国红十字总会第一批灾后重建项目资金1670万元，其中有3所卫生院，3所

学校教学楼，8所卫生站。1月11日至7月底，汶川县红十字会通过开展慰问活动，将河南省红十字会定向捐赠救助汶川县"5.12"特大地震灾后孤儿、孤老、孤残等贫困灾民的14万元发放给"三孤"人员。

【"暖冬"慰问活动】 2009年1月9日至2月17日，为使灾后老百姓安全过冬，县红十字会将通过募捐和向上级争取的"暖冬"物资发放到11个乡镇，发放大米75.99吨，棉衣2780件，大米81.33吨，棉被214床，博爱箱130箱，清油199桶，价值36.74万元。

【爱心捐助】 2009年1月9—10日，美国哈佛大学公共卫生管理学院19人到汶川县考察灾情，捐赠资金3800元。

【爱心工程】 县红十字会经过多次努力，2009年5月13日上午，胡大一爱心工程在汶川启动。启动仪式后胡大一教授进行讲座。

【网络建设及宣传】 县红十字会通过多次协商，与成都宝森科技有限公司签订网站建设合同，涉及总金额两万元，网站建成后成都宝森科技有限公司向县红十字会捐助1万元，用于网站设计和制作等。县红十字会争取支付宝服务中心免费为网站提供端口，争取百度公司免费一直将网站放在最醒目位置，方便社会各界进一步关心、关注汶川的发展。联合香港红十字会举办红十字会灾后重建项目管理工作坊，于4月14—15日举办灾后重建项目管理工作坊培训。5月10日，在映秀镇举行"中国红十字总会李连杰壹基金计划"发起的"壹家人，壹起走"大型户外公益活动，在活动中展示汶川县的"羌绣"。为宣传汶川，精心选择12幅图片，制作成台历，共发放5000册。5月12日，在全县学校开展"红十字青少年防灾避险知识竞赛"活动，评选出一等奖5名，二等奖10名，三等奖20名。9月15日，开展世界急救日"急救为人道"为主题的宣传活动，为群众宣讲自救互救相关知识，发放宣传资料2000余份。10月19—20日，举办"灾害应急救护生命工程"培训会，共培训95人。

【"奔跑天使基金"筛选活动】 中国红十字基金会"奔跑天使基金"是救助中国贫困家庭下肢残疾少年儿童的专项公益基金。为纪念汶川地震一周年,"奔跑天使基金"组织德国、俄罗斯等国的医学专家组成的国际医疗队入川,为下肢受伤、截肢、畸形儿童提供医疗救助,符合救助条件的患儿将由"奔跑天使基金"资助治疗期间的全部医疗费用及交通食宿费用。4月24日,县红十字会下发《关于支持"灾区孤残及下肢畸形儿童救助活动"的紧急通知》,确定9名符合条件的被救助儿童。

【志愿者服务】 配合大学生志愿者联盟在雁门开展学生受教育情况调查和统计,于7月7日开始,对学生进行辅导和教学两周。县红十字会为志愿者提供铅笔800支,作业本240本,橡皮擦60个。

计划生育

【领导名录】

党组书记、主任　马双清

副主任　　　　　王　维　刘兴莉

【指标执行情况】 全县年末总人口106142人,比去年同期的104946人增加1811人;全年共出生婴儿782人,比上年同期721人少出生61人,比州下达任务目标少出生258人,出生率7.41‰;死亡329人,死亡率3.12‰;人口自然增长率4.29‰,比州下达目标5.50‰下降1.21个千分点。符合政策生育率98.20%,同比上升1.1个百分点,比州下达目标任务提高3.2个百分点;其中,一孩出生513人,一孩率65.6%,同比上升2.8个百分点,二孩出生246人,二孩率31.5%,同比下降3.9个百分点;多孩出生23人,同比多出生10人,多孩率2.94%,同比上升1.1个百分点;计划外生育多孩8人,其中,生育三孩7人,生育四孩1人;婴儿出生性别比为104.71,比去年同期

的113.95下降9.24,出生性别比正常,其中,一孩为106.02,二孩为106.72,多孩为64.29。本年落实长效节育措施653例,其中,女性绝育14人,安环600人,取环147人,安皮埋39人,取皮埋6人。全县已婚育龄妇女20003人,落实长效措施15956人,长效节育率79.76%,同比下降5.58个百分点,综合节育率87.22%。

【计生服务】 根据国家、省、州安排部署,7月,启动震后有子女伤亡家庭再生育全程服务工作。截止12月底,全县拟再生育对象324户,建档314户,已接受免费服务191人,成功怀孕127人,安全分娩66人。在全县各乡镇巡回开展"三查"工作(查环、查早孕、查妇女生殖道常见疾病),服务于全县育龄妇女;继续加强避孕药具的管理发放,提高避孕及时率和应用率,推进避孕药具的"知情选择"。

【依法行政】 贯彻实施《人口与计划生育法》,提高计生干部政策法律法规水平、政治思想素质和业务能力;严格计生执法程序,坚持"七不准",加强对乡镇计生检查监督力度,坚持亮证执法、文明执法,全县各乡(镇)未发生违反"七不准"行为和剥夺公民正常生育权行为,保护生育者的合法权益;继续加大对流动人口生育管理,加强部门沟通与协调,在全县范围内开展流动人口计划生育清理,进一步规范流动人口计划生育管理工作;加强对间隔期不够生育的宣传教育和管理力度,加大对间隔期不够生育费的征收力度,减少间隔期不够生育行为。

【计生改革】 把计生改革的重点放在基层,完善计划生育村民自治章程、村规民约、与育龄群众签订协议,实行计划生育政务公开、村务公开和群众评议,激发群众主动参与计划生育工作的积极性,增强群众自我管理、自我教育、自我服务、自我监督的意识和能力。

【计生宣传】 及时转发《四川省人民代表大会常务委员会关于汶川特大地震中有成员伤亡家庭再生育的决定》,并认真贯彻落实。县、乡、村计生干部走村

串户发放《决定》和《阿坝州计划生育家庭特别扶助制度公告》《汶川县人口和计划生育委员会汶川特大地震中有成员伤亡家庭再生育服务工作职责、服务重点》等宣传资料6000余份，制作发放《人口和计划生育民生工程政策汇编》1.8万余份。

【计划生育三结合】 由于"5.12"汶川特大地震，全县帮扶基地全部损毁。进一步督促和指导各乡镇、各有关部门落实好"三结合"各项工作，落实下达目标任务；把帮扶重点落在受灾较重的独生子女户和双女户家庭，帮助其拟定重建规划，落实家庭经济发展骨干项目，增强自身造血功能；帮助搞好"三结合"基地恢复重建。落实部门帮扶责任制，把帮扶工作继续纳入乡镇、部门综合目标管理，并加强检查督促。当年，新建成帮扶基地15个，帮扶户496户，其中，新增帮带户86户，联系户140户，帮带户270户。

【奖励扶助】 对农村计划生育家庭实行奖励扶助制度和特别扶助制度，全县有符合条件的扶助对象184名，奖励扶助对象确认误差为零。农村、城镇享受最低生活保障待遇人员的独生子女父母奖励金对象2156人，兑现率100%。"5.12"汶川特大地震

后，为符合政策的296人申请特别扶助，本年新增4人享受少生快富政策。

【灾后重建】 全县人口和计生系统恢复重建的5个乡镇中心服务站、7个普通服务站按援建要求进一步落实，县级服务站和避孕药具综合楼项目按国家、省、州、县有关要求加快恢复重建进程。

【队伍建设】 积极开展创建"五好"支部、"文明机关"、"让人民满意单位"活动和深入学习实践科学发展观活动。组织干部、职工认真学习理论，结合各项工作实际，认真践行科学发展观，进一步强化全体干部、职工的服务意识和加快发展人口计生事业的责任感和紧迫感。认真开展党员示范窗口、卫生先进单位、社会治安综合治理等各类创建活动，充分发挥党、团、工、妇的组织作用。开展普法教育、社会治安综合治理、环境整治工作，加强干部职工学法、懂法、守法、用法的法制教育。搞好党建工作，做好新党员发展，壮大党员队伍；定期召开民主生活会，开展批评与自我批评，查找不足，对照整改，提高党员干部的党性修养和理论素养。

民政 残联
人事劳动和社会保障

民　政

【领导名录】

局　长	张　毅(6月止)
	刘国平(6月起)
副局长、老龄办主任	陈建军
副局长	王少军　廖用兵
老龄办专职副主任	王　梅

【区划地名管理】 继续进行国家地名数据库的录入,全年,新录入 232 条;按照《四川地名历史故事》编写的内容和要求,认真落实《四川地名历史故事》编辑、编撰工作。对汶川县现有地名含义进行充实和修订;设置全县乡镇、村的标牌、门牌号,完成前期准备工作,在漩(口)三(江)公路环线新安装村名标牌 22个;开展县级行政区域界线联检,按有关要求、程序、规定,完成汶小线和茂汶线两条联检,并报送相关材料;开展创平安边界工作,全年,完成汶川县与理县创建平安边界工作任务;完成全县 13 个乡镇《乡镇信息》收集、整理、编写。

【农房重建】 将城乡居民住房恢复重建作为灾后重建首要任务,通过政府引导、群众自建、对口支援、社会支持等方式,积极筹措住房重建资金;全县需维修加固的 1296 户农房已于 2008 年 11 月底全部完成并入住;需重建的 17053 户农房,除映秀镇 3 个村 783 户和因道路建设、集镇拆迁、教育园区、工业园区建设、地灾避让等需二次搬迁的 872 户计划在2010 年春节前完工外,其余全部完工,共下拨农房重建补助资金 37988.15 万元。

【民政灾后重建】 因"5.12"汶川特大地震,全县福利中心、老龄服务设施等民政公共服务设施全部损毁,民政公共服务平台严重缺失。依据《汶川地震灾后恢复重建条例》、《汶川县民政系统福利设施"5.12"大地震灾后恢复重建项目》,全县民政公共服务设施灾后恢复重建项目共 9 个,规划建筑面积 6.86万平方米,概算总投资 26536.1 万元,其中,国家投资895 万元,特殊党费 1964 万元,对口援建 13677.1 万元,社会捐建 1 亿元(深圳市捐建)。

完成救灾物资储备仓库选址、灾害评估、地勘、设计方案、施工图纸的设计等前期准备工作。9 月 20日,县社会福利服务救助中心竣工验收,到位资金2996 万元(对口援建),设置床位 300 张,已投入使用。12 月底,水磨镇福利中心竣工,到位资金 2600 万元(对口援建),设置床位 240 张;完成革命烈士公墓维修改造。红军烈士纪念馆正在作可研报告,到位资金100 万元(国投)。县殡仪馆及公墓建设选址在雁门乡,正在前期规划。7 个社区居委会,除威州镇南桥社区未确定选址外,其余社区均已完成选址工作,其中,映秀镇社区居委会已开工建设,水磨镇社区居委会已经完成主体工程。已建成村级活动场所 35 个,在建 47 个,待建 29 个;项目审批 71 个,招投标 73 个。县老年活动中心因县城规划调整,正在衔接新址;各乡镇老年活动中心和乡文化活动中心整合修建,绵虒镇、雁门乡、龙溪乡、草坡乡、三江乡、克枯乡等 6 个乡镇已动工。社会救助管理站、婚姻登记处因县城规划调整,正在衔接新址。

【救灾救济】 按时上报灾情报表,及时下拨、发放各类救灾资金,对全县困难家庭进行统计并建立台账。全年,下拨救灾救济资金 125 万元,发放生活困难补助 35.15 万元,解决困难群众生活困难 19875

人次。购买救济大米 71 万公斤,折合资金 222.60 万元。下拨困难补助资金 265.95 万元。

【基层政权和社区建设】 进一步加强基层政权建设工作,落实群众的知情权、参与权、监督权、选择权,有效保证群众依法实行民主决策、民主管理、民主监督。依托灾后重建工作的开展,改善社区办公和服务条件。深化村民自治和村务公开工作,按照新农村建设"管理民主"要求,发挥民主选举、民主监督和民主决策的村民自治作用,指导各村严格实现和规范村务公开。全面推进和谐社区建设,及时调整发放社区(村)干部生活补贴及办公经费,在任村党支部书记每人每月 860 元、村主任每人每月 780 元、村会计每人每月 690 元、组干部每人每月 200 元、妇联主任每人每月 170 元、团支部书记和民兵连长每人每月 150元。在任社区党组书记每人每月 1200 元,社区居委会主任每人每月 1100 元,社区专职干部报酬由组长分配每月共计 2000 元。书记主任一肩挑的干部每人每月 1600 元,书记或主任兼任组长的干部每人每月 1400 元,全年发放 30.12 万元。社区办公经费每年 8000 元,全年发放 4.8 万元。发放离任村干部生活补贴费 31.4 万元。对村务公开和民主管理"难点村"进行治理,为来年村两委换届选举工作奠定基础。做好环境综合治理进社区、科学发展观进社区督导工作。及时报送村(社区)灾后重建相关资料和报表。做好"特殊党费"的使用管理和"特殊党费"领导小组办公室资料归档、台账建立工作。

【收养登记及孤儿管理】 按照《收养法》要求,当年,共办理收养登记两起。及时发放孤儿的各种援助资金。

【慈善工作】 实施慈善工程计划,本着"慈心为人、善举济世"方针,开展"扶贫、救灾、安老、助孤、支教、助学、扶残、助医"等各种慈善救助工程,开展社会救助活动。严格按照捐赠方的意愿和《阿坝藏族羌族自治州慈善总会资金管理使用办法》使用慈善资金。全年,共接收慈善捐赠款 8210.09 万元,支出善款 1121.18 万元。开展慈善帮困助学活动,共资助 15名贫困学生 5.94 万元;安徽利港投资集团资助 10 名孤儿学习费用每人每年 7200 元;华夏人寿保险股份有限公司资助 86(现为 82)名孤儿学习费用每人每年 1000 元;中国扶贫基金会资助 60 名散居孤儿学习费用每人每年 1200 元。

【医疗救助】 1 月起,城乡困难群众医疗救助由人均 80 元提高到 95 元,全年,城市累计救助 213 人次,发放救助金 67.64 万元,人均医疗救助 129 元,完成目标任务的 136%;农村累计救助 1765 人次,发放救助金 342.51 万元,人均医疗救助 132 元,完成目标任务的 139%。

【城乡低保】 1 月起,城市困难群众人均补助由 137 元提高到 145 元;农村困难群众人均补助由 45元提高到 51 元。全年,城市居民最低生活保障累计保障 71996 人次,保障资金 1043.95 万元,累计月人均补差 145 元,完成目标任务的 100%;农村最低生活累计保障 311144 人次,保障资金 1846 万元,累计月人均补差 59 元,完成目标任务的 116%。做好扶贫开发和综合防治大骨节病试点工作,将全县 109名Ⅰ、Ⅱ度大骨节病人全部纳入农村低保;Ⅲ度大骨节病人 5 人(全部属绵虒镇板子沟村)按每人每月 150元标准纳入供养。

【"五保"供养】 全县有"五保"供养 454 人(包含卧龙、耿达 35 人),"五保"集中供养率目标 25%(不包含卧龙、耿达)。入住福利院"五保"老人共 106 人,完成目标任务的 100%。提高"五保"人员供养标准,集中供养标准为 200 元,分散供养人员标准由 100 元提高到 150 元。共发放"五保"供养资金 82.86 万元。按照"五保"条例,及时进行审批并将其纳入供养。

【社会救助】 在将全县Ⅰ、Ⅱ度大骨节病人全部纳入农村低保,将Ⅲ度大骨节病人按标准纳入供养的同时,对住院治疗费用除县新合办报销后剩余部分全部由民政局给予救助。建立和实施农村医疗救助和城市医疗救助制度,把符合最低生活保障条件的城乡困难居民纳入城乡低保保障范围,实现动态管理下应保尽保。按照"5.12"汶川特大地震灾后受灾群众后续生活救助与现行救助制度接轨工作要求,将 25942 名农村困难群众全部纳入农村低保。全年共救助外来人员 169 人(其中,包括 3 名未成年人),提供车票凭证 64 人,提供就餐凭证 18 人,伙食28 顿。

【"双拥"和优抚安置】 探索非公组织拥军工作

途径和办法,加强军地之间联系,信息及时反馈给对方,共同做好军民共建,支援地方经济加快发展。元旦、春节以及"八一"期间,及时解决军队在支援地方稳定和发展中遇到的实际困难和需求,发放慰问金8万余元。"八一"期间,县领导和民政局负责人到阿坝县看望慰问汶川县参加维稳的民兵预备役人员,发放慰问金两万元。制定《汶川县重点优抚对象医疗保障办法》;完成本年退役士兵安置,共安置退役士兵30人,其中,城镇义务兵13人,专业士官3人,农村义务兵14人,安置率100%。推进安置就业和自谋职业相结合的安置办法,1名退役士兵选择自谋职业,政府为其发放一次性补助经费3万元。按时兑现各类抚恤、补助标准。完成脱产民兵民工统计建档工作和《汶川县为革命老区县》的申报工作。及时上报评残和伤残证遗失报告,办理两位因公致残和《伤残证》遗失的证件。

协助县武装部完成本年冬季征兵任务,为本年退伍士兵建立退伍登记卡及接待工作。按时上报各类统计数据和相关资料。积极申报申请评革命烈士材料,为6位因公牺牲人员申报革命烈士;年底,经省人民政府批准,两位为革命烈士,其余4位正在补充材料中。

【社会事务和福利】 深入推进婚姻登记规范化建设,严格按程序依法办理。全年,共办理结婚登记1030对,离婚登记172对,补发婚姻登记641起,出具婚姻登记证明126份。积极推行殡葬改革,加大殡葬法律、法规及条例宣传力度,完善公墓管理制度,对原烈士陵园进行维修改造,加大绿化,改善公墓环境,主动接受社会监督。加强社会救助福利服务中心建设。9月底,绵虒福利中心完工,12月底,水磨福利中心完工并投入使用。加强对全县社会团体、民办非企业登记管理及年检工作,年末,实有社团36个,年检30个,年检率为86%;民办非企业两个,年检两个,年检率100%。

【安居工程及爱心超市】 解决农村特困危房户住房困难,完成农村特困群众危房户减灾安居工程目标80户,完成目标任务的100%。新建爱心超市1个(汶川信德超市),完成目标任务。

【老龄工作】 抓好第三轮"创模"启动项目工作。督促各乡镇调整和充实老龄工作领导小组,建立健全村(居)老龄工作机构,做到乡镇老龄工作有领导分管,村有人负责。开展春节慰问活动,为每位百岁老人和特困高龄老人发放500元慰问金;重阳节采取座谈会、走访慰问、发放慰问金等形式对老人开展慰问。按时下拨3名非财政供养的百岁老人每人每月200元的生活补贴金,共7200元;按时对全县128名年满90～99岁的老年人发放每人每月60元敬老金,共发放91080元。加强《老年人优待证》办证工作,及时将办好的优待证发放到老年人手中,全年,共办理老年优待证275本。7月,开始在全县开展老年人基本情况登记和建立老年人台账统计,全县共有老年人14140人。进一步健全为老年人服务的法律保障体系,做好老年人信访工作,保障老年人合法权益。

残 联

【领导名录】

| 理事长 | 贺洪平 |
| 副理事长 | 窦华强 |

【灾后贫困残疾人儿童工作】 年初,计划为30名残疾儿童少年提供学习资助。全年,投入资金4.02万元,为67名残疾儿童少年及残疾人家庭儿童少年提供学习资助,完成计划的223%。

【残疾人就业】 7月,在雁门乡举办扶持残疾人养兔培训班1期,参加培训人数22人,完成率100%。全年,应实现残疾人就业20名,实际解决残疾人就业31名,完成率155%,其中,扶持残疾人及其残疾人家庭就地养兔22名,组织9名残疾人到新津县成都市锦锐有色金属有限公司务工。

【残疾人康复】 年初,计划为40名残疾人提供服务;全年,投入资金7.7万元为76名残疾人提供康复服务,完成率为190%。完成县残疾人康复中心与县人民医院合并修建,完成率100%。

【残疾人危房改造及项目建设】 争取援建资金70万元为128户残疾人家庭修建永久性建房提供资助,完成100%。争取援建资金12万元,恢复扶持雁门乡月里村残疾人及残疾人家庭 22 户发展养兔项目，养兔 130 组 650 只，完成 100%。

【地震致残人员调查评定】 7 月，完成全县各乡镇和机关企事业单位"5.12"汶川特大地震伤残人员调查评定，共调查问卷 362 人，已评定等级 315 人，同时，对"5.12"汶川特大地震致残学生开展调查评定，为评定等级的 35 名残疾学生申请特别扶助金。

【暖冬活动】 深入乡（镇）村调查了解残疾人生产生活情况，筹集危房改造资金 10.5 万元，为 42 户农村贫困残疾人家庭解决永久性建房困难问题，帮助完成农房重建，使其温暖过冬。

【经费筹集】 向对口援建单位广东省残联争取资金 82 万余元，用于扶持残疾人养兔；争取辽宁省沈阳市个体户毛夕铭为 128 名特困残疾人捐资 11.85 万元，用于生活补助；争取陕西省西安市高陵县东街村委会主任刘双印捐款 1 万元，用于解决残疾学生生活困难。

【宣传工作】 宣传贯彻《中华人民共和国残疾人保障法》《残疾人教育条例》和《残疾人就业条例》。结合开展深入学习实践科学发展观和"爱耳日"、"助残日"等活动，采取召开会议，发放资料，新闻采访以及走村串户等形式，宣传做好灾后残疾人工作的重要意义，营造舆论氛围，使社会各界都来关心帮助残疾人，支持灾后残疾人事业恢复重建。

人事劳动和社会保障

【领导名录】

局长、编办主任	王国文（6 月止）
	甘元明（6 月起）
副局长	陈 洪 赵 敏
编办副主任	扎 西

【灾后恢复重建】 "5.12"汶川特大地震造成全县劳动保障系统的房屋及设施直接经济损失 1200 万余元，根据国务院 31 号文、国家发改委等 11 部委（局）267 号文件以及汶川县灾后重建的统一规划，县人事局申报县就业和社会保障综合服务中心重建项目、乡镇劳动保障工作站重建项目，争取列入国家专项规划和广州援建。广州对口援建已批准投入 1505 万元，中心的建设估算投资 2327 万元，包括乡镇（社区）劳动保障工作站，信息网络平台建设，设施设备，建筑面积为 5600 平方米，于 7 月动工。各乡镇（社区）劳动保障工作站重建纳入基层政权建设统一规划重建。

【人力资源及干部队伍建设】 为了解和掌握全县干部职工的情况，深入基层调查走访，了解到在灾后恢复重建中职工工作任务重、压力大，基本没有休息时间；长期工作在基层第一线的干部要求调整或交流；各乡镇、县级各部门人员严重不足，尤其是缺乏技术专长人才；事业单位职工工资待遇与公务员相比差距较大，一定程度影响工作积极性。根据实际情况，为加强和稳定干部队伍，县人事部门加强宣传，做好干部思想工作，在干部的调整交流上，只要有交流愿望，在条件许可的情况下可进行调整。全年，县内调整交流 45 人，为适应全县灾后重建人才急需，从县外调入干部 67 人，政策安置司法助理员 11 名，退伍安置 14 人，考核直招教师 16 名，卫生人员 10 名；在州人事局组织下，专门举办 1 次人才招聘专场，面向全国公开招聘具有大学本科以上学历专业人才，正式招聘 188 名，从 8 月 1 日起，分配到各乡镇开展工作。公开招聘紧缺专业教师 6 名，特岗教师两名，招聘"三支一扶"11 名，"一村一大"28 名，临时聘用驾驶员 68 名。

为加强全县干部队伍建设和整合人力资源，规范管理，拟定《汶川县党政机关和事业单位人员考录招聘和调动管理办法》、《汶川县公务员交流管理办法》、《汶川县事业单位工作人员调动管理办法》，经县委审定后，以汶川县人民政府汶府发〔2009〕74 号文件印发执行。组织全县 900 余名公务员进行《应急法》《公务员处分条例》的培训和考试；完成全县公务员的年度工作考核。

【高校毕业生就业创业和见习】 按照《阿坝州 2009 年高校毕业生就业见习促进活动方案》，在民营企业招聘活动中，组织针对高校毕业生就业专场招聘，提供岗位信息 100 个，促进就业 7 人；对困难大学生就业援助，认定困难大学生 3 人，优先安排就业 1

人;将高校毕业生纳入创业培训,有 5 名大学生从事自主创业并享受相应的优惠扶持政策;建立高校毕业生见习基地 3 个,见习大学生 54 人。

【工资福利】 3 月,对全县机关事业单位工作人员符合晋升条件的 2272 人晋升工资,其中,公务员 136 人,事业单位人员 2136 人,月增资 54492.7 元;审批因专业技术职称晋升而增资 400 人,月增资 47622 元;审批行政单位因晋升职务增资 16 人,月增资 3469 元;审批工勤人员因晋升技术等级增资 11 人,月增资 30558 元;审批因在抗震救灾中被评为劳模增资 5 人,月增资 145 元。根据国办发〔2008〕133 号和省、州相关规定,采取先兑现、后完善、再规范的做法,先后于 9 月 4 日、8 日两次为在职教师兑现绩效工资每人每月 900 元,退休教师每人每月 600 元。审批公安系统 137 名民警 2008 年 7 至 12 月的警察执勤岗位津贴,月增资 24.66 万元;审批公安系统 21 名民警因晋升警衔增加津贴,月增资 268 元;审批事业单位 124 名增加民族地区工作补贴,月增资 2170 元,62 名同志增加类区补贴,月增资 1870 元。对在 "5.12" 汶川特大地震中因工死亡的 6 名机关事业职工丧葬费、抚恤费及遗属生活困难补助按《工伤保险条例》相关规定给予审批;为 89 名知青及临时工工龄进行认定;审批全县机关事业单位 13 个月奖金。

加强工资福利管理,对县卫生执法监督所、县地震办、县史志办 3 个参公单位人员工资进行套改;对公共卫生和基层卫生事业单位及其他事业单位在实施绩效工资前进行摸底调查和数据统计;按照州人事局关于规范工资管理的要求,组织全县机关事业单位从事工资工作的人员进行人事工资管理系统软件培训、安装以及数据的审核接收工作。

【专业技术人员管理】 为推进竞争激励机制,根据灾后恢复重建的需要,新聘副高级专业技术人员 94 名,中级专业技术人员 24 名,向上级职改部门推荐申报副高级专业技术任职资格 43 人,中级任职资格 75 人。经县综合性初级评审委员会评审通过,县职改领导小组审查批准 188 人的初级专业技术任职资格,批转省职改领导小组同意的各系列副高级任职资格 78 人。对全县事业单位人员进行岗位设置,待州人事局审批后组织实施;组织全县 1938 名专业

技术人员参加《知识产权》培训和考试;组织完成全县 2043 名事业单位职工的年度考核。组织全县机关事业单位工勤人员进行技术等级报名考试,其中,报考技师 13 人,高级工 25 人,中级工 23 人,初级工 29 人。

【机构编制管理】 贯彻执行《地方各级人民政府机构设置和编制管理条例》和中央办公厅、国务院办公厅《关于进一步加强和完善机构编制管理严格控制机构编制的通知》精神,严格控制全县机构设置和人员编制的增加,杜绝因表彰、检查验收增加编制的行为。为适应全县灾后恢复重建的需要,经县机构编制委员会研究,对县林业局、县环境保护局、县畜牧兽医局、县交通局、县旅游局、县规划建设局、县农业局、县文化局、县物价局的内设机构更名进行检定和调整;对县应急办、县广播电视局职能职责、内设机构和人员编制进行调整。向州编委申报追加统战宗教涉稳部门行政编制、增加县委政府接待办副科级领导职务、增加计生服务站人员编制、县水利局更名等事项的请示。

【事业单位登记】 完成 98 个事业单位法人证书换证和登记。审查和报送全县事业单位参照公务员管理的材料。

【乡镇机构改革】 按照州委、州政府、州编委的统一部署,坚持 "市场取向、开拓创新,精简、统一、效能,改革、发展、稳定并重,因地制宜、实事求是" 原则,着力推进乡镇政府职能转变,6 月底,完成乡镇机构改革工作。

机构改革后,乡镇只设党委、人大、政府领导机构。设人民武装部为乡镇党委的军事部门和乡镇政府的兵役工作机构,接受乡镇党委、政府和县人武部的双重领导。镇设党政办公室,维护稳定办公室(挂群众工作办公室牌子),综合发展办公室(挂财政所牌子)。乡设党政办公室(挂群众办公室牌子);县政府驻地镇(威州镇)增设城镇工作办公室。乡镇机构改革后,全县内设行政机构为 28 个,乡镇一律不设行政执法机构。全县乡镇行政编制由原 267 个精简为 250 个,精简比例为 5.92%,核定机关工勤人员编制 22 名。乡镇党政领导职数按 6～7 名配备(乡按 6 名、镇按 7 名配备),其中,正职 2 名,副职 4～5 名,乡镇党委

书记兼人大主席 1 名,乡镇长 1 名,副书记 1 名,纪委书记、副乡镇长、人大主席团专职副主席、人武部长(兼任副乡镇长)等副职根据工作需要在职数限额内设置。不设专职副乡(镇)长级党委委员,全县乡镇科级领导职数控制在 71 名。

规范乡镇事业机构设置,全县各乡镇设经济发展服务中心和社会事业服务中心 2 个直属事业机构,保留乡镇劳动保障工作站牌子。其中,乡镇经济发展服务中心各按 3 名事业编制配备,乡镇社会事业服务中心各按 4 名事业编制配备;县农业局向各乡镇农业技术推广站派驻人员各按 3 名事业编制配备,县畜牧兽医局向各乡镇畜牧兽医站派驻人员各按 3 名事业编制配备,县国土资源局向基层片区国土资源所(5 个)派驻人员各按 1.5 名事业编制(共 7 名)配备。全县各乡镇直属事业编制控制在 77 名以内,共设直属事业机构 22 个。

【就业再就业服务】 多渠道提供就业岗位,开发公益性岗位,为低收入群体服务。开展"春风行动"就业招聘月活动,3 月(将 3 月定为招聘月),广东湛江市在汶川县召开 2 场专场招聘会,免费为返乡农民工、大中专毕业生、复员退转军人、就业困难群体等提供政策咨询、求职登记、职业介绍等服务,组织 21 户企业提供 1000 余个就业岗位到现场招聘,350 余城乡劳动者达成就业意向。在灾后重建中,民生工程恢复重建提供 1 万余个岗位,解决 4000 余名城乡劳动者就业,协助阿坝州羌绣帮扶中心发放绣片 7 万张,为 700 余人提供就业岗位,增加经济收入 252 万元。全年,全县城镇新增就业 617 人,完成年任务 610 人的 101%;指导城镇下岗失业人员和失地无业农民再就业 105 人,完成州下达目标任务 100 人的 105%;帮扶"4050"等救助对象再就业 10 人,完成全年计划的 120%;就业型吸纳安置人数 150 人,完成州下达目标任务 100 人的 150%;社区就业吸纳安置人数 110 人,完成州下达目标任务 70 人的 157%。举办各类招聘会 3 场,发布各类用工岗位信息 80 余条,免费职业介绍 887 人,完成州下达目标任务 350 人的 243%,职业介绍成功 617 人次。再就业培训 387 人,完成州下达目标任务 180 人的 201%,直接劳务输出 175 人,完成州下达目标任务 10 人的 135%。年末,实现农村劳动力转移输出 17050 人,完成州下达目标任务的 102%,实现劳务总收 9400 万元,完成目标任务的 100%。

【优惠政策贯彻落实】 为帮助参保企业灾后尽快恢复生产以及减轻因金融危机造成的影响,贯彻落实国家有关优惠政策,降低失业保险费率,缴费比例从原来的 3% 下调到 1.5%;帮助企业开展员工技术培训;2008 年以来,将"4050"人员、夫妻双方均下岗失业、单亲家庭下岗失业等 7 类灵活就业人员列为社保补贴对象,对符合条件者,以当年有关部门公布的灵活就业人员最低缴费基数为标准,按相应比例支付社保补贴。年底,完成州下达个人小额担保贷款(含个人贷款 60 万元和小企业贷款 100 万元)目标任务 160 万元,完成任务的 100%。

【就业培训】 加强就业培训,搭建就业平台。全年,品牌培训 430 人,完成州下达目标任务的 100%;创业培训 75 人,完成州下达目标任务 60 人的 125%,农村劳动力技能培训 280 人,完成州下达目标任务 240 人的 117%。

【失业保险】 全年,失业保险新扩面 394 人,完成州下达目标 326 人的 121%;失业参保人数达 16252 人,完成州下达目标 1.46 万人的 111%,征收失业保险 341 万元,完成州下达目标 260 万元的 131%。

【劳动保障行政管理】 进一步宣传《劳动法》、《劳动合同法》、《就业促进法》、《劳动争议仲裁法》等法律法规,推进灾后企业恢复生产和重建项目依法用工。印发《关于做好全县劳务人员劳动报酬监管工作的通知》《关于切实解决好拖欠民工工资问题的通知》《关于进一步做好预防拖欠农民工工资相关工作的紧急通知》,制订《关于开展农民工工资支付情况专项检查工作的实施方案》;由县人事局牵头,相关部门配合,组织专项检查组在全县范围内所有施工单位进行拖欠、克扣民工工资及非法用工进行全面检查。及时对拖欠民工工资案件进行调处。共受理有关民工工资投诉案件 171 起,涉及务工人员 3557 人,追讨拖欠工资 991.8 万元。对地震中因工伤亡和灾后重建中因工伤亡职工进行调查取证、审核。共认定工伤 117 件,其中,因工伤残 70 人,因工死亡 47 人。为规范用工,签订劳动合同55户用人单位,劳动合同签订人数4260人次,合同率达95%。30户企业签订集体合同,涉及职工2300余人,完成州下达29户的103%,工资集体协商4户,完成州下达任务的100%。全年,受理劳动争议纠纷案件68件,调解处理18件,仲裁处理27件,经过协商自动撤诉22件,调解仲裁处理率98%,为申诉人协调裁决经济补偿金共400万余元。根据川办函[2008]185号文件规定,审批原城镇集体企业职工和返城知青超龄人员539人的养老保险待遇。按照州政府《关于采取积极措施减轻企业负担稳定就业局势的通知》(阿府函[2009]16号)文件规定,开展对困难企业的调查认定,共认定困难企业35户。

【离退休管理】 元旦、春节期间,筹集资金组织人员对全县机关事业单位离退休人员进行慰问;在灾后重建中,组织人员对县干所和驻都江堰干休所退休人员的住房进行登记、鉴定、加固维修以及拆迁置换的联系与协调;为驻都江堰干休所人员办理因历史原因一直未办理的房产证和土地使用证,县财政拨付120万余元,为其解决困难;及时办理、解答离退休干部信访案件;共审批到龄退休75人;批复13人离退休干部死亡丧葬费、抚恤金及遗属生活困难补助。

【城镇养老保险】 按照州下达的社保扩面和基金征收任务,召开专题会议分析研究三项基金目标任务,结合工作实际将目标任务层层分解,细化到股室,把责任落实到人头;深入企业、社区宣传社保政策,上门为参保企业服务;针对参保人员大多为个体、灵活就业人员的特点,积极与银行协商,规范业务流程,简化办事程序,提高工作效率,为养老保险基金收入创造条件。全年,企业征收养老保险基金4550(含超龄人员补缴基金)万元,完成州局下达全年征收任务的156%。企业养老保险参保人数8300人,完成州局下达全年目标任务的100%。实现城镇基本养老保险覆盖面达10189人,完成州局下达全年目标任务的100.1%。将全县事业单位新录人员和"一村一大"人员全部参加基本养老保险,事业单位参保38户,参保人数538人,完成州局下达任务的185%;征收基金174万元,完成州局下达任务124%。为妥善解决原

城镇集体企业职工和返城知青参加基本养老保险问题,根据川办函[2008]185号、川劳社办[2008]66号文件精神,县社保局确定专人负责此项工作;制作通俗易懂的宣传资料,通过社区、新闻媒体等进行宣传,让参保群众了解、理解政策;简化办事程序,做到随到随办;参保人数548人,补收基金1914万元;养老保险待遇按月发放。

【企业离退休人员社会化管理服务】 按照现行政策规定计算和审核退休待遇,全年办理退休待遇120人次,管理企业离退休人员2038人。按时足额为企业离退休人员发放基本养老金280万元,共发放基本养老金2640万元;为15名事业单位退休人员发放养老金28.6万元;为森工211名离退休人员共代发养老金320.7万元;确保养老金按时足额发放。全年办理企业离退休人员死亡待遇30人次,共拨付丧葬、抚恤补助金86万元。根据《四川省劳动和社会保障厅、四川省财政厅关于2009年增加企业退休人员基本养老金的通知》(川劳社发[2009]3号)文件精神,从1月起,全县企业退休人员1405人增加基本养老金,人均增资193.2元,共补发基本养老金12.83万余元。全县企业离休人员相应调整基本养老金待遇。安排退管人员在都江堰、漩口、映秀、三江、水磨、威州等地开展企业离退休人员生存验证工作,实际验证1857人次,验证率90%。

【工伤保险】 根据《工伤保险条例》和《阿坝藏族羌族自治州关于党政机关职工参加工伤保险暂行办法的通知》(阿府发[2008]33号)精神,从1月1日起,正式开展全县党政机关工伤保险工作,67个单位1349名职工参加工伤保险,征收工伤保险基金22万元。年末,工伤保险参保人数达7645人,其中,农民工2175人。分别完成州局下达全年目标任务的125%和100%。全年征收工伤保险基金105万元,完成州局下达全年任务的100%;支付工伤待遇646.24万元。在推行企业产权制度改革以来,遗留14名原国有企业因工伤残人员,由于企业改制破产,保险无法解决,根据《阿坝州劳动和社会保障局关于国有改制破产企业"老工伤"人员纳入工伤保险有关问题的通知》规定,汶川县将此部分人员有关待遇全部纳入工伤保险基金支付范围。

【生育保险】 按照属地管理原则，深入原州属改制企业，宣传生育保险政策，继续扩大生育保险覆盖面。全年参加生育保险职工 3529 人，完成州下达任务的 107%；征收生育基金 12 万元，完成州下达任务的 100%。为维护生育女职工的合法权益，切实保障女职工生育期间待遇，汶川县参照执行《阿坝州社会保险局关于印发州本级企业职工生育保险实施办法的通知》(阿州社险〔2005〕22 号)文件规定，拨付生育保险基金 19 次，支付生育待遇 7.89 万元。

【特殊政策落实】 为全面贯彻落实社会保险特殊政策，维护汶川灾区社会稳定，促进灾后恢复重建，根据阿府办〔2008〕20 号文件精神，及时核准受灾企业缓缴养老保险费 20 户，缓缴金额 350 万元；缓缴工伤保险费 20 户，缓缴金额 13 万元；缓缴生育保险费 25 户，缓缴金额 13 万元。支付因灾死亡工伤保险待遇 104 人，工伤保险基金 1229.8 万元。应对国际金融危机影响，促进全县灾后恢复重建，减轻企业负担，稳定就业局势，帮助企业渡过难关，根据《州人民政府关于采取积极措施减轻企业负担稳定就业局势有关问题的通知》精神，及时调整企业工伤保险费率和生育保险费率，工伤保险费率凡是符合下浮规定的，按照规定执行下浮政策；生育保险费率降低 0.1%，执行 0.4%。每月减收工伤保险基金 2.3 万元，生育保险基金 0.4 万元。

【医疗保险】 推行城镇居民医疗保险扩面工作，城镇居民医疗保险自 2008 年 9 月启动到年底，参保人数 1800 余人。为进一步扩大覆盖面，加大宣传力度，强化参保意识，继续在城镇居民中新增参保居民；县医保局多次到阿坝师专进行宣传，将阿坝师专 6000 余名学生纳入居民医疗保险，并办理相关手续和证件。12 月底，县境内居民医疗保险参保人数 25946 人，完成州下达 21090 人的 123%。强化基金征缴的稽查稽核，核实参保单位职工 3177 人的缴费工资基数缴费额。共征缴医疗保险金 2046 万元，其中，2008 年灾后缓缴 350 万元，2009 年金融危机缓缴 235 万元，完成州下达 1982 万元目标任务的 103%；共支付医疗费用 2253 万元，审核参保人员住院 2353 人次。

加强对定点医疗机构和定点药店管理，与定点医院和药店签订医疗服务协议，签订率 100%，按照协议内容和考核内容，按季度检查履行协议情况，坚持考核到位，采取住院跟踪监管、定期和不定期监管等办法，杜绝冒名顶替、挂付等违规行为，对违规行为及时通报整改。截至 11 月底，与 10 家定点结算医疗机构及 7 家定点药店签订协议。为方便服务对象，在退休职工居住较为集中的都江堰，设立办事点，把服务延伸到基层。

【农村养老保险】 探索因灾失地农民养老保险和新型农村基本养老保险制度，进行摸底调查前期准备工作。因"5.12"汶川特大地震，造成部分农村居民永久性灭失土地，为解决年龄偏大、就业困难、因灾致残完全丧失劳动能力人员的后顾之忧，县委、政府多次专题研究，按照州人民政府指示，县人事局和上级行政、业务主管部门共同研究制定，将其纳入养老保险统筹范围，已经州人民政府上报省人民政府审定。为统筹城乡社会协调发展，保障农村居民年老后的基本生活，实现"老有所养"目标，建立覆盖城乡的社会保障体系，根据国务院《关于开展新型农村社会养老保险试点的指导意见》(国发〔2009〕32 号)精神，汶川县被列入新型农村社会养老保险试点县。12 月 7 日，州人民政府在汶川县举行新型农村养老保险和失地无业农民参加基本养老保险试点启动仪式。

【科学发展观活动】 根据县委统一部署，全局党员干部按照要求，积极参与科学发展观活动，扎实完成各项规定动作，突出自选动作，学习实践活动取得成效。全体干部职工进一步增强学习贯彻落实科学发展观的自觉性和坚定性，自觉用科学发展观统领全县人事劳动和社会保障工作，加强自身建设，着力转变不适应、不符合科学发展观的思想观念，促进人事劳动和社会保障事业又好又快发展。全局紧紧围绕重建汶川、构建和谐汶川，促进经济社会又好又快发展的要求，坚持以人为本，创新工作思路，加强领导，狠抓落实，做到学习实践活动与工作两不误、两促进。

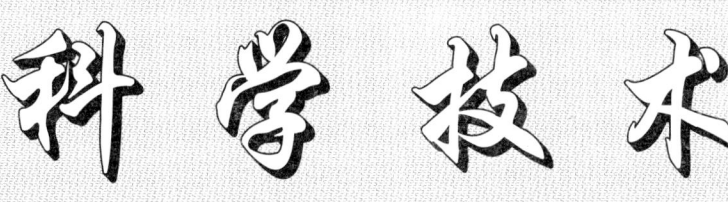

科 技

【领导名录】

局　长　　　　　刘渠

党组书记、副局长　熊忠明

副局长　　　　　冯晓燕

【科技项目实施】　在猕猴桃种植项目中,争取科技项目资金在三江乡席草村发展猕猴桃 200 余亩,漩口镇赵家坪村 670 余亩、红福山村 92 亩、群益村 500 余亩、核桃坪村 100 余亩,草坡足湾村 380 余亩。在草坡乡中草药种植科技示范园推广中,继续做好天麻等中药材种植科技示范园项目,加强指导和管理,草坡乡足湾村全村 87 户培育 58 户农户分别进行示范种植天麻 50 亩、白节 20 亩、猪苓 2 亩;克枯乡大寺村示范种植金银花 20 亩、板蓝根 150 亩。在水磨高峰村综合科技示范园推广中,为加快灾后重建,根据实际,对全县各乡镇进行考察,选择在水磨高峰村进行种植养殖综合示范试验,4 月,从广西同发禽业引进鸡苗 3000 余只,进行科学管理、喂养,效果良好;试种金银花 150 亩,重楼、白节、川芎等示范试验 400 余亩。启动克枯乡大寺村“四川省灾后新农村建设科技示范点”项目:确定大寺村两委会、汶川志禾特色种植养殖专业合作社为项目实施主体单位,州科技局、县政府、广州肇庆援建工作组为项目组织协调单位,县科技局、克枯乡人民政府为项目监管单位。完成该项目前期准备工作。

【科技示范户】　到各乡镇调查,对种植、养殖科技示范户进行分类指导,重点培养,帮助制定规划,增添措施。同时抓好星火科技惠农户技术指导工作。全县科技示范户达 81 户。通过科技示范户的示范作用,带动本乡镇经济发展并逐步辐射到周边乡镇。

【科技网络建设】　重新建立汶川科技信息网;完成 31 期科技信息发布工作,利用信息网络加大招商引资力度,以加快科技、政策、市场信息进村入户为目标,以信息资源的集成与共享、新产品的推广应用、多渠道多形式开展信息服务为重点,加大科技信息服务。

【项目资金争取】　县科技局积极向省科技厅争取项目支持,争取到灾后猕猴桃发展资金 100 万元,可发展猕猴桃近 2000 余亩,预计户均增收 3000 元以上。

【科技特派员工程】　继续试点推行科技特派员工程,稳定和壮大乡镇农业科技队伍。召开科技特派员工作会议,总结工作开展情况和存在的问题以及困难,并提出好的意见和建议。要求科技特派员要分工合作,结合产业和各自工作情况,加强信息交流,及时汇报工作进展情况,作好《科技特派员工作日志》记录;要有清晰的思路,作好规划,确定工作重点;综合协调,兼顾本职工作;深入调查研究,了解农村实际科技情况,与乡镇、村积极配合;加强培训,培养更多科技示范户。

【驻乡帮村及计生“三结合”】　在威州镇茨里村注入资金 5000 元,完善基础设施建设,对该村产业结构进行调查,并提出合理化建议。4 月中旬,县科技局到威州镇万村、秉里村、牛脑寨村召开计划生育“三结合”座谈会,邀请专业技术人员就农村实用技术进行培训,签订帮扶协议书,落实具体帮扶项目;建立 5 户帮带户人头档案,为帮带户发放补助 2500 元,赠送种植业、养殖业等科技信息资料。同时,在 3 个村发放实用技术资料 1000 份,价值 1000 余元。全年,培训计生"三结合"户 50 人次。年底,进行抽查,帮扶户年人均收入增长 15% 的户占 60% 以上,并基本掌握 1~2 门农村实用技术。

【知识产权工作】 4 月 25 日,联合县公安局、县司法局、县商务局等相关单位开展知识产权宣传活动,发放各种知识产权、产品质量及药品安全等保护宣传资料 3500 余份,现场展示盗版光碟 260 余张、盗版图书 40 余本,咨询 1000 余人次。配合相关部门现场销毁 260 余张盗版光碟和 40 余本盗版图书,有效保护知识产权,维护全县文化市场正常秩序。

【企业技术创新服务】 为提高工业企业竞争力,深入企业为企业宣传政策、法规;为灾后工业企业和民营企业的技改搭建引智引资和引进技术人才平台。配合企业做好民营科技企业组织申报、推荐工作和创新资金申报以及企业科技项目申报工作。

【科技交流与合作】 加强与研究单位和大专院校的科技合作,与成都生物研究所、自然资源研究所、国嘉集团新荷花中药饮片公司、天元兔业公司、申伦科技有限公司、州科研院等单位建立长期合作关系。推进农业和农村经济结构调整,通过引进和协调,草坡乡足湾村村委会与成都三农大公科技有限公司签订中药材合作协议,项目主要包括建立中药材种植基地、天麻等中药材订户收购以及其他生产和加工等;成都三瑞药业有限公司到草坡乡足湾村进行中药材合作实地考察,并就有关建立中药材种植基地、天麻等中药材订户收购,猪苓试点示范种植以及其他生产和加工等工作达成初步意向合作,并在汶川县注册成立新的药材种植公司。加强与九寨药业有限公司联系,争取合作扶持农户种植中药材。通过引进与合作,解决中药材种植和销路问题,为农户震后产业恢复与增收找门路。协调广东省灾后重建科技需求考察组和科技部特派专家对汶川灾区实地考察,广东和汶川县双方就科技重建工作联络和近期重点关注猕猴桃等果蔬产业发展以及本地中药材种植等方面的科技重建达成初步共识。与四川省青年科技基金会联系,汇报科技需求情况,主动获得外界支持,推进灾后恢复重建。

【可行性科技项目】 为推进灾后恢复重建,认真思考本县恢复以及需发展的科技项目。对猕猴桃恢复与重建技术集成,中药材种植,虹鳟鱼地震后恢复与推广,魔芋种植,甜樱桃地震后恢复种植技术研究,冷水鱼养殖研发及推广,小水果品种引进,茶叶基地恢复技术研究,兔种引进示范,科普基地,岷江上游脆弱生态区综合治理技术研究等项目进行上报。

【科普宣传】 3 月 27 日,由县科技局牵头,县委宣传部、县农业局、县林业局、县畜牧兽医局、县科协等单位以全面落实科学发展观,推动社会主义新农村建设,开展 2009 年"科技之春"科普宣传月活动。对种植养殖、农村能源等知识进行现场讲解、咨询;现场对老百姓关心的热点、难点问题,特别是有关灾后重建问题进行现场讲解;宣传防灾减灾科普知识等。发放畜牧养殖技术等各种资料 8000 余份,发放"如何防范次生灾害"、"预防手足疾病"等挂图 1000 余张,现场实用技术和灾后恢复重建等相关咨询 500 人次。配合做好新农村示范工作,截至 11 月底,县科技局在映秀镇老街村、绵虒镇三官庙村、绵丰村、水磨镇老人村,分别赠送适用技术图书 2100 余册、挂图 5 套、影碟 1 套。

【科技调研】 3 月 17 日,县科技局深入水磨镇高峰村了解支持科技产业情况,并在该村建立农村综合科技示范园,以种植猕猴桃、中药材等,养殖土鸡等为试验示范。3 月 26 日,县科技局、县科协、县农业局深入雁门乡芤山村了解农业产业生产情况,同时对该村农业产业发展提出建议。

【科技培训】 3 月 13—14 日,州科技局、州科技顾问团组织州科学技术研究院、州农业局专家到克枯乡周达村、大寺村开展农村实用技术现场培训,涉及生猪、兔、甜樱桃以及土鸡,从防治技术知识和管理等问题进行现场指导。现场培训 300 余人次。各种科技惠农兴村实用技术普及丛书 500 余册。5 月,邀请成都华西生态兔业公司在克枯乡大寺村进行养兔项目培训 320 人次,邀请州科技院对青翠李种植户培训 98 人次;3 月、7 月、10 月分别在水磨镇高峰村培训中药材、猕猴桃、养鸡 3 个项目 459 人次;7 月、10 月分别在草坡乡足湾村培训天麻、猪苓、猕猴桃项目 274 人次;威州镇七盘沟村培训养鸡项目 197 人次。

【机关建设】 3—8 月,开展学习实践科学发展观活动,继续充实完善相关制度,系统学习科学发展观理论和党的十七大精神,领会其精神实质;结合科技管理工作,学习新的科技管理知识,强化科技意识,指导工作实践。加强精神文明建设,做到爱岗敬业。将党风廉政建设作为重点工作之一,按照县纪委廉洁自律要求,结合本部门实际,要求班子成员以《条例》为基本,做到廉洁自律。坚持民主集中制原则,严格按照县纪委规定配备小车、通讯工具的使用和管理,在工作上做到实事求是,严格执行一切规章制度。加强机关工作作风转变,坚持职工岗位责任制。按时完成县委、县政府和上级业务部门交办的各项工作任务。

科 协

【领导名录】
主　席　　　张珍云
副主席　　　何世国

【专业技术协会(学会)】　全县有15个县级专业技术协会(学会),6个农村专业技术协会,11个乡镇科协。

【科普能力恢复建设】　汶川县科协被确定为中国科协援助县之一,结合中国科协援助方案,县科协开展科普能力恢复重建。及时恢复正常办公和开展科普工作的条件,新购进办公设备和科普设备,新配备数字科普放映机。与县电信部门配合,采取各种方式,恢复科普免费热线免费服务点21个。在安置点设置科普活动室4个,各配备1套精巧科技馆设备,各1台电脑和科普图书9大类2700余册。新建科普宣传栏6个(板房),到年底,保留4个,更换科普宣传资料4期。新购进农村科普实用技术、青少年科普类VCD或DVD光碟5大类80张,通过县广播电视台有线频道播出。

【农村专合组织】　结合灾后重建工作,指导新成立汶川县高原果蔬种植合作社和汶川县乐亮种销合作社两个专合组织,为开展农村科普和服务农村经济发展提供平台。

【科普工作】　组织学校根据青少年特点,开展青少年科技辅导活动,组织学生参观省科技馆,指导学校观测数字科技,深化青少年科普工作。组织参加全国和四川省科技创新大赛,在本年州科协全委会表彰中,汶川县受表彰超过半数。3月14日,开展"灾区学生科普体验营"活动,组织在成都附近就读的汶川县中学生311名参观四川科技馆。为6个安置点发送25期《科学导报》和10期《知识就是力量》杂志。继续与县广播电视局配合,从2月起,开通"农村科技服务"和"科普大篷车"栏目。省科协指定的汶川县全国第一批数字科技馆观测点,县科协开展认真宣传,组织县级学会、乡镇科协和学校开展观测活动。本年,县科协、县一中和县一小被省科协表彰为"数字科技馆观测工作先进集体"。

【科技试验示范】　根据发展和市场需要,县科协指导协助农技协会或合作社开展新品种、新技术科技示范,县蔬菜协会在龙溪乡租用土地28亩,购买示范蔬菜品种8个,新引进103个,购进优良新型有机肥16吨,开展蔬菜新品种试验示范。结合产业结构调整需要,协助高丰中药材协会在水磨镇开展中药材新品种及新技术试验示范,共试种新品种9个,示范种植43亩,推广种植480余亩。指导"科普惠农兴村受表彰对象",根据项目要求,认真开展科普工作和试验示范工作;各项目有序推进。

【科普宣传】　1月,汶川县组织1次大型科技、文化、卫生"三下乡"巡回慰问活动,县科协开展科普宣传。接受现场咨询8600余人次,发放实用科普宣传资料和小册24种2.13万余份,展出科普挂图12种,72张,发放挂历和年画4种3000份。

【科技培训】　县科协与甜樱桃协会深入高半山克枯乡周达村、克枯村,威州镇布瓦村、增坡村和雁门乡麦地村等开展甜樱桃管理技术培训、指导服务,先后共培训、指导9期次630余人次;与县蔬菜协会到绵虒镇板子沟村、雁门乡月里村、芤山村和水磨镇高峰村等地开展蔬菜种植技术培训指导5期次240余人次。组织县级各学(协)会结合各自业务工作和抗灾自救工作,开展技术培训和指导服务。全年,共培训71期次2400余人次。

【恢复重建服务】　2008年8月底起,协助、指导、协调漩口镇安子坪村灾后重建，宣传政策，开展协调服务，帮助解决群众安置、重建、饮水、交通和生活等问题。全村144户，需加固维修房屋101户，于2008年全部完成；需重建43户，于2009年8月20日前全部完成。协调恢复饮水，安装饮水管道4300米，新建7个饮水池；协调修筑河堤1200米长。配合对口援建市，结合所帮扶村实际情况，研究制订《漩口镇安子坪村灾后重建规划》。开展灾后产业恢复重建，协助该村新发展猕猴桃280亩，发展新型示范养猪户3户，并配套搞好技术服务。深入到农户宣传，调查了解情况，组织加固加厚临时住房，确保安全温暖过冬；整治环境卫生，检查防火防盗情况；了解群众思想状态，及时化解矛盾。深入所帮扶村和家庭开展帮扶活动，协助灾后重建、规划协调发展项目、送科普资料、开展技术培训指导等服务。

【自身建设】 加强班子建设，认真开展深入学习实践科学发展观活动，组织党员干部学习调研、检查分析、整改落实；先后4次组织职工8人次，深入村寨开展"公仆尽责，下访慰问"活动；把活动作为促进县科协工作、学习、管理等全面提高的机遇和重要任务，抓好制度建设，活动取得成效。认真落实党风廉政建设责任制，建立党风廉政建设工作领导小组，一把手负总责，班子其他成员各负其责，领导班子认真履行职责，完善和遵守领导班子自我监督、遵纪守法、廉洁自律制度。

气　象

【领导名录】

局　长	付如友
副局长	邓明放

【气象探测预报】 全年，观测、发报、报表消灭了错情，且无缺测、迟测、涂改伪造等责任性事故发生。一般天气质量为80.1分；短期、短时重要天气质量为57.0分。基本业务质量全面完成目标任务。加强通讯、网络管理，保证资料和材料及时上传。对气象资料、档案安全工作进行定期检查，发现情况及时上报；

无气象资料、档案安全事故发生。

【灾后恢复重建】 把灾后重建作为重点工作，由主要领导亲自抓，因县城统一规划，通过多次请示，县政府同意观测场迁至雁门乡，正在征地之中。编制《汶川县气象局办公楼可研报告》《汶川县气象局测场搬迁可研报告》《汶川县气象局业务值班用房可研报告》《汶川县气象局业务系统建设可研报告》和《汶川县气象局对口援建需求》。联合县发改委、规划建设局等8个部门以汶发改〔2009〕30号联合行文，印发《汶川县灾后恢复建设国家投资对口援建和社会捐建项目行政审批管理程序》，防雷工程图纸审核和竣工验收纳入该行政审批管理程序，使汶川县的防雷工作得到规范化管理。会同县发改委、审计、财政、规划建设等相关部门组成灾后重建项目审批、审核指导小组，深入乡镇开展灾后重建项目防雷工程的审批报建程序及需要的相关材料为各乡镇及援建方进行现场讲解和指导。通过多方努力，县发改委、县财政局以汶发改〔2009〕62号文件，下达汶川县气象局灾后恢复重建国家补助资金200万元的项目计划，县气象局正在做项目可研、初设及报批等前期工作。

【气象服务】 全年发布专题气象预报20期，发布《汶川气象信息快报》26期，提出合理化建议80余条。年内发出气象服务书面报告1800余份，网传气象服务材料1300余份，手机短信服务2000条。发布森林火险警报4次，县人民政府根据所提供的高火险气象信息，及时对防火工作安排部署，要求各乡镇和相关部门抓好林区巡查工作，强化野外用火督察监管，消除火灾隐患。做好应对准备和应急值班工作，确保信息畅通。完成"5.12"周年庆典系列活动和第二届古羌文化节以及3次重要接待任务的气象保障服务工作。恢复部分重点企业气象服务。"3.23"世界气象日，主要负责人发表电视讲话，对未来天气、气候趋势作简要分析，提醒广大群众关爱生命，预防气候变化带来的疾病。对汛期气象服务工作作具体安排和部署，调整和充实汛期气象服务领导小组；对仪器设备、通信和网络进行全面检查和维护；要求全体业务人员严格按照汛期气象服务工作流程和相关规章，要求开展各项工作，做好应对突发灾害性天气和开展应急气象服务的各项准备。加强全县道路保通保畅气象服务工作,编制《汶川县道路保通保畅气象服务应急预案》,确保道路安全、畅通。

【防雷工作】 加强雷电防护工作的监督和管理,组织职工学习《四川省雷电灾害防御管理规定》,加强灾后重建项目防雷工程图纸和竣工验收工作,督促县防雷中心做好灾后重建项目雷电防护前期可行评估和工程竣工检测。全年,完成雷电防护前期可行评估项目342项,防雷工程竣工验收45个。会同相关部门,开展防雷安全隐患检查治理活动,重点对易燃易爆场所、学校、卫生系统的建筑物和设施的防雷安全检查和治理。会同威州镇人民政府、雁门乡人民政府对七盘沟过渡安置区、雁门过渡安置区的雷电防护工作进行多次检查,对雷电防护安全隐患提出整改意见,并要求限期整改。

【宣传工作】 1月10日,在州举办的灾区"温暖过冬"文化、科技、卫生"三下乡"活动中,收集各类气象科技宣传资料,充分准备,现场为灾区群众宣传、讲解气象科技和气象灾害防御等知识,发放各类宣传资料2600份。接受中国气象报社住成都记者电话采访两次,接受县电视台采访报道8次,宣传气象工作,扩大气象部门知名度。

【自身建设】 3月起,认真开展深入学习实践科学发展观活动,成立领导小组,制定实施方案,明确指导思想、主要原则、目标任务和方法步骤;结合实际,开展学习、查找不足、落实整改、下乡帮扶慰问等活动;开展气象工作讨论会1场,即"继续解放思想,促进汶川气象事业又好又快发展"和"汶川公共气象服务大发展"大讨论;写学习心得7篇,形成调研报告3篇,报送简报5期,每个党员学习笔记都在1万字以上。加强党风廉政建设和反腐败工作,围绕气象中心工作,加强领导干部和党员干部的廉政教育,严格执行"九大纪律九大要求",遵守《廉政准则》及其他廉洁自律制度、规定,严禁党员干部参与赌博;开展职工理想信念、党章、社会主义荣辱观、廉洁自律教育和警示教育。完善相关制度,狠抓思想、组织、作风建设,解决工作中存在的薄弱环节,从源头上预防和治理腐败。年度测评满意度为98.5%。加大安全生产工作力度,补充、完善有关安全生产制度,制定工作制度29个,调整和充实临时议事工作机构27个,做到事事有人抓,件件有人管;将安全生产工作纳入年度考核。

地　震

【领导名录】

主　任　　　　苏　茂

【设施设备】 "5.12"汶川特大地震前,共有四大地震监测学科,11台套仪器设备。即:(DD—2)地震仪、数字化地震仪;形变仪器JB(金属摆)、SQ(石英摆)各1台套;水氡平行观测仪器(FD—105K)2台套;地磁学科磁偏角仪器1台套;信息节点1套。震后,除(DD—2)地震仪、数字化地震仪恢复运行外,其他均未恢复运行。

【地震监测】 全年处理分析地震近1000个,向省、州业务部门速报地震54个;用短信向县委、县政府等领导快报有感地震42个,向县委、县政府办及相关部门报送《地震信息快报》26期,向县政务信息中心报送《政务信息》32期;向州防震减灾局报送《政务信息》28期、周地震会商意见52期、月会商意见12期、宏观信息月报12期。

【强余震防范】 截止年底,震区共发生余震近6万次,其中,4.0～4.9级242次,5.0～5.9级41次,6.0～6.9级8次,最大震级为6.4级。其中,汶川境内共发生M≥4.0级的中强地震58次。县防震减灾局深入各乡镇开展震灾预防工作,进行防震减灾助理员业务知识培训,向群众宣传防震抗震知识,提高自身防御与自救互救能力。全年,全县在强余震中无人、畜伤亡。

【地震灾害调查】 1月15日凌晨02时23分,在草坡乡沙排村一带(北纬31°3′,东经103°3′)发生5.1级地震;11月23日15时25分,在草坡、映秀、耿达、卧龙一带(北纬31°0′、东经103°2′)发生4.8级地震。强余震发生后,县防震减灾局及时赶往震中各乡镇开展震害损失调查,并形成书面简报上报县委、县政府办和上级业务部门。

【抗震设防】 开展工程建设场地地震安全性评价,为建设单位办理地震安全性评价管理相关手续。

5月26—27日，参加县政府组织的建设项目行政审批下乡（镇）服务，对威绵片区和漩映片区各乡镇（含卧龙、耿达）所建工程项目的申报、立项、审批等程序、相关资料、手续办理等事宜，进行业务指导和政策、法律法规咨询；对重大工程项目报批程序给予指导。开展农村住房加固技术指导，提高村民房屋抗震设防意识。对中小学校舍进行地震安全性鉴定，7月上旬开始，在全县各中小学校开展校舍现状、抗震设防现状及学校基本情况资料收集整理，到年底，除漩口中学外，其余16所中小学校舍的地震安全性鉴定全部完成。

【地震小区划工作】 原计划在第三批启动的《汶川地震小区划》援建项目于今年提前启动，广东省地震局项目组专家与工程技术人员历时7个月，在全县13个乡镇、村寨，开展地质钻探，徒步踏勘地震新、老活动断层，搜集地震断裂带、点的地震资料，野外与内业工作全部完成。7月28日，成果交接仪式在县政府举行，其《区划》成果已分发到各乡镇。

【防震减灾科普宣传】 1月10日，组织职工参加州委宣传部在汶川县开展的灾区"温暖过冬"文化科技卫生"三下乡"活动，对群众开展防震减灾知识咨询，现场散发各类防震减灾宣传资料近3000份（册）。3月26日，到雁门乡过街楼村开展抗震设防知识宣传和咨询、讲解房屋抗震设防的重要性，发放《房屋抗震设防须知》《建筑物抗震结构加固的基本方法》等宣传资料，发放《农村民居抗震常识》《地震灾区生活指南》各50套。4月下旬，在开展深入学习实践科学发展观活动中，深入水磨镇郭家坝村调研，并结合灾后农房恢复重建，开展防震减灾坚持预防为主、防御与救助相结合的方针，加强地震监测预报、震灾预防、紧急救援三大体系建设等知识的宣传。为群众发放《农村民居抗震常识》《地震灾后》等实用技术、科普知识书籍。开展防震减灾日宣传教育活动，在汶川电视图文台开展《突发事件应对法》《防震减灾法》《汶川地震灾后恢复重建条例》等法律法规字幕宣传，并滚动播放标语；5月7—13日，连续在汶川电视台播放防震减灾、地震、自救互救等地震科普知识电视片。

【自身建设】 3—8月，严格按3个阶段6个环节具体要求，扎实开展深入学习实践科学发展观活动；撰写学习心得10余篇、活动简报16期。加强思想政治和精神文明建设，组织职工认真学习理论和防震减灾知识。教育职工要端正学风，养成坚持学习的习惯，做到好学、勤学、善学，努力争做勤于学习、勤于思考的模范，解放思想、实事求是的模范，勇于改革、大胆创新的模范，求真务实、真抓实干的模范。本年，县防震减灾局被列入县人民政府机关精神文明建设活动工作领导小组成员单位，为巩固州级文明单位创建成果，积极开展工作。修改完善《汶川县地震办公室安全生产预案》《汶川县破坏性地震应急预案》《汶川县地震办公室地震应急预案》《汶川县地震办公室安全生产措施》等一系列预案、措施，并落实专人负责。认真开展城乡环境大整治，落实卫生责任区域，确保办公室、仪器室、观测洞室等干净、清洁；组织职工在空坝上植树、栽花、种草，消除卫生死角，美化办公环境。

史 志

【领导名录】

主　任　　　　兰玉蓉
副主任　　　　郭登敏

【党史编研】 2月,按照中共阿坝州委党史研究室《关于向领导干部征集个人留存的党史资料的通知》阿委史〔2009〕3号文件的要求,县史志办采取多种办法联系离退休老干部,通过电话、信件等形式,把通知精神转达给担任过县处级以上职务的50余位离退休干部,请他们参与党史资料捐赠,为党史工作发展发挥余热。6月,开始征编《汶川党史大事记》、《汶川县组织工作大事记》,并按时完成、上报,共征集、编写近3万字。启动《中国共产党汶川县历史》编写工作,年初,县史志办派员参加州党史研究室组织的业务培训和主任会议。但因灾后重建,县档案局的档案全部转移到马尔康州档案馆,使前期工作无法开展。

【地方志工作】 编写汶川县概况及"5.12"汶川特大地震专题记述,对2008年"5.12"汶川特大地震的史实进行全面记述,在收集常规条目基础上,增加抗震救灾专题记述,包括综述、大事记、图片、地震灾害、抢险救灾、灾区生活、卫生防疫、社会赈灾、军警救援、各省救援、灾后重建、生产恢复、英模人物、附录等条目。3月起,组织人员编写汶川县情概况,到各部门收集资料,专程到映秀镇收集抗震救灾映秀前线指挥部的相关资料。5月底,完成《四川年鉴》、《阿坝州年鉴》汶川概况编写、上报,累计14万字。撰写理论文章,在全州地方志主任工作会上交流经验;组织人员对《松潘县志》进行修改,提出修改意见30余条,在《松潘县志》评议会上进行交流。完成旧志普查工作。做好地方志保密工作。

【续志工作】 4月中旬,同县档案局业务人员联系,请专业人员进行业务指导,抽出专人着手整理续志档案。11月底,完成续志档案和部门志档案的整理归档,共整理归档166盒,其中,永久115盒,短期51盒。

【《抗震救灾志》编纂】 启动《汶川特大地震汶川县抗震救灾志》编纂工作,按照省人民政府办公厅川府办发电〔2009〕44号通知,县人民政府以汶府办发〔2009〕133号文印发《汶川特大地震汶川县抗震救灾志》编纂工作方案,成立编纂委员会;向县人民政府提出编纂前期启动经费请示,并得到落实;拟订《汶川特大地震汶川县抗震救灾志》基本篇目,向有关专家、业务人员及部门征求意见,为编写工作顺利开展打好基础。完成《"5.12"汶川特大地震专题记述》,先后为省抗震救灾志"赈灾卷"、"人物卷"提供汶川县所属部分编写内容。

【年鉴编纂】 按照四川省人民政府办公厅《关于加强地方综合年鉴工作的通知》(川办函〔2008〕171号)及省志编委、州志编委《2009年地方志工作要点》的要求,县史志办克服时间紧、任务重、资料收集难度大、人员缺乏等困难,于10月中旬开始编写年鉴,到年底,完成2009年年鉴初稿计50万余字,正进行争取书号等印刷出版前期准备工作。

【古籍整理】 开展《汶川县羌族古籍史料》丛书编辑工作,组织专人对县境内的羌族歌谣进行整理、编辑,收集、精选入编图片,争取经费等,做好出版准备工作,于近期出版《汶川县羌族古籍史料》丛书之二。全书共精选羌族歌谣260余首,近20万字。

【资料收集】 安排专人进行抗震救灾、灾后恢复重建、地情资料和各级领导重要讲话等的收集,全年共收集各种资料200万余字。

【宣传发行】 开展《地方志工作条例》等法规宣传,进一步贯彻落实"一纳入、五到位"原则。对《汶川县志》(1986—2000)、《阿坝州年鉴》及各种史志、地情书刊进行宣传发行。征订新、老《汶川县志》《大禹志》《汶志纪略》等书籍100余套(册)。

【服务工作】 为援建单位、地勘部门、各乡镇等提供服务,借阅资料50余人次;为各大专院校专家、学生、下派到汶川县挂职的干部等提供咨询服务100余人次。

【精神家园重建】 按照县委关于加快精神文化家园建设的决定要求,县史志办认真开展精神家园重建工作,组织职工加强理论学习,坚持做好宣传思想工作,深入学习省、州、县各级党代会精神和党的十七大、十七届四中全会精神等,组织干部职工参加群众性文化活动,干部队伍精神面貌良好,各项工作顺利推进。

【机关行政效能建设】 成立机关行政效能建设领导小组,各股室严格按照机关行政效能建设要求,加强机关行政效能建设。落实和严格执行首问责任、限时办结和责任追究制。对因职工个人行为造成工作过错的,严格按规定进行责任追查。结合深入学习实践科学发展观活动,加强理论学习,不断提高干部政治思想素质和业务水平。提高工作效率,转变工作作风,营造良好的工作、生活、政务环境,创建节约型、服务型机关。

【重大决策贯彻落实】 增强对中央、省委、州委、县委重要会议、重大决策贯彻落实的执行力,及时传达贯彻各种会议精神,组织学习县委、政府领导的重要讲话,确保政令畅通。及时为党委、政府和各相关部门提供相关资料,为灾后重建服务。开展"环境整治进机关"活动,制订活动方案,主动接受检查监督。加强政务信息报送,上报各种信息、简报共37期。

【科学发展观活动】 按照县委统一部署,3—8月,结合实际扎实开展深入学习实践科学发展观活动,成立领导小组,落实专人负责,制定《活动实施方案》和各阶段活动方案。组织党员干部认真学习、查找不足、认真整改。撰写心得体会4篇;深入挂包户家中,开展"下访服务、公仆尽责"活动,共走访群众21户,收集意见和问题5条,看望慰问联系贫困户2户,帮助群众解决租住房问题1件,形成调研报告3篇;开展解放思想大讨论活动1次;发放调查问卷25份,收回23份,收集整理意见建议3条;清理制度12个,进一步完善3个,新制订6个;班子对制约史志工作发展的问题达成共识,确定班子整改事项5项10个方面,至年底,整改到位5项9个,1个在争取中。民主测评满意度达100%。

【自身建设】 加强党建工作,健全党建工作例会制度,不定期召开专题工作会议,研究党建工作,推进党建工作的顺利开展。开展创"四好"科级领导班子活动,坚持"三会一课"制度,加强理论学习,深入开展党性党风教育,坚决贯彻落实县委各项重大决策。认真贯彻落实中央"四个长效机制",加强党员的经常性教育和管理。加强党风廉政建设,制定年度领导干部廉洁自律和落实党风廉政建设责任制工作要点,定期召开党风廉政建设工作会,坚持民主集中制,重大问题由班子集体讨论决定。加强维稳工作,落实维护社会稳定工作领导机制和责任制。将普法工作列入年度工作计划,保障工作经费,完善相关制度,加强法律宣传教育,保证40学时的法律学习,订购相关的法律书籍,组织职工参加各种普法培训和考试。及时上报普法工作开展情况,报送简报4期。领导小组年内召开普法专题会议两次。

档 案

【领导名录】

局　长　　　　　董加敏
副局长　　　　　马兴明　苏兴珂

【档案管理】　加强对各乡镇、县级机关、各企事业单位档案规范化管理工作的业务指导。完成县畜牧兽医局、地税局、运管所、文教局 2007、2008 年 137 盒文件材料的分类、编目、装订、装盒工作,完成组织部 2008 年 35 盒文件材料的整理。对县委办、信访局、疾控中心、信用联社、史志办、宣传部、四办等单位进行常规性业务指导。贯彻落实国家档案局颁布的《归档文件整理规则》、《四川省电子文档管理暂行办法》,推行《四川省电子文档管理系统软件》,抽派业务技术人员深入机关、乡镇、企事业单位开展业务指导,规范档案工作,推进全县档案工作的现代化、信息化、科学化管理。加强重点建设及灾后恢复重建项目档案管理,与规划建设局联合下发《关于进一步做好灾后恢复重建项目档案管理工作的通知》,同时,印发《四川省〈中华人民共和国档案法〉实施办法》等业务规范和标准。参加县政府组织的联合工作组,对全县灾后恢复重建国家投资、对口援建和社会捐建项目的行政审批管理程序中的档案管理进行督促和指导。完成 30 个重大建设项目档案管理的登记、填报工作。组织实施新农村建设档案工作示范县、示范乡创建活动的业务指导。县档案局被纳入全县社会主义新农村建设领导小组成员单位,印发《加强新农村建设档案工作实施意见的通知》,下发《关于编制、报送行政村文件材料归档范围和保管期限表的通知》,对编制工作的基本要求和编制格式、体例及报送时间作明确规定。完成全县 11 个乡镇所辖村文件材料归档范围和保管期限表编制工作的业务指导,以及部分乡镇档案工作的常规性业务指导。

【宣传与执法检查】　加大档案法律法规宣传和档案行政执法检查力度,以灾后恢复重建为中心,编制档案法律法规和重点项目档案管理知识宣传册,印发各部门、各乡镇,增强重建档案管理意识,强化档案管理理念。健全档案行政执法制度,调整充实档案行政执法队伍。8 月 31 日至 9 月 7 日,开展一年一度的档案行政执法检查,对辖区内 10 个机关团体、企事业单位和 5 个乡镇进行以档案安全管理为重点的档案行政执法检查。

【档案资料收集】　为确保抗震救灾第一阶段档案资料和受灾档案的完整与安全,根据《中华人民共和国档案法》、《四川省重大活动档案管理办法(试行)》的相关要求,在上年开展抗震救灾第一阶段档案资料接收进馆的基础上,加大工作的力度,完成县抗震救灾指挥部、映秀抗震救灾指挥部、县文体局、县广播局抗震救灾第一阶段档案资料的收集、进馆工作,完成抗震救灾第一阶段档案接收进馆工作任务。完成对汶川古羌文化艺术节暨樱桃节档案资料、胡锦涛总书记在“5.12”周年纪念日活动、温家宝总理到水磨和映秀视察的照片、影像视频资料接收和征集。

【档案安全管理监督检查】　由于灾后恢复重建,部分乡镇、部门办公地点进行调整搬迁,档案安全管理上存在严重的安全隐患。为此,县档案局加大对全县档案安全管理的指导检查力度,印发《汶川县档案局关于加强拆迁单位档案管理的通知》,要求各拆迁单位加强拆迁过程中档案的安全管理,指派专人负责档案转移;拆迁单位对档案临时存放点,必须做到防火、防虫、防霉变、防尘等“八防”要求,确保档案安全完整。

【档案利用服务】　坚持把档案的开发利用作为一项重要任务。“5.12”汶川特大地震后,所有档案暂存到州档案馆,造成查档人不便的问题。现档案局多次派工作人员到马尔康州档案馆为利用者查阅档案。全年,共接待利用者 150 余人次,提供利用档案

475卷(册、袋)，为工作查考、医疗保险、离退休、解决纠纷和其他各项工作提供大量翔实可靠依据，发挥档案的社会效益和经济效益。

【重点档案目录著录和编研】 转变工作作风，创新工作方法，实地到县林业局、州林业科学院、威州镇等单位，收集编研材料，编写《汶川县红樱桃简史》。按照如何树立"大编研"意识，整合资源、整合人才，探索编研工作新思路的要求，开展调研工作，撰写《汶川县档案局关于档案编研工作的调研报告》。完成重点档案目录的著录及数据上报84条。

【灾后恢复重建】 按照全县灾后恢复重建三年任务两年基本完成的要求，县档案局积极推进档案馆建设各项工作。5月底，确定档案馆为交支票工程后，成立档案馆建设领导小组，明确工作职责。6月，启动档案馆建设前期报件工作。9月初，完成项目选址意见、建设用地规划许可、项目用地意见、可研报告、环评、拆除旧房、变压器搬迁、地质灾害评估、设计方案、施工草图设计等前期工作。9月，根据汶规函〔2009〕4号《关于汶川县档案馆在建项目暂停施工的函》要求，暂停其他报件工作，等候全县修建性详规出台，档案馆建设用地选定后，再重新启动档案馆建设各项工作。

【科学发展观活动】 按照县委统一安排部署，围绕"加快推进科学重建，加快推进科学发展"主题，以"坚持解放思想、突出实践特色，贯彻群众路线、正确教育为主"的原则，从3月下旬至8月底，开展学习实践科学发展观活动。成立领导小组，制定活动实施意见。加强理论学习，开展深入研讨。围绕"解放思想、科学重建"主题，积极开展"我看发展"、"我看作风转变"等思想大讨论。组织机关全体干部职工深入牛脑寨和万村144户挂包户，开展调研、服务和"包重建、包致富、包稳定、包安全"工作。认真查摆问题，找准发展方向，对制约档案工作发展的问题达成共识，并形成新思路。制定切实可行的整改落实方案，明确5个方面的整改内容，从两个方面进行满意度测评。参加测评共31人，包括县级领导干部、科级干部等各界群众，测评获满意票31票，满意度100%。

【自身建设】 抓好支部、班子的思想建设、组织建设、队伍建设和作风建设。按照"抓班子、带队伍、促发展"的要求，加强班子队伍建设。加强职工学习，提高干部队伍综合素质。建章立制，加强机关管理，充分调动干部职工的积极性和主动性。加强执政能力和党风廉政建设，全面落实《廉政准则》和制止奢侈浪费行为的若干规定，严格执行"四不准"、"六条禁令"。坚持教育先行，大力开展经常性法纪教育，构筑思想道德防线，使廉政教育警钟长鸣。开展党员实践"三个代表"示范行动，规范局(馆)党员示范科(股)室、党员示范岗(窗口)各项工作。开展创"四好"领导班子活动，坚持班子的民主团结和勤政为民，做到清正廉洁。加强人才工作，建立健全各项人才工作制度。做好驻乡帮村、扶贫帮户各项工作。增强创建文明单位和爱国卫生先进单位的意识，开展州级文明单位创建活动，年底，通过县级最佳文明单位和州级爱国卫生先进单位的复查验收。加强安全生产和档案保密工作，建立健全安全保密规章制度，及时添置、更换相关设施设备；坚持检查督促，加强档案库房等重点部位的安全、保密检查；及时完善涉密网络的相关制度。把维护社会稳定工作纳入重要议事日程，经常检查监督，及时整改问题。加强社会治安综合治理和平安创建工作。做好干部职工关爱工作，缓解职工压力。开展慰问老干部活动，及时为他们解决实际困难。在职工中开展民族宗教政策、法律法规的学习宣传，维护民族宗教领域的和谐与稳定。

乡镇简况

威州镇

【领导名录】

书记、人大主席团主席　傅　剑(5月止)

　　　　　　　　　　　　赵　斌(5-10月)

　　　　　　　　　　　　王　宇(10月起)

副书记、镇长　　　　　　罗宏伟

副书记　　　　　　　　　唐　惠(9月止)

　　　　　　　　　　　　金　勇(10月起)

纪委书记　　　　　　　　张云清(9月止)

　　　　　　　　　　　　喻定春(9月起)

人大主席团副主席　　　　徐光良(12月止)

副镇长　　　　　　　　　靳福超

【基本情况】　全镇辖3个居民委员会,12个行政村,40个村民组(2009年新桥村增加了1个组)。年末有12054户,总人口30099人,其中,农业人口9706人,非农业人口20393人。全镇经济总收入4750万元,纯收入3743万元,农民人均纯收入3887.6元。粮食总产量1941吨,其中,马铃薯170吨,玉米1667吨。油料产量48吨。水果产量387吨。蔬菜产量8709吨。农民人均有粮202公斤。

【对口援建】　广州市对口援建全镇项目77个,总投资280661.8万元。其中,交钥匙项目60个,总投资218740.7万元;资金补助项目17个,总投资61921.1万元。截至11月30日,对口援建的77个项目均已落地开工。其中,交钥匙项目60个已完工26个,交支票项目17个已完工6个。

【城乡规划】　汶川县城总体规划报省人民政府,并批准通过。根据总体规划要求,汶川县城近期规划人口为2.2万人,远期规划人口为2.83万人。控制性详规正由清华大学进行设计。已完成新桥、秉里、布瓦3个村的村庄规划。

【城乡住房恢复重建】　全镇共涉及12个村,3个社区及城区机关企事业单位群众住房恢复重建,农村农房需维修加固和重建的2503户,其中,2228户农房需重建(其中,403户属于维修加固改重建),275户农房需维修加固,2008年年底,275户农房维修加固全部完成。截至9月,除因受重点项目影响需二次迁建的200余户外,其余农房重建全部完工。完成全镇城镇居民住房维修加固5074户;需重建3086套,现已完工824套,其余户数主体已完工。

【县城建设】　按总体规划要求,全镇已完成房屋拆迁53万平方米,滨江路、市政管网建设正有序推进。

【社会事业恢复重建】　8月底,广州援建全镇辖区内的汶川幼儿园、汶川一小、汶川二小3所学校完工并交付使用;9月1日,全镇小学和幼儿园正式复课。8月,县人民医院、自来水厂和镇卫生院援建完工,10月中旬,县人民医院交付使用;10月20日,体育馆和避难广场竣工,于12月通过验收。

【农村基础设施恢复建设】　全镇农村通水工程涉及12个村,铺设引水管道122千米,维修灌渠20千米,新建蓄水池50个,新建和修复提灌站6个,全面恢复农村饮水和农业生产用水,累计完成投资1047万元,已完成全镇通水工程项目。全镇农村通村公路9条共65公里,通村公路均为水泥路,除铁邑村的7.6公里道路未完工外,其余57.9公里已全部完工。全镇12个村两委会服务大楼建筑面积3600平方米。其中,秉里村、布瓦村两个村已完工并交付使用；新桥村、万村、牛脑寨村、茨里村、双河村已完工；茅岭村、铁邑村、增坡村主体完成；七盘沟村维修加固已完工。

【生态及产业恢复】 开展生态复绿工程，组织村民对地震中受损土地进行整理复垦共 1200 余亩，利用植树节等活动开展义务植树，继续巩固全镇农村 4000 余亩"岷江甜樱桃"、千亩"新疆核桃"和无公害蔬菜基地建设。开展产业恢复建设，打造藏羌文化走廊，完成各段风貌改造工程；完成布瓦村古羌寨恢复重建工程；在沙窝子新建威州市场，占地 35 亩，包括建材市场（拥有 64 个建材摊位）和农贸市场（拥有 1000 吨容量的冷库及农产品批发摊位）；完成布瓦生猪集中养殖小区建设。

【援建及捐赠资金】 全年，对口援建资金共拨入 4690 万元，支出 3052 万元；接收捐赠资金 243.3 万元。

【家电下乡及种粮补贴】 1—11 月，共兑付农户家电下乡补贴 777 户 18.24 万元，汽车下乡补贴 33 户 12.07 万元。种粮综合补贴共发放 2013 户 54.26 万元，发放率 100%。

【农业】 全年，农业播种面积 3000 余亩，其中，种植玉米良种 203 亩，洋葱、莴笋等各类蔬菜 800 余亩。为推进农业产业发展，加大农业产业结构调整，建设以"岷江甜樱桃"为代表的优质水干果和无公害蔬菜等为主要产业的农业经济发展模式，推广优质、高产良种，提高单产和农业产品质量，加强农业产品对外出口能力，增加农业收入。全年农业经济收入 1104.84 万元，与 2007 年同期的 947.55 万元相比增长 16.6%。

【林业】 协调广州对口援建单位新栽植绿化树木 3500 余亩，完成经济林木造林 1300 余亩 1 万余株，义务植树 5600 余株，四旁植树 6800 余株，退耕还林补植新疆核桃 3.3 万余株；林业产业经济收入 100 万余元。

【畜牧业】 引进优质良种猪 10 头，建立 3 个能繁母猪养殖点及 1 个养殖小区，发展生猪养殖示范户两户，养殖生猪 320 头。全年共接种免疫猪瘟疫苗 7188 头次，猪口蹄疫疫苗 7188 头次，牛口蹄疫疫苗 3530 头次，羊口蹄疫疫苗 2842 头次，猪呼吸及繁殖综合征疫苗 2358 头次，禽流感疫苗 6521 只次，未发生禽畜流行疫病。对全镇猪牛羊等禽畜进行体内外驱虫 16503 头只次。发展畜草种植 1000 余亩。

【工业】 由于受县城和乡村重建规划影响，大部分企业因重点工程建设、城市建设、安置区建设等拆迁。到年底，全镇共有 27 家企业，其中 21 家企业拆迁。

【旅游业】 突出发展农家休闲体验旅游，壮大农家旅游产业发展，在秉里、布瓦村发展两户农家休闲体验旅游试点。

【卫生事业】 全镇村级医疗设施进一步完善，医务人员综合素质水平进一步提高，认真开展中医先进县建制工作。全镇新合参合率达 95%以上。

【教育事业】 落实专人加强对村小学管理，签订目标责任书；继续实施"两免一补"政策。整合教育资源，除郭竹铺小学外，全镇各村小二年级以上学生年内全部迁到县特教中心寄宿制学校读书。9 月，全镇外地过渡复课学生，全部回新学校复课。

【职业教育及培训】 加强职业教育工作，顺利完成 9+3 免费职业教育的招生、入学、管理等工作。建立健全档案管理制度，加大宣传力度，做好动员工作，在各村、社举办实用技术培训班 26 期，培训 5500 余人次。

【民政工作】 以村（居）民自治组织建设为中心，加强村（居）委会自我管理，自我教育，自我服务。进一步落实民主理财、民主决策、民主监督。推行村务、财务、制度三公开，积极开展模范自治镇、村创建工作。及时足额发放复员军人优抚对象 24 人，军属遗属 3 人，参战退役人员 8 人的生活补助。为 3699 户城乡低保户 6403 人兑现低保金 687.6 万元（其中农村低保户 2980 人）；绝对贫困户款 23 万元。开展城市低保对象普查工作。兑现大病医疗救助款 13 万元。春节等节日向现役军人家属进行慰问。向五保对象及时发放生活保障金，并在冬季发放棉被 1 人 1 床及 50 斤大米。重阳节期间，组织 20 余名退休老职工、老党员代表进行座谈，并发放慰问品。

【综治和法制宣传工作】 坚持"打防结合，预防为主，标本兼治、重在治本"的方针，以"一票否决制"为标准，深入开展"平安威州"创建活动。开展"严打"

整治斗争,重点打击抢劫、抢夺、盗窃等多发性犯罪和爆炸、杀人等严重暴力犯罪活动。向全镇及城区机关单位居民发放公开信3000余份,张贴各类宣传标语、横幅60余幅,结合各村公开栏,各单位、中小学校宣传栏进行法制宣传20次。在学校聘请法制副校长,开设法制教育辅导课。发动镇老龄协会编排法制文艺节目宣传法制知识;与各村(社区)、单位签订综合治理目标责任书、安全生产管理责任书等(边际共防协议5份,综治管理目标责任书50份,安全生产责任书30份,消防安全目标责任书30份,信访稳定目标责任书15份,农机安全责任书12份)。对烟花爆竹经营管理进行整顿,重点整治无专柜、无消防器材、堆放不规范经营户。进一步开展"五五"普法教育,突出抓青少年、企业经营管理人员、社会闲散人员等为重点对象的法制宣传教育,推进依法治镇。

【武装工作】 按照党管武装原则,加强镇武装部规范化建设,建立健全民兵工作各项规章制度,加强县、镇两级民兵应急分队建设,制定防爆和抢险预案,完善民兵预备役建设;加强民兵训练管理,组织参加应急抢险和社会治安管理工作,村(社区)民兵参与治安巡逻,维护城区和农村社会治安。加强《兵役法》宣传,严把政审、体检关,严格征兵纪律,输送优秀兵源参军,完成冬季征兵工作,全镇共20名青年应征入伍。

绵虒镇

【领导名录】

书记、人大主席团主席　杨凯龙
副书记、镇长　　　陈　建(5月止)
　　　　　　　　蒋芝辉(5月起)
副书记　　　　　　余安跃
纪委书记　　　　　曹红虎
人大主席团副主席　唐　斌
副镇长　　　　　　戴　鹏(10月止)
　　　　　　　　陈杨兵　范德云

黄晓刚
王　平(10月起)

【基本情况】 全镇辖14个行政村,44个村民组。年末有2756户,总人口8589人,其中,农业人口7197人,非农业人口1392人。全镇经济总收入2674万元,纯收入2300万元。农民人均纯收入3242.2元。粮食总产量1409吨,其中,马铃薯128吨,玉米1231吨。油料产量25吨。水果产量11吨。蔬菜产量2377吨。农民人均有粮199公斤。

【农房恢复重建】 全镇共有农户1826户,需重建1826户,已全部完成,发放国家补助资金1826户3584.9万元。全镇重建户均享受建房贷款。侨心居资助羌锋村189户、三官庙村145户,每户资助1.5万元,共资助501万元。宣明会已验收400户,每户1万元,共400万元。

【社会事业恢复重建】 加快建设绵虒初级中学、绵虒小学、绵虒镇卫生院、汶川福利院、绵虒镇文化中心、村民文化活动中心。已完成绵虒小学、汶川福利院工程,并交付使用;绵虒初级中学已完成主体工程;完成绵虒镇卫生院、绵虒镇文化中心、各村村民活动中心建设。

【基础设施恢复重建】 全镇14个村的农村安全饮用水工程、道路、安居点河堤建设等工程,采取"以工代赈,资金补助"的方式,组织各村群众积极参与建设,总投入资金2400万元。已完成14个村及镇区的人畜饮水及灌溉工程;完成全镇14个村通村道路32条,共115公里;完成克约村大坪安置点、羊店河坝安置点、板子沟安置点、羊店村磨子沟安置点河堤工程。投入资金1.1亿元,建设公园广场、集镇滨河河堤、道路、管网、路灯、城市景观水系、绿化、标志性建筑等市政项目,打造具有浓郁禹羌文化特色旅游明珠小集镇。

【藏羌文化走廊建设】 藏羌文化走廊建设实施内容包括:新农村建设,城乡环境综合整治,过渡房、废弃厂房、临时工棚及违法建筑拆除,房屋外墙风貌恢复重建,以及土地整理复垦。1月开始,开展城乡环境综合整治,调动务工人员4000余人次,使用机具500余台次,清理废墟、建渣、垃圾3659余吨。截止12月,拆除影响藏羌文化走廊建设和不符合规划的农房共61户,面积6132.7平方米,涉及过渡安置人口126人。完成映汶高速路拆迁322户。加大对城乡居民住房风貌恢复和农房重建投入。加强与珠海市对口援建绵虒镇工作组的沟通与协调。全镇公路沿线农房风貌恢复重建,投入资金近2000万元,主要用于克约村、三官庙村新农村建设和公路沿线664户农户风貌恢复建设,已完成风貌改造514户,完成道路绿化23公里。为了进一步将居民住房重建和羌藏民族风貌恢复重建有效结合,全力打造具有羌藏民族文化民居风貌,做到一房一景,一村一色,一线一特,一村一业,建设羌藏特色魅力民居。按照总体要求将三官庙村建设成为具有典型川西民居风格的农家生态旅游示范村;将克约村建设成具有浓郁羌民族特色的种植养殖产业发展示范村。同时,把克约村建设成为震后恢复重建山上往山下靠,集中安置的示范村。

【土地整理复耕】 截止12月,全镇14个村整理土地220亩。

【产业恢复重建】 依托现有优势资源,发展农村特色产业。重点抓好高店村生猪养殖基地及农畜生产加工、羌绣加工展示基地建设,引进扶持产业化龙头企业,提高特色产品加工转化增值能力,建设好特色农业发展区。以国道213线为依托,加快发展服务业,旅游业,建立绵虒镇产业发展基金,发展文化旅游产业,启动禹王宫、禹王庙、绵虒老街修复、羌碉、土司官寨、红军纪念塔等旅游设施景点恢复重建;加强市场建设,形成人人有商业,户户搞旅游;发展农家旅游;加快推进羌族文化生态体验区,逐步推进城乡统筹发展。

【精神家园重建】 5月17日,成功举办中国汶川第二届古羌文化节;与四川音乐学院联合举办绵虒镇"三下乡"等文化活动。利用"五四"青年节、"三八"妇女节开展"感恩社会、自强重建"为主题的锅庄比赛。

【教育】 坚持把教育放在优先发展的战略地位,加大教育投入, 由国家建设投资的绵虒小学占地19665.4平方米,总建筑面积11867.5平方米,为全日制寄宿小学,18个教学班,可容纳在校生900人。

【计划生育】 加大计划生育宣传教育,严格控制计划外和非婚生育,进行育龄妇女"三查",向已婚妇女宣传节育措施及避孕知识。

【医疗卫生】 改善医疗条件,建设绵虒镇医疗卫生站,健全巩固村级医疗站,加强初级卫生保健工作。宣传贯彻落实农村新型合作医疗政策,鼓励农民参加新型农村合作医疗。5月,联系县卫生系统技术骨干组成5个小组对全镇进行大骨节病普查,共查出大骨节病患者102人,主要分布在板子沟村、白土坎村和小茅坪村,已划定病区,大骨节病扶贫工程全面启动,为全镇大骨节病人每月定量供应扶贫粮食。

【民政优抚】 深入了解群众的生产、生活疾苦,关心孤寡老人、残疾人、困难户的实际困难。全年,共发放春荒、冬荒救济金6.5万元,农村低保197.06万余元,大病救助6.91万余元,发放温暖过冬物资棉衣、棉被、电热毯各450床,共计6.5万元。严格按照国家规定,规范婚姻登记和收费工作。

【国土资源保护】 严把建房用地审批关,对非法使用国土资源进行清理整顿,发现问题及时处理。加大地质灾害防御工作力度,制定本镇地质灾害防御预案,做到早预见、早排险。

【社会治安综合治理】 在抓经济发展的同时,切实负担起"发展一方经济,保一方平安"的责任,层层签订《社会治安综合治理保一方平安责任书》。结合"五五"普法工作,宣传各项法律法规,增强群众的法律意识和法制观念,自觉维护社会秩序。继续推进"整体联动"防范工程,完善"整体联动"防范机制,对各种治安防范力量进行整合,预防和控制犯罪,保障社会、政治稳定。对群众进行爱国主义、集体主义、社会主义思想教育和科学文化知识教育，引导群众破除迷信、崇尚科学，依法打击"法轮功"等邪教组织和利用宗教进行的非法活动。继续加强"无毒社区"创建活动，从宣传教育入手，从青少年抓起，让学生、群众认识毒品的危害，自觉远离毒品，珍爱生命，巩固"无毒镇"创建成果。

【维稳与安全】 全面掌控稳定局势，收集不稳定因素，排查不稳定隐患。热情接待来信来访，妥善解决群众的利益诉求。依法、依据、依理进行土地征用、房屋拆迁工作。全年，全镇共发生各类纠纷 53 件，处理 50 件，正在处理 3 件；治安案件发生 26 件，处理 26 件；刑事案件发生 4 件，破案 4 件。重点抓好道路交通安全，非煤矿山安全，农用机械安全，民爆物品安全，防汛工作安全，树立人民群众的安全理念，创造良好的安全氛围。

【组织和自身建设】 加强领导班子建设、党员的教育管理和党员发展工作，本年，发展新党员 14 人，党员转正 19 人，培养入党积极分子 26 人。加强村级后备干部培养；加大对下派干部和"一村一大"的管理。加大村务公开工作力度。加强干部工作作风建设，转变机关工作作风，从纪律作风、工作质量和效率三大方面对机关管理制度进行完善，克服形式主义、官僚主义。

映秀镇

【领导名录】

书记、人大主席团主席	周全福(兼,9月止)
	廖 军(9月起)
副书记、镇长	廖 军(9月止)
	徐红军(9月起)
副书记	徐红军(9月止)
	孔红永(9月起)
	蔡代敏

	陈林佐(9月起,挂职)
纪委书记	何光琼
人大主席团副主席	董红林(9月起)
副镇长	沙 金
	李 强(9月起)
	吴拥军(9月起)
	彭建军(9月起)
	傅晓伟(9月起,挂职)
	许党党(9月起,挂职)
	张华平(9月起,挂职)
	邓 姝(9月起,挂职)

【概况】 全镇辖 1 个居民委员会，7 个行政村，26 个村民组。年末有 2407 户，总人口 6266 人，其中，农业人口 3554 人，非农业人口 2712 人。全镇经济总收入 1815 万元，纯收入 1257 万元。农民人均纯收入 3599.7 元，比 2007 年增加 593 元，增长 19.7%。粮食总产量 93 吨，其中，马铃薯 26 吨，小麦 2 吨，玉米 54 吨。油料产量 32 吨。水果产量 7 吨。蔬菜产量 255 吨。农民人均有粮 27 公斤。

【种植业】 在黄家院村、黄家村、渔子溪村、中滩堡村 4 个村种植猕猴桃 683 亩，种植无公害蔬菜 500 亩。在黄家院村、黄家村、渔子溪村建立茶园基地 250 亩。在老街村豆芽坪组新建食用菌基地 1 个。

【养殖业】 全年，牲畜出栏 1205 头；养殖生猪 725 头；养殖小家畜禽 1920 只；引进种羊 20 只；在老街村、渔子溪村新建中型规模养殖场 2 个。

【林业】 完成义务植树 3000 株、四旁植树 1.5 万余株；发放 2008 年退耕还林 5197.11 亩粮改补助资金共 92.85 万元，对 5197.11 亩退耕还林进行自查并补植，加强后期管理工作，通过国家林业局验收。

【总体规划情况】 中心镇区规划范围：以映秀镇集中区为主，规划区面积 1.68 余平方公里。规划内容：规划对重建基础，总体要求，空间布局，城乡住房，城镇建设，农村建设，公共服务，基础设施，产业重建，防灾减灾，生态环境，精神家园，政策措施，重建资金，规划实施等都进行明确规定。定位：规划期内映秀镇人口规模控制在5700人,定位为防灾减灾示范区、现代抗震建筑博物馆和国家AAAAA级旅游景区,宜居温情小镇。发展指引:映秀镇为中片区(地震遗址旅游及纪念区)的主要组成部分。加快地震遗址公园的规划建设,要在映秀地震遗址保护、白花大桥遗址保护、牛圈沟地震遗址保护、纪念设施建设、震中标志建设的基础上,通过对汶川特大地震及抗震救灾进行文字展示、数据展示、实物展示、图片展示、三维动态型实景艺术表现和艺术雕塑等多种表现形式,"点线面"的结合,加快各类旅游服务设施的配套跟进,增强旅游发展的长期适应能力。

【征地拆迁】 需拆迁过渡房2814间,其中,板房2723间,自建过渡房91间,拆除面积5.19万平方米,涉及二次过渡1877户,外迁4908人。

【房屋重建资金发放】 按照每户3000元标准(特困户1万元)发放"特殊党费"1242户379.6万元;农房重建国家补助资金按户均两万元标准,应发2419.8万元,依据农房重建进度,已发放到位396户742.16万元,完成进度为30%。农房重建进度奖励资金补助按照每户1.2万元标准,按进度发放到位402户421.7万元。为困难农户住房重建贷款担保,共发放农房贷款基金1188户2326万元。

【二次过渡资金发放】 东莞市安排2808万元过渡资金,其中,村(居)民第二季度外出过渡生活补助(550元/人月)已经完全到位,二次过渡各项补助资金累计达1443万元。

【就业促进】 全年,开展成人教育培训6期,培训180人次,培训内容涉及养殖业、种植业、旅游业等。通过对口支援、劳务输出、定向招工、以工代赈、创造公益性岗位等途径,扩大就业,重点帮助零就业家庭就业。

【扶贫解困】 扶持农村贫困人口330人,落实畜牧科技人员帮扶养殖户5户,养殖户人平增收270元。按时发放贫困群众医疗救助人均200元。

【农村合作医疗】 推进农村合作医疗事业发展,全镇参加农村合作医疗3306人,其中民政救助99人,参合率100%。

【安全温暖过冬】 统一要求农户按人均60~90斤标准储备越冬粮食。设置黄家院村、老街村两个中心村储备点,储备粮油3.9吨;映秀镇物资储备库储备粮油3.75吨(其中,粮3.5吨、食用油0.25吨),棉被1650床,防寒服900件,帽子1000顶,围巾1000条,焦炭6吨。为确保渔子溪村96户群众安全温暖过冬,发放焦炭4.8吨。

【教育助学】 继续做好"两免一补"工作,全部免除全镇义务教育阶段学生学杂费并免费提供教科书,对233名寄宿制学生发放生活补助。

【社会保障】 发放城市居民最低生活保障393人次49.98万元;发放农村最低生活保障2635人次161.26万元。"五保"对象集中供养补助水平达每月150元。

【百姓安居】 完成农村特困群众危房减灾工程5户,受地质灾害避险搬迁农户98户;解决农村饮水安全问题700人。

【环境治理】 巩固退耕还林成果0.52万亩;天然林管护10.88万亩,综合治理水土流失面积1.5平方公里;草原建设200亩。

【家电下乡及粮食补贴】 汽车下乡补助18户6.71万元,家电下乡补助105户2.13万元,农机具补助6户2.4万元。发放粮食直补7986.75元,综合直补7.36万元。

【安全生产】 开展自查,消除安全隐患;在道路交通隐患处设立警示标志,在危险路段设道路交通检测员;开展中小学校舍安全大检查,配合县卫生、防疫、工商、消防对全镇副食经销店进行全面摸排。

【计划生育】 全年,全镇共出生88人,其中,一孩69人,两孩18人,符合政策生育率、采取节育措施率均达到县计生部门要求。

【城乡环境综合治理】 与各施工单位签订"门前三包"责任书,制定环境卫生综合治理考评办法,对影响环境的施工单位给予严肃处理。及时清除辖区内卫生死角,规范摊点80余个。恢复、新增垃圾处理设施近 50 个(处),"五乱"现象得到控制。

【城乡住房恢复重建】 按照"政府主导、市场运作、政策支持、群众自助"原则,开展城乡居民住房重建工作。截止 12 月,全镇城乡住房需重建的村有老街村、黄家院村、黄家村,应建 408 户,完工 408 户,完工率 100%。其余 4 个村和秀坪社区按抗震减灾示范区要求进行住房重建,有 222 栋 1363 户(按规划调整后最新数据)。12 月,已动工 175 栋 1118 户,完成工程总量的 33%;维修加固 7 户,完工 7 户,完工率 100%。安居房项目共 62 栋 597 户(按规划调整后最新数据)。已动工 57 栋 573 户,完成总量的 65%。拨付过渡房补助 738.66 万元。发放农村住房贷款 1188 户 2326 万元;拨付城镇居民补助 447 户 1322 人 1237.5 万元。全镇新村规划顺利进行,完成老街村村庄规划,被列入全县新农村示范村之一。

【公共设施恢复重建】 8 月,映秀幼儿园开工建设,至年底,完成工程总量的 75%。完成映秀小学图纸审查和场地清理,施工单位已进场。完成映秀"七一"中学补勘钻孔,正在编制地勘资料。映秀镇卫生院已完成工程总量的 60%。农贸市场已完成工程总量的 40%。完成地震纪念地(含遇难者公墓)定位及场地平整,正在进行土方开挖。完成老街村村委会建设,黄家院村村委会正进行装修,黄家村村委会施工队伍已进场。

【基础设施恢复重建】 市政道路项目共 19 条,动工 17 条,其中,10 条道路挖填方工作全部完成,占总挖填方数量的 75%;已完成工程总量的 45%。桥梁工程项目 3 座,均完成工程总量的 65%。中滩堡供水厂项目 9 个单体建筑,到 12 月初,清水池、排泥池、预沉池、絮凝沉淀池、加药加氯间、综合楼、滤池主体结构已完成;完成工程总量的 80%。河堤水利项目均动工,完成工程总量的 48%。老街村、张家坪村农村供水工程全部完成。黄家村、黄家院村供水工程完成土建,正进行管道安装,已完成工程总量的 80%。农村道路建设中老街路已完工,中黄路正进行施工图评审后设计调整;黄家院村路进行科研报告评审;黄麻路

完成总工程量的 60%。

【AAAAA 级景区建设】 按照"把映秀建设成现代抗震博物馆和防震减灾示范区、汶川大地震震中纪念地、世界 AAAAA 级温情旅游小镇"的定位,采取新理念、新材料、新技术、新结构,遵循"避让"、"抵抗"、"自救"相结合的防灾策略。借助"防灾减灾示范区"、"5.12 震中纪念地"的建设,将映秀镇打造成世界级"人文山水旅游胜地"和"大爱之旅精神圣地"。建立牛圈沟震源点、河口纪念广场、渔子溪纪念地、大爱磐石、漩口中学地震遗址、邱光华机组纪念地、中滩堡遗址公园、老虎嘴等一系列地震旅游纪念地,连点成线、连线成片、连片成面,把点做亮、把块做大、把面做活。发展农家旅游业,重点抓老街村茶马古道建设及张家坪村震源点打造,做到家家有商铺、户户搞旅游。推进旅游二次创业,以旅游文化化、文化旅游化为抓手,加快旅游景区景点建设,做好灾后旅游发展总体规划和旅游项目策划。结合灾后恢复重建,建设独具特色、设施一流、管理规范的乡村酒店。

【新农村建设】 在抓好灾后重建的同时,同步推进社会事业和人的全面发展。按照"建设重点村、优化大环境"思路,推进以老街村为示范村的新农村建设,加强村容村貌及环境整治,大力发展大棚食用菌基地、茶马古道体验、特色种养业、农家休闲旅游等促进整村经济发展。

【维稳工作】 坚持抗震救灾、灾后重建与维护社会稳定工作同步推进,开展矛盾纠纷大排查、大调处活动,妥善处置灾后重建、征地拆迁、拖欠农民工工资等热、难点问题。对全镇矛盾纠纷隐患、社会治安隐患、重点人员潜在隐患进行排查,加大对潜在矛盾纠纷的调处力度和重点人员的监控力度,领导轮流接访,包案到人,对重点稳控对象进行约谈并安排专人监控;加强巡逻和值班力度,完善群众工作网络,畅通群众诉求渠道,变群众上访为干部下访。全年,排查矛盾纠纷 27 件,调处 27 件,调处成功 22 件;治安混乱地区和突出治安问题排查 5 处,配合相关部门整治 5 处;制定现阶段稳定工作预案 5 件;接待群众来访

21件、信访28件(其中,县信访局转来6件)、政策咨询296人次。组建灾后重建特勤民兵分队,负责灾后重建稳定、环境整治、应急处突等工作,承担重大接待维稳工作,并坚持每天对重点区域进行安全巡逻和消防隐患排查,为全镇灾后重建服务。

【群众生活】 在重阳节、羌历年等传统节日,镇党委、政府积极组织群众开展锅庄、歌舞表演、卡拉OK比赛、棋牌类竞技等文化活动,丰富群众业余生活。

【党建工作】 镇党委始终把农村党支部建设作为基层组织建设的核心工作。把政治素质好、工作能力强、群众威信高的党员干部选拔到支部书记岗位上,配齐配强村支部班子。建立健全各村规章制度和村规民约,加强"五好党支部"和"无违纪支部"创建活动,大力实施"民富、美村、强班子"计划,发挥领导班子核心作用。对全镇9名老党员进行慰问,发放慰问金2700元;定期走访困难党员家庭,为困难党员谋出路,解难题。在抓好组织建设的同时,重视"一线"党员发展工作,按照特事特办原则,严把党员"入口"关,确保发展质量,抓好党员的培养发展工作。培养积极分子15人,吸收预备党员30人,即将转正41人。

加强流动党员管理,在全镇范围内对流动党员进行摸底调查,建立流动党员管理台账,对流入党员按照属地管理原则,编入党组织。

【自身建设】 把党委班子建设摆在突出位置,重点抓好班子学风、作风和能力建设。坚持学习制度,积极建设学习型领导班子,以践行科学发展观主题教育活动为契机,抓好班子成员的学习和教育。坚持民主集中制,扩大党内民主,畅通监督渠道。执行党风廉政建设责任制,严格落实班子成员工作责任,建立、完善相关工作机制。加强思想作风建设,确立"全党抓经济、重点抓灾后重建、关键抓载体、合力抓环境"的总体工作思路,发扬求实、务实、抓落实的好传统,自觉履行服务职能,坚持深入群众,进村入户了解群众呼声,解决群众实际困难。创新工作机制,建立健全制度,推行政务公开、村务公开、党务公开,进规范村级财务管理,健全财务公开制度,接受群众监督,对群众关心的热点、难点问题,做到政策、程序、结果公开透明。

【科学发展观活动】 9月开始,按照县委要求,结合工作实际,制定学习实践科学发展观活动实施意见,成立领导小组,召开动员大会,精心组织安排,扎实开展各阶段工作。采取集中学习和自学方式,对在外过渡及行动不便的老党员采取送教材上门,并进行电话交流指导;开展科学发展观智力问答,激发党员学习兴趣。在活动过程中注重解决群众问题、解决灾后重建中各个项目推进问题,制定领导干部联系工程项目制度,要求每个领导亲自抓项目,党委班子成员采取现场办公、实地调研、现场解决的方式,深入施工现场解决实际问题,将学习实践活动落到实处。

漩口镇

【领导名录】

书记、人大主席团主席　刘　兵(4月止)
　　　　　　　　　　　王国文(4月起)
副书记、镇长　　　　　王　宇(9月止)
　　　　　　　　　　　孔红永(9月起)
副书记　　　　　　　　王　虎(10月止)
　　　　　　　　　　　刘克建(10月起)
　　　　　　　　　　　黄永林(挂职)
纪委书记　　　　　　　杨绍春
人大主席团副主席　　　刘　艳
副镇长　　　　　　　　刘克建(10月止)
　　　　　　　　　　　张　团
　　　　　　　　　　　张丽娟(10月起)
　　　　　　　　　　　班永成(10月起)
　　　　　　　　　　　黎汉钊(挂职)

【基本情况】 全镇辖1个居民委员会,16个行政村,56个村民组。年末有6138户,总人口14050

人,其中,农业人口 7573 人,非农业人口 6477 人。全镇经济总收入 3352 万元,纯收入 2509 万元。农民人均纯收入 3486.7 元。粮食总产量 1010 吨,其中,小麦 36 吨,马铃薯 71 吨,玉米 812 吨。油料产量 150吨。茶叶产量 17 吨。水果产量 8 吨。蔬菜产量 1318吨。农民人均有粮 140 公斤。

【城乡住房恢复重建】 按照"就地、就近、分散安置"原则,以"安全、经济、实用、省地、特色"为重建标准,整合力量,从组织、引导、监督、服务等四个方面着力,从选址、资金、材料、工匠等四大难题入手,推进城乡住房建设。全年,发放农房维修加固和重建补助资金 3219.6 万元,发放委托贷款 2005.5 万元,办理财政担保信用贷款 1382 万元。完成 655 户受损房屋加固维修;全镇 1636 户重建户除因漩口工业园区建设涉及二次搬迁和避险安置农户外,940 户已完成农房重建。开展农村和城镇危房拆除和废墟清理,拆除危房 5.92 万平方米,清理废墟 12 万立方米。年底,完成城镇居民房屋恢复重建。

【产业恢复】 科学合理调整漩口地区工业企业布局,支持阿坝铝厂等企业恢复建设,促进工业恢复。镇境内工业企业已恢复生产。

【基础设施恢复重建】 全镇农村公路重建及新建 22.4 公里,已动工 4 条 8.5 公里。截至 10 月底,完成 C028 斯安路两公里;完成 C027 漩赵路两公里;Y023 漩祝路 3.2 公里完成部分路基整平工程;完成C020 白蔡路路基建设。其余通村路在设计中,预计2010 年 3 月底全部竣工验收。

【资金管理】 加强灾后恢复重建资金监管,所有资金实行"一个口、一个户、一支笔、一本册"的管理使用制度。建立健全捐赠资金收支情况公示制度。截至 10 月底,为加固维修户 655 户发放维修补助资金327.5 万元,农户建房补助资金 2884.5 万元。灾后重建资金实行"专户管理,专账核算",严格按照基本建设程序和招投标管理的规定组织项目实施,确保资金的规范安全。

【社会事业】 开展励志、安全、感恩教育,加强师生的心理疏导和心理咨询,抓好师生灾后心理康复;加强教师管理,健全完善学校管理制度,确保学校安全;完成灾后教育体系布局调整。9月,漩口小学竣工交付使用,异地复课和板房过渡的师生全部入新校上课。医疗卫生单位全部实现临时安置,医疗救治、传染病、地方病防治、卫生监督、妇幼卫生、民族医药、新型农村合作医疗等工作有序开展。开展第二次全国经济普查、第三次全国文物普查工作。

【援建项目】 对口援建项目共 88 个,其中,交钥匙项目 25 个,交支票项目 63 个,资金总额 43871.6万元。截至年底,累计完成投资 21480.76 万元。中山小榄小学、中心幼儿园、漩口卫生院、集镇市政道路(中山路)、漩口派出所办公楼相继竣工;完成瓦窑、安子坪等 8 个村堤防建设;完成响黄沟、蔡家杠等 8 个村饮水工程;集中、赵家坪等 6 个村委会办公楼投入使用。2770 米集镇道路支干道、漩口法庭、部分村河堤、供水投入使用。

【集中安置点建设】 由于受次生灾害威胁,油碾村 84 户农户统一规划安置到该村万斤沟;蔡家杠村69 户、响黄沟村 73 户农户集中安置在蔡家杠。红福山村二、四、五组 32 户,群益村受次生灾害威胁 24户,圣音寺村二组 32 户农房建设全部竣工,正在实施风貌恢复。

【风貌恢复重建】 为加大 G213 线村庄风貌恢复重建力度,着力打造一批亮点村庄,邀请专家,结合地理环境条件,规划设计多民族文化风景线,做到一村一貌,避免风貌单一化,充分体现民族特点。G213 线为羌汉结合风格;寿江桥至红福山村为藏汉风格;其余为川西民居风格。截至 10 月 28 日,全镇完成 500余户风貌恢复重建,完成投资 4000 万余元。

【产业恢复重建】 打造"漩三特色农业经济圈",开发集中村短程农家乐旅游、蔡家杠村地震中心点等旅游资源及产业重建。在集中村、赵家坪村、安子坪村、古溪沟村等发展猕猴桃 800 亩,全镇累计种植猕猴桃 3000 余亩,试花挂果 100 余亩。加大群益村、核桃坪村 800 余亩茶业生产基地管理。在集中村、赵家坪村、安子坪村、红福山村等发展养羊、养猪专业户15户。集中村、核桃坪村农家休闲旅游已成维形。注重剩余劳动力培训，多次举办羌绣、皮雕、旅游技能培训。加大劳务输出，增加农民收入。

【民生工程】 落实惠农政策，实施民生工程。发放粮食直补和综合直补、猕猴桃架杆补助120.89万元；全部免除义务教育阶段学生学杂费并免费提供教科书；为白花小学300余名师生协调解决羽绒服350件，棉鞋320双，毛衣350件，确保异地复课师生温暖过冬。加强新型农村合作医疗工作，参合农民6895人，其中，民政救助394人，参合率达96%；调整新农合补偿标准，全年累计报销9666人次，报销资金44.92万余元。成立甲型H1N1流感防控工作领导小组及医疗救治小组，制定《甲型H1N1防控工作应急预案》，做好甲型H1N1流感防控工作。

【家电及汽车下乡】 发放"家电下乡"补贴资金3.68万余元，汽车、摩托车下乡补贴资金近2.85万元。

【就业促进】 解决阿坝铝厂、紫坪水泥厂、锂盐厂等企业恢复生产300余名企业用工；发放灾后再就业公益性岗位补贴110.6万元，解决部分零就业家庭就业问题；采取以工代赈方式，在基础设施恢复和灾后农房重建中使用本镇、本村劳动力，缓解就业压力。加大城镇居民最低生活保障和基本医疗保险工作力度。举办各类培训12期，为1800余名农村失业人员免费技能培训，引导返乡农民工实现就业。

【城乡环境综合整治】 将城乡环境综合治理作为创优环境、提升形象、保增提速的重要民生工程，严格做到"车子不乱停、摊子不乱摆、渣子不乱倒、污水不乱流、广告不乱贴、牌子不乱挂、工地不乱象"，不断推进整治活动向机关、市场、企业、学校、社区、村庄、景区、家庭延伸，做到全覆盖，不留死角，重点突出。将G213沿线分标段，责任到人，购置两辆环境整治垃圾车对G213线进行巡查，随时清扫保洁，不留死角。将环境整治工作纳入年终目标考核，层层签订责任书，做到责任落实，奖惩斗硬，实现由短期突击治理向规范常态管理转变，形成全民支持、全民参与的良好氛围。

【维稳工作】 按照县委、县政府社会治安综合整治工作总体思路要求，结合实际，围绕"抓安民、保稳定、促重建、求发展"工作要求，坚持"统一领导、综合治理、突出重点、标本兼治"的原则，以凝聚民心为核心，以基层组织建设为关键，以依法管理宗教事务和寺庙清理整顿为重点，以平安创建为载体，以社会管理为主线，综合整治影响社会稳定的问题，成立漩口镇民兵特勤分队、综治联防巡逻队，维护漩口社会稳定，参与应急救援、维稳执勤、夜间巡逻等工作。

【对口援建】 广东省中山市对口援建漩口镇灾后恢复重建，中山市四套班子领导多次到漩口看望慰问受灾群众，指导灾后重建。中山市工作组进驻漩口镇后，深入开展调查研究，掌握大量第一手资料；组织中山市规划局、中山市建设局、中山市建筑设计有限公司、中山市测绘工程公司、中山市规划设计院等单位进驻漩口镇，开展测绘、规划、工程设计，编制漩口镇恢复重建总体规划和控制性详细规，提出符合漩口镇灾后恢复重建和发展实际的"一轴、四片区"的镇区空间结构布局；确定学校、幼儿园、医院、供水实施、集镇中心道路、派出所等第一批、第二批民生工程项目。中山市公安局先后派出公安援川特遣分队，协助维护治安、G213线保通工作。中山市侨务局组织港澳同胞、海外侨胞捐资，在水田坪、核桃坪等村实施"侨心居"工程项目，为515户投入资金515万元，用于灾后农房重建。加强与中山市的沟通和联系，抓好工作对接，建立完善协商机制，强化宣传，搞好服务。

水磨镇

【领导名录】

书记、人大主席团主席	王志勇
副书记、镇长	罗继华

副书记　　　　　　　　孙　波

纪委书记　　　　　　　　岳建伟

人大主席团副主席　　　　郝碧芳

副镇长　　　　　　　　　贾叶群　王　鹏

　　　　　　　　　　　　文永刚

【基本情况】　全镇辖 1 个民委员会,18 个行政村,73 个村民小组。年末农户 4044 户,总人口 11905 人,其中,农业人口 9145 人,非农业人口 2760 人。全镇经济总收入 4571 万元,纯收入 3266 万元。农民人均纯收入 3549.6 元。粮食总产量 2207 吨,其中,小麦 30 吨,马铃薯 149 吨,玉米 1901 吨。油料产量 371 吨。茶叶产量 18 吨。水果产量 1 吨。蔬菜产量 1908 吨。农民人均有粮 240 公斤。

【种植业】　调整产业结构,增加农户收入,主要发展猕猴桃、川芎、茶叶等种植业, 拟发展猕猴桃 1180 亩,涉及 11 个村,共需幼苗 141238 株,已接收种植 71846 株,完成 50.87%。推广地膜玉米、地膜蔬菜 1000 余亩,亩增收 200～500 元。采取以防为主,防治结合的方法,防治马铃薯晚疫病 1200 余亩,玉米粘虫、地下害虫等 3800 亩。

【养殖业】　全年家畜出栏 7504 头,年末存栏 4992 头,家禽出栏 8000 只,年末存栏 12450 只。年末存栏已发展规模养殖户 17 户。其中,养猪户 15 户,存栏 500 头以上两户,存栏 100 头以上 13 户;养鸭户 1 户,存栏 20 万余只;养鸡户 1 户,存栏 1000 余只。以"预防为主,治疗为辅"为方针,抓好春秋两防工作,针对猪瘟、猪肺疫、口蹄疫、禽流感,全年共防御 12113 头,防御率 95%。

【林业】　做好护林防火和野生动物保护工作,全年,全镇未发生森林火灾和乱捕滥猎野生动物现象,实现连续 39 年无森林火灾。加强林政管理,共查处林事违法行为 3 起;协助漩口森林经营所做好林地占用管理工作,督促矿山负责人按规定办理林地征占用手续,制止乱占林地违法行为。共完成义务植树 27650 株,四旁植树 8600 株,各类经济林木 31260 株。对"5.12"地震造成轻微破坏,保存率达不到国家

要求的,督促退耕户及时进行补植,在补植中做到适地实树,确保退耕还林质量。

【农房恢复重建】　全镇农房重建户 2619 户,其中,重建 2501 户,维修加固 118 户,总资金 4748.90 万元。到年底,农房重建全部完工,兑现全部维修加固补助资金 59 万元,兑现全部重建补助资金 4689.9 万元。全镇总签发农房重建贷款 4546 万元,2421 户,有 198 户未进行贷款;经协商,还在继续办理相关重建户的贷款手续。

【征地拆迁】　全镇共征地拆迁 722 户,其中,居民 201 户、农民 521 户(乱搭乱建 37 户),涉及人口 2520 人,拆迁面积 15.25 万平方米(其中,商铺面积 1.27 万平方米),征地拆迁补偿资金累计 15000 万余元,331 户进行统规统建,其余进行自行安置;对不符合规划和乱搭乱建的 37 户,共计 6290 平方米,依法进行拆除,不予补偿。涉及拆迁企业 8 家,拆迁面积 9.20 万余平方米,征地拆迁补偿资金累计 31000 万余元。累计搬迁坟墓 235 座,其中新坟 22 座,老坟 213 座,补偿资金累计 29.08 万元;拆建高压线路 15 组,移动、电信通信光缆 4 组,补偿资金 600 万余元。

【教育恢复重建】　按照"打造一个中心,建设两条走廊,发展五个区域"的灾后恢复重建总体构想和把水磨建成教育、安居、旅游现代服务区的指导原则,将阿坝师专、汶川县第二幼儿园(原映秀幼儿园)等学校整体迁建到水磨教育园区;将初高中整合建成水磨中学(完中)。水磨中学项目:建设总用地 5.68 余万平方米(85.22 亩),总建筑面积 37295.13 平方米,设 52 个班,可容纳 2400 人。总投资为 15376.92 万元。完成 1 号教学楼、2 号教学楼、1 号学生宿舍、2 号学生宿舍、3 号学生宿舍、教师宿舍、食堂及市政总平建设,于 8 月 28 日交付使用,9 月 1 日正式开学。汶川"八一"小学项目:为全寄宿制农村普通完全小学,设 6 个年级 21 个班和 3 个学前班,共有学生 1080 名,教职员工 80 名,总建筑面积 1.78 万平方米。主要包括教学综合楼、风雨操场、200 米运动场、后勤服务楼、学生宿舍楼和教工宿舍楼。用地包括原水磨中学、

水磨小学、水磨镇政府用地及西侧新征地,面积共50余亩。小学于8月27日交付使用,8月30日正式开学。汶川县第二幼儿园项目:建设总用地5080平方米(7.62亩),建筑面积2725平方米。入学人数270余人,共9个班。已竣工。阿坝师专项目:初期规划用地599亩,规划建筑面积约20万平方米。通过灾后重建改善办学条件,容纳在校生8000人的办学规模。重建项目及规模为:新建公共教学楼1.6万平方米,公共实训大楼14260平方米,图文信息大楼1.6万平方米,行政办公楼8500平方米,音乐大楼6500平方米,美术大楼6800平方米,学术交流培训中心1.2万平方米,学生宿舍3.6万平方米,学生食堂及生活辅助用房24240平方米,体育训练中心10640平方米,教工周转房13860平方米;游泳池1座,400米标准田径场1个,篮球场20个,排球场8个,网球场6个,羽毛球场10个,乒乓球场30个;配套建设大门、围墙、道路场地、绿地等辅助设施;供排水、强电、弱电及天然气等公用工程。总投资为62990万元,8月26日奠基,12月10日动工,预计2011年5月竣工。

【旅游恢复重建】 按照水磨镇总体规划,以不同的主导或侧重发展方向,将水磨镇区域划分成3类片区。第三产业主导发展区——包括分布于漩三公路发展主轴两侧的8个村,侧重发展无污染工业。乡村旅游主导发展区——包括沿乡村旅游经济发展轴分布的4个村,将依托"万亩茶园"以及优质山水景观资源,扩展茶园外延经济效益,发展旅游经济。传统经济主导发展区——其余6个村分布于相对边远、交通相对不便的半山或高半山,缺乏特色资源,维持发展传统型山区农业经济,重点培育主导附加值高的经济作物。以老街为核心,打造古镇旅游。采用复原再生、恢复重建和立面改造3种模式,对街道建筑立面和整体风貌进行整治,增加和改善道路、给排水和通讯等基础设施。保留古镇内"家带店及院落"布局传统模式,营造整体历史风格,发展古镇旅游业。已完成老街一、二期工程改造。打造二村沟休闲度假旅游,支持九寨茶叶公司恢复茶叶加工生产,维修、购买设备,规划扩建茶园1万亩,鼓励该公司实行公司+农户形式,带动当地农民生产致富。扩建厂房2900平方米。以羌芽产业基地产业扶持项目的建设,优化二村沟景观绿化,为二村沟旅游创造有利条件。5月9日,阿坝羌芽修复改造工程竣工验收。进行环线农业旅游经济带基础建设,对街凤岩、黄家坪、连山坡、大岩洞、马家营、寨子坪、郭家坝等7个村基础设施和配套设施恢复重建。5月9日,郭家坝侨心居竣工揭牌。

【风貌改造】 全镇特色产业经济环线涉及12个村。风貌改造总计800余户,其中,涉及漩三环线总户数为625户,已批470户,其中,可进户206户、可视户264户。年底,完成风貌改造380户,其中可进户157户、可视户223户,完成率为81%。

【对口援建】 广东佛山市援建水磨镇,截至12月4日,完工援建项目30个,在建项目48个(其中部分项目将在年底完工)。截至11月24日,累计到位援建资金71353万元,累计完成投资53452万元。

【维稳工作】 组织全镇机关干部在镇区开展春节前维稳排查;开展消防安全和生产安全检查;开展春节前后、"两会"期间、"五一"和"国庆"期间不安定因素排查。完成"9.26"国家领导人到水磨镇视察安保。做好矛盾纠纷调处工作。全年共排查出重大矛盾纠纷和不稳定因素9件,化解6件。加强调解工作。全年,镇村两级人民调解委员共受理各类民间纠纷37件,调解37件,成功34件,调解率和成功率分别为100%和92%。综治办和派出所联合先后开展打黑除恶、打击两抢一盗、清理"三电"等专项行动。全年,水磨派出所立刑事案件17起;查处各类治安案件58起,调解各类治安纠纷26起。

【计生工作】 大力宣传国家现行计划生育政策,改变群众旧的生育观念,稳定低生育水平,提高人口质量。截至9月底,全镇年末总人口12289人,其中,农业人口9844人,非农业人口2445人,育龄妇女3554人,已婚育龄妇女2171人;共出生81人,其中政策内79人,一孩58人,政策内57人;两孩21人,政策内21人;多孩1人;全年出生率6.5‰,符合政策生育率97.5%,人口自然增长率2.1‰,女性新婚30人。

【社会事业】 全年,发放遇难或重伤重残家庭困难补助15.09万元;发放1—4季度农村低保金共154.22万余元;发放2008年冬荒救济金6.5万元;发放农村低保人员一次性困难补助25.2万元;发放"三孤"人员春节慰问金20.8万元;发放孤儿助养金2.02万元;发放2009年春荒救济大米35吨;发放因"5.12"汶川特大地震主要劳动力遇难或重伤残家庭临时生活救助金21.15万元;发放特殊党费752.7万元;发放2008年、2009年上半年敬老金16920元;发放2008年民生工程资金3万元。全年,办理结婚登记137对,补发结婚证67对,办理离婚登记9对。

卧龙镇

【领导名录】

书记、人大主席团主席	杜 军
副书记、镇长	林仕祥
副书记、纪委书记	尚国平
副书记、副镇长	黄正江
副书记	明 亮
党委委员、副镇长	王 超
副镇长	邓 伟

【概况】 全镇辖3个行政村,9个村民小组。年末有1013户,总人口2944人,其中,农业人口2201人,非农业人口743人。全镇经济总收入828万元,纯收入606万元。农民人均纯收入2699.3元。粮食总产量507吨,其中,马铃薯144吨,玉米363吨。蔬菜产量1171吨。农民人均有粮226公斤。

【恢复重建总体规划】 修订、完善《卧龙镇灾后恢复重建总体规划》(2008—2010),3月初通过评审。3月10日,该规划参加汶川县灾后恢复重建规划设计优秀成果评选,分别荣获总体规划三等奖和控规、

修规(城市设计)三等奖,并获得汶川县的批复。

【重建项目及设计】 广东省揭阳市援建卧龙镇,编制申报4批援建项目,包括民房、幼儿园、农贸市场、镇公共服务设施用房等民生工程,基础设施,公共服务,产业等17个项目,落实援建计划资金7648万元。按照恢复重建相关政策,根据卧龙实际及援建项目资金情况,本着"安全、经济、实用"原则,结合卧龙生态保护和生态旅游发展思路,对所有重建项目进行施工设计,所有重建项目均为8度设防,全框架结构,布局合理,功能完善,特色鲜明。

【建材储备保障】 针对映秀通往卧龙道路困难的实际情况,于2008年年底开始制定本年重建所需矸砖、钢筋、水泥、砂石等建材的储备计划,主动沟通和汇报,取得汶川县的支持,加强与建材生产供应单位的联系,做好建材储备工作。在雨季来临以前搭建库房520平方米,成功转运储备矸砖900万余匹,水泥5600吨;在镇辖区内确定两个砂石供应点,制定砂石供应办法,由两个村委会负责管理,控制建材成本,确保重建工程进度。

【土地置换和二次过渡】 依据《中华人民共和国土地管理法》及卧龙镇实际情况,在充分尊重群众意愿、征得特区同意后,制定《卧龙镇灾后民房集中重建土地置换方案》,召开村民大会16次,走访群众300余人次,依据置换办法对全镇5个集中安置区规划红线内需用土地进行丈量、登记造册,并与农户签订土地置换协议。置换土地186亩,征地32亩,拆迁23户。二次过渡涉及4个点,安置农户472户、1712人。

【监督管理】 揭阳市援建卧龙镇所有项目均采取"资金补助"援建方式,为推进援建项目建设,确保援建项目规范、高效、廉洁运作,卧龙镇严格按照基本建设程序开展工作。所有建设项目业主、施工、地勘、设计、监理五大主体健全,聘请质量检测和监督机构,委托造价管理机构和审计机构,邀请揭阳市质监站对镇内重建项目进行技术指导和全程跟踪监督,聘请群众监督代表。通过全过程的管理、控制和监督,保证项目建设质量,控制建设成本。积极协调、供电、

交通运输、通讯、建材供应及劳务等问题。11月30日，5个永久性农户安置点、公共服务设施用房、农贸市场、道路、桥梁等14个建设项目竣工验收。成为整个广东省援建汶川13个乡镇中第二个全面完成援建任务的乡镇。

【住房维修加固和重建】 截至5月12日，全镇98户农房维修加固全部完成，并验收入住，兑现加固维修补助金62万元。落实重建农户128户的宅基地，落实国家救助资金和重建家园专项贷款，除卧龙关老街59户因规划需要未开工外，全镇其他重建户均建设完成。调查、审核、上报217户城镇居民住房损毁资料，争取国家住房损毁补助资金564.7万元，并及时下发业主。

【重建资金管理】 镇政府与揭阳工作组建立共管账户，建立重建专账，规定资金来源和使用流程，规范核算重建资金及项目，实施电算化。建立《卧龙镇恢复重建资金物资监督使用管理办法》，制定特供材料、建设项目管理办法。严格按照招投标法、建筑法、政府采购法等法律法规开展工作。建立并执行监理制度、审计制度、公示制度，全方位监督，多环节控制，环环相扣，相互牵制。全镇重建资金经过了揭阳市审计组、特区委托的审计事务所两次审计。

【资源保护工作】 通过会议、标语、驻村包户和召开护林防火专题会等形式，广泛深入宣传森林资源保护相关法律、法规。与从事生产作业人员和施工单位签订护林防火合同，连续36年无森林火灾发生。继续巩固和完善"三大工程"成果。加强对天保工程管护区的巡护管理，对镇内人工林和全镇"天保"区域进行拉网式巡查和督查。加大对全镇毁林(草)开荒、毁林采土、林粮间作等违法行为监督检查，对退耕还林(竹)工程保存面积、保存率、成活率、林粮间作情况、抚育管理等进行检查。加强林区动植物资源保护。坚持把高远山巡护和中近山巡查作为资源保护工作的重点。遏制开荒、采土、打竹笋、乱砍滥伐、盗猎、偷拉盗运以及跨区域盗伐事件的发生，为保护森林资源和野生动物安全创造有利条件。

【农村经济】 由于"5.12"汶川特大地震，道路受损，农作物无法外销，种植业不能维持村民生计。镇党委、政府引导群众就地利用资源和优势，将劳动力向重建务工转移。全镇1500余人参与重建务工和运输，区内劳务收入429.5万元，运输收入239万元，全镇经济总收入达到828.18万元，与上年相比增加91.13%。一、二、三产业结构比为44.6：21.5：33.9，经济结构进一步优化，人民生活恢复到震前水平。

【社会事业】 镇内小学仍在异地复课，镇政府加强协调与管理，做好群众的解释疏导工作，利用儿童节等节假日赴遂宁慰问师生、检查工作。完成汶川县下达的"9+3"学生名额任务。继续加大对新型农村合作医疗政策宣传，全镇"参合"率96%，严格按照《汶川县农村医疗救助实施办法》要求，完成辖区内30户农户符合救助条件的资料审核、上报工作。加强疾病防治，特别是甲流防控工作；重视辖区内儿童计划免疫工作，确保区内无疫情发生。积极协调揭阳医疗队工作。全年，在本镇工作的医疗队共3批，与镇卫生院密切协作，确保辖区内群众和务工人员就医。落实计划生育"三结合"18户，帮扶资金4850元。全年出生32人，死亡15人，人口自然增长率5.4‰。按照"应保尽保"原则，经过组、村、镇三级普查、审核、公示等，完成全镇符合低保户条件的163户634人详细资料上报工作。本年冬季征兵工作中，两人应征入伍。将有线电视卫星信号接收、传输系统纳入援建项目，投入资金22万元，建立有线电视机房和网络，解决区内群众收视问题。

【环境整治和维稳工作】 为改善辖区环境卫生和维护社会稳定，为灾后重建保驾护航，认真开展城乡环境综合整治工作；镇派出所先后开展"缉枪治爆"、"阻工帮教"、"迎国庆保平安"、"防火防盗防灾害事故"等专项行动，集中整治一批突出的社会治安问题，实现"发案少、秩序好、社会稳定、群众满意"的目标。

【安全生产】 修订完善《卧龙镇2009年地质灾害防御预案》、《卧龙镇2009年地质灾害应急预案》、

《卧龙镇重特大安全生产事故应急处理预案》,坚持地质灾害值班制度、巡查制度和报告制度。组织人员走村入户,排查用火用电安全,在各临时安置点指定消防安全监督管理人员,随时宣传、检查用火用电安全,确保群众灾后安全温暖越冬。建立灾情预警机制和告知制度,将安全隐患消灭在萌芽阶段,杜绝重大安全事故发生。

【宣传工作】 利用卧龙熊猫品牌效益、生态新家园开工仪式、工程竣工验收大会等向广东卫视、四川卫视、新华社、华西都市报等省内外媒体宣传卧龙恢复重建情况。制作永久性立柱宣传牌两个,小型宣传牌6个,标语152幅,公示栏3期。

雁门乡

【领导名录】

书记、人大主席团主席	宋 文(6月止)
	刘明春(6月起)
副书记、乡长	蒋红兵
副书记	余朝彦(9月止)
	何永清(10月起)
纪委书记	何 晋
人大主席团副主席	黄 燕
副乡长	金 勇(10月止)
	余毅锋 曾克勤
	龚 斌(10月止)
	刘 杰(10月起)

【基本情况】 全乡辖9个行政村,22个村民组。年末有1865户,总人口7089人,其中,农业人口6688人,非农业人口401人。全乡经济总收入1396万元,纯收入1239万元。农民人均纯收入1863.7元。粮食总产量1165吨,其中,小麦25吨,马铃薯60吨,玉米968吨。油料产量为96吨。水果产量77吨。蔬菜产量2356吨。农民人均有粮175公斤。

【灾后恢复重建】 汶川第一中学于8月下旬完成建设;完成雁门小学、乡卫生院建设;全乡重建农房1633户,9月底全面完成;全乡所有行政村通村公路建设、饮水工程于11月底完成。

【农业】 全乡蔬菜种植面积2500亩,其中,萝卜690亩,白菜640亩,其他1170亩。农业技术人员专门对农户进行甜樱桃相关知识培训,共培训2300人次。全乡安装太阳能122台;建设沼气池73口。

【林业】 年初,成立雁门乡森林护林防火领导小组,各行政村分别成立扑火队,全年发放防火宣传资料1600余份,书写宣传标语18幅。全乡退耕还林共2771.64亩,种植杨槐11万株,核桃3万株;新栽各种经济林木600余亩,共举办林业知识培训11期,参训人员2300人次。

【畜牧业】 完成春秋两季禽畜圈舍清毒工作;举办防疫业务培训两期,参训人员20余人次。全乡共养殖母猪96头,存栏猪2630头,共对牲畜防疫1万余次。

【职业教育】 根据省委、省政府藏区经济社会发展关于"9+3"免费职业教育政策,组织相关人员对各位学生和家长进行政策宣传,鼓励学生踊跃报名,全乡共为内地各技术职业学校输送应往届毕业生41名。

【新型农村合作医疗】 全乡新合参保人数6335人,参合率96%。

【城乡居民最低生活保障】 全乡纳入最低生活保障的困难群众2340人,累计发放低保救助金71.6万余元;完成本年城乡居民最低生活保障复查工作。

【社会救助】 对因"5.12"汶川特大地震中主要劳动力遇难和致残造成生活困难的88户发放临时救济金19.80万元。通过县慈善总会对5名孤儿发放孤儿助养金5000元。对13户因灾因病造成生活困难的群众发放救济金4500元。对34人次因病造成生活困难群众进行大病医疗救助,发放大病医疗救助金44687元。组织开展对农村困难群众危房改造工作,对7户危房改造户发放民生工程危房改造补助资金 2.2 万元。

【老龄及残联】 为全乡 60 周岁以上老人办理老年优待证。发放本年度 90～99 岁老年人敬老金 2520 元。对 7 名孤老发放地震孤老金 2555 元。开展全乡 55 周岁以上老年人摸底调查工作；做好因"5.12"汶川特大地震致残人员调查评定；将残疾人所有信息全部录入信息平台。

【妇联及计生工作】 建立全乡单亲特困家庭档案，单亲特困母亲 19 户，地震中丧失孩子母亲 14 人，地震中遇难女性 52 人，地震孤儿两名。开展"同一片阳光下伙伴成长"手牵手困难儿童志愿行动，5 名贫困子女和两名孤儿被送到北京树人学校就读。全乡共出生婴儿 54 人（计划内生育 53 人，计划外生育 1 人）。死亡 29 人。

【维稳工作】 乡党委、政府坚持邓小平理论、全面贯彻落实科学发展观，坚持"以人为本"、"安全第一、预防为主、综合治理"的方针，为全乡灾后恢复重建营造和谐环境。全年共发生治安案件 15 起，惩治违反治安条款人员 10 余人。

克枯乡

【领导名录】

书记、人大主席团主席	肖　宏（6月止）
	张　玮（6月起，9月止）
	黄　美（10月起）
副书记、乡长	滕于明
副书记	赵国金
纪委书记	李　莉
人大主席团副主席	杨文德
副乡长	吴天勇
	彭　钊
	切　珠（12月起）
	晏学明（12月起）

【基本情况】 全乡辖 5 个行政村，16 个村民组。年末有 1009 户，总人口 3688 人，其中，农业人口 3499 人，非农业人口 189 人。全乡经济总收入 1985 万元，纯收入 1198 万元。农民人均纯收入 3407.3 元。粮食总产量 502 吨，其中，马铃薯 168 吨，玉米 310 吨。油料产量 2 吨。水果产量 117 吨。蔬菜产量 3211 吨。农民人均有粮 143 公斤。

【农业恢复】 "5.12"汶川特大地震不同程度损毁全乡 1000 余亩耕地，80%基础设施被损坏。全年，恢复耕地 500 余亩，基本抢通灌溉沟渠，确保农田正常灌溉。乡党委政府多次召开专题会议，研究特色水果销售问题，积极为果农找销路，发挥大红樱桃协会作用，为水果商提供方便。全乡销售特色水果 7.5 万公斤，实现收入 200 万余元。全面落实农村惠农政策，对存在的问题进行及时整改。春耕生产季节，为 100 余困难农户送农资 1 万余元。

【扶贫救助】 香港特区红十字会援建高半山农户建房每户 2.5 万元，为全乡 400 余户农户争取项目资金 1000 万余元。为确保群众温暖过冬，发放过冬物资棉被人均 3 套件，棉衣 1.5 件套，棉鞋 1 双，户均取暖炉具 1 套；毛毯户均 3 套件。为 60 岁老人发放棉衣每人 1 套，共 600 余套，棉鞋 600 余双。共为高半山农户发放大米 500 公斤；中秋节为各农户发放月饼两盒，为小学生发放书包、笔记本、文具盒等学习用具。

【物资储备】 全乡储备大衣 210 件，棉被 120 床，大米 2500 公斤，面粉 2500 公斤，取暖炉具 21 套，灯泡 60 余件，能确保群众安全温暖过冬。

【灾后恢复重建】 广东省肇庆市对口援建克枯乡，全乡援建项目 51 个，已开工 44 个，开工率为 86.27%，完成投资 10332.94 万元，占总投资的 78%。其中，竣工 22 个，竣工率 43.13%，完成投资 4084.58 万元；在建项目 22 个，完成总投资 6248.36 万元；前期工作 7 个，总投资 687 万元。9 月 30 日，完成全乡农房重建 916 户，农房重建资金全部兑付。全乡 5 个行政村的村庄规划全部完成，其中，打造藏羌文化走廊风貌改造工作分两批完成,第一批完成91户,第二批完成136户。8月17日,克枯乡小学和教职工周转房通过验收并交付使用;10月30日,克枯乡卫生院及职工周转房通过汶川县建设规划、消防、质监等有关单位初步验收。恢复全乡80公里广电光纤网络和920户分配网。完成5个行政村公共服务、文体设施、计生服务站等重建。通村公路建设纳入援建先期启动,于5月前全部开工,Y005克枯乡等4条通村公路属交钥匙项目,于12月底全面完工。杂谷脑河护坡堤、滨河路、文化广场、中心街道、农民健身工程、农贸市场等项目,于11月30日前交付使用。

推进"四改两建"项目,全乡农民用上成本低廉的清洁能源。立足优势,突出特色,发展规模种养业,加强甜樱桃、优质核桃、商品兔养殖、土鸡养殖等特色优势产业基地建设。加大农民技能培训,继续采取以工代赈方式组织群众参与恢复重建,扩大农民就业,增加农民收入。加强文化遗产抢救、保护和修复,启动文物保护与修复工程,新建乡镇非物质文化传习所、羌秀生产制作基地、乡村电影数字工作站、乡综合文化站、5个村文化室完成重建。加强地质灾害治理和生态修复,加强天然林资源保护,抓好退耕还林、自然保护区建设等生态工程,完成集体林权制度改革和退耕还林阶段性验收;新建、重建公益林,封山育林。完成第二批援建项目工程量70%以上。完成"两所一庭"项目建设;完成乡镇综合办公楼项目建设。通过对口援建、劳务输出、以工代赈、开发公益性岗位等多种途径,加强技能培训,重点帮助"零就业"家庭就业,增加城乡居民收入。全年实现就业岗位10余个,就业2000余人次。

【社会保障】 加快推进农民工参加工伤、医疗、养老保险,实现城镇居民基本医疗保险全覆盖。扩大农村低保覆盖范围,做到应保尽保。探索建立无地失地农民社会保障体系,妥善安置"三孤"人员,进一步提高城乡低保补助水平和农村"五保"对象集中供养率。建立临时救助制度,解决低保边缘群体、低收入群体的临时生活困难。落实中央、省、州一系列灾后

恢复重建增加农民收入的政策措施,及时、足额兑现各项强农惠农政策。

【维稳与安全】 加强市场秩序监管,建立完善食品药品安全监管长效机制,杜绝不合格产品进入农村。对农资、建材等产品质量和价格进行监管,严厉打击各种违法生产、制假售假行为,确保市场物价稳定。加强环境卫生综合整治。进行第二次全国经济普查工作,加强经济运行的检测和统计分析研究。继续开展重点行业、领域安全专项整治和各类安全事故隐患排查,加强道路交通、消防、民爆物品等安全监管。全面落实安全生产责任制,抓住源头管理、过程监控、应急救援、事故查处,有效防范和坚决遏制重特大事故。建立健全社会预警体系和应急救援、社会动员机制,提高保障公共安全和处置突发事件的能力。广泛开展反分裂维护稳定教育活动。继续推进平安创建,完善社会治安防控体系,加强社会治安综合治理,依法严厉打击各种犯罪和危害社会行为;做好群众工作,建好群众服务中心,完善群众工作网络,开展大接访活动,变群众上访为干部下访,认真开展矛盾纠纷和不稳定因素排查调处。加强流动人口服务和管理,做好农民工法律援助。做好群众心理疏导,注重对困难群众的人文关怀。畅通诉求渠道,切实做好矛盾化解,把不稳定因素化解在基层、消灭在萌芽状态,确保政治稳定、社会稳定和治安稳定。

【自身建设】 坚持依法行政、文明行政和经营政府理念,依法接受人大的法律监督和工作监督,完善重大决策与政协事前协商制度。健全完善重大问题集体决策、专家咨询、社会公示和听证及对口援建联席会议等制度。深化行政管理体制改革,深化人事制度改革,完善激励机制。推进市场配置人才资源。加强机关事务管理,提高保障能力和服务水平。扎实开展学习实践科学发展观活动,全镇各参学支部共办学习心得体会交流专栏6个,党员干部撰写心得50余篇,人均学习笔记1000余字。专题召开全乡党建工作会议,层层签订党建工作目标责任状。促进科学民主决策,对大型建设项目、大额度资金使用等重大

事项决策，实行事前进行咨询、论证、征求意见、集体酝酿讨论表决。全年，全乡先后对 50 余项重大灾后重建事项进行决策。普遍推行村级民主恳谈会制度，促进村两委民主决策。

龙溪乡

【领导名录】

书记、人大主席团主席	刘国平（6月止）
	陈 建（6月起）
副书记、乡长	周光辉
副书记	陈代军（12月止）
纪委书记	袁昌林
人大主席团副主席	虎世全
副乡长	陈建琼
	王 平（9月止）
	苏伦树（12月起）
	葛 兵（12月起）

【基本情况】 全乡辖 9 个行政村（实际为 8 个，2008 年直台村整体外迁，但一直无政府批文，故统计局无依据减少），16 个村民小组。年末有 1183 户，总人口 4496 人，其中，农业人口 4280 人，非农业人口 216 人。全乡经济总收入 1593 万元，纯收入 1262 万元。农民人均纯收入 2889.2 元。粮食总产量 1132 吨，其中，马铃薯 773 吨，玉米 348 吨。水果产量 63 吨。蔬菜产量 3838 吨。农民人均有粮 259 公斤。

【农业恢复】 全年，全乡恢复耕地 600 亩。在联合、布兰、龙溪、俄布、垮坡、马灯等村恢复发展花椒、核桃、甜脆李、甜樱桃等水干果基地 1480 亩；恢复种植大白菜、甜椒、白菜等蔬菜 1630 亩，恢复发展绿色无公害蔬菜基地 120 亩；恢复种植玉米 2200 亩，马铃薯 2700 亩。

【基础设施恢复】 加大农村基础设施恢复力度，完成全乡 8 个村取水坝 7 个、清水池 23 口 1000 立方米、过滤池 9 口 180 立方米、安装 PE 管道 15.70 万米的饮水工程；新修宽 7.5 米、长 3.5 公里的混凝土路面，龙大、龙垮、龙布、龙溪等通村公路完成路基工程 39.6 公里；新修堤防工程 1.4 公里；新修维修灌溉工程 16.3 公里。

【培训及就业】 通过湛江市和县乡劳动就业部门对全乡剩余劳动力进行就业技能培训，完成农民工品牌培训 100 人，完成相对贫困人口劳动培训 100 人，扶贫培训 80 人，实用技术培训 3000 人次。全年，引导全乡剩余劳动力外出务工 480 人，就地务工 820 人。

【社会事业及民生工程】 全年，投入 143 万元，继续加快推进垮坡村扶贫开发和综合防治大骨节病试点工作。完成直台村和垮坡村夕格组跨州安置 142 户，完成大门村马房组县内自行搬迁安置 21 户。完成"两免一补"学生 607 人，补助金额 2.88 万元。完成因灾、因病、因残享受农村低保 2360 人，发放农村低保 143.06 万元；春节发放慰问金 2360 人 23.6 万元；供养五保人员 45 人，送往汶川县福利院 20 人；完成残疾人危房改造 5 户；为 3 名残疾人提供康复服务，发放生活补助 800 元；为 5 名残疾学生提供复学资助 3000 元；推荐 1 人参加县上举办的残疾人养殖业实用技术培训。11 月 20 日，完成乡卫生院建设；完成布兰、龙溪、马灯和垮坡 4 村的医疗站建设；12 月底，完成阿尔、大门和俄布 3 村的医疗站建设。加大全乡各村和集镇环境综合整治，修建垃圾池 39 个，清理废墟 76 处，整治卫生死角 95 处。

【住房恢复重建】 完成农房重建 1138 户，完成率 100%；完成加固维修农房两户，完成率 100%；完成居民永久性住房建设 12 户，完成率 100%。

【援建项目】 广东省湛江市援建龙溪乡共 47 个援建项目，全部开工建设。其中，已完成集镇供水工程、龙溪乡中心小学校、龙阿公路（东门口至乡政府）、龙大路、龙溪路路基工程、集镇公共服务设施和布兰、龙溪、马灯、垮坡村的行政村公共服务设施 15 个援建项目建设。完成龙溪乡"羌人谷"生态和文化旅游总体规划。其中,联合村东门口村落修复与保护工程于 2009 年 12 月 20 日完成主体工程;阿尔村非物质文化遗产传习所建设项目完成总体规划,开展申请立项、评审等工作。

【队伍建设】 把灾后恢复重建政策与学习实践科学发展观活动结合起来,加强干部队伍学习培训,提高干部队伍素质;加强对农村基层组织成员培训,将学习成绩列为其年终工作考核内容,全面提高农村党支部书记素质;利用远程教育,加强全乡农村党员教育培训,发挥党校教育阵地作用;组织两委成员参加县乡统一组织的实用技术培训,提高农村两委成员的技术水平。加强村级组织建设,提高基层党组织执政能力,注重两委班子建设和党员队伍建设;抓好农村后备人才培养,加强农村基层组织人才储备;推进党员先锋工程,抓好"双向"培养工作;抓好党员发展工作,壮大党员队伍,全年,全乡发展入党积极分子 28 名,发展党员 32 名,其中,转正 24 名。

【武装工作】 乡党委严格坚持党管武装原则,强化党管武装的责任意识,立足全乡工作实际,针对新时期基层武装工作新特点,年初,制定工作目标,部署武装工作,平时发现问题及时协调解决;深入开展民兵思想政治教育,全年,全乡有 3 名民兵加入中国共产党,有 8 人向党组织递交入党申请书,5 人被确定为培养对象;加强乡武装部和村民兵连规范化建设,投入经费,加强乡武装部办公室和资料室建设,为应急分队购买服装、器材等,改善全乡民兵组织办公设施和装备条件。配合县武装部完成本年冬季征兵工作,6 名适龄青年通过政审。

【社会治安综合治理】 严厉打击各类刑事犯罪,以"抓组织、强领导;抓打击、强整治;抓宣传、强责任;抓队伍、强防止;抓基层、强基础"的"五抓五强"为切入点,围绕创建"平安乡镇"为目标,根据实际情况,落实社会治安综合治理的各项措施,完善"防、控、疏"体系,夯实基层治保、调解队伍。加大矛盾纠纷排查调处力度,提前介入超前防止,及时将矛盾化解在基层,化解在萌芽状态,做到"小事不出村组,大事不出片区",全年信访共受理案件 6 起,解决 4 起。

【帮扶救助】 保护先富群体的发展活力,引导其在带动未富、帮助后富、促进共富方面发挥作用;重视帮扶救助弱势群体,不断完善社会保障体系;共发放优抚、定补、伤残款、临时救济金等各类优抚金额 21653.6 万元,帮扶弱势群体和特困群众 200 余人次,提供就业岗位 100 余个,解决部分群众和下岗职工就业。完成对全乡居民、农村最低生活保障线人员的摸底调查、残疾人现状调查等工作。确保困难群众基本生活权益。

【安全生产】 明确安全生产目标,强化领导,增强安全责任感。及时下发关于安全生产方面文件通知,根据全乡实际情况拟定实施方案,全年,共下发实施方案 4 次 90 份,下发通知两次 40 份,上报各种安全汇报 10 余份。对 11 家企业进行全面检查,查出 7 家企业存在安全隐患 13 条,并下达限期整改通知书,要求立即整改。对 11 家企业签订安全生产承诺书,对两家矿山企业进行治理和整改。对问题企业进行整改的同时,注重对其跟踪督查,巩固整改成果;抓好督查工作,从源头上杜绝隐患。

【精神文明建设】 实施素质工程建设,重点提高教育办学条件和教育质量,教师微机普及率达 98%,适龄儿童入学率达 99%;乡中心小学实现微机联网,开展网上教学活动。在全乡开展讲文明树新风、争创文明单位、文明行业、文明村,争做"星级文明户"、"五好家庭"等活动。实施形象工程建设,把小城镇管理工作和全县开展的"创岷江上游明珠城市"等创建工作相结合,加大管理力度,健全管理机构,多次开展专项整治,坚决查处"脏、乱、差";发动群众、企事业单位人员、机关干部、学生等参加爱国卫生公益活动,共清除卫生死角 19 处,整治临时垃圾场 13 处,清除垃圾 244 吨。以"创建文明经营区"活动为契机,在全乡推行文明经商、诚信经营,大力倡导爱岗敬业、诚实守信、办事公道、服务群众、奉献社会的行业文明新风。

草坡乡

【领导名录】

书记、人大主席团主席 李　川(6月止)
　　　　　　　　　　董建波(6月起)
副书记、乡长 任　剑
副书记 杨秀芳(11月止)
　　　　周　波(12月起)
纪委书记 柏兴国(9月止)
人大主席团副主席 张知平
副乡长 王其珍　庞林(5月起)
　　　　蔡劲松(5月起)

【基本情况】 全乡辖8个行政村,32个村民组。年末有1163户,总人口4202人,其中,农业人口4009人,非农业人口193人。全乡经济总收入1172万元,纯收入817万元。农民人均纯收入2040.5元。粮食总产量1123吨,其中,小麦6吨,马铃薯187吨,玉米858吨。油料产量31吨。水果产量17吨。蔬菜产量5027吨。农民人均有粮280公斤。

【农房恢复重建】 按照"就近、就地、分散"安置原则,和"安全、实用、经济、特色"重建标准,从选址、建材、技术入手,帮助农民加快重建。全乡1020户农户全部为重建户,除因灾、因规划调整需二次搬迁7户外,全部完成农房建设。发放重建资金2015万元,发放重建贷款2025万元。

【公共设施恢复重建】 广东省汕头市援建草坡乡,采用国内先进的防震隔震技术,对乡中心校、卫生院、文化站安置隔震胶垫,提高防震性能。8月、11月,乡中心校、卫生院、文化站相继建成通过验收并投入使用,获省级建筑优质奖。村级文化站、医疗卫生站与村民活动中心合并建设,除沙排村因道路建设、地灾治理还未启动外,其他均建成并投入使用。在樟排村、龙潭村、金波村实施"村村通"工程,安装直播卫星接收系统400套,有线电视线路已开工。新建电信天翼基站1个,恢复移动基站1个,全乡通讯覆盖恢复面达80%。

【基础设施恢复重建】 完成全乡106.9公里通组、通村、通乡道路的抢通保通。由国家投资的草沙路一段、二段、码龙路、刘碉路已完成招投标、进入施工阶段,预计2010年6月底前全部完工并投入使用;由汕头援建的麻龙二段、三段、董樟路已完成11.9公里的硬化,正在进一步完善附属设施;完成麻龙一段桥涵、路基、护坡等工程,路面硬化达90%。完成乡村客运站的加固维修。投入各型PE管道147千米,增设36口蓄水、沉沙、减压池,完成全乡8个村及集镇供水工程。恢复发电站(厂)7座,实现网络运行。

【重建项目进展情况】 全乡共有重建项目35个,估算投资1.16亿元,国家投资建设5个0.26亿元,援建投资涉及4大类35项2.05亿元。项目开工率达100%,完工24个,完工率68.60%,在建11个。

【对口援建项目】 汕头援建全乡项目估算总投资2.015亿元,开工率97%,完工率60%。完成投资1.01亿元。

【产业恢复】 恢复食用菌生产基地1个,新引进食用菌企业1家,恢复示范农户1户,菌袋总量90万袋;恢复花卉种植面积10亩;蔬菜种植2300余亩,新引进蔬菜新品种试种10亩;发展中药材种植10余亩。恢复和发展种兔养殖户15户存栏2000余只,PIC生猪养殖示范户两户。恢复农家旅游接待点两家,接待乡村游客1600余人次。

【乡村规划及建设】 按照灾后重建规划先行原则和县委、县政府"一心两廊四区"建设规划要求,突出"自然院落布局、民族建筑风格、交通布局合理、功能配置完善、发展特色产业",坚持"四注重、四提升"和"三打破、三提高"开展乡村规划。编制《草坡乡灾后重建总体规划》、《草坡乡灾后重建建设控制性详规》以及各村的建设规划,并通过规划审查。组建草坡乡建设规划管理站,归口管理和执行规划。按照"一中心、五畅通、九配套"的目标,全力推进"三百"工程建设。完成规划拆迁 29 户 5780 平方米，兑付安置补偿 195 万元。投资 203 万元，完成幸福美丽家园示范村樟排村、新农村建设示范村码头村入户道路硬化 755 米，户间巷道碎石垫铺 1200 米。完成"四改两建"630 余户。投入资金 600 万元，完成草沙路足湾下段、麻龙路二段可视范围内，樟排村、两河村、码头村集中安置区 249 户藏式风貌改造。

【防灾治灾】 本着"预防为主、合理避让、保障安全、重点整治"的要求，完成全乡应急抢险救灾预案的修订。投入资金 43 万元，完成全乡 18 处小型地灾点治理；投入 255.28 万元，完成克充村刘家沟、学校沟、阿里沟、厂房沟治理；沙排二台子滑坡治理已完成招投标和技术交底工作；完成中心校后山、政府街道后山地质灾害测量勘察工作，进入网上招标程序。投入援建资金 636.05 万元，完成克充、樟排、两河、码头河堤堡坎 4.25 公里建设，投入资金 208.77 万元，完成足湾刘家河坝、两河草坝、两河口、冬瓜槽等 12 处河道清理 12 米，疏浚土石方 16.72 万方。完成避险安置 24 户。

【资金管理】 严格资金审批程序，加强资金使用监管，确保资金用于民生、改善民生，保障资金运行安全。全年财政共收入资金 3341 万元，其中，对口援建项目资金 1027 万元，灾后重建专项资金 1991 万元，一般预算资金 323 万元。累计支出 3184 万元，其中，对口援建项目建设 838 万元(包括征地补偿、工程款、建设配套费用)，灾后重建专项资金 2098 万元(包括地灾治理、废墟清理、环境整治、抢险救灾、公益支出等)，一般预算支出 248 万元。

【精神家园重建】 坚持精神家园重建和物质家园重建并重，注重宣传民族传统文化，倡导感恩文化。策划编制弘扬本乡抗震救灾精神纪念刊物《凤凰涅槃》，组织赴汕头感恩文艺表演《草坡感谢您》，在县下派干部文艺汇演中以《人在青山在》表达草坡人民不畏艰险、铭恩奋进的奋斗精神。开展群众性精神文明创建活动，乡政府、乡卫生院荣获县级文明单位，荣获县级文明村 4 个。

【民生工程】 落实惠农支农政策，实施就业促进、扶贫解困等"八大"民生工程。全年，发放农资综合补贴 28.28 万元，粮食直补 3 万元，良种补贴 25 万元，家电、汽车、摩托车下乡补贴 9.8 万元，退耕还林补助 43.43 万元。完成土地复垦 2105.09 亩，兑现土地复垦资金 112 万元，发放农业发展贷款 16 万元。

【社会保障和扶贫助困】 落实失地无地农民基本养老保险和新型农村养老保险试点工作，做好农村困难群众最低生活保障工作。全乡劳务输出 197 人，农村劳动力转移 325 人，临时安置就业人员 20 人次，实现劳务收入 112.30 万元；开发公益性岗位 440 个，核发岗位补贴 85 万元。农村参加养老保险 742 人，缴纳养老保险金 30.94 万元。农村新型合作医疗参保 3952 人，参合率 98%，实现参合补偿 2100 人次 21 万元，实施大病救助 94 人次 7.57 万元；纳入农村低保 936 户 2380 人，发放农村低保金 144.28 万元；实施临时救助 2732 人次 36.59 万元。按照"四保一储备"要求，筹措资金 10 万元，储备粮食、棉被、电热毯等暖冬物资，确保受灾群众安全越冬。

【社会援助】 争取社会各界援助。汕头市各界筹集"侨心居"善款 220 万元，解决全乡 220 户农房建设；筹集助学金 32 万元，分两批解决全乡贫困学生就读困难；筹集农房建设补助款 95 万元，用于码头村轻钢房建设；筹集 70 万元，用于教育发展。红十字会筹措 255 万元，捐助樟排村、码头村农房建设。

【教育事业】 在汕头市援助下，教育设施设备得到全面更新和提升，全乡 490 余名师生返乡复课。享受义务教育"两免一补"300 人，兑现寄宿制学生补助 19.5 万元。小学适龄儿童入学率 100%，毕业率 100%，15 周岁完成率 100%，初中适龄儿童入学率 99%。

【医疗卫生】 结合村两委会办公室建设，增设村级医疗站，完善乡村医疗服务网络，增配医疗设施设备，提高医疗应急处置能力。免费开展甲流疫苗接种，共接种 1008 人。开展卫生防疫，预防传染病、地方病发生。加强村级医疗人员培训，提高村医业务能力。

【计划生育】 坚持"三结合"、"三为主"方针，提高人口质量，降低人口数量；开展地震子女死亡家庭再生育全程免费服务，转变群众生育观念。全年，兑现独生子女奖励13户2000元，计划生育奖励扶助15户9000元，兑付"三结合"帮扶资金(物资)47户3万元，人口自然增长率控制在8‰以内。

【文化体育】 结合农村"2131工程"，组织下派干部开展"坝坝电影"放映活动，公益放映8场次。开展抗震救灾纪念物品的收集和整理，开展第三次全国文物普查活动。利用村民活动中心，开展全民健身运动，举办"锅庄"、"耍狮子"等群众性娱乐活动，展示灾后人民不屈不挠的精神面貌，提高群众身体素质。

【科技工作】 加强农村实用技术培训力度，开展农业科技宣传，采用以会代训、专门培训等方式，提高群众学科学、用科学、科技致富的能力。恢复乡村两级农技推广、畜牧技术服务体系，帮助群众解决实际生产、生活问题。全年举办各类培训9批次，培训人员1200余人次；联合县委党校、县就业局实施专门培训25人次，推广良种3200亩。

【安全工作】 组建安全生产委员会，全面落实安全生产责任制，深入开展民爆物品、道路交通、场镇学校、矿山工地等重要节点的安全排查和整治活动，进一步完善应急预案。教育村民提高安全意识，增强防范措施，保护群众生命财产安全。全年，境内没有安全事故发生。

【维稳工作】 按照"三零""三无"工作目标，严密防范、严厉打击"门徒会"等邪教组织的分裂破坏活动，建立乡、村、组、户四级联防和周边乡镇整体联防体系，开展净化重建环境活动。完成乡公安派出所、司法所的建设，开展突击巡查重点村3次，抓获嫌疑人5人，治安案件8起，没有刑事案件发生。成立大调解办公室，深入开展矛盾纠纷大排查，构建人民调解、司法调解工作体系。共处理群众纠纷75起，处理群众来信来访113件次456人次，办结率99%。加强民兵队伍建设，启动民兵参与社会治安、应急突击、环境整治、保卫维稳等工程。

【环境整治】 按照"专项规划、专人管理、专门机构、专业队伍、专项经费、专项督查"要求，组建乡环卫所，招聘临时人员9人成立环卫督查队，建立乡、村、组、农户联动机制。全年，投入资金140万余元，清理废墟25.5万立方米，拆除有碍观瞻震损房屋67间5243平方米，规范柴草379处，拆除破旧标语、条幅50余条，清运垃圾400余吨，清理河道10公里，规范街铺16家。新建、改建垃圾处理池18个，增配垃圾清运手推车9辆。

【依法行政】 坚持依法行政、文明行政理念，依法接受乡人大主席团及全体代表的法律监督和工作监督，自觉接受乡境内县政协委员和群众的民主监督，加强人大议案、建议、意见办理力度，落实政府分管领导跟踪督办。共办理议案8件，办结率100%。定期向人大主席团报告政府工作及专项工作，听取主席团对工作的建议和要求。

【政务管理】 坚持首问责任制、限时办结制、责任追究制，落实问人、问事、问责，提高行政效率，增强执行效果。健全重大事项集体决策制度，完善政府办公会议制度。推行惠农补贴、困难补助、临时救助等资金发放先公示、后财政直发的管理模式，完善政务公开、村务公开，保障群众的知情权、参与权、表达权、监督权。积极筹措资金，化解遗留问题，有效解决樟排村集中安置土地款问题、码头村轻钢房问题、塘房电站集资款问题、沙排村电站分红问题。在重建项目上实行规范招投标，增强透明度，确保廉洁重建，阳光重建。

银杏乡

【领导名录】

书记、人大主席团主席　张　玮(6月止)

李　川(6月起)

副书记、乡长　　余泽勇(10月止)

岳洪春(10月起)

副书记　喻维全(10月止)

柏兴国(10月起)

纪委书记　宁国文(11月起)

人大主席团副主席　宁国文(11月止)

徐孝礼(11月起)

副乡长　张凌云

徐孝礼(11月止)

明贵学(10月起)

唐琼芳(10月起)

【基本情况】　全乡辖5个行政村,19个村民组。年末有844户,总人口2697人,其中,农业人口2551人,非农业人口146人。全乡经济总收入1027万元,纯收入966万元。农民人均纯收入3822.7元。粮食总产量19吨,其中,马铃薯5吨,玉米11吨。油料产量4吨。蔬菜产量30吨。农民人均有粮8公斤。

【农村经济恢复】　加大废墟清理、危房拆迁和土地复垦力度,恢复可耕土地,促使农民增收。做好春秋两防和动物重大疫病防治,杜绝动物传染病发生。落实粮食、农资、农机具补贴等各项政策,让更多农民受惠。

【产业恢复重建】　灾后土地损毁严重,加上农房重建和映汶高速公路建设征占地,全乡现有耕地不足150亩,为解决村民长远生计问题,将非农增收工作作为重要工作,加大上级资金、项目的争取和各方面的协调,加快乡境内桃关工业园区的恢复重建,园区内7家入驻企业正在全面恢复重建中,其中顺发、仁强等4家企业已全面恢复运行,另3家企业将在年底恢复正常运行。加大旅游产业恢复重建,9月下旬,与湖南张家界鑫望置业有限公司签订意向性协议,合作开发震后旅游资源。争取广东省茂名市对口援建支持,将银杏藏羌民俗文化广场工程纳入对口援建项目,利用紧靠汶川中心镇映秀和九(寨沟)黄(龙)旅游线必经之地地理优势,把银杏藏羌民俗文化广场建设成体现藏羌民族文化特色的集群众活动、娱乐休闲和生态旅游等为一体的旅游项目,占地20亩

投资1200万元,计划2010年4月完工。加大就业技能培训,促进劳务输出。引导妇女学习羌绣,做好做强羌绣品牌。

【基础设施恢复重建】　全乡对口援建项目共4批36个,总投资11458.5万元,已完成藏羌民俗文化广场基础部分,茂银大桥正在进行桥墩建设,该两个项目计划在2010年4月完工,其余对口援建项目均全面完工。全乡5个村民活动中心和村卫生站,属援建工程资金补助项目,计划资金187.5万元,完成桃关村、沙坪关村、兴文坪村、东界脑村、一碗水村重建。全乡集镇供水工程属援建工程资金补助项目,已建成投入使用;年底,二期农村供水工程完工。由于农村用电恢复难度大,为解决临时用电问题,县经济商务局正在落实农网改造。全乡各村道路设施全部恢复畅通。

【住房恢复重建】　全乡确定桃关村福堂坝、桃关村变电站、东界脑村和兴文坪村4个农房联建点,统一征用土地90余亩,采取统一规划、集中联建方式,解决因灾失地无法安置农户375户。各农房联建点由村民委员会组织成立农房联建委员会,负责联建点资金筹措、质量监督和联建相关工作协调。争取社会资金援助农房重建,广东省茂名市对口援建社会资金援助农房重建每户1万元,香港宣明会援助农房重建补助资金每户1万元,全乡震前城乡居民708户,其中,农业居民700户、城镇居民8户,年底,除映汶高速公路等重点工程涉及拆迁户农房重建未完工外,其余农户住房重建已完工。城乡居民住房风貌恢复同农房重建同步推进,全乡农房重建竣工一个点即风貌恢复一个点,已完成第一、二期风貌恢复工程,全面启动第三期风貌恢复工程,共投入资金1337万元。

【新农村和灾后重建示范村建设】　编制村庄规划,完善各村公共服务设施和农房联建点配套设施,推进新农村建设。东界脑村为灾后重建示范村,针对震后基础设施严重损毁实际,委托茂名市规划设计院重新编制总体规划,按照"四改两建调结构"和"一

中心、五通畅、九配套"要求，完善基础设施，改善村民生产、生活环境，提升公共服务水平，鼓励、支持村民发展采砂、运输业，增加收入，全年，全村实现总收入128.5万元，人均纯收入3399元，比2007年增加591元，增幅21%。

【公共服务设施恢复重建】 按照教育恢复重建相关要求，整合教育资源，将乡内4所小学合并为1所中心小学，8月，学校及教师周转房竣工验收，9月，28名教师、213名学生(含学前班24名)全部返乡复课，"四率"全部达标。乡卫生院和职工周转房重建工程竣工验收，5所村卫生站全面竣工，农村医疗预防保健网络进一步完善。

【事业恢复重建】 完成东界脑新农村建设示范点"村村通"安装和调试，其他村逐步推进，农村电影放映队到乡内各村不定期为村民免费放电影。组建兴文坪村羌族舞蹈队，不定期为村民表演，丰富群众文化生活。

【生态环境保护】 结合"破碎山河大绿化"活动，搞好植树造林、荒山绿化工作，逐步恢复生态环境，加大林业资源保护和护林防火、护林巡山力度，同村两委会、乡境内单位签订护林防火责任书，落实村、组、护林员责任。按州、县统一要求，做好退耕还林相关工作和集体林权制度改革工作。

【环境综合整治】 按照"专项计划、专人管理、专门机构、专业队伍、专项资金、专项督查"要求，开展环境整治工作。成立乡环境综合整治工作领导小组，统筹指导全乡城乡环境综合整治工作，各村相应成立环境综合整治工作小组，组织实施各自辖区内环境整治。将环境综合整治纳入年度目标考核内容，乡同村、村同户签订环境综合整治目标责任书，实行门前三包。加大宣传力度，落实宣传车1辆、散发宣传资料800余份，驻村干部进村入户开展各种宣传，激发群众参加环境综合整治的积极性。配合交通、建管部门，严格落实各项管理措施，加强督查和巡查。落实专项资金，组建专业保洁队伍20人，做到垃圾清运、处理和公路保洁经常化。

【疾病预防和社会保障】 及时防控甲型H1N1流感疫情，成立防控领导小组，研究制定防控预案，统一购置、发放预防药材、口罩、体温计等，建立防控工作联动机制，乡党委政府牵头抓，乡卫生院主要抓，学校、村组具体抓，加强小学学生日常监测，严密监控，确保人民群众健康和生命安全。做好新型农村合作医疗工作，全年，参合人数2454人，参合率95.2%。建立健全社会保障体系，搞好特困户、五保供养户、残疾人保障及优抚工作。全乡五保供养人员8人，争取各方援助，解决基本生活困难，震后4名孤儿由中国人寿保险公司以每月600元进行资助，拟资助至年满18周岁。争取上级支持，将全乡5个村的450户1804人纳入农村最低生活保障，解决临时生活问题。

【人口与计划生育】 认真落实"三为主"，推进"三结合"。全年，出生婴儿27人，出生率9.6‰，人口自然增长率2.4‰，计划生育率96.2%；全乡已婚育龄妇女567人，落实各种避孕措施532人，综合节育率94%。落实"三结合"帮扶户27户，其中帮带户15户，联系户8户，新增帮扶户4户，完成年初目标任务。

【精神文明建设】 大力宣传并倡导公民基本道德规范，加强和改进未成年人思想道德建设，全面落实精神文明建设目标责任制，开展文明村创建活动，群众的文明观念，法纪意识逐步增强，良好的生活习惯逐步养成。

【维稳工作】 坚持依法治乡，开展普法工作，加强相关法律、法规和政策宣传，促进村民法制观念和法律素质的进一步增强。成立矛盾纠纷"大调解"工作领导小组，坚持矛盾纠纷定期排查机制，做好群众信访、矛盾纠纷排查调处工作，把排忧解难、为民办实事好事作为防止矛盾的发生和减少矛盾的有效方式，将矛盾消灭在萌芽状态。加大社会治安综合治理，实行领导责任制和整体联动防范工程，年初与各村民委员会、乡机关企事业单位、境内各施工单位签订《保一方平安责任书》，做到措施到位，责任到人。严厉打击农村邪恶势力和各种封建迷信活动，确保政治稳定,社会和谐。

【安全生产工作】 深入开展道路交通、民爆物品、学校等重点行业领域安全专项整治行动和食品药品安全大检查,采取有效措施排查、整治安全隐患,确保全乡境内无重大安全事故发生。

【武装工作】 加强武装、民兵、预备役工作和全民国防教育,充分发挥民兵作用,成立银杏乡民兵应急分队,动员民兵参与全乡灾后恢复重建各项工作,全年,共调用民兵2479人次参与全乡环境综合整治、治安巡逻、维护社会稳定等各项工作,维护全乡的政治稳定,社会和谐。

【科学发展观活动】 9月起,按照县委总体安排部署,开展深入学习实践科学发展观活动,成立领导小组,拟定《银杏乡深入学习实践科学发展观活动实施方案》,召开动员大会,全面安排部署。各党支部根据自身实际,采取集中学习和自学相结合方式,组织全体党员认真学习理论,写好心得体会,有90名书写能力的党员和干部记好读书笔记。组织乡、村党员干部和群众121人次开展庆祝新中国成立60周年活动。做到学习实践活动"四个一",乡党委班子成员分别联系8个党支部,负责各党支部学习实践活动,紧密联系乡、村实际,组织党员干部开展讨论,加深对科学发展观的理解。活动中,全乡共开展下访服务活动124人次,走访群众2000余人次。走访中认真听取群众意见,找出存在的突出问题共7项30条,为解决村民实际困难和热难点问题提供可靠依据。

【自身建设】 组织学习和贯彻落实《公务员法》、《行政机关公务员处分条例》《汶川县"问人、问事、问责"暂行规定》等,坚持依法行政,积极推进政务公开。开展党风廉政建设和反腐败工作,按照《廉政准则》相关要求,强化责任,严格工作纪律,坚持科学重建,阳光重建。

三江乡

【领导名录】

书记、人大主席团主席　陈劲斌

副书记、乡长　　　　　董建波(6月止)

　　　　　　　　　　　李晓燕(6月起)

副书记　　　　　　　　唐　平

纪委书记　　　　　　　徐光良(9月起)

人大主席团副主席　　　邓朝晖

副乡长　　　　　　　　黄　珊

　　　　　　　　　　　蒋芝辉(5月止)

　　　　　　　　　　　龚　斌(10月起)

　　　　　　　　　　　戴　鹏(10月起)

【基本情况】 全乡辖9个行政村,32个村民组。年末有1174户,总人口4077人,其中,农业人口3875人,非农业人口202人。全乡经济总收入3315万元,纯收入1360万元。农民人均纯收入3465.9元。粮食总产量966吨,其中,马铃薯180吨,玉米754吨。油料产量93吨。茶叶1吨。水果产量404吨。蔬菜产量1656吨。农民人均有粮246公斤。

【援建项目建设】 广东省惠州市援建全乡恢复重建项目共54个,包括基础设施、公共服务设施、城镇建设、农村建设、产业建设、生态环境等6类。年底,完成自来水厂工程建设;完成全乡9个村农村集中供水工程建设,建水坝1个,沉淀池100立方米,过滤池80立方米,蓄水池1口70立方米,安装PE管道1.89万米,管理用房200平方米,解决2000人及集镇公共设施用水问题。完成全乡9个村民活动中心建设,建筑面积7200平方米,占地9600平方米,投资总额900万余元,包括村民活动室、村两委会办公室、农家乐服务配套设施等。完成1个卫生院、8个医疗卫生站的建设,并交付使用。配合援建工作组,做好各村道路、交通等基础设施建设。完成环乡路、桥建设，并通车使用。"漩三"公路水磨至三江段已进入最后阶段。完成三江步行水街基础设施、风貌重建。完成街村集镇范围公路老街段步行水街建设，长500余米。在三江修建占地面积为1000平方米的集镇垃圾处理场，日处理垃圾规模为40吨，配备垃圾转运车两辆。完成三江乡集镇范围内6公里排水排污工程(含管道、沟渠)。

【政府性投资项目建设】 在学校路段新建两公里防洪堤；在全乡范围内修建3座公共厕所；修建700平方米的普通乡镇公共服务设施用房和占地300平方米乡文化站，共1000平方米。

【产业恢复】 加快实施农业标准化生产，大力发展无公害农产品和绿色、有机农业，提高农产品质量安全水平。依托全乡农产品优势，打造"三江土鸡蛋、三江腊肉、三江猕猴桃"等农产品品牌。扶持种植业和养殖业，利用独特自然条件发展特色产业，新发展猕猴桃1100亩，发展中草药500余亩。新增出栏生猪1200头，新增出栏三江铜羊200头，水产养殖虹鳟鱼两万余尾。三江乡街村共有肉羊养殖大户两户，养殖规模按照每户肉羊存栏数不低于100只的标准进行养殖，已成功验收。

【社会事业】 广东省惠州市完成投资近3000万元，完成三江小学建设；学校功能分区合理、完善，教学区、办公区、会议室、住宿区、运动场等齐全。入学率达100%，新增义务教育阶段寄宿制学生45人，小学毕业学生60人，使寄宿制学生规模达302人。完成乡卫生院建设；完成9个村医疗站建设；实现新型农村合作医疗人数3588人，参合率达93.6%，共筹资金7.18万元。全年，补助4526人次，补偿资金22.55万元。加大对新农村合作医疗的宣传力度，激发群众参合热情，引导农民自愿参加合作医疗。计划生育工作始终坚持"三不变"、落实"三为主"方针；严密计划生育目标管理监督制约机制，严格进行监控考核，并实行"一票否决"制；做到"三上门"(即送《条例》与《人口与计划生育法》上门，送生殖健康知识上门，送避孕药具上门)，充分发挥阵地宣传教育作用；通过开设固定宣传栏，在公路沿线制作永久性标语3幅。全年出生率11.8‰，在政策内生育率达到100%，人口自然增长率7.2‰。出生人口男女性别比为104：100。全年死亡20人。

【农房恢复重建及救助】 完成全乡农房重建，发放农房重建资金共982户，维修加固共81户；发放特殊党费共182.5万元。进行温暖过冬入户调查，确定困难户33户，根据实际情况给予过冬物资采购，保障困难群众安全温暖过冬。实施特困户救助工作，五保人员共34人，其中，1人入住福利院，每月发放150元生活保障金。11月，进行低保普查。

【景区恢复重建】 1997年，三江开发为景区并开始接待游客，2002年，被评为省级风景名胜区。由于"5.12"汶川特大地震，景区遭受破坏陷入瘫痪状态。在恢复重建中，汶川县按照把旅游业作为灾后先导产业的发展战略，以创建国家AAAA级景区为契机，对三江旅游景区进行全面恢复重建，进一步完善旅游基础设施和旅游服务体系。经过近一年的恢复，10月，三江景区对游客开放。

【风貌改造】 共完成220户村民住房的风貌改造，其中，麻柳村9户，街村30户，河坝村65户，龙竹村6户，照壁村106户，深度打造户6户。完成率100%。

【维稳工作】 落实领导责任，坚持主要领导为第一责任人，分管领导为主要责任人，领导班子其他成员负责抓好所分管行业、部门的综治工作。成立社会治安综合治理委员会，配备1名专门负责综治工作的党委领导，选派工作责任心强、业务精、素质过硬的专职综治工作人员开展工作。健全治安范控体系，完善综治工作网络，坚持群防群治原则，形成干部群众齐抓共管，充分发挥群众作用。全乡9个村委会均落实村级社会治安综合治理责任状，村党支部书记为第一责任人，各村成立民间调纠组织，村支部书记任调委会主任，村民兵连长任治保主任，加大矛盾纠纷排查调处力度；各村建立健全矛盾纠纷排查调处机制，积极预防和处置群体性事件，全年，调处民事纠纷

100 余起。加大严打力度,突出整治重点,优化经济环境。加大法制宣传教育,提高全民法律意识,重点抓好学校普法教育与周边环境整治;开展创文明家庭、文明单位等评比活动,增强村民法律意识。

【信访工作】 采取"四制"办法,落实责任,使各种问题及时得以解决。相关工作人员转变工作作风,做到重心下移,深入基层,深入农户,充分发挥信访工作为民办事、化解矛盾、稳定社会的职能作用,为群众服务。通过下村排查以及解决上访问题,扩大信访办知名度,使信访工作深入民心。对已解决的上访案件,到户回访,询问满意度,征求新建议;对因超越职能范围或其他原因无法及时解决的,定期回访,做好解释和思想稳定工作。全年,共排查受理群众信访 36 起,其中,34 起已全部解决,另有两起正在处理中。

【环境卫生整治】 以创优人居环境为抓手,深入开展城乡环境卫生和秩序综合整治活动。成立专门环境整治工作小组,由专人负责实施监督,确保责任落实。对集镇范围内的企业、单位以及商户签订门前三包协议的同时加大对环境卫生的宣传。购买垃圾桶、垃圾车、垃圾打捞船,修建垃圾中转站。建立长效机制。

耿达乡

【领导名录】
书记、人大主席团主席　倪天国
副书记、乡长　　　　　周平章
副书记　　　　　　　　邹　莉
　　　　　　　　　　　袁　莉(12月起)
　　　　　　　　　　　刘晓林(12月起)
副乡长　　　　　　　　王　飞　瞿桂华
　　　　　　　　　　　杨必红(12月起)

【基本情况】 全乡辖 3 个行政村,17 个村民组。年末有 816 户,总人口 2753 人,其中农业人口 702 户 2557 人,非农业人口 196 人。全乡经济总收入 2270 万元,纯收入 928 万元。农民人均纯收入 3496.6 元。粮食总产量 343 吨,其中,马铃薯 109 吨,玉米 321 吨。油料产量 4 吨。蔬菜产量 555 吨。农民人均有粮 164 公斤。

全年农牧业收入基本恢复到震前水平,因灾后重建,运输业和工副业等收入增多。年末,全乡有耕地面积 1574 亩,退耕还林地 3792.5 亩。年末,牲畜存栏 1573 头,年内产仔 502 头,成活 436 头,产仔成活率 87%,年内牲畜总增 2049 头,自食 1402 头,出售活畜 912 头,出栏率 58%,商品率 37%。全乡经济总收入达到 2206 万元,与 2008 年相比增长 1209 万元,增长 121%;农民人均纯收入达到 3497 元,与 2008 年相比增长 1841 元,增长 185%。

【农房恢复重建】 全乡灾后重建农房 689 户,加固维修 56 户、自建 230 户已全部完工;广东"潮州新村"集中统建共 403 户,集中统建安置点共占地 268.18 亩。耿达村獐牙杠、沙湾、龙潭村走马岭 3 个集中安置点主体第一层全部完工,张家大地集中安置点涉及大熊猫研究中心工程搬迁,第一层主体全部完工,第二层主体正在建设中。在开展獐牙杠、沙湾、走马岭 3 个点的市政设施、管网建设的同时,协调电信、电力部门配套相应的市政管道,以便房屋能顺利交付受灾群众使用。按照国家政策兑现各项灾后重建补助资金 1009 万元。

【基础设施恢复重建】 第一批援建项目广播电视站和过渡文化服务站全部完工;第二批援建项目广东"潮州新村"集中安置点基础设施建设全部竣工;防洪堡坎恢复重建完工并通过验收。根据潮州市援建资金的实际情况,调减第二批、第三批中的 6 个援建项目,保证资金集中用在 5 个安置点的建设项目上。投入资金 30 万余元,解决龙潭村何老头地、鸭子凼等 35 户自建农户和耿达村獐牙杠、沙湾,龙潭村走马岭 3 个集中安置点人畜饮水问题。

【社会援助】 潮州市侨务局联系 153 万元用于补助全乡自建农户建房,乡政府紧密配合潮州工作组做好审查、上报、建档挂牌工作,资金已全部兑现给 153 户农户。潮州工作组发动社会力量,为全乡联系价值 115 万元的 LED 路灯 1 批,解决两条长 4 余公里的主要道路照明。广东省潮州市创佳集团有限公司捐资30万元,帮助建腊肉加工厂1个,该项目已进入选址设计阶段。

【征地拆迁】 2008年11月至2009年5月,完成中国保护大熊猫研究中心土地及地面附属物的实物量调查工作,拟定安置补偿方案上报区局审批。2009年6—7月,与幸福村三、四组搬迁农户签定大熊猫研究中心房屋搬迁协议。152户搬迁户已签订协议151户,完成征地1010.12亩。

【国土管理】 2009年度,全乡安排两名工作人员专项负责国土工作,严把审查关,按照政策规定审批宅基地,严格控制超面积占用情况。为营造一个良好的重建秩序,乡政府严格监控灾后乱搭建,严重警告并责令停建1户,强拆1户。为有效开展小型地质灾害治理工作,乡政府与3个村签订小型地灾治理协议,对全乡11个地质灾害点展开治理,兑现治理资金40万元。

【种植和养殖业】 调整种植业结构,稳定农业收入,做好牲畜春秋两防工作,发展特种养殖,对积极发展圈养野猪的龙潭村贾家沟组农户进行补贴,年末,野猪存栏33头;鼓励规模化养殖,广东潮州千秋绿养殖示范基地暨龙潭村兴富养猪场商品猪存栏250头。为全乡养殖母猪的农户办理母猪保险。

【森林保护】 在森林防火警戒期到来时,召开全乡森林防火工作会议,安排部署森林防火工作,进一步完善组织领导机构,组建义务扑火队伍,层层落实责任,与各村组、施工单位、企业公司、乡境内各机关单位签订责任书11份,与农户签订《护林防火目标责任书》685份,签订《天然林管护协议》530份。认真宣传各种法律、法规,共召开防火专题会议两次,大小村民会议22次,张贴护林防火宣传标语100余幅,近山巡查1824人次,高远山巡查326人次。开展灾毁林地和林木调查统计,为灾后林地恢复提供依据,严格管理退耕还竹地,要求建房占用竹地的农户来年栽竹季节择地补栽。配合特区资源管理局,完成对幸福村退耕还林(竹)地的统计和自查,通过省林业厅验收。全乡退耕还林保存率均达95%以上。做好辖区内护林防火工作和联防工作,成功承办第22届邛崃山系11乡(镇)护林联防工作会议。

【计划生育】 全年人口自然增长率为6.3‰。加大"三结合"帮扶力度,共落实"三结合"帮扶户19户,发放宣传资料423份,明确帮扶土鸡养殖业项目,落实帮扶资金1.65万元。完成计生"三查"工作,受查妇女620人,三查率97.3%。为地震后3户再生育家庭做好计划生育优生优育跟踪服务。

【民政优抚】 全乡审核上报低保户220户;办理残疾证54人;开展"5.12"汶川特大地震残疾等级评定工作,全乡接受残疾等级评定19人;办理三孤人员证21人;为全乡459名55周岁以上老年人建立台账;共发放地震孤儿生活补助金2.88万元;发放90岁老人补助金10人6300元;为全乡6名地震孤儿发放国寿慰问金9000元。

【医疗卫生】 耿达乡卫生院全年巡回医疗58天,门诊接待4300余人次,治愈"手足口病"6例,开展甲型流感宣传和高危人群接种工作,控制疫情传播;为全乡246名0～7周岁儿童建卡接种,各种疫苗接种率均达95%以上;开展新型农村合作医疗工作。

【教育工作】 乡党委、政府3次前往大英、内江看望慰问异地就读师生。正确引导,帮助学校动员学生返校读书。

【就业培训】 根据特区人事部门安排,全乡有6名待业青年通过审核,确定5人参加机械操作手培训,已培训4人,并取得上岗证。

【家电汽车下乡】 落实国家惠民政策,全年,共兑现家电下乡补助经费107户2.1万元,兑现汽车下乡补助经费22户7.3万元。

【安全与维稳工作】 开展社会治安综合治理,由专人负责,对全乡进行摸排调查,消除不稳定因素。乡政府多次出面协调农民工工资事宜,并向乡境内的施工单位行文,要求兑现工资,维护社会稳定。配合汶川县消防大队对集中安置区及自建房消防设施等相关情况进行排查并整改,召开安全宣传会议10次,张贴防火宣传标语300余份,与耿达派出所、耿达电管站一起对板房区用电、用火情况进行排查,向存在安全隐患的村组下发整改通知书。

先 进 名 录

2009年受省级及以上部门表彰的先进集体

获奖单位	获奖名称	颁奖单位	批准文号	表彰时间
县委办公室机要科	全国党政密码系统抗震救灾先进集体	全国党政密码办公室	中密办发[2009]3号	
县粮食局	全国粮食系统抗震救灾先进集体	国家粮食局	国粮人[2008]296号	2009年1月
县国土资源局	全省国土资源系统抗震救灾先进集体	省人事厅、省国土资源厅	川人发[2009]5号	
县司法局	四川省司法行政系统抗震救灾先进集体	省司法厅		
县司法局维州律师事务所	四川省律师行业抗震救灾先进集体	省律师协会		
县人事劳动和社会保障局	四川省劳动保障系统抗震救灾先进个人	省劳动和社会保障局	川劳社发[2009]1号	
县社会保险局	抗震救灾先进集体	省劳动和社会保障厅	川劳社发[2009]1号	2009年1月
县委老干部局	抗震救灾先进集体	省委老干部局	川老发[2009]3号	
县图书馆	四川省图书馆行业抗震救灾先进集体	省图书馆学会	川图字[2009]1号	
县人口和计划生育委员会	全省人口和计划生育系统抗震救灾先进集体	省人事厅、省人口和计划生育委员会	川人发[2009]2号	
县广播电视局	宣传科技成果奖	省科技局		
县史志办公室	四川省党史系统抗震救灾先进集体	省委党史研究室	川委史发[2009]06号	
汶川县消防大队党委	全省消防部队先进基层党组织	消防总队	总队公厅消党[2009]28号	
广东省援建工作组项目协调党支部	援建工作先进党支部	广东省对口援建汶川县恢复重建工作组临时党委	粤援汶组党[2009]3号	

续表一

获奖单位	获奖名称	颁奖单位	批准文号	表彰时间
广州市援建工作小组党支部	援建工作先进党支部	广东省对口援建汶川县恢复重建工作组临时党委	粤援汶组党[2009]3号	
惠州市援建工作小组党支部	援建工作先进党支部	广东省对口援建汶川县恢复重建工作组临时党委	粤援汶组党[2009]3号	
佛山市援建工作小组党支部	援建工作先进党支部	广东省对口援建汶川县恢复重建工作组临时党委	粤援汶组党[2009]3号	
珠海市援建工作小组党支部	援建工作先进党支部	广东省对口援建汶川县恢复重建工作组临时党委	粤援汶组党[2009]3号	
江门市援建工作小组党支部	援建工作先进党支部	广东省对口援建汶川县恢复重建工作组临时党委	粤援汶组党[2009]3号	
湛江市援建工作小组党支部	援建工作先进党支部	广东省对口援建汶川县恢复重建工作组临时党委	粤援汶组党[2009]3号	
县人大常委会	宣传人民代表大会制度"特等奖"	省人大常委会		
国家统计局汶川调查队	农村住户调查三等奖	国家统计局四川调查总队	川调办字[2009]25号	
国家统计局汶川调查队	农民工监测调查三等奖	国家统计局四川调查总队	川调办字[2009]25号	
县人民法院	全省"六无"法院	省高级人民法院	川高法[2009]723号	2009年
县公安局	全省公安机关信访工作先进单位	省公安厅	川公将奖字[2009]4号	2009年
漩口派出所	2007—2008年度全省优秀公安基层单位	省公安厅	川公将奖字[2009]59号	2009年
汶川森警大队	先进基层党组织	省森林总队		2009年
汶川森警大队	抢险救灾先进集体	省委、省政府		2009年
汶川森警卧龙中队	先进团支部	省森林总队		2009年
县扶贫两资以工代赈救灾办公室	2009年度全省扶贫开发工作先进集体	省扶贫和移民工作局	奖状	
广东省惠州市援建工作小组	广东省"五四"青年奖章先进集体			2010年

2009年受省级及以上部门表彰的先进个人

获奖人	获奖名称	颁奖单位	表彰时间	批准文号	获奖人单位
袁志学	全国粮食系统抗震救灾先进个人	国家粮食局		国粮人[2008]296号	县粮食局
罗碧清	全国司法行政系统抗震救灾先进个人	司法部			县司法局
陈代贵	全国党政密码系统抗震救灾先进个人	国家保密局			县保密局
陈红	公共卫生与预防医学发展贡献奖	中华预防医学会		预会发[2008]002号	县疾控中心
尚贤明	全省国土资源系统抗震救灾先进个人	省人事厅、省国土资源厅			县国土资源局
李加良	四川省司法行政系统抗震救灾先进个人	省司法厅			县司法局
李金瑞	四川省司法行政系统抗震救灾先进个人	省司法厅			县司法局
毕树泉	四川省律师行业抗震救灾先进个人	省律师协会			县司法局
李强	四川省律师行业抗震救灾先进个人	省律师协会			县司法局
周全福	抗震救灾先进个人	省委组织部			县委组织部
余成忠	抗震救灾先进个人	省委组织部			县委组织部
杨莉	抗震救灾先进个人	省委组织部			县委组织部
林波	抗震救灾先进个人	省委组织部			县委组织部
石永康	抗震救灾先进个人	省委老干部局		川老发[2009]3号	县委组织部
何永清	抗震救灾先进个人	省委老干部局		川老发[2009]3号	县委组织部
粟文松	抗震救灾先进个人	省委老干部局		川老发[2009]3号	县委组织部
王国文	省劳动保障系统抗震救灾先进个人	省劳动和社会保障局		川劳社发[2009]1号	县人事劳动和社会保障局
赵敏	省劳动保障系统抗震救灾先进个人	省劳动和社会保障局		川劳社发[2009]1号	县人事劳动和社会保障局
陈红丽	省图书馆行业抗震救灾先进	省图书馆学会		川图字[2009]1号	县图书馆

续表一

获奖人	获奖名称	颁奖单位	表彰时间	批准文号	获奖人单位
马双清	全省人口和计划生育系统抗震救灾先进个人	省人事厅、省人口和计划生育委员会		川人发[2009]2号	县计生委
贺洪平	抗震救灾先进个人	中国残疾人联合会		残联发[2009]1号	县残联
冯晓燕	抗震救灾先进个人	省知识产权局	2009年2月		县科技局
王彬	接收康复安置地震伤员先进个人	省卫生厅、省民政厅、省残联	2009年2月		绵虒中心卫生院
戴鹏	省交通战备先进个人	省交通战备办公室	2009年3月		县交通局
蒲元琼	全国卫生系统巾帼建功标兵先进个人	卫生部			映秀中心卫生院
孔红永	打通国道213线先进个人	省委、省政府			映秀镇政府
杜军	优秀党务工作者	省林业厅机关党委		川林机党[2009]24号	卧龙镇政府
陈定雄	优秀共产党员	省林业厅机关党委		川林机党[2009]24号	卧龙镇政府
林仕祥	优秀共产党员	省林业厅机关党委		川林机党[2009]24号	卧龙镇政府
明亮	优秀共产党员	省林业厅机关党委		川林机党[2009]24号	卧龙镇政府
王海洋	全省消防部队优秀共产党员	武警消防总队		总队公厅消党[2009]28号	汶川县消防中队
张涛	全省消防部队优秀党务工作者	武警消防总队		总队公厅消党[2009]28号	汶川县消防大队
吕成嫄	援建工作优秀党员	广东省援建汶川县工作组临时党委		粤援汶组党[2009]3号	广东省援建工作组综合协调部党支部
刘伟皓	援建工作优秀党员	广东省援建汶川县工作组临时党委		粤援汶组党[2009]3号	广东省援建工作组综合协调部党支部
邱衍庆	援建工作优秀党员	广东省援建汶川县工作组临时党委		粤援汶组党[2009]3号	广东省援建工作组项目协调部党支部
庄侃	援建工作优秀党员	广东省援建汶川县工作组临时党委		粤援汶组党[2009]3号	广东省援建工作组社会发展协调部党支部
秦波	援建工作优秀党员	广东省援建汶川县工作组临时党委		粤援汶组党[2009]3号	广东省援建工作组社会发展协调部党支部
李俊夫	援建工作优秀党员	广东省援建汶川县工作组临时党委		粤援汶组党[2009]3号	广州市援建工作小组党支部

先进名录

获奖人	获奖名称	颁奖单位	表彰时间	批准文号	获奖人单位
徐明贵	援建工作优秀党员	广东省援建汶川县工作组临时党委		粤援汶组党[2009]3号	广州市援建工作小组党支部
黄亚东	援建工作优秀党员	广东省援建汶川县工作组临时党委		粤援汶组党[2009]3号	珠海市援建工作小组党支部
曾德元	援建工作优秀党员	广东省援建汶川县工作组临时党委		粤援汶组党[2009]3号	珠海市援建工作小组党支部
杨焕新	援建工作优秀党员	广东省援建汶川县工作组临时党委		粤援汶组党[2009]3号	汕头市援建工作小组党支部
杨明顺	援建工作优秀党员	广东省援建汶川县工作组临时党委		粤援汶组党[2009]3号	汕头市援建工作小组党支部
周　霞	援建工作优秀党员	广东省援建汶川县工作组临时党委		粤援汶组党[2009]3号	佛山市援建工作小组党支部
黄少兰	援建工作优秀党员	广东省援建汶川县工作组临时党委		粤援汶组党[2009]3号	佛山市援建工作小组党支部
范中杰	援建工作优秀党员	广东省援建汶川县工作组临时党委		粤援汶组党[2009]3号	惠州市援建工作小组党支部
单　波	援建工作优秀党员	广东省援建汶川县工作组临时党委		粤援汶组党[2009]3号	惠州市援建工作小组党支部
陈志标	援建工作优秀党员	广东省援建汶川县工作组临时党委		粤援汶组党[2009]3号	东莞市援建工作小组党支部
黄永林	援建工作优秀党员	广东省援建汶川县工作组临时党委		粤援汶组党[2009]3号	中山市援建工作小组党支部
甄励富	援建工作优秀党员	广东省援建汶川县工作组临时党委		粤援汶组党[2009]3号	江门市援建工作小组党支部
谭钜安	援建工作优秀党员	广东省援建汶川县工作组临时党委		粤援汶组党[2009]3号	江门市援建工作小组党支部
胡海运	援建工作优秀党员	广东省援建汶川县工作组临时党委		粤援汶组党[2009]3号	湛江市援建工作小组党支部
莫大成	援建工作优秀党员	广东省援建汶川县工作组临时党委		粤援汶组党[2009]3号	湛江市援建工作小组党支部
车子平	援建工作优秀党员	广东省援建汶川县工作组临时党委		粤援汶组党[2009]3号	茂名市援建工作小组党支部
梁　涛	援建工作优秀党员	广东省援建汶川县工作组临时党委		粤援汶组党[2009]3号	茂名市援建工作小组党支部
温桂安	援建工作优秀党员	广东省援建汶川县工作组临时党委		粤援汶组党[2009]3号	肇庆市援建工作小组党支部
张为民	援建工作优秀党员	广东省援建汶川县工作组临时党委		粤援汶组党[2009]3号	潮州市援建工作小组党支部

续表三

获奖人	获奖名称	颁奖单位	表彰时间	批准文号	获奖人单位
陈育文	援建工作优秀党员	广东省援建汶川县工作组临时党委		粤援汶组党[2009]3号	揭阳市援建工作小组党支部
倪天国	先进党务工作者	省林业厅机关党委			耿达乡党委
刘泽君	优秀共产党员	省林业厅机关党委			耿达乡耿达村
丁建海	三等功一次	武警消防总队		武川消（令）[2009]38号	汶川县消防大队
陈启景	三等功一次	武警消防总队		武川消（令）[2009]38号	汶川县消防大队
张文强	三等功一次	武警消防总队		武川消（令）[2009]38号	汶川县消防中队
王海洋	三等功一次	武警消防总队		武川消（令）[2009]38号	汶川县消防中队
罗雷	嘉奖一次	武警消防总队		武川消（令）[2009]38号	汶川县消防大队
罗贤君	嘉奖一次	武警消防总队		武川消（令）[2009]38号	汶川县消防大队
司龙斌	嘉奖一次	武警消防总队		武川消（令）[2009]38号	汶川县消防大队
范忠伟	嘉奖一次	武警消防总队		武川消（令）[2009]38号	汶川县消防大队
房永乐	嘉奖一次	武警消防总队		武川消（令）[2009]38号	汶川县消防大队
余柯政	嘉奖一次	武警消防总队		武川消（令）[2009]38号	汶川县消防大队
王攀	嘉奖一次	武警消防总队		武川消（令）[2009]38号	汶川县消防中队
李福元	嘉奖一次	武警消防总队		武川消（令）[2009]38号	汶川县消防中队
自学	嘉奖一次	武警消防总队		武川消（令）[2009]38号	汶川县消防中队
刘国缸	嘉奖一次	武警消防总队		武川消（令）[2009]38号	汶川县消防中队
范磊	嘉奖一次	武警消防总队		武川消（令）[2009]38号	汶川县消防中队
王志刚	四川省扫黄打非先进个人	省"扫黄打非"办公室			县文化体育局

先进名录

获奖人	获奖名称	颁奖单位	表彰时间	批准文号	获奖人单位
陈建军	四川省老龄工作先进个人	省老龄工作委员会		川老委发[2009]6号	县民政局
朱耀忠	优秀挂职(援建)干部	省委组织部		川组通[2009]126号	广东援建汶川县工作组
李俊夫	优秀挂职(援建)干部	省委组织部		川组通[2009]126号	广东省广州市援建工作小组
陈仁福	优秀挂职(援建)干部	省委组织部		川组通[2009]126号	广东省珠海市援建工作小组
范中杰	优秀挂职(援建)干部	省委组织部		川组通[2009]126号	广东省惠州市援建三江乡工作组
甄励富	优秀挂职(援建)干部	省委组织部		川组通[2009]126号	广东省江门市援建工作小组
刘宏葆	优秀挂职(援建)干部	省委组织部		川组通[2009]126号	广东省佛山市工作小组
雷 挺	优秀援建干部	省委组织部		川组通[2009]126号	广东省茂名市援建工作小组
范振宇	优秀挂职干部	省委组织部		川组通[2009]126号	县人民政府
李东红	优秀挂职干部	省委组织部		川组通[2009]126号	县人民政府
邓国基	优秀挂职干部	省委组织部		川组通[2009]126号	县人民政府
范振宇	通报表彰	交通运输部机关党委	2009年		县人民政府
蒋青林	安全生产监管监察先进个人	国家安全生产监督管理总局、国家煤矿安全监察局	2009年		县安全生产监督管理局
毕树泉	维护藏区稳定先进个人	省司法厅	2009年		县司法局
周 翎	四川省法制建设先进个人	省司法厅	2009年		县司法局
高德军	优秀党务工作者	省森林总队	2009年		汶川森警大队
李勇辉	优秀团员	省森林总队	2009年		汶川森警大队
王飞鹏	优秀共产党员	省森林总队	2009年		汶川森警大队
倪 磊	十佳士官	省森林总队	2009年		汶川森警大队

续表五

获奖人	获奖名称	颁奖单位	表彰时间	批准文号	获奖人单位
宋 林	全省邮政投递劳动竞赛优胜个人	省邮政工会	2009年		县邮政局
周建军	全省邮政部门"树创"活动优质服务标兵	省邮政公司及工会	2009年		县邮政局
罗 兰	省银行业千名网点优质服务标兵	省银行业协会	2009年		县邮政局
黄 波	三等功	省森林总队	2009年		汶川森警大队
何 欢	三等功	省森林总队	2009年		汶川森警大队
黄平峰	三等功	省森林总队	2009年		汶川森警大队
李勇辉	三等功	省森林总队	2009年		汶川森警大队
倪 磊	三等功	省森林总队	2009年		汶川森警大队
钟之伟	三等功	省森林总队	2009年		汶川森警大队
李柯成	三等功	省森林总队	2009年		汶川森警大队
杜 军	灾后重建再立新功劳动竞赛先进个人	省总工会	2010年1月1日	川工发[2010]1号	卧龙镇政府
车子平	2009年度对口援建工作先进个人	广东省援建汶川县工作组		粤援汶组[2010]5号	广东省茂名市工作小组
梁 涛	2009年度对口援建工作先进个人	广东省援建汶川县工作组		粤援汶组[2010]5号	广东省茂名市工作小组
杨冰峰	2009年度对口援建工作先进个人	广东省援建汶川县工作组		粤援汶组[2010]5号	广东省茂名市工作小组
李 军	2009年度对口援建工作先进个人	广东省援建汶川县工作组		粤援汶组[2010]5号	广东省佛山市工作小组
梁品超	2009年度对口援建工作先进个人	广东省援建汶川县工作组		粤援汶组[2010]5号	广东省佛山市工作小组
王霁宇	2009年度对口援建工作先进个人	广东省援建汶川县工作组		粤援汶组[2010]5号	广东省东莞市工作小组
郭浩辉	2009年度对口援建工作先进个人	广东省援建汶川县工作组		粤援汶组[2010]5号	广东省东莞市工作小组
宣慧平	2009年度对口援建工作先进个人	广东省援建汶川县工作组		粤援汶组[2010]5号	广东省援建工作组

续表六

获奖人	获奖名称	颁奖单位	表彰时间	批准文号	获奖人单位
马华章	2009年度对口援建工作先进个人	广东省援建汶川县工作组		粤援汶组[2010]5号	广东省援建工作组
黄欣	2009年度对口援建工作先进个人	广东省援建汶川县工作组		粤援汶组[2010]5号	广东省援建工作组
蓝波	2009年度对口援建工作先进个人	广东省援建汶川县工作组		粤援汶组[2010]5号	广东省援建工作组
张宏伟	2009年度对口援建工作先进个人	广东省援建汶川县工作组		粤援汶组[2010]5号	广东省援建工作组
黄胜军	2009年度对口援建工作先进个人	广东省援建汶川县工作组		粤援汶组[2010]5号	广东省援建工作组
刘木才	2009年度对口援建工作先进个人	广东省援建汶川县工作组		粤援汶组[2010]5号	广东省援建工作组
廖颖达	2009年度对口援建工作先进个人	广东省援建汶川县工作组		粤援汶组[2010]5号	广东省援建工作组
谢焕扬	2009年度对口援建工作先进个人	广东省援建汶川县工作组		粤援汶组[2010]5号	广东省援建工作组
徐兴进	2009年度对口援建工作先进个人	广东省援建汶川县工作组		粤援汶组[2010]5号	广东省援建工作组
陈序	2009年度对口援建工作先进个人	广东省援建汶川县工作组		粤援汶组[2010]5号	广东省援建工作组
徐明贵	2009年度对口援建工作先进个人	广东省援建汶川县工作组		粤援汶组[2010]5号	广东省援建工作组
宋金峰	2009年度对口援建工作先进个人	广东省援建汶川县工作组		粤援汶组[2010]5号	广东省援建工作组
曹金文	2009年度对口援建工作先进个人	广东省援建汶川县工作组		粤援汶组[2010]5号	广东省援建工作组
蒋福金	2009年度对口援建工作先进个人	广东省援建汶川县工作组		粤援汶组[2010]5号	广东省援建工作组
林婷	2009年度对口援建工作先进个人	广东省援建汶川县工作组		粤援汶组[2010]5号	广东省援建工作组
林建雄	2009年度对口援建工作先进个人	广东省援建汶川县工作组		粤援汶组[2010]5号	广东省援建工作组
张彤	2009年度对口援建工作先进个人	广东省援建汶川县工作组		粤援汶组[2010]5号	广东省援建工作组
周振华	2009年度对口援建工作先进个人	广东省援建汶川县工作组		粤援汶组[2010]5号	广东省援建工作组
温代贤	2009年度对口援建工作先进个人	广东省援建汶川县工作组		粤援汶组[2010]5号	广东省援建工作组

续表七

获奖人	获奖名称	颁奖单位	表彰时间	批准文号	获奖人单位
蓝天	2009年度对口援建工作先进个人	广东省援建汶川县工作组		粤援汶组[2010]5号	广东省珠海市援建工作小组
吕晓晴	2009年度对口援建工作先进个人	广东省援建汶川县工作组		粤援汶组[2010]5号	广东省珠海市援建工作小组
陈俊峰	2009年度对口援建工作先进个人	广东省援建汶川县工作组		粤援汶组[2010]5号	广东省珠海市援建工作小组
杨明顺	2009年度对口援建工作先进个人	广东省援建汶川县工作组		粤援汶组[2010]5号	广东省珠海市援建工作小组
黄进锋	2009年度对口援建工作先进个人	广东省援建汶川县工作组		粤援汶组[2010]5号	广东省珠海市援建工作小组
钟˜武	2009年度对口援建工作先进个人	广东省援建汶川县工作组		粤援汶组[2010]5号	广东省珠海市援建工作小组
陈聪	2009年度对口援建工作先进个人	广东省援建汶川县工作组		粤援汶组[2010]5号	广东省珠海市援建工作小组
杨辉	2009年度对口援建工作先进个人	广东省援建汶川县工作组		粤援汶组[2010]5号	广东省珠海市援建工作小组
陈卓彬	2009年度对口援建工作先进个人	广东省援建汶川县工作组		粤援汶组[2010]5号	广东省珠海市援建工作小组
苗丰田	2009年度对口援建工作先进个人	广东省援建汶川县工作组		粤援汶组[2010]5号	广东省珠海市援建工作小组
宋强	2009年度对口援建工作先进个人	广东省援建汶川县工作组		粤援汶组[2010]5号	广东省珠海市援建工作小组
雷栋	2009年度对口援建工作先进个人	广东省援建汶川县工作组		粤援汶组[2010]5号	广东省珠海市援建工作小组
卢伟敏	2009年度对口援建工作先进个人	广东省援建汶川县工作组		粤援汶组[2010]5号	广东省珠海市援建工作小组
莫大成	2009年度对口援建工作先进个人	广东省援建汶川县工作组		粤援汶组[2010]5号	广东省珠海市援建工作小组
邓华	2009年度对口援建工作先进个人	广东省援建汶川县工作组		粤援汶组[2010]5号	广东省珠海市援建工作小组
余锦兴	2009年度对口援建工作先进个人	广东省援建汶川县工作组		粤援汶组[2010]5号	广东省珠海市援建工作小组
欧子标	2009年度对口援建工作先进个人	广东省援建汶川县工作组		粤援汶组[2010]5号	广东省珠海市援建工作小组
黄志刚	2009年度对口援建工作先进个人	广东省援建汶川县工作组		粤援汶组[2010]5号	广东省珠海市援建工作小组
陈河	2009年度对口援建工作先进个人	广东省援建汶川县工作组		粤援汶组[2010]5号	广东省珠海市援建工作小组
杨宙慧	广东省优秀共青团员		2010年		广东省珠海市援建工作小组

2009年受州级及以上部门表彰的先进个人

获奖人	获奖名称	颁奖单位	表彰时间	批准文号	获奖人单位
王荣利	三等功	州公安局		阿州公奖[2009]1号	县公安局
皮仲康	三等功	州公安局		阿州公奖[2009]1号	县公安局
冯明国	三等功	州公安局		阿州公奖[2009]1号	县公安局
向永东	三等功	州公安局		阿州公奖[2009]1号	县公安局
周汉清	嘉奖	州公安局		阿州公奖[2009]1号	县公安局
邹孔举	嘉奖	州公安局		阿州公奖[2009]1号	县公安局
王明波	嘉奖	州公安局		阿州公奖[2009]1号	县公安局
刘明煜	嘉奖	州公安局		阿州公奖[2009]1号	县公安局
薛涛	嘉奖	州公安局		阿州公奖[2009]1号	县公安局
张贵强	嘉奖	阿坝军分区		政组[2009]5号	县人武部
唐林	三等功	阿坝军分区		政组[2009]5号	县人武部
范梦德	藏区维稳先进个人	阿坝军分区		政组[2009]4号	县人武部
马先佑	阿坝州政法战线先进干警	州委、州人民政府		阿委发[2009]4号	公安局交警大队
戴敏	抗震救灾先进个人	州人民检察院		阿州检发政[2009]1号	县人民检察院
高瑞涛	2008年度学习型先进个人	州人民检察院		阿州检发政[2009]1号	县人民检察院
谢平	2008年度优秀检察干部	州人民检察院		阿州检发政[2009]1号	县人民检察院
孙莉	全州劳动保障系统抗震救灾先进个人	州劳动和社会保障局		阿州劳社[2009]27号	县人事劳动和社会保障局
陈洪	全州劳动保障系统抗震救灾先进个人	州劳动和社会保障局		阿州劳社[2009]26号	县人事劳动和社会保障局
苏亚康	全州劳动保障系统抗震救灾先进个人	州劳动和社会保障局		阿州劳社[2009]26号	县人事劳动和社会保障局

续表一

获奖人	获奖名称	颁奖单位	表彰时间	批准文号	获奖人单位
彭勇森	州信访工作先进个人	州委、州人民政府			威州镇羌医骨伤科医院
蔡光正	全州卫生系统抗震救灾先进个人	州人事局、州卫生局、州中藏羌医局		阿州人发[2009]21号	县医院
罗庆玺	全州卫生系统抗震救灾先进个人	州人事局、州卫生局、州中藏羌医局		阿州人发[2009]21号	草坡乡卫生院
刘克涛	全州卫生系统抗震救灾先进个人	州人事局、州卫生局、州中藏羌医局	2009年3月	阿州人发[2009]21号	龙溪乡卫生院
赵锐	全州卫生系统抗震救灾先进个人	州人事局、州卫生局、州中藏羌医局	2009年3月	阿州人发[2009]21号	县卫生局
岳洪春	全州卫生系统抗震救灾先进个人	州人事局、州卫生局、州中藏羌医局	2009年3月	阿州人发[2009]21号	水磨镇卫生院
刘菊英	全州卫生系统抗震救灾先进个人	州人事局、州卫生局、州中藏羌医局	2009年3月	阿州人发[2009]21号	县妇幼保健院
田勇	全州卫生系统抗震救灾先进个人	州人事局、州卫生局、州中藏羌医局	2009年3月	阿州人发[2009]21号	映秀中心卫生院
蒲倩	全州卫生系统抗震救灾先进个人	州人事局、州卫生局、州中藏羌医局	2009年3月	阿州人发[2009]21号	雁门乡卫生院
冉隆波	全州卫生系统抗震救灾先进个人	州人事局、州卫生局、州中藏羌医局	2009年3月	阿州人发[2009]21号	县医院
吴莉娟	全州卫生系统抗震救灾先进个人	州人事局、州卫生局、州中藏羌医局	2009年3月	阿州人发[2009]21号	克枯乡卫生院
王翠琼	全州卫生系统抗震救灾先进个人	州人事局、州卫生局、州中藏羌医局	2009年3月	阿州人发[2009]21号	三江乡卫生院
熊英	全州卫生系统抗震救灾先进个人	州人事局、州卫生局、州中藏羌医局	2009年3月	阿州人发[2009]21号	龙溪乡卫生院
赵锐	全州卫生系统抗震救灾先进个人	州人事局、州卫生局、州中藏羌医局	2009年3月	阿州人发[2009]21号	县防震减灾局
苏茂	抗震救灾先进个人	州防震减灾局		阿州人发[2009]21号	县防震减灾局
蒋琼兰	抗震救灾先进个人	州防震减灾局		阿州震[2009]18号	县防震减灾局
李英	抗震救灾先进个人	州防震减灾局		阿州震[2009]18号	县防震减灾局
陈晓华	抗震救灾先进个人	州防震减灾局		阿州震[2009]18号	龙溪乡政府
刘国平	优秀党委书记	州委、州人民政府		阿州震[2009]18号	

续表二

获奖人	获奖名称	颁奖单位	表彰时间	批准文号	获奖人单位
郭素梅	民族进步先进个人	州委、州人民政府			汶川县委
刘国平	民族进步先进个人	州委、州人民政府			龙溪乡政府
余朝荣	全州政协抗震救灾先进个人	政协阿坝州委员会		阿州协[2009]6号	县政协
谢孝泉	全州政协抗震救灾先进个人	政协阿坝州委员会		阿州协[2009]6号	县卫生局
戴 敏	四届阿坝州"民族团结"模范个人	州委、州人民政府			县检察院
黄发富	2008年度县局优秀局长	州国家税务局		阿州国税党[2009]9号	县国家税务局
张德清	2008年度县局优秀副局长	州国家税务局		阿州国税党[2009]9号	县国家税务局
郑 玮	2009年全州"千名干部下基层"先进个人	州委组织部			县扶贫两资以工代赈救灾办公室
罗 进	三等功	武警阿坝州支队			武警汶川县中队
张德强	三等功	武警阿坝州支队			武警汶川县中队
任献光	阿坝州劳动模范	阿坝州总工会			县人民政府
邓国基	阿坝州劳动模范	阿坝州总工会			县人民政府
王卫东	民族团结进步先进模范个人	州委、州人民政府	2009年		县司法局
唐 慧	民族团结进步先进模范个人	州委、州人民政府	2009年		县司法局
蒲吉林	优秀学员	州人事局、州司法局	2009年		县司法局
何 静	优秀学员	州人事局、州司法局	2009年		县司法局
宛年峰	优秀派出所所长	阿坝州委	2009年	阿委[2009]47号	县公安局
王 力	优秀派出所所长	阿坝州委	2009年	阿委[2009]47号	县公安局
钟 成	优秀派出所所长	阿坝州委	2009年	阿委[2009]47号	县公安局

续表三

获奖人	获奖名称	颁奖单位	表彰时间	批准文号	获奖人单位
高德军	第四次民族团结进步模范个人	州委、州人民政府	2009年		汶川森警大队
何星义	阿坝州政法战线先进干警	州委、州人民政府	2009年	阿委[2009]4号	县法院
张 宇	2009年清理执行积案先进个人	州集中清理执行积案领导小组	2009年	阿委[2009]9号	县法院
王 勇	全州水利工作先进个人	州水利局	2009年	阿州水发[2009]43号	县水务局
罗坤蓉	全州水利统计先进一等奖	州水利局	2009年	阿州水发[2009]43号	县水务局
卢国彤 李 瑶	电视社教类——系列片《汶川记忆》获一等奖	州广播电视局	2009年		县广播电视局
李 瑶 李 舜 杨 涛	电视社教类——栏目《重建进行时——避灾广场》获二等奖	州广播电视局	2009年		县广播电视局
付有刚 袁 琳 马国龙	电视新闻类——长消息《援建工人被困江心各方全力施救脱险》获二等奖	州广播电视局	2009年		县广播电视局
李 舜 马国龙 陈 倩 李 瑶	电视新闻类——短消息《新居新婚新希望》获二等奖	州广播电视局	2009年		县广播电视局
李 瑶 付有刚	广播社教类——公众性节目《重建进行时——云中新布瓦》获一等奖	州广播电视局	2009年		县广播电视局

续表四

获奖人	获奖名称	颁奖单位	表彰时间	批准文号	获奖人单位
李 舜 / 杨 涛	广播社教类——公众性节目《重建进行时——云中新布瓦》获一等奖	州广播电视局	2009年		县广播电视局
付有刚 / 胡康柱 / 李 瑶 / 王 乐 / 赵 勇	广播新闻类——长消息《广东省援建汶川16所学校交付使用》获二等奖	州广播电视局	2009年		县广播电视局
李 瑶 / 付有刚 / 王 乐 / 卢国彤	广播新闻类——短消息《广东援建汶川县十大民生工程整体交付》获一等奖	州广播电视局	2009年		县广播电视局
陈 林	2009年度广播电视技术维护先进个人	州广播电视局	2009年		县广播电视局
杨 志	三等功	武警阿坝州支队			武警汶川县中队
王 金	2009年度阿坝州政法战线先进干警	州委、州人民政府		阿委[2010]18号	县政法委
梁 力	2009年度全州群众信访工作先进个人	州委办、州政府办		阿州国税党[2010]12号	县群众和信访工作局
刘培琴	2009年度县局优秀副局长	州国家税务局		阿委发[2010]36号	县国家税务局
雷 挺	2009年度对口援建先进个人	州委、州人民政府		阿委发[2010]36号	广东省茂名市援建工作小组
陈仁福	2009年度对口援建先进个人	州委、州人民政府		阿委发[2010]36号	广东省珠海市援建工作小组
陈林佐	2009年度对口援建先进个人	州委、州人民政府			广东省东莞市援建工作小组

续表五

获奖人	获奖名称	颁奖单位	表彰时间	批准文号	获奖人单位
张应杰	2009年度对口援建先进个人	州委、州人民政府		阿委发[2010]36号	广东省汕头市援建工作小组
蔡伟生	2009年度对口援建先进个人	州委、州人民政府		阿委发[2010]36号	广东省对口援建汶川工作组
吕成蹊	2009年度对口援建先进个人	州委、州人民政府		阿委发[2010]36号	广东省对口援建汶川工作组
邱衍庆	2009年度对口援建先进个人	州委、州人民政府		阿委发[2010]36号	广东省对口援建汶川工作组
庄侃	2009年度对口援建先进个人	州委、州人民政府		阿委发[2010]36号	广东省对口援建汶川工作组
黄永林	2009年度对口援建先进个人	州委、州人民政府		阿委发[2010]36号	广东市中山援建工作小组
胡海运	2009年度对口援建先进个人	州委、州人民政府		阿委发[2010]36号	广东省湛江市援建工作小组
温桂安	2009年度对口援建先进个人	州委、州人民政府		阿委发[2010]36号	广东省肇庆援建工作小组
徐和	2009年度对口援建先进个人	州委、州人民政府		阿委发[2010]36号	广东省潮州市援建工作小组
陈茂辉	阿坝州劳动模范	州人民政府			广东省援建汶川县工作组
朱耀忠	阿坝州劳动模范	州人民政府		阿委发[2010]36号	广东省援建汶川县工作组
陈定雄	阿坝州劳动模范	州人民政府		阿委发[2010]36号	广东省揭阳市援建工作小组
甄励富	阿坝州劳动模范	州人民政府		阿委发[2010]36号	广东省江门市援建工作小组
刘宏葆	阿坝州劳动模范	州人民政府		阿委发[2010]36号	广东省佛山市援建工作小组
徐铭	阿坝州献血先进个人	州人民政府		阿委发[2010]36号	县人大办公室
王永新	2009年度先进生产工作者	州公路局及工会委员会	2010年	阿路工[2010]9号	汶川公路管理分局
易小平	2009年度先进生产工作者	州公路局及工会委员会	2010年	阿路工[2010]9号	汶川公路管理分局
易和平	2009年度先进生产工作者	州公路局及工会委员会	2010年	阿路工[2010]9号	汶川公路管理分局
钱忠华	2009年度生产技术能手	州公路局及工会委员会	2010年	阿路工[2010]9号	汶川公路管理分局

续表六

获奖人	获奖名称	颁奖单位	表彰时间	批准文号	获奖人单位
杨月明	2009年度生产技术能手	州公路局及工会委员会	2010年	阿路工[2010]9号	汶川公路管理分局
安礼雄	2009年度生产技术能手	州公路局及工会委员会	2010年	阿路工[2010]9号	汶川公路管理分局
李荣富	2009年度优秀工会积极分子	州公路局及工会委员会	2010年	阿路工[2010]9号	汶川公路管理分局
杜 江	2009年度优秀工会积极分子	州公路局及工会委员会	2010年	阿路工[2010]9号	汶川公路管理分局
王万发	2009年度职工之友	州公路局及工会委员会	2010年	阿路工[2010]9号	汶川公路管理分局

汶川县委、县人民政府表彰的先进基层党组织、优秀共产党员及灾后恢复重建先进集体、先进个人

（一）先进基层党组织(54个)

威州镇新桥村党支部

威州镇七盘沟村党支部

克枯乡大寺村党支部

克枯乡周达村党支部

龙溪乡联合村党支部

龙溪乡阿尔村党支部

雁门乡机关党支部

雁门乡萝卜寨村党支部

绵虒镇机关党支部

绵虒镇政法党支部

绵虒镇三官庙村党支部

草坡乡樟排村党支部

草坡乡足湾村党支部

银杏乡桃关村党支部

映秀镇机关党支部

映秀镇枫香树村党支部

漩口镇机关党支部

漩口镇古溪沟村党支部

漩口镇集中村党支部

阿坝铝厂党总支

水磨镇机关党支部

水磨镇卫生院党支部

水磨镇白果坪村党支部

水磨镇衔凤岩村党支部

三江乡党委

三江乡照壁村党支部

县政府办公室党支部

县纪委监察局党支部

县检察院党支部

县委组织部党支部

县发改委党支部

县教育局机关党支部

县公安局刑警党支部

县公安局交警党支部

县财政局党支部

县交通局机关党支部

县文体局党总支

县卫生局机关党支部

县审计局党支部

县安监局党支部

县人民医院党支部

汶川公路分局党支部

威州中学党总支

威州林场党支部

汶川电信分公司党总支

县驻都江堰退休第二党支部

县姜维旅业公司党支部

广东省援建工作组项目协调部党支部

广州市援建工作小组党支部

惠州市援建工作小组党支部

佛山市援建工作小组党支部

珠海市援建工作小组党支部

湛江市援建工作小组党支部

江门市援建工作小组党支部

（二）优秀共产党员(82名)

陈华清　县人大调研员

李和君　县政协副主席

万亚妹　县委办公室秘书、西部计划志愿者

易建林　县政府办公室秘书

李 杰	县委宣传部副部长	王兴成	威州镇布瓦村党支部书记
倪 中	县法院刑庭庭长	喻定春	县委办下派威州镇布瓦村干部
周中强	县经济商务局副局长	赵国金	克枯乡党委副书记
谭国云	县经济商务局行业管理股股长	陈代军	龙溪乡党委副书记
邹孔举	县公安局指挥中心干警	倪星斌	龙溪乡人民政府干部
雷章富	县公安局政工监督室副主任	余文武	龙溪乡布兰村党支部书记
秦兴铨	县规划建设局党组书记、市政公用管理局局长	陈志松	龙溪乡俄布村党支部书记
余朝波	县畜牧兽医局局长	何世康	龙溪乡马灯村党支部书记
赵 文	县林业局副局长	余毅锋	雁门乡党委委员
杨和平	县林业局桂花坪林场森林管护工人	金 勇	雁门乡人民政府副乡长
王 文	县文化体育局党组书记、副局长	洪 刚	县教育局下派雁门乡青坡村干部
付有刚	县广播电视局副局长	曹红虎	绵虒镇纪委书记
罗 桑	县粮食局局长	李凤燕	绵虒镇人民政府干部
苏兴珂	县档案局副局长	熊作贵	绵虒镇三官庙村党支部书记
陈守平	县供销社劳资股股长	张玉兴	绵虒镇克约村党支部书记
杨 建	县农调队副主任科员	熊贤刚	县卫生执法监督所下派绵虒镇半坡村干部
王 毅	县医保局统筹股干部	周 波	草坡乡人民政府副乡长
陈 军	县国土资源局矿产资源管理股股长	尚应兰	草坡乡党政办副主任
马 静	县工商局干部	吴志贵	草坡乡码头村党支部书记
姜培荣	县邮政局局长	陈贵华	草坡乡龙潭村党支部书记
姚正川	县公路运输管理所所长	龚素珍	草坡乡两河村党支部副书记
喻 红	县桑坪中学教务主任	余泽勇	银杏乡党委副书记、乡长
郭光华	县幼儿园职工	明贵学	银杏乡党委委员
陈秀香	七盘沟九年一贯制学校政教主任	潘良春	银杏乡企业党支部书记
喻维军	县姜维旅业公司党支部书记	马国林	映秀镇派出所教导员
徐康贤	阿坝九黄运业集团有限责任公司董事长	徐才英	映秀镇党政办副主任
甘崇发	县驻都江堰市退休第三党支部书记	蒋永福	映秀镇渔子溪村党支部书记
罗宏伟	威州镇党委副书记、镇长	董毅力	映秀镇中滩堡村村民
张云清	威州镇纪委书记	谭国强	映秀小学校长
冯丛军	威州镇新桥村村委会主任	李正权	漩口镇派出所所长
彭志军	威州镇禹碑岭村党支部书记	罗启洪	漩口镇社区党支部书记
		赵琼英	漩口镇群益村党支部书记

郭遗兴　漩口镇古溪村党支部书记

何兴田　漩口镇水田坪村党支部书记

周志平　漩口小学校长

刘平和　县人武部下派漩口镇圣音寺村干部

王　金　县委政法委下派漩口镇群益村干部

孙　波　水磨镇党委副书记

张宝玉　水磨镇党政办主任

伍映红　水磨镇人民政府干部

刘兴玉　县就业局下派水磨镇街凤岩村干部

姚永才　水磨镇大岩洞村村委会主任

王泽义　水磨镇黑土坡村村委会主任

王俊杰　水磨镇老人村村委会主任

刘安友　三江乡街村村委会主任

张金和　三江乡柒山村党支部书记

张志军　三江乡草坪村党支部书记

(三)灾后恢复重建先进集体(6个)

三江乡党委、政府

雁门乡党委、政府

漩口镇党委、政府

草坡乡党委、政府

龙溪乡党委、政府

水磨镇党委、政府

(四)灾后恢复重建先进个人(49名)

陈茂辉　县委副书记、广东省援建工作组组长

朱耀忠　县委常委、县政府副县长、广东省援建
　　　　工作组副组长

蔡伟生　县委组织部副部长、广东省援建工作组
　　　　组员

邱衍庆　广东省援建工作组组员

吕成蹊　广东省援建工作组组员

庄　侃　广东省援建工作组组员

李俊夫　威州镇党委副书记、广州市援建工作小
　　　　组组长

徐明贵　广州市援建工作小组组员

温桂安　克枯乡党委副书记、肇庆市援建工作小
　　　　组组长

余锦兴　克枯乡人民政府副乡长、肇庆市援建工
　　　　作小组组员

胡海运　龙溪乡党委副书记、湛江市援建工作小
　　　　组组长

莫大成　龙溪乡人民政府副乡长、湛江市援建工
　　　　作小组组员

甄励富　雁门乡党委副书记、江门市援建工作小
　　　　组组长

谭钜安　江门市援建工作小组组员

陈仁福　绵虒镇党委副书记、珠海市援建工作小
　　　　组组长

黄亚东　绵虒镇人民政府副镇长、珠海市援建工
　　　　作小组组员

张应杰　草坡乡党委副书记、汕头市援建工作小
　　　　组组长

陈俊峰　汕头市援建工作小组组员

雷　挺　银杏乡党委副书记、茂名市援建工作小
　　　　组组长

车子平　银杏乡人民政府副乡长、茂名市援建工
　　　　作小组组员

陈林佐　映秀镇党委副书记、东莞市援建工作小
　　　　组组长

陈志标　东莞市援建工作小组组员

黄永林　漩口镇党委副书记、中山市援建工作小
　　　　组组长

黎汉钊　漩口镇人民政府副镇长、中山市援建工
　　　　作小组组员

刘宏葆　水磨镇党委副书记、佛山市援建工作小
　　　　组组长

陈树锋　佛山市援建工作小组组员

范中杰　三江乡党委副书记、惠州市援建工作小组组长

单　波　惠州市援建工作小组组员

徐　和　耿达乡党委副书记、潮州市援建工作小组组长

黄志刚　潮州市援建工作小组组员

陈定雄　卧龙镇党委副书记、揭阳市援建工作小组组长

陈育文　卧龙镇人民政府副镇长、揭阳市援建工作小组组员

李昌玉　县移民办综合科科长

任万军　威州镇七盘沟村村委会主任

余朝禧　威州镇万村村委会主任

蔡光正　威州镇羌医骨伤科医院院长

晏学明　克枯乡人民政府干部

杨成辉　克枯乡木上村村委会主任

曾克勤　雁门乡人民政府干部

任　勇　县林业局下派雁门乡白水村干部

胡敬全　绵虒镇绵丰村会计

余立霞　绵虒镇克约村一村一名大学生干部

刘道琦　绵虒镇西部计划志愿者

马　英　映秀镇秀坪社区妇女主任

董善东　漩口镇赵家坪村村委会主任

宋济宏　水磨镇老人村一村一名大学生干部

王思和　水磨镇郭家坝村村委会主任

雷之平　三江乡河坝村村委会主任

王　亮　三江小学校长

汶川县委、县人民政府表彰的汶川县劳动模范

王克琼(女)　西羌环卫保洁公司清扫保洁员

明树华(女)　西羌环卫保洁公司清扫保洁员

罗玉华(女)　西羌环卫保洁公司清扫保洁员

李元白　西羌环卫保洁公司清运驾驶员

尚泽富　西羌环卫保洁公司垃圾处理员

刘顶山　映秀中滩堡村清扫保洁员

吴小波　县公安局交警大队映秀中队民警

张　勇　县公安局交警大队威州城镇中队协警员

吴永贵　县公安局交警大队草坡段交通安全观察员

刘永鸿　县公安局刑警大队民警

孙红波　县公安局治安大队民警

李青国　祥鼎建筑工程公司职工

冯　军　祥鼎建筑工程公司职工

文长久　汶川建筑工程公司职工

冯　艳　汶川建筑工程公司职工

钟海兵　汶川第三建筑工程公司职工

张淇承　汶川建筑工程公司职工

李丹丹(女)　南桥社区擦鞋工

康中英(女)　桑坪社区擦鞋工

王　勇　七盘沟社区人力客运三轮车夫

孙　林　九寨运业客车驾驶员

王小明　九寨运业客车驾驶员

卞继好　九黄运业客车驾驶员

李　伟　汶川汽车站安全例检员

郑文龙　岷江运业客车驾驶员

杨　彤　汶川迪欣出租汽车公司职工

申川旭　中国电信股份有限公司汶川分公司管线维护组长

张玉兴　绵虒镇克约村村民

李　彰　汶川县草坡乡政府干部

尚贤禄　雁门乡麦地村村民

杨选林　克枯乡周达村村民

陈志松　汶川县龙溪乡俄布村村民

杨　超	汶川县新闻中心工作人员	向泽朗	县委常委
姚富荣	三江乡河坝村村民	郭　勇	县委常委
万安贵	漩口镇集中村村民	江中渔	县委常委
李云梅(女)	映秀镇人民政府民政助理、会计	全晓锋	县委常委
李昌文	汶川县林业局助理工程师	吴永洪	县委常委
丁公伟	阿坝铝厂电解车间工段长	蔡存明	县委常委
冷光香(女)	汶川县地税局科员	郭永军	县委常委
陈明生	农行汶川漩口支行会计主管	任献光	县委常委、县人民政府副县长
唐廷发	川西磁业有限责任公司成型车间班长	范振宇	县委常委、县人民政府副县长
		李志新	县委常委、县人民政府副县长
郑培良	汶川县振冲电力公司生产技术部副经理	李东红	县委常委、县人民政府副县长
		邓国基	县委常委、县人民政府副县长
陈昌文	禧龙工业硅有限责任公司副总经理	蔡伟生	县委组织部副部长
李俊夫	广东省广州市援建威州镇干部	李俊夫	威州镇党委副书记
范中杰	广东省惠州市援建三江乡干部	廖颖达	威州镇人民政府副镇长
刘宏葆	广东省佛山市援建水磨镇干部	温桂安	克枯乡党委副书记
甄励富	广东省江门市援建雁门乡干部	余锦兴	克枯乡人民政府副乡长
陈定雄	广东省揭阳市援建卧龙镇干部	胡海运	龙溪乡党委副书记
陈仁福	广东省珠海市援建绵虒镇干部	莫大成	龙溪乡人民政府副乡长
邱衍庆	广东省援建工作组干部	甄励富	雁门乡党委副书记
李代君	汶川县委县政府挂派水磨镇三江乡干部	苗丰田	雁门乡人民政府副乡长
		陈仁福	绵虒镇党委副书记
向泽朗	省委组织部下派汶川县映秀镇干部	黄亚东	绵虒镇人民政府副镇长
		张应杰	草坡乡党委副书记

汶川县委、县人民政府
表彰的先进派员单位和优秀挂职干部

杨焕新	草坡乡人民政府副乡长
雷　挺	银杏乡党委副书记
车子平	银杏乡人民政府副乡长

（一）先进派员单位（3个）

四川音乐学院	四川省直机关工委	陈林佐	映秀镇党委副书记
泸州市江阳区纪委		傅晓炜	映秀镇人民政府副镇长

（二）优秀挂职干部（49名）

		张华平	映秀镇人民政府副镇长
		许党党	映秀镇人民政府副镇长
陈茂辉	县委副书记	黄永林	漩口镇党委副书记
朱耀忠	县委常委、县人民政府副县长	黎汉钊	漩口镇人民政府副镇长

刘宏葆　水磨镇党委副书记

周　霞　水磨镇人民政府副镇长

范中杰　三江乡党委副书记

马成辉　三江乡人民政府副乡长

吴伟光　县广播电视电影局副局长

段建波　县财政局副局长

李鸿伟　县卫生局副局长

牟朝志　县规划建设局副局长

石东晖　县交通局副局长

胡汉渝　县交通局副局长

刘　发　县交通局副局长

徐志刚　县纪委常委

蒋　勇　县纪委常委

吴　健　县纪委常委

汶川县委、县人民政府命名的 2009 年度县级最佳文明单位和县级 文明单位、文明行业、文明村

(一)县级最佳文明单位

阿坝州科学技术研究院　汶川县计生委

汶川县工商局　　　　　威州镇羌医骨伤科医
　　　　　　　　　　　院

绵虒镇政府机关　　　　水磨镇政府机关

汶川县地税局　　　　　绵虒税务所

(二)县级文明单位

汶川县经济商务局

汶川县安全生产监督管理局

汶川县畜牧兽医局

汶川县扶贫两资以工代赈办公室

漩口镇政府机关

水磨镇社区委员会

(三)县级文明行业

汶川县地方税务局

(四)县级文明村

绵虒镇克约村　　　雁门乡过街楼村

草坡乡龙潭村　　　映秀镇渔子溪村

漩口镇集中村　　　漩口镇水田坪村

水磨镇老人村　　　水磨镇衔凤岩村

中共汶川县委汶川县人民政府 授予的汶川县首届"道德模范"

(一)助人为乐模范

杨克富　水磨镇白果坪村党支部书记

代秀珍　汶川刘一手饮食有限公司总经理

熊国钰　汶川一中教师

蔡银洪　漩口中学教师

李盛泽　漩口中学教师

罗余红　威州镇新桥村村主任助理

李仲良　草坡乡龙潭村五组村民

李长军　草坡乡沙排村二组组长

余　文　克枯乡党政综合办副主任

付利强　漩口镇瓦窑村二组村民

(二)见义勇为模范

刘忠能　映秀小学教师

余　雷　漩口中学教师

佘知树　威州镇牛脑寨村支部委员会委员

佘明聪　威州镇牛脑寨村牛脑寨组组长

杨富德　草坡乡码头村二组村民

高　佳　县人民法院法警

易小平　汶川公路管理分局映秀道班班长

李云良　映秀镇中滩堡村村民

李　强　绵虒镇小毛坪村主任

郭文芳　漩口镇集中村团支部书记

钟　成　县公安局威州镇派出所所长

汪　刚　县公安局治安大队副大队长

（三）诚实守信模范

马道川　绵虒中学教师

邓　耀　漩口中学教师

陈贵华　草坡乡龙潭村党支部书记

杨兴富　草坡乡金波村四组村民

（四）敬业奉献模范

蔡光正　威州镇羌医骨伤科医院院长

陈显林　汶川一中教师

董智慧　威州镇新桥村郭竹铺组组长

李厚言　威州镇桑坪社区第一小组组长、女工主
　　　　席

杨喜明　威州镇新桥村党支部书记

赵邦辉　雁门乡月里村村委会主任

张清平　县人事劳动和社会保障局劳动监察队
　　　　队长

李继根　县政府办公室驾驶员

曾　跃　映秀中心卫生院副院长

陈　爽　映秀中心卫生院检验员

卢家文　映秀镇秀坪社区干部

巫　敏　克枯乡一村一大干部

冷光香　县地税局干部

罗继明　汶川县人武部后勤科长

苏代强　绵虒镇羊店村村民

罗　震　县财政局办公室副主任

唐　华　县纪委常委

（五）孝老爱亲模范

陈学美　龙溪乡联合村村民

冉亚琴　汶川一中教师

李玉先　汶川一中职工

杨　涛　水磨中学教师

佘小兵　威州镇牛脑寨村会计

张加丽　县人事劳动和社会保障局干部

杨忠富　草坡乡码头村一组村民

林福全　草坡乡金波村会计

高　珊　克枯乡政府（助理农艺师）

陈　宝　县法院绵虒法庭庭长

杜　军　汶川公路管理分局保卫路政股路政员

（六）灾后恢复重建模范

王　亮　三江小学校长

黄发富　汶川县国税局党组书记、局长

周全福　中共汶川县委常委、组织部部长

张国书　草坡乡足湾村三组村民

文永刚　水磨镇副镇长

喻定春　威州镇纪委书记

李学清　映秀镇中滩堡村党支部书记

郭发忠　银杏乡桃关村党支部书记

董永治　绵虒镇羊店村村委会主任

刘平和　汶川县人武部职工

欧阳淼　县财政局社保股副股长

罗代贵　川西磁业公司董事长

陈思伟　四川国理锂材有限公司董事长兼总经
　　　　理

汶川县委、县人民政府
授予的"汶川县荣誉市民"

向泽朗　四川省民委人事处处长

郭　勇　四川省国有企业监事会五室主任

江中渔　四川省委办公厅办公室副主任

全晓锋　四川省人大常委会法制工委法规一处
　　　　副处长

吴永洪　省重大建设项目稽察办副主任（副处
　　　　长）

蔡存明　四川省教育厅人事处副处长

郭永军　四川省大件公路管理处副处长

籍永刚　中纪委监察部驻国家林业局纪检组副
　　　　处级纪检监察员

孙龙才　西南勘察设计院主任工程师(副县级)

刘　为　省直纪工委检查室主任科员

王　引　省直机关工委研究室主任科员

林舜谦　广东省惠东县团委副书记

刘　扬　广东省团委办公室副主任科员

吴伟光　广东省电视台责任总监

李鸿伟　自贡市第四人民医院办公室主任

罗先全　州委常委办副主任

范云松　省民政干部学校办公室主任(正科级)

赵和锋　省工程咨询研究院工程师

卓　进　内江师范学院教育心理系办公室副主
　　　　任

伍洪邦　省地矿局108地质队矿产勘察公司主
　　　　任工程师

杨智敏　省交通厅公路规划勘察设计院道桥试
　　　　验研究所高级工程师

刘　骏　青衣江流域管理局乐山市跃进渠管理
　　　　处工程科助理工程师

吴子松　省疾病预防控制中心寄生虫病所血防
　　　　科副科长

杨天然　乐山新世纪广播电视网络公司技术部
　　　　副经理

李罗季　四川大学教师

徐志刚　宜宾市纪委派驻市司法局监察室主任

周兰奎　泸州市江阳区纪委办公室副主任

蒋　勇　安岳县纪委信访室主任

吴　健　富顺县纪委办公室主任

汶川县委、县人民政府
给予通报表彰的单位

汶川县公安消防大队

汶川县委、县人民政府表彰的
汶川县教育系统先进集体、尊师
重教先进单位及优秀教师、先进教育
工作者

(一)教育系统先进集体(7个)

汶川县教育研究培训中心

汶川县第一中学

汶川县映秀中学(原漩口中学)

汶川县第二小学

汶川县映秀小学

汶川县八一小学(原水磨小学)

汶川县雁门小学

(二)汶川县尊师重教先进单位(16个)

广东省对口援建工作组

县委办公室

县政府办公室

三江乡党委、三江乡人民政府

映秀镇党委、映秀镇人民政府

绵虒镇党委、绵虒镇人民政府

雁门乡党委、雁门乡人民政府

县公安局

县交通局

县财政局

县人事劳动和社会保障局

县卫生局

县规划建设局

县发展和改革委员会

县文化体育局

县广播电影电视局

(三)先进教育工作者名单(20名)

董劲飞　汶川县映秀小学

陈显林　汶川县第一中学

刘崇文　汶川县绵虒小学

高勇军　汶川县绵虒中学

王　亮　汶川县三江小学

马道川　汶川县绵虒中学

刘　静　中铁映秀幼儿园

宁友珍　汶川县第一幼儿园

高　炬　汶川县克枯小学

黄　军　汶川县水磨中学

罗吉全　汶川县雁门小学

诸育林　汶川县映秀中学

张　亮　汶川县雁门小学

董群武　汶川县第一小学

左　剑　汶川县第一中学

石应杰　汶川县第一小学

陈　冬　汶川县第一中学

李　荣　汶川县龙溪小学

王盈新　汶川县第一中学

范阳福　卧龙小学

（四）优秀教师（140名）

刘忠能　汶川县映秀小学

李　懋　汶川县映秀小学

王　忠　汶川县第一中学

熊国玉　汶川县第一中学

王正宇　汶川县映秀小学

寇明燕　汶川县第一中学

贾正秋　汶川县映秀小学

李其江　汶川县第一中学

卢兴林　汶川县漩口小学

王士兵　汶川县第一中学

董　丹　汶川县漩口小学

石思明　汶川县第一中学

刘福艳　汶川县漩口小学

邱建勇　汶川县第一中学

蒲国清　汶川县漩口小学

李　蓉　汶川县第一中学

王　惠　汶川县漩口小学

曾　彤　汶川县第一中学

罗　勇　汶川县漩口小学

邹　鹏　汶川八一小学

唐　宁　汶川县绵虒中学

王　粟　汶川县漩口小学

衡　英　汶川县绵虒中学

颜晓彬　汶川县绵虒小学

高晓莉　汶川县绵虒中学

尹文章　汶川县绵虒小学

钟世文　汶川县绵虒中学

苏志朝　汶川县绵虒小学

高玲昭　汶川县第一幼儿园

王庆友　汶川县绵虒小学

陈　雨　汶川县第一幼儿园

林　烨　汶川县绵虒小学

陈素英　汶川县第一幼儿园

杨永茂　汶川县绵虒小学

张文霞　汶川县第一幼儿园

苏永武　汶川县绵虒小学

高　璐　汶川县第一幼儿园

程建军　汶川县三江小学

陈玉龙　汶川八一小学

周建华　汶川县三江小学

何　琼　汶川八一小学

贾晓燕　汶川县三江小学

刘忠强　汶川八一小学

李金娣　汶川县三江小学

阮长荟　汶川县第二小学

文　惠　汶川八一小学

蒲 庶	汶川县第二小学	蔡银洪	汶川县映秀中学
张洪勇	汶川八一小学	汪 倩	汶川县雁门小学
吴 波	汶川县第二小学	雷晓梅	汶川县映秀中学
孙碧秀	汶川八一小学	马 强	汶川县雁门小学
陈怀云	汶川县第二小学	陈和琼	汶川县映秀中学
罗成勇	汶川八一小学	王文群	汶川县雁门小学
吴利明	汶川县第二小学	江天夫	汶川县映秀中学
陈 蓉	汶川八一小学	王卫群	汶川县雁门小学
徐 江	汶川县第二小学	肖 芸	汶川县映秀中学
唐庭华	汶川八一小学	潘熙茂	汶川特殊教育学校
马晓玲	中铁映秀幼儿园	李 建	汶川县映秀中学
明顺刚	汶川县水磨中学	付开贵	汶川特殊教育学校
丁 灿	中铁映秀幼儿园	蒲万鑫	汶川县映秀中学
索朗央措	汶川县水磨中学	刘 静	汶川特殊教育学校
陈 军	汶川县克枯小学	田 超	汶川县映秀中学
马德凤	汶川县水磨中学	贺丽群	汶川特殊教育学校
郭 燕	汶川县克枯小学	高运明	汶川县映秀中学
杨 涛	汶川县水磨中学	刘明松	汶川县第一中学
陈路行	汶川县克枯小学	马 荣	汶川县映秀中学
陈 亮	汶川县水磨中学	梅碧琼	汶川县第一中学
陈贵亮	汶川县克枯小学	苏 强	汶川县草坡小学
余 刚	汶川县水磨中学	王宁可	汶川县第一中学
刘春华	汶川县银杏小学	高和明	汶川县草坡小学
杨柳明	汶川县水磨中学	肖 毅	汶川县第一中学
张 霞	汶川县银杏小学	吴仙仙	汶川县草坡小学
刘山松	汶川县映秀中学	何 芳	汶川县第一中学
何明贵	汶川县银杏小学	郭光洪	汶川县草坡小学
王承侃	汶川县映秀中学	寇汉平	汶川县第一中学
陈 丽	汶川县银杏小学	席红美	汶川县草坡小学
袁秀云	汶川县映秀中学	李 林	汶川县第一中学
邓永平	汶川县雁门小学	余云贵	汶川县第一小学
梁丽琴	汶川县映秀中学	陈秀香	汶川县第一中学
赵 勇	汶川县雁门小学	王 娅	汶川县第一小学

刘　瑜　汶川县第一中学

王　莘　汶川县第一小学

张　霞　汶川县第一中学

叶秀英　汶川县第一小学

柴书香　汶川县第一中学

邱道贵　汶川县第一小学

范　玲　汶川县第一中学

何　曦　汶川县第一小学

胡咏梅　汶川县第一中学

韩兴萍　汶川县第一小学

魏启金　汶川县第一中学

黄泽碧　汶川县第一小学

高攀进　汶川县第一中学

谭海燕　汶川县第一小学

朱金全　汶川县第一中学

佘明光　汶川县第一小学

杨友金　汶川县第一中学

杨祖全　汶川县第一小学

熊　勇　汶川县第一中学

陈小勇　汶川县龙溪小学

郑娇宏　汶川县第一中学

李　寅　汶川县龙溪小学

唐训波　汶川县第一中学

周荣瑞　汶川县龙溪小学

王晓玲　汶川县第一中学

荀福泰　卧龙小学

董　彬　汶川县第一中学

杨　林　卧龙小学

汶川县委、县人民政府表彰的2008—2009年度共青团工作先进集体和个人

（一）先进集体名单

汶川县公安局团支部

汶川县人民医院团支部

汶川县地税局团支部

汶川县移动公司团支部

汶川县映秀镇团委

汶川县三江乡团委

汶川县绵虒镇团委

汶川县龙溪乡团委

汶川县草坡乡团委

（二）先进团干

李云梅　映秀镇人民政府团干

邱锦炜　三江乡团委副书记

姜东成　绵虒镇绵丰村团支部书记

魏寿星　龙溪乡团委副书记

郭显磊　草坡乡团委副书记

孙国春　银杏乡一碗水村团支部书记

宋济宏　水磨镇团委书记

吴元星　威州镇双河村团支部书记

郭文芳　漩口镇集中村团支部书记

（三）先进团员

聂正江　映秀镇广州社工站社工

蔡建平　三江乡西部计划志愿者

余立霞　绵虒镇板子沟村团员

段安康　卫生局西部计划志愿者

林福美　草坡乡金波村团员

肖利康　银杏乡一碗水村梭坡店组团员

郑　娟　水磨镇西部计划志愿者

董智阳　威州镇新桥村团员

王　刚　漩口镇圣音寺村团员

县委表彰的优秀志愿者

万亚妹　中共汶川县委办公室西部计划志愿者

万李丹　共青团汶川县委员会西部计划志愿者

林曼平　共青团汶川县委员会西部计划志愿者

褚苗苗　汶川县规划建设局西部计划志愿者

安宏波　汶川县规划建设局西部计划志愿者

廖泽高　汶川县国土资源局西部计划志愿者

段安康　汶川县卫生局西部计划志愿者

周祥绪　汶川县民政局西部计划志愿者

花园园　广东援川工作组西部计划志愿者

谢小燕　威州镇西部计划志愿者

梁美玉　绵虒镇西部计划志愿者

刘道琦　绵虒镇西部计划志愿者

魏寿星　龙溪乡西部计划志愿者

张炯理　龙溪乡西部计划志愿者

罗　丹　克枯乡西部计划志愿者

龚维娜　克枯乡西部计划志愿者

郭显磊　草坡乡西部计划志愿者

孙文强　草坡乡西部计划志愿者

柯　峰　银杏乡西部计划志愿者

李铁军　银杏乡西部计划志愿者

周海林　映秀镇西部计划志愿者

叶仕骞　映秀镇西部计划志愿者

胡清华　映秀镇西部计划志愿者

温镕庆　漩口镇西部计划志愿者

黄　旭　漩口镇西部计划志愿者

蔡建平　三江乡西部计划志愿者

邱锦炜　三江乡西部计划志愿者

郑　娟　水磨镇西部计划志愿者

邵景伴　水磨镇西部计划志愿者

唐　茜　水磨小学西部计划志愿者

汶川县委、县人民政府表彰的"百名干部下基层"活动先进集体和先进个人

（一）先进集体

龙溪乡　草坡乡　映秀镇　漩口镇

（二）先进个人

威州镇　方　强　高　旖　孙进炜

克枯乡　唐　伟　王盈莉

龙溪乡　姚　涛　张建勇

雁门乡　董　谊　余　思　兰任勇

绵虒镇　周春江　罗秀英　熊贤刚

草坡乡　蔡劲松　将　宇　李　俊

银杏乡　黄建斌

映秀镇　邓　坤　冷光香

漩口镇　何亚萍　刘和平　罗奇安　王　金

水磨镇　白全刚　林宏贵　马吉礼　车友良

三江乡　黄　耘　冉茂升　向泽熙

汶川县人民政府表彰的2008年度安全生产目标考核先进单位

（一）2008年度安全生产目标考核先进单位

一等奖（2个）

水磨镇人民政府　　　县公安局

二等奖（4个）

绵虒镇人民政府　　　克枯乡人民政府

县交通局　　　　　　县国土资源局

三等奖（6个）

耿达乡人民政府　　　映秀镇人民政府

雁门乡人民政府　　　县教育局

县供销社　　　　　县广播局

（二）2008 年度安全生产目标考核先进企业

博赛铝业有限公司

禧龙工业硅有限责任公司

"四 A"集团公司

潘达尔硅业有限责任公司

九黄运业有限责任公司

岷江硅业有限责任公司

汶川县人民政府汶川县人民武装部表彰的 2008 年度征兵工作先进单位及先进个人

（一）先进单位

县公安局　　　　　映秀镇人民政府

威州镇人民政府　　雁门乡人民政府

阿师专学工部

（二）先进个人

冯登贵　县公安局侦查大队侦查员

古　明　县财政局局长

余朝贵　县教育局干事

赵　林　县民政局副主任科员

王松柏　县人民医院院长

徐红军　映秀镇人武部部长

吴天勇　克枯乡人武部部长

张文君　威州镇人武部干事

汶川县人民政府表彰的 2008—2009 年度森林防火先进集体及个人

（一）汶川县 2008—2009 年度森林防火目标管理获奖乡镇

一等奖

克枯乡人民政府　　雁门乡人民政府

草坡乡人民政府　　漩口镇人民政府

绵虒镇人民政府　　三江乡人民政府

映秀镇人民政府　　水磨镇人民政府

卧龙保护区管理局

二等奖

龙溪乡人民政府　　威州镇人民政府

银杏乡人民政府

（二）先进集体

武警森林汶川大队　汶川县护林指挥部办公室

岷江造林局　　　　川林筑路二处

（三）先进个人

万功荣　高　阳　李小勇　王福才

吴拥军　刘克建　蔡　强　王其彬

范德云　张敬明　余　智　陈德平

李　勇　陈天军　孙　强　刘世才

马青庞　林李巍

中共汶川县委、汶川县人民政府文件

汶府发〔2009〕3号

汶川县人民政府
关于印发《汶川县灾后重建城镇房屋拆迁
安置方案（试行）》的通知

各乡镇人民政府,县级各部门:

　　《汶川县灾后重建城镇房屋拆迁安置方案（试行）》已经县十二届人民政府第26次常务会议研究,并报经十届县委第37次常委会同意,现印发你们,请遵照执行。

二○○九年一月六日

汶川县灾后重建城镇房屋
拆迁安置方案（试行）

　　为切实加强和规范灾后重建城镇房屋拆迁工作,保护拆迁当事人的合法权益,确保我县灾后恢复重建工作顺利进行,根据国务院《城市房屋拆迁管理条例》《四川省城市房屋拆迁管理条例》《四川省城市房屋拆迁补偿评估管理办法》《汶川县灾后城镇住房重建实施细则》,结合汶川县灾后重建实际,制定本试行方案。

一、房屋拆迁范围

　　因灾后重建规划调整,避让地质灾害需要,拆迁范围内需拆迁的房屋。拆迁总体范围为各乡镇规划区范围,首期拆迁片区为各乡镇先期启动项目所涉区域。

二、房屋拆迁实施时间

　　因规划项目需要而定,拆迁时间从发放《拆迁许可证》之日起不超过3个月。

三、产权调换安置地点

　　以《拆迁安置协议》为准。

四、补偿安置原则

　　（一）拆迁违章建筑和超过批准期限的临时建筑的房屋不予补偿。

　　（二）拆迁出租房屋,只对被拆迁房屋所有权人进行安置补偿。房屋所有权人与承租人自行解除租赁关系。不能解除租赁关系的,房屋所有权人只能选择房屋安置。安置的房屋由承租人继续租用,双方依法重新订立房屋租赁合同。

　　（三）拆迁设立抵押权的房屋,依照国家有关担保的法律执行。

(四)拆迁范围内的被拆迁房屋权属、使用性质和面积的认定,以《房屋所有权证》记载为准。

(五)对未取得产权证的房屋以规划建设部门批准修建房屋的批准文件以及合法的房屋来源凭证,并经现场勘丈认定为准。

(六)拆迁产权不明确的房屋,拆迁人应当提出补偿安置方案,报房屋拆迁管理部门,经同意后实施拆迁。拆迁前,拆迁人应当就被拆迁人房屋的有关事项向证据机关办理证据保全,方可进行拆除。

(七)营业性用房需提供营业执照、税务登记证、纳税记录和正在运营证明等材料。

(八)县政府城市房屋管理部门负责拆迁安置的监督管理和行政裁决。拆迁当事人达不成拆迁补偿安置协议的,按相关规定,可申请房屋拆迁管理部门进行行政裁决。被拆迁人在行政裁决规定的搬迁期限内未搬迁的,由县政府责成有关部门强制拆迁,或由房屋拆迁管理部门向人民法院申请强制拆迁。

五、拆迁补偿安置方式

被拆迁人可选择货币安置,也可选择房屋产权调换方式。县城以外其他乡(镇)若有条件和意愿,也可实物安置,安置住房按国家相关规定进行修建。

(一)房屋拆迁货币安置

拆迁人根据评估价格对选择货币补偿的被拆迁人进行货币补偿。

(二)房屋产权调换安置

被拆迁人在享受国家地震救助相关政策的同时,根据其意愿可选择房屋产权调换,享受实物安置相关政策。

实行房屋产权调换的,拆迁人与被拆迁人应当根据被拆迁房屋的区位、用途、建筑面积等因素,以房地产市场评估价格确定货币补偿的金额和所调换房屋的价格,结清产权调换的差价。

拆迁非公益事业房屋的附属物,不作产权调换,由拆迁人给予货币补偿。

1.原地返迁。被拆迁人原地或就近返迁,被拆迁人按原拆面积进行产权调换。产权调换后,安置面积不足原拆面积,由拆迁人货币补偿被拆迁人。

安置面积超出原拆面积,但在10平方米以内,被

拆迁人按建安成本支付超出面积;如超出原拆面积10平方米以上,由被拆迁人按商品房价格支付10平方米以上部分的面积。

2.异地安置。被拆迁人安置在离原居住地或商铺地有一定距离,口岸、地段较以前差,产权调换根据土地基准地价以三个等级进行:

一级调换至二级,安置面积为原拆面积的120%;

二级调换至三级,安置面积为原拆面积的120%;

一级调换至三级,安置面积为原拆面积的140%。

安置面积超出应得面积,但在10平方米以内,被拆迁人按建安成本支付超出面积;超出应得面积10平方米以上,由被拆迁人按商品房价格支付10平方米以上部分的面积。

3.用于拆迁安置产权调换的住宅房屋,每户房屋产权建筑面积不得低于45平方米。

对私有住宅房屋产权建筑面积低于45平方米,他处无住房并持有城市居民最低生活保障金领取证的被拆迁人,按不低于45平方米产权建筑面积的标准户型进行安置。45平方米以内的差价款由拆迁人承担,被拆迁人不再支付;超过45平方米不足60平方米的,由被拆迁人按实际成本价结算,超过60平方米的由被拆迁人按市场价结算。

(三)其他补偿费

1.临时安置补助费

拆迁人应当向被拆迁人或者房屋承租人支付临时安置补助费。

选择货币补偿的被拆迁人可获得一次性总计45天的过渡安置补助,按4元/m²/月的补助标准计算。

选择产权调换自行过渡的被拆迁人,由拆迁人自合同约定被拆迁房屋腾空交房之日起,至拆迁人得到安置房钥匙之日后3个月为止,过渡期按被拆迁房屋面积,以4元/m²/月为标准,支付临时安置补助费,过渡期不超过18个月。

商铺的拆迁过渡补偿由中介机构依据现行房屋出租标准进行评估认定。

由政府提供板房过渡的被拆迁人,不予补助;如板房面积低于被拆迁住房面积,由拆迁人支付被拆迁住房超出板房面积4元/m²/月临时安置补助费。

2.搬迁水电气补助费

选择货币安置的被拆迁人，房屋拆迁发生的电话、水、电、气、闭路电视迁装等费用，由拆迁人按现行的行业新安装收费标准补偿被拆迁人。即水：320元/户，天然气：2800元/户，闭路电视：260元/户，电为免费。选择房屋产权调换的被拆迁人，由拆迁人负责将上述设施安装到安置房，不再作补偿。

3.搬家费

搬家补助费按户以10元/m²支付，选择房屋产权调换且需临时过渡的被拆迁户，给予两次搬家补助。

六、奖励政策

自拆迁公告发布日起，被拆迁人与拆迁人签订拆迁协议并搬迁腾房的，被拆迁人完成搬迁所耗时间小于协议签订搬迁时间三分之一的奖励8000元；超过三分之一但小于二分之一协议签订时间完成搬迁的奖励3000元；超过二分之一但小于三分之二协议签订时间完成搬迁的奖励1000元。

附件：1.房屋拆迁流程图

　　　2.房屋拆迁安置补偿协议书（范本）

　　　3.房屋拆迁货币补偿协议书（范本）

汶川县人民政府

二〇〇九年一月六日

汶府办发〔2009〕10号

汶川县人民政府办公室
关于《汶川县灾后重建城镇房屋拆迁安置
方案（试行）》有关事宜的补充通知

各乡镇人民政府，县级各部门：

　　根据《汶川县人民政府关于印发〈汶川县灾后重建城镇房屋拆迁安置方案（试行）〉的通知》（汶府发〔2009〕3号）要求，为积极稳妥推进城镇住房拆迁安置工作，确保灾后恢复重建项目顺利实施，现将城镇房屋拆迁所涉公有住房居民的搬家费、过渡安置费及相关搬家奖励有关事宜补充通知如下：

　　一、凡居住在公有住房的居民因灾后重建规划需要拆除的均可按10元/平方米的标准享受一次搬家补助费；政府没有提供过渡安置房的居民，均可按照板房过渡安置标准享受90元/人/月的过渡安置费，期限为12个月，财政供养人员也可享受该标准，但所有公房和部分私有产权的房屋在搬迁时不得享受相关奖励政策。

　　二、对被鉴定为危房，但不属于规划征用范围内的公有住房拆除时，住户不得享受搬家补助费和奖励政策，过渡安置费按板房过渡安置政策执行。

　　三、属部分私有产权的房屋在拆迁时，可按10元/平方米标准享受两次搬家补助费，其补助费按产权证明确的比例计算。

　　　　　　　　　　　　　　汶川县人民政府
　　　　　　　　　　　　　二〇〇九年一月二十三日

汶府办发〔2009〕14 号

汶川县人民政府办公室
关于《汶川县灾后重建城镇房屋拆迁安置方案（试行）》有关事宜的补充通知

各乡镇人民政府，县级各部门：

为积极有效推进城镇住房拆迁安置工作，现将汶府发〔2009〕3 号，汶府办发〔2009〕10 号，汶府办函〔2009〕9 号文件中相关政策不明确部分补充通知如下：

一、所有私有产权商铺因规划拆除一律按评估货币安置，不再给予商铺其他一切补偿。

二、奖励政策：在被拆迁人收到拆除通知的第二天起三个工作日内签定拆迁协议并腾空的按 8000 元每户奖励，第四、五天（含第五天）内签订拆迁协议并腾空的按 3000 元奖励，第六、七（含第七天）内签订拆迁协议并腾空的按 1000 元奖励。签订协议的基本条件是选择实物安置的又需要过渡安置房的，政府必须先安排过渡安置房（至少不低于 20 平方米，若过渡安置房大于或小于原住房面积的都不再执行货币补贴），如因政府安排过渡安置房未落实，则按被拆迁户拿到过渡安置房的第二天开始计时，选择货币安置的可在评估报告出来的第二天开始计时，超出七天不给予奖励。

三、所有因规划拆除的住房不论鉴定结果如何，均按统一标准执行搬家费、过渡安置费和相关奖励政策。

四、如被拆迁人已居住有政府安置房的，被拆迁人如选择实物安置的不再享受过渡安置费（4 元/平方米标准），如被拆迁人愿意退出安置房的则可享受过渡安置费。

五、被拆迁人的房屋（只限于国有土地上的城镇居民私有产权住房房屋，不含商铺及库房）选择实物安置的同时也可对其装饰装修部分进行单独评估后以货币方式补偿。从 2009 年 2 月 24 日起执行，在此时间前所拆房屋由于无法界定，因此不作装修估价（鉴定结论为严重破坏的，无论选择哪种安置方式均不再对其装饰装修部分作评估补偿）。

六、凡是被拆迁房屋评估只对不动产部分评估，可动产部分不纳入评估范围，可动产部分由被拆迁人自行处置。

七、本补充意见若与汶府发〔2009〕3 号，汶府办发〔2009〕10 号，汶府办函〔2009〕9 号文件中相关政策有差异的按本意见执行。

汶川县人民政府
二〇〇九年二月二十三日

汶府发〔2009〕18号

汶川县人民政府
关于印发汶川县落实扩大内需促进经济增长加快灾后恢复重建政策相关监管办法的通知

各乡镇人民政府,县级各部门:

《汶川县落实扩大内需促进经济增长政策检查办法》、《汶川县地震灾后恢复重建资金管理监督办法》、《汶川县救灾捐赠资金物资管理使用和监督办法》、《汶川县抗震救灾"特殊党费"使用管理监督办法》已经县十二届人民政府第29次常务会议同意,现印发你们,请遵照执行。

二○○九年三月十五日

汶川县落实扩大内需促进经济增长政策检查办法

第一条 为确保党中央、国务院、省委、省政府和州委、州政府关于进一步扩大内需促进经济增长及加快灾后恢复重建各项政策措施尽快落实,加强对项目、资金的监督检查,保证投资质量和效益,有效预防腐败,根据《中共四川省委办公厅四川省人民政府办公厅关于印发扩大内需促进经济增长加快灾后恢复重建政策落实相关监管办法的通知》(川委办发〔2008〕22号)要求,结合实际,特制定本办法。

第二条 检查工作坚持以下原则:

(一)谁主管、谁负责。

(二)分级负责、属地管理。

(三)立足预防、注重规范。

(四)教育与惩处相结合、监督检查与改进工作相结合。

第三条 工作职责与分工。

县发展和改革委员会负责及时下达新增投资计划,负责对资金投向和建设进度等的监督检查;加强对政府重大投资项目的重点抽查和专项稽察;加强对招标投标工作的指导、协调、监管和稽察。

县财政局负责对新增投资资金管理、拨付的监督检查,确保资金及时分配、足额拨付;督促各地和项目单位规范资金使用管理,提高资金使用效益。

县审计局、县监察局负责对新增投资资金分配、拨付、使用、效果的审计和监督,开展对重点项目及其资金运行情况的重点抽查,查处违法违纪行为。

第四条 县、乡(镇)级项目的责任主体是县、乡(镇)人民政府、行业主管部门。各责任主体要对所属项目的投资安排、项目管理、资金使用、实施效果负总责,并建立健全工作责任制,在抓好项目推进的同时,做好监管工作。

第五条 各乡(镇)、各部门要按照"程序不减、周期缩短"的要求进一步梳理、明确有关政策,优化工作流程,提高行政效能。进一步建立健全请示报告、情况通报、内部监督、自查自纠、公开公示等制度机制。

第六条 各级、各部门要加强沟通协调,相互支持配合,形成监管合力,构建全方位、多层次监管体系。

第七条 检查的重点内容:

(一)各乡(镇)、各部门组织领导是否有力,行动是否迅速。

(二)投资计划下达是否迅速。

(三)新增投资有无用于"两高"行业、低水平重复建设和产能过剩行业项目，有无用于党政机关办公楼等楼堂馆所项目。

(四)是否存在未经批准擅自提高或降低建设标准、改变建设内容、扩大或缩小建设规模的情况。

(五)是否按规定及时拨付资金，资金管理使用是否做到公开透明，是否存在滞留、挤占、截留、挪用以及虚报冒领、铺张浪费建设资金等情况。

(六)县国土资源局、县环保局、县规划建设局和有关行业管理单位是否及时有效办理相关手续。

(七)建设项目是否履行国家有关项目审批、核准、备案程序，是否严格执行土地、环保、节能等政策和管理规定，是否严格按照项目法人责任制、招标投标制、工程监理制和合同管理制等要求实施和管理。

(八)项目及施工单位是否建立和落实工程质量和安全生产领导责任制，是否存在因盲目赶进度导致的质量安全隐患，是否严把工程质量关。

(九)政府职能部门及有关单位工作人员在项目建设过程中是否存在滥用职权、玩忽职守、徇私舞弊、索贿受贿等违纪违法问题，项目建设相关单位和人员是否存在其他违纪违法问题。

第八条　各乡镇、各部门要按照法定职责将监督检查纳入日常工作范围，并根据实际情况开展自查，及时上报自查情况。

第九条　县纪检监察、发改、财政、审计等部门要结合工作实际，加强日常检查，实行全过程监督。

第十条　县监督委员会牵头组成检查组，重点对全县各部门履行监督管理职责及开展自查自纠的情况进行检查。

第十一条　检查采取上级督查与下级自查、日常检查与专项检查相结合的方式进行。

第十二条　根据统一安排，适时开展专项检查。专项检查量不少于当年新增项目量的30％和新下达资金量的30％。

第十三条　检查方式:

(一)听取被检查单位的情况汇报。

(二)列席有关会议。

(三)召开座谈会，与有关人员谈话。

(四)查阅有关建设项目的文件、会议记录、财务会计资料及其他有关资料。

(五)进入建设项目现场进行查验,调查、核实建设项目的招标投标、工程质量、工程进度等情况。

(六)受理有关来信来访，核查上级机关及领导交办的信访件。

第十四条　县检查组要加强指导和服务，对检查中发现的问题要积极帮助被检查对象和责任主体研究解决，重大问题要及时向县监督委员会报告。检查结束后要向县监督委员会提交综合检查报告。

第十五条　"县领导小组"要定期听取检查组的情况汇报，并对检查工作给予指导。同时，定期向县委、县人民政府报告全县扩大内需促进经济增长加快灾后恢复重建政策落实相关监管工作开展情况。

第十六条　各乡(镇)、各部门要全力支持配合县检查组工作，及时报告本乡(镇)、本部门的新增中央和省、州级投资项目进展情况，自觉接受检查，如实提供相关资料。

第十七条　将扩大内需促进经济增长政策落实情况纳入党风廉政建设责任制考核的内容。

第十八条　对扩大内需促进经济增长政策落实行动迅速、成效明显，且没有重大违法违纪行为的乡(镇)和单位要通报表扬，并给予一定资金倾斜和投资政策支持。

第十九条　对擅自改变投资方向、建设内容和规模及项目建设进展缓慢的，责令限期整改;对情节严重的，要通报批评、暂停拨付国家建设资金、暂停项目建设。

第二十条　对行动迟缓、效能低下的，要按照《四川省行政机关责任追究制度》的有关规定进行问责。

第二十一条　对滞留、挤占、截留、挪用及虚报冒领、铺张浪费国家建设资金的，要按照《财政违法行为处罚处分条例》的规定进行处理、处罚，并依法追究有关人员的纪律责任;对涉嫌犯罪的，要移送司法机关处理。

第二十二条　对在检查工作中滥用职权、玩忽职守、徇私舞弊的，要依纪依法追究有关人员的责任。

汶川县地震灾后恢复重建
资金管理监督办法

为加强对汶川地震灾后恢复重建资金管理，科学合理安排使用灾后恢复重建资金，提高资金使用效益和公开透明度，保障我县灾后重建工作顺利进行，根据《汶川地震灾后恢复重建条例》、《汶川地震灾后恢复重建资金(基金)预算管理办法》和《中共四川省委办公厅四川省人民政府办公厅关于印发四川省扩大内需促进经济增长加快灾后恢复重建政策落实相关监管办法的通知》(川委办〔2008〕22号)要求，结合我县实际，制定本办法。

第一条 本办法所称地震灾后恢复重建资金，是指中央和我省各级财政建立的地震灾后恢复重建基金，对口援建资金和社会各界捐赠资金、港澳援助资金中专项用于支持地震灾后恢复重建的资金。

第二条 为整合一般预算、政府性基金、国有资本经营预算、预算外资金、其他财政性资金(含对口援建资金、捐赠资金和港澳援助资金)，汶川县财政局通过建立地震灾后恢复重建基金，对各类灾后恢复重建资金进行专户专账管理，统一核算。县级财政安排的地震灾后恢复重建基金纳入预算管理，按资金渠道分别在一般预算、政府性基金预算、国有资本经营预算中反映。

第三条 按规定不纳入财政预算管理的捐赠资金要按《中共四川省委办公厅四川省人民政府办公厅关于加强抗震救灾捐赠资金管理的意见》(川委办发电〔2008〕40号)和《四川省人民政府办公厅关于加强省级抗震救灾捐赠资金分配管理的意见》(川办函〔2008〕192号)的规定进行管理。经县政府批准同意自行管理捐赠资金的单位、机构(慈善会、红十字会)，要按照"体现意愿、遵循规划、加强引导、突出重点"的原则，按照捐赠人意愿并结合灾后恢复重建规划要求提出资金安排计划，送县财政局审核提出意见后报县政府审定。

第四条 地震灾后恢复重建资金管理的原则是统筹安排、突出重点、专门预算、专账管理、强化监管、注重绩效。

第五条 采取有效措施多方筹集重建资金，为恢复重建提供资金保障。

(一)积极争取中央地震灾后恢复重建资金补助。

(二)压缩一般性支出，调整支出结构，清理整合项目资金，集中财力筹集。

(三)统筹对口援建资金和捐赠资金。

(四)其他资金。

从2009年起，按照《汶川地震灾后恢复重建资金(基金)预算管理办法》有关规定，财政部门将地震灾后恢复重建资金收支预算分科目纳入政府预算草案编制。

第六条 充分发挥公共财政主导作用和杠杆作用，创新筹融资方式，增强筹资能力，引导市场资金投入恢复重建。

第七条 地震灾后恢复重建资金分配必须以国家批准的重建规划为依据，符合财政性资金配置原则，突出重点，科学测算，合理安排，统筹平衡。捐赠资金安排要充分体现捐赠人意愿，优先安排捐赠资金认领、认建规划内重建项目。

第八条 地震灾后恢复重建资金主要用于城乡居民住房补助，公共服务、公益性市政公用设施和基础设施，农业服务体系和农村基础设施、流通基础设施、防灾减灾、生态修复、环境整治、土地整理复垦等领域的恢复重建，国有重点骨干企业资本金补充和贷款贴息及支持创新融资。优先安排城乡居民住房补助和公共服务设施恢复重建。

第九条 建立地震灾后恢复重建资金的监督机制。

(一)相关部门工作职责。

财政部门要加强对地震灾后恢复重建资金拨付和使用的监督检查，确保资金安全有效使用，并对重点项目进行绩效考评。

发展改革部门要会同各相关部门对各乡镇灾后恢复重建进行指导，加强对项目实施的督导检查，促进各项目单位规范资金的使用管理，提高项目资金使用管理水平；同时要加强对全县政府类重大投资项目的重点检查和专项稽察，对发现的问题要督促限期整改。

业务主管部门要加强对项目规划实施的管理，及时掌握项目进展情况和资金拨付、使用情况，坚决杜绝侵占、截留、挪用灾后恢复重建资金等现象。

监察、审计部门要加强对地震灾后恢复重建资金分配、拨付、使用和效果的审计和监督，查处违法违规行为。审计结果要纳入审计报告，向同级人民代表大会常务委员会报告。

年度预算和决算编制完成后，财政部门要编制地震灾后恢复重建基金收支情况，按要求向同级人民代表大会及其常务委员会和上级财政部门报告。

(二)监督的重点内容。

监管部门要加强对地震灾后恢复重建资金的监督管理，重点是重建资金分配、管理、使用和绩效考评制度的建立、执行情况，地震灾后恢复重建资金拨付的及时性和到位情况，地震灾后恢复重建实施规划和投资计划的项目实施和管理情况，招投标和政府采购制度的执行情况等。

第十条　建立地震灾后恢复重建资金使用管理责任制。负责地震灾后恢复重建资金使用管理的责任单位，其主要负责人是第一责任人，分管负责人是直接责任人。对使用管理不善或反馈信息不及时造成恶劣影响的，要依法追究单位领导和有关人员的行政责任;对情节严重、涉嫌犯罪的，要移交司法机关处理。

第十一条　建立信息反馈和公示机制。各乡镇、各部门要按照政务公开、政府信息公开的有关规定，将适合公开公示的重建项目资金分配使用情况以适当方式向社会公众公告，确保人民群众的知情权。按照《四川省人民政府办公厅关于定期公布捐赠资金收支情况的通知》(川办函〔2008〕233)规定，及时通过同级政府门户网站公布、公示捐赠资金接收、使用的详细情况，主动向捐赠人反馈捐赠资金安排结果，接受社会各界和新闻媒体的监督，做到公开透明。受灾乡镇(街道)、村(社区)要在公共场所醒目位置张榜公布、公示捐赠资金接收、使用的详细情况。

第十二条　整合力量，构建全方位监管体系。纪检、监察、审计、财政、民政、卫生等部门要加强沟通协调，相互支持，密切配合，创新监管手段，形成监管合力，构建横向到边、纵向到底的全方位、多层次监管体系。

第十三条　严肃查处违法违纪行为。加大对违法违纪案件的查处力度，重点查处滞拨滞留、违规分配、弄虚作假、截留克扣、挤占挪用等问题，确保各项救灾资金使用安全、合规、有效。对挤占、截留、挪用、虚报冒领和贪污浪费等严重违法违规行为，一经查出，严肃惩处。对群众举报和媒体反映的问题和线索进行逐一检查，并将检查结果及时反馈群众和媒体。

汶川县救灾捐赠资金物资管理使用和监督办法

第一条　为加强对救灾捐赠资金物资的管理，保护捐赠人、受赠人和灾区受益人的合法权益，提高捐赠资金物资使用效益，根据有关法律法规和规定，结合我县实际，制定本办法。

第二条　本办法所称救灾捐赠资金物资，是指在救灾过程中由各级政府有关部门、人民团体和民政部门批准的各类社会组织接收国内外捐赠的资金物资。救灾捐赠物资主要包括生活类物资、建筑类物资、医疗类物资、供电类物资、通信类物资和其他物资。

第三条　救灾捐赠资金物资管理和监督的原则是:捐赠自愿、无偿;合理守法;捐赠者意愿优先与政府引导相结合;重点、有效使用;公开透明，同步监督。

第四条　经同级政府批准，县级以上地方政府民政部门组织开展本行政区域内的救灾捐赠活动。乡镇政府、街道办事处受县级政府委托，可组织本行政区域内居民和驻地单位的救灾捐赠活动。县级以上民政部门负责接收境外对地方政府的救灾捐赠。具有救灾宗旨的公益性民间组织接收境外救灾捐赠，应报民政部门备案。

第五条　慈善会、红十字会等具有救灾宗旨的公募基金会可依法开展救灾募捐活动。没有救灾宗旨的公募基金会经民政部门批准可以救灾名义开展募捐活动。县红十字会负责接收境外红十字会的救灾捐赠。开展义演、义赛、义卖等大型救灾捐赠和募捐活动，举办单位应在活动结束后30日内报县民政部门备案。

第六条　建立救灾捐赠资金物资管理使用指导协调机制。在县地震灾后重建资金物资监管领导小组下设立由县政府负责同志为组长,民政、发展改革、财政、建设、教育、卫生及慈善会、红十字会负责人为成员的地震抗震救灾捐赠资金物资管理使用指导协调组(以下简称"指导协调组"),统筹协调指导捐赠资金物资的管理和使用。

第七条 救灾捐赠资金主要用于受灾地区灾后恢复重建,优先用于民生项目,其安排优先顺序是:灾后倒损农村住房恢复重建;中小学校和县乡医疗卫生机构、社会福利、文化等公共服务设施恢复重建及配套设备;农村道路和桥梁等恢复重建。以上项目安排使用金额不低于非定向捐赠资金总数的80%,防止资金挪用、浪费。

第八条 定向捐赠资金由接收捐赠部门和单位按照捐赠人意愿安排使用。重复集中于同一地区或同一项目的定向捐赠资金,遵循先捐者优先的原则,由县政府与捐款管理单位共同提出调整意见,征得捐赠人书面同意后调剂使用;难以联系到捐赠人的,由受援单位和乡镇提出调整方案报县政府批准。非定向捐赠资金在各级指导协调组指导下,按相关规定报批使用。

对全国性社会组织或境外合法机构组织直接到灾区实施的重建项目,应指导其与灾后恢复重建规划相衔接。

第九条 救灾捐赠资金捐建项目原则上不冠名,可采取立碑等方式留名纪念。捐赠人单独或主要出资的捐建项目,如捐建人提出冠名要求,应征得受益人同意,并根据有关法律、法规报批。

第十条 救灾捐赠物资接收单位应依照有关法律、法规和政策,健全工作程序,做到手续完备、专账管理、专人负责、款物相符,并按规定向捐赠人出具统一票据。

第十一条 救灾捐赠物资实行专账管理。各级党政机关及事业单位、人民团体接收的捐赠物资集中到各级民政部门或其指定的接收机构和民间组织。其他机构和社会组织接收的捐赠物资移交各级民政部门或其指定的接收机构和民间组织,或移交各级慈善会、红十字会。

第十二条 救灾捐赠物资的使用按照物资种类,结合政府职能部门的职责范围,分别按照下列程序办理:生活类、建筑类、医疗类、通信类、供电类物资分别向民政、建设、卫生、通信管理、电力部门提出分配方案;其他物资根据实际工作需要向相关部门提出分配方案,经同级政府批准后实施。

第十三条 各乡镇和各部门一律不得在救灾捐赠资金中列支运输、管理等工作经费,相关费用由各级财政部门负责。慈善会、红十字会等公募基金会应严格执行国家法律、法规及章程的规定列支和公布管理费用,尽可能少提或不提取管理费用,不得将救灾捐赠资金用于增加本机构的原始基金。

第十四条 建立捐赠物资回收制度。救灾捐赠物资的回收管理工作由县政府统一组织实施,民政、财政、建设、卫生等相关部门密切配合,分工合作。具体办法参照民政《救灾物资回收管理暂行办法》。

第十五条 对有效期内确需调剂、使用不完的过剩物资,参照民政部《救灾捐赠管理办法》的规定,由县级以上民政部门牵头组织处理或变卖。变卖境内捐赠的,应征求捐赠方同意,采取发布通告等方式向社会公布方案后组织变卖;变卖境外捐赠的,应报省民政厅批准后实施。变卖一般应当采取公开拍卖方式,变卖所得款全部作为救灾捐赠款额管理使用。

第十六条 建立部门监管协调机制。民政部门会同有关部门查处和取缔各类非法募捐活动;公安、司法部门打击借募捐名义从事诈骗活动等违法行为;审计、财政部门对救灾捐赠资金物资接收单位工作进行跟踪检查,定期公布检查结果,发现问题及时处理;监察部门对救灾捐赠资金物资管理使用情况和有关部门履职情况开展专项检查,发现问题从严处理;新闻媒体充分发挥舆论监督作用,及时披露违法违规行为。

第十七条 建立信息公开制度。救灾捐赠资金接收单位应建立救灾捐赠资金信息公开制度,规范整理各类捐赠资金信息,统一使用民政部"5.12"汶川特大地震抗震救灾捐赠信息管理系统,按时按要求向民政部门报送统计汇总结果。民政部门定期向社会公告救灾捐赠资金接收的来源、数额、捐赠者意愿,分配的去向、用途、数额和使用结果。按捐赠资金的拨付流程逐级反馈救灾捐赠资金的使用信息,由接收单位负责反馈至捐赠人。

第十八条　建立分配情况备查制度。按本办法分配使用的救灾捐赠资金，及时报同级监察机关和审计部门备查。

第十九条　建立责任追究制度。把管好用好救灾捐赠资金物资纳入各级党风廉政建设责任制的考核内容。对不履行职责，造成救灾捐赠物资损毁、浪费的，要依法追究有关人员的行政责任；对情节严重、涉嫌犯罪的，要移交司法机关处理。

汶川县抗震救灾"特殊党费"使用管理监督办法

为切实加强对抗震救灾"特殊党费"使用管理工作的监督，保证"特殊党费"使用过程中的安全性、公正性和有效性，根据中央组织部、国家发展改革委、民政部、财政部《关于抗震救灾"特殊党费"使用管理有关问题的通知》（组通字〔2008〕49号）要求，本着对党负责、对广大党员负责、对历史负责的态度，坚持做到"用好每一分钱，不出半点差错"，结合我县实际，制定本办法。

一、严格资金使用方向

"特殊党费"主要用于以下四个方面：

（一）帮助重建中小学校；

（二）帮助援建房屋倒损农户住房等民生项目；

（三）帮助重建和修复因灾受损的村级组织活动场所、农村党员干部现代远程教育接收站点等设施；

（四）为在抗震救灾中因公牺牲人员家属发放慰问金。

各有关单位必须严格按照规定安排使用"特殊党费"，不得随意扩大、改变其使用范围。

二、严格资金划拨程序

（一）及时足额划拨资金。财政部门要严格按照经审定的具体资金分配方案及时、足额将资金划拨到下级财政专户或项目资金使用单位；项目资金使用单位要严格按照项目预算和工程进度发放和使用"特殊党费"，不得滞拨滞留、截留克扣资金。

（二）严格实行专户管理。财政部门对进入财政专户的"特殊党费"做到专账管理、封闭运行、手续完备、账目清楚，确保资金安全。

（三）加强资金运行监管。项目资金使用单位制定项目资金管理办法报本财政部门审查备案，并定期向民政部门报资金使用情况和项目进展情况。

三、严格项目实施管理

（一）认真执行项目管理制度。严格按照国家有关法律法规组织项目实施，实行项目法人责任制、招标投标制、合同管理制和工程监理制，精心组织、精心施工、精心管理。

（二）切实加强项目实施监管。发展改革、建设等行政主管部门要切实履行项目审批、监管、检验职能，严格按照国家有关施工规范、操作规程、质量标准和安全规则，对项目组织实施进行全方位监督管理。"特殊党费"项目单体建设完工后，项目资金使用单位约请有关行政主管部门对工程质量、使用功能、手续材料进行检查验收；邀请有审计资质的机构对资金管理使用情况进行专项审计。

（三）及时准确发放补助资金。民政部门严格按照倒损农房和因公牺牲人员认定标准做好审核、认定和登记造册工作，并及时、准确、足额将"特殊党费"补助金发放到受灾农户和因公牺牲人员家属手中。

四、严格监督检查措施

（一）采取多种监督检查办法。采取上级督查与下级自查、日常检查与专项检查相结合。检查方式有：听取被检查单位的汇报；列席有关会议；召开座谈会，与有关人员谈话；查阅有关建设项目的文件、会议记录、财务会计资料以及其他有关资料；进入建设项目现场进行查验，调查、核实建设项目的招标投标、工程质量、工程进度等情况；受理有关来信来访，核查上级机关及领导交办的信访件。财政部门负责对"特殊党费"资金流向进行监管；审计部门负责对具体项目资金使用情况进行监管；组织部门设立监督举报热线电话和信箱，及时将各方面监督、质询及建议意见提交有关部门，并限时核查处理。"特殊党费"的使用管理必须做到全过程公开透明，民政部门负责定期向社会公布资金使用情况和项目进展情况。"特殊党费"有关工作全面结束后，组织、民政、发展改革、财政、纪检监察、审计部门要派出联合检查组对"特殊党费"使用管理情况和项目竣工验收情况进行专项检查，并适时向社会通报。

（二）明确界定重点检查内容。主要有：组织领导是否有力，行动是否迅速；投资计划下达是否迅速；是否存在未经批准擅自提高或降低建设标准、改变建设内容、扩大或缩小建设规模的情况；是否按规定及时拨付资金，资金管理使用是否做到公开透明，是否存在滞留、挤占、截留、挪用及虚报冒领、铺张浪费建设资金等情况；国土资源、环保、建设部门和有关行业管理部门是否及时有效办理相关手续；建设项目是否履行国家有关项目审批、核准、备案程序，是否严格执行土地、环保、节能等政策和管理规定，是否严格按照项目法人责任制、招标投标制、工程监理制和合同管理制等要求实施和管理；项目及施工单位是否建立和落实工程质量和安全生产领导责任制，是否存在因盲目赶进度导致的质量安全隐患，是否严把工程质量关；国家机关及有关单位工作人员在项目建设过程中是否存在滥用职权、玩忽职守、徇私舞弊、索贿受贿等违纪违法问题，项目建设相关单位和人员是否存在其他违纪违法问题。

（三）严肃处理违纪违规行为。坚持统筹协调、全程监督，分级负责、权责一致，有错必究、惩前毖后的原则；立足预防、注重规范；教育与惩处相结合、监督检查与改进工作相结合。对项目安排不当、投资方向不符合要求、随意突破投资规模、存在质量问题的项目，要责令限期整改；对情节严重的，要通报批评，暂停拨付"特殊党费"，暂停项目建设；对情节特别严重的，要收回投资，核减安排投资的数额或暂停同类新项目的审查批准。对项目建设中推诿扯皮、吃拿卡要、行动迟缓、效能低下的，要按照《四川省行政机关责任追究制度》的有关规定进行问责。对滞留、挤占、截留、挪用以及虚报冒领、铺张浪费"特殊党费"的，要按照《财政违法行为处罚处分条例》的规定进行处理、处罚，并依法追究有关人员的纪律责任；对涉嫌犯罪的，要移送司法机关处理。

五、严格加强组织领导

（一）建立领导协调机构。成立汶川抗震救灾"特殊党费"使用管理监督工作领导小组，具体负责抗震救灾"特殊党费"使用安排的领导协调和监督管理工作。

（二）明确落实管理责任。坚持谁主管、谁负责；分级负责、属地管理。加强对所属项目的投资安排、项目管理、资金使用、实施效果、竣工验收负总责，并建立健全工作责任制，在抓好项目推进的同时，做好监管工作。

（三）加强各方联系沟通。要建立健全请示报告、情况通报、内部监督、自查自纠、公开公示等制度机制，加强沟通协调，相互支持配合，形成监管合力。

附：

汶川县抗震救灾"特殊党费"使用管理监督工作领导小组组成和职责分工

为加强抗震救灾"特殊党费"使用的领导协调和监督管理工作，根据中央组织部、国家发改委、民政部、财政部《关于抗震救灾"特殊党费"使用管理有关问题的通知》（组通字〔2008〕49号）精神和省州有关要求，成立汶川县抗震救灾"特殊党费"使用管理监督工作领导小组。

一、领导小组组成人员

组　长：张通荣　县委副书记、县政府常务副县长
副组长：周全福　县委常委、组织部长
　　　　钱毓林　县政府副县长
成　员：梁贤炉　县纪委副书记、县监察局局长
　　　　余成忠　县委组织部副部长
　　　　毛舰勇　县发改委主任
　　　　张　毅　县民政局局长
　　　　古　明　县财政局局长
　　　　胡正安　县教育局局长
　　　　张先武　县规划建设局局长
　　　　唐作斌　县国土资源局局长
　　　　吴　麟　县审计局局长

领导小组办公室设在县民政局。领导小组下设项目实施管理工作小组和项目监督检查工作小组，分别负责项目方案的编制、审核、组织实施工作和项目实施运行过程中的监督检查工作。

（一）项目实施管理工作小组组成人员
组　长：张　毅　县民政局局长
成　员：余成忠　县委组织部副部长
　　　　杜　红　县发改委副主任

黄永洁　县财政局副局长

廖用兵　县民政局副局长

黄万才　县教育局副局长

席传江　县规划建设局副局长

(二)项目监督检查工作小组组成人员

组　长:余成忠　县委组织部副部长

成　员:孙立新　县监察局副局长

　　　　杜　红　县发改委副主任

　　　　黄永洁　县财政局副局长

　　　　廖用兵　县民政局副局长

各乡镇党委书记。

二、领导小组工作职责

(一)负责对"特殊党费"使用管理各环节的组织领导、沟通协调和督查督办工作。

(二)审定全县"特殊党费"重建项目方案及资金分配方案。

(三)派出监督检查组对"特殊党费"使用管理情况进行监督检查。

(四)听取监督检查组和有关部门关于"特殊党费"使用情况、项目进展情况的汇报,研究分析存在的问题,及时提出加强和改进工作的措施办法。

(五)接受上级组织、发改、民政、财政等部门对"特殊党费"使用情况的专项检查。

三、领导小组成员单位工作职责

(一)县财政局

主要负责"特殊党费"的划拨管理工作。

1.参与审核全县"特殊党费"重建项目方案及具体资金分配方案。

2.负责指导和督促加强"特殊党费"的日常管理工作,做到专账管理、专人负责、手续完备、账目清楚;并及时向组织、民政、发展改革等有关部门通报"特殊党费"的划拨、使用情况。

3.负责"特殊党费"的划拨工作,做到及时、足额将资金下拨到下级财政专户,并督促其及时下拨到项目资金使用单位。

4.主动接受纪检监察机关和审计部门的监督,对检查、审计中发现的问题及时进行整改。

(二)县发改委

主要负责"特殊党费"项目的立项、审批和监督工作。

1.参与审核全县"特殊党费"重建项目方案及具体资金分配方案。

2.对"特殊党费"项目进行审批。

3.及时下达新增投资计划,负责对资金投向和建设进度等的监督检查。

4.加强对招标投标工作的指导、协调、监管和稽察。

5.主动接受纪检监察机关和审计部门的监督,对检查、审计中发现的问题及时进行整改。

(三)县民政局

牵头负责"特殊党费"的具体使用管理等工作。

1.编制提出县"特殊党费"重建项目方案和资金分配方案,提交财政、发改委、组织部会商研究。

2.负责"特殊党费"项目的具体组织实施,加强指导管理。

3.定期收集、汇总资金使用情况和项目进展情况,每季度向领导小组报告。

4.主动接受纪检监察机关和审计部门的监督,对检查、审计中发现的问题及时进行整改。

(四)县委组织部

负责"特殊党费"使用管理的监督工作。

1.参与审核全县"特殊党费"重建项目方案及具体资金分配方案。

2.组织"特殊党费"监督检查组对资金使用、工程质量等进行全过程监督。

3.设立监督举报热线电话和信箱,对反映属实的问题进行督查督办。

4.定期向上级组织部门上报"特殊党费"使用管理情况,接受检查指导,承办落实有关工作任务。

(五)县教育局

1.参与制定"特殊党费"建中小学校项目实施方案。

2.参与"特殊党费"建学校项目实施过程的管理监督。项目单体建设完工后,负责对工程质量、使用功能和手续材料进行初审,并协调有关行政主管部门进行竣工验收;所有"特殊党费"建学校项目竣工验收后,对整个项目组织实施的监督检查情况汇总后向领导小组报告。

3. 负责审核学校项目资金使用单位制定的项目资金管理办法；指导并监督学校项目资金使用单位，严格按照国家有关法律法规和基建管理程序项目立项、申报、招标、报建、工程实施和竣工备案，确保资金管理严格规范、使用安全有效。

（六）县规划和建设局

1. 负责组织对"特殊党费"建学校建筑、村级公共服务场所及其附属设施的勘察设计技术质量管理、工程监理及工程质量监督检测、施工安全监督、施工图审批、开工审批和招投标活动的执法监督，定期向领导小组报告工程质量监督情况。

2. 负责指导并监督项目资金使用单位，严格按照国家有关法律法规和基建管理程序，进行项目立项、申报、招标、报建、工程实施和竣工备案；在"特殊党费"援建项目单体建设完工后，负责对工程质量、使用功能、手续材料进行检查，并协调有关行政主管部门进行竣工验收；负责对"特殊党费"具体项目组织实施的全过程进行监督，跟踪审查工程质量和进度，定期向上级建设部门报告情况，并向同级有关部门提出意见和建议。

（七）县国土资源局

1. 严格执行土地政策和管理规定。

2. 对"特殊党费"建项目及时办理土地使用相关手续。

（八）县纪委、县监察局

1. 对"特殊党费"使用管理单位执行国家有关法律法规和政策规定的情况进行监督，并开展专项检查。

2. 对贪污私分、截留克扣、挤占挪用"特殊党费"等行为进行严肃查处；对失职渎职、疏于管理导致"特殊党费"严重浪费或援建项目工程出现严重质量问题的行为追究有关人员的直接责任和领导责任。

3. "特殊党费"有关工作全面结束后，向领导小组报告资金管理使用工作的监督检查情况。

（九）县审计局

1. 负责"特殊党费"资金分配、拨付、使用及效果的全程审计和监督，开展对"特殊党费"资金运行情况的重点抽查。对审计中发现的违规问题，责令有关部门和单位整改。

2. 负责对项目概算执行情况和决算的审计监督。"特殊党费"建项目单体建设完工后，督促项目资金使用单位，约请有资质的审计机构对资金管理使用情况进行专项审计，并负责审计报告的审查备案。

3. 对资金拨付和使用进行年度审计。

汶川县人民政府
二〇〇九年三月十五日

汶府发〔2009〕35 号

汶川县人民政府
关于印发《汶川县"5.12"地震灾后农村永久住房建设农户小额担保贷款实施办法》的通知

各乡镇人民政府,县级各部门:

经县十二届人民政府第 31 次常务会议研究同意,现将《汶川县"5.12"地震灾后农村永久住房建设农户小额担保贷款实施办法》印发你们,请认真组织实施。

二〇〇九年四月二十一日

汶川县"5.12"地震灾后农村永久住房建设农户小额担保贷款实施办法

第一章 总则

第一条 为切实解决灾后农房重建资金需求,确保农村永久住房建设按期完成,按照"县主导、乡组织、村主体、民主办"的总体要求,结合我县实际,特制定本实施办法。

第二条 本实施办法所称的农村永久住房建设农户小额担保贷款是指在"5.12"特大地震中农户的住房严重损坏或已倒塌,农户无处居住,需重(新)建永久住房,并享受了政府重建房补助政策的我县农户。经农户自愿申请,村委会、乡镇人民政府推荐,贷款担保机构审核并承诺等程序后,由汶川县信用联社各分支机构按照《四川省农村信用社信贷管理基本制度》向农户发放的永久性住房建设贷款。

第二章 贷款对象和条件

第三条 贷款对象长期居住在汶川县辖区内,在"5.12"特大地震中房屋已严重损坏或倒塌,农户无处居住,需要重(新)建永久住房,并享受了政府重(新)建永久性住房补助政策,未享受到委托贷款的农户。

借款人申请农村永久住房建设农户小额担保贷款,须具备以下基本条件:

(一)年满 18 周岁,原则上不超过 60 岁,具有完全民事行为能力和有效的身份证件;

(二)具有按期偿还贷款本息的能力;

(三)无不良信用记录;

(四)个人申请,村委会、乡政府推荐;

(五)担保机构承诺担保;

(六)享受了政府重(新)建永久住房补助政策;

(七)农村信用社贷款应具备的其他条件。

第三章 贷款期限、利率、贴息和限额

第四条 贷款期限。农村永久住房建设农户小额担保贷款期限为 3—8 年,农户根据自身能力可随时提前还贷。

对不能按期归还贷款的困难家庭贷款户,由贷款人提前申请展期,经担保单位同意,可以展期,累计展期不得超过原定期限的一半。

第五条　担保期限。待政府筹集委托贷款资金到位后立即归还信用社发放的担保贷款，由担保贷款转为委托贷款。

第六条　贷款利率及利息。农村永久住房建设农户小额担保贷款利率按照中国人民银行公布的当期挂牌利率基准利率确定，信用社不得浮动。

第七条　贷款限额。农村永久住房建设农户小额担保贷款限额为每户两万元人民币。

第四章　还款、计结息方式和贷款担保

第八条　还款。贷款到期后农户必须按贷款协议足额归还本金；信用社必须按照商业银行回收贷款的相关要求催收贷款。

第九条　贷款担保。农村永久性住房建设农户小额担保贷款的担保方式为保证担保贷款。由汶川县财政局所属国有资产投资经营公司作为担保机构，在信用联社开设农村永久住房建设农户小额担保贷款基金专户，注入担保基金贰千万元，按 1：5 放大贷款规模，最高贷款额度为 1 亿元人民币，担保贷款利息由财政贴息 50%，农户承担 50%。

第五章　贷款程序

第十条　贷款申请。对符合农村永久住房建设农户小额担保贷款条件的农户，应填写《汶川县农村永久住房建设农户小额担保贷款申请表》，同时提供相关资料报所在村、乡镇审核签章，交信用社调查、审查。

第十一条　担保机构审核。担保机构根据村、乡镇和信用社审核的有关资料和贷款申请表，进行复审。审核合格后，在贷款审批表上签署同意担保意见。

第十二条　贷款发放。信用社确认担保机构在贷款申请表上签署的同意担保意见后，与农户签订贷款合同，约定相关权利和义务。

第六章　罚　则

第十三条　农户有下列情形之一的，信用联社有权按照《中华人民共和国合同法》、《中华人民共和国担保法》及中国人民银行有关规定，对农户提前收回贷款、加收罚息和解除借款合同。

（一）农户不按期归还贷款本息；

（二）农户提供虚假或隐瞒重要事实的文件或资料，已经或可能造成贷款损失的；

（三）未按合同规定使用贷款的；

（四）违反其他法律规定。

第十四条　在借款人不能按期足额偿还贷款时，由担保单位承担连带清偿责任。

信用联社必须与担保机构签订协议，明确担保程序，担保义务和其他涉及双方合作事宜。

第七章　附　则

第十五条　本办法由县财政局负责解释。

汶委发〔2009〕16 号

中共汶川县委汶川县人民政府关于印发
《汶川县加快灾后精神文化家园建设的决定》的通知

各乡镇党委、人民政府,县级各部门,县境内各企事业单位:

《汶川县加快灾后精神文化家园建设的决定》已经县委、县政府同意,现印发你们,请结合实际抓好贯彻落实。

中共汶川县委
汶川县人民政府
2009 年 4 月 25 日

汶川县加快灾后精神文化
家园建设的决定

随着灾后美好新家园建设的深入推进,受灾群众在经历地震灾害的巨大磨难之后, 对美好新生活的期待日益强烈。灾后重建,不仅包括物质家园的重建,也包括精神文化家园的重建。美好新生活,不仅包括安定富裕的物质生活, 也包括健康充实的精神文化生活。为深入贯彻落实科学发展观,全面落实十届县委八次全会精神, 县委、县政府决定在全县灾后恢复重建物质家园的同时,要高标准、高起点、全方位、多视野地推进精神文化家园建设, 为加快建设富裕文明和谐魅力新汶川提供强大的精神动力和思想保障。

一、指导思想

精神文化家园重建要按照“三年基本恢复、五年发展振兴、十年全面小康”的总体要求,围绕“面向四川、服务全州,努力把汶川建设成为阿坝新型工业集中发展区、岷江河谷现代特色农业示范区、羌禹文化生态体验区”的战略定位,坚持精神文化家园重建和物质家园重建并重, 以受灾群众物质上得到更多实惠、精神上得到较大满足为目标,大力弘扬伟大的抗震救灾精神,以人为本,科学重建,加快建设灾后美好新家园,加快建设一心两廊四区发展高地。

二、目的意义

精神文化家园,是我们赖以生存和发展的精神财富。对一个民族来说,精神文化家园是民族生命力之源,是民族凝聚力的精神纽带、民族团结奋进的精神动力。对个体而言, 有了精神文化家园的支撑,人就有了归属感、安顿感和幸福感;失去精神文化家园,人就会感到精神空虚,就会失去前进的动力和生活的方向。在灾后重建的过程中,不失时机地加快精神文化家园建设,既是抗震救灾重建家园的需要,也是促进民族团结、维护社会稳定和实现社会和谐的现实要求。

三、总体思路和目标

根据汶川县灾后恢复重建总体规划,结合汶川实际,我县加快精神文化家园建设的总体思路是:抢抓“一个机遇”,服务“两个加快”,突出“四个着力点”,实现“五项重大任务”。抢抓“一个机遇”,就是要充分利用全县灾后恢复重建蕴含的项目机遇，把精神文化家园重建摆上重要位置、纳入总体盘子、加快启动实施。服务"两个加快"，就是整个灾后精神文化家园重建要坚持在加快建设灾后美好新家园、加快建设一心两廊四区发展高地的大局下进行思考和谋划，要把是否有利于促进"两个加快"作为检验工作的根本准绳。突出"四个着力点"，就是在精神文化家园重建中，要着力于硬环境的改善，着力软环境的营造，着力于文化内涵的提升，着力于民族精神的传承。实现"五项重大任务"，就是要弘扬抗震救灾精神，实现让人民群众更有方向感的重大任务；注重人文关怀，实现让人民群众更有安顿感的重大任务；加强心理康复疏导，实现让人民群众更有光明感的重大任务；注重传承民族文化，实现让人民群众更有归属感的重大任务；倡导感恩文化，实现让人民群众更有温馨感的重大任务。

精神文化家园重建的分阶段目标是："一年全面决战"（就是在2009年这个灾后恢复重建的关键年，要排除一切障碍和阻力，全面打响精神文化重建项目建设战役，除映秀、水磨等乡镇外，其余乡镇要完成60%以上的建设投资和70%以上的重建项目。同时，多数群众能享受到最基本的精神文化生活），"两年攻坚破难"（就是在2010年这个灾后恢复重建的重点攻坚年，包括映秀、水磨等乡镇延缓的个别精神文化重建项目在内，全县所有乡镇的精神文化重建项目要基本完成。同时，全县公共文化服务体系基本建立，满足广大群众正常精神文化生活需求），"三年优化提升"（就是在2011年这个灾后恢复重建的扫尾年，完成所有乡镇的精神文化重建项目的扫尾工作，全县精神文化家园重建工作圆满结束。同时，全县精神文化基础设施的功能得到优化提升，公共文化服务体系的作用得到充分发挥，广大群众的精神文化需求得到较好满足）。

四、主要任务及措施

（一）提速精神文化设施重建，加快恢复公共文化服务体系。在精神文化家园重建工作中，要本着"安全适应，规模适当、功能优先"的原则，把恢复重建精神文化基础设施作为第一位的任务。要全力实施广播电视村村通、受灾群众集中安置点及乡镇（社区）综合文化站、文化信息资源共享、农家书屋等文化惠民工程，要加快推进集中安置点、社区爱心书屋建设，加快新华书店、"万村书库"等基层文化阵地的恢复，着力解决高半山群众看书难、看戏难、看电影难、收听广播难、收看电视难的问题，有效消除公共文化服务的盲点和空白地区。要加快重建文化活动中心、青少年文化宫、工人文化宫、妇女儿童活动中心、广播电视台站、村民活动中心等重点文化基础设施，抓紧恢复文化服务网络，努力为受灾群众提供基本的文化活动场所。要积极发展新闻出版、文学艺术、实施农民体育健身工程要加强"西新工程"建设，抓紧恢复广播电视服务网络，提高广播电视的节目制作和传播能力。加强以中波和调频为重点的广播电视网络建设，在条件适宜的地方开展无线数字覆盖试点，加快建设县到乡（镇）的广播电视光纤传输网络，在人口相对集中地区建设有线广播，提高广播电视有效覆盖率，让群众能够及时收听收看到丰富多彩、健康向上的广播电视节目。

（二）开展丰富多彩的文化活动，满足群众精神文化需求。要发挥文化抚慰心灵、文化医治创伤、文化安慰民心的作用，引导受灾群众自立自强自救、坚定坚强坚韧，用自己的双手和辛勤劳动重建家园。大力开展重点节庆主题文化活动，以古羌文化节为龙头，抓好元旦、春节、五一、端午、中秋等节庆和国庆、藏羌新年、"5.12"大地震周年等纪念日文化活动，做到一节一主题，每节有活动。深入开展文化、科技、卫生、法律"四下乡"活动，采取政府采购、财政补贴等方式购买优秀文化产品送到乡镇和农村，为基层群众提供丰富多彩的精神食粮。要实施好"2131工程"，积极组织和协调广大文艺工作者、群团组织，以"流动文化服务车"、"流动电影放映队"、"流动青少年宫"等灵活多样的形式，深入基层开展文化服务，把群众喜爱的文艺节目送到集中安置点、送到藏羌村寨、企业、社区、学校等基层单位。加强对外文化交流，积极展示震后汶川自然人文、恢复重建、经济社会发展及人民群众生活情况。同时,开展县、乡(镇)、村三级文艺节目汇演评比活动,推动文艺节目继承优秀传统、弘扬时代精神,激励文艺工作者深入群众自编自演贴近农民群众生活的优秀文艺节目。通过形式多样的文化活动,努力营造健康积极、乐观向上的良好氛围,努力振奋广大群众重建美好新家园的信心和决心。

(三)抓紧保护开发民族优秀文化遗产,彰显特色文化内涵。把文化遗产的抢救恢复作为灾后精神文化家园重建的一项重要内容,进一步加强民族优秀文化遗产和非物质文化遗产保护。要按照"保护为主、抢救第一、合理利用、传承发展"的工作要求,坚持政府主导、全民参与原则,积极构建羌族文化遗产名录体系、羌族文化研究传播体系、羌族文化保护传承体系、羌族文化产业保护体系建设。实施好藏羌文化遗产保护工程,鼓励省内外文化企业参与藏羌文化生态家园走廊、熊猫——地震遗址走廊建设。组织专门力量对受到破坏的文化遗产、全国和省级重点文物保护单位、珍贵馆藏文物、藏羌少数民族物质文化遗产进行抢救。要尽快完成羌族释比、羌歌、羌舞等项目申报非物质文化遗产名录,搞好保护性开发。抓紧建设国家汶川地震遗址公园和现代抗震救灾建筑博物馆,加快中国羌族文化展览馆建设,要在保护的基础上,对县境内文化遗产资源进行集中收集整理,集中推介展示。继续做好释比文化传承地和传承人抢救和保护工作,对释比给予适当生活补贴,使羌文化的传承后继有人。做好藏羌村寨保护和恢复重建,加大藏羌回汉民居建筑风貌恢复重建力度,抓住国家启动羌族文化生态保护实验区的有利契机,以萝卜寨、羌锋、阿尔、布瓦等村为重点,规划推出一批民族文化村寨,加快推进羌禹文化生态体验区建设,努力把汶川文化遗产的抢救保护过程变成汶川文化产业的发展繁荣过程。要弘扬大禹故里千年不衰、代代相传的大禹文化,凸显大禹精神,依托大禹文化发展旅游。旅游、文化部门要深入挖掘羌禹文化内涵,以"刳儿坪"、"石纽山"、"涂禹山"、"姜维城"、"布瓦山"、"禹王庙"、"禹碑岭"等古文化原生地作为旅游文化支撑

点,精心组织策划推出文化遗产游和地震主题游,推动汶川文化旅游产业的恢复振兴。

(四)大力弘扬伟大的抗震救灾精神,用社会主义核心价值体系引领精神文化家园建设。要把弘扬抗震救灾精神贯穿于整个精神家园重建的全过程,努力使伟大的抗震救灾精神转化为广大群众齐心协力共建美好新家园的精神动力和自觉行动。要深入挖掘和大力宣传灾后恢复重建中涌现出来的先进典型,通过先进典型的先进事迹来诠释抗震救灾精神的丰富内涵,通过群众身边的鲜活榜样来教育感化群众,努力为提升干部群众的思想境界和道德素养。要积极开展以弘扬抗震救灾精神为主题的宣传教育活动,把弘扬抗震救灾精神融入到文明单位、文明行业、文明村镇的创建活动和未成年人思想道德建设之中,认真抓好汶川县"荣誉市民"、"道德模范"、"感恩童心"及"五个一工程"等评选工作,抓好全县各级各类学校中开展的铭恩奋进教育活动,引导广大群众和青少年自觉做抗震救灾精神的弘扬者、实践者。要积极协调、组织文艺工作者和文艺院团,开展以弘扬抗震救灾精神为主题的文艺创作,从灾后恢复重建工作中挖掘创作资源,提炼创作素材,力争创作出更多优秀文艺作品,以温润群众心灵、鼓励干群斗志、引领社会新风。

(五)抓好精神文化主题宣传,营造昂扬向上包容感恩的社会氛围。要围绕重点重建项目建设,组织好形势宣传教育。结合纪念西部大开发10周年,以灾后恢复重建项目和对口援建项目开工建设契机,组织"走进灾区看变化"系列采访活动,邀请中央及省州广播电视、报刊、网络主流媒体来县采访,使对重大项目建设的宣传多层次、不断线。要围绕提升形象,切实组织好重大节庆和纪念日活动的宣传。今年特别是要做好清明节、汶川大地震一周年、建国60周年等活动的宣传,组织好纪念活动,唱响时代主旋律。按照中央确定的活动主题和总体要求,切实抓好各项节庆宣传活动;通过展演展播一批优秀国产电影、电视剧,积极开展丰富多彩的群众性国庆文化活动,通

过活动宣传，生动展现喜迎建国60周年的良好氛围。强调汶川图书建设和宣传作用，邀请知名摄影、文艺家来县开展主题采风活动，编纂出版一批宣传文化产品，包括画册《崛起中的汶川》，书籍《汶川时空》、《震中100个惊心动魄》，宣传歌碟《爱在汶川》，以抗震小英雄林浩本色出演的9集系列纪实电视剧《爱心小天使》之《小福星》，拍摄制作30集大型电视连续剧《新汶川》（暂名），用优秀的作品再现全县干部群众坚强不屈战胜特大自然灾害、乐观自信重建美好新家园的精神风貌。重启九环线千里文明走廊创建活动，组织媒体来我县开展"文明走廊、地震遗址、人间奇迹"专题采访，宣传汶川灾后恢复重建，恢复旅游信心。大力宣传全县各族群众和谐稳定、安定团结的良好局面，以积极向上的精神风貌，掀起广大群众珍惜美好生活，感恩于党、感恩于人民、感恩于广东援建、感恩于社会、感恩于家人的感恩情怀，以更加感恩的心境推进奋斗目标的实现。同时，认真做好网络新闻宣传，整合"汶川县政府门户网"、"汶川信息港"等互联网资源，做好"汶川论坛"建设工作，打造汶川人民自己的"网络家园"。进一步规范、净化网络环境，切实加强网络舆情监控，有针对性开展网上舆论引导，用正面和主流声音抢占国际舆论话语权。要加强与新闻媒体的沟通，让他们多为汶川灾后重建共克时艰鼓劲，多为汶川科学重建支招，多为党群干群关系搭桥。

（六）建立健全投入保障机制，加大对精神文化家园建设的投入力度。要安排精神文化重建项目资金，县财政要随收入的增长逐步加大对精神文化家园建设的资金投入力度，切实保障基本办公及重大文化工程、重要公共文化产品购买、重要公共文化活动开展等必要的经费开支；要按照公共财政管理的要求和自身财力状况，设立宣传思想文化建设专项资金，对县广播电视、新闻出版、文学艺术、文艺演出单位开展公共文化服务给予适当补贴；把公共文化设施建设中有关土地、税收等优惠政策，及时集中精力研究精神文化重建重点项目，加大资金和政策争取力度。

在精神文化重建项目资金筹措上，要通过政策引导等措施，积极吸纳社会资金，鼓励个人、企业和社会团体参与到精神文化家园建设中来。一方面要及时调整规划方案，扎实做好精神文化重建项目基础性工作，抓住恢复重建和扩大内需两大机遇，积极向中央、省、州争取，县级有关部门要主动向上级相关部门争取支持；要切实做好对口援建工作，在态度上积极主动，在服务上热情周到，在时间上抢早抢快，促使对口支援落实到具体的精神文化项目上。另一方面要采取超常规手段，抓紧建立各种融资平台，创新机制吸引社会资金；要打好"震中牌"、"重建牌"、争取社会"大支持"，促进资金"大聚集"。

（七）加强宣传思想文化战线干部队伍建设，努力为精神文化家园建设提供人才保障。认真贯彻落实中央和省委有关文件精神，坚持管人与管事相结合，明确党委宣传部根据授权管理新闻、文化、出版、广播电视等意识形态部门领导干部的职责。宣传部门要加强对宣传文化系统单位领导班子民主生活会的指导，参加宣传文化系统单位领导干部年度考核，定期听取宣传文化系统单位关于干部政治思想状况、业务水平的汇报，宣传文化系统单位领导干部个人重大事项应及时报告宣传部。宣传部门要会同组织部门，加强宣传思想文化战线领导干部的选拔任用和管理。加强重要宣传舆论阵地干部管理，对未纳入县委管理的一些重要宣传舆论阵地干部的任免、调动，由县委组织部、县委宣传部审批。对新闻媒体主要负责人，不面向社会搞竞争上岗、招聘上岗。吸引人才、留住人才，扎实抓好人才特别是本土人才的培养，要用3年左右的时间对宣传思想文化工作人员轮训一遍。加强宣传文化系统知识分子工作，扶持培养文学艺术、非遗保护、社会科学等方面的专业技术人员。建立健全思想政治工作研究制度，增设乡镇党委宣传思想工作岗位，选拔政治上清醒坚定、熟悉意识形态工作、富有改革创新精神的得力干部从事乡（镇）宣传、广播电视和文化管理工作。切实关心宣传文化系统基层干部，积极改善他们的工作和生活条件，加大干部交流力度。建立乡镇、村文艺宣传队,抓好培训,加大对民间性演出团体、业余文艺队的建设和扶持力度。壮大青年舞蹈队和花儿纳吉舞蹈队,走市场化道路,逐步把羊角花业余艺术团建成专业艺术团。

(八)增强执行力,切实加强精神文化家园建设的组织领导。县委常委会议每半年研究一次精神文化家园建设工作,及时指导全县工作。各乡镇党委要深刻认识加快精神文化家园建设的极端重要性,真正把精神文化家园建设摆上重要日程,纳入灾后恢复重建和经济社会发展总体规划,作为衡量干部工作业绩的重要内容,与经济、政治、社会建设的工作一同研究部署,一同检查落实。各乡镇党委书记、各部门主要负责人是本乡镇、本部门精神文化家园建设的第一责任人,要切实增强政治意识、责任意识,善于从政治上观察和处理问题,在工作方向上加强领导,在政策措施上积极支持,把精神文化家园建设的各项工作落到实处。积极探索建立县对乡镇宣传思想文化工作实行垂直领导的管理体制,要建立健全党委统一领导、宣传部门组织协调、有关部门分工负责,共同抓好精神文化家园建设的工作格局,切实落实政治责任、领导责任、把关责任。

汶府发〔2009〕50号

汶川县人民政府关于印发
《汶川县安居住房管理办法（暂行）》的通知

各乡镇人民政府，县级各部门：

《汶川县安居住房管理办法（暂行）》已经县十二届人民政府第33次常务会议研究，并报经十届县委第51次常委会同意，现印发你们，请遵照执行。

二〇〇九年七月十九日

汶川县安居住房管理办法（暂行）

一、总则

为加快安居住房建设步伐，满足我县因地震住房毁损或租住住房毁损导致无房可住的城镇受灾家庭和城镇居民低收入无住房家庭的住房需求，规范经济适用住房的建设和管理行为，根据《经济适用住房管理办法》(建发[2007]258号)、《四川省汶川地震灾后城镇住房重建工作方案》(川府发[2008]35号)、《四川省物价局关于作好汶川地震灾后城镇安居住房和廉租住房价格管理的通知》(川价发[2008]237号)、《汶川县人民政府关于印发〈汶川县灾后城镇住房重建实施细则〉的通知》(汶府发[2009]4号)有关规定，结合我县实际，特制定本暂行办法。

（一）本办法所称的安居住房，是指参照经济适用住房政策由政府提供政策优惠，限定套型面积和销售价格，按照合理建设标准面向城市低收入住房困难家庭以及"5.12"汶川特大地震中失去住房的城镇居民销售，具有保障性质的政策性住房。

安居住房每套建筑面积控制在80平方米内，每户限制购买或租赁一套。

（二）本办法适用于我县灾后三年任务两年完成重建期内县城和重点乡镇安居住房的组织建设、入住管理等工作。

（三）安居住房由汶川县规划建设局统一组织、协调。其主要职责是：

1. 贯彻执行国家有关安居住房建设管理的方针、政策和规定。

2. 研究拟定全县安居住房建设的发展规划和年度建设计划，并组织实施；

3. 检查、督促房地产开发企业按期完成安居住房建设任务；

4. 协同物价等部门审定安居住房的销售价格；

5. 审核安居住房的入住对象和政策落实情况；

6. 参与安居住房小区的建设规划、项目论证、选址和竣工验收工作；监督工程项目施工招标以及工程质量安全与施工安全；

7. 负责安居住房建设过程中的组织、协调工作。

（四）对口援建市、各乡镇及相关职能部门各司其职，共同配合，积极做好安居住房的建设和管理工作。

（五）县规划建设局会同有关部门根据我县社会经济发展状况，城市低收入家庭的住房水平和市场有效需求，拟订全县安居住房建设发展规划和年度建设计划，报经县人民政府批准后实施。

二、安居住房建设方式

（六）安居住房灾后重建以对口援建为主，自建为辅。乡镇和对口援建市是援建安居住房的责任主体、实施主体和工作主体，由对口援建市与乡镇协商确定建设方式；县规划建设局是自建安居住房的责任主体、实施主体、工作主体，按照"政府组织协调、市场运作"的原则，会同县监察、发改、财政等部门，通过竞争性谈判或采用项目法人招投标、比选等竞争方式选择具有相应资质和良好社会责任的房地产开发企业实施。

（七）安居住房采取集中成片开发建设与零星建设相结合的方式，以成片开发建设为主，零星建设为辅。

（八）安居住房建设享受国家规定的税费减免、行政划拨土地、项目小区外基础设施的建设费用由政府负担等优惠政策。税费减免的项目、标准等有关优惠政策按照国家有关规定执行。

（九）申请承担安居房开发建设的房地产开发企业必须具备的条件为：

1. 必须具备房地产开发资质（3级以上，包括3级）；

2. 有开发建设的业绩证明；

3. 资金和财务状况良好，有不低于项目开发投资总额20%以上的项目资本金；

4. 信誉良好，没有不良信誉记录；

5. 能执行房地产开发和安居住房建设有关规定。

（十）凡被选中承担安居住房建设的房地产开发企业，要签订项目开发合同。合同中要明确规定工程质量要求、工期、交房时间，办理产权证期限，前期物业管理以及交纳项目保证金数量等内容。

三、安居住房的建设

（十一）安居住房的建设应统筹规划、配套建设，充分考虑"5.12"汶川特大地震住房毁损的城镇居民家庭以及城市低收入住房困难家庭对交通等基础设施条件的要求，合理安排区位布局。严格执行国家城市居住规范、设计规范和建筑操作技术规范，确保工程质量。小区内的规划按有关程序报批。

（十二）安居住房要坚持合理用地、节约用地的原则，尽可能利用闲置土地，凡纳入安居住房建设的项目用地由政府实行行政划拨。

安居住房的建设用地不得转让和炒卖。

（十三）安居住房单套的建筑面积控制在40—80平方米，以80平方米左右的建筑面积为主。同时，应根据我县经济发展水平、群众生活水平、住房状况、家庭结构和人口等因素，特别是按城镇居民的实际需求，合理确定安居住房建设规模和各种套型的比例，并进行严格管理。

（十四）安居住房的规划设计和建设必须按照发展节省地环保型住宅的要求，严格执行《住宅建筑规划》等国家有关住房建设的强制性标准，采取竞标方式优选规划设计方案，做到在较小的套型内实现基本的使用功能。积极推广应用先进、成熟、适用、安全的新技术、新工艺、新材料、新设备。

（十五）安居住房必须强化使用和管理，建立安居住房维修和管理基金，制定管理办法，选择物业服务企业实施前期物业服务，也可在社区居委会等机构的指导下，由居民自我管理，提供符合居住区居民基本生活需要的物业服务。

（十六）安居住房的施工和监理，按照有关规定，选择具有相应资质和良好信誉的建筑企业和监理公司实施。项目业主要聘请具备相应资质的工程质量监理公司从事工程质量监理，其监理费列入项目开发成本。监理机构要对工程建设中的各个环节实施跟踪管理，严格执行国家规定的建筑操作规范和标准，工程质量要符合国家现行的质量检验评定标准的规定。

（十七）安居住房建设实行综合验收制度。要严格执行国家验收规范及建设部制定的《住宅小区竣工验收管理办法》《汶川县灾后重建项目验收移交管理办法》，强化对小区综合质量的验收，通过验收合格的住宅方可交付使用。

（十八）承担安居住房建设的项目业主、开发企业以及施工企业要对安居住房的工程质量负终身责任，工程质量合格率达100%。安居住房交付使用时，项目法人必须向购房户提供《住宅质量保证书》和《住宅使用说明书》。

四、安居住房的价格

（十九）安居住房的建设总成本构成

1.划拨土地费用。按照法律、法规规定用于征用土地和拆迁补偿等所支付的征地和拆迁安置补偿费。

2.前期工程费用。开发项目前期工作所必须发生的费用，包括规划、勘察设计、招投标、监理、施工通水、通电、通气、通路及平整场地等费用，勘察设计和前期工程费依据规划、勘测设计合同及实际发生的前期工程费用计算。

3.房屋建筑安装工程费。列入施工图预(决)算项目的主体房屋建筑安装工程费，包括房屋主体部分的土建(含桩基)工程费、水暖电气安装工程费及附属工程费。建筑安装工程费依据施工图预(决)算计算。

4.住宅小区基础设施建设费(含小区非营业性配套公建费)。指与安居住房同步配套建设的小区用地规划红线以内的道路、供水、供电、供气、通风、照明、排污、排水、园林、环卫、绿化等公共基础设施建设费用以及按政府批准的小区规划要求建设的不能有偿转让的非营业性公共配套设施建设费，如物业管理用房、公共停车棚、公厕等。住宅小区基础设施建设费依据批准的小区规划和施工图预(决)算计算。

5.管理费。指建设单位为安居住房建设组织所发生的费用，按照不超过上述 1 至 4 项费用之和的 2% 计算。

6.贷款利息。按照安居住房建设筹措资金所发生的贷款利息计算。

7.利润。政府直接投资组织建设的安居住房项目不计利润；政府委托房地产开发企业开发建设的安居住房项目利润，按上述 1 至 4 项费用之和为基数核算，不得高于 3%。

（二十）税金

安居住房享受税收优惠，按相关规定执行。安居住房免征城镇土地使用税，转让时免征土地增值税，所签订的建筑安装、销售、租赁合同，免征印花税。受灾居民购买安居住房，免征契税。国家和省对安居住房税收政策有调整的，从其规定。

（二十一）行政事业性收费和政府性基金

安居住房建设及受灾居民购买安居住房，一律免收各项行政事业性收费和政府性基金。

具体免收的全国性行政事业性收费包括防空地下室易地建设费、城市房屋拆迁管理费、工程定额测定费、白蚁防治费、建设工程质量监督费等项目；免收的全国性政府性基金包括城市基础设施配套费、散装水泥专项资金、新型墙体材料专项基金、城市教育附加费、地方教育附加、城镇公用事业附加等项目。

免收的省级行政事业性收费包括房屋所有权登记证书和土地使用权登记证书一次性工本费、房屋产籍查询费、房屋安全鉴定费等项目。

本《办法》未列举到的省内各项行政事业性收费和政府性基金一律免收，任何单位和部门不得新增或变相新增收费项目。

（二十二）下列费用不得计入安居住房价格

1.安居住房开发区域内营业性用房和设施的设计及建设费用及应分摊的各种费用。

2.建设单位留用的办公用房、自己经营的房屋的设计、建设费用及应分摊的各种费用。

3.各种赔偿金、违约金、滞纳金和罚款。

4.其他不能计入安居住房价格的费用。

（二十三）安居住房的销售价格

县物价局会同县规划建设局、县财政局等部门根据开发业主的成本价在社会听证基础上核定安居住房项目的基准销售价格和市场销售价格，符合政策范围内的享受基准销售价格，超出政策享受规定以外的执行市场销售价格。每套安居住房的具体售价由开发建设业主核定，项目基准销售价格和每套安居房价格销售前均应向社会公布。

同一安居住房小区内各住宅楼的位置差价代数和应为零，同一幢住宅楼内楼层差价代数和、朝向差价代数和应为零。

安居住房价格计算：

基准价=建设总成本÷建设总面积。

（二十四）基准价审批程序

建设单位取得安居住房预售许可证后，到物价部门申领《安居住房基准价、最高销售均价报批表》，并报送相关文件、资料。

建设单位按规定填写《安居住房基准价、最高销售均价报批表》，并附相关资料，由具有相应资质的造价机构审核后报县物价局、县规划建设局、县财政局审批。

县物价局会同规划建设局、财政局审批后，向建设单位发出《安居住房基准价、最高销售均价批准书》。安居住房实行成交价格备案制度，建设单位将安居住房销售的成交价格报县物价、建设、财政部门备案。

（二十五）面向社会公开发售的安居住房按简装房标准建设，并严格控制中、小套型。二人户优惠限购60平方米以下住房；三人户优惠限购70平方米以下住房；四人及四人以上户优惠限购80平方米以下住房。超购面积不享受政策优惠，按同一地段的商品房价格购买。

五、安居住房的申购

（二十六）安居住房供应实行申请、审核、公示和轮候制度。

1.申请人持家庭户口本、所在单位或街道办事处出具的家庭成员收入证明、住房证明及其他证明材料向乡镇城乡住房重建办提出申请，如实填写《汶川县城居民购买安居住房申请表》，若属跨乡镇申请，如实填写《汶川县城镇居民购买安居住房申请表》，若属跨乡镇申请，必须经安居住房供应的乡镇同意。

2.乡镇城乡住房重建办在收到申请后，应及时派人会同乡（镇）规划建设管理中心、社区、户籍管理、民政部门及时公示初审。通过入户调查、邻里访问等方式对申请人的家庭收入和住房状况等情况进行核实。申请人及有关单位、组织或者个人应当予以配合，如实提供有关情况，在此基础上进行5~7天公示。初审符合条件的签署意见后，形成本乡镇安居住房入住方案，统一报住房指挥部。

3.县住房指挥部组织县规划建设、民政、房改办、监察等相关部门对各乡镇申报材料和入住方案进行复核，分期分批集中在汶川广播电视台上再次进行公示，公示期为10—15日。对符合购买条件的申请人，由城乡住房指挥部统一发放准予购买安居住房的核准通知到各乡镇城乡住房重建办，由城乡住房重建办组织相关部门，在公正机关监督下采取公开、公平、公正的方式确定顺序和购买对象，核发《汶川县城镇居民购买安居住房资格认定通知书》。如购买需

求大于了安居住房建设量，由采取公开摇号的方式，按先后顺序落实购房对象。

《汶川县城镇居民购买安居住房资格认定通知书》应当载明申请人所购房屋的位置、面积和价格等。

4.申请人凭《汶川县城镇居民购买安居住房资格认定通知书》先预付安居房房款两万元到指定账号上，再按先后顺序在规定的有效期限内在公示的安居住房建设项目中选购一套安居住房，过期不选购者按放弃处理，其预付金在交房后三个月内如数退还。

安居住房资格申请采取预登记办法，经社居委会及户口所在地乡镇初审后，交由县规划建设局审核并公示。

（二十七）安居住房申请人可以使用自筹资金、国家灾后补助资金、对口援建奖励资金购买安居房，不足部分还可以通过住房公积金、银行贷款等方式解决，安居住房贷款的具体办法另定。

（二十八）安居住房必须严格按照审定的销售价格和销售对象出售安居住房。

（二十九）居民个人购买安居住房后，由项目开发企业按照规定和程序办理权属登记。房屋、土地登记部门在办理权属登记时，应当分别注明汶川地震灾区安居住房、划拨土地。

（三十）安居住房购房人拥有有限产权。

安居住房以居住为目的，不得改作其他用途。购买安居住房不满5年，不得直接上市交易。购买安居住房满5年，购房人方可上市转让安居住房，出售前需办理土地出让的相关手续，锁定相关信息，应按照届时同地段普通商品住房销售价格与安居住房当时购入价格差价的50%向政府交纳土地收益和补交土地出让金，其转让人补交的土地收益价款和土地出让金交至财政专账，出售后不得再购买安居住房。

上述规定应在安居住房购买合同中予以载明，并明确相关违约责任。

（三十一）面向社会申购发售的安居住房的家庭，应具备以下条件，并按此顺序逐步满足。

1.因灾住房毁损（指住房倒塌或严重破坏不可修复）导致无房可住的城镇居民以及租住住房毁损又不具备重建条件导致无房可住的我县城镇户籍家

庭。

2.工作满两周年的在职职工,以前未享受房改政策,且目前在县内无房,可选取货币补偿或实物申请的方式。

3.低收入住房困难指家庭收入2008年人均可支配收入为7000元以下和人均住房建筑面积在16平方米(含16平方米)以下的我县城镇户籍家庭。

4.属我县城镇居民户籍5周年以上,在县内无房,且在本地有固定收入和职业的。

5.因灾失地且无房可住或放弃农村宅基地、承包地、林地等志愿到城镇接受安置的本县农村居民(由所属村组、乡镇人民政府出具证明并经公示)。

6.对汶川有突出贡献、授予汶川县荣誉市民称号、工作积极主动、成效显著被评为省、州先进个人的或县人民政府确认可购买的其他对象。

符合条件的城镇受灾居民家庭每户限购1套。

(三十二)有下列情况之一的,不能再购买安居住房:

1.拥有自有产权住房且面积已超过我县城镇居民住房规定面积控制标准的;

2.以非市场租金承租公有住房,尚没有退房的;

3.将已购政策性住房出售,或在本办法公布后,将超过(三十一)第3款规定面积控制标准的私有住房出售的。

(三十三)本办法所称住房面积均为建筑面积。

(三十四)本办法由县规划建设局、县房管部门负责解释。

(三十五)本办法自印发之日起执行。

汶委办〔2009〕246 号

中共汶川县委办公室 汶川县人民政府办公室
关于印发《汶川县加强扩大内需灾后重建工程项目建设管理的几项规定》

各乡镇党委、人民政府,县级各部门:

《汶川县加强扩大内需灾后重建工程项目建设管理的几项规定》已经县委、县政府研究同意,现印发你们,请遵照执行。

中共汶川县委办公室

汶川县人民政府办公室

2009 年 12 月 16 日

汶川县加强扩大内需
灾后重建工程项目建设管理的几项规定

为确保扩大内需灾后重建工程项目建设立项审批规范、资金运行安全、建设程序合法、工程质量合格、干部廉洁安全,针对我县扩大内需灾后重建工程建设中存在的突出问题,根据有关法律法规政策,特制定本规定。

一、进一步加强招投标管理

(一)不准将依法必须招标的工程项目肢解、化整为零。同一个项目,户外、装修、设备、周边的挡墙等设施,均不允许肢解。

(二)单个项目设计、勘察、监理及施工达不到招标规模的,按照《四川省政府投资工程建设项目比选办法》执行。

(三)坚决杜绝围标、串标,不准泄露投标报名单位信息和评标专家信息,保证招投标的公开、公正、公平。

(四)领导干部坚决不准插手工程建设。不准以集体决策的名义,违规干预和插手项目活动,不准违规指定评标委员会成员或以各种理由进入评标委员会。

(五)不准利用各种借口设置条件,限制或排斥潜在投标人。

(六)对违规违法招标代理机构,项目业主可以依法解除代理合同。

(七)县发改委要按照职能权限,严格依法核准招投标事项,不准越权、越级核准。

二、进一步加强在建工程管理

(一)县政府是项目实施和资金管理的责任主体、实施主体、质量主体、安全主体,县长是第一责任人,分管县长是主要责任人,发改委、财政局、规划建设局和其他行政部门主要负责人是具体责任人。项目主管部门和行业行政主管部门不仅是项目管理的实施主体,也是项目管理的主体,要认真履行"一岗双责"的职责,依法行政。

(二)县发改、财政、规划建设、交通、环保、国土资源、安监等部门要按照职能职责，落实工程建设责任，进一步明确监管要求，深入项目、深入工地，加强日常监管，做到建设程序合法、工程质量合格。

（三）县纪检监察、检察、财政、审计、规划建设、交通等部门要充分发挥监督功能，实行动态监管、跟踪监管、全程监管，切实增强对在建项目和资金监管的针对性和实效性，确保项目安全、资金安全。财政部门要实行动态评估、现场评估、决算评估和动态跟踪。审计部门要把好审计关，对重大工程项目，要提前介入，全程跟踪。纪检监察部门要整合力量，组织专业队伍，对压证施工、工地管理和工程质量等方面制度规定的落实情况开展经常性巡查。检察机关要根据已有的线索展开调查，只要证据确凿，坚决依法严肃处理，绝不姑息。

（四）严格执行隐蔽工程验收和基础验槽制度。设计、勘察、业主（或代理机构）、监理、施工单位五方必须现场验收签字。

（五）严禁工程随意增项、增量。增项、增量仅限于对原设计存在技术性缺陷而进行的项、量变更。增项、增量必须经原设计单位出具变更手续，并提出变更理由。增加的工程项目、工程量，由项目业主按基本建设程序，重新履行报批手续，并严格执行招投标制度（施工中隐蔽工程发现不可预见情况、自然灾害造成损失的除外）。

（六）审计机关在审计投资工程项目过程中，发现的招投标违法违规问题，应及时移送纪检监察部门处理；对审减数额较大（审减率达20%以上）、疑点较多的项目，应作为嫌疑案件及时移送纪检监察机关核查处理。

三、进一步加强对建筑市场的管理

（一）规划建设部门要认真履职，督查到位，彻底杜绝挂牌、借牌。

（二）坚持压证施工。严格执行项目经理、项目总监、主要技术负责人压证施工，项目业主（或招标代理机构）必须将本条内容载入招标文件，项目业主必须在中标人提供投标文件承诺的上述人员的执业资质证书原件后才能签订合同，至合同标的主体工程完工后才能退还。

（三）严禁转包和违法分包。未经行业行政主管部门批准，项目业主不得同意中标人变更项目经理、项目总监和主要技术负责人。中标人派驻施工现场的项目经理、项目总监和主要技术负责人与招标文件承诺不符合的，视为转包。

四、进一步落实各部门监督执法职责

（一）县发展改革部门负责指导和协调招标投标工作，尤其要加强对招标、投标无效的认定；经认定招标、投标无效的项目，要暂停执行或者通知有关部门暂停资金拨付；负责对规避招标、违反招标事项核准规定和核准事项、违规发布招标公告或资格预审公告、排斥潜在投标人等违法行为进行查处。

（二）县经济商务、规划建设、交通、水利、林业等行政主管部门按照职责分工负责所辖领域建设项目招标投标活动的监督执法，尤其要对招标投标过程的各种违法行为进行查处；受理投诉人和其他利害关系人的投诉。

（三）县财政局负责对政府投资工程招标项目的预算投资额的评审；会同有关部门对施工过程中的设计和工程量变更、新增工程价款结算进行评审认定。

（四）县审计局依法对工程项目实施审计监督。

（五）县法制部门负责对政府出台的涉及招标投标的规范性文件进行合法性审查；指导或受理范围内涉及招标投标的行政复议。

（六）县招监办要会同有关部门开展对招标投标工作的监督检查，提出政策建议；对重大项目及上级批办的重要项目招标投标活动进行监督；受理涉及招标投标工作的举报和投诉，查处招标投标中的违纪违法行为。除直接调查办理外，可由招监委授权招监办责成有关行政主管部门依法调查处理，有关行

政主管部门应当调查处理并回复结果。

五、进一步加大违规违纪违法案件查处力度

凡发现在项目建设立项审批、招标投标、资金拨付、建设程序、工程管理、工程质量中有公开违反相关法律法规和以上规定的,一律先停职,后查处,并依照相关纪律处分规定,从重给予党纪政纪处分;构成犯罪的,移送司法机关追究刑事责任。

以工代赈工程、应急工程按相关文件另从其规定,其他文件如有与本规定不相符之处,按本规定执行。